A FORMAÇÃO DA ELITE COLONIAL NO BRASIL
(de 1530 a 1630)

Rodrigo Ricupero

A FORMAÇÃO DA ELITE COLONIAL NO BRASIL
(de 1530 a 1630)

70

A FORMAÇÃO DA ELITE COLONIAL NO BRASIL
(de 1530 a 1630)
© ALMEDINA, 2020

AUTOR: Rodrigo Ricupero
DIAGRAMAÇÃO: Almedina
EDITOR DE AQUISIÇÃO: Marco Pace
REVISÃO: Camila Loricchio
DESIGN DE CAPA: Roberta Bassanetto
ISBN: 9788562938375

Dados Internacionais de Catalogação na Publicação (CIP)
(Câmara Brasileira do Livro, SP, Brasil)

Ricupero, Rodrigo
A formação da elite colonial no Brasil:
(de 1530 a 1630) / Rodrigo Ricupero. – São Paulo:
Almedina, 2020.

Bibliografia.
ISBN 978-85-62938-37-5

1. Brasil - Colonização 2. Brasil – História –
Século 16 3. Brasil – História – Século 17 4. Elite
(Ciências sociais) – História – Século 16 – Brasil
5. Elite (Ciências sociais) – História – Século 17
Brasil I. Título.

20-33634   CDD-981.032

Índices para catálogo sistemático:

1. Brasil: Elite colonial: História 981.032

Cibele Maria Dias – Bibliotecária – CRB-8/9427

Este livro segue as regras do novo Acordo Ortográfico da Língua Portuguesa (1990).

Todos os direitos reservados. Nenhuma parte deste livro, protegido por copyright, pode ser reproduzida, armazenada ou transmitida de alguma forma ou por algum meio, seja eletrônico ou mecânico, inclusive fotocópia, gravação ou qualquer sistema de armazenagem de informações, sem a permissão expressa e por escrito da editora.

Abril, 2020

EDITORA: Almedina Brasil
Rua José Maria Lisboa, 860, Conj. 131 e 132, Jardim Paulista | 01423-001 São Paulo | Brasil
editora@almedina.com.br
www.almedina.com.br

"Não sei por que princípio, ou que razão pode haver entre as conquistas destas duas Índias Orientais e Ocidentais, que o prêmio que se deu aos conquistadores de umas foi o trabalho de conquistar as outras", FREI JABOATÃO[1].

[1] JABOATÃO, A. de S. M., *Novo Orbe Seráfico* (1761), 2ª ed., 2 partes em 3 vols. Rio de Janeiro: Instituto Histórico e Geográfico Brasileiro, 1858, vol. 1, p. 134.

APRESENTAÇÃO

Desde que pensadores da década de 1930 refletiram sobre as diferenças da inserção das regiões da América no processo capitalista, tornou-se praxe pensar as colonizações inglesa e ibérica a partir dos modelos de exploração e de povoamento[1]. No caso do Brasil, a forma dominante, baseada na grande lavoura de exportação e no escravismo, fez com que o foco da exploração fosse o mais usual, permitindo sem dúvida entender as linhas mais gerais da economia nos primeiros trezentos anos de nossa história.

O papel proeminente de uma elite colonial residente, porém, sempre esteve claro nas considerações dos autores. Função patriarcal, para Gilberto Freyre, em parte endossada por Caio Prado Jr.[2]. Características feudais da colonização, antes apontadas por Varnhagen e Capistrano[3], foram realçadas por Nestor Duarte que destacou esse papel do privado na articulação dos colonos com a Coroa[4].

---

[1] Essas categorias basearam-se nas formulações de Leroy-Beaulieu (*De la Colonization chez les Peuples Modernes*. Paris: Guillaumin et cie, 1874), e foram utilizadas por Caio Prado Júnior em *Evolução Política do Brasil*. São Paulo: Revista dos Tribunais, 1933; por Gilberto Freyre em *Casa Grande & Senzala*. Rio de Janeiro: Maia & Schmidt, 1933; e por Sérgio Buarque de Holanda em *Raízes do Brasil*. Rio de Janeiro: José Olympio, 1936. A ótica foi retomada por Celso Furtado em *Formação Econômica do Brasil*. Rio de Janeiro: Fundo de Cultura, 1958; e por Fernando Antonio Novais em *Portugal e Brasil na Crise do Antigo Sistema Colonial (1777-1808)*. São Paulo: Hucitec, 1979.

[2] FREYRE, G., *Op. cit.*, PRADO JR., C., *Formação do Brasil Contemporâneo*. São Paulo: Martins, 1942.

[3] VARNHAGEN, F. A, de, *História Geral do Brasil. antes de sua separação e independência de Portugal* (1854), 5ª ed. São Paulo: Melhoramentos, 1956; ABREU, C. de, *Capítulos de História Colonial (1500-1800)* (1907), 2ª ed. Rio de Janeiro: Sociedade Capistrano de Abreu, 1934.

[4] DUARTE, N., *A Ordem Privada e a Organização Política Nacional*, 2ª ed. São Paulo: Companhia Editora Nacional, 1966 (1939).

Raymundo Faoro, ao final da década de 1950, a partir de uma análise weberiana, tomou o patrimonialismo como elemento fundante da relação entre as elites e a Coroa portuguesa[5]. Mais tarde, com Evaldo Cabral de Mello, a açucarocracia pernambucana saía do complexo da Casa Grande & Senzala e exercia papel preponderante na negociação de espaços políticos com a Coroa portuguesa[6]. Florestan Fernandes, em trabalho de síntese, apontou, além dessa relação política, a articulação genética entre a Monarquia Portuguesa e seus vassalos na construção do Império. No Brasil, o manejo da dominação nos planos econômico e político-militar, dependeu da presença de vassalos residentes, face visível da Metrópole, que, em troca de benefícios no jogo patrimonialista de honras e mercês, levaram a cabo a empreitada colonial[7].

Nos anos noventa, na ótica da desconstrução do papel do Estado, estudos que renovaram a história política incidiram sua atenção para o papel das elites coloniais, sublinhando o espaço de autonomia e quase independência desses grupos nos espaços imperiais portugueses. Essa atomização da análise destacou os mecanismos locais de exploração, a formação de redes mercantis e de poder que se movimentavam dentro das diversas partes do Império, deixando de lado os estudos sistêmicos da colonização[8].

Tomando os primeiros cem anos de ocupação efetiva do Brasil, entre 1530 e 1630, Rodrigo Ricupero mostra, em minuciosa pesquisa empírica, os mecanismos de montagem da exploração, que, embora não

---

[5] FAORO, R., *Os Donos do Poder: formação do patronato político brasileiro*, 2 vols., 9ª ed. São Paulo: Globo, 1991 (1ª ed. 1958).

[6] MELLO, E. C. de, *Olinda Restaurada*. Rio de Janeiro: Forense, 1975; MELLO, E. C. de, *Rubro Veio: o imaginário da restauração pernambucana*. São Paulo: Alameda, 2008.

[7] FERNANDES, F., *Circuito Fechado*. São Paulo: Hucitec, 1978. Para o autor, tratava-se de "Coroa pobre, mas ambiciosa em seus empreendimentos, [e que] procura apoio nos vassalos, vinculando-os aos seus objetivos e enquadrando-os às malhas das estruturas de poder e à burocracia do estado patrimonial", assim "[...] sem essa associação [entre a Coroa e os colonos] não haveria nem império colonial português nem economia de plantação no Brasil [...]. "O colono de *status* senhorial não só era o vassalo e o representante da Coroa na Colônia: ele era, simultaneamente, a base material visível e a mão armada invisível da existência do Império Colonial" (p. 34 e 44).

[8] FRAGOSO, J.; BICALHO, M. F.; GOUVÊA, M. de F., *O Antigo Regime nos Trópicos: a dinâmica imperial portuguesa (séculos XVI-XVIII)*. Rio de Janeiro: Civilização Brasileira, 2001; BICALHO, M; F., Elites coloniais: a nobreza da terra e o governo das conquistas. História e historiografia, In: MONTEIRO, N.; CADIM, P.; CUNHA, M. S. da (orgs.), *Optima Pars: elites ibero-americanas do Antigo Regime*. Lisboa: Instituto de Ciências Sociais, 2005.

planejada pela Coroa portuguesa, efetivaram as estruturas e dinâmicas de um verdadeiro Sistema Colonial a partir de meados do século XVII. Ao mesmo tempo em que sobreleva o papel dos colonos, desvenda a relação íntima e tensa entre a Coroa e esses vassalos. A análise da ocupação dos domínios de Portugal na América ganha complexidade e especificidade através da articulação entre povoamento, defesa, produção e administração, na origem do poder dos primeiros colonizadores. Ultrapassando a rígida categorização povoamento/exploração, o estudo destaca o papel da fixação de populações desde o século XVI, indicando, nessa especificidade, os elementos de formação dos grupos dominantes. Ancorados na tríade terra, trabalho e poder, os colonos-colonizadores constituíram-se em agentes da dominação portuguesa: ocupando cargos, participando da conquista e defesa do território, usufruindo, em troca, da concessão de terras, do trabalho do indígena e da interlocução privilegiada com a Monarquia[9]. Essa verdadeira "acumulação primitiva colonial", baseada na obtenção de sesmarias, na escravidão dos indígenas, na resistência e negociação com a Coroa, construiu na prática um sistema de colonização, cujas possibilidades de lucro comercial atraíram os interesses de outras potências europeias.

Neste livro, avançando na perspectiva do Antigo Sistema Colonial, o autor disseca seus processos de montagem e consolidação, desvendando seus agentes e indicando temporalidades e espacialidades da colonização. O amplo e diversificado corpo documental, que inclui arquivos europeus e brasileiros, cronistas, legislação, correspondências e regimentos, revela em minúcias a formação e consolidação da elite colonial e os nexos, no caso do Brasil, entre a necessidade de estabelecimento de colonos, defesa e a exploração mercantil. O diálogo erudito e aprofundado com a historiografia, por sua vez, conduziu a longa pesquisa, pautada na discussão e revisão de conceitos e permitiu a fluidez do relato, dentro de perspectivas teóricas sólidas e fundamentadas. Apresenta, assim, uma análise de conjunto, nuançando as visões dogmáticas que reduzem o processo de colonização à exploração, ao papel do Estado mercantilista ou à subjetividade dos agentes coloniais.

Destaque-se na elaboração deste trabalho o diálogo com os pesquisadores da Cátedra Jaime Cortesão, junto ao Projeto Temático FAPESP

---

[9] FERLINI, V. L. A., *Terra, Trabalho e Poder*. São Paulo: Brasiliense, 1988.

Dimensões do Império Português. Nestes anos de orientação e de convívio intelectual, beneficiei-me da pesquisa e reflexão de Rodrigo Ricupero, retomando antigas perspectivas de pesquisa, avançando em novas análises, revendo conceitos e incorporando abordagens.

VERA FERLINI

SUMÁRIO

APRESENTAÇÃO 7

INTRODUÇÃO 13

PARTE I – HONRAS E MERCÊS

1. PRÊMIO E CASTIGO 37
   A Justiça Distributiva 37
   A Monarquia Patrimonialista 48

2. SERVIÇOS E RECOMPENSAS 61
   As Promessas e as Negociações 61
   Os Trabalhos e os Pedidos 78
   As Retribuições e as Queixas 93

PARTE II – CONQUISTA E GOVERNO

3. CONQUISTA E FIXAÇÃO 103
   A Ocupação Inicial 103
   A Criação do Governo Geral 114
   Defesa, Povoamento e Economia 128

4. A ADMINISTRAÇÃO COLONIAL 141
   O Governo da Colônia 141
   A Montagem da Administração 150
   O Papel da Coroa 164

5. OS AGENTES DA COROA 169
   Os Provimentos 169
   As Redes Clientelares e Familiares 181

PARTE III – TERRA, TRABALHO E PODER

6. GOVERNO E PATRIMÔNIO 195
   As Exigências e as Vantagens do Cargo 195
   A Distribuição das Sesmarias............................. 208
   Uso e Abuso do Poder 216

7. A MÃO DE OBRA INDÍGENA 233
   A Exploração do Trabalho Indígena 233
   Legislação e Prática até Fins do Século XVI................. 247
   As Novas Leis e a "Administração" dos Indígenas............. 259

8. O PATRIMÔNIO FUNDIÁRIO (I) 277
   A Conquista da Terra.................................... 277
   A Capitania da Bahia de Todos os Santos................... 283
   As Capitanias do Centro-sul 304

9. O PATRIMÔNIO FUNDIÁRIO (II) 321
   Pernambuco e Itamaracá.................................. 321
   As Novas Conquistas: Paraíba e Sergipe.................... 347
   A Costa Leste-oeste 357

CONCLUSÃO... 365

FONTES E REFERÊNCIAS 367

INTRODUÇÃO

No processo de colonização do Brasil[1], a Coroa utilizou-se da iniciativa particular e nela se apoiou, sempre buscando, porém, seu controle. Se na perspectiva do Estado contemporâneo essa situação pode ser vista como fragilidade, à época, no processo de formação do Estado[2], tal política constituiu um hábil recurso: a Coroa aplicava recursos humanos e financeiros particulares para viabilizar seus projetos, sem que lhe coubesse

---

[1] Aqui cabe um esclarecimento sobre a utilização do termo Brasil empregado em todo o trabalho. Na totalidade da documentação compulsada, as terras que os portugueses povoaram no continente, depois conhecido como América, e que posteriormente formariam no século XIX um Estado Nacional, chamado Brasil, eram designadas, no período por nós estudado, como: a costa do Brasil, as terras do Brasil, as partes do Brasil, ou simplesmente Brasil, o que indicava o reconhecimento de uma unidade geográfica, que, num plano político-administrativo posterior, receberia a designação de Estado do Brasil. Nunca como América ou América portuguesa, exceção, salvo engano, feita a algumas passagens do Padre Vieira, nas quais este se refere à América no sentido de parte do mundo, enquanto nas demais utilizava o termo Brasil na maioria das vezes. Nesse sentido, parece-nos adequada a utilização do termo Brasil, sempre levando em conta que não se deve confundir o "Brasil" dos documentos do período, ou seja o "Brasil" da colonização portuguesa, com o "Brasil" do século XX. Além disso, a citada unidade geográfica, por um lado, e político-administrativa, por outro, não implica necessariamente que tal área deveria tornar-se consequentemente um Estado nacional. Assim, embora concordemos com as observações de Fernando Novais, optamos por não adotar o termo "América Portuguesa". Sobre o assunto ver NOVAIS, F., Condições da Privacidade na Colônia, In: SOUZA, L. de M. (org.), *História da Vida Privada no Brasil: cotidiano e vida privada na América Portuguesa*. São Paulo: Companhia das Letras, 1997, p. 17 (1º Volume da coleção História da Vida Privada no Brasil).

[2] Fernando Novais destaca esse aspecto do Estado moderno encontrar-se em processo de formação no período. NOVAIS, F., Condições de Privacidade na Colônia, In: SOUZA, L. de M. (org.), *Op. cit.*, p. 15. Ver também HESPANHA, A. M., *As Vésperas do Leviathan: instituições e poder político Portugal – séc. XVII*. Coimbra: Almedina, 1994, no qual este questiona a tão falada centralização do Estado, mostrando as dificuldades da centralização do poder e da conversão dos funcionários régios em instrumentos do poder real.

nenhum ônus, cedendo, em troca desse apoio, terras, cargos, rendas e títulos nobiliárquicos.

Nas terras da América a política de troca de serviços por mercês ocorreu em contextos diversos[3], desde a época das Capitanias Hereditárias até o período do Reino Unido, quando detentores de postos estatais construíram grandes fortunas[4]. Já no primeiro século, tal arranjo evidenciou-se na procura pelos vassalos de recompensas por seus serviços, as chamadas "honras e mercês", tão frequentes nos documentos da época.

A lógica da troca de serviços por mercês foi utilizada pela Monarquia desde a reconquista no próprio Reino e depois por todas as latitudes e longitudes de seu Império. No entanto, graças às especificidades de cada local, esta lógica contribuiu para moldar sociedades diferentes.

Exemplo disso é o caso da capitania de São Paulo, analisado por Ilana Blaj, que observou como:

> por meio da distribuição de mercês e honrarias, cargos e terras, base para o prestígio e o poder da elite, a Coroa conseguiu os préstimos de seus leais vassalos, reforçando a sua própria autoridade e fortalecendo, igualmente, a dominação, em âmbito local, das principais famílias paulistanas.[5]

Assim, o imbricamento entre as esferas do público e do privado chama atenção na história colonial brasileira, refletindo-se na relação, muitas vezes confusa, entre o Estado e os particulares[6]. Para Fernando

---

[3] Vários historiadores já alertaram sobre o perigo de se trabalhar a colônia como um grande bloco, anulando diferenças espaciais e temporais, como veremos mais adiante; em cada momento essa política teve suas especificidades e diferentes objetivos.

[4] Ver DIAS, M. O. L. da S., *A Interiorização da Metrópole e Outros Estudos*. São Paulo: Alameda, 2005, p. 27 e LENHARO, A., *Tropas da Moderação: o abastecimento da Corte na formação política do Brasil, 1808-1842*. São Paulo: Símbolo, 1979. Este último qualifica na página 68 essa política de execução de serviços públicos por particulares em troca de benefícios de "política da barganha".

[5] BLAJ, I., *A trama das Tensões: o processo de mercantilização de São Paulo colonial (1681-1721)*. São Paulo: Humanitas, 2002, p. 342.

[6] Ver as considerações sobre os termos "público" e "privado" apontadas por Sheila Faria: "Contrapor somente privado ao público, entendendo por público o que se refere só ao Estado é, creio, bastante complicado. Se pensarmos que a palavra 'público' também, e principalmente, remete ao espaço comum, de todos [...]" (FARIA, S. de C., *Colônia em Movimento: fortuna e família no cotidiano colonial*. Rio de Janeiro: Nova Fronteira, 1999, p. 387). Ver na mesma obra o item "O Público e o Privado sem Limites" a partir da página 385.

INTRODUÇÃO

Novais, tais instâncias "já não estão indistintas, mas ainda não estão separadas"[7], de forma que podemos constatar, por um lado, a Coroa repassar tarefas atualmente iminentemente públicas a particulares (por exemplo a administração de territórios ou cobrança de impostos), e, por outro, as pessoas que ocupavam cargos na estrutura administrativa os utilizarem em benefício próprio[8], comportamento esse que aliás era esperado. A Coroa por sua vez esperava que, por exemplo, os detentores dos cargos dessem conta das tarefas exigidas, inclusive arcando com a própria fazenda, ou que a concessão de determinado posto estivesse vinculada a alguma obrigação que exigia gastos de recursos pessoais[9].

Consequentemente a atuação direta da Coroa só ocorria em situações extremas ou na perspectiva de benefícios seguros, como no caso, já no início do processo de colonização, de a Coroa reservar para si o pau-brasil, riqueza concreta, com o arrendamento de sua exploração. A exploração de metais, ainda desconhecidos, poderia ser concedida, mas reservava-se ao tesouro régio a possibilidade de cobrança do quinto. Somente quando a continuidade da presença portuguesa de São Vicente a Pernambuco esteve ameaçada na década de 1540, foi que a Coroa se fez presente na criação do Governo Geral.

---

[7] Fernando Novais, *Op. cit.*, p. 16. Este debate também pode ser encontrado nos livros de Marco Antônio Silveira (*O Universo do Indistinto: estado e sociedade nas Minas setecentistas (1735-1808)*. São Paulo: Hucitec, 1997) e de Júnia Ferreira Furtado (*Homens de Negócio: a interpretação da metrópole e do comércio das Minas setecentistas*. São Paulo: Hucitec, 1999). Como exemplo dessa indistinção, veja-se o caso do uso do patrimônio da Coroa pelo rei para gastos pessoais e o uso de recursos próprios do monarca para gastos do Reino (MAGALHÃES, J. R. de; MATTOSO, J., *História de Portugal: no alvorecer da modernidade (1480-1620)*. Lisboa: Estampa, 1998, p. 90).

[8] Um alto funcionário que pretendia voltar enriquecido para a metrópole só teria problemas se mexesse no dinheiro da Coroa ou se entrasse em choque com o conjunto dos moradores mais importantes. Ver o capítulo "O Agosto do Xumbergas" que discute a deposição do governador Jerônimo de Mendonça Furtado em Mello (MELLO, E. C. de, *A Fronda dos Mazombos: nobres contra mascates, Pernambuco, 1666-1715*. São Paulo: Companhia das Letras, 1995). Uma discussão sobre a ideia de corrupção pode ser encontrada em particular na página 146 de SCHWARTZ, S. B., *Burocracia e Sociedade no Brasil Colonial*. São Paulo: Perspectiva: 1979.

[9] Veja-se, por exemplo, quando o rei Filipe II de Portugal quer que o Conselho da Índia saiba de Antônio Cardoso de Barros, filho de Cristóvão de Barros, que pleiteava a nomeação para a capitania de Sergipe, o que ele se oferecia para fazer em benefício da mesma e que se informasse ainda se ele tinha fazenda suficiente. Cf. "Carta para o Bispo D. Pedro de Castilho, vice-rei de Portugal" de 31 de outubro 1605. Biblioteca da Ajuda de Lisboa, códice 51-VIII-07, "Cartas de Sua Majestade para o Bispo Pedro de Castilho", fl. 191 v.

Tanto antes como depois da criação do Governo Geral, dificilmente algum projeto régio deixava de conter promessas de honras e mercês, desde grandes empreendimentos, como expedições de busca de metais ou campanhas bélicas[10], até questões mais específicas, como o incentivo da produção de certos gêneros agrícolas[11] ou a busca de soluções para certos problemas fiscais[12].

Os monarcas incentivavam tal política em sua correspondência ou instruções, solicitando informações para possíveis mercês e ainda orientando os governadores a informarem os vassalos do contentamento da Coroa com os serviços prestados[13].

Muitas vezes o rei enviava cartas de agradecimento ou de solicitação de serviços diretamente aos moradores[14]. Em carta a Lourenço Castanho Taques, o monarca, após referir-se à lealdade deste como honrado vassalo, afirmou:

> me pareceu por esta mandar-vos agradecer, e segurar-vos que tudo o que neste particular [as expedições de descobrimento de metais] obraste me fica em lembrança para folgar de vos fazer toda mercê quando trateis dos vossos requerimentos.[15]

---

[10] Por exemplo, a conquista do Maranhão e o acordo com Gabriel Soares de Sousa, temas que serão desenvolvidos adiante.

[11] A exploração da baunilha foi estimulada através de cartas régias, escritas em 1680 e 1684, Cf. SIMONSEN, R. C., *História Econômica do Brasil*. 8ª ed. São Paulo: Companhia Editora Nacional, 1978, p. 372.

[12] Em 1796, o hábito da Ordem de Cristo foi prometido como prêmio pela rainha D. Maria I aos vereadores das Câmaras que apontassem as melhores soluções para a substituição do imposto do sal sem comprometer as receitas do erário régio. Anos depois os vereadores de São Paulo reclamavam o prêmio de seis hábitos da Ordem de Cristo ao secretário de Estado D. Rodrigo de Souza Coutinho. Cf. ELLIS, M., *O Monopólio do Sal no Estado do Brasil*. São Paulo: USP, 1955, p. 175 e 188.

[13] Ver, por exemplo, o seguinte trecho do "Regimento de 1588 do governador geral Francisco Giraldes": "[...] para que os moradores e mais pessoas que me servem nas ditas partes folguem de o fazer com cuidado e diligência que convém hei por bem que lhe certifiqueis que com as informações que me enviardes dos que me bem servirem os mandarei despachar como houver por meu serviço [...]". Publicado em *Documentos para a história do açúcar*, 3 vols. Rio de Janeiro: IAA, 1956, vol. I, p. 376.

[14] Vejam-se as várias cartas de D. Pedro II de Portugal aos paulistas, reproduzidas por TAQUES, P., *Notícias das Minas de São Paulo (Século XVIII)*. São Paulo: Martins, 1954.

[15] "Carta d'el-rei para Lourenço Castanho Taques" de 20 de outubro de 1698, publicada por Pedro Taques, *Op. cit.*, p. 85.

INTRODUÇÃO

Coincidentemente, alguns poucos anos depois, as minas tão ambicionadas foram encontradas pelos paulistas.

Outro aspecto dessa política, de que a Coroa não deixava de lançar mão, era o uso político dos prêmios distribuídos, como, por exemplo, no século XVIII, quando numa carta enviada ao governador da capitania de Minas, D. Lourenço de Almeida, o monarca concedia ao seu representante a "faculdade para fazeres promessas de algumas mercês e tenças em meu real nome [...] quando vos for preciso para conseguirdes a quietação dos povos"[16].

O funcionalismo, dos dois lados do oceano, também percebia a importância dessa prática. Na metrópole, o Conselho Ultramarino procurava atender as promessas e os pedidos na medida do possível, evitando que os requerentes voltassem ao Brasil "sem serem honrados" mesmo que parcialmente, o que poderia ser um desestímulo, como, por exemplo, durante a guerra com a Holanda[17].

Na colônia, para ficarmos aqui em poucos exemplos, podemos citar a opinião do governador do Rio de Janeiro, Antônio Paes de Sande, em 1692 que qualificava os paulistas como "ambiciosos de honra"[18]. Outro funcionário régio, o sargento-mor Diogo de Campos Moreno no "Livro que dá razão do Estado do Brasil", espécie de relatório de 1612, tratando das possibilidades de desenvolvimento da capitania da Bahia, afirmou que "também para isto servirão muito as honras e mercês de Sua Majestade que não custarem fazenda, para dar ânimo aos moradores ricos a fazerem muitos" engenhos de açúcar[19].

---

[16] Cf. *Revista do Arquivo Público Mineiro*, 1979, ano 30, p. 129-30. Em outro momento o rei manda que se regulasse na ordem dos hábitos e na quantia das tenças segundo os merecimentos e graduações dos contemplados.

[17] ALBUQUERQUE, C. X. de, *A Remuneração de Serviços da Guerra Holandesa: a propósito de um sermão do Padre Vieira*. Recife: UFPE, 1968, p. 15. Ressalte-se aqui que este trabalho pioneiro é o único estudo brasileiro dedicado ao tema.

[18] Cf. PRADO, P., *Paulistica*. São Paulo: Editora Monteiro Lobato, 1925, p. 98.

[19] MORENO, D. de C., *Livro que Da Razao do Estado do Brasil* (1612). Recife: UFPE, 1955, p. 139. Boxer destaca essa opinião ao chamar atenção para o fato de que os governadores "faziam lembrar a Coroa que [...] a distribuição de tais recompensas representaria o melhor e mais barato meio de garantir [...]" a duvidosa lealdade dos poderosos do sertão. BOXER, C., *Idade de Ouro do Brasil: dores de crescimento de uma sociedade colonial* (tradução), 3ª ed. Rio de Janeiro: Nova Fronteira, 2000, p. 321.

Os governadores e outros funcionários não só solicitavam ao rei benesses para si próprios ou para determinados indivíduos[20], como também, sendo representantes régios, distribuíam eles mesmos diferentes tipos de recompensas de acordo com suas possibilidades, posteriormente confirmadas pela Coroa[21]. Exemplo disso era a verba estipulada em regimento[22] de que os governadores dispunham para agraciar livremente os servidores que achassem por bem, contudo nem essa verba nem as demais possibilidades eram suficientes para atender a todos, daí o lamento de Diogo Botelho, numa carta ao capitão do Rio Grande:

> folgara muito de ter poder de Sua Majestade para poder fazer muitas mercês e mais larguezas a todos seus vassalos moradores neste Estado, mas não me deu [o rei] mais de mil cruzados para poder despender em mercês e assim reparto.[23]

---

[20] Ver os pedidos de mercês feitos por Mem de Sá em seu testamento, em favor dos filhos, do sobrinho Salvador Corrêa de Sá e dos criados. "Testamento de Mem de Sá" de 1569, publicado em *Documentos para a História do Açúcar, Op. cit.*, vol. III, p. 12.

[21] Difícil não lembrar que o primeiro pedido de uma "mercê" de "nossa história" veio no final da carta de Caminha em 1500. Ver CORTESÃO, J., *A Carta de Pero Vaz de Caminha*. Rio de Janeiro: Livros de Portugal, 1943, p. 241.

[22] "Regimento de Tomé de Sousa" de 17 de dezembro de 1548, publicado por Carlos Malheiro Dias (Dir.), *História da Colonização Portuguesa do Brasil*, 3 vols. Porto: Litografia Nacional, 1922, vol. III, p. 345 (Citada daqui em diante apenas como *História da Colonização Portuguesa do Brasil*); em Marcos Carneiro Mendonça (org.), *Raízes da Formação Administrativa do Brasil*, 2 vols. Rio de Janeiro: Instituto Histórico e Geográfico Brasileiro, 1972, I, p. 35 e, entre outras edições, destaque-se a mais recente leitura do documento por Susana Münch Miranda, publicada na já citada revista *Mare Liberum*, 17, p. 13. Ou, ainda, no de Francisco Giraldes, Cf. "Regimento do Governador geral do Brasil" de 8 de março de 1588, publicado nos *Documentos para a História do Açúcar, Op. cit.*, vol. I, 376.

[23] "Relação de Ambrósio de Siqueira da Receita e Despesa do Estado do Brasil" de 1605, publicada na *Revista do Instituto Arqueológico, Histórico e Geográfico Pernambucano*, vol. 49, 1977, p. 174. As cartas de D. João de Castro, quarto vice-rei da Índia, mostram também as dificuldades dos governantes em contentar a todos, ávidos por honras e riquezas, tanto que ele se vê *"perseguido pelos homens, dos quais uns lhe pedem dinheiro, outros ofícios e viagens, e ele ainda não tem 5 pães e 2 peixes para 5000 homens, nem merecimento para Nosso Senhor fazer milagres por ele"*. Este mesmo governador organizou um livro para registrar as recompensas feitas após o segundo cerco de Diu, "Livro das mercês que fez (D. João de Castro) aos homens que serviram el-rei Nosso Senhor no cerco de Diu", publicado na *História Quinhentista (inédita) do segundo cerco de Diu*, prefaciada por António Baião. Coimbra: Imprensa da Universidade, 1927, p. 296 e seguintes.

INTRODUÇÃO

Por outro lado, os vassalos portugueses, ao desembarcarem na América, não abandonavam seus quadros mentais, oriundos de uma sociedade estamental: se nobres, buscavam garantir seus privilégios, se plebeus, procuravam se enobrecer. Os hábitos das ordens militares do Reino, em particular o da Ordem de Cristo, e outros títulos, como de cavaleiros ou foro de fidalgo eram amplamente ambicionados e largamente distribuídos como recompensa pelos mais variados serviços[24]. Mesmo índios receberam o hábito da Ordem de Cristo por auxiliarem os portugueses, como, por exemplo, o índio batizado Martim Afonso, premiado por Mem de Sá em 1560[25], ou, posteriormente, o famoso D. Antônio Filipe Camarão, capitão-mor dos índios nas guerras com os holandeses[26].

Dentre as concessões possíveis, sem dúvida a terra ocupava o papel central. As concessões de sesmarias, nas palavras de Florestan Fernandes, "demarcavam as estruturas de poder que não podiam nem deviam ser destruídas, como condição histórica para manter a estratificação estamental que servia de base social à existência e ao fortalecimento do Estado patrimonial"[27], concretizando a aspiração senhorial dos vassalos que emigravam para o Brasil.[28]

---

[24] Após a conquista do Rio de Janeiro, Mem de Sá concedeu o título de cavaleiro para o piloto Manoel Gonçalves, que seria confirmado posteriormente por D. Sebastião, mesmo procedimento teve Cristóvão Barro após a conquista de Sergipe. Cf. "Carta régia de D. Sebastião" de 16 de julho de 1561. Cf. SERRÃO, J. V., *O Rio de Janeiro no século XVI*, 2 vols. Lisboa: Comissão do IV Centenário do Rio de Janeiro, 1965, vol. II, p. 48 e SALVADOR, V. do, *História do Brasil* (1627), 5ª ed. São Paulo: Melhoramentos, 1965, p. 302. Para o século XVII, ver os inúmeros casos de título e hábitos concedidos aos combatentes nas guerras contra os holandeses, reunidos por FRANCO, F. de A. C., *Nobiliário Colonial*, 2ª ed. São Paulo, Instituto Genealógico Brasileiro, sem data.

[25] VASCONCELOS, S. de, *Crônica da Companhia de Jesus*, 2 vols. Petrópolis: Vozes, 1977, vol. II, p. 45.

[26] Ver "Carta Régia para Matias de Albuquerque" de 14 de maio de 1633 em que o rei diz: *"Hei por bem de lhe fazer mercê do hábito da Ordem de Cristo com quarenta mil reis de rendas e que se lhe passe patente de capitão-mor dos índios potiguares com outros quarenta mil reis de soldo ... e se lhe dê um brasão de armas"*, publicado por José Antonio Gonsalves de Mello, numa brochura intitulada "D. Antônio Filipe Camarão", p. 6, que foi reunida posteriormente com outras biografias, mantendo, contudo, a paginação original de cada uma delas. José Antonio Gonsalves de Mello, *Restauradores de Pernambuco*. Recife: Imprensa Universitária, 1967.

[27] Florestan Fernandes, *Op. cit.*, p. 34. Para uma visão geral das sesmarias, ver, entre outros, PORTO, C., *Estudo sobre o sistema sesmarial*. Recife: UFPE, 1965.

[28] Raymundo Faoro também destacou o papel que a terra e os cargos vão desempenhar na transferência da ordem estamental portuguesa para o Brasil. FAORO, R., *Os Donos do Poder*, 2 vols., 9ª ed. São Paulo: Globo, 1991, *passim*.

Os pedidos de sesmarias apontam a relação entre a concessão das terras e serviços, já prestados ou futuros: a participação na conquista da região; o combate aos índios e a outros povos europeus; ou a realização de obras públicas, eram lembrados nos pedidos[29]. Por outro lado, a posse da terra poderia permitir posterior acesso a cargos municipais e a outros postos do funcionalismo[30].

Desde o período inicial da colonização, os cargos no funcionalismo eram pedidos ou dados como recompensa a serviços prestados. Bom exemplo disso foi, após a expulsão dos holandeses em 1654, a reserva dos cargos da área restaurada como prêmio para os restauradores[31]. Além disso, a grande diversidade de ofícios, inclusive os da igreja, de rendimento e importância variados, permitiam contemplar indivíduos de todos os níveis, provocando muitas vezes disputas por esses postos.

Os cargos eram distribuídos pelo rei, em particular os mais importantes, em geral pelo período de três anos, mas também pelo governador geral ou pelo bispo[32], por outros funcionários régios, como o provedor-mor e o ouvidor geral, ou ainda pelos capitães-mores das

---

[29] Ver exemplos em ABREU, D. B de L., *A Terra e a Lei*. São Paulo: Roswita Kempf, 1983, p. 45. Os combatentes que destruíram o quilombo de Palmares também deveriam receber terras como recompensa. ver ALENCASTRO, L. F., *O Trato dos Viventes: Formação do Brasil no Atlântico Sul – Séculos XVI e XVII*. São Paulo: Companhia das Letras, 2000, p. 239. Para uma descrição das negociações antes e depois da conquista de Palmares entre os bandeirantes e o governo colonial ver Costa Porto, *Op. cit.*, p. 144 e CARNEIRO, E., *O Quilombo dos Palmares*. Rio de Janeiro: Civilização Brasileira, 1966, p. 121 e seguintes.

[30] Daisy Abreu, *Op. cit.*, p. 47.

[31] Ver Cleonir Albuquerque, *Op. cit.*, *passim* e MELLO, E. C. de, *Rubro Veio*, 2ª ed. Rio de Janeiro: Topbooks, 1997, p. 147 e 148. Já em 1633 os cargos do Estado do Brasil eram, por decisão régia, providos apenas aos "que na dita guerra [contra a Holanda] assistirem e fizerem merecimentos". Contudo os prêmios, no caso, cargos, podiam ser em áreas distantes, assim várias figuras importantes da guerra holandesa também foram agraciadas com postos importantes na África portuguesa, como João Fernandes Vieira e André Vidal de Negreiros, governadores de Angola, ver MELLO, J. A. G. de, *João Fernandes Vieira*, 2 vols. Recife: Imprensa Universitária, 1967, vol. II, p. 165 e 194 e Luiz Felipe de Alencastro, *Op. cit.*, p. 272-273.

[32] A Igreja na colônia pode ser considerada um ramo da administração régia, tema que retomaremos adiante. Assim o Bispo também vai ter um papel relevante no provimento de cargos, particularmente em Salvador, já que a constituição do Cabido da Sé em Salvador previa a nomeação de vários postos eclesiásticos, ampliando em muito a estrutura eclesiástica até então existente.

INTRODUÇÃO

capitanias ou outros funcionários menores. Nestes casos a provisão era temporária e o rei deveria ser consultado para que confirmasse ou não as nomeações feitas diretamente na colônia, mas, dadas as dificuldades das comunicações, tal consulta poderia levar anos para ser respondida[33].

As rendas, como as famosas tenças, tinham importância maior em Portugal, mas eram pouco comuns para os vassalos aqui estabelecidos nos primeiros tempos. Muitos, porém, já as haviam recebido em Portugal e acabavam por receber no Brasil, havendo para tanto instruções para o registro destas no livros do provedor-mor, para seu posterior pagamento. Por outro lado, como já apontado, os Governadores Gerais possuíam verba em dinheiro para distribuir como recompensas.

Pedidos de mercês e tenças eram comuns nas cartas enviadas ao rei, como, por exemplo, as de Afonso Gonçalves de 1548 e a do licenciado Manuel de 1550[34], em que este lembra ao rei da "mercê que me prometeu fazer [pelo bispo de São Tomé] pedindo lhe eu uma terça dos dízimos desta igreja [...]" entre outros pedidos. Além das tenças, eram frequentes os pedidos de ofícios, dignidades eclesiásticas, ajudas de custo, isenção de impostos, entre outras coisas.

No período filipino, o acordo entre a Coroa e Gabriel Soares de Sousa é exemplo interessante dessa política por reunir uma série de prêmios. Por ele, o monarca concedia uma série de direitos e privilégios a serem postos em prática após a conquista da região do São Francisco onde se esperava encontrar metais preciosos. Caso a expedição houvesse sido bem-sucedida, Gabriel Soares de Sousa poderia nomear funcionários, distribuir determinado número de títulos nobiliárquicos, entre outras vantagens[35].

---

[33] Raymundo Faoro diz que "todos os cargos elevados – que davam nobreza ou qualificavam origem aristocrática –, como os cargos modestos hauriam a vida e o calor do tesouro, diretamente vinculado à vigilancia do soberano". Raymundo Faoro, *Op. cit.*, p. 84.

[34] "Carta de Afonso Gonçalves" de 10 de maio de 1548 e "Carta do licenciado Manuel a el-rei" de 3 de agosto de 1550, publicadas na *História da Colonização Portuguesa do Brasil*, vol. III, p. 317 e 359.

[35] Ver documentos publicados por Jaime Cortesão em *Pauliceae Lusitana Monumenta Historica*, 2 tomos em 3 vols. Rio de Janeiro: Real Gabinete Português de Leitura, 1956-61, tomo I, p. 407 e seguintes.

Os exemplos podem ser multiplicados para todas as áreas e para todo o período colonial e mostram como a Coroa se utilizou da distribuição de terras, títulos nobiliárquicos, cargos, tenças e outras mercês, como instrumentos para vincular os vassalos aos seus projetos. Com a criação do Governo Geral esses instrumentos passaram a ser manejados também a partir da própria colônia, pelo representante do soberano, embora, ao fim e ao cabo, as concessões dependessem de posterior confirmação régia.

Os vassalos, é claro, procuravam meios de merecerem tais "honras e mercês". Assim é comum encontrarmos moradores, por exemplo, armando por sua própria conta caravelas contra os franceses no Rio de Janeiro, ou ainda, no início do XVII, organizando e financiando expedições de exploração ou de combate a quilombos, com objetivo de possíveis recompensas, embora também procurassem obter vantagens mais imediatas.

É evidente que nem sempre as promessas eram mantidas: a distância e o acesso à Corte, a falta de contatos influentes ou a troca do soberano poderiam significar a perda das recompensas prometidas. A documentação do período é pródiga em solicitações de cumprimento efetivo de promessas[36]. Mercês concedidas foram, por vezes, perdidas e reconquistadas, como atesta a vida de Pedro Taques, autor da famosa "Nobiliarquia Paulistana Histórica e Genealógica", marcada por essas lutas[37].

A colonização do Brasil pode ser analisada através da divisão de tarefas entre a Coroa e os vassalos. Num primeiro momento – com as capitanias hereditárias – a Coroa esteve quase ausente do processo de ocupação. Com a instalação do Governo Geral em 1549, com a criação das capitanias da Coroa em fins do século XVI e início do XVII, e com a retomada das capitanias privadas entre os séculos XVII e XVIII, a Coroa assumiu, gradativamente, papel cada vez maior, sem todavia abandonar o importante auxílio dos diversos vassalos.

As tarefas necessárias para a colonização das novas terras, porém, só podiam ser assumidas por vassalos com recursos. Já no início, dentre os donatários destacavam-se homens enriquecidos no Oriente, como

---

[36] "Carta de Filipe Guilhem" de 20 de julho de 1550, publicada na *História da Colonização Portuguesa do Brasil*, vol. III, p. 359.

[37] Ver a introdução de Afonso Taunay na citada obra de Pedro Taques.

INTRODUÇÃO

Duarte Coelho ou Francisco Pereira Coutinho[38]. Os serviços a serem prestados exigiam recursos, mas os prêmios recompensadores estimulavam novos empenhos em escala crescente. A lógica era que o dinheiro gasto voltaria multiplicado em diversas mercês[39]. No Brasil, a distribuição de sesmarias, ao reforçar o poder econômico, também permitiria ou facilitaria a prestação de novos serviços. Era a forma de constituir uma elite detentora de recursos, proprietária de terras e de escravos, engajada e comprometida com o processo de ocupação e que fornecesse os quadros para administração colonial[40]. Assim, os chamados homens bons eram agentes da dominação e membros do grupo dominante colonial[41]. Esse processo, ao associar a elite ao governo, além de dividir as tarefas da colonização entre a Coroa e os vassalos, reforçava os laços de solidariedade, garantindo a fidelidade destes à metrópole[42]. Enfim, "a elite econômica, tornava-se, desse modo, a elite social e governamental"[43-44].

Em meados do século XVI, entretanto, ainda não havia elite econômica importante a ser associada ao Governo Geral recém-criado. Nesse momento de montagem do processo de colonização, o acesso a cargos e

---

[38] AZEVEDO, P. de, Os primeiros donatários, In: *História da Colonização Portuguesa do Brasil*, vol. III, p. 194 e 214.

[39] João Lúcio de Azevedo, *Op. cit.*, p. 105.

[40] Os capitães-mores das ordenanças deveriam ser escolhidos entre os principais da terra e possuírem "grossos cabedais". Ver LEONZO, N., As Companhias de Ordenanças na Capitania de São Paulo", In: *Coleção Museu Paulista – Série História vol. 6*. São Paulo: Universidade de São Paulo, 1977.

[41] FERLINI, V. L. A., *Açúcar e Colonização: da América portuguesa ao Brasil: ensaios de interpretação*. São Paulo: FFLCH-USP, 2000. Tese de Livre-Docência, p. 8.

[42] Como nos lembra Ilana Blaj, a elite colonial participou "ativamente da empresa colonial, integrando-se numa vasta rede de favores e deveres na qual preponderava a comunhão de interesses com a Coroa. Conjunturalmente as relações poderiam ser tensas [...] mas, estruturalmente, não existiam divergências, pois o que preponderava eram os ideais de um universo estamental-escravista". Cf. Ilana Blaj, *Op. cit.*, p. 342.

[43] ACIOLI, V. L. C., *Jurisdição e conflitos: aspectos da administração colonial*. Recife: Ed. UFPE e Maceió: Ed. UFAL, 1997, p. 1.

[44] Cabe destacar ainda que por "elite" entendemos uma minoria detentora do poder econômico e político, ou seja, o setor dominante da sociedade colonial no caso. Sobre o assunto, veja-se BICALHO, M. F., Elites Coloniais: a nobreza da terra e o governo das conquistas. História e historiografia, In: MONTEIRO, N.; CARDIM, P.; CUNHA, M. S. da (Orgs.). *Optima Pars, elites Ibero-Americanas do Antigo Regime*. Lisboa: Instituto de Ciências Sociais, 2005, p. 73 e seguintes. Para a discussão mais geral sobre o tema ver BOBBIO, N.; MATTEUCCI, N.; PASQUINO, G., *Dicionário de Política*, 7ª ed. Brasília: Editora UNB, 1995.

benefícios foi a base de consolidação do patrimônio econômico, possibilitando a constituição dessa elite. Um cargo, mesmo do baixo escalão, favorecia a integração desses homens na elite que estava se formando. O caso de Garcia D'Ávila exemplifica a troca de serviços variados prestados à Coroa por terras, cargos e títulos. Primeiro feitor do Armazém Real de Salvador, Garcia D'Ávila recebeu terras na capitania da Bahia, dando início ao maior latifúndio de nossa história colonial, posteriormente conhecido como Casa da Torre[45].

A proximidade com o poder permitia ao funcionário maior facilidade para obtenção de terras, escravos e outras vantagens. Além disso, a maioria dos funcionários recebia ordenados, nem sempre pagos em dinheiro, mas que permitiam a obtenção de crédito ou mesmo o escambo com os índios, conseguindo força de trabalho, mantimentos e mercadorias. Outros cargos tinham seus emolumentos, os chamados "proes e precalços". O juiz da balança da alfândega recebia um real por quintal de pau-brasil pesado; os provedores, 2% das rendas da capitania; e os escrivães das provedorias, 1%. Isso permitia, segundo Frei Gaspar da Madre de Deus, que esses concentrassem a maior parte do escasso numerário que circulava nessas partes do Brasil[46] e nas capitanias mais desenvolvidas, como Pernambuco, chegassem em alguns momentos, a atingir ordenados altíssimos, comparáveis aos dos cargos mais importantes da administração. A isto se acrescente que todos os cargos contavam com certos privilégios e liberdades, o que numa sociedade marcada por valores estamentais era de suma importância.

A participação na administração facilitava, sem dúvida, a inserção nas atividades econômicas, tais como comércio de pau-brasil, exploração agrícola e construção de engenhos, e permitia assim a formação de

---

[45] Ver CALMON, P., *História da Casa da Torre: uma dinastia de pioneiros*. Rio de Janeiro: José Olympio, 1958) ou o recente livro de BANDEIRA, L. A. M., *O Feudo*. Rio de Janeiro: Civilização Brasileira, 2000. A chamada Casa da Ponte, considerada como o segundo maior latifúndio também tem uma origem semelhante, começando com as terras recebidas por Antônio Guedes, tabelião de Salvador, logo nos primeiros tempos da cidade.

[46] "O dinheiro vinha do Reino, e pouco: quase todo ia parar nas mãos dos ministros, párocos e oficiais de justiça, e por esta razão eram ofícios tão estimados, que muitos Fidalgos e pessoas nobres da terra serviam de escrivães e tabeliães", Frei Gaspar da Madre de Deus, *Memórias para a história da capitania de São Vicente* (1797), 4ª ed. São Paulo: Edusp e Belo Horizonte: Itatiaia, 1975, p. 87.

INTRODUÇÃO

grandes patrimônios, como, por exemplo, os de Mem de Sá e Cristóvão de Barros que se tornaram senhores de engenhos e de escravos.

No século XVI e início do XVII uma parcela importante da elite colonial foi formada em virtude de sua participação no governo da conquista, o que teria permitido a consolidação de um patrimônio, que, por sua vez, garantiria a execução das tarefas exigidas no processo de colonização. Em períodos posteriores, teríamos uma inversão, com a elite colonial já constituída fornecendo os quadros para a administração.

O período de constituição da elite colonial, a partir da participação na administração, teria ocorrido, grosso modo, de 1530 – início da colonização de fato – até meados do século XVII. Nesse período de conquista e consolidação da costa atlântica, entre São Vicente e Belém do Pará, cada etapa de avanço serviu para o fortalecimento da elite colonial em formação, que se firmou ao aproveitar a possibilidade de ocupar novas terras, de obter escravos indígenas ou de ocupar novos cargos.

Tal processo de formação da elite, que combina acesso a cargos, obtenção de mercês e consolidação de patrimônio, já se delineava a partir de 1530, mantendo-se nessa dinâmica até 1630, ou seja, coincidindo com o processo de conquista e ocupação da fachada atlântica. Não se trata, porém, de mera coincidência se levarmos em conta que a colonização portuguesa na América se iniciou pela necessidade de efetiva ocupação e defesa do território que coube à Coroa de Avis pelo Tratado de Tordesilhas[47]. Dessa forma, as próprias soluções administrativas adotadas (indiretas, pelas Capitanias Hereditárias, ou diretas, pelo Governo Geral) bem como o processo produtivo que se consolidou foram gerados no contexto inicial de ocupação e defesa.

---

[47] Caio Prado Júnior nos lembra que a ideia de povoar efetivamente as novas áreas descobertas não estava nas intenções dos povos europeus, contudo dada a impossibilidade de um comércio significativo com os nativos das terras americanas, diferentemente do que ocorreu no Oriente, o povoamento e, em seguida, a organização de estruturas produtivas foram a solução encontrada para garantir a posse das novas áreas, que acabariam se inserindo no comércio europeu dentro do contexto da colonização moderna. Cf. PRADO Júnior, C., *Formação do Brasil Contemporâneo*. São Paulo: Martins, 1942, p. 17 e seguintes.

Os dois movimentos – de formação da elite colonial e de conquista e consolidação da fachada atlântica – foram paralelos e complementares. E, dado que a necessidade de defesa do território recém-conquistado exigia o povoamento e a instalação de uma estrutura produtiva, pode-se apontar que a dinâmica colonial, nos moldes do chamado Antigo Sistema Colonial, estruturou-se nessa etapa.

Afinal, ao contrário de outras áreas, a colonização nas partes do Brasil inicia-se a partir de intenções políticas, ou seja, a defesa da posse do território, tendo nas atividades econômicas o meio para garantir este fim. Rapidamente, o meio tornou-se o fim, dando ao processo o que Caio Prado Júnior chamou de "sentido da colonização", ou, em outras palavras, a exploração dos recursos naturais em proveito do comércio europeu[48].

Tal exploração de recursos era comandada *in loco* pelos vassalos, que assumiram os maiores ônus da empresa, gozando, nos momentos iniciais, de uma ampla gama de liberdades e facilidades oferecidas pela Coroa para atraí-los[49]. O crescimento da importância dos negócios do açúcar encaminhou uma série de medidas de controle por parte da Coroa que gradativamente transformaram o domínio colonial em exploração colonial[50].

Esta situação – de maior liberdade – foi se alterando ao longo da segunda metade do XVI e início do XVII quando uma série de decisões da Coroa, particularmente no que toca à implementação do "exclusivo" comercial[51] e às restrições crescentes à escravização dos

---

[48] *Ibidem*, p. 25.

[49] Exemplos disso são: a distribuição de terras sobre as quais apenas incidia o dízimo; a ampla liberdade de escravização dos indígenas; a pequena carga tributária, incluindo mesmo a isenção do dízimo por 10 anos para os novos engenhos; a liberdade de comércio com os estrangeiros e a possibilidade de beneficiamento dos produtos coloniais na própria colônia. Veja-se, por exemplo, *Doações e forais das capitanias do Brasil, 1534-1536*, apresentação, transcrição e notas de Maria José Chorão. Lisboa: Arquivo Nacional da Torre do Tombo, 1999.

[50] Sobre o tema, veja-se NOVAIS, F., *Portugal e Brasil na crise do Antigo Sistema Colonial (1777-1808)*, 6ª ed. São Paulo: Hucitec, 1995, especialmente a parte 1 do capítulo II, "Estrutura e dinâmica do Sistema", p. 57 e seguintes. Também Luiz Felipe de Alencastro, *Op. cit.*, particularmente o primeiro capítulo "O aprendizado da colonização", p. 11 e seguintes.

[51] As restrições à liberdade de comércio iniciam-se com a lei de 3 de novembro de 1571 de D. Sebastião em favor dos navios portugueses, mas ganha maior contundência no período filipino com a lei de 9 de fevereiro de 1591 que vedava a ida de navios estrangeiros sem licença especial aos domínios portugueses. Em seguida, em 5 de janeiro de

índios[52], com o incentivo paralelo ao tráfico de escravos africanos, acabou por permitir a consolidação da exploração colonial[53].

A exploração nesses moldes permitiu que os ganhos gerados no novo mundo fossem, em maior ou menor medida, drenados para o velho mundo, transformando as novas áreas em colônias, não no sentido clássico do termo, mas no moderno: do Antigo Sistema Colonial, ou seja, o sistema colonial do mercantilismo que pressupunha que as colônias constituíam um fator essencial para o desenvolvimento econômico da metrópole[54].

1605, outra lei visava especialmente ao comércio holandês e, por fim, em 18 de março de 1605, Filipe II ordenava que nenhum navio estrangeiro poderia ir à Índia, Brasil, Guiné e Ilhas de São Tomé e Cabo Verde, bem como a todas as outras possessões, com exceção das Ilhas dos Açores e da Madeira. A primeira e a última lei podem ser vistas em MENDONÇA, M. C. de (Org.), *Raízes da Formação Administrativa do Brasil*, 2 vols. Rio de Janeiro, Instituto Histórico e Geográfico Brasileiro e Conselho federal de Cultura, 1972, respectivamente, vol. I, p. 203 e 367; a lei de 1591 vem publicada nos *Documentos para a História do Açúcar, Op. cit.*, vol. I, p. 379; e a lei de 5 de janeiro de 1605 pode ser consultada no chamado Livro das Leis, vol. II, fl. 80 v no Arquivo Nacional da Torre do Tombo. Sobre o assunto, ver também REIS, A. C. F., O comércio colonial e as companhias privilegiadas, In: HOLANDA, S. B. de (Dir.). *A época colonial, do descobrimento à expansão territorial*, 4ª ed. São Paulo: Difel, 1972, p. 312 (Tomo I, vol. 1 da coleção História Geral da Civilização Brasileira, 11 vols.) e Fernando Novais, *Op. cit.*, capítulo II.

[52] A primeira medida concreta vem com a lei de D. Sebastião de 1570 proibindo o cativeiro dos índios, exceto os tomados em guerra justa. Depois, até 1630, seguem pelo menos mais 7 leis ou alvarás sobre o tema. A lei de D. Sebastião de 1570 pode ser vista, entre outros locais, na obra citada de Marcos Carneiro de Mendonça, *Op. cit.*, vol. I, p. 335. Para o assunto ver, por exemplo, HEMMING, J., *Red Gold: the conquest of the Brazilian indians*. Cambridge: Harvard University Press, 1978, p. 151 e seguintes e 312 e seguintes e BEOZZO, J. O., *Leis e regimentos das missões*. São Paulo, Loyola, 1983, que inclui a "cronologia da escravidão de índios no Brasil", de Décio Freitas, em que este lista as leis e alvarás sobre o tema. Além destes, no sétimo capítulo deste trabalho desenvolveremos este assunto.

[53] Não cabe aqui uma discussão sobre se as decisões referentes à adoção do monopólio metropolitano ou à restrição da escravidão indígena tenham sido tomadas como consequência de fatores extraeconômicos – político e religioso – ou não, mas apenas registrar suas consequências para o processo de colonização.

[54] Tal ideia, contudo, só apareceria explicitamente formulada no século XVIII, como, por exemplo, no anônimo "Roteiro do Maranhão a Goiás" (século XVIII): "As colônias [...] são estabelecidas em utilidade da metrópole", publicado na *Revista do Instituto Histórico e Geográfico Brasileiro*, tomo 62, p. 102. Ver ainda, além do livro citado de Fernando Novais, HECKSCHER, E., *La Epoca Mercantilista* (tradução). México: Fondo de Cultura Económica, 1943.

Neste sentido, o período entre c. 1530 e c. 1630 é o momento chave para compreendermos estes dois processos combinados de gênese da elite colonial e de conquista territorial na fachada atlântica, ambos intimamente ligados à formação do Antigo Sistema Colonial.

Dessa forma o marco inicial da pesquisa, c. 1530, é o momento em que a política da Coroa portuguesa de defesa das terras americanas, que lhe cabiam pelo Tratado de Tordesilhas, dá um salto de qualidade com a iniciativa do povoamento das terras da costa do Brasil. Seus passos iniciais foram a expedição de Martim Afonso de Sousa, a fundação da vila de São Vicente em 1532 e a concessão das chamadas capitanias hereditárias. A posterior criação do Governo Geral não suprimiu o regime donatarial, sendo-lhe muito mais uma sobreposição. Além disso, nas primeiras capitanias, já tinha começado a se formar uma elite local, associada aos objetivos da Coroa, mesmo antes da criação do Governo Geral, e a uma embrionária administração colonial, lembrando-se que ao rei cabia a nomeação nas capitanias de vários cargos, particularmente os ligados à Fazenda.

O marco final da pesquisa, aproximadamente 1630, justifica-se por duas questões básicas. A primeira, já indicada acima, é que por volta desta data a faixa litorânea entre São Vicente e Belém do Pará está, em sua maior parte, incorporada ao processo colonial português, com a consequente formação de elites locais em cada capitania, com menor ou maior desenvolvimento, dependendo das condições econômicas, da importância estratégica ou do tempo de ocupação da região.

Vale lembrar que, após 1630, a expansão territorial teve outro caráter, pois, já ocupada a faixa costeira, direcionou-se rumo ao interior, avançando lentamente ao longo de quase toda a segunda metade do século XVII, com a ocupação do sertão da atual região Nordeste pelo gado[55]. A diferença mais importante entre esta expansão para o interior e a que ocupou a faixa costeira é que, enquanto a primeira implicou um povoamento mais denso, com engenhos, vilas e cidades e teve um substrato econômico mais poderoso, gerando uma elite residente; a segunda, feita

---

[55] Sobre a ocupação dessa região, ver o capítulo "no íntimo dos sertões" do livro de PUNTONI, P., *A Guerra dos Bárbaros, povos indígenas e a colonização do sertão nordeste do Brasil, 1650-1720*. São Paulo: Edusp e Hucitec, 2002.

INTRODUÇÃO

pelo currais de gado, com densidade populacional muito inferior à do litoral, realizada por vaqueiros e desbravadores, não gerou nas novas áreas uma elite residente significativa, já que, na maior parte dos casos, os que ocupavam as novas terras eram posseiros ou prepostos de grandes proprietários, como os D'Ávilas da Casa da Torre ou os Guedes de Brito da Casa da Ponte, que conseguiram acumular grandes extensões de terra, que arrendam em seguida[56]. Só com a descoberta das minas no final do século XVII e nas primeiras décadas do século seguinte, a expansão territorial voltou a associar a conquista de novas áreas a um denso povoamento e ao surgimento de núcleos urbanos e à formação de elites locais importantes.

Um segundo ponto a fundamentar a escolha de 1630 é a invasão holandesa de Pernambuco – a da Bahia para a questão aqui discutida pouco representou. Nesse momento, o clima de guerra tomou conta de toda colônia. A região costeira entre o Rio São Francisco e o Maranhão foi ocupada pelos holandeses, mas as consequências da guerra espraiaram-se para as outras capitanias: os combates chegaram até o Espírito Santo; ações de pirataria por toda costa; e os deslocamentos de tropas e

---

[56] Antonil analisando a ocupação do sertão aponta essa incrível concentração de terras na mão de poucos proprietários, fato que levou Capistrano de Abreu a dizer que tais terras tinham sido obtidas mais com o papel e a tinta dos pedidos de sesmarias do que com um esforço real por parte dos grandes proprietários, como os D'Ávila da Casa da Torre, comentário que Moniz Bandeira qualificou de inconsistente na sua história desta casa. A realidade, porém, é que já na época se chamava atenção para a violência dos grandes senhores em se assenhorar das terras conquistadas por outros, pois, como João da Maia da Gama, governador geral do Estado do Maranhão entre 1722 e 1728, que na volta ao Reino passou pela região, relata: "indo vários descobridores com despesas de suas fazendas e com evidente perigo de vida ... descobriram sítios e povoaram-nos e defenderam-nos do gentio com perigo e morte de muitos e depois de estabelecidos vinham os procuradores da Casa da Torre, e por forma, ou os faziam despejar, ou os faziam passar escritos de arrendamento para o que fizeram sempre procuradores os mais poderosos, mais facínoras, e mas temidos que sempre até hoje em dia usaram e usam destas violências". Cf. respectivamente ANTONIL, A. J., *Cultura e opulência do Brasil por suas drogas e minas* (1711), introdução e comentário crítico por Andrée Mansuy Diniz Silva. Lisboa: Comissão Nacional para as Comemorações dos Descobrimentos Portugueses, 2001, p. 324; ABREU, C. de, *Capítulos de História Colonial*, 3ª ed. Rio de Janeiro: Sociedade Capistrano de Abreu, 1934, p. 140; Luiz Alberto Moniz Bandeira, *Op. cit.*, p. 199 e GAMA, J. M. da, Diário de viagem de regresso ao Reino (1728), In: MARTINS, F. A. O., *Um Herói Esquecido (João da Maia da Gama)*, 2 vols. Lisboa: Agência Geral das Colónias, 1944, vol. II, p. 27.

requisição de mantimentos envolveram até as capitanias mais distantes, como a do Rio de Janeiro e a de São Vicente.

Dessa forma, após 1630, a chamada "guerra do açúcar" mobilizou as atenções da Coroa. Os serviços mais importantes nas partes do Brasil passaram a ser a participação ou o financiamento da guerra. Paralelamente aos combates, ocorreu um profundo rearranjo das elites nas áreas ocupadas ou próximas: com o deslocamento de parte da elite pernambucana para a Bahia, associando-se aos grupos do Recôncavo e o surgimento de uma nova camada em Pernambuco. Esta, aproveitando-se da ocupação holandesa, inseriu-se na elite local e ao participar da guerra de restauração acabou por consolidar sua posição com a expulsão definitiva dos holandeses em 1654[57].

Tais elementos, somados à nova conjuntura internacional de meados do século XVII, com a entrada em cena de novas potências coloniais e a crise geral do século, indicam também que o período posterior a 1630 corresponde a uma nova fase, tanto no plano interno da Colônia como no externo[58].

Eric Hobsbawn apontava que as relações entre a Europa e as outras regiões do globo, dentro do Antigo Sistema Colonial, teriam passado por três fases: "a dos benefícios fáceis, a da crise e, com sorte, a da prosperidade mais moderna e estável", a primeira fase, baseada no monopólio da restrita produção de especiarias e outros produtos ou de metais, gerou uma competição crescente entre as potências europeias que, aumentando o custo de proteção do sistema, acabou por fazer que o velho modelo entrasse em crise, surgindo uma nova modalidade de exploração colonial[59].

---

[57] MELLO, E. C. de, *Olinda Restaurada: guerra e açúcar no nordeste, 1630-1654*. Rio de Janeiro: Forense e São Paulo: Edusp, 1975.

[58] Ver HOBSBAWN, E., A Crise Geral da Economia Européia do Século XVII, In: HOBSBAWN, E., *As origens da Revolução Industrial* (tradução). São Paulo: Global, 1979 e WALLERSTEIN, I., *O Sistema Mundial Moderno* (tradução), 2 vols. Porto: Afrontamento, s/d. Ainda EMMER, P. C., The Dutch and making of the second Atlantic System, In: SOLOW, B. L. (Ed.), *Slavery and the rise of the Atlantic System*. Cambridge: Cambridge University Press, 1991, p. 76 e seguintes e ROMANO, R., Between the sixteenth and seventeenth centuries: the economic crisis of 1619-22, In: PARKER, G.; SMITH, L. M. (Ed.), *The General Crisis of the Seventh Century*, 2ª ed. London and New York: Routledge, 1997.

[59] Eric Hobsbawn, *Op. cit.*, p. 28.

INTRODUÇÃO

Tal ideia foi depois desenvolvida por Peter Emmer, apontando a existência de dois sistemas, o primeiro – *first Atlantic System* – criado pelos ibéricos e o segundo – *second Atlantic System* – criado pelos holandeses, ingleses e franceses, cujas diferenças, resumidas pelo autor, seriam: *"pertained to the location of their points of economic gravity, their demographic and racial composition, and their organization of trade and investment as well as to the social fabric [...]"*[60].

As colônias, ainda segundo Emmer, criadas pelo segundo sistema, em particular nas Antilhas, orientadas ao máximo para o mercado externo, com baixa produção de artigos para consumo interno e com grande parte da população constituída por escravos, seriam resultados do caráter capitalista desse sistema. Seguiam outra lógica, dominada pelo comércio, diferente da lógica imperial, no velho sentido, seguida pelos ibéricos, que subordinara os interesses comerciais aos da Coroa.

Neste trabalho, procuramos acompanhar, ao longo do primeiro século de efetiva colonização portuguesa na América, a montagem de um sistema de exploração, que nas primeiras décadas do século XVII apontava sua potencialidade de lucro comercial e, por isso, atiçava a cobiça das potências emergentes. Não se trata, assim, apenas de um primeiro sistema colonial, mas da estruturação de um mercado mundial e dos seus mecanismos de produção e apropriação de riquezas.

As formas de exploração desenvolvidas pelas novas potências não constituiriam um novo sistema colonial, mas representariam a elevação ao máximo do sistema montado pela expansão ibérica, fruto de especificidades das dinâmicas próprias de cada metrópole e dos períodos distintos de montagem dos seus respectivos impérios coloniais. Neste sentido, o sistema colonial montado pelos portugueses não pode ser considerado arcaico, pois foi a partir dele que se iniciou o processo de drenagem dos recursos produzidos no espaço colonial, embora, no caso de Portugal, os ganhos do sistema, por uma série de motivos, tenham escoado em grande medida para outras metrópoles.

---

[60] Peter Emmer, *Op. cit.*, p. 76. Veja-se ainda CANABRAVA, A., *O açúcar nas Antilhas (1697-1755)*. São Paulo: Instituto de pesquisas econômicas, 1981, p. 245 e 246.

Dessa maneira, essa nova fase, simbolizada pela ocupação de Olinda em 1630, marcaria a passagem das novas potências coloniais de uma fase de mera pirataria para outra mais sistemática, de ocupação e exploração. O conflito global entre portugueses e holandeses seria também o conflito de diferentes lógicas de exploração colonial e seria, em síntese, nas palavras de Charles R. Boxer:

> *this lengthy colonial war took the form of a fight for the spice-trade of Asia, for the slave-trade of west Africa, and for the sugar-trade of Brazil. Similarly, it can be said that the final result was, in effect, a victory for the Dutch in Asia, a draw in west Africa and a victory for the Portuguese in Brazil [...]*[61]

Resultado que dependeu do grau de participação dos portugueses nos processos de produção, pois ainda para este autor:

> *the Portuguese, with all theirs faults, had struck deeper roots* [no Brasil] *as colonists; and so they could not, as a rule be removed from the scene simply by a naval or by a military defeat, or even by a series of such defeats.*[62]

Quanto ao recorte espacial, trabalhamos com todas as áreas ocupadas pelos portugueses, avançando das capitanias originais às novas conquistas, acompanhando a expansão territorial, indo até um pouco depois da ocupação da foz do Rio Amazonas e da formação da capitania do Pará em 1616. Também não vemos inconvenientes na inclusão da região do Maranhão e do Pará, pois a criação do Estado do Maranhão é de 1621 e sua efetivação só ocorre em 1626. Dessa forma, durante praticamente todo período proposto, o conjunto da costa, incluindo a não ocupada, esteve dentro da alçada do Estado do Brasil. Além disso, a conquista dessa região se fez sob a supervisão do Governo Geral e a maior parte dos combatentes e conquistadores, bem como a dos primeiros ocupantes de cargo na área, oriundos das antigas áreas de colonização, como, por exemplo, Pernambuco, Paraíba e Bahia.

---

[61] BOXER, C. R, *Four Centuries of Portuguese Expansion*. Berkeley: University of California Press, 1969, p. 49.
[62] Charles R. Boxer, *Op. cit.*, p. 54.

Portanto, para se compreender a formação dos mecanismos do Antigo Sistema Colonial nas partes do Brasil é indispensável entender o papel que a elite colonial residente desempenhou, e, por outro lado, só é possível compreender a gênese dessa elite por sua inserção dentro dos quadros do Antigo Sistema Colonial.

PARTE I
HONRAS E MERCÊS

1.
PRÊMIO E CASTIGO

"O meio, Doroteu, o forte meio
Que os chefes descobriram para terem
Os corpos que governam, em sossego,
Consiste em repartirem com mão reta,
Os prêmios e os castigos...", Critilo

(Tomás Antônio Gonzaga)[1].

A JUSTIÇA DISTRIBUTIVA

"A justiça consiste principalmente em galardoar bons e castigar maus", definia o teólogo, personagem do livro "Imagem da Vida Cristã"[2], de Frei Heitor Pinto, publicado em 1563 na forma de diálogos. Um dos quais sobre a Justiça, intitulado "do Prêmio e Castigo, e de qual deles se há o príncipe mais de prezar", no qual apresenta por meio de seus personagens várias ideias sobre o tema, recorrendo em muitos casos a pensadores gregos e romanos ou às escrituras sagradas. A questão proposta no título do diálogo é esclarecida pelo teólogo, que, ao responder

---

[1] CRITILO (Tomás Antônio Gonzaga), *Cartas Chilenas*, introdução e notas de Afonso Arinos de Melo Franco. Rio de Janeiro: Imprensa Nacional, 1940, p. 243.

[2] Um dos grandes nomes da cultura portuguesa do século XVI, Frei Heitor Pinto exerceu grande influência em Portugal, tendo lecionado Teologia em Coimbra e publicado, entre outras obras, "Imagem da Vida Cristã", que teve várias edições ainda no século XVI. Por seu apoio ao Prior do Crato acabou silenciado por Filipe II que o confinou num mosteiro, onde faleceu poucos anos depois. PINTO, H., *Imagem da Vida Cristã*, 4 vols. Lisboa: Sá da Costa, 1940.

à pergunta do cidadão sobre qual dos dois deve ser mais prezado pelos governantes, evoca o imperador romano Tito, que dizia:

> que fazer mercês era o braço direito e punir culpas o esquerdo. E assim como mais nos servimos e prezamos do direito do que do esquerdo, assim é coisa mais gloriosa favorecer virtudes que castigar vícios, porque na primeira resplandece o amor e na segunda o temor.

E, em seguida, dirigindo-se ao jurista, que valoriza mais o castigo do que o prêmio, conclui:

> claro está que se o príncipe não favorecesse as virtudes, que haveria poucos que as fizessem, ainda que castigasse os vícios. Mais se movem os homens com amor que com terror, e mais se animam a coisas grandes, e se abalizam na excelente virtude com esperança de futuro prêmio, que com medo do castigo. [...] E com este amor, que tem a seu rei, pelo que ele lhe tem a eles, se prezam de ser seus, e se excitam e aventuram a coisas grandes e duvidosas.[3]

No século seguinte, Antônio Vieira, pregando no Hospital da Misericórdia da Bahia em 1640 por ocasião da chegada do Marquês de Montalvão, vice-rei do Brasil, a Salvador, enfatizava que da mesma forma que a medicina purga os humores nocivos e alimenta o sujeito debilitado, a um exército ou república não bastava:

> aquela parte da justiça, que com rigor do castigo a alimpa dos vícios, como de perniciosos humores, senão que é também necessária à outra parte que com prêmios proporcionados ao merecimento esforce, sustente e anime a esperança dos homens.[4]

Para o jesuíta eram tão necessárias, para o sustento da monarquia, a justiça punitiva para os castigos, como a justiça distributiva para

---

[3] Frei Heitor Pinto, *Op. cit.*, as citações foram extraídas respectivamente das páginas 147, 149 e 151 do 1º volume. Interessante que Tomás Antônio Gonzaga, jurista, expressa na continuação da passagem citada em epígrafe a opinião oposta, valorizando assim mais o castigo do que o prêmio. Cf. Critilo (Tomás Antônio Gonzaga), *Op. cit.*, p. 243.

[4] No contexto da guerra contra os holandeses, Vieira procurava incentivar os soldados portugueses louvando seus sacrifícios (VIEIRA, Padre Antônio, *Sermões do Padre Antônio Vieira*, reprodução facsimilada da *editio princeps*, organizada pelo Padre Augusto Magne, 16 vols. São Paulo: Anchietana, 1943-45, vol. 8, p. 397).

os prêmios[5]. Apesar do brilho do sermão, Vieira não inovava: apenas retomava de forma expressiva uma ideia que vinha de longe e que continuaria em voga ainda por muitos anos.

Tal concepção, nascida na Antiguidade clássica, mantivera-se no pensamento cristão e tinha na dicotomia entre céu e inferno a melhor expressão do castigo e do prêmio divinos. Cabia aos reis como representantes de Deus na terra aplicá-los a seu modo, conforme se explicava nas Ordenações Afonsinas:

> Quando Nosso Senhor Deus fez as criaturas assim razoáveis, como aquelas que carecem de razão, não quis que todas fossem iguais, mais estabeleceu e ordenou cada uma em sua virtude e poderio departidas [repartidas], segundo o grau, em que as pôs: bem assim os reis, que em logo [lugar] de Deus na terra são postos para reger e governar o povo nas obras que hão de fazer, assim da justiça, como de graças e mercês, devem seguir o exemplo daquele, que ele fez e ordenou, dando e distribuindo não a todos por uma guisa, mais a cada um apartadamente, segundo o grau e condição e estado de que for.[6]

O próprio Vieira lembrava a D. Afonso VI que "os reis são vassalos de Deus, e, se os reis não castigam seus vassalos, castiga Deus os seus"[7], por isso não se estranha que as tragédias dos reinos fossem vistas como castigos divinos às faltas humanas não punidas pelos monarcas ou

---

[5] Para o padre Antônio Vieira "Prêmio e castigo são os dois pólos em que se revolve e sustenta a conservação de qualquer monarquia" e "ambos estes [prêmio e castigo] faltaram sempre ao Brasil, por isso se arruinou e caiu", no caso o jesuíta se refere à invasão holandesa. "Sermão da visitação de Nossa Senhora" de junho de 1640, publicado em Padre Antônio Vieira, *Op. cit.*, vol. 8, p. 393.

[6] Ordenações Afonsinas, 5 vols. Lisboa: Calouste Gulbenkian, 1988. O conjunto de leis compiladas a mando do rei D. Duarte e publicadas a partir de 1446, durante o reinado de D. Afonso V, recebeu o nome de Ordenações Afonsinas em homenagem ao monarca. A citação encontra-se no Livro II, título XL, p. 293.

[7] Vieira, na sequência, tenta mostrar como a perda de D. Sebastião no Marrocos e o consequente "cativeiro" de Portugal seriam o castigo dos "cativeiros que na costa da mesma África começaram a fazer os nossos primeiros conquistadores, com tão pouca justiça". "Carta ao rei D. Afonso VI" de 20 de abril de 1657, publicada em VIEIRA, A., *Cartas*, coordenadas e anotadas por João Lúcio de Azevedo, 3 vols. Lisboa: Imprensa Nacional – Casa da Moeda, 1997, vol. I, p. 449.

ainda que a justiça fosse considerada como a principal tarefa da realeza[8]. João de Barros, por exemplo, explicava que:

> entre as virtudes de que príncipes e governadores das repúblicas tem maior necessidade, para o descanso e conservação de seus Estados, sempre o primeiro lugar foi dado à justiça; e isto com muita razão, porque sendo Deus perfeita justiça, os reis, que por ele são ordenados e cujo poder representam, a ele só em tudo devem seguir.[9]

O discurso era recorrente por todo Império, como se percebe por exemplo numa carta de 1613, endereçada ao donatário da capitania de São Vicente pelos oficiais da Câmara da vila de São Paulo, na qual afirmavam: "que nos mandem o que for justo, e nos favoreçam no bem e castiguem no mal quando o merecermos, que tudo é necessário"[10]; ou em outra carta, escrita pouco mais de 100 anos depois, enviada ao governador de Pernambuco, Felix Machado, na qual um interlocutor desconhecido explicava "sempre entendi que nenhuma república se podia conservar faltando nela prêmio para os bons e castigos para os maus"[11] ou ainda numa carta escrita de Goa, pelo governador do Estado da Índia, Antônio Paes de Sande, em que este lembrava

---

[8] Também era comum o discurso de que Deus recompensaria certos serviços, para os quais o rei injustamente não tinha feito nenhuma mercê, veja-se, por exemplo, a descrição da morte de Duarte Coelho feita por Frei Vicente do Salvador. SALVADOR, V. do, *História do Brasil* (1627), 5ª ed. São Paulo: Melhoramentos, 1965, p. 134 (Sobre este caso, veja-se o segundo capítulo deste trabalho).

[9] A parte inicial do "Panegírico do rei D. João III" (1533), de João de Barros, é dedicada à questão da justiça. BARROS, J. de, *Panegíricos* (Século XVI), texto restituído, prefácio e notas pelo prof. M. Rodrigues Lapa. Lisboa: Sá da Costa, 1943, p. 3. Sobre o papel da justiça e a ideia dela como primeira tarefa da Coroa, veja-se para a Idade Média em Portugal: FRANÇA, E. d'O., *O Poder Real em Portugal e as origens do Absolutismo*. São Paulo: FFCL-USP, 1946, p. 128 e seguintes. E para o conjunto da história portuguesa vejam-se os volumes 2, 3 e 4 da coleção *História de Portugal* dirigida por José Mattoso, respectivamente: MATTOSO, J., *A Monarquia Feudal*. Lisboa: Estampa, s/d., p. 516 e seguintes; MAGALHÃES, J. R. de, *No Alvorecer da Modernidade*. Lisboa: Estampa, s/d., p. 61 e seguintes; e HESPANHA, A. M., *O Antigo Regime*. Lisboa: Estampa, s/d., p. 157 e seguintes.

[10] "Carta da Câmara de São Paulo" de 13 de janeiro de 1613, que consta das *Atas da Câmara de São Paulo*. São Paulo: Arquivo Municipal, 1914, vol. II, p. 497, publicada também por PRADO, P., *Paulistica*. São Paulo: Editora Monteiro Lobato, 1925, p. 27.

[11] Cf. MELLO, E. C. de, *A Fronda dos Mazombos*. São Paulo: Companhia das Letras, 1995, p. 403.

a necessidade de os homens servirem "com a esperança de prêmio e temor de castigo"[12].

Pouco mais de cento e cinquenta anos depois do citado sermão de Vieira, já em fins do século XVIII, D. Rodrigo de Souza Coutinho, então ministro e secretário de Estado da Marinha e Domínios Ultramarinos, em carta para D. Fernando José de Portugal, governador da Bahia, em que discute a sedição de 1798 em Salvador, chamava a atenção para o fato de que "prêmio e castigo são os dois polos sobre que estriba toda a máquina política", praticamente repetindo a frase do Padre Vieira, atestando toda força que tal concepção ainda mantinha[13].

Nos manuais do bom governante, em moda durante toda a Idade Moderna nas mais variadas formas[14], o tópico estava presente, como se vê, por exemplo, na "Suma Política", de Sebastião César de Menezes, teólogo que chegou a ser Arcebispo de Lisboa e foi uma das figuras mais proeminentes da política portuguesa do período pós-Restauração. A obra oferecida ao filho de D. João IV, D. Teodósio, falecido antes de chegar ao trono, procurava instruir o futuro rei sobre o bom governo, dedicando um capítulo à justiça distributiva, no qual explicava ser esta encarregada de repartir "o útil, distribuir as honras e proporcionar os cargos". Em seguida, expunha também que a desigualdade na sua execução será "reputado por tirania em tempos pacíficos, e nos turbulentos será força que arruíne" a república, pois sentenciava:

---

[12] "Carta ao rei" de 20 de janeiro de 1680, publicada por CASTRO, A. P. de S., *Antônio Paes de Sande, o grande governador*. Lisboa: Agência Geral do Ultramar, 1951, p. 127.

[13] "Carta de D. Rodrigo de Souza Coutinho para D. Fernando José de Portugal" de 4 de outubro de 1798, publicada por SILVA, I. A. de C. e, *Memórias Históricas e Políticas da Bahia*, anotadas por Braz do Amaral, 6 vols. Bahia: Imprensa Oficial, 1919-1940, vol. III, p. 95.

[14] Em toda a Europa surgiu um tipo especial de literatura destinada à educação de reis, príncipes e nobres em geral, mantendo uma tradição que vinha da antiguidade, da qual Xenofonte poderia ser um bom exemplo, e que acabaria por criar alguns subtipos, como os voltados para educação dos príncipes ou como os destinados a preparar os nobres para a vida na Corte. Joaquim Ferreira Gomes lista 56 obras do gênero relacionadas com Portugal, do *Speculum Regum* (Espelho dos Reis), de Frei Álvaro Pais, do século XIV, até *Apontamentos para educação de um menino nobre*, de Martinho de Mendonça, publicada em 1734. Sobre o tema ver GOMES, J. F., *Martinho de Mendonça e sua obra pedagógica* com a edição crítica dos *Apontamentos para a educação de um menino nobre* (1734). Coimbra: Universidade de Coimbra, 1964.

é natural em todos os humanos, e muito mais nos portugueses, sentirem sobretudo a ofensa da honra, e como esta nasce do valor, cuidam que quando lhes falta o prêmio, também lhes falta a opinião de valorosos.[15]

Na obra de Francisco António de Novaes Campos, "Príncipe Perfeito", oferecida em 1790[16] ao príncipe D. João, futuro D. João VI, são apresentados cem emblemas que versam sobre as regras adequadas ao bom governante. Dentre os vários temas apresentados, o que nos interessa particularmente aqui é o da distribuição da justiça, recorrente em diversos emblemas que aconselham a distribuição igual da justiça a todos, o socorro aos pobres, o ouvir as queixas dos vassalos, a moderação nos castigos e a piedade nas penas[17]. Mas o autor também se preocupa com o outro lado da justiça, o lado positivo, em que um rei, que foge do vício da avareza, sabe recompensar os vassalos, e, enfim, como enfatiza em outro emblema: "O rei deve premiar e dar castigo"[18], síntese perfeita de uma lógica que norteava a relação da coroa com seus vassalos[19].

Nas crônicas dos reis portugueses o tema aparece com frequência, não mais como um modelo teórico a ser seguido, mas como exemplos históricos concretos. A distribuição de honras e mercês, aliás, é um dos

---

[15] MENEZES, S. C. de, *Suma Política* (1649). Porto: Gama, 1945. A primeira edição portuguesa é de 1649, sendo seguida de outra latina, no ano seguinte, publicada na Holanda. As citações estão respectivamente nas p. 123 e 124.

[16] A obra foi oferecida em um exemplar único, que se encontra na Biblioteca Nacional do Rio de Janeiro e foi feita a partir dos emblemas de D. João de Solórzano, jurista e grande personagem do século XVII espanhol, os quais constam de um título em latim, uma ilustração e versos também em latim, que foram desenvolvidos num soneto, em português, por Francisco Campos. CAMPOS, F. A. de N., *Príncipe Perfeito* (1790). Lisboa: Instituto de Cultura e Língua Portuguesa, 1985.

[17] Ver em particular os seguintes emblemas: XIX, XLI, LX, LXIV, LXXIII, LXXIV, LXXIIX e XXXIX (A numeração romana aqui segue o padrão ibérico).

[18] Cf. emblema LXXVI.

[19] Francisco Campos também retoma outras imagens comumente associadas à figura régia: a do pastor ou a do pai, esta, por exemplo, é usada por Duarte Nunes do Leão, que nos lembra que "os portugueses servem com amor de filhos a seu rei, e como tais são tratados", após destacar a lealdade destes ao seu rei ou por Bartolomeu Guerreiro, quando afirma que "Aqueles Reis sereníssimos [os Filipes] tão verdadeiros pais de seus vassalos", após discutir o tratamento dado aos vassalos que participaram na jornada de recuperação da Bahia em 1625. Respectivamente, LEÃO, D. N. do, *Descrição do Reino de Portugal* (1610). Lisboa: Centro de História da Universidade de Lisboa, 2002, p. 277; e GUERREIRO, B., *Jornada dos Vassalos da Coroa de Portugal* (1625). Rio de Janeiro: Biblioteca Nacional, 1966, p. 96.

três principais temas encontrados nas crônicas, ao lado dos grandes acontecimentos políticos e bélicos do Reino e do ultramar e das questões dinásticas – alianças, casamentos, nascimentos etc. –, o que se entende, pois a distribuição das recompensas era vista como uma das grandes tarefas da Coroa e uma obrigação do monarca.

Bons exemplos disto são as crônicas de D. Pedro e de D. João II. Na obra "Vidas e Feitos d'el-rei Dom João Segundo" de Garcia de Resende, escrita durante o reinado de D. João III, que não só resgatava os principais acontecimentos do reinado, mas também destacava as características pessoais do monarca[20]. Garcia de Resende ressaltava a preocupação do rei com a distribuição dos prêmios e castigos, tendo sido "muito nobre e grã liberal em fazer mercês e dádivas a quem devia, e como devia, e da maneira que devia por sua própria vontade e não por importunações de ninguém"[21], procurando sempre recompensar mesmo antes que os merecedores tivessem feito seus pedidos, organizando, em segredo, um livro para registrar os nomes das pessoas que haviam prestado serviços para posteriormente serem recompensadas, inclusive a ponto de ensinar como estas deviam fazer seus pedidos.

Fernão Lopes, na "Crônica de D. Pedro", cognominado "cru" ou "cruel" por sua determinação em exercer a justiça, o que lhe valeu ficar conhecido mais como justiceiro do que justo, embora nem por isso impopular, conta-nos que:

> O rei D. Pedro era em dar muito ledo, em tanto que muitas vezes dizia que lhe afrouxassem a cinta que entonces usavam não muito apertada, por que se lhe alargasse o corpo, por mais espaçosamente poder dar: dizendo que o dia que o rei não dava, não devia ser havido por rei.[22]

---

[20] O autor foi criado desde pequeno junto ao monarca, tendo servido depois em tarefas de maior peso, ocupando ofícios nos reinados de D. João II, D. Manuel e D. João III, quando chegou a ser escrivão da Fazenda e guarda da Câmara Real. RESENDE, G. de, *Livro das Obras de Garcia de Resende* (século XVI), edição crítica de Evelina Verdelho. Lisboa: Calouste Gulbenkian, 1994.

[21] Garcia de Resende, *Op. cit.*, p. 140.

[22] LOPES, F., *Crônica de D. Pedro* (Século XV). Lisboa: Academia Real das Ciências, 1816, p. 8, tomo V da Coleção de Inéditos da História de Portugal (existe uma reedição moderna da editora Civilização do Porto). No prólogo o cronista lembra que "é por serem os maus castigados e os bons viverem em paz" uma das razões para que o poder real tenha se estabelecido, discorrendo em seguida sobre a justiça e o comportamento do rei.

Contudo, ao mesmo tempo que se louvavam os reis, que com liberalidade[23] ou generosidade[24], como D. João II, sabiam recompensar os serviços dos vassalos, corria oralmente uma imensa variedade de chistes e relatos anedóticos sobre o oposto, ou seja, a não retribuição dos serviços. Parte desse material foi recolhido por um autor anônimo, e recebeu o título de "Ditos Portugueses Dignos de Memória". Compilados, ao que tudo indica, por um funcionário régio com grande trânsito dentro da Corte e particularmente próximo ao Conde da Castanheira, figura proeminente do reinado de D. João III[25], constitui-se numa coletânea não só de frases significativas, histórias pitorescas e episódios célebres, mas também de boatos e acontecimentos cotidianos que circulavam na Corte portuguesa de meados do XVI.

Tal obra permite o acesso direto a determinados aspectos da mentalidade da sociedade da época que dificilmente apareceriam tão explícitos em outros tipos de fontes; significativos aqui são os aspectos ligados às honras e mercês, particularmente à ideia vigente do dever de remuneração por parte do soberano ou de outros grandes senhores aos vassalos ou criados que prestavam serviços. Um tema recorrente da obra e que deu motivo a uma série de historietas é a luta dos vassalos para receberem as recompensas esperadas ou prometidas, como no seguinte relato:

> um fidalgo de muita marca e continuando a Corte, não lhe fazia el-rei mercê, e um dia, pedindo a el-rei uma coisa, disse-lhe ele que bem sabia que a merecia, mas que era mofino (azarado, mal afortunado) [...] (ao que o fidalgo) respondeu-lhe: senhor, dê-me vossa alteza a mão pela mercê que me faz em me dizer que lhe mereço a mercê que lhe peço, mas vossa alteza é o mofino (mesquinho) que eu não, porque eu tenho-o muito bem servido,

---

[23] A liberalidade seria uma das qualidades próprias dos reis, louvada em todos os discursos sobre o bom governo, evocando sempre, direta ou indiretamente, os ensinamentos de Aristóteles. Cf. ARISTÓTELES, *Moral, a Nicómaco* (tradução). Buenos Aires: Espasa-Calpe, 1952, particularmente Livro IV, cap. 1º, "De la liberalidad".

[24] Rocha Pita lembra, para louvar D. João V, que a generosidade é um dos atributos dos príncipes e, no seu estilo, conta "o poder dar mais do que se recebe, é a maior riqueza de que os humanos podem jatar-se, como dizia Túlio; e em ser credor a todos e a nenhum devedor consiste o ser príncipe, como sente Anaxilau". PITA, R., *História da América Portuguesa* (1730). Belo Horizonte: Itatiaia, 1976, p. 239.

[25] *Ditos Portugueses Dignos de Memória* (Século XVI), editada e comentada por José Hermano Saraiva, 2ª ed. Lisboa: Europa-América, s/d.

que é o meu ofício; e vossa alteza não faz o seu, pois não me faz mercê nenhuma[26].

A falta de prêmios e de castigos, por outro lado, era sempre lembrada nos trabalhos que denunciavam a "degradação da moral e dos costumes". Neste sentido, duas obras impressionam pela crueza dos relatos: uma relativa à Índia portuguesa, outra mais especificamente voltada para o Reino.

A primeira delas é "O Soldado Prático" de Diogo do Couto[27], obra cuja versão final é de 1610, mas da qual já corria uma versão preliminar manuscrita, cujo original foi furtado do autor[28]. Escrita na forma de diálogos, a obra apresenta três personagens: um soldado veterano da Índia, de volta ao Reino para requerer por seus serviços, um fidalgo e um oficial encarregado de despachar os pedidos. O soldado no "vai e vem" da luta pela obtenção da paga por seus serviços, vários deles "ornamentados

---

[26] *Ibidem*, p. 208. Era comum os agraciados beijarem a mão do rei em sinal de agradecimento diretamente ou indiretamente, através de familiares. Para o sentido de "mofino" ver SILVA, A. de M., *Diccionario da Lingua Portugueza* (fac-símile da 2ª ed. de 1813), 2 vols. Rio de Janeiro: Fluminense, 1922, vol. I, p. 31.

[27] Diogo do Couto, criado junto ao infante D. Luís, filho do rei D. Manuel, tendo servido depois no Paço como moço de câmara do rei, acaba por ir ainda jovem para a Índia, em 1559, onde serviu diversos cargos, tendo chegado a guarda-mor do Tombo de Goa. COUTO, D. do, *O Soldado Prático* (1610), 3ª ed. Lisboa: Sá da Costa, 1980.

[28] O autor, continuador das famosas "Décadas da Ásia", iniciadas por João de Barros, teve, em momentos diversos, parte de suas obras roubadas. Tal fato, pode ser explicado, em parte, por serem os escritos sobre os grandes acontecimentos testemunho da participação ou não dos vassalos, logo, eram usados também como prova para pedidos de recompensas, além de servirem às estratégias familiares de promoção, pois sempre se podia alegar os serviços dos antepassados. Exemplo disso é o livro do filho do grande Afonso de Albuquerque, 2º governador do Estado da Índia, homônimo do pai, em que lembra ao rei D. Sebastião, a quem dedica a obra, que seu objetivo era mostrar ao rei os trabalhos e sofrimentos do pai e "a obrigação [do rei] quem tem aos netos e parentes daqueles que nestas conquistas acabaram seus dias". ALBUQUERQUE, A. de, *Comentários do Grande Afonso de Albuquerque* (1557), prefaciada e revista por Antonio Baião, 2 vols., 4ª ed. Coimbra: Imprensa da Universidade, 1922, vol. I, p. X. Dessa forma os cronistas sempre acabavam acusados de favorecer ou de desfavorecer certos indivíduos ou famílias. Ainda sobre a questão, vale lembrar o caso de Damião de Góis, que afirmava, no prólogo da "Crônica do Felicíssimo rei D. Manuel": "no escrever das crônicas se requer, que é com verdade dar a cada um o louvor ou repreensão que merecem", o que, aliás, lhe causou sérios problemas com os defensores da Casa de Bragança, que o acusavam de lembrar acontecimentos do reinado anterior apenas para desmerecê-la. GÓIS, D. de, *Crônica do Felicíssimo rei D. Manuel* (1566), 4 vols. Coimbra: Universidade de Coimbra, 1949.

e esmaltados muitas vezes com o [próprio] sangue", vai descrevendo as mazelas da Índia portuguesa vistas pelo autor *in loco* ao longo de quase toda segunda metade do século XVI e também nos primeiros anos do XVII, quando morreu, momento prévio do desmoronamento do Império Oriental, que para muitos seria consequência dos fatos descritos por Couto[29].

Numa passagem de expressiva eloquência, o soldado, ao responder sobre o que solicitara em sua petição, afirmava: "já agora não há na Índia que pedir, que tudo é dado por trezentos anos, eu não tenho idade para esperar tanto: dêem-me o que quiserem", para em seguida lembrar os "bons tempos" de D. João III, quando os cargos e comendas eram dados para logo serem empossados, "e com isso folgavam os homens de servirem, e punham por isso a vida" e, muitas vezes, antes mesmo que fossem ao Reino a requerer, recebiam do rei mercês de cargos importantes para posse imediata "que estas são as mercês de estimar mas hoje que tudo está tão entupido, confesso a Vossas Mercês que não têm os homens gosto de servirem; e se o fazem, é porque não têm outro remédio"[30].

A segunda obra é "Arte de furtar" de 1652, cujo enorme e expressivo subtítulo: "espelho de enganos, teatro de verdades, mostrador de horas minguadas, gazua geral dos Reinos de Portugal"[31] mostra bem o cunho moralista dado pelo autor, de identidade incerta, que procura mostrar que a "decadência" de Portugal é decorrência da imoralidade que domina a sociedade portuguesa de alto a baixo, e vai inclusive

---

[29] Que não se pense, contudo, que os problemas apontados por Couto fossem exclusividade dos momentos anteriores à grande queda da Índia portuguesa em meados do século XVII. Muito tempo antes, D. João de Castro, vice-rei da Índia, avisava: "mas vejo claramente que se vai esta terra a perder por falta de uma justiça breve e rigorosa, que dê castigo aos maus e ponha espanto nos bons", numa carta ao rei, escrita em Goa, provavelmente em 1547. CASTRO, J. de, *Cartas de D. João de Castro a D. João III*, com comentários de Luís de Albuquerque. Lisboa: Alfa, 1989, p. 127.

[30] As passagens referidas estão em Diogo do Couto, *Op. cit.*, p. 138 e 139.

[31] Obra do século XVII, conhecida pela polêmica em torno da autoria, para Roger Bismut, responsável pela edição crítica, seguindo outros autores, o autor seria o Padre Manuel da Costa, jesuíta, sem contudo dirimir as dúvidas. *Arte de Furtar*: edição crítica, com introdução e notas de Roger Bismut. Lisboa: Imprensa Nacional - Casa da Moeda, s/d. Veja-se também outra hipótese – Antônio de Sousa de Macedo, jurista e diplomata – em Afonso Pena Júnior, *A Arte de Furtar e seu autor*, 2 vols. Rio de Janeiro: José Olympio, 1946.

apresentar possíveis "remédios" para essa situação. A obra foi dedicada a D. João IV e ao príncipe D. Teodósio, na esperança que pudessem aplicar os conselhos sugeridos.

A obra ainda destaca a ideia da justiça como tarefa primordial do rei, a quem aconselha: "que não dissimule nenhuma desobediência, por leve que seja, sem castigo pesado; e far-se-á temido [...] que não deixe passar nenhum serviço sem prêmio; e será bem servido"[32].

Embora houvesse certo consenso sobre o dever régio de remunerar os vassalos, a questão gerou diferentes interpretações no meio jurídico. Alguns juristas viam, e com razão, na obrigação do rei em remunerar seus vassalos, uma limitação ao próprio poder real. Domingos Antunes Portugal acreditava que não se podia obrigar o rei a remunerar os serviços, porquanto apenas a justiça e a liberalidade é que o levavam a isso. Já para António de Sousa de Macedo, os vassalos tinham direitos adquiridos, sendo a remuneração dos serviços uma espécie de contrato oneroso que o rei devia respeitar[33].

Independentemente, contudo, da obrigatoriedade ou não do pagamento, o certo é que, para o senso comum da época, a falta de prêmios desestimulava os serviços; ideia que foi sintetizada por Bento Teixeira na seguinte passagem da "Prosopopéia":

> mas quem por seus serviços bons não herda,
> Desgosta de fazer coisa lustrosa,
> Que a condição do rei que não é franco,
> Vassalo faz ser nas obras manco[34].

---

[32] Cf. *Arte de Furtar, Op. cit.*, p. 168. O "pagamento" correto dos serviços, "os falsos serviços" apresentados, o uso dos cargos e ofícios e a crítica da venalidade dos ofícios praticada no período filipino são outros dos tópicos tratados na obra.

[33] Esta discussão é apresentada por Fernanda Olival num dos mais importantes trabalhos sobre o tema, *As Ordens Militares e o Estado Moderno: honra, mercê e venalidade em Portugal (1641-1789)*. Lisboa: Estar, 2001, p. 23 e seguintes.

[34] PILOTO, A. L.; TEIXEIRA, B., *Naufragio & Prosopopea* (1601). Recife: UFPE, 1969, p. 128.

A MONARQUIA PATRIMONIALISTA

A quantidade de pregadores, homens de estado, teólogos, moralistas, cronistas, oficiais régios e juristas que trataram da questão ao longo da Idade Moderna, de que se apresentam aqui alguns exemplos, atesta a importância da prática de remunerar os serviços em Portugal. Fernanda Olival afirma tratar-se de "um rei e um Reino que viviam da mercê", e aponta que "servir a Coroa, com objetivo de pedir em troca recompensas, tornara-se quase um modo de vida, para diferentes setores do espaço social português"[35], constituía do mesmo modo uma estratégia de sobrevivência e também de promoção, e que, para os grupos sociais mais baixos, o grande problema era como conseguir as condições financeiras necessárias para poder servir.

A lógica era simples: os mais variados serviços e a consequente obtenção de mercês diversas possibilitariam novos empreendimentos e novas recompensas, em espiral crescente de *status* social e de condições econômicas, a envolver pequenas e grandes personalidades. O processo era sempre o mesmo, partiam apenas de patamares diferentes, já que todos os serviços, dos menores aos maiores, exigiam recursos financeiros próprios de maior ou menor monta e chegavam a pontos diferentes, pois a remuneração era feita de acordo com a importância da tarefa e a qualidade da pessoa.

Dois dos mais interessantes exemplos dessa relação entre serviços e recursos financeiros podem ser encontrados em cartas enviadas por proeminentes personalidades da Índia portuguesa da primeira metade do século XVI. O primeiro é o de Afonso de Albuquerque, que governou a Índia nos primeiros tempos do domínio português, sendo responsável pelas grandes conquistas do período (Ormuz, Goa e Malaca), que afirmava, com toda desenvoltura, numa carta para D. Manuel:

> Lembro-vos, Senhor, que se fazeis fundamento da Índia, e minha pessoa acabar nela, que me deveis de fazer muito grande mercê e muito rico, porque, quando as vezes me de lá não vir socorrido, e me vir cá em alguma necessidade, possa abrir meu cofre, e achar nele cinqüenta ou cem

---

[35] Fernanda Olival, *Op. cit.*, p. 15 e 21 respectivamente.

mil cruzados, com que conserve as coisas de vosso estado e de vosso serviço e minha obrigação.[36]

O segundo é da pena de Martim Afonso de Sousa, que em carta para D. João III, escrita ao largo da costa da África a caminho do Oriente – onde ocuparia o posto de capitão-mor do Mar da Índia, após sua passagem pelo Brasil –, lembrava ao rei, na beleza do português quinhentista, "não pode ser mor onzena que a fazerdes-me mercê, que eu quanto mais tiver mais terei que gastar em vosso serviço, que nos homens como eu as mercês do seu rei é depósito que o rei tem neles para quando lhes for necessário"[37].

As recompensas, ou mesmo apenas a expectativa delas, transformava os mais variados vassalos em permanentes servidores da Coroa, que assim potencializava seus recursos, porque, como dizia D. João de Castro, vice-rei da Índia, "tudo o que os homens ganham cá [Índia] o tornam a gastar na mesma terra, ou em Portugal, em serviço de Vossa Alteza"[38].

A monarquia lusitana era, nas palavras de António Sérgio, "o dispensador de todos os bens, o centro de aspirações das energias nacionais"[39], pois, ao concentrar uma grande parte da riqueza do Reino, podia repassar parte desta aos seus servidores na forma de benefícios diversos,

---

[36] "Carta para el-rei" de 11 de dezembro de 1514, escrita em Cochim e publicada em ALBUQUERQUE, A. de, *Cartas para el-rei D. Manuel I*, seleção, prefácio e notas de António Baião. Lisboa: Sá da Costa, 1942, p. 237. Interessante também é sua afirmação após a tomada de Ormuz: "não mo pode el-rei pagar este serviço", citada por JUNQUEIRA, M. C., "Afonso de Albuquerque", In: ALBUQUERQUE, L. de, *Dicionário dos Descobrimentos Portugueses*, 2 vols. Lisboa: Caminho, 1984, vol. I, p. 34 e seguintes.

[37] Martim Afonso de Sousa, "Carta para o rei, escrita de bordo, ao largo da costa da Guiné, a caminho da Índia, 12 de abril de 1534", publicada por ALBUQUERQUE, L. de (Org.), *Martim Afonso de Sousa*. Lisboa: Alfa, 1989, p.11.

[38] O trecho encontra-se em carta ao rei datada de Diu, 16 de dezembro de 1546. D. João de Castro, *Op. cit.*, p. 66. As cartas de D. João de Castro, publicadas por Luís de Albuquerque nessa coletânea, foram escritas entre 1545 e 1548, enquanto governava a Índia, exatamente em seguida a Martim Afonso de Sousa, tendo sido o 4º governador a receber o título de vice-rei. Personalidade bem diferente do antecessor, D. João de Castro, membro da alta nobreza da época, foi uma das grandes figuras portuguesas do século XVI, destacando-se por seus conhecimentos da astronomia náutica e pela confecção de roteiros marítimos, em que aliava a teoria e a prática.

[39] SÉRGIO, A., *Breve Interpretação da História de Portugal*, 3ª ed. Lisboa: Sá da Costa, 1974, p. 95.

prendendo-os ao poder de tal forma que ia "aumentando, pois, a afluência de fidalgos à Corte, para sugarem ao rei o produto da exportação comercial, em tenças, morgadios, reguengos, jurisdições, – 'de maneira que' (diz um escritor do século XVI) 'mais parecia ser pai, ou almoxarife, que rei nem senhor'"[40].

O processo de dependência crescente da nobreza diante da Coroa ocorreu por toda Europa Ocidental e teve por ponto culminante as Cortes absolutistas. Em Portugal tal processo iniciou-se já no final da Idade Média e obrigou que os privilegiados, com as rendas em decréscimo e forçados a gastar altas somas para manter o *status* nobre, no dizer de Eduardo d'Oliveira França, fossem "compelidos a mendigar do rei 'cõtijas' e préstamos, acostando-se ao trono e ostentando requintada fidelidade para atrair a benevolência da Coroa dadivosa"[41].

Com a expansão ultramarina, a Coroa teve condições ainda maiores para agraciar a nobreza em troca da cada vez mais completa submissão política e dependência econômica, tanto que João Lúcio de Azevedo, ao comentar uma poesia palaciana que enaltecia a magnificência da Corte e a liberalidade régia, afirmava: "à roda do soberano cinco mil apaniguados desfrutavam moradias, dotes de casamento, tenças e as demais verbas, por onde se exauria o melhor dos tesouros recolhidos"[42]. Para concluir em outro momento que o rei D. Manuel, ideando as empresas, distribuindo cargos e recompensas, acabava submetendo as vontades,

---

[40] *Ibidem*, p. 95.
[41] Eduardo d'Oliveira França, *Op. cit.*, p. 289. "Cõtijas" ou "contia" corresponde, segundo Moraes, a "certa porção, que os reis pagavam aos cavaleiros, que os serviam no Paço, ou na campanha, maior ou menor segundo a nobreza do vassalo, que este título recebia quando era acontiado", e "préstamo" ou "aprestamo" tem aqui o sentido de "consignação de certos frutos e dinheiros para sustento, mantença ou obras pias, assentadas em alguma herdade", Antônio de Moraes Silva, *Op. cit.*, respectivamente p. 457 e p. 164 do primeiro volume.
[42] AZEVEDO, J. L. de, *Épocas de Portugal Econômico*, 4ª ed. Lisboa: Clássica. 1988, p. 110. O referido poema encontra-se na chamada "Miscelânea de Garcia de Resende" (1545)*:* "A Corte de Portugal/ vimos bem pequena ser/ depois tanto enobrecer/ que não há outra igual/ na cristandade, a meu ver;/ tem cinco mil moradores/ em que entram muitos senhores/ a que el-rei dá assentamentos/ moradias, casamentos/ tenças, mercês e honores". Ver Garcia de Resende, *Op. cit.*, p. 588.

fortalecendo cada vez mais a sua autoridade, poderia ter dito muitos anos antes de Luís XIV, "que o Estado era ele"[43].

Não se pense, contudo, que tal situação fosse exclusividade da nobreza, para amplos setores da população a Coroa e seus órgãos eram vistos como um "repositório de recursos do qual os vassalos podiam retirar algum proveito"[44], gerando redes de ligações utilizadas para angariar favores, fosse diretamente do monarca ou indiretamente por meio de pessoas próximas a ele. A proximidade com o rei era fundamental, pois "cumpre não esquecer que o palácio real era então o espaço de proximidade física do rei"[45], dessa maneira, quanto mais próximo estivesse o vassalo, mais facilmente seus serviços poderiam ser vistos e recompensados, por isso a pena de degredo, ou seja, a expulsão ou exílio da Corte, significava o fim da possibilidade de obter recompensas daqueles que passavam a ficar longe do olhar do rei.

Tal ideia já era percebida na época, pois, como dizia o dito recolhido na tradição oral, "bem afortunados são os homens que com os Reis de Portugal têm valia [46], e os que em Castela têm dinheiro e os que em França têm poder"[47], afinal, era, nas palavras lapidares de Frei Luís de Sousa, junto "ao bafo do rei"[48] que se obtinham as diversas recompensas e prêmios pelos serviços prestados[49].

Mesmo com a expansão para terras cada vez mais longínquas, o "olhar do rei" nem por isso deixava de ter importância, porquanto o rei mesmo distante continuava a ser a fonte de onde emanavam todas

---

[43] João Lúcio de Azevedo, Op. cit., p. 292. O autor, ao longo do seu clássico estudo, mostra como a expansão ultramarina vai servir, em sua opinião, apenas para o favorecimento da Coroa, da nobreza e dos grandes mercadores em detrimento do desenvolvimento de Portugal.

[44] CARDIM, P., Cortes e Cultura Política no Portugal do Antigo Regime. Lisboa: Cosmos, 1998, p. 44.

[45] Ibidem, p. 60.

[46] "Valia" de valimento. "o merecimento, graça, privança, que se tem com alguém, em virtude da qual se consegue dele o desejado", como nos ensina Antônio de Moraes Silva, Op. cit., vol. II, p. 828.

[47] Ditos Portugueses Dignos de Memória, Op. cit., p. 460.

[48] SOUSA, L. de, Anais de D. João III (c. 1631), 2 vols. Lisboa: Sá da Costa, 1938, p. 157.

[49] Percebe-se ao longo da documentação uma crítica constante ao fato de os vassalos terem de voltar ao Reino para requerer por seus serviços, submetendo-se a enormes viagens, como as de retorno do Oriente. Por isso, como vimos acima, Diogo do Couto louvava os tempos de D. João II, em que as mercês seriam feitas antes mesmo do retorno do favorecido.

as mercês e honras, reais ou imaginárias[50]. As cartas trocadas entre o monarca e seus agentes são exemplo disso. Afonso de Albuquerque avisava a D. Manuel que "ainda que seja longe donde Vossa Alteza está, muito se sente cá vosso favor e desfavor"[51]. Martim Afonso de Sousa lembrava a D. João III a importância das mercês e das promessas reais para animar os vassalos a prestarem os serviços exigidos, assim, numa passagem, diz: "é necessário tocar Vossa Alteza com sua mão a uns com mercê, a outros com esperança, a outros com favor, por que de outra maneira é tudo perdido"[52].

Todavia, para distribuir benefícios e rendas, era necessário antes possuir riquezas que suportassem tal política. A Coroa possuía imenso patrimônio territorial desde os primeiros tempos, o rei era o maior lavrador da nação, ninguém tinha "mais terras, mais gados, mais foros, mais rendas"[53] do que ele, pois, com o avanço da reconquista contra os mouros, a Coroa soube ampliar seu patrimônio, apoderando-se da parte essencial das novas conquistas. As cidades e os grandes povoados foram organizados em concelhos, "mas o sistema de impostos e administração superior, bem como vasta proporção de casas, fornos, lagares e outros meios de produção pertenciam ao monarca"[54]. Quanto às terras, imensas áreas foram doadas às ordens militares, cada vez mais vinculadas à Coroa, que passou a dispor dos recursos delas para retribuir a seus vassalos[55].

---

[50] Vilhena, na dedicatória de sua conhecida obra, expressa essa ideia do rei "como o chefe da Nação toda, como Pai da Pátria, como fonte donde emanam todos os benefícios de que esta goza". VILHENA, L. dos S., *Recopilação de Notícias Soteropolitanas e Brasilicas* (1802), 2 vols. Salvador: Imprensa Oficial, 1921, vol. I, p. 6.

[51] "Carta de Afonso de Albuquerque para D. Manuel" de 1º de abril de 1512, publicada em Afonso de Albuquerque, *Op. cit.*, p. 65. Vejam-se também as recomendações de D. João de Castro ao monarca para que enviasse cartas a determinadas cidades como Goa e Chaul, em geral, e a determinadas pessoas em particular, com "muitos agradecimentos e contentamentos do que fizeram, que seja grande causa de outras vezes folgarem de gastar suas fazendas e pôr em risco suas pessoas por seu serviço [...] porque nenhuma coisa dá cá espírito aos homens e os aviventa tanto como as cartas e favores de V. A.", Cf. D. João de Castro, *Op. cit.*, p. 87.

[52] "Carta para o rei, datada de Cochim, 24 de dezembro de 1536", publicada por Luís de Albuquerque (Org.), *Martim Afonso de Sousa, Op. cit.*, p. 50.

[53] João Lúcio de Azevedo, *Op. cit.*, p. 31.

[54] MARQUES, A. H. de, *História de Portugal*, 3 vols., 9ª ed. Lisboa: Palas, 1982, vol. I, p. 141.

[55] Os mestrados das Ordens Militares de Avis, Cristo e Santiago foram anexados à Coroa em 1551, sendo antes confiados a pessoas próximas do monarca, filhos bastardos

Registre-se que a relação da Coroa com o conjunto da nobreza, particularmente no que toca às concessões do patrimônio régio (terras, jurisdições, etc.) feitas aos nobres, aqui é apenas esboçada em grossas linhas, pois o fortalecimento régio diante da nobreza é um processo longo, cheio de avanços e recuos, principalmente no período anterior à expansão ultramarina, em que as mudanças dinásticas, a sucessão dos reis, os problemas internos e externos, a relação com a Igreja, entre outros fatores, condicionam as políticas adotadas, fazendo que em determinados períodos o patrimônio régio diminuísse e em outros aumentasse. Bons exemplos disso seriam as conjunturas de 1383–1385, época da Revolução de Avis, e os reinados de D. Afonso V e de D. João II.

A aventura ultramarina, particularmente após a chegada à Índia, transformou a Corte numa grande casa de negócio. O rei, antes o maior lavrador, passou a ser o maior comerciante. Como se percebe pelo fato da própria Casa da Índia, órgão encarregado de gerir o comércio com o Oriente controlado pela Coroa, funcionar no térreo do Palácio da Ribeira, embaixo dos aposentos de D. Manuel, o rei mercador por excelência e assim chamado com desdém pelo rei Francisco I da França[56].

O vasto Império que se formou, se por um lado aumenta as exigências de recursos, por outro oferece à Coroa maiores possibilidades de ofertar recompensas. As conquistas ultramarinas passaram a fazer parte do patrimônio régio, ampliando o leque de recursos a serem concedidos em retribuição dos serviços prestados: governos, cargos e postos militares; comandos de navios e de expedições; possibilidades comerciais e terras, entre outras coisas.

---

ou parentes próximos. Seu patrimônio econômico e simbólico, como nos lembra Fernanda Olival, foi utilizado amplamente pela Coroa para recompensar seus vassalos, através, por exemplo, de comendas ou de hábitos de cavaleiros. Fernanda Olival, *Op. cit., passim*. Registre-se aqui que os hábitos eram vestimentas especiais que caracterizavam as ordens militares; com o tempo se reduziram a uma simples insígnia ou distintivo, mantendo, contudo, a denominação original.

[56] Oliveira Martins, seguindo seu estilo, traça o seguinte perfil de D. Manuel: "ocupado a calcular os lucros da sua fazenda da Índia, mercador e apaixonado pelas ricas alfaias preciosas, como um Médicis", MARTINS, O., *História de Portugal*. Lisboa: Guimarães, 1977, 17ª ed., p. 315. Vitorino Magalhães Godinho vai falar em "Estado-Mercador" e Manuel Nunes Dias em "Capitalismo Monárquico", Cf. GODINHO, V. M., *A Estrutura da Antiga Sociedade Portuguesa*. Lisboa: Arcádia, 1971, p. 75 e DIAS, M. N., *O Capitalismo Monárquico Português*, 2 vols. Coimbra: Universidade de Coimbra, 1963.

Contudo, não só de mercês materiais viviam os súditos, e o monarca, no dizer de Pedro Cardim, "surgia como detentor exclusivo daquele que era, talvez, o bem mais ambicionado e valorizado pela sensibilidade coetânea: a capacidade, quase 'mágica', de nobilitação"[57], ou seja, a capacidade de dar nova configuração às hierarquias sociais, o que permitia que importantes serviços, muitas vezes feitos com grande dispêndio de recursos por parte dos vassalos, fosse recompensado com títulos nobiliárquicos variados ou distinções nobilitantes[58], pois, como lembrava Afonso de Albuquerque numa carta a D. Manuel:

> não ser nova coisa no mundo aos grandes príncipes [...] fazerem em seus reinos e senhorios grandes os fidalgos e cavaleiros que fazem serviços assinalados, e põem suas vidas em perigo por receberem galardão e mercê, se lhe Deus dá vida; e alguns desta obrigação, carecidos de linhagem, lhe dão novas armas e nova linhagem.[59]

E mesmo homens ligados aos setores mercantis ambicionavam essas concessões, como um dos maiores comerciantes de Goa no século XVII, Manoel de Moraes Supico, cujo sucesso comercial foi coroado com honrarias e cargos, tais como, fidalgo da casa real, cavaleiro do Hábito da Ordem de Cristo, conselheiro da Câmara de Goa, presidente da Misericórdia e diretor da Companhia de Comércio para o Oriente[60]; ou ainda, como, no século seguinte, o comerciante Francisco Pinheiro, que, além de ser agraciado com o Hábito da Ordem de Cristo, desfrutava de grande prestígio junto ao monarca[61].

Por tudo isso, o rei, dispensador de honras e mercês várias, conforme Raymundo Faoro, "se eleva sobre todos os súditos, senhor da riqueza territorial, dono do comércio [...], capaz de gerir as maiores propriedades

---

[57] Pedro Cardim, *Op. cit.*, p. 60.

[58] Fernanda Olival, *Op. cit.*, p. 31. Embora discutível, existia a impressão de que as honras estavam sendo distribuídas em excesso, assim Diogo do Couto dizia: "Eu não peço a Sua Majestade que me faça fidalgo nem que me dê o hábito de Cristo, porque o mundo está tão cheio deles, que ainda hei de ser conhecido por homem que não tem hábito", Diogo do Couto, *Op. cit.*, p. 1.

[59] "Carta para el-rei" de 11 de dezembro de 1514, publicada em Afonso de Albuquerque, *Op. cit.*, p. 234.

[60] DISNEY, A. R., *A Decadência do Império da Pimenta* (tradução). Lisboa: Edições 70, 1981, p. 122.

[61] FURTADO, J. F., *Homens de Negócio: a interpretação da metrópole e do comércio das Minas setentistas*. São Paulo: Hucitec, 1999, p. 38.

do país, dirigir o comércio, conduzir a economia como se fosse empresa sua"[62], para concluir caracterizando a monarquia portuguesa como patrimonial, conceito fundado em Max Weber, para quem existiria um "Estado Patrimonial quando o príncipe organiza seu poder político sobre áreas extrapatrimoniais e súditos políticos – poder que não é discricionário nem mantido pela coerção física – exatamente como exerce seu poder patriarcal"[63]. Ainda para Weber a maioria de todos os grandes impérios continentais, inclusive os da Época Moderna, possuíram traços patrimoniais bastante destacados[64].

Raymundo Faoro, porém, não foi o primeiro a trazer para a análise do passado brasileiro o conceito de Weber[65]. Em 1936, Sérgio Buarque de Holanda introduzia a ideia, dedicando-lhe, contudo, tão somente dois parágrafos que, talvez por antecederem imediatamente ao famoso debate sobre o homem cordial, ficaram esquecidos[66]. Foi, contudo, Florestan Fernandes quem melhor soube adaptar o conceito weberiano à nossa história. No ensaio "A Sociedade Escravista no Brasil" de 1976[67],

---

[62] FAORO, R., *Os Donos do Poder*, 2 vols., 9ª ed. São Paulo: Globo, 1991, p. 20.

[63] WEBER, M., *Economia y Sociedad* (tradução). México: Fondo de Cultura Económica, 1992, p. 759. Ver também SCHWARTZMAN, S., São *Paulo e o Estado Nacional*. São Paulo: Difel, 1975, p. 39. Essa ideia – da gestão do Reino pelo rei como se fosse a própria casa – é ressaltada por Norbet Elias, quando destaca ser a "casa do rei", ou seja, a Corte, o órgão central da monarquia patrimonialista. ELIAS, N., *A Sociedade de Corte* (tradução). *Lisboa*: Estampa, 1995, p. 19.

[64] O conceito de patrimonialismo pode ser encontrado em dois trechos da obra de Weber, nos capítulos "os tipos de dominação" e "sociologia da dominação". Cf. Max Weber, *Op. cit.*, respectivamente entre as páginas 180–193 e 753–847.

[65] Lembre-se que a 1ª edição do trabalho é 1958. FAORO, R., *Os Donos do Poder.* Rio de Janeiro: Globo, 1958. Embora o livro tenha sido muito ampliado posteriormente, a parte dedicada ao tema aqui discutido não sofreu profundas alterações, assim citaremos sempre o texto da edição definitiva de 1973, já citada acima.

[66] HOLANDA, S. B. de, *Raízes do Brasil*. Rio de Janeiro: José Olympio, 1936, p. 99. Posteriormente diversos autores passaram a utilizar esse conceito em suas obras, nem sempre da mesma maneira. Veja, por exemplo, além das obras citadas, SCHWARTZ, S., *Burocracia e Sociedade no Brasil Colonial* (tradução). São Paulo: Perspectiva, 1979, p. XIV ou URICOECHEA, F., "A Gênese do Contexto Patrimonial", In: *Idem, O Minotauro Imperial* (tradução). São Paulo: Difel, 1978, p. 21 e seguintes.

[67] FERNANDES, F., *Circuito Fechado*, 2ª ed. São Paulo: Hucitec, 1977. O referido ensaio é o primeiro capítulo do livro. Cf. CASTRO, A. C. V. de, *Interpretações da Colônia no pensamento brasileiro*. São Paulo: Universidade de São Paulo, 2001 (tese inédita), p. 80 e seguintes.

dedicou um tópico às funções do patrimonialismo nas relações da Coroa com os vassalos no processo de colonização.

Para Florestan Fernandes, Portugal organizava-se como complexo Estado patrimonial, em que:

> a concentração de poder e de riqueza nas mãos do soberano representa a contraparte da associação deste com a nobreza, o clero, os 'homens de fortuna', do país e do exterior, em uma grande empresa militar, econômica, política e religiosa comum.[68]

Nesta perspectiva do patrimonialismo, a monarquia não era feudal[69], mas sim patrimonial[70], e isso desde as origens de Portugal[71], pois, como

---

[68] *Ibidem*, p. 34.

[69] Entenda-se aqui Feudal ou feudalismo na acepção "clássica" que destaca para a definição do termo, entre outros elementos, nas palavras de Ganshof, "um parcelamento do poder público, criando em cada região uma hierarquia de instâncias autônomas, que exercem, no seu próprio interesse, poderes normalmente atribuídos ao estado" ou, nas de Marc Bloch, "a fragmentação da soberania entre uma multidão de pequenos príncipes, ou até de senhores de aldeia, era a singularidade mais impressionante da Idade Média". GANSHOF, F. L., *Que é o feudalismo?* (tradução). Lisboa: Europa-América, 1968, p. 9 e BLOCH, M., *A Sociedade Feudal* (tradução). Lisboa: Edições 70, p. 12, s/d. Lembre-se também que, para os marxistas, o modo de produção feudal é algo completamente diferente dessa definição, veja-se, por exemplo, entre outros, HILL, C., *A Revolução Inglesa de 1640* (tradução), 3ª ed. Lisboa: Presença, 1985, p. 8 e ANDERSON, P., *Passagens da Antigüidade ao Feudalismo* (tradução). São Paulo: Brasiliense, 1987, p. 143 e seguintes.

[70] Para Weber, feudalismo e patrimonialismo são subtipos da dominação tradicional e o que diferencia ambos é, como explica Simon Schwartzman, "um elemento de poder, consubstanciado na existência ou não de um contrato de fidelidade e relações recíprocas entre superiores e inferiores, líderes e liderados, senhores e vassalos". Veja-se também sobre a questão o importante estudo de Gina Kuper que descreve pormenorizadamente as diferenças entre ambos os conceitos e que inclui um interessante capítulo sobre o patrimonialismo no México. Simon Schwartzman, *Op. cit.*, p. 39 e KUPER, G. Z., *La Dominación Patrimonial en la obra de Max Weber* (tradução). México: Fondo de Cultura Económica, 1989.

[71] A polêmica sobre o feudalismo em Portugal tem uma longa história e tem como ponto de partida o debate entre Alexandre Herculano e o autor espanhol Francisco de Cárdenas, no final do século XIX. Fortunato de Almeida apresenta um bom resumo do debate, que ainda perdura. HERCULANO, A., "Da Existência ou da não-existência do feudalismo nos Reinos de Leão, Castela e Portugal" (1875-77), In: *Opúsculos*, tomo V, 5ª ed. Lisboa: Bertrand, s/d., p. 187 e ALMEIDA, F. de, *História de Portugal*, 6 vols. Coimbra: edição do autor, 1922, vol. I, p. 332. Uma ótima exposição da linha que defende a não existência do feudalismo em Portugal encontra-se em Eduardo d'Oliveira França, *Op. cit.*, p. 96 e seguintes.; posição oposta pode ser vista em MATTOSO, J., "O Feudalismo Português", In: *Fragmentos de uma Composição Medieval*. Lisboa: Estampa,

explica Eduardo d'Oliveira França, ao contrário do que acontece no feudalismo, a autoridade do rei estendia-se por todo o Reino e os amplos privilégios da nobreza não a eximiam do poder real. De forma oposta ao caso francês, havia a separação das funções públicas, em outras palavras, a soberania da propriedade da terra, o que, no caso português, pode ser explicado pelo pequeno tamanho do Reino e pela necessidade de unidade de comando na Reconquista diante dos muçulmanos[72].

Duas outras características da monarquia patrimonial, consequências diretas do bloqueio ao fracionamento da soberania, que a diferenciam da feudal foram a centralização administrativa e a forma de remuneração de seus servidores. Quanto a esta, vale lembrar que no feudalismo, para Weber, a forma mais importante era a terra, possuída como direito próprio – o feudo –, e no patrimonialismo, por outro lado, era a remuneração vitalícia, não hereditária, em forma de renda[73].

Comparando novamente com o caso francês, no qual a entrega de terras com amplos poderes permitiu a independência da nobreza em face do poder real, como explica Eduardo d'Oliveira França, "tornando-se feudais contra o poder real e por deficiência dele", no caso português, o rei concedeu senhorios para satisfazer nobres que o ajudassem contra os inimigos externos; "os rico-homens[74] o eram por consentimento do rei e por delegação dele; não havia vassalos contra o rei, mas graças ao rei. Essa constante dependência obrigava-os a se aconchegarem ao trono"[75].

1993, p. 115 e seguintes; por fim, para a visão marxista, que segue outra definição do conceito, veja-se CASTRO, A., *Teoria do Sistema Feudal e Transição para o Capitalismo em Portugal*. Lisboa: Caminho, 1987 e CUNHAL, A., *As lutas de Classes em Portugal nos fins da Idade Média*. Lisboa: Presença, 1980.

[72] Registre-se que Eduardo d'Oliveira França, embora não use o conceito de patrimonialismo de Weber e nem mesmo cite esse autor, utiliza os termos propriedade, patrimonialidade ou concepção patrimonial para explicar a forma como a Monarquia conseguiu impedir o desenvolvimento do feudalismo em Portugal. Eduardo d'Oliveira França, *Op. cit.*, p. 96 e seguintes.

[73] Max Weber, *Op. cit.* e Gina Z. Kuper, *Op. cit.*, p. 21 e seguintes.

[74] Rico-homem era o grau mais elevado da nobreza nos primeiros séculos e o termo se associou à ideia de autoridade proveniente do exercício de algum cargo. Cf. RODRIGUES, M. T. C., "Rico-Homem", In: SERRÃO, Joel (Coord.), *Dicionário de História de Portugal*, 6 vols. Porto: Figueirinhas, 1992, tomo V, p. 345.

[75] Eduardo d'Oliveira França, *Op. cit.*, p. 101.

Assim, em Portugal, as doações de bens da Coroa tinham um caráter precário, porquanto num Reino que "se sustentava da mercê", conclui Fernanda Olival, "garantir retornos era essencial; a arca das doações seria grande, mas não infinita"[76].

A nobreza, portanto, passou a ser a fonte de servidores do monarca, sem os direitos e privilégios fixamente determinados do feudalismo. O que permitiu à Coroa prender esses servidores numa rede de favores, tornando-os dependentes do poder e do tesouro régio[77-78], pois, para Weber:

> o Estado Patrimonial faz com que toda a esfera de favores outorgados pelo soberano possa converter-se num lugar de exploração para a formação de fortunas, e a via livre [...] ao enriquecimento do soberano mesmo, de seus funcionários da Corte, favoritos, governadores.[79]

O acesso aos cargos régios ocupava, dessa forma, papel importante na remuneração dos serviços e com o desenvolvimento do Império Ultramarino, ganhou maiores dimensões. Para a nobreza do Reino, exercer cargos nas áreas mais importantes do Império era forma não só de obter honras e mercês, mas também de conseguir boas

---

[76] Fernanda Olival, *Op. cit.*, p. 44. Bom exemplo disso era o uso das comendas das Ordens Militares para a remuneração dos vassalos. Também ver sobre o assunto HESPANHA, A. M., *As vésperas do Leviathan: instituições e poder político Portugal – séc. XVII*. Coimbra: Almedina, 1994, p. 402.

[77] Raymundo Faoro, *Op. cit.*, p. 20. E ainda na mesma obra, para Faoro, "a ação real se fará por meio de pactos, acordos e negociações" e "a troca de benefícios é a base da atividade pública, dissociada em interesses reunidos numa única convergência: o poder e o tesouro do rei", p. 50.

[78] Essa tese não nos parece contraditória com a visão de que a monarquia absolutista "é apenas uma nova forma política necessária à manutenção da dominação e da exploração feudais [aqui no sentido marxista], no período de desenvolvimento de uma economia mercantil", como nos diz Althusser, ideia posteriormente desenvolvida por Perry Anderson, pois a monarquia portuguesa defensora dos interesses da nobreza, já dependente do poder real, se encaixa no modelo europeu de estado absolutista, embora o acentuado caráter patrimonialista lhe confira certa particularidade. Cf. ALTHUSSER, L., *Montesquieu, a política e a História* (tradução). Lisboa: Presença, 1972, p.151 e ANDERSON, P., *Linhagens do Estado Absolutista* (tradução), 3ª ed. São Paulo: Brasiliense, 1995, p. 15-22.

[79] Registre-se que Max Weber considerava também como uma característica do Estado Patrimonialista, a busca deste em legitimar-se como protetor do "bem estar" dos súditos, assim "o ideal dos Estados patrimoniais é o pai do povo". Cf. Max Weber, *Op. cit.*, p. 837 e 845.

fortunas[80]; para outros setores da sociedade, servir em uma variada gama de cargos e postos médios e inferiores era a possibilidade de ascensão social e também a de enriquecimento. Assim, a divisão dos cargos e das recompensas, e a forma de acesso a ambos podem indicar a distinção feita por Alencastro entre o "homem ultramarino" e o "homem colonial"[81], e, entre estes e vassalos com ambições mais limitadas que recebiam pequenas parcelas desses benefícios e atuavam numa área bem mais restrita.

Essa política de troca de serviços por recompensas permitiu, nas palavras de Florestan Fernandes, que uma "Coroa pobre mas ambiciosa em seus empreendimentos, [e que] procura apoio nos vassalos, vinculando-os aos seus objetivos e enquadrando-os às malhas das estruturas de poder e à burocracia do estado patrimonial"[82] construísse seu império colonial.

Para esse autor, "sem essa associação [entre a Coroa e os colonos] não haveria nem império colonial português nem economia de plantação no Brasil"[83]. O vassalo era "em última instância, o verdadeiro sustentáculo do império no Brasil", e a afinidade de interesses entre a Coroa e os vassalos seria tão grande que a riqueza e o poder de ambos cresciam num mesmo sentido. "O colono de *status* senhorial não só era o vassalo e o representante da Coroa na Colônia: ele era, simultaneamente, a base material visível e a mão armada invisível da existência do Império Colonial". Tratando-se, para Florestan Fernandes, "de uma montagem política perfeita, que ainda hoje aparece como uma pequena obra-prima"[84].

---

[80] Cf. RAU, V., "Fortunas Ultramarinas e a Nobreza Portuguesa no Século XVII", In: Idem. *Estudos Sobre História Econômica e Social do Antigo Regime.* Lisboa: Presença, 1984, p. 27. António Manuel Hespanha, *As vésperas do Leviathan, Op. cit.,* p. 496.

[81] "O primeiro fazia sua carreira no ultramar buscando lucros, recompensas e títulos desfrutáveis na Corte. O segundo circula em diversas regiões do Império, mas joga todas as suas fichas na promoção social e econômica acumulada numa determinada praça". ALENCASTRO, L. F., *O Trato dos Viventes: formação do Brasil no Atlântico Sul – Séculos XVI e XVII.* São Paulo: Companhia das Letras, 2000, p. 103.

[82] Florestan Fernandes, *Op. cit.,* p. 34.

[83] *Ibidem,* p. 34.

[84] *Ibidem,* p. 44. Ao destacar o papel do colono na montagem da Colônia, Florestan Fernandes superou um dos maiores problemas da obra de Raymundo Faoro, pois este, ao desenvolver a ideia da existência de um estamento burocrático autônomo, não percebeu que nos primeiros tempos da Colônia os quadros administrativos e os setores economicamente dominantes formavam um mesmo grupo.

Por tudo isso, a remuneração dos serviços não pode ser vista apenas como dom ou mercê do monarca, fruto de sua maior ou menor liberalidade. A troca de serviços por mercês foi um componente central da política adotada pela monarquia portuguesa, que lhe permitiu não só a constituição do Reino independente na península, mas também a montagem do vasto Império. Neste sentido, acreditamos que o uso do conceito weberiano de patrimonialismo aplicado à monarquia portuguesa permite uma melhor compreensão da realidade em sua totalidade, ao contrário de "economia das mercês" de Fernanda Olival ou "economia do dom" de António Manuel Hespanha, que, embora expressem a importância da política de troca de serviços por honras e mercês, tendem a isolá-la dentro do contexto mais geral da monarquia, como uma política, entre outras, adotada de forma independente ou não[85].

---

[85] Fernanda Olival, *Op. cit.*, 18 e 14, nota 39. António Manuel Hespanha, *O Antigo Regime*, *Op. cit.*, p. 382 e seguintes. Vale lembrar, ainda, que João Fragoso, a partir do estudo sobre a elite do Rio de Janeiro no século XVII, desenvolveu o conceito de "economia do bem comum" para designar o uso dos cargos locais e da Câmara e das mercês régias pela elite senhorial da capitania. No fundo tal situação corresponderia à apropriação pelos grupos dominantes locais da política mais geral de troca de serviços por recompensas. Cf. FRAGOSO, J., "A formação da economia colonial no Rio de Janeiro e de sua primeira elite senhorial (séculos XVI e XVII)", In: FRAGOSO, J.; BICALHO, M. F.; GOUVÊA, M. de F., *O Antigo Regime nos Trópicos*. Rio de Janeiro: Civilização Brasileira, 2001, p.29.

2.
SERVIÇOS E RECOMPENSAS

> "Para isso (ocupação da margem esquerda do Prata) se podia Sua Majestade valer dos homens de São Paulo, fazendo-lhes honras e mercês: que as honras e os interesses facilitam os homens a todo o perigo", autor desconhecido do final do século XVII[1].

AS PROMESSAS E AS NEGOCIAÇÕES

O capitão-mor da capitania do Ceará, Martim Soares Moreno, uma das mais destacadas figuras do início do século XVII nas partes do Brasil[2], em carta ao rei escrita em 1628, na qual relatava a situação da capitania, lembrava a ajuda de seu sobrinho Domingos da Veiga, que teria feito "muitos e grandes serviços" e concluía pedindo "que Vossa Majestade lhe faça muita honra e mercê"[3].

---

[1] "Informação do Estado do Brasil e de Suas Necessidades", documento anônimo, escrito em fins do século XVII e publicado na *Revista do Instituto Histórico e Geográfico Brasileiro*. Tomo 25, p. 465.

[2] Resumidamente Martim Soares Moreno, sobrinho do sargento-mor Diogo de Campos Moreno, é considerado o fundador do Ceará, participou ativamente da luta contra os franceses no Maranhão e da conquista do Pará e terminou sua carreira como um dos comandantes da luta contra os holandeses em Pernambuco. Veja-se, entre outros, PEIXOTO, A., *Martim Soares Moreno*. Lisboa: Agência Geral das Colónias, 1940.

[3] Cf. "Carta de Martim Soares Moreno a el-rei pedindo providências contra os governadores do Brasil não complementarem o número dos soldados do presídio nem fazerem os pagamentos devidos aos existentes nele", datada de 17 de outubro de 1628, publicada em STUDART, B. de, *Documentos Para a História do Brasil e Especialmente a do Ceará*, 4 vols. Fortaleza: Minerva, 1909, vol. II, p. 221. Este documento também pode ser encontrado no Projeto Resgate, Ceará, documento 8.

Pouco menos de dois anos depois, o rei Filipe III de Portugal nomeava, em respeito aos serviços feitos, Domingos da Veiga para o posto de capitão da capitania do Ceará no lugar de Martim Soares Moreno, que por sua vez seria deslocado para lutar contra os Holandeses em Pernambuco[4]. Mas quais teriam sido os serviços feitos? A carta de provimento para a capitania do Ceará não informa, porém em outro provimento, dessa vez para capitão da caravela e das tropas que levava para a capitania no momento em que ia tomar posse do cargo, descobrimos que esses serviços eram os feitos na costa do Brasil, principalmente no Rio Grande (atual do Norte) e Ceará, onde lutou muitas vezes com inimigos, além disso, destacava o documento, possuía outro importante atributo para o cargo: conhecia bem os índios da região[5].

O episódio relatado em si mesmo é banal, mas exemplifica um dos aspectos centrais da relação entre a Coroa e seus vassalos: a troca de serviços por mercês, largamente utilizada no processo de colonização das partes do Brasil[6]. Porém, apesar da importância da questão, a historiografia sobre o período colonial tratou pouco do assunto. A única obra que trata diretamente da questão das recompensas recebidas pelos moradores das partes do Brasil é o estudo "A Remuneração de Serviços da Guerra Holandesa" de Cleonir Xavier de Albuquerque editado em 1968[7].

A autora estuda o processo de obtenção das diversas mercês desde os pedidos feitos, as consultas ao Conselho Ultramarino, as mercês requeridas, os serviços que eram apresentados, até os resultados dos pleitos. Mostra-nos ainda os pedidos feitos por familiares, as heranças, as réplicas às decisões da Coroa e inclusive a falsidade de alguns documentos.

---

[4] A carta de nomeação conclui dispensando Domingos da Veiga de tomar posse nas mãos do governador geral em virtude da guerra com os holandeses. Cf. "Carta Régia nomeando Domingos da Veiga para capitão-mor do Ceará por seis anos em substituição de Martim Soares Moreno" de 19 de setembro de 1630, Arquivo Nacional da Torre do Tombo, Chancelaria de Filipe III, Doações, Ofícios e Mercês, Livro 25, fl. 112, publicada em Barão de Studart, *Op. cit.*, vol. II, p. 254.

[5] Ver "Carta régia nomeando Domingos da Veiga para capitão da gente de infantaria que vai ao Ceará e para capitão da Caravela" de 15 de novembro de 1630, Arquivo Nacional da Torre do Tombo, Chancelaria de Filipe III, Doações, Ofícios e Mercês, Livro 26, fl. 27, publicada em Barão de Studart, *Op. cit.*, vol. II, p. 256.

[6] Para os aspectos de fundo da troca de serviços por mercês, veja-se o capítulo anterior.

[7] ALBUQUERQUE, C. X. de, *A Remuneração de Serviços da Guerra Holandesa*. Recife: UFPE, 1968.

A pesquisa, porém, ao enfocar apenas o contexto pernambucano posterior à expulsão holandesa, e principalmente por ficar restrita à descrição do processo de solicitação e recebimento das "honras e mercês", não permite maior compreensão das relações da Coroa com os vassalos[8].

Tal aspecto, contudo, particularmente no que toca à compreensão que os grupos dominantes da capitania de Pernambuco construíram de suas relações com a Coroa, pode ser encontrado no conjunto da obra de Evaldo Cabral de Mello. Afinal, o "imaginário nativista" pernambucano construiu-se a partir da ideia de que a restauração foi sustentada pela gente da terra e expressa na máxima "à custa de nosso sangue, vidas e fazendas"[9]. Tal tema, contudo, como veremos adiante, surgiu nas partes do Brasil muito antes da invasão holandesa e serviu como mote das queixas e cobranças feitas pelos vassalos frente à Coroa.

A historiografia portuguesa mais recente tem abordado a questão, tanto nos aspectos mais gerais da troca de serviços por mercês, como em relação aos processos burocráticos para obtenção das recompensas. Bom exemplo destas preocupações é o trabalho de Fernanda Olival, "As Ordens Militares e o Estado Moderno: Honra, mercê e venalidade em Portugal (1641–1789)", que trata centralmente da, por ela chamada, "economia da mercê", a partir da análise das ordens militares portuguesas, que, graças ao seu rico patrimônio, permitiram à Coroa a remuneração dos vassalos por meio da distribuição de comendas e de hábitos de cavaleiro[10].

Retomando o episódio relatado acima, entre Martim Soares Moreno e Filipe III, outro aspecto importante é a naturalidade com que os agentes, no caso, o capitão do Ceará e o rei, solicitavam e concediam as mais variadas mercês. Afinal, a expectativa geral era a de que os serviços realizados seriam remunerados e de que os prêmios alcançados, tanto materiais como simbólicos, permitiriam a realização de novos e maiores serviços que, por sua vez, possibilitariam outras recompensas ainda maiores numa espiral ascendente. Esta pelo menos era a dinâmica

---

[8] MELLO, E. C. de, *Rubro Veio*, 2ª ed. Rio de Janeiro: Topbooks, 1997; MELLO, E. C. de, *A Fronda dos Mazombos: nobres contra mascates*. São Paulo: Companhia das Letras, 1995 e MELLO, E. C. de, *O nome e o sangue*. São Paulo: Companhia das Letras, 1989.

[9] Evaldo Cabral de Mello, *Rubro Veio*, Op. cit., p. 17 e seguintes.

[10] OLIVAL, F., *As Ordens Militares e o Estado Moderno: honra, mercê e venalidade em Portugal (1641-1789)*. Lisboa: Estar, 2001.

esperada, mas nem sempre efetivada, pois entre o serviço terminado e a sua efetiva remuneração, o caminho, com seus diversos procedimentos, poderia ser bem longo e nem sempre concluído a bom termo pelo vassalo, o que gerava uma série de queixas e reclamações.

De qualquer forma, servir à Coroa era uma das mais importantes formas de ascensão social e econômica, porquanto, como já vimos, o cofre de mercês gerido pelo monarca era amplo e as mercês variadas, o que permitia agraciar os serviços realizados pelos grandes e humildes tanto na metrópole como por todo o Império.

A expectativa geral de que os serviços seriam recompensados era explorada por todos, desde os mais simples vassalos, passando pelos funcionários régios na metrópole ou nas conquistas até atingir o próprio monarca, para, conforme o caso, obterem os pagamentos ou os serviços pretendidos. Daí que muitos vassalos assumissem tarefas sem nenhuma contrapartida régia acordada previamente na esperança de que, nas palavras de Mem de Sá, "Sua Alteza lhes fará as mercês e honras, segundo o negócio lhes suceder"[11]. Ou, por vezes, levava os funcionários régios a certas tarefas mal remuneradas apenas "por esperanças de mercês e honras"[12], como escrevia o também governador geral Manuel Teles Barreto ao rei.

Os reis, por sua vez, reforçavam a esperança geral, utilizando-se de promessas tanto para atrair, como para manter os vassalos a seu serviço. D. João III, por exemplo, orientava Mem de Sá, terceiro governador geral:

---

[11] Cf. "Carta de mercê, que o Senhor Governador Mem de Sá fez a Vasco Rodrigues de Caldas e a 100 homens que vão com ele a descobrir" de 24 de dezembro de 1560, publicada nos *Anais da Biblioteca Nacional*. Rio de Janeiro: Biblioteca Nacional, 1876-, vol. 27, p. 231 e nos *Documentos Históricos*, 110 vols. Rio de Janeiro: Biblioteca Nacional, 1928-55, vol. 36, p. 144. Ou ainda a opinião da junta sobre Martim Carvalho, que assumia certa tarefa "também pela esperança de Sua Majestade lhe fazer mercê conforme ao serviço que nisto lhe fizer". Cf. "Cópia do parecer da junta sobre coisas do Brasil que foi a Sua Majestade" de 1º de dezembro de 1590. Biblioteca Nacional de Lisboa, Reservados, Coleção Pombalina, códice 644, fl. 113 v.–115 v.

[12] Cf. "Cópia de alguns capítulos de cartas de Manuel Teles Barreto, governador do Brasil, do ouvidor geral de Pernambuco Martim Leitão, e do provedor-mor Cristóvão de Barros para el-rei, sobre o estado daquelas terras, seus rendimentos", de 18 de agosto de 1584, Arquivo Nacional da Torre do Tombo, Corpo Cronológico, parte III, maço 20, documento 54.

e vos lhes direis [...] que me hei por bem servido deles, e que seus serviços terei lembrança, e no que se oferece, os favorecerei sempre, e havendo [...] alguns ofícios [...] que lhe possa fazer mercê me escrevereis.[13]

A Coroa valia-se do expediente nas mais variadas situações, daí que quase todos os empreendimentos ou iniciativas régias contassem com promessas de recompensas, feitas diretamente pelo monarca ou por meio de seus representantes.

Bom exemplo disso é o caso da conquista do Maranhão, empresa que por seu vulto exigiu esforço considerável. Para tanto, o rei Filipe II de Portugal instruía o governador geral Gaspar de Sousa como, para melhor atingir os objetivos e animar os vassalos a irem servir nela "com mais vontade", este deveria avisar a todos que ele, o rei, se haveria "por bem servido de todas as pessoas que forem nesta jornada, para lhes fazer as mercês e honras, que conforme seus serviços e qualidades merecerem"[14].

No curso da jornada do Maranhão o rei voltaria ao assunto em outra carta endereçada ao mesmo governador, explicando com mais detalhes os procedimentos a serem tomados no que tocava aos serviços dos vassalos:

> E porque também é razão que os que nesta empresa me servirem saibam a conta que se há de fazer do serviço que nela me fizerem, fareis publicar e assegurar de minha parte a todos os que estiverem, e de novo me forem servir a dita conquista, que se há de ter muito respeito aos serviços que nela me fizerem para lhos mandar por eles diferir as suas pretensões com honras e mercês; e para este efeito vos encarrego muito que tenhas particular cuidado de saber o que cada um fizer em sua obrigação, de que lhes passareis suas (do governador) certidões em que especialmente se declara o procedimento a quem tocarem para eu me inteirar de tudo com toda a particulariedade.[15]

---

[13] Cf. "Carta do rei para Mem de Sá" de 20 de abril de 1566, publicada por Mello Moraes, *Chorographia Histórica, chronographica, genealógica, nobiliária e política do Império do Brasil*, 2 vols. Rio de Janeiro: Pinheiro, 1866, vol. II, p. 244.

[14] "Carta de el-rei para Gaspar de Sousa" de 8 de novembro de 1612, publicada em *Cartas para Álvaro de Sousa e Gaspar de Sousa*. Lisboa: Comissão Nacional para as Comemorações dos Descobrimentos Portugueses (CNCDP) e Rio de Janeiro: Ministério das Relações Exteriores, 2001, p. 168. Esta carta também foi publicada anteriormente pelo Barão de Studart, *Op. cit.*, vol. I, p. 53.

[15] "Carta de el-rei para Gaspar de Sousa" de 27 de outubro de 1615, publicada em *Cartas para Álvaro de Sousa e Gaspar de Sousa, Op. cit.*, p. 276.

Afinal, para o sucesso do empreendimento, era fundamental contar com o engajamento dos vassalos, no caso, em sua maior parte, recrutados nas partes do Brasil já ocupadas pelos portugueses, particularmente em Pernambuco. Para tanto, era preciso que o monarca reforçasse as promessas.

Por isso em 1617, já com o Maranhão conquistado, mas ainda pouco povoado, o antigo governador geral Gaspar de Sousa, de volta ao Reino, escrevia uma lembrança ao rei cobrando o pagamento das antigas promessas e sugerindo a necessidade de novas, como forma de atrair colonos, pois:

> de Pernambuco e seu distrito irá muita gente (povoar o Maranhão) [...] com promessas de se lhe repartirem terras na dita conquista, a cuja gente não tem Vossa Majestade até hoje feito mercê alguma como lhe mandou prometer por provisão e carta sua que tenho em meu poder e isto é o que mais os desconsola e desanima a povoarem aquela nova conquista sendo os primeiros que nela trabalharam.[16]

A falta de pagamento provavelmente incomodava o antigo governador Gaspar de Sousa, porta-voz das promessas reais, pois em outros pontos do documento retoma a questão, destacando particularmente o caso de Jerônimo de Albuquerque, comandante da conquista, a qual lhe rendeu, no melhor estilo romano, um novo apelido, ficando assim conhecido como Jerônimo de Albuquerque Maranhão.

Jerônimo de Albuquerque possuía uma longa folha corrida de serviços, o que lhe teria permitido obter algumas mercês[17]. Contudo, depois do sucesso da jornada do Maranhão, nas palavras de Gaspar de Sousa, o monarca, teria "obrigação de fazer mercê e honra por ser o primeiro capitão [da nova capitania]" e por ter dado a primeira batalha aos franceses,

---

[16] Ver "Lembranças que fez Gaspar de Sousa que foi governador do Brasil do que convinha a conquista do Maranhão", escrito provavelmente em 1617 e publicado pelo Barão de Studart, *Op. cit.*, vol. I, p. 124.

[17] Participou da maior parte das companhas militares ao norte de Pernambuco entre o final do XVI e início do XVII, foi nomeado capitão do Rio Grande pelo rei em 1606, cargo que ele já servia, e seu filho Afonso de Albuquerque foi nomeado capitão do Rio de Janeiro em 1605, em respeito aos serviços próprios e também pelos do pai. Cf. respectivamente Arquivo Nacional da Torre do Tombo, Chancelaria de Filipe III, Doações, Ofícios e Mercês, Livros 6, fl. 379 e 17, fl. 67 v.

em que esteve a pique de perder a vida e em que seu filho ficou ferido, além disso, ainda segundo o antigo governador geral, ter vendido "toda sua fazenda[18] para com o procedido dela ir como foi por ordem minha servir a Vossa Majestade nesta conquista da qual Vossa Majestade prometeu por carta sua que seria servido conceder muitas mercês e honras aos que nela se achassem" e a ele em particular, pois sua assistência era essencial para controlar os índios aliados. Um pouco adiante no mesmo documento insiste outra vez no caso:

> convém que Vossa Majestade honre a ele [Jerônimo de Albuquerque Maranhão] e a seus dois filhos que lá tem e lhe faça mercê de alguma comenda quando for servido nomear-lhe sucessor no governo.

E, em seguida, ainda mais uma vez relembra ao monarca "antes todas as coisas deve ser o capitão-mor Jerônimo de Albuquerque remunerado e contente, e seus filhos como atrás aponto"[19].

A insistência de Gaspar de Sousa com a questão da remuneração dos serviços, para além da evidente importância de Jerônimo de Albuquerque e de seus filhos na conquista do Maranhão[20], aponta a lógica estabelecida na relação entre a Coroa e seus vassalos. Se as promessas feitas animavam, as não cumpridas desencorajavam, dificultando a realização

---

[18] Parece que Gaspar de Sousa exagera um pouco nesse ponto, pois o filho de Jerônimo de Albuquerque, Antônio de Albuquerque, não fala na venda de toda a fazenda paterna numa petição ao monarca, mas diz que o pai gastou muito para poder fazer a conquista do Maranhão, empenhando um engenho, que por ainda estar empenhado, acaba pedindo para receber os ordenados devidos ao pai, o que o rei concede. Cf. "Consulta sobre a petição de Antônio de Albuquerque, que requer a satisfação duma dívida contraída para com seu pai, Jerônimo de Albuquerque o qual trabalhara no descobrimento e conquista do Maranhão", datada de 2 de maio de 1620, Archivo General de Simancas, Sec. Provinciales, códice 1474, Livro de Consultas do Conselho de Fazenda do ano de 1620, fl. 383 a 384 v.

[19] Todas as citações desse parágrafo são do documento intitulado "Lembranças que fez Gaspar de Sousa que foi governador do Brasil do que convinha a conquista do Maranhão" citado acima.

[20] Gaspar de Sousa lembra a Alexandre de Moura que "sem índios não se pode fazer guerra e que sem Jerônimo de Albuquerque não temos índios". Cf. "Cartas de instruções secretas do Governador Gaspar de Sousa ao capitão-mor Alexandre de Moura, para definitiva conquista do Maranhão", datada da Bahia, 15 de junho de 1615, que consta do *Livro 1º do Governo do Brasil*. Rio de Janeiro: Ministério das Relações Exteriores, 1958, p. 121. Republicado recentemente pela Comissão Nacional para as Comemorações dos Descobrimentos Portugueses.

de novos empreendimentos, daí a preocupação do governador, sabedor das dificuldades de ocupação de uma área tão vasta como a que abarcava o Maranhão e o Pará sem o apoio dos vassalos.

Gaspar de Sousa efetivamente foi recompensado, recebendo em 1622, entre outras mercês, uma capitania nas terras do Maranhão ou Pará, realmente implementada alguns anos depois, em 1634, para Álvaro de Sousa, filho do antigo governador geral[21].

A morte de Jerônimo de Albuquerque Maranhão em 1618, ainda no Maranhão, pouco tempo depois da conquista, impediu que ele próprio fosse agraciado. Seu filho e herdeiro de seus serviços, Antônio de Albuquerque, porém, recebeu em 1622, em bloco, a mercê da capitania da Paraíba, ou seja, o posto de capitão-mor da Paraíba, o hábito da Ordem de Cristo e cinco léguas de terra no Maranhão[22].

Outras figuras de destaque na conquista da região como os polêmicos Francisco Caldeira de Castelo Branco ou Bento Maciel Parente receberam importantes prêmios. O primeiro recebeu terras e foi nomeado capitão-mor do Pará, tendo sido posteriormente destituído por um motim[23]. O segundo, com enorme ficha de serviços e de desmandos, além da nomeação de capitão-mor do Pará, onde recebeu uma sesmaria, foi agraciado posteriormente com uma capitania no Pará – a capitania do Cabo Norte –, em negociação que envolvia sua ida a Pernambuco para lutar contra os holandeses. Entre 1637 e 1640, foi governador do Estado do Maranhão, quando encerrou sem honra sua carreira, ao entregar a capitania sem luta aos invasores[24].

---

[21] Cf. "Doação da capitania do Caité a Álvaro de Sousa", de 13 de fevereiro de 1634. Arquivo Nacional da Torre do Tombo, Chancelaria de Filipe III, Doações, Ofícios e Mercês, Livro 27, fl. 82; publicado por Lucinda Saragoça, *Da "Feliz Lusitânia" aos Confins da América*. Lisboa: Cosmos, 2000, p. 326.

[22] Antônio de Albuquerque, conforme explica a carta de nomeação, recebeu as mercês citadas, em respeito aos serviços do falecido pai, Jerônimo de Albuquerque Maranhão, que agora lhe pertenciam, e também em respeito aos seus próprios serviços naquela conquista. "Carta de nomeação de Antônio de Albuquerque" de 9 de agosto de 1622, Arquivo Nacional da Torre do Tombo, Chancelaria de Filipe III, Doações, Ofícios e Mercês, Livro 3, fl. 240 v. Ver também a "Carta de confirmação de sesmaria de Antônio de Albuquerque" de 14 de agosto de 1630, da mesma chancelaria, Livro 22, fl. 330.

[23] Cf. os documentos publicados no final do primeiro capítulo de Augusto Meira Filho, *Evolução Histórica de Belém do Grão-Pará*, 2 vols. Belém: Grafisa, 1976.

[24] "Sesmaria de Bento Maciel Parente" de 16 de março de 1624, Arquivo Nacional da Torre do Tombo, Chancelaria de Filipe III, Doações, Ofícios e Mercês, Livro 18 - fl. 173 v.

SERVIÇOS E RECOMPENSAS

Se os principais responsáveis pela conquista foram recompensados, os vassalos mais humildes, que também estavam contemplados nas promessas feitas pelo monarca, também o foram, de maneira geral. Nos livros das Chancelarias de Filipe II e Filipe III encontramos mais de 50 provimentos de cargos em que a participação na conquista do Maranhão e região é expressamente citada[25]. São casos como o de Pedro Fernandes Godinho, cavaleiro fidalgo, que obteve a mercê do cargo de provedor da fazenda dos defuntos e ausentes do Maranhão[26] ou ainda de gente mais simples como Manuel da Silveira, barbeiro, que recebeu o mesmo posto no Maranhão[27]. Também de gente como João Machado Fagundes que foi contemplado com o posto de meirinho da ouvidoria da Paraíba, onde era morador[28], ou de Belchior Rangel, nomeado alferes da fortaleza da barra do Rio de Janeiro, de onde era natural[29].

---

[25] Cf. Arquivo Nacional da Torre do Tombo, Chancelaria de Filipe II, Doações, Ofícios e Mercês, Livros: 21, fl. 56; 23, fl. 182; 26, fl. 66; 31, fl. 321; 31, fl. 322; 35, fl. 143; 35, fl. 148 v; 35, fl. 149 v; 35, fl. 151; 36, fl. 118 v; 36, fl. 128; 36, fl. 261; 36, fl. 261 v; 37, fl. 172 v; 40, fl. 266 v; 42, fl. 44 v; 42, fl. 217 v; 43, fl. 88; 43, fl. 90 v; 43, fl. 92 v; 43, fl. 94 v; 43, fl. 208; 44, fl. 4 v; 44, fl. 175 e 44, fl. 192. Chancelaria de Filipe III, Doações, Ofícios e Mercês, Livros: 1, fl. 135; 3, fl. 213; 3, fl. 240 v; 4, fl. 2v; 9, fl. 12; 11, fl. 79 v; 15, fl. 126 v; 15, fl. 295; 17, fl. 9 v; 17, fl. 70 v; 18, fl. 80 v; 18, fl. 105 v; 18, fl. 114; 18, fl. 173 v; 18, fl. 178 v; 18, fl. 310; 22, fl. 330; 26, fl. 13; 30, fl. 4; 30, fl. 16 v; 30, fl. 19; 30, fl. 19 v; 31, fl. 57 v; 31, fl. 277 v; 31, fl. 334; 38, fl. 157; 38, fl. 196 e 38, fl. 310. Chancelaria de Filipe III, Perdões: Livro 16, fl. 37 v.

[26] "Provimento de Pedro Fernandes Godinho para provedor da fazenda dos defuntos e ausentes do Maranhão" de 22 de outubro de 1623, Arquivo Nacional da Torre do Tombo, Chancelaria de Filipe III, Doações, Ofícios e Mercês, Livro 30, fl. 19.

[27] "Manuel da Silveira recebe mercê do ordenado de 30$000 anuais" em 13 de abril de 1618, Arquivo Nacional da Torre do Tombo, Chancelaria de Filipe II, Doações, Ofícios e Mercês, Livro 31, fl. 322.

[28] Por estar vago o dito ofício na Paraíba e por João Machado Fagundes, morador na Paraíba, ter servido em muitas ocasiões, sendo mestre e piloto e indo na jornada do Maranhão, além de ter estado no combate com os franceses e ter sido escolhido para levar notícias ao governador geral em Pernambuco, ter ido muitas vezes ao Rio Grande do Norte e outras partes sem levar nada por isso, e também pela promessa feita para quem fosse na dita jornada, assim o rei, tendo recebido informação de Ambrósio de Siqueira, que foi ouvidor geral, fez-lhe mercê do ofício em 9 de julho de 1616, Arquivo Nacional da Torre do Tombo, Chancelaria de Filipe II, Doações, Ofícios e Mercês, Livro 37, fl. 172 v.

[29] Natural do Rio de Janeiro, filho de Julião Rangel, em respeito aos serviços feitos no dito Estado do Brasil e na conquista do Maranhão, na primeira jornada e batalha que se deu aos franceses, servindo de soldado, alferes e capitão, recebe o posto de alferes da fortaleza e também de guarda dos navios. "Provimento de Belchior Rangel como alferes da fortaleza da barra do Rio de Janeiro" em 20 de agosto de 1620, Arquivo Nacional da Torre do Tombo, Chancelaria de Filipe III, Doações, Ofícios e Mercês, Livro 1, fl. 135.

Seriam estes mais de 50 casos significativos? Acreditamos que sim, pois, embora a quantificação seja difícil e muitas vezes temerária em casos como esse, é possível inferir que entre o início e o término da conquista, digamos entre 1612 e 1616 ou um pouco depois, algo em torno de mil portugueses tenham passado pela região – o governador acreditava, a princípio, que 150 a 200 soldados seriam suficientes, mas depois tal número cresceu, e a expedição comandada por Alexandre de Moura, a maior de todas, tinha declarados 600 homens brancos – logo, numa primeira aproximação, 1 homem em cada 20 teria obtido a mercê de algum posto na administração ou na milícia.

Deve-se levar em conta, ainda, outros aspectos, que serão explorados adiante, como, por exemplo, as dificuldades de se requerer diretamente na metrópole ou a falta de outros serviços para complementar a folha que possivelmente fariam que parte significativa dos homens envolvidos acabasse sem qualquer tipo de retribuição pelo serviço realizado ou que somente muito tempo depois, após prestar outros serviços, conseguissem algum tipo de remuneração. Também não se deve esquecer que muitos dos vassalos mais humildes se contentavam apenas com mercês menores, dadas diretamente na colônia pelo governador geral ou pelo capitão da capitania, para as quais, na maior parte dos casos, não temos mais registros.

De qualquer forma, analisando o caso em questão, pode-se concluir que as mercês feitas para 1 homem em cada 20, aproximadamente, seriam suficientes para que o conjunto dos vassalos acreditasse que a promessa real fora cumprida, mesmo que com algumas injustiças. No mesmo sentido, os agraciados funcionariam como modelos para os demais e a distribuição das nomeações dos veteranos da conquista do Maranhão entre as capitanias do Pará, Maranhão, Ceará, Rio Grande, Paraíba, Pernambuco, Bahia e Rio de Janeiro acabaria por espraiar os exemplos por praticamente todas as partes do Brasil então ocupadas.

As promessas, entretanto, não eram feitas apenas para os empreendimentos militares. Prometiam-se honras e mercês para todos os tipos de iniciativas ou de demandas da Coroa, como, por exemplo, empreendimentos de ocupação de novas áreas, expedições de reconhecimento, ou de busca de metais e pedras preciosas, ou ainda no fomento de atividades econômicas variadas.

Filipe II, em carta ao governador geral Gaspar de Sousa, tratando da capitania da Paraíba, contava que o capitão-mor João Rabelo de Lima acreditava ser possível aumentar o número de engenhos de açúcar e consequentemente a arrecadação da fazenda real. Para tanto, cabia ao rei animar as pessoas que possuíam os recursos para construir engenhos com "promessas de novas honras e mercês"[30]; por isso, o próprio monarca instruía o governador a escrever aos moradores sobre a questão[31].

Tal conselho era recorrente, Gabriel Soares de Sousa, no "Tratado Descritivo do Brasil de 1587", e Diogo de Campos Moreno, no seu relatório conhecido como "Livro que dá razão do Estado do Brasil" de 1612, já apontavam como as honras e mercês serviriam para incentivar a montagem de novos engenhos de açúcar[32]. O mesmo expediente era aconselhado em relação ao Maranhão por Alexandre de Moura e pelo Padre Luís Figueira. O primeiro indicava que:

> parecendo a Vossa Majestade conveniente fazer-se nas ditas províncias engenhos sem prejudicarem os feitos no Brasil [...] com a gente rica dele [Brasil] se devem fabricar, obrigada por Vossa Majestade com favores e mercês.[33]

E o segundo ponderava que "far-se-ão muitos facilmente se Sua Majestade puser os olhos naquela conquista, fazendo mercê aos homens que lá quiserem fazer engenhos"[34].

---

[30] "Carta de el-rei para Gaspar de Sousa" de 30 de agosto de 1613, publicada em *Cartas para Álvaro de Sousa e Gaspar de Sousa*. Lisboa: CNCDP e Rio de Janeiro: Ministério das Relações Exteriores, 2001, p. 211.

[31] O mesmo procedimento era adotado para o Maranhão: "para se moverem homens nobres e de cabedal a ir servir nesta conquista por serem os de mais importância e poderem em pouco tempo fabricar engenhos e comerciar devo obriga-los com algumas honras e mercês para se oferecerem e irem com vontade". Cf. "Instruções para Gaspar de Sousa, governador do Brasil, sobre a conquista do Maranhão" de 9 de outubro de 1612, publicada em *Cartas para Álvaro de Sousa e Gaspar de Sousa*, Op. cit., p. 160.

[32] Gabriel Soares de Sousa diz que haveria muito mais engenho do que os quarenta existentes na Bahia, "se os moradores [fossem] favorecidos como convinha". Gabriel Soares de Sousa, *Tratado descritivo do Brasil em 1587*. São Paulo: Companhia Editora Nacional, 1987, p. 132.

[33] "Relatório de Alexandre de Moura sobre a expedição à Ilha do Maranhão e a expulsão dos Franceses", escrito em Lisboa, 24 de outubro de 1616, publicado em *Documentos para a História da Conquista da costa leste-oeste do Brasil*. Rio de Janeiro: Biblioteca Nacional, 1905 (separata dos *Anais da Biblioteca Nacional*), p. 49.

[34] "Memorial sobre as terras e gentes do Maranhão, Grão-Pará, e rio Amazonas que o enviou a Filipe III" de 1637, publicados por SARAGOÇA, L., *Da "Feliz Lusitânia" aos Confins da América*. Lisboa: Cosmos, 2000, p. 351

As propostas de Diogo de Quadros não eram muito diferentes, provedor das minas de São Vicente, que sugeria a Filipe II de Portugal que a Coroa concedesse a mercê do hábito de uma das três ordens militares às pessoas que fizessem os caminhos para as minas à sua custa e, por ser necessário uma vila próxima às ditas minas, a mercê do foro de moço de câmara e cavaleiro fidalgo aos primeiros povoadores da região[35].

O estímulo exercido nos vassalos pelas promessas não passava despercebido aos funcionários régios ou ao clero, que, em cartas ou relatórios enviados à Coroa, indicavam como as promessas de dádivas variadas serviriam para angariar recursos humanos e materiais.

Até aqui, contudo, vimos exemplos de promessas mais ou menos coletivas, mas estas também podiam ser individuais, situação que dava, muitas vezes, lugar a negociações formais de maior ou menor vulto entre a Coroa e os vassalos.

A situação mais simples pode ser exemplificada pelo caso de Afonso de Franca, fidalgo, natural de Tânger, que em respeito aos serviços feitos e à promessa feita em 1602 de que indo servir no Brasil receberia uma mercê, foi nomeado capitão-mor da Paraíba em 1618[36].

Outros casos, porém, levavam a negociações mais complexas como a de Gabriel Soares de Sousa com a Coroa, durante o reinado de Filipe I de Portugal, para o descobrimento de minas no interior do continente, que duraram, pelo menos de meados de 1586 até o fim de 1590 e início de 1591, quando, concluída a negociação, foram emitidos diversos alvarás[37].

---

[35] D. Francisco de Sousa discorda dessas propostas, pois achava, por exemplo, que os hábitos deveriam ser reservados aos serviços maiores. Cf. "Consulta sobre as minas de S. Vicente do Brasil e a sua exploração" de 5 de junho de 1606, Archivo General de Simancas, Sec. Provinciales, códice 1476, Livro de consultas de África e conquistas, de 1605 a 1607, fl. 166, publicado por STELLA, R. S., *Documentos sobre São Vicente*. São Paulo: Academia Lusíada, 1999, p. 117.

[36] "Provimento de Afonso de Franca" de 17 de setembro de 1618, Arquivo Nacional da Torre do Tombo, Chancelaria de Filipe II, Doações, Ofícios e Mercês, Livro 44, fl. 20 v.

[37] Gabriel Soares de Sousa partiu para o Reino em meados de 1584, mas com certeza em 1586 as negociações já tinham começado, como atesta carta do cardeal arquiduque Alberto de Áustria, sobre as minas, em que diz ao rei que se deve tomar informações de Gabriel Soares de Sousa "que a este reino veio com licença do governador" e que já tinha ido a Madri. Cf. "Carta do cardeal arquiduque, para el-rei", escrita em Lisboa, 12 julho de 1586. Archivo General de Simancas, Sec. Provinciales, códice 1550 - Cartas originais do cardeal arquiduque, vice-rei de Portugal para el-rei, sobre diversos assuntos de 1586, fls. 320 e seguintes.

A negociação entre Gabriel Soares de Sousa e a Coroa apresenta certos traços característicos desse tipo de acordo prévio de troca de serviços por mercês. A Coroa prometia uma série de benefícios, mas quase todos condicionados ao sucesso do empreendimento e, muitas vezes, vinculados aos rendimentos daí provenientes. Ao vassalo cabia a totalidade ou pelo menos a maior parte dos custos e praticamente todos os riscos[38].

No caso de Gabriel Soares de Sousa, os alvarás mais significativos só teriam efeito com o sucesso da expedição, que, como sabemos malogrou, terminando com a morte do aventureiro. Caso tivesse alcançado êxito, receberia como mercê o foro de fidalgo da Casa real para quatro cunhados e dois primos, já agraciados com o hábito da Ordem de Cristo com 50.000 réis de tença. Faria jus, ainda, a outros doze hábitos da mesma ordem com 20.000 réis de tença para os capitães do empreendimento, contudo todas as tenças seriam pagas com o rendimento da conquista. Poderia designar até 100 pessoas que o tivessem acompanhado na expedição para receberem a mercê do foro de cavaleiro fidalgo e, ainda por três anos, proveria os ofícios de Justiça e de Fazenda que se criassem nas povoações a serem fundadas, além de nomear seu sucessor no empreendimento, que poderia usar todas as provisões e mercês, exceto uma provisão "cerrada e selada", que não consta da documentação conhecida sobre o episódio[39].

O rei, além das mercês acordadas, favoreceu o empreendimento mandando anunciar antes da jornada que seriam dadas honras e mercês aos primeiros participantes da expedição de acordo com seus méritos e feitos conforme o que Gabriel Soares relatasse posteriormente[40]. Concedia, ainda, outras facilidades de pouco ou nenhum custo, como, por exemplo: de serem retirados degredados das galés cujos ofícios fossem necessários à expedição, com perdão para os mesmos; que os capitães das capitanias não se intrometessem no caso; que D. Francisco de Sousa, governador geral, retirasse das aldeias da Bahia duzentos

---

[38] Em casos excepcionais a mercê poderia vir antes a fim de facilitar o serviço.
[39] Os diversos alvarás citados encontram-se em CORTESÃO, J. (Ed.), *Pauliceae Lusitana Monumenta Historica*, 2 tomos em 3 vols. Lisboa: Real Gabinete Portugal de Leitura do Rio de Janeiro, 1956, tomo I, p. 407 e seguintes.
[40] "Alvará de mercê e honras às primeiras pessoas que acompanharem a Gabriel Soares de Sousa, na jornada [...] S. Francisco" de 14 de dezembro de 1590, em CORTESÃO, J., *Pauliceae Lusitana Monumenta Historica*, Tomo I, p. 416.

índios "frecheiros" para participarem da jornada; que o mesmo governador entregasse 50 quintais de algodão para se fazerem corpos d'armas e, por fim, que em Lisboa se desse passagem e mantimento as pessoas que iam embarcar com Gabriel Soares de Sousa[41].

O acordo final entre Gabriel Soares de Sousa e a Coroa deve ter impressionado os contemporâneos e acabou se tornando um marco no assunto. As negociações posteriores em relação às expedições que procuravam descobrir minas passaram a ser feitas com base naquele acordo, inclusive para expedições feitas em Angola[42].

D. Francisco de Sousa, nomeado governador geral no mesmo momento em que Gabriel Soares de Sousa recebia seus alvarás[43], pôde acompanhar de perto os preparativos e o fracasso da expedição e, ao término de seu governo, quando voltou a Portugal, iniciou negociações para retornar ao Brasil a fim de buscar as almejadas minas[44], porém desta vez mais ao sul, no interior das capitanias de São Vicente, Rio de Janeiro e Espírito Santo.

Invocando o acordo precedente, mas aproveitando-se de sua maior distinção, D. Francisco de Sousa conseguiu ampliar ainda mais as concessões. Dois pontos merecem destaque: o primeiro foi escapar da jurisdição do governador geral, efetivando-se, dessa forma, a divisão do Estado do Brasil, com a separação das capitanias do sul (Espírito Santo,

---

[41] "Carta régia para D. Francisco de Sousa informando que as duas urcas que levaram Gabriel Soares de Sousa foram fretadas pela fazenda real, e que na volta devem trazer açúcar e pau-brasil, cobrando os fretes, sem embargo da proibição de comércio com navios estrangeiros" de 27 de março de 1591. Instituto Histórico e Geográfico Brasileiro, *Documentos Manuscritos do Instituto Histórico e Geográfico Brasileiro Copiados no Século XIX por Ordem de D. Pedro II*, Códice Arq. 1.2.15 – Registros – Tomo I Conselho Ultramarino Português.

[42] Cf. Propostas e pedidos de mercê a el-rei, feitos em Lisboa, por Gonçalo Vaz Coutinho sobre o descobrimento de minas, invocando as concessões outorgadas a Gabriel Soares de Sousa, a seu irmão João Rodrigues Coutinho pelo descobrimento em Angola. Lisboa, 14 de julho de 1611. RAU, V.; SILVA, M. F. G. da, *Os Manuscritos do Arquivo da Casa de Cadaval Respeitantes ao Brasil*, 2 vols. Coimbra: Universidade de Coimbra, 1955, item 29, p. 15.

[43] "Provimento de D. Francisco de Sousa para Governo Geral do Brasil" de 1º de dezembro de 1590, Arquivo Nacional da Torre do Tombo, Chancelaria de Filipe III, Doações, Ofícios e Mercês, Livro 23, fl. 30.

[44] "Carta Régia para Diogo Botelho" de 19 de março de 1605, publicada na "Correspondência de Diogo Botelho", Revista do Instituto Histórico e Geográfico Brasileiro, tomo 73, parte I, p. 5.

Rio de Janeiro e São Vicente) num governo autônomo[45]. O segundo ponto foi uma maior premiação, no caso das minas serem descobertas e efetivamente exploradas, pois além das mercês prometidas a Gabriel Soares de Sousa, D. Francisco de Sousa poderia ficar com a vintena do rendimento delas até atingir 30 mil cruzados, e, mais uma condicional, se essas rendas superassem certo valor, receberia o título de Marquês das Minas, entre outras mercês[46].

Diferentemente do que ocorreu com Gabriel Soares de Sousa, D. Francisco de Sousa propôs que a Coroa assumisse certos gastos ou, caso isso não fosse aceito, que estes corressem por sua conta em troca do rendimento integral das minas por doze anos. A Coroa não aceitou nem uma nem outra proposta, orientando que os gastos saíssem do rendimento das minas, mas acabou tendo de arcar com parte dos gastos posteriormente[47]. O mais interessante em tudo isso, confirmando o peso que a expectativa das recompensas exercia, é que D. Francisco de Sousa acreditava que para o sucesso da expedição a Coroa e ele próprio deveriam despender um valor relativamente pequeno, "pela muita gente

---

[45] D. Francisco de Sousa recebeu o governo das capitanias do sul (Espírito Santo, Rio de Janeiro e São Vicente), independente do governador do Estado do Brasil, com o título de "capitão geral e governador". Sobre o assunto ver os documentos relacionados na "Consulta da Junta da Fazenda de Portugal" de 17 de Setembro de 1607. Archivo General de Simancas, Sec. Provinciales, códice 1466 - Livro de Consultas do ano de 1607, fls. 298--336 v., parcialmente publicados por STELLA, R. S., *Documentos sobre São Vicente*. São Paulo: Academia Lusíada, 1999, p. 148 e seguintes. Interessante também é o comentário do Conde de Salinas, à margem dos apontamentos de D. Francisco de Sousa, "parece que o tempo que o dito D. Francisco de Sousa deve governar as ditas capitanias e administrar as ditas minas, devem ser quatro anos, e mais do que sobre eles for a real vontade de Vossa Majestade; porquanto isto é contrato oneroso e não se pode regular pelas provisões graciosas de ofícios que ordinariamente se fazem naquele reino de Portugal", *Idem.*, p. 265.

[46] "Traslado da carta de governança do senhor D. Francisco de Sousa" de 2 de janeiro de 1608 e outros alvarás, que constam do *Registro Geral da Câmara Municipal de São Paulo*. São Paulo: Arquivo Municipal, 1917, vol. I, p. 188 e seguintes.

[47] Cf. Carta de Constantino Menelau, escrita do Rio de Janeiro, de 1º de outubro de 1625, em que este informa "[...] que a fazenda de Sua Majestade está impossibilitada de fazer gastos, pois ainda paga as despesas do tempo de D. Francisco de Sousa e novamente crescerem outras assim com a vinda de Salvador Correia de Sá [...] e com a jornada do Maranhão para onde se embarcaram farinhas da Fazenda de Vossa Majestade que o governador geral pediu". Arquivo Nacional da Torre do Tombo, Corpo Cronológico, parte I, maço 117, documento 74.

que me acudirá por respeito das honras e mercês que esperam de Vossa Majestade pelo tempo em diante"[48].

Também nesse caso o agraciado morreu antes de poder conseguir atingir seus objetivos[49], e consequentemente novos postulantes se ofereceram à Coroa em busca dos ambicionados metais como o velho Salvador Correia de Sá[50] ou Belchior Dias Moreia, que prometia revelar o segredo das minas de prata.

Este último caso permite abordarmos outro aspecto da questão, o das negociações feitas com os governadores gerais, que tinham autoridade para fazer promessas e conceder mercês em nome do rei, dentro de certos limites.

As negociações entre Belchior Dias Moreia – rico morador, com terras entre as capitanias da Bahia e de Sergipe e descendente do famoso Diogo Álvares Caramuru – e o governador geral D. Luís de Sousa foram longas e tensas, marcadas por exigências, acordos e mais exigências que culminaram com a prisão de Belchior Dias Moreia, acusado pelo governador de o enganar[51].

As exigências eram enormes: um morgado de 30 léguas, na forma das capitanias hereditárias, com ampla autonomia; foro de fidalgo; o posto de administrador das minas e dos índios das capitanias do norte; hábitos da Ordem de Cristo para distribuir; comendas; direito de apresentar os párocos nas igrejas que erigisse, entre outras mercês e privilégios.

Belchior Dias Moreia claramente não confiava que suas pretensões fossem atendidas, nem mesmo as que tinha acordado com o governador geral em nome do rei. Dessa forma, exigiu que chegassem os alvarás régios confirmando as mercês prometidas. A tensão subiu e o

---

[48] "Apontamentos de D. Francisco de Sousa" de julho de 1607. Archivo General de Simancas, Sec. Provinciales, códice 1466 – Livro de Consultas do ano de 1607, fl. 331 e Roseli Santaella Stella, *Op. cit.*, p. 214.

[49] É conhecida a passagem em que Frei Vicente do Salvador conta sobre a morte de D. Francisco de Sousa, "estando tão pobre que me afirmou um padre da Capitania [...] que nem uma vela tinha para lhe meterem na mão, se a não mandara levar do seu convento". SALVADOR, V. do, *História do Brasil* (1627), 5ª ed. São Paulo: Melhoramentos, 1965, p. 363.

[50] Salvador Correia de Sá é o avô de Salvador Correia de Sá e Benevides, importante personagem do século XVII. Cf. BOXER, C. R., *Salvador Correia de Sá e a Luta pelo Brasil e Angola, 1602-1686* (tradução). São Paulo: Companhia Editora Nacional e Edusp, 1973.

[51] Sobre o assunto ver CALMON, P., *O Segredo das Minas de Prata*. Rio de Janeiro: Noite, 1950 e o *Livro 1º do Governo do Brasil, Op. cit.*, p. 161 e seguintes e 225 e seguintes.

governador forçou a partida da expedição, que terminou sem localizar nenhuma mina, o que levou à prisão de Belchior Dias Moreia, obrigado a pagar enorme multa, tendo morrido depois sem revelar mais nada, provocando dessa forma o surgimento da lenda das minas de prata no interior da Bahia[52].

Embora este seja um caso limite, dada sua importância e a magnitude das mercês, indica que os governadores gerais e eventualmente outros funcionários régios também geriam o cofre das mercês: prometendo, negociando e concedendo prêmios, posto que menores e sempre em nome do rei[53]. Para tanto, além da distribuição de terras ou do provimento de cargos, os regimentos dos governadores gerais previam uma cota em dinheiro, num montante que foi se ampliando com o tempo para fazer mercês[54], e também a possibilidade de os governadores armarem cavaleiros os vassalos que se destacassem no serviço da Coroa[55].

Tal uso, correto ou não, da faculdade de gerir esta arca de mercês diretamente na colônia, era apurado nas residências dos governadores, como se constata pela de Diogo de Meneses, quando o rei orientava que se perguntasse às testemunhas "se [o governador] fez algumas mercês de dinheiro ou fazenda em [seu] nome, e por que respeito, e em quanta quantidade, e se para isso tinha licença ou ordem"[56].

---

[52] Posteriormente Francisco Dias De Ávila, herdeiro da Casa da Torre, se candidataria a descobrir as minas. Pedro Calmon, *Op. cit.*, p. 71.

[53] Podemos concluir, contudo, que quando as mercês concedidas pelos representantes régios eram de vulto, o agraciado procurava confirmação régia para maior segurança.

[54] No regimento de Francisco Giraldes tal valor estava estipulado em mil cruzados anuais. "Regimento do Governador geral do Brasil" de 8 de março de 1588, publicado nos *Documentos para a História do Açúcar*, 3 vols. Rio de Janeiro: IAA, 1956, vol. I, p. 356.

[55] O rei afirmava "hei por bem e por meu serviço que as pessoas que servirem [...] de maneira que vos pareça que merecem ser feitos cavaleiros vos o possais fazer e encomendo vos que os que assim fizerdes sejam tais que o mereçam assim pela qualidade de suas pessoas como pela qualidade de seu serviço porque quanto mais exame nisto fizerdes tanto mais se estimarão os que o forem e os que não foram procurarão de fazer por onde o mereçam". "Regimento de Gaspar de Sousa" de 31 de agosto de 1612, publicado nas *Cartas para Álvaro de Sousa e Gaspar de Sousa, Op. cit.*, p. 110 e em MENDONÇA, M. C. de (Org.), *Raízes da Formação Administrativa do Brasil*, 2 vols. Rio de Janeiro: Instituto Histórico e Geográfico Brasileiro, 1972, p. 419.

[56] "Regimento para o licenciado Manuel Pinto da Rocha, ouvidor geral da Relação do Brasil, tomar residência a D. Diogo de Meneses, governador daquele estado", publicado nas *Cartas para Álvaro de Sousa e Gaspar de Sousa, Op. cit.*, p. 135.

OS TRABALHOS E OS PEDIDOS

As promessas régias de honras e mercês feitas pelos monarcas caíam em solo fértil, os vassalos das partes do Brasil, nascidos no Reino ou na colônia, ávidos pelas recompensas, procuravam de todas as formas fazer jus a elas, assumindo os mais variados encargos do processo de colonização.

Os trabalhos realizados e, eventualmente, a serem realizados, justificavam os mais diversos tipos de pedidos. Esses eram num certo sentido como o outro lado da moeda das promessas. Nelas, a Coroa que se aproveita da expectativa geral de remuneração; nos pedidos, são os vassalos que cobram a fatura.

Os pedidos eram feitos por meio de cartas, requerimentos, petições ou mesmo oralmente, nos quais eram apresentados os serviços realizados e requeridas as mercês esperadas. Infelizmente, para o período aqui estudado, são raros os pedidos originais que se conservaram, contudo é possível recuperar parte de seu conteúdo, pois frequentemente nas consultas elaboradas sobre os mesmos ou nos despachos finais os pedidos eram resumidos.

As cartas de sesmaria e os provimentos de ofícios exemplificam o caso, pois nas partes do Brasil tanto as terras como os cargos eram, na maioria das vezes, concedidos aos vassalos como remuneração dos seus trabalhos[57]. A partir desses documentos podemos investigar a lógica da troca de serviços por mercês, tanto na questão dos tipos de trabalhos realizados, como nas recompensas recebidas.

Em 1602, Diogo Lopes Velho obtinha uma sesmaria em Sergipe, concedida pelo capitão Manuel Miranda Barbosa. Na justificava do pedido, elencava os muitos serviços que tinha feito à Sua Majestade, "com sua pessoa e fazenda, assim em guerras como na paz, acudindo com seus escravos e muitos homens brancos a sua custa a todos os rebates que se deram" há 20 anos até agora, e na tomada de Sergipe "mandou sua

---

[57] Numa espécie de relatório sobre a capitania do Rio Grande (do Norte), Domingos da Veiga Cabral, já nosso conhecido, apresenta em dado momento a lista dos capitães-mores que até então haviam servido no Rio Grande e, ao lado de cada nome, cita os serviços por eles realizados, atestando que todos haviam sido providos em satisfação dos trabalhos já feitos. "Descrição do Rio Grande por Domingos da Veiga" de 1617, publicado em Barão de Studart, *Op. cit.*, vol. I, p. 124.

gente e homens brancos e cavalo a sua custa em ajuda do governador Cristóvão de Barros" e, concluía, prometendo um novo serviço, queria as terras para ajudar a povoar Sergipe[58].

No mesmo ano, mas no Rio de Janeiro, Manuel de Salinos, também obtinha uma sesmaria, alegando para o capitão Martim de Sá que seus parentes:

> foram enquanto viveram leais cavaleiros e servidores d'el-rei Nosso Senhor e em seu serviço na conquista desta dita cidade e suas terras gastaram toda sua fazenda e seu sangue e vidas.[59]

Filipe III de Portugal concedia em 1621 a mercê do ofício de escrivão dos Contos da Bahia a Pedro de Moura, em respeito aos serviços que fizera até aquele momento no Estado do Brasil e por "servir nele em alguns ofícios com satisfação por provimento dos governadores"[60].

Em 1625, Francisco Gomes Muniz, morador na capitania da Paraíba, era nomeado pelo rei para o posto de provedor da Fazenda da capitania por seus serviços por muitos anos nas ocasiões de guerra, com:

> muito gasto de sua fazenda e risco de vida servindo de capitão do campo com soldados pagos a sua custa e sustentando a outros pobres para não desampararem as fronteiras e fazendo muitas obras públicas em aumento da nova povoação.[61]

Qualquer atividade podia ser recompensada, embora as militares evidentemente fossem as mais importantes, pois sem elas não haveria colônia, e o período aqui retratado é marcado por um contínuo de guerras, assim, elas envolviam um maior número de pessoas. Além disso,

---

[58] "Carta de Sesmaria de Diogo Lopes Velho" de 20 de janeiro de 1602, publicada por Felisbelo Freire, *História de Sergipe*, 2ª ed. Petrópolis: Vozes, 1977, p. 374.

[59] "Carta de sesmaria dos sobejos de terra que pediu Manuel de Salino" de 29 de julho de 1602, *Tombo das cartas de sesmaria do Rio de Janeiro (1594-1595 e 1602-1605)*. Rio de Janeiro: Arquivo Nacional, 1967, p. 121.

[60] "Registro da carta patente de Pedro de Moura" de 17 de novembro de 1621, que consta do *Livro Segundo de Provimentos*, publicado nos *Documentos Históricos, Op. cit.*, vol. 14, p. 481.

[61] "Registro da Provisão de Francisco Gomes Muniz para servir de Provedor da Fazenda na Paraíba" de 16 de maio de 1625, que consta do *Livro Segundo de Provimentos*, publicado nos *Documentos Históricos, Op. cit.*, vol. 15, p. 227.

os serviços militares dependiam mais da valentia pessoal e menos de recursos próprios do que outros tipos de tarefas, o que favorecia que quaisquer vassalos, mesmo os mais humildes, pudessem servir a Coroa e, consequentemente, requerer algum tipo de recompensa.

Nesse sentido, participar de uma campanha militar, lutar contra piratas ou conquistar novos territórios permitiria requerer honras e mercês da mesma forma que exercer corretamente um ofício da burocracia, financiar certos gastos militares, socorrer as finanças da administração colonial, descobrir uma mina, montar um engenho de açúcar, desenvolver uma nova técnica de produção, fazer uma benfeitoria ou simplesmente ajudar no povoamento de uma região.

Além do tipo de serviço prestado, a obtenção de recompensas maiores ou menores estava condicionada a outros fatores, como a distinção entre nobres e plebeus ou ainda o papel de cada um dentro de uma mesma tarefa. No caso de uma jornada militar, a gradação das mercês variava do comandante supremo ao simples soldado, ou, no caso da administração, do governador geral ao escrivão de uma pequena capitania.

Porém os serviços não eram realizados apenas na expectativa das recompensas régias. Interesses imediatos também motivavam os vassalos, sem eliminar a esperança de honras e mercês futuras, como fica claro pela informação dada por Diogo Botelho que conta ter enviado duas "jornadas" ao sertão, uma para descobrir o Amazonas e o Maranhão e outra contra os negros da Guiné levantados, sem custos para a fazenda real, pois "os capitães a fizeram a sua custa, não só pelas mercês que esperam de Sua Majestade, como por algum resgate lícito dos escravos"[62].

Domingos de Abreu e Brito, em fins do século XVII, denunciava uma situação oposta, uma espécie de abuso da lógica da troca de serviços por mercês nas partes do Brasil. Para ele os ouvidores gerais e provedores-mores da fazenda[63] faziam guerras com enorme gasto e pouca justiça contra os índios e os acompanhavam nestas "todos os pequenos e os poderosos vão as suas custas com seus cavalos e armas e criados e tirão

---

[62] "Instrumentos de Diogo Botelho" de 6 de setembro de 1603, publicado na *Revista do Instituto Histórico e Geográfico Brasileiro*, tomo 73, parte I, p. 58.

[63] No caso, Martim Leitão, ouvidor geral e conquistador da Paraíba, e Cristóvão de Barros, provedor-mor e conquistador de Sergipe.

certidões para lhe Vossa Majestade fazer mercês por elas ao que se devia de atalhar"[64].

Os casos até aqui relatados apontam para um aspecto fundamental: os vassalos que desejassem servir à Coroa deveriam dispor de recursos para arcar com os gastos necessários a determinadas tarefas, particularmente as mais importantes e que poderiam gerar maiores recompensas, que poderiam permitir novos e maiores serviços e prêmios ainda mais compensadores.

Tal situação era lembrada por João Afonso Pamplona em 1586, num pedido de sesmaria na Paraíba, quando, depois de elencar os serviços já prestados, indicava que numa capitania recém-conquistada eram necessários moradores ricos:

> que a possam povoar, e ele por ser rico e afortunado, e tem cabedal com que muito bem possa sustentar a povoação desse forte com seus escravos e criações com que possa fazer muitos serviços a Sua Majestade.[65]

Contudo, servir a Coroa era apenas o primeiro passo para se obter as tão almejadas honras e mercês. O segundo, não necessariamente mais simples, era requerê-las ao monarca ou aos seus representantes. Para tanto, devia-se seguir uma série de procedimentos e trâmites burocráticos, que implicavam gastos e tempo, daí o padre Antônio Vieira, fiel ao seu estilo, em sermão pregado em 1647, afirmar: "para as mercês dos reis da terra, que não importam nada, tantas papeladas e tantos ministros: para as graças do rei do Céu, que importam tudo, uma só folha de papel e um só ministro, uma bula e um sacerdote"[66].

---

[64] BRITO, D. de A. e, "Sumário e descrição do Reino de Angola e do descobrimento da ilha de Luanda" (c. 1591), publicado por FELNER, A. de A., *Um Inquérito à Vida Administrativa e Econômica de Angola e do Brasil*. Coimbra: Imprensa da Universidade, 1933, p. 78.

[65] "Carta de Sesmaria de João Afonso Pamplona" de 10 de janeiro de 1586, publicada por João de Lyra Tavares. *Apontamentos para a História Territorial da Paraíba*, 2 vols. Paraíba: Imprensa Oficial, 1910, vol. I, p. 29.

[66] "Sermão da Santa Bula da Santa Cruzada" pregado pelo Padre Antônio Vieira na Catedral de Lisboa em 1647, publicado em *Sermões do Padre Antônio Vieira*, reprodução facsimilada da *editio princeps*, organizada pelo Padre Augusto Magne, 16 vols. São Paulo: Anchietana, 1943-45, vol. I, p. 969. Os pleiteantes também esperavam contar com a ajuda divina, daí o culto de Nossa Senhora do Bom Despacho, como, por exemplo, em Tararipe,

Vale lembrar, aqui, que o diálogo entre os personagens de Diogo do Couto, em "O Soldado Prático" ocorre na casa de um "despachador", ou seja, o funcionário encarregado do processo burocrático para se obter as mercês, e que uma das reclamações do soldado, personagem da obra, era exatamente sobre a demora dos despachos dos pedidos[67].

Os caminhos para as recompensas eram diversos e dependiam muito do *status* social de quem as requeria e da importância do serviço. Para os vassalos mais importantes era possível o diálogo direto com o monarca ou com funcionários próximos a ele. Já os vassalos comuns dependiam fundamentalmente das negociações com funcionários subalternos, membros muitas vezes de conselhos, como o da Índia ou de Portugal, ou de juntas, como a da Fazenda, gastando assim muito tempo e também recursos. Foi o caso de Antônio Carvalho, cavaleiro fidalgo, que após ter servido nas partes do Brasil por vinte anos em muitas ocasiões de guerra, permaneceu três anos em Lisboa para requerer em vão o ofício de Guarda-mor de Pernambuco, tendo sido despachado apenas com os ofícios de escrivão da fazenda e da alfândega de Itamaracá, que, como se dizia na época, era "coisa de pouca sustância", e isto ainda somente depois de se deslocar até Valladolid, onde o rei se encontrava[68]. Por outro lado, uma figura de destaque, como D. Francisco de Sousa, escapava da morosidade burocrática dos despachos, conseguindo que seus requerimentos fossem analisados mais rapidamente graças à intervenção do monarca.

Muitas recompensas, contudo, podiam ser obtidas diretamente na colônia, requeridas aos governadores gerais ou aos capitães-mores, pessoalmente ou por meio de requerimentos, em processo muito mais simples do que os enfrentados no Reino. Implicando, quando muito, viagens pela Costa, como a que fez Jordão Rodrigues em 1554, indo de

---

no Recôncavo de Salvador, procurada pelos fiéis para "conseguirem os seus bons despachos nas petições". Ver Frei Agostinho de Santa Maria. *Santuário Mariano e história das imagens Milagrosas de Nossa Senhora [...] aparecidas em o arcebispado da Bahia* (1722). Salvador: Instituto Geográfico e Histórico da Bahia, 1949 (corresponde ao 9º volume da obra integral), p. 142.

[67] COUTO, D. do, *O Soldado Prático* (1610), 3ª ed. Lisboa: Sá da Costa, 1980, especialmente p. 31 e seguintes.

[68] "Consulta sobre Antônio Carvalho", Valladolid, 4 de dezembro de 1602. Archivo General de Simancas, Sec. Provinciales, códice 1463, Livro de Consultas, originais do ano de 1602, fl. 123.

Olinda até Salvador, para pedir ao governador geral D. Duarte da Costa os ofícios de porteiro da Alfândega e alcaide do mar de Pernambuco[69].

Independentemente do caminho, cabia ao rei em última instância conceder ou não, concordando, reformulando ou negando os pedidos e também os pareceres da burocracia régia, como se pode perceber pela correspondência trocada entre os Reis com os vice-reis em Portugal ou entre os primeiros e o Conselho de Portugal durante o período filipino. Era comum também que o monarca devolvesse as consultas com instruções em que solicitava mais informações dos procedimentos do requerente, sobre a qualidade dos serviços ou ainda sobre as mercês já recebidas. Por outro lado, muitas das mercês de menor vulto concedidas na colônia por funcionários régios, como, por exemplo, pequenas sesmarias ou cargos da administração pouco rendosos acabavam sem confirmação real, até porque estas não justificavam o alto custo para obter a concordância do monarca.

Com o correr do tempo, o processo ganhou maior formalidade e, posteriormente à Restauração em 1640, a maioria dos pedidos oriundos das colônias era enviada para o Conselho Ultramarino. Não pretendemos, porém, abordar aqui com mais detalhe o processo burocrático de obtenção de recompensas, o que exigiria aprofundar o estudo sobre a administração régia metropolitana, fugindo assim aos nossos objetivos[70].

Os pedidos podiam ser feitos em nome próprio ou em benefício de terceiros, como no caso do pedido de Martim de Sá de um hábito de uma ordem militar para o filho, o famoso Salvador Correia de Sá e Benevides, ou ainda do jesuíta Damião Botelho que, por seus serviços no Brasil, pedia mercês para os sobrinhos. Na prática os serviços funcionavam como um bem transmissível, sendo comum que um filho solicitasse as recompensas pelos serviços do pai ou que a esposa o fizesse pelos do marido falecido. A Coroa aceitava tal prática sem maiores problemas,

---

[69] "Traslado e registro da provisão por que o governador proveu [...] a Jordão Rodrigues" de 5 de março de 1554, que consta do "Livro 1º do registro de provimentos seculares e eclesiásticos da cidade da Bahia e terras do Brasil", publicado na coleção *Documentos Históricos, Op. cit.*, vol. 35, p. 204.

[70] Cleonir Xavier de Albuquerque, *Op. cit.*, passim.

afinal era importante que os vassalos soubessem que, em caso de morte, suas esposas e filhos poderiam conseguir algum tipo de benefício[71].

Nos pedidos, os diversos agentes do processo de colonização procuravam mostrar os serviços feitos num momento singular, como por exemplo na conquista do Maranhão ou na restauração de Salvador. Na falta de uma ação mais notável, reuniam em bloco os feitos em vários anos, como a luta cotidiana pela defesa de uma capitania ou a participação na administração colonial, valorizando, neste caso, a continuidade dos serviços. O já citado Antônio Carvalho justificava seu pedido por ter servido nas partes do Brasil por vinte anos em muitas ocasiões de guerra, somados aos serviços do pai que servira por trinta e seis anos.

Os vassalos procuravam também destacar os elementos que valorizassem o serviço, como prejuízos materiais ou gastos da própria fazenda. Estes qualificavam o esforço, servindo sempre como um argumento a mais na luta pelas recompensas, como no caso de Antônio da Rocha Bezerra, escrivão da alfândega e almoxarifado da capitania de Pernambuco, que numa petição de mercês "alega que tem passado muitos trabalhos e gasto mais de 10 mil cruzados no serviço de Sua Majestade"[72].

---

[71] A Condessa de Linhares, por exemplo, explicava, numa demanda com os herdeiros do falecido marido, que o Conde "fez muitos e notáveis serviços a Sua Majestade em todo o tempo que foi casado com ela, merecedores de grandes satisfações, todos a custa do dote dela, por neste tempo ele não ter outra" renda, daí ela ter direito à metade desses serviços, por serem feitos no tempo do casamento, lembrando ainda que na escritura do dote se declarou que as mercês que el-rei lhe fizesse "se reputaria por adquiridos e seriam comuns entre ambos". Cf. "Arrendamentos do Engenho de Sergipe", sem data, mas do início do século XVII. Arquivo Nacional da Torre do Tombo, Cartório dos Jesuítas, maço 15, documento 3.

[72] Antônio da Rocha Bezerra, escrivão da alfândega e almoxarifado da capitania de Pernambuco. Consta de seus papéis que em 1595 durante o ataque dos ingleses a Pernambuco, Antônio da Rocha ordenou uma companhia de 200 homens à sua custa, fazendo também uma trincheira com custo de 16.500 cruzados, com artilharia e dando mesa a muita gente. Oferecendo-se em outras ocasiões de inimigos e acompanhando por muitos dias o Capitão Manuel Mascarenhas Homem, o governador Cristóvão de Barros e Frutuoso Barbosa, à sua custa e fazendo muita despesa. Fora ainda encarregado pelo governador para abrir o caminho de Pernambuco até a Bahia, quando fez muita despesa à sua custa, e, por fim, que indo Francisco de Morales, capitão da infantaria espanhola para passar a Paraíba, não tendo mantimentos nem soldos, ele o socorreu de sua fazenda com mais de 3 mil cruzados. "Consulta de Antônio da Rocha Bezerra". Archivo General de Simancas, Sec. Provinciales, códice 1461, Livro de Consultas, originais do ano de 1601, fls. 44-45.

Da mesma maneira os "feitos heroicos" com custo de "sangue" próprio e da "vida" de parentes eram sempre apresentados, como, por exemplo, no caso de Amaro de Queirós, ferido e cativo dos holandeses, provido como capitão do forte do Recife[73] ou no de Amador de Aguiar de Altero, nomeado por D. Duarte da Costa, capitão de um bergantim, pelo fato de ter sido ferido na luta contra índios e franceses[74].

Martim Soares Moreno é um caso exemplar, pois, em um pedido de mercês ao rei, relatava que saindo do Maranhão foi arribar às Índias Ocidentais de Castela e daí partiu para o Reino sendo capturado pelos franceses que mataram toda a gente, "ficando só três homens com ele suplicante todos feridos donde ele suplicante escapou com vinte e três feridas, uma mão menos e uma cutilada no rosto e logo o levaram a França dando-lhe muito mau tratamento"[75], onde ficou por sete meses preso, gastando muito para conseguir se livrar. E, em outro documento da mesma época, concluía, numa espécie de resumo da sua vida até então, que:

> todos estes trabalhos e gastos lhe sobrevieram, por haver bem servido a Sua Majestade assim no descobrimento do Maranhão e sua conquista, como em Ceará, aonde gastou toda sua vida em continuas guerras com o gentio, atravessando muitas terras do sertão e fazendo outros muitos serviços, que são notórios[76].

Martim Soares Moreno expressava à sua maneira uma ideia corrente nas partes do Brasil, para os vassalos aqui residentes a conquista, colonização e manutenção das partes do Brasil pela Coroa portuguesa eram fruto, acima de tudo, do esforço dos vassalos, com seu sangue, vidas e fazendas, cabendo assim ao rei a obrigação de recompensar tal esforço.

---

[73] "Carta de provimento de Amaro de Queirós como capitão do forte do Recife" de 3 de março de 1629. Arquivo Nacional da Torre do Tombo, Chancelaria de Filipe III, Doações, Ofícios e Mercês, Livro 22, fl. 215.

[74] "Traslado da provisão do senhor governador D. Duarte da Costa que passou a Amador de Aguiar de capitão do bergantim São Tomé" de 26 de abril de 1557, publicado nos *Documentos Históricos*, Op. cit., vol. 35, p. 385.

[75] Documento de 1618, publicado na *Revista do Instituto Histórico do Ceará*, tomo 19, 1905, parte I, p. 65.

[76] "Requerimento de Martim Soares Moreno a el-rei para que lhe faça alguma mercê com a qual desempenhe das dívidas que contraiu no serviços da pátria (sic)" de 1618, publicado na *Revista do Instituto Histórico do Ceará*, tomo 19, 1905, parte I, p. 64.

Tal concepção, frequente em quase todos os tipos de pedidos de mercês, era a adaptação para o espaço colonial das ideias mais gerais sobre troca de serviços por recompensas régias, vigente no Império Português, e que nas partes do Brasil acabou sintetizada numa formulação básica: "[à] custa do sangue, vidas e fazendas" e suas variantes[77]. Formulação que inclusive seria assimilada posteriormente pelo próprio Conselho Ultramarino, pois este, ao aprovar o pagamento para Diogo Gomes Carneiro, nomeado cronista do Brasil, argumentava que:

> as heróicas ações, que os vassalos de Vossa Alteza obraram no Brasil, tanto a custa do seu trabalho, suas vidas, honras e fazendas mereceram o nome de grandes em todo mundo, como a fama pública, não há razão para que Vossa Alteza deixe de as mandar estampar.[78]

Essa justificativa, corrente no Brasil e que legitimava as pretensões dos vassalos nelas residentes, manifestou-se desde os primeiros tempos da colonização, como se verifica por exemplo em carta escrita por dois oficiais da Fazenda ao monarca em 1562, na qual, a princípio, defendem os moradores, alegando que foi "[à] custa de seu sangue e seu trabalho" que eles ganharam e sustentaram a terra[79].

Esse discurso será sempre evocado nas negociações, individuais ou coletivas, com a Coroa. Em carta da Câmara da Paraíba, os principais moradores da capitania, indignados com a lei que restringia a escravização dos índios, diziam sem rodeios ao monarca que:

---

[77] Como, por exemplo, "espero o galardão porque sem custo da fazenda de Vossa Majestade nem de sangue de seus vassalos brancos e índios fiz esta jornada" de autoria de Sebastião de Lucena de Azevedo. "Três cartas de Sebastião de Lucena de Azevedo dirigidas a D. João IV dando conhecimento do que se passa no Pará", publicado por Lucinda Saragoça, *Op. cit.*, p. 371.

[78] "Consulta do Conselho Ultramarino" de 22 de novembro de 1672, publicada por ALMEIDA, E. de C. e, *Inventário dos Documentos Relativos ao Brasil Existentes no Arquivo de Marinha e Ultramar de Lisboa*, 9 vols. Rio de Janeiro: Biblioteca Nacional, 1913–1951, vol. VI, p. 123 (Separatas dos *Anais da Biblioteca Nacional*).

[79] "Carta dos Oficiais da fazenda do Salvador" de 24 de julho de 1562, publicada nos *Anais da Biblioteca Nacional. Op. cit.*, vol. 27, p. 239. No mesmo sentido, Frei Vicente do Salvador afirmaria que "os moradores eram os que conservavam e acrescentavam [a terra] com seu trabalho e haviam conquistado à custa de seu sangue". Frei Vicente do Salvador, *Op. cit.*, p. 297.

Temos razão de lembrar a Vossa Majestade a grande obrigação em que está com os moradores desta sua capitania na conquista da qual sendo como foi tão larga se deixa bem entender o muito sangue que derramamos e o muito que nos há custado de nossas fazendas sem ajuda alguma da de Vossa Majestade e não foram poucas as ocasiões em que se tem visto ser esta a capitania, onde houve mais poderosos inimigos, assim naturais como estrangeiros, contra os quais se acreditaram tanto as bandeiras de Vossa Majestade como é notório e até hoje não há nela morador que tenha satisfação alguma sendo tais seus serviços que quando Vossa Majestade os queira mandar examinar achará que se igualam com quaisquer de África [Marrocos] e da Índia pois não somente nos há custado sangue mas fazenda.[80]

A franqueza da carta revela como os moradores, no papel de conquistadores das terras americanas, colocavam-se na ofensiva, exigindo do rei o mesmo tratamento dado aos que serviam no Oriente ou no norte da África, cujos serviços não seriam superiores aos feitos na América, pois os primeiros eram feitos à custa de sangue apenas[81], ao contrário dos últimos feitos com sangue e fazendas.

A elite pernambucana, durante a guerra contra os holandeses, insistiu nessa concepção, como justificativa para que os cargos locais ficassem reservados aos "filhos e moradores da terra", pois nas palavras dela era "à custa de nosso sangue, vidas e despesas de nossas fazendas, pugnamos há mais de cinco anos por as [capitanias] libertar da possessão injusta do holandês"[82].

Contudo foi após a expulsão dos holandeses de Pernambuco em 1654 que, essa ideia, adaptada ao cenário da restauração da capitania, encontrou na elite pernambucana sua mais fina expressão, mantendo seu vigor até pelo menos o fim do período colonial, e servindo de base para formar o que Evaldo Cabral de Mello chamou de primeiro nativismo pernambucano, ou seja, a representação ideológica elaborada para

---

[80] "Carta da Câmara da Paraíba para el-rei sobre ordem do mesmo que mandou aquela capitania para que se tirassem os gentios do poder das pessoas que tivessem, e lhe deu uma larga informação a respeito do mesmo" de 19 de abril de 1610. Arquivo Nacional da Torre do Tombo, Corpo Cronológico, parte I, maço 115, documento 108.

[81] O que não é verdade, diga-se de passagem.

[82] "Carta da Câmara de Pernambuco a D. João IV" de 10 de março de 1651, *apud* Evaldo Cabral de Mello, *Rubro Veio, Op. cit.*, p. 106.

descrever as relações da açucarocracia com a Coroa, justificando assim uma série de pretensões desse grupo[83].

Construía-se também, paralelamente a esta representação ideológica, uma memória sobre a guerra da restauração que se estendeu sobre o período anterior, abarcando desde a chegada de Duarte Coelho até a invasão holandesa, cujos frutos mais conhecidos são o conjunto de relatos das campanhas militares. Mesmo antes de 1630, pode-se constatar por todas as partes do Brasil a construção de uma memória, local ou não, sobre a conquista de certas áreas ou sobre outros acontecimentos importantes, não só em relatos mais elaborados, mas também em documentos redigidos com finalidades mais limitadas. Tal memória não é de somenos importância, pois era preciso comprovar a participação e os serviços feitos para se requerer os devidos prêmios, daí que relatos, crônicas ou memórias, mas também cartas, depoimentos e certificados fossem essenciais.

Os relatos mais extensos, impressos ou manuscritos, que divulgavam para um público mais amplo os grandes acontecimentos e seus principais atores, eram o ponto alto dessa memória construída. Por baixo deles, porém uma imensa gama documental, composta por cartas, queixas, certidões, depoimentos e pedidos, contribuía para construir a memória dos acontecimentos coloniais[84].

A obra do Padre Bartolomeu Guerreiro, "Jornada dos Vassalos da Coroa de Portugal", sobre a reconquista de Salvador, na qual os relatos sobre os vários momentos da campanha caminhavam paralelamente com a preocupação em atribuir a real participação de cada um nos acontecimentos, nomeava, com cuidado, os participantes e seus feitos, ressaltando que:

> assim colhi o que na empresa houve, das fontes da verdade, que a tão grandes senhores se devia, rejeitando popularidades, afeitos, respeitos e encarecimentos, que muitos seguem com grande dano da certeza dos sucessos.[85]

---

[83] Veja-se Evaldo Cabral de Mello, *Rubro Veio, Op. cit.*, especialmente o capítulo 3, intitulado "à custa de nosso sangue, vidas e fazendas".

[84] Sobre o assunto, veja-se ainda KANTOR, I., *Esquecidos e Renascidos, Historiografia Acadêmica Luso-americana (1724-1759)*. São Paulo: Hucitec e Salvador: Centro de Estudos Baianos – UFBA, 2004.

[85] GUERREIRO, B., *Jornada dos Vassalos da Coroa de Portugal* (1625). Rio de Janeiro: Biblioteca Nacional, 1966, p. 15. Alguns capítulos são quase inteiramente dedicados a listar os nomes dos presentes.

Outro bom exemplo é a crônica sobre a conquista da Paraíba atribuída ao jesuíta Simão Travassos. Nela, Martim Leitão, ouvidor geral e comandante da conquista, nas palavras do jesuíta "é o todo e a principal figura deste meu compêndio", tendo seus feitos louvados pelo autor, preocupado, com:

> o mal que nestas partes lhe tem feito a inveja, se [Martim Leitão] ocupara em assoalhar[86] no Reino suas obras como o fazem [seus inimigos] publicar dele e o infamar de muitas, que claramente, nele não há, fora o mais ditoso homem do mundo.[87-88]

As crônicas e relatos, ao destacar os feitos, ou, pelo menos, ao atestarem a participação em dado evento, poderiam ser úteis num pedido de mercês, mas não eram sua única forma. Em muitos casos a Coroa dava instruções aos governadores gerais, em seus regimentos, para que enviassem os nomes dos vassalos que tivessem prestados serviços relevantes[89].

O expediente mais comum, porém, era anexar aos pedidos certidões que atestassem os serviços, como fez Belchior Vaz, que incluiu um certificado de Jerônimo de Albuquerque Maranhão, atestando seus vários serviços na região do Maranhão e que concluía afirmando ao rei

---

[86] Assoalhar literalmente "colocar ao sol", em sentido figurado "publicar ou divulgar", cf. FONSECA, P. J. da, *Dicionário Português e Latino*. Lisboa: Régia Oficina Tipográfica, 1791. Martim Afonso de Sousa utilizava-se da mesma expressão numa carta escrita, do Oriente para o rei, na qual afirmava: "eu sou mau assoalhador das minhas coisas e tiro poucos instrumentos delas [...] porque há mui poucos que digam o bem que o homem faz, e nunca falta quem diga o mal". Cf. "Carta de Martim Afonso de Sousa" de 1º de novembro de 1535, publicada por ALBUQUERQUE, L. de (Org.). *Martim Afonso de Sousa*. Lisboa: Alfa, 1989, p. 23.

[87] "Sumário das Armadas que se fizeram e guerras que se deram na conquista do rio Paraíba", publicado na *Revista do Instituto Histórico e Geográfico Brasileiro*, tomo 36, p. 87 e 88, cuja autoria é atribuída ao jesuíta Simão Travassos. Ver sobre o tema RODRIGUES, J. H., *História da História do Brasil*, 3 vols. São Paulo: Companhia Editora Nacional, 1979, vol. I, p. 450.

[88] Martim Leitão também foi agraciado com poesias em latim e em espanhol pela conquista da Paraíba. As duas poesias em espanhol, de pouca qualidade, falam da vitória sobre os potiguares, compara o ouvidor geral com gregos e romanos, *"que a todos sobrepuja en paz y en guerra/ no embotando su pluma, lança y espada"*. Biblioteca Nacional de Lisboa, Reservados, Códice 302.

[89] "Regimento do governador geral do Brasil" de 8 de março de 1588, publicado nos *Documentos para a História do Açúcar*, vol. I, p. 356.

"é merecedor de que o dito senhor lhe faça muitas honras e mercês"[90]. Ou ainda o caso de Estevão Soares de Albergaria que apresentou as certidões dos oficiais da Câmara do Rio Grande e dos governadores gerais Gaspar de Sousa e D. Luís de Sousa, e, por já ter servido como capitão da capitania do Rio Grande, apresentou também uma certidão de Manuel Fagundes, escrivão da Câmara do Rio Grande, sobre a residência tomada pelo ouvidor geral Manuel Pinto da Rocha que abonou seu governo[91].

O poder de emitir certidões reconhecidas pela Coroa não era desprezível, particularmente para conseguir arregimentar pessoas dispostas a enfrentar riscos em algum empreendimento, como a exploração do interior do continente. Assim, Filipe II determinou que seriam dadas honras e mercês aos primeiros participantes da expedição de acordo com seus méritos e feitos, conforme o que Gabriel Soares relataria posteriormente[92], possibilidade a que Belchior Dias também aspirava, propondo formalmente que "todas as certidões que eu nestas partes passar de serviços e de descobrimentos, que se fizerem de minas sejam válidas e aceitas no tribunal e os despachem por elas conforme seus serviços"[93].

Afinal, num império espraiado por todos os cantos do globo, a luta pelo controle da palavra, contida nos relatos, nas certidões e na correspondência em geral enviada ao Reino, era chave para abrir a arca das mercês e alcançar as graças do rei. Daí a enorme disputa pela memória, cujas armas utilizadas por todos os lados eram valorizar as próprias ações ou as de aliados, diminuir ou apagar as dos rivais, elogiar ou difamar, justa ou injustamente, entre outras.

---

[90] "Certificado passado por Jerônimo de Albuquerque em favor de Belchior Vaz, companheiro que foi de Martim Soares Moreno" de 10 de junho de 1617, publicado pelo Barão de Studart, *Op. cit.*, vol. II, p. 182.

[91] "Consulta e despacho sobre Estevão Soares de Albergaria" onde constam dois documentos datados de Lisboa em 14 de Julho de 1626 e Madri em 26 de Novembro de 1626. Archivo General de Simancas, Sec. Provinciales, códice 1468, Livro de Consultas, originais do ano de 1626, fls. 575 e seguintes.

[92] "Alvará de mercê e honras às primeiras pessoas que acompanharem a Gabriel Soares de Sousa, na jornada [...] S. Francisco" de 14 de dezembro de 1590, publicado por Jaime Cortesão, *Op. cit.*, tomo I, p. 416.

[93] "Apontamentos para o Senhor D. Luís de Sousa", escrito por Belchior Dias Moreia em 1618 e publicado no *Livro 1º do Governo do Brasil, Op. cit.*, p. 227.

Veja-se, por exemplo, o caso da conquista do Maranhão, quando o sargento-mor Diogo de Campos Moreno escreveu um relato valorizando seu papel e criticando o comandante Jerônimo de Albuquerque Maranhão. Este, por sua vez, seria defendido pelo governador geral, Gaspar de Sousa, que o isentava em suas cartas do equivocado acordo de trégua com os franceses, rejeitado pela Coroa, creditando a responsabilidade ao primeiro[94].

A Coroa utilizava-se habilmente das informações recebidas, paralelamente à correspondência oficial, para fiscalizar seus representantes, assim, orientava-se ao governador geral que não deviam impedir que as Câmaras e demais oficiais escrevessem ao rei, "ainda que sejam queixas, porque a meu serviço convém haver nisto a liberdade necessária"[95].

Nas chamadas residências[96] procurava-se colher informações sobre o cumprimento ou não das ordens enviadas pelo governador ou pelos capitães-mores e sobre sua correção no governo da capitania ou do Estado do Brasil. Isto levava os oficiais a procurarem garantir que os escolhidos para prestar depoimentos lhes fossem favoráveis. Daí, por exemplo, o recurso de D. Luís de Sousa, quando deixou o posto de governador geral, para que na sua residência não fossem tomados depoimentos em Pernambuco, capitania controlada então por Matias de Albuquerque, seu desafeto, o que para o antigo governante viciaria as informações recolhidas[97].

Os governadores e outros oficiais por sua vez providenciavam documentos favoráveis ao seu governo, utilizando muitas vezes seu poder

---

[94] MORENO, D. de C., *Jornada do Maranhão* (1614). Rio de Janeiro: Alhambra, 1984.

[95] "Regimento de Gaspar de Sousa", publicado em *Cartas para Álvaro de Sousa e Gaspar de Sousa, Op. cit.*, p. 131 e em Marcos Carneiro de Mendonça (org.), *Op. cit.*, vol. I, p. 436. O grande Afonso de Albuquerque, governador da Índia no início do XVI, propôs que o governador daquele Estado controlasse a correspondência para evitar que seus inimigos a utilizassem contra ele, mas a Coroa não concordou com a proposta. Cf. ALBUQUERQUE, A. de, *Cartas para el-rei D. Manuel I*, seleção, prefácio e notas de António Baião. Lisboa: Sá da Costa, 1942, p. 96.

[96] As residências eram "exame ou informação que se tira do procedimento do juiz ou governador, a respeito de como procedeu nas coisas de seu ofício, durante o tempo que residia na terra onde exerceu" e eram feitas rotineiramente. Cf. SILVA, A. de M., *Diccionario da Lingua Portugueza* (fac-símile da 2ª ed. de 1813), 2 vols. Rio de Janeiro: Fluminense, 1922, vol. II, p. 612.

[97] "Requerimento de D. Luís de Sousa sobre a residência que de seu governo seria tirada na Bahia e Pernambuco", publicado no *Livro 1º do Governo do Brasil, Op. cit.*, p. 335.

ou influência, o que não passava despercebido dos críticos[98]. Tais documentos podiam ser, por exemplo, cartas de Câmaras elogiando a ação do representante régio ou os chamados "instrumentos", dos quais conhecemos o de Mem de Sá e o de Diogo Botelho. Estes nada mais eram do que uma série de itens escritos pelo representante régio, que justificam sua gestão, enviados então a um oficial da Justiça, que recolhia depoimentos de moradores ou de membros da administração colonial sobre cada um destes itens, que assim afiançavam as informações[99].

Por outro lado, nenhum governador geral ficou isento de críticas e queixas enviadas para a Coroa, que iam desde acusações sérias até outras pouco críveis, como aquela, dentre outras quarenta, feita por Lourenço de Brito Correia contra o governador geral Diogo Luís de Oliveira, que teria comemorado a invasão de Pernambuco pelos holandeses com "jantares e banquetes".

Contudo, dentro desse sistema de informação um papel destacado cabia às principais autoridades coloniais que, no exercício de seus cargos ou mesmo depois de retornarem ao Reino, eram consultadas pela Coroa, particularmente sobre os provimentos de cargos e as concessões de mercês[100].

A preocupação com as informações, favoráveis ou não, que chegavam ao monarca não eram desprovidas de razão, afinal com base nelas a Coroa se pautava para conceder ou não as desejadas recompensas.

---

[98] Veja-se a acusação feita por Lourenço de Brito Freire contra o governador geral Diogo Luís de Oliveira, de que este interveio nas eleições da Câmara, com ameaças e suborno, para que esta enviasse cartas a Sua Majestade de aprovação de seu governo, que ele mesmo orientava. "Queixas que Lourenço de Brito Correia faz a Sua Majestade das vexações e opressões públicas e roubos que Diogo Luís de Oliveira, governador do Brasil comete naquele Estado", Biblioteca da Ajuda, Códice 49-X-10, fl. 320.

[99] "Instrumentos de Mem de Sá", iniciado em 7 de setembro de 1570 e publicado nos *Anais da Biblioteca Nacional*, *Op. cit.*, vol. 27, p. 129 e "Instrumentos de Diogo Botelho" de 6 de setembro de 1603 e publicado na *Revista do Instituto Histórico e Geográfico Brasileiro*, tomo 73, parte I, p. 58.

[100] "Vereis em segredo o papel que se vos envia com esta carta e trata de coisas tocantes ao Brasil; e pela notícia que tendes das daquele Estado, vos encomendo me aviseis do que na matéria vos parecer [...] tomando para o fazerdes as informações que tiverdes por necessárias, assim dos ouvidores que estiveram no Brasil como de outras pessoas [...]". "Carta do rei para Gaspar de Sousa" de 23 de fevereiro de 1626, publicada nas *Cartas para Álvaro de Sousa e Gaspar de Sousa*, *Op. cit.*, p. 307. Ou ainda "Pareceres de Alexandre de Moura sobre diversos pretendentes", escrito provavelmente na segunda metade da década 1610 e publicado pelo Barão de Studart, *Op. cit.*, vol. II, p. 184.

AS RETRIBUIÇÕES E AS QUEIXAS

Teoricamente todos os vassalos poderiam servir a Coroa, mas os serviços mais importantes exigiam muitas vezes recursos e relações sociais inacessíveis para a maioria. Somente colonos ricos, como Gabriel Soares de Sousa, ou importantes funcionários régios, como D. Francisco de Sousa, podiam negociar diretamente com a Coroa empreendimentos de alto custo, como o do descobrimento das minas. Para os vassalos mais humildes, pouco restava além de se engajar como soldado em uma campanha qualquer ou ir povoar alguma região recém-incorporada à colonização lusitana, com os riscos inerentes de tais ações.

Entre uns e outros, contudo, existia uma miríade de variantes possíveis, tanto de serviço como de mercê. Daí a plasticidade da arca das mercês, que, na expressão de Filipe II, permitia fazer as honras e mercês conforme os "serviços e qualidades merecerem"[101], ou seja, praticamente todos os vassalos podiam ser contemplados, cada um com sua parte, de acordo com seu serviço ou qualidade.

Tal situação fez que Luiz Felipe de Alencastro apresentasse a distinção entre o que ele chamou de o "homem ultramarino" e o "homem colonial" para diferenciar os membros de uma elite ultramarina[102]. Enquanto o primeiro atuava pelo Império para aproveitar as recompensas na metrópole, o segundo circulava por várias regiões, mas apostava sua promoção social e econômica em uma determinada região do Império. Contudo, quando pensamos no conjunto da sociedade, é necessário incluir outras categorias de vassalos com pretensões bem mais limitadas, que atuavam em geral em áreas mais restritas e que recebiam pequenas parcelas da arca das mercês.

Estas mercês, tanto as materiais como as simbólicas, ocuparam um lugar fundamental na transferência dos valores estamentais da metrópole para a colônia, afinal num território ainda "sem dono" e

---

[101] "Carta de el-rei para Gaspar de Sousa" de 8 de novembro de 1612, publicada em *Cartas para Álvaro de Sousa e Gaspar de Sousa*, Op. cit., p. 168 e Barão de Studart, Op. cit., vol. I, p. 53.
[102] ALENCASTRO, L. F. de, *O Trato dos Viventes: formação do Brasil no Atlântico Sul - Séculos XVI e XVII*. São Paulo: Companhia das Letras, 2000, p. 103.

onde eram raros os nobres de média ou alta categoria, era necessário recriar as hierarquias sociais vigentes em Portugal com a promoção de setores da baixa nobreza ou mesmo plebeus, que passaram a formar o topo da sociedade colonial, embasados nas honrarias e nas propriedades conferidas pela Coroa. Além disso, as mercês materiais eram essenciais para garantir o substrato econômico para que esta elite em formação pudesse desempenhar as tarefas que lhe cabiam na empresa, vinculadas à administração direta ou indireta das partes do Brasil.

Para o conjunto de vassalos – os "homens coloniais" e os setores logo abaixo destes – engajados no processo de colonização das partes do Brasil, as mercês mais importantes eram, do ponto de vista material, as terras e os cargos, e, do ponto de vista simbólico, os hábitos da Ordem de Cristo e os foros de cavaleiro. Já para os "homens ultramarinos" tais mercês tinham pouca relevância, pois já eram nobres e buscavam principalmente benefícios materiais no Reino, particularmente as rendosas comendas das ordens militares, praticamente inacessíveis aos primeiros.

Os "homens ultramarinos", contudo, interessam menos, pois dado o escopo deste trabalho pouco contribuíram para a elite colonial nascente, afinal ao concluírem suas tarefas na colônia, eram enviados para outras áreas ou retornavam ao Reino. Assim, os "homens coloniais" são de maior interesse, sendo parte fundamental dos grupos que formariam a elite colonial das partes do Brasil.

Adiante vamos mostrar a importância, direta ou indireta, das mercês para a montagem do patrimônio da nascente elite colonial. Neste momento pretendemos destacar outros aspectos das retribuições, particularmente uma certa defasagem entre os pedidos e as concessões.

O processo de concessão começava com a verificação da papelada apresentada e o levantamento de possíveis mercês já feitas, para que a partir desses dados, apresentados ao monarca, este determinasse o despacho final. Eventualmente, pedidos de mercês específicas, como cargos e terras, eram menos detalhados, com o requerente apresentando a área ou o cargo pretendido e suas justificativas.

Evidentemente que nem todos os pedidos eram atendidos, não sendo incomum que o rei orientasse o vassalo, como no caso de Francisco Zorilha, morador na Bahia, que teve seu pedido negado, para que fosse servir mais tempo ou em determinada região a fim de poder voltar a pleitear as recompensas[103].

Contudo, o mais comum é que os vassalos fossem pelo menos parcialmente atendidos, especialmente quando estivesse apoiado nas promessas régias, pois, como alertava Salvador Correia de Sá e Benavides numa reunião do Conselho Ultramarino em 1652, "semelhantes promessas, se deve dar cumprimento, para não virem em desestimação as mercês que Vossa Majestade faz"[104].

Veja-se, por exemplo, o requerimento de Paulo Barbosa, que após apresentar seus papéis, incluindo várias certidões, com serviços relevantes, pedia o hábito da Ordem de Cristo com 40 mil de tença e a primeira capitania que vagar no Brasil. Para o governador de Portugal, Diogo da Silva, e também para o Conselho de Portugal, ele deveria receber somente a mercê de um ofício de justiça ou fazenda para o qual fosse apto, e apenas um conselheiro propôs que ele recebesse o posto de capitão de uma capitania, no caso a da Paraíba[105].

Ou a consulta sobre petição do capitão Gonçalo Maciel da Guarda que, por lutar na Bahia contra os holandeses e outros serviços, pedia o hábito da Ordem de Cristo e uma comenda, tendo recebido parecer favorável apenas do hábito com a tença de 25 mil réis[106].

Assim, verifica-se que quase todos os pedidos apresentados requerem mais prêmios ou maiores concessões do que as realmente atribuídas, situação que pode ser explicada hipoteticamente de várias formas: desde uma compreensão dos vassalos que seria necessário "inflar" os pedidos para poder barganhar com a Coroa, ou simplesmente que o desejo de

---

[103] "Despacho de Filipe II para o marquês de Alenquer, D. Diogo da Silva e Mendonça". Archivo General de Simancas, Sec. Provinciales, códice 1515, Registro de despachos de D. Filipe III de Espanha, II de Portugal, fls. 42-42 v.

[104] Cf. NORTON, L., *A Dinastia dos Sás no Brasil*. Lisboa: Agência Geral das Colónias, 1943, p. 296 e Cleonir Xavier de Albuquerque, *Op. cit.*, p. 18.

[105] "Consulta sobre petição de Paulo Barbosa", com dois documentos datados de Madri, 5 de Setembro de 1626 e de Lisboa, 14 de Julho de 1626. Archivo General de Simancas, Sec. Provinciales, códice 1468 – Livro de Consultas, originais do ano de 1626, fls. 163, 163 v., 164 v., 165 a 166 v.

[106] "Consulta sobre petição do capitão Gonçalo Maciel da Guarda", com dois documentos datados de Madrid, 26 de Setembro de 1626, e de Lisboa, 20 de Junho de 1626. Archivo General de Simancas, Sec. Provinciales, códice 1468 – Livro de Consultas, originais do ano de 1626, fls. 289, 289 v., 290 v., 291 a 292 v.

grandes honras e mercês levasse a tais pedidos, considerados pelos requerentes como plenamente justificados.

Para outros, tais pedidos eram muitas vezes excessivos, o que levou ao surgimento de um discurso de cunho moralista contra os requerimentos imoderados, presente em autores do século XVIII, como Rocha Pita, que, na sua "História da América Portuguesa" de 1730, ao contar, com pouca precisão, a história da busca pelas minas de prata na Bahia, concluía que "não é justo que mereça conseguir prêmios quem nos requerimentos pede mais do que se lhe deve conceder"[107].

Tal situação seria motivada pela ânsia por recompensas que perpassava toda a sociedade colonial, fato registrado com preocupação por Loreto Couto, pois, para ele, até o "vulgo de cor parda" não escapava do "imoderado desejo das honras [...]"[108], ou novamente por Rocha Pita que afirmava "nos inferiores também cego o desejo das riquezas e honras", para criticar as pretensões de Belchior Dias, o personagem chave do episódio das minas de prata na Bahia[109].

Para o período anterior não se percebe tal discurso, ao contrário, a preocupação é valorizar o aspecto positivo, mostrando como a ânsia de honras e mercês contribuía com os objetivos da Coroa, pois, como sentenciava o padre Simão Travassos, "tudo nos homens honrados o desejo da honra faz possível"[110], para explicar o sucesso da conquista da Paraíba com tão poucas forças.

Por outro lado, o anseio por prêmios era tão forte, que para valorizar certas ações, próprias ou alheias, certos autores destacam a falta de perspectiva de remuneração, como Manuel Severim de Faria, que, contando sobre a jornada de recuperação de Salvador, diz que:

---

[107] PITA, R., *História da América Portuguesa* (1730). Belo Horizonte: Itatiaia e São Paulo: Edusp, 1976, p. 98.

[108] COUTO, D. do L., *Desagravos do Brasil e Glórias de Pernambuco* (1757). Recife: Prefeitura Municipal, 1981, p. 227.

[109] Rocha Pita, *Op. cit.*, p. 182. Sobre esse ponto, Rocha Pita faz uma enorme confusão, chamando Belchior Dias de Robério Dias.

[110] "Sumário das Armadas que se fizeram e guerras que se deram na conquista do rio Paraíba", *Op. cit.*, p. 63 e 64. Tal passagem é repetida *ipsis litteris* por Frei Vicente do Salvador, confirmando ser o "Sumário" a principal fonte deste sobre a conquista da Paraíba. Frei Vicente do Salvador, *Op. cit.*, p. 284.

assim quiseram mostrar nesta ocasião os fidalgos portugueses que não por sua culpa sucedia a perda da república, pois sem obrigação precisa e sem algum prêmio se dispunham todos a oferecer as fazendas e vidas pela conservação da Coroa deste reino.[111]

Da mesma forma que Loreto Couto posteriormente se perguntava "a que gente não alterou o animo, nem a falta de socorro, nem o desprezo do serviço, nem a desesperação de prêmio para abrir ... o mínimo pensamento de infidelidade?", para enfatizar ainda mais o valor da vitória dos pernambucanos[112]. Contudo, ao contrário do que estes autores pretendem, a reconquista da Bahia, bem como a guerra contra os holandeses em Pernambuco, não foram realizadas sem a ambição de remunerações régias.

A questão aqui colocada é que tal ambição era muito maior do que a vontade ou a possibilidade, conforme o caso, de retribuição da Coroa, gerando uma defasagem entre as expectativas presentes nos pedidos e os resultados alcançados nos despachos conclusivos, provocando toda uma série de queixas e renegociações.

Bom exemplo dessa situação é o caso de Manuel Pinheiro de Azurara, que após ser nomeado mineiro-mor das minas de São Vicente com a "esperança que sucedendo bem o negócio das minas se lhe daria o hábito com 20 mil réis de tença", o que não lhe satisfez, e, nas palavras da consulta do Conselho de Portugal, "se queixa a Vossa Majestade dizendo que se lhe fez agravo em seu despacho por seus serviços serem de qualidade que mereciam diferente remuneração"[113], pedindo, assim, o hábito imediatamente. Os conselheiros se dividem, dois deles favoráveis e outros dois contrários ao pedido, o rei concorda com os últimos, não alterando o despacho.

Esta diferença entre o reivindicado e o obtido pode ser a explicação para o surgimento nas partes do Brasil de um discurso recorrente sobre

---

[111] FARIA, M. S. de, *História Portuguesa e de Outras Províncias do Ocidente Desde o Ano de 1610 até o de 1640 da Feliz Aclamação de El-rei D. João IV*. Fortaleza: Tip. Studart, 1903, p. 29.

[112] D. Domingos do Loreto Couto, *Op. cit.*, p. 129.

[113] "Parecer do Conselho de Portugal e despacho régio sobre a petição de Manuel Pinheiro de Azurara sobre as mercês recebidas no ofício de mineiro-mor das minas de São Vicente" de 20 de agosto de 1602. Archivo General de Simancas, Sec. Provinciales, códice 1463, Livro de Consultas, originais do ano de 1602, fl. 41. Publicado por Roseli Santaella Stella, *Op. cit.*, p. 105.

a falta do pagamento adequado aos serviços prestados. A constante reclamação dos vassalos envolvidos na colonização do Brasil expressava-se na formulação de que os serviços feitos no Brasil nunca eram pagos[114].

Tal discurso já estava presente no "Tratado Descritivo do Brasil", quando Gabriel Soares de Sousa, após narrar a participação dos moradores da Bahia no combate aos índios ao redor de Salvador, na ajuda às capitanias de Ilhéus, Porto Seguro e Espírito Santo e por duas vezes na conquista do Rio de Janeiro, ressaltando que nesses episódios morreram muitos destes moradores, apontava que "até hoje ser dada nenhuma satisfação a seus filhos". Explicava ainda que haviam feito estes serviços e muitos outros à própria custa, sem receberem soldo ou mantimentos, ao contrário do que se costuma fazer na Índia, para concluir: "e a troco desses serviços e despesas dos moradores desta cidade não se fez até hoje nenhuma honra nem mercê a nenhum deles, do que vivem mui escandalizados e descontentes"[115].

Se Gabriel Soares de Sousa reclamava da falta de mercês em geral para os moradores da Bahia, o padre Simão Travassos reclamava por sua vez do tratamento dado ao conquistador da Paraíba, o ouvidor geral Martim Leitão.

Numa passagem do "Sumário das Armadas", o jesuíta lamentava a sorte do conquistador:

> Eu pelo que vi e sei, digo que mais lhe sinto a má paga do reino a tantos e tão bons serviços, que todos os trabalhos de cá, por que já hoje importa de renda a el-rei cada ano a Paraíba, 40 mil cruzados só de contrato do pau-brasil, e assim lhe ouvi dizer muitas vezes, que os trabalhos pelo serviço de Deus e de el-rei eram seus verdadeiros gostos, mas que os maus galardões e ingratidões secavam os ossos, e não era muito acontecer isto, assim pois que neste Reino o hospital é o verdadeiro registro dos homens de merecimento e mais deste que sempre foi tão invejado.[116]

---

[114] "Só para servir el-rei sem por isso receber mercê alguma, porque serviços do Brasil raramente se pagam". Frei Vicente do Salvador, no caso, refere-se ao tratamento dispensado por Sebastião de Faria, senhor de engenho no Recôncavo de Salvador, ao comandante Diogo Flores e seus homens, mas generaliza sua conclusão. Frei Vicente do Salvador, *Op. cit.*, p. 255.

[115] Gabriel Soares de Sousa, *Op. cit.*, p. 132.

[116] "Sumário das Armadas que se fizeram e guerras que se deram na conquista do rio Paraíba", *Op. cit.*, p. 86.

O melhor exemplo dessa discussão, porém, é o caso de Duarte Coelho, primeiro donatário de Pernambuco, visto por três autores diferentes; reconhecido por todos por seu trabalho na conquista de Pernambuco, onde gastou muito de sua fazenda e que, por tudo isso, deveria, segundo a lógica vigente, ser recompensado.

Gabriel Soares de Sousa em 1587 conta que todas as tentativas de exploração do rio São Francisco até então haviam fracassado e "com este desengano [das explorações] e sobre esta pretensão [de o explorar] veio Duarte Coelho a Portugal [...] mas desconcertou-se com Sua Alteza pelo não fartar das honras que pedia"[117].

Já Bento Teixeira, no seu poema dedicado ao filho de Duarte Coelho, Jorge de Albuquerque Coelho, escrito pouco mais de dez anos depois da obra de Gabriel Soares de Sousa, lembrava o episódio:

> Mas quando virem que do rei potente,
> O pai por seus serviços, não alcança,
> O galardão devido, e glória dina [digna],
> Ficarão nos alpendres da Picinna.[118]

Chegando à forma mais elaborada na "História do Brasil" de Frei Vicente do Salvador escrita em 1624, na parte dedicada à morte de Duarte Coelho, o autor inicialmente conta como o donatário de Pernambuco voltara ao reino "para requerer seus serviços", que embora fossem feitos em seu proveito e no de seus descendentes, "muito mais eram para el-rei". Para em seguida relatar o encontro do donatário com o monarca: "quando lhe foi beijar a mão lho [o rei] remocou[119] e o recebeu com tão pouca graça que [Duarte Coelho], indo-se para casa, enfermou de nojo[120], e morreu daí há poucos dias", concluindo a descrição com a

---

[117] Gabriel Soares de Sousa, *Op. cit.*, p. 65.

[118] Picinna ou piscina, no caso, a que existia próxima ao templo de Jerusalém, na qual milagrosamente os doentes saravam ao entrar. A "Prosopopea" de Bento Teixeira foi escrita em 1601. Cf. PILOTO, A. L.; TEIXEIRA, B., *Naufrágio & Prosopopea* (1601). Recife: UFPE, 1969. p. 133.

[119] De "remoque", ou seja, como nos diz Moraes, "palavras, que com agudeza de sentido encoberto picam alguém, e lhe dão a entender o que queremos". Ver Antônio de Moraes Silva, *Op. cit.*, vol. II, p. 596.

[120] "Nojo", no caso, no sentido de desgosto. Ver Antônio de Moraes Silva, *Op. cit.*, vol. II, p. 345.

observação de que "esta foi a paga de seus serviços, mas mui diferente a que de Deus receberia, que é só o que paga dignamente, e ainda *ultra condignum*, aos que o servem"[121].

A origem do discurso da falta de pagamento para o primeiro donatário de Pernambuco pode ser o próprio Duarte Coelho. Afinal, este provavelmente acreditava que sua obra à frente de Pernambuco não tinha sido recompensada como merecia, pois na sua última carta conhecida, após agradecer a confirmação dos direitos e privilégios contidos na carta de doação da capitania pelo rei D. João III, afirmava "porque outras mercês e honras ainda espero, mas para o [tempo] de diante para com seus filhos [do rei]"[122].

De qualquer forma, a persistência do episódio do desentendimento de Duarte Coelho com D. João III nos textos escritos décadas depois do ocorrido, demostra que, independentemente da veracidade ou não do episódio, a possível ausência de retribuição digna a um vassalo com tantos serviços deveria mesmo ter marcado as consciências, permanecendo como exemplo maior da ingratidão régia aos vassalos que prestavam os mais diversos serviços nas partes do Brasil.

É falsa, contudo, a ideia de que os serviços feitos no Brasil nunca recebiam pagamento, embora nem sempre as remunerações fossem as que os vassalos reivindicassem ou ainda que sua efetivação nem sempre fosse tranquila. O mais provável é que a posição secundária ocupada até meados do século XVII pelas partes do Brasil dentro do Império português – situação que começaria a mudar a partir do início da guerra com os holandeses em Pernambuco – frente ao Oriente ou mesmo ao Marrocos, áreas que inclusive atraíam quase a totalidade dos nobres de maior estirpe, fez que os serviços realizados nestas últimas recebesse um destaque muito maior que os prestados nas demais e, consequentemente, maiores recompensas, em grande medida desfrutáveis no Reino. Nas partes do Brasil, ao contrário, os prêmios mais comuns – terras e cargos – favoreciam o enraizamento, mesmo que momentâneo, na colônia.

---

[121] Frei Vicente do Salvador, *Op. cit.*, p. 134.

[122] "Carta de Duarte Coelho" de 24 de novembro de 1550, publicada por Carlos Malheiro Dias (Dir.), na *História da Colonização Portuguesa do Brasil*, 3 vols. Porto: Litografia Nacional, 1922, vol. III, p. 320 e por Duarte Coelho nas *Cartas de Duarte Coelho a El rei*. Recife: Imprensa Universitária, 1967, p. 102 (editadas por José Antonio Gonsalves de Mello e Cleonir Xavier de Albuquerque).

PARTE II

CONQUISTA E GOVERNO

3.

CONQUISTA E FIXAÇÃO

"Quando lá [nas terras do Brasil] houver sete ou oito povoações estas serão bastante para defenderem [impedirem] aos da terra que não vendam [pau] brasil a ninguém e não o vendendo as naus [francesas] não hão de querer lá ir para virem de vazio", Diogo de Gouveia para D. João III[1].

A CONQUISTA INICIAL

O contato inicial dos portugueses com as terras americanas foi frustrante em pelo menos um aspecto: o comercial, como se percebe nas palavras de Pero Vaz de Caminha, escrivão da feitoria que se ia montar em Calecute, "nela, até agora, não pudemos saber que haja ouro, nem prata"[2], tampouco indicava outros produtos passíveis de comércio na sua famosa carta. Para homens que iam em breve atingir um dos maiores centros comerciais da Ásia, com inúmeras mercadorias e diversos circuitos comerciais estabelecidos, as terras recém-descobertas não passavam de escala aproveitável em tão longa viagem. Aliás, esta parece ser, para Caminha, a maior utilidade da terra, "e que aí não houvesse mais que ter pousada para esta navegação para Calicute, isto bastaria"[3], além da

---

[1] "Carta de Diogo de Gouveia para D. João III" de 29 de março de 1532, publicada por CORTESÃO, J., *Pauliceae Lusitana Monumenta Historica*, 2 tomos em 3 vols. Lisboa: Real Gabinete Português de Leitura do Rio de Janeiro, 1956, tomo I, p. 149.

[2] CORTESÃO, J., *A Carta de Pero Vaz de Caminha*. Rio de Janeiro: Livros de Portugal, 1943, p. 240.

[3] *Idem.*

conversão dos gentios, pois, como diziam os homens de Vasco da Gama na Índia, até lá tinham ido procurar cristãos e especiarias[4].

Dessa maneira, não espanta o relativo descaso com as terras dessa margem do Atlântico nos anos seguintes, quando apenas a extração do pau-brasil atraiu certa atenção. A viragem foi o envio da armada de Martim Afonso de Sousa em fins de 1530, que buscava resolver duas questões.

A primeira foi a crescente rivalidade entre portugueses e espanhóis nas décadas iniciais do século XVI, pela posse das áreas recém-descobertas, cuja localização frente ao Tratado de Tordesilhas, dadas as condições técnicas da época, não podiam ser seguramente estabelecidas[5].

Essa disputa acirrada, que teve como principal ponto de controvérsia a posse das Ilhas Molucas no Oriente e do Rio da Prata no Ocidente, áreas que ficariam mais ou menos próximas à linha demarcatória de Tordesilhas, acabou gerando intensas negociações diplomáticas entre as duas coroas, ameaças de guerra, expedições de descobrimento[6] e até uma conferência entre astrônomos, pilotos e sábios. Contudo, a solução da posse das áreas em disputa só viria parcialmente pelo Tratado de Saragoça de 1529, que apenas resolvia a questão tocante às Molucas, já que, pelo tratado, a Espanha abria mão de seus possíveis direitos sobre elas mediante uma indenização[7].

Se o problema do Oriente estava resolvido, o do Ocidente continuava em aberto, e, para aumentar a cobiça de ambas as partes, ao longo das viagens de exploração ao sul do continente, os navegantes foram recolhendo mais e mais informações sobre a existência de grandes riquezas minerais ao norte do Rio da Prata, na região que posteriormente seria conhecida como Peru.

Paralelamente à disputa com os espanhóis, uma segunda questão inquietava Portugal. Os franceses se aventuravam cada vez mais em

---

[4] BOXER, C. R., *O Império Colonial Português* (tradução). Lisboa: edições 70, 1981, p. 81.

[5] Ver, entre outros, LEITE, D., *História dos Descobrimentos*, 2 vols. Lisboa: Cosmos, 1958, v. I, p. 469.

[6] A mais importante delas foi a conhecida viagem de Fernão de Magalhães, a qual os portugueses tentaram impedir de todas as maneiras.

[7] Resumidamente a questão das Molucas pode ser vista em CORTESÃO, J., *História dos descobrimentos portugueses*, 3 vols. Lisboa: Círculo de Leitores, 1979, vol. I, p. 62 ou, ainda, de forma mais desenvolvida na obra do mesmo autor *Pauliceae Lusitana Monumenta Historica, Op. cit.*, tomo I, p. LXXII, com a publicação de diversos documentos sobre a questão a partir da p. 33 do mesmo volume.

terras do Novo Mundo, travando contato com os nativos e carregando o precioso pau-brasil. Essa presença constante alertou a Coroa Portuguesa para o risco da perda das terras americanas, pois, no dizer de Frei Luís de Sousa, era notório "que nos portos da Normandia se aprestavam armadas de franceses, com voz pública de quererem passar às terras novas do Brasil e fundar povoações"[8].

A presença francesa colocava em risco não apenas as terras ao sul do continente, notadamente a área do Prata, mas toda a região que cabia a Portugal pelo Tratado de Tordesilhas. Afinal, além da perda do cada vez mais rendoso comércio do pau-brasil, era necessário resguardar os novos territórios também pela esperança do descobrimento de metais preciosos e pela escala estratégica para os navios da rota do cabo. Esta mesma rota, então eixo central do Império Português, também poderia ser cortada pelos rivais[9], pois, como lembrava o padre Francisco Soares no final do século XVI, os franceses, depois de terem povoado o Rio de Janeiro, tencionavam "ir esperar as naus da Índia"[10].

Duas foram as medidas iniciais para afastar os franceses: a diplomacia e a força. Logo no início de seu reinado, D. João III enviou João da Silveira como embaixador a Francisco I, com a missão de tentar conter o corso francês que atacava a navegação portuguesa em várias partes e de impedir as viagens para a América, acabando dessa maneira com a situação de quase beligerância entre as duas nações no mar, o que para

---

[8] SOUSA, L. de, *Anais de D. João II* (c. 1630), com prefácio e notas do Prof. Rodrigues Lapa. Lisboa: Sá da Costa, 1938, 2 vols., vol. I, p. 55.

[9] Na navegação a vela raramente o melhor caminho é em linha reta, assim, dado o regime de ventos do Atlântico sul, os navios portugueses passaram a se afastar da costa atlântica africana desde a viagem de Vasco da Gama, demandando o alto mar e se aproximando muitas vezes da costa brasileira, buscando com isso uma rota muito mais cômoda, daí a importância do controle desta para segurança da rota. Cf. MARQUES, A. P., "Ventos" e LISBOA, J. L., "Volta da Guiné", In.: ALBUQUERQUE, L. de, *Dicionário dos Descobrimentos Portugueses*, 2 vols. Lisboa: Caminho, 1984, vol. II, p. 1083 e 1084. Frei Vicente do Salvador conta vários casos de naus que, indo ou voltando da Índia, aportaram no Brasil, e pelo tom da descrição, percebe-se serem grandes acontecimentos, exigindo cuidados dos governadores e demais autoridades. SALVADOR, V. do, *História do Brasil* (1627), 5ª ed. São Paulo: Melhoramentos, 1965, p. 167, 169, 192 e 337. Veja-se também LAPA, J. R. A., *A Bahia e a Carreira da Índia*. São Paulo: Companhia Editora Nacional, 1968, *passim* e, em especial, os "quadros", p. 330 e seguintes, em que mostra 253 ocorrências de escalas de naus da Carreira da Índia em Salvador no período colonial.

[10] SOARES, F., *Coisas Notáveis do Brasil* (c. 1594). Rio de Janeiro: Instituto Nacional do Livro, 1966, p. 47.

os portugueses "se evitaria com mandar el-rei Francisco que nenhum vassalo seu navegasse para as conquistas de Portugal"[11].

As negociações diplomáticas estenderam-se por anos e ligaram-se a questões da grande política europeia de então, marcada pela luta pela hegemonia continental, da qual Carlos V, imperador e rei da Espanha, e Francisco I da França eram as grandes figuras. Nesse contexto, para a França não era interessante uma guerra com Portugal, aliás, o objetivo francês era o oposto, tentavam atrair o Reino luso para uma aliança, inclusive propondo ao rei de Portugal o casamento com uma filha de Francisco I. O problema era que a Coroa francesa vivia na década de 1520 um dos seus piores momentos, inclusive com a captura de Francisco I pelos espanhóis na Batalha de Pávia em 1525; assim não é de estranhar que as resoluções francesas favoráveis aos interesses de Portugal que seus enviados conseguiram arrancar do rei da França ficassem sem efeito. A verdade é que se a Coroa Francesa não queria uma guerra com Portugal, tampouco tinha vontade ou meios para conseguir conter o ataque de seus vassalos a barcos portugueses ou a navegação deles nas áreas que Portugal reivindicava exclusividade[12].

Paralelamente, a segunda medida tomada contra os franceses foi o envio de expedições ao litoral brasileiro, as chamadas de "guarda-costas", das quais a mais conhecida é a de 1526, comandada por Cristóvão Jacques, despachada após avisos do embaixador João da Silveira sobre o envio de 10 navios franceses ao Brasil, e que, nas palavras de Frei Luís de Sousa, "foi correr aquela costa e alimpá-la de corsários, que com teima a continuavam pelo proveito que tinham do pau-brasil"[13], contudo, nem a captura de diversas embarcações ou o rigor empregado em seus tripulantes conseguiu deter a navegação francesa[14].

---

[11] Frei Luís de Sousa, *Op. cit.*, vol. I, p. 56.

[12] O melhor estudo sobre as negociações entre Portugal e França em meados do século XVI é o de CARVALHO, G. de, *D. João III e os Franceses*. Lisboa: Clássica, 1909. Jaime Cortesão publicou alguns documentos sobre o tema na *Pauliceae Lusitana Monumenta Histórica*, *Op. cit.*, tomo I, p. 117 e seguintes.

[13] Frei Luís de Sousa, *Op. cit.*, vol. I, p. 267.

[14] Ver de BAIÃO, A. e DIAS, C. M., "A expedição de Cristóvão Jacques", In: DIAS, C. M. (Dir.), *História da Colonização Portuguesa do Brasil*, 3 vols. Porto: Litografia Nacional, 1922, vol. III, p. 57 (Citada daqui em diante apenas como *História da Colonização Portuguesa do Brasil*).

Constatado o fracasso das negociações diplomáticas e das expedições de guarda-costas para defender tão larga faixa costeira, D. João III adotou a partir de 1530 as práticas que reiteradamente vinham sendo aconselhadas por Diogo de Gouveia[15] para povoar as terras americanas. Há muito radicado na França, esse douto interlocutor do rei, insistia:

> quando lá [nas terras do Brasil] houver sete ou oito povoações estas serão bastante para defenderem [impedirem] aos da terra que não vendam [pau] brasil a ninguém e não o vendendo as naus [francesas] não hão de querer lá ir para virem de vazio, [e] depois disso aproveitaram a terra na qual não se sabe se há minas de metais como pode haver e converterão a gente a fé.[16]

Dessa forma, a viagem de Martim Afonso de Sousa em fins de 1530 teria como objetivos: a defesa daquelas costas contra os franceses, que "iam tomando nelas muito pé"[17], a posse efetiva ou, pelo menos, a exploração do Rio da Prata e a fundação de ao menos uma povoação permanente no litoral. Sendo assim, ao mesmo tempo, a resposta à ameaça francesa e às pretensões espanholas, como se pôde constatar pelos seus resultados práticos: diversas naus francesas apreendidas ao longo da costa, colocação de padrões portugueses no Rio da Prata e por fim a fundação da vila de São Vicente[18].

---

[15] Diogo de Gouveia, humanista e teólogo, exerceu durante muitos anos o cargo de reitor do Colégio de Santa Bárbara em Paris, para onde foram enviados diversos estudantes portugueses e do qual foram alunos Inácio de Loiola e Francisco Xavier, pouco antes da fundação da Companhia de Jesus. Atuava também como conselheiro e informante da Coroa Portuguesa, particularmente nos assuntos que envolviam temas do além-Pirineus, cf. GUERREIRO, L. R., "Diogo de Gouveia", In: Luís de Albuquerque, *Op. cit.*, vol. I, p. 472. Sobre as relações entre Portugal e França no período ver MATOS, L. de, *Les Portugais en France au XVIe Siècle, Études et Documents*. Coimbra: Universidade de Coimbra, 1952.

[16] "Carta de Diogo de Gouveia para D. João III" de 29 de março de 1532, publicada por Jaime Cortesão na *Pauliceae Lusitana Monumenta Historica*, *Op. cit.*, tomo I, p. 149. Registre-se aqui que, embora a referida carta de Diogo de Gouveia seja de 1532 e a expedição de Martim Afonso de Sousa de fins de 1530, fica claro por outras passagens da carta, como veremos abaixo, que as ideias nela expostas já vinham sendo propostas a D. João III pelo menos desde 1529.

[17] Frei Luís de Sousa, *Op. cit.*, vol. II, p. 114.

[18] O relato mais importante da viagem é o texto do irmão de Martim Afonso de Sousa, que foi publicado em várias edições, das quais a mais importante é: SOUSA, P. L. de, *Diário da Navegação* (1530-1532), comentado por Eugênio de Castro, com prefácio de Capistrano de Abreu, 2 vols. Rio de Janeiro: Typographia Leuzinger, 1927. Ainda pode-se recorrer à edição de Jaime Cortesão na *Pauliceae Lusitana Monumenta Historica*, *Op. cit.*,

A resolução das duas questões, a rivalidade com os espanhóis e a ameaça francesa, tiveram destinos distintos. A conquista da região do Peru – objetivo final das expedições que subiam o Rio da Prata – pelos espanhóis, comandados por Pizarro, vindos do norte pelo Pacífico entre 1532 e 1535, acabou por levar à perda de interesse pela região platina, relegada a um quase esquecimento e transformada numa espécie de "porta dos fundos" dos impérios ibéricos, uma zona de contrabando, que só voltaria a ser palco de grandes embates a partir de 1680 com a fundação da Colônia do Sacramento pelos portugueses em frente de Buenos Aires, criando uma situação de beligerância que se manteve ao longo do século XVIII[19].

Já a ameaça francesa perdurou até o início do século seguinte. Ao longo desse período, os franceses aliados a certas tribos indígenas, em vários pontos da costa, instigavam estas a lutarem contra os portugueses, trocavam produtos europeus, muitas vezes armas, por pau-brasil e outros gêneros, rompendo o monopólio que a Coroa portuguesa tentava impor, e ainda tentaram fixar-se no Rio de Janeiro e no Maranhão. Dessa forma, representaram nesse momento a maior ameaça externa ao domínio português das terras americanas, contudo, foram derrotados e paulatinamente expulsos em todos os momentos decisivos, à medida que o avanço da conquista portuguesa consolidava o controle sobre novas áreas no continente, como veremos em outros momentos deste trabalho[20].

A expedição de Martim Afonso de Sousa constituiu-se como a primeira etapa da política de conquista e povoamento da costa do Brasil proposta por Diogo de Gouveia, não só por fundar a primeira vila

---

tomo I, p. 431. Para o contexto mais geral da expedição, ver CORTESÃO, J., *São Paulo capital geográfica do Brasil*. Rio de Janeiro: Livros de Portugal, 1955 e também, pelo lado espanhol, GANDIA, E. de, *Antecedentes Diplomaticos de las Expediciones de Juan Diaz de Solis, Sebastian Caboto y Don Pedro de Mendoza*. Buenos Aires: Cabaut, 1935.

[19] CANABRAVA, A. P., *O Comércio Português no Rio da Prata (1580-1640)*. São Paulo: FFLCH-USP, 1944; BELLOTTO, H., *Autoridade e Conflito no Brasil Colonial: o Governo do Morgado de Mateus em São Paulo (1765-1775)*, 2ª ed. revista. São Paulo: Alameda Casa Editorial, 2007 e ALMEIDA, L. F. de, *A Colônia do Sacramento na Época da Sucessão de Espanha*. Coimbra: Faculdade de Letras da Universidade de Coimbra, 1973.

[20] Para a luta entre portugueses e franceses pode-se consultar entre outros VARNHAGEN, F. A. de, *História Geral do Brasil* (1854), 5ª ed., 5 vols. São Paulo: Melhoramentos, 1956, vols. I e II e, na visão francesa, o clássico GAFFAREL, P., *Histoire du Brésil Français au Seizième Siècle*. Paris: Maisonneuve, 1878.

portuguesa em solo americano, mas também por ser a partir dela que se efetuou a divisão das chamadas "capitanias hereditárias", pois Diogo de Gouveia, ao mesmo tempo que propunha o povoamento das terras, recomendava que tais iniciativas colonizadoras se fizessem às expensas dos vassalos, ponderando que o enriquecimento desses na empreitada não ofereceria riscos à Coroa, pois "quando os vassalos forem ricos os reinos não se perdem por isso mas se ganham e principalmente tendo a condição que tem os portugueses, que sobre todos os outros povos, a sua custa servem seu rei", lembrando também ao monarca que "já por muitas vezes lhe escrevi o que me parecia desse negócio [a defesa das terras] e [...] que a verdade era dar Senhor as terras a vossos vassalos que[há] três anos" propunham colonizá-las, levando mais de mil moradores "já agora houvera quatro ou seis mil crianças nascidas e outros muitos da terra casados com os nossos"[21].

D. João III primeiro acatou a sugestão de povoar as novas terras, para em seguida anuir em doar as terras aos vassalos. Essa decisão foi tomada em 1532 no meio da viagem de Martim Afonso de Sousa, pois, como o rei explicou em carta a ele, "depois de vossa partida se praticou, se seria meu serviço povoar-se toda esta costa do Brasil, e algumas pessoas me requeriam capitanias", dada a impossibilidade de esperar a volta da expedição, pois "de algumas partes [França] faziam fundamento de povoar a terra do dito Brasil". Considerando "com quanto trabalho se lançaria fora a gente, que a povoasse depois de estar assentada na terra, e ter nela algumas forças, como já em Pernambuco começavam a fazer", o rei determinou dividir a costa entre Pernambuco e o Rio da Prata, reservando cem léguas para Martim Afonso de Sousa e cinquenta para o irmão dele, Pero Lopes de Sousa, distribuindo as demais a algumas pessoas com "obrigação de levarem navios e gente à sua custa em tempo certo"[22].

---

[21] "Carta de Diogo de Gouveia para D. João III" de 29 de março de 1532, publicada por Jaime Cortesão na *Pauliceae Lusitana Monumenta Historica, Op. cit.*, tomo I, p. 149
[22] "Carta de João III a Martim Afonso de Sousa, sobre o povoamento da costa do Brasil" de 28 de setembro de 1532, publicada na *História da Colonização Portuguesa do Brasil*, vol. III, p. 160 e em SERRÃO, J. V., *O Rio de Janeiro no século XVI*, 2 vols. Lisboa: Comissão do IV Centenário do Rio de Janeiro, 1965, no vol. II, p. 15. Ainda é digno de atenção o relato do próprio Martim Afonso de Sousa sobre sua vida, escrito aproximadamente em 1557 e publicado com o título "Autobiografia", In: ALBUQUERQUE, L. de (org.), *Martim Afonso de Sousa*. Lisboa: Alfa, 1989, p. 65 e seguintes.

A singular carta de Diogo de Gouveia expressava de modo cabal a política seguida pela Coroa portuguesa para defender a posse do vasto território. Assim fazia-se necessário ocupar alguns pontos da costa, com o engajamento de vassalos dispostos a assumir os riscos e os gastos de tal empreendimento, mas não sem a perspectiva de auferir grandes vantagens.

A implementação de tal política deu-se com a distribuição das ditas capitanias hereditárias em meados da década de 1530, relatada acima pelo próprio monarca, sendo que os instrumentos legais, as cartas de doação e os forais, conhecidos são do período entre 1534 e 1536. Tais capitanias formariam, coincidentemente, "as sete ou oito povoações" que Diogo de Gouveia propunha, pois se doze foram os agraciados em quinze quinhões, apenas em oito delas a colonização deu os primeiros passos, embora em duas dessas malograssem nos anos seguintes[23].

Os primeiros donatários não foram selecionados entre os grandes do Reino, que provavelmente não teriam interesse pela empresa ou aos quais a Coroa não teria plena confiança em delegar tarefa em área tão distante do seu controle. Os escolhidos foram importantes funcionários da Coroa já ligados à empresa ultramarina, como o famoso João de Barros, autor da primeira parte das célebres "Décadas da Ásia", feitor da Casa da Índia em Lisboa, ou Fernão Álvares de Andrade, tesoureiro-mor do Reino; ou gente que já tinha experiência concreta no Império, como Vasco Fernandes Coutinho, Duarte Coelho e Francisco Pereira Coutinho, todos com larga folha de serviços prestados no Império, e que, uns como outros, haviam amealhado recursos que permitiram fazer frente aos gastos da tarefa colonizadora[24]. Daí Frei Jaboatão lembrar que o prêmio

---

[23] As informações gerais sobre as capitanias e os donatários podem ser obtidas facilmente em Francisco Adolfo de Varnhagen, *Op. cit.*, especificamente no vol. I, na p. 136 e seguintes. A discussão clássica sobre o tema se encontra na *História da Colonização Portuguesa do Brasil*, nos artigos de Paulo Merêa, "A solução tradicional da colonização do Brasil" e Carlos Malheiro Dias, "O regimen feudal das donatárias", respectivamente nas p. 165 e 219 do III volume. O estudo mais moderno sobre a questão é o de SALDANHA, A. de V., *As capitanias do Brasil, Antecedentes, Desenvolvimento e Extinção de um Fenómeno Atlântico*, 2ª ed. Lisboa: CNCDP, 2001.

[24] Veja-se AZEVEDO, P. de, "Os primeiros donatários", In: *História da Colonização Portuguesa do Brasil*, vol. III, p. 191.

destes últimos, conquistadores do Oriente, tenha sido um novo serviço, o de conquistar o Ocidente[25].

Dessa forma, no período inicial da colonização, a Coroa esteve praticamente ausente do processo, apenas resguardando para si o monopólio do pau-brasil, do qual cedia uma pequena parte dos lucros aos donatários, e mantendo uma pequena estrutura administrativa voltada para o controle fiscal, como forma de recolher a parte que lhe cabia da exploração econômica das novas áreas.

A fase inicial da ocupação portuguesa, ou seja, entre a doação das chamadas "capitanias hereditárias" e a criação do Governo Geral, foi tradicionalmente avaliada como um fracasso, salvo as conhecidas exceções de Pernambuco e São Vicente. Pondere-se, contudo, que dadas as condições limitadas e o tamanho da tarefa, não é de desprezar que mesmo com todas as dificuldades, as capitanias "primárias" conseguiram cumprir, mesmo que parcialmente, uma etapa inicial da luta pela posse das terras, tornando-se assim, para usar uma expressão militar, "cabeças de ponte", servindo de apoio a novas investidas e ampliando o conhecimento sobre as terras e suas possibilidades de aproveitamento.

A tarefa de ocupação e defesa das novas terras exigia também a montagem de uma estrutura produtiva para além do extrativismo do pau-brasil que viabilizasse economicamente o empreendimento, para tanto se buscou ocupar as terras e explorar a força de trabalho indígena, mais ou menos compulsoriamente. Assim, nas palavras de Gandavo, "os moradores desta costa do Brasil todos tem terras de sesmaria dadas e repartidas pelos capitães da terra, e a primeira coisa que pretendem alcançar são escravos"[26], e foi exatamente esta busca desenfreada que rapidamente turvou as relações estabelecidas com grande parte dos indígenas que inicialmente haviam aceitado pacificamente a presença dos portugueses.

O acirramento do conflito com os indígenas, causado pela recusa destes em trabalharem em troca do "pagamento costumeiro", acabou levando à guerra aberta, pois, como alertava Duarte Coelho:

---

[25] JABOATÃO, A. de S. M., *Novo Orbe Seráfico* (1761), 2ª ed., 2 partes em 3 vols. Rio de Janeiro: Instituto Histórico e Geográfico Brasileiro, 1858, vol. I, p. 134.

[26] GANDAVO, P. de M., *História da Província de Santa Cruz & Tratado da Terra do Brasil* (1576 e c. 1570). São Paulo: Obelisco, 1964, p. 81.

quando estavam os índios famintos e desejosos de ferramentas pelo que lhe dávamos nos vinham a fazer as levadas e toda as obras grossas e nos vinham vender os mantimentos de que temos assaz necessidade e como estão fartos de ferramentas fazem-se mais ruins do que são e alvoroçam-se e ensoberbecem-se e levantam-se.[27]

A reação portuguesa à resistência indígena agravou o conflito, pois a saída encontrada à recusa dos nativos ao escambo, ou seja, em trabalharem em troca de produtos de forma permanente, ou a sua exigência de produtos de maior valor, foi ampliar a escravidão[28], destacando-se nesse processo a atuação de portugueses que "assaltavam" a costa com seus barcos. Esses cativavam indígenas de certas capitanias e refugiavam-se em seguida em outras, particularmente onde os donatários não estavam presentes, fugindo assim da vingança dos indígenas, vingança essa que acabava por atingir os núcleos estabelecidos próximos ao local do saque, gerando um clima de anarquia ao longo da costa e contínuos conflitos cada vez mais duros, como revela Pero de Góes, numa carta ao rei, em que alerta "ter a terra ao presente em condição de se perder se lhe não acodem, o que tudo nasce da pouca justiça e pouco temor de Deus e de Vossa Alteza" para concluir "se, de Vossa Alteza não é provida, perder-se-á todo o Brasil antes de dois anos"[29].

A consequência disso é que a crescente resistência indígena à colonização, apoiada ou não na aliança francesa, passou a ameaçar as conquistas portuguesas de forma cada vez mais vigorosa, até que na década de 40 do século XVI esteve possivelmente perto de eliminar a

---

[27] Duarte Coelho também reclama dos armadores de pau-brasil sediados em Itamaracá, que, para obterem seu produto com maior rapidez, estavam dispostos a "pagar" o trabalho dos índios com mercadorias de maior valor, inclusive armas, prejudicando os moradores de Pernambuco e atrapalhando a construção dos engenhos. Ver "Carta de Duarte Coelho a el-rei" de 20 de dezembro de 1546, publicada na *História da Colonização Portuguesa do Brasil*, vol. III, p. 314 ou em COELHO, D., *Cartas de Duarte Coelho a el-Rei* (Século XVI), editadas por José Antonio Gonsalves de Mello e Cleonir Xavier de Albuquerque. Recife: UFPE, 1967. p. 35.

[28] Ver o clássico de MARCHANT, A., *Do Escambo à Escravidão* (tradução), 2ª ed. São Paulo: Companhia Editora Nacional, 1980.

[29] Cf. "Carta de Pedro de Góes escrita da Vila da Rainha a D. João III" de 29 de abril de 1546, "Carta de Pedro do Campo Tourinho escrita de Porto Seguro a D. João III" de 28 de julho de 1546 e "Carta de Duarte Coelho para D. João III" de 20 de dezembro de 1546, publicadas na *História da Colonização Portuguesa do Brasil*, vol. III, respectivamente p. 263, 266 e 314. A última também em Duarte Coelho, *Op. cit.*, p. 35.

presença lusa entre Pernambuco e São Vicente, sendo os portugueses fortemente atacados em quase todas as capitanias.

Os casos mais graves foram em 1546, na Bahia, onde os portugueses de Francisco Pereira Coutinho foram obrigados a se refugiarem em Porto Seguro e posteriormente acabaram desbaratados, inclusive com a morte do donatário, numa tentativa de retorno; e em São Tomé ou Paraíba do Sul, no atual norte fluminense, onde os indígenas destruíram a povoação batizada como Vila da Rainha, levando os moradores à fuga para o Espírito Santo[30].

No final do mesmo ano, sintoma da desagregação que atingia os primeiros núcleos, o donatário de Porto Seguro, Pero do Campo Tourinho, é preso por um movimento que envolveu boa parte dos moradores da capitania e remetido a Lisboa para ser julgado pelo tribunal do Santo Ofício, acusado de cometer crimes contra a fé[31].

Também a partir de 1546 as investidas dos indígenas atingem São Vicente, ganhando força no ano seguinte, quando o posto avançado de Bertioga – peça chave na defesa das vilas de São Vicente e Santos – é destruído pelos indígenas, que, vindos da região do atual Rio de Janeiro, ameaçavam a capitania vicentina, obrigando os moradores, sob comando de Brás Cubas, a engajarem-se numa guerra defensiva que se manteria até a criação do Governo Geral, quando os colonizadores passariam à ofensiva[32].

A deterioração da situação dava largos passos, em 1548 os ataques atingem Pernambuco, Ilhéus e Espírito Santo. Os portugueses viram-se acuados, as vilas de Iguaraçu e Olinda foram cercadas, no Espírito Santo boa parte das benfeitorias feitas nos primeiros anos foi destruída, com a morte de muitos moradores, situação semelhante ocorria em Ilhéus, e perduraria ainda nos anos seguintes[33].

---

[30] Frei Vicente do Salvador, *Op. cit.*, p. 125 e 116 respectivamente para a Bahia e para São Tomé.

[31] Veja-se, por exemplo, BRITO, R. G., *A Saga de Pero do Campo Tourinho*. Petrópolis: Vozes, 2000.

[32] A ameaça à capitania de São Vicente perdurou com maior intensidade até pouco depois da conquista e fundação da cidade do Rio de Janeiro em 1565, mas a resistência indígena obrigaria ainda que Antônio de Salema, governador geral do Sul após a morte de Mem de Sá, organizasse uma grande expedição contra os índios nos anos de 1570.

[33] Para o caso de Pernambuco, pode-se ver o relato de STADEN, H., *Duas Viagens ao Brasil* (tradução) (1557), Belo Horizonte: Itatiaia, 1974, p. 46 ou a versão do mesmo

Os donatários deram o sinal de alarme nas cartas enviadas ao monarca, em que comunicavam não só a perda da Bahia, mas também o fortalecimento da presença francesa e da ameaça indígena, além do clima geral de descontrole ao longo da costa.

A Coroa, com a gritaria dos donatários e a alarmante notícia da perda da Bahia, chegou a armar um navio de socorro ao Brasil em 1547, que acabou não partindo por perder o tempo certo para a viagem, mas a resposta para a grave situação exigia maiores recursos e forças.

A CRIAÇÃO DO GOVERNO GERAL

A Coroa portuguesa não possuía um modelo único de administração para seus territórios ultramarinos, que foram sendo organizados segundo modelos próprios e adaptados às realidades encontradas. As opções administrativas adotadas devem, portanto, ser entendidas a partir da análise de certos fatores como, por um lado, a realidade local das diversas áreas, e, por outro, a distância em relação à Metrópole e as dificuldades de comunicação, como se percebe pela comparação entre as várias partes do Império.

Assim, por exemplo, no Marrocos as várias praças permaneceram governadas de forma independente por todo o período, sem que surgisse um governo geral comum; o mesmo aconteceu com as áreas ocidentais da África Negra, que se organizaram, contudo, em áreas administrativas mais amplas, como o Reino de Angola ou o arquipélago do Cabo Verde. Já no Oriente é criado, praticamente desde o início da conquista, um governo único para todas as possessões situadas entre o Cabo da Boa Esperança e o Extremo Oriente[34].

As soluções administrativas adotadas não eram imutáveis, sofrendo alterações, de maior ou menor vulto, que, em face das dificuldades encontradas, tentavam dar conta das necessidades da empresa de conquista, garantindo a dominação de largas áreas para a Coroa portuguesa.

---

texto publicada em *Portinari Devora Hans Staden*. São Paulo, Terceiro Nome, 1998, p. 24 (Alguns trechos são bem diferentes nas duas traduções). Para o Espírito Santo e Ilhéus, ver Francisco Adolfo de Varnhagen, *Op. cit.*, vol. I, p. 176 e 181, respectivamente.

[34] Sobre isso ver SANTOS, C. M., *Goa é a Chave de Toda a Índia: perfil político da capital do Estado da Índia (1505-1570)*. Lisboa: CNCDP, 1999, p. 47.

Dessa maneira, as tentativas de delegar a administração dos novos territórios para os vassalos, isentando a Coroa da responsabilidade direta, fracassaram tanto no Brasil como, posteriormente, em Angola, sendo substituídas por novas formas de gestão[35].

Na América, a Coroa foi obrigada a assumir um papel maior do que até então tinha desempenhado na colonização do Brasil pelos acontecimentos, criando em fins de 1548 o chamado Governo Geral, com um objetivo imediato: defender a presença portuguesa nas terras americanas diante da reação indígena, ajudada ou não pelo franceses[36].

Nesse sentido discordamos de Raymundo Faoro, quando, discutindo a criação do Governo Geral, aponta que, mais do que com indígenas e corsários, a preocupação da Coroa era com o fortalecimento dos donatários, qualificando-os de "inimigo poderoso" da Corte, pois no contexto de meados do século os donatários estabelecidos nas partes do Brasil lutavam simplesmente para sobreviver[37]. Registre-se também nossa discordância em relação à opinião de Jorge Couto, que justifica a criação do Governo Geral por fatores geopolíticos, tais como as ameaças espanhola e francesa, que, como vimos, já vinham desde o início do século, e à de Sérgio Buarque de Holanda que acreditava ser a busca de metais preciosos, influenciada pela descoberta das minas peruanas, pois, tanto no regimento de Tomé de Sousa como na sua ação, nada justifica que tal busca fosse o centro de suas preocupações[38].

---

[35] A delegação da administração de novas áreas diretamente aos vassalos pode ser entendida como mais um aspecto da relação entre a Coroa e seus vassalos, dentro da lógica da política de troca de serviços por mercês. Portanto, não se deve confundir o fracasso da primeira com o da segunda, logo o uso da iniciativa particular dos vassalos foi empregado em todo Império, independentemente do fato de a administração ser realizada diretamente ou não pela Coroa.

[36] A visão tradicional da questão nos parece ser a que mais se aproxima da realidade, ao apontar como justificativa as ameaças indígenas, a presença francesa e as brigas entre os portugueses. Cf. AZEVEDO, P. de, "A instituição do Governo Geral", In: *História da Colonização Portuguesa do Brasil*, vol. III, p. 334 e seguintes. Ver ainda Francisco Adolfo de Varnhagen, *Op. cit.*, vol. I, 232 e seguintes.

[37] FAORO, R., *Os Donos do Poder*, 9ª ed., 2 vols. São Paulo: Globo, 1991, p. 142.

[38] COUTO, J., *A construção do Brasil*. Lisboa: Cosmos, 1997, p. 130 e HOLANDA, S. B. de, "A instituição do Governo Geral", In: *Idem* (Dir.), *A Época Colonial, do Descobrimento à Expansão Territorial*, 4ª ed. São Paulo: Difel, 1972, p. 108 (Tomo I, vol. 1 da coleção História Geral da Civilização Brasileira, 11 vols.).

O novo sistema de governo adotado se sobrepôs ao regime anterior das chamadas "capitanias hereditárias" sem extingui-lo, porém este foi paulatinamente perdendo a importância que tivera até então. A desbaratada capitania da Bahia, sede do Governo Geral, foi comprada pela Coroa aos herdeiros de Francisco Pereira Coutinho, tornando-se a primeira capitania real. Portanto, a partir de 1549, ocorreu uma reorganização político-administrativa, as capitanias passaram a ser de dois tipos, particulares ou da Coroa, e acima delas havia a estrutura do Governo Geral.

Dessa forma, quando a colonização portuguesa retomou a ofensiva, conquistando novas áreas ao longo da costa do Brasil, essas conquistas foram organizadas como capitanias reais. No fim do século XVI, a Coroa já contava com cinco capitanias contra seis privadas e, trinta anos depois, após a conquista da Costa leste-oeste, já eram oito reais contra seis privadas[39].

Além disso, as capitanias reais se desenvolveram num ritmo mais acelerado, pois, como nos lembra Diogo de Campos Moreno, sargento-mor do Estado do Brasil, no seu relatório conhecido como "Livro que dá Razão do Estado do Brasil" de 1612, "todas essas capitanias [...] sustentaram-se de violências, e nesta conformidade gozaram de mais aumento aquelas que o braço real tomou mais a sua conta, quando no povoar e conquistar faltaram seus donatários"[40], assim, no início do século XVII, enquanto Bahia, Paraíba e Rio de Janeiro estavam em franco desenvolvimento, as capitanias particulares, com exceção de Pernambuco e Itamaracá, estavam estagnadas, como São Vicente ou Espírito Santo, ou em franca decadência, como Ilhéus e Porto Seguro.

---

[39] Em meados do século XVII as capitanias reais eram, do norte ao sul: Pará, Maranhão, Ceará, Rio Grande, Paraíba, Sergipe, Bahia e Rio de Janeiro e as privadas: Itamaracá, Pernambuco, Ilhéus, Porto Seguro, Espírito Santo e São Vicente. Aqui estamos desconsiderando a capitania de Santo Amaro que desde o início se dissolveu na capitania de São Vicente, não tendo vida independente nem grande desenvolvimento, a ponto de alguns anos depois, quando da querela entre os sucessores dos primeiros donatários, não se ter claro onde ficava a linha divisória entre ambas ou mesmo quais eram as vilas de cada uma. Sobre o assunto, veja-se TAQUES, P., *História da Capitania de São Vicente* (Século XVIII). São Paulo: Melhoramentos, s/d. Obra escrita especialmente para esclarecer a questão, a soldo de uma das partes da querela.

[40] MORENO, D. de C., *Livro que dá razão do Estado do Brasil* (1612). Recife: UFPE, 1955, p. 107.

Sobre as exceções, nos adverte Diogo de Campos Moreno, poderiam entrar na conta das reais, pois, embora Pernambuco e Itamaracá fossem de donatários, "suas maiores necessidades acudiu Sua Majestade com capitais, presídios e fortificações, que até hoje sustenta de sua real fazenda"[41], além disso essas capitanias tinham já há alguns anos seus capitães nomeados pela Coroa, assunto que retomaremos à frente.

Diogo de Campos Moreno lembrava também, que além dos maiores recursos da Coroa, nas capitanias particulares:

> nunca se encontra pessoa respeitável no governo, o que não sucede onde servem capitães do dito Senhor [o rei] que sem dúvida fazem muito no aumento dos lugares pela esperança de serem reputados dignos de maiores cargos.[42]

Ou seja, em outras palavras, a lógica da troca de serviços por mercês. Concluindo, assim, por defender que todas as capitanias fossem reais ou que, pelo menos, seus capitães fossem nomeados pelo monarca. Tal conselho foi posto em prática lentamente, desse modo, após a expulsão dos holandeses em 1654, as capitanias privadas mais importantes, Pernambuco e Itamaracá, foram incorporadas à Coroa, mas o golpe final no sistema só viria no século XVIII quando foram completamente extintas[43].

A criação do Governo Geral, determinou algumas adaptações necessárias no regime das capitanias privadas; as maiores alterações foram particularmente no tocante à limitação da alçada da justiça nomeada pelo donatário, a possibilidade da entrada de corregedor da Coroa nas capitanias, antes vedada, e a nova relação dos donatários e moradores em geral com a Coroa, agora mediada, em grande parte, pela presença do governador geral nas partes do Brasil[44].

---

[41] *Idem*, p. 108.
[42] *Idem*, p. 108 e 119.
[43] Neste ponto, estamos deixando de lado as capitanias criadas posteriormente à constituição do Governo Geral, como a de D. Álvaro da Costa, filho do segundo governador geral, D. Duarte da Costa, no Recôncavo de Salvador ou como as criadas no Maranhão e Pará, por exemplo, a do Cabo Norte de Bento Maciel Parente, que, por terem território muito reduzido se comparadas às primitivas, não se destacaram no processo de colonização e, portanto, não devem ser colocadas no mesmo nível das capitanias originais.
[44] Cf. António de Vasconcelos Saldanha, *Op. cit.*, p. 259 e seguintes e COSSENTINO, F. C., *Governadores Gerais do Estado do Brasil (século XVI e XVII): ofício, regimentos, governação e trajetórias* (tese inédita defendida na Universidade Federal Fluminense

O rei notificava aos "capitães e governadores das ditas terras do Brasil, ou a quem seus cargos tiverem", ou seja, os donatários ou seus representantes, e aos demais oficiais e moradores que:

> hajam ao dito Tomé de Sousa por capitão da dita povoação e terras da Bahia e governador geral da dita capitania e das outras capitanias e terras da dita costa como dito é e lhes obedeçam e cumpram e façam o que lhes o dito Tomé de Sousa de minha parte requerer e mandar segundo forma dos regimentos e provisões minhas que para isso leva.[45]

No preâmbulo do mesmo documento o rei explicava que, para "conservar e enobrecer as capitanias e povoações" existentes na terra do Brasil e garantir o alargamento da fé cristã, tinha mandado construir uma fortaleza e povoação na Bahia de Todos os Santos "para daí se dar favor e ajuda as outras povoações, e se ministrar justiça e prover nas coisas, que cumprem a meu serviço e dos negócios de minha Fazenda"[46].

A questão central para a Coroa ainda era a garantia da posse das terras americanas descobertas em 1500 e que, quase 50 anos depois, continuava ameaçada. Depois do malogro das expedições de guarda-costas, do pouco resultado prático da viagem de Martim Afonso de Sousa, era necessário reforçar o regime das capitanias com o braço real, de que nos falava Diogo de Campos Moreno, a fim de evitar seu fracasso completo e a destruição dos núcleos já existentes.

A colonização das terras americanas pelos portugueses seguiu uma dinâmica diferente da de outras áreas. No caso, a primeira preocupação era a garantia da posse do território, o que se verificou só ter sido possível, como vimos acima, com o povoamento efetivo. Apenas como decorrência disso, e visando dar suporte econômico a esta ocupação, é que se estruturou uma produção de gêneros para o comércio europeu.

---

em 2005), p. 62 e seguintes. Ver também sobre a nova situação criada: LOBO, E. L., *Administração Colonial Luso-espanhola nas Américas*. Rio de Janeiro: Comp. Brasileira de Artes Gráficas, 1952, p. 209 e seguintes.

[45] "Carta régia de nomeação de Tomé de Sousa para governador do Brasil" de 7 de janeiro de 1549, publicada em *Documentos Históricos*, 110 vols. Rio de Janeiro: Biblioteca Nacional, 1928-55, vol. 35, p. 3 e mais recentemente na revista *Mare Liberum*, 17. Lisboa: CNCDP, 1999, p. 27.

[46] *Idem*. A mesma formulação se repete praticamente sem alterações no preâmbulo do "Regimento de Tomé de Sousa", publicado na *História da Colonização Portuguesa do Brasil*, vol. III, p. 345.

Tal fato não é de menor relevância, pois, como veremos a seguir, a preocupação com a defesa condicionou toda uma série de medidas tomadas pela Coroa no momento da instituição do Governo Geral, bem como a ação do mesmo por toda a segunda metade do século XVI e pela parte inicial do XVII.

A citada preocupação, já observada na carta de nomeação, se revelará em boa parte dos itens do Regimento de Tomé de Sousa, um dos documentos mais importantes para a colonização portuguesa no século XVI, no qual, para além das questões mais imediatas, delineou-se a política que viria a ser seguida nos anos subsequentes, demonstrando o cuidado com que foi elaborado, inclusive, tendo sido levada em conta também a experiência acumulada no período anterior, procurando-se responder com as medidas propostas às queixas e aos apelos que os donatários faziam em sua correspondência com a Coroa[47].

Pode-se dizer que os objetivos do Governo Geral no período, dentro do contexto de defesa das terras, eram derrotar a resistência indígena, os inimigos externos e acabar com a instabilidade reinante ao longo da costa, para tanto a administração colonial deveria impor a justiça régia e aumentar a centralização e o controle do processo de colonização por parte da metrópole, além de colaborar no desenvolvimento das estruturas produtivas, criando ou consolidando as bases para que a própria colônia pudesse garantir sua segurança.

As tarefas iniciais de Tomé de Sousa seriam, em primeiro lugar, a ocupação da capitania da Bahia, apoderando-se da primitiva cerca de Francisco Pereira Coutinho, e, em seguida, a fundação da cidade do Salvador. Com a segurança garantida, o passo seguinte seria castigar os indígenas responsáveis pela destruição da capitania primitiva e pela morte do antigo donatário.

---

[47] Embora não se saiba com certeza quem redigiu o regimento de Tomé de Sousa acredita-se que duas importantes figuras da Corte sejam os maiores responsáveis. Estes seriam o Conde da Castanheira, principal colaborador do rei, e Fernão Alvares de Andrade, importante funcionário régio, responsável pela montagem da armada do primeiro governador, o qual Varnhagen diz ter tomado a seu cargo os negócios do Brasil. Ambos também tinham grandes interesses no Brasil, o primeiro receberia de Tomé de Sousa terras na Bahia e o segundo era donatário de uma das capitanias primitivas, que, contudo, não foi adiante, dado o fracasso das tentativas de colonização feitas em parceria com João de Barros e Aires da Cunha, além de ter interesses na capitania de Ilhéus.

Para tanto era necessário saber quem eram os culpados, porquanto parte dos indígenas não tinha responsabilidade direta no levantamento, mantendo-se em paz e ajudando os cristãos. Assim o rei mandava ao governador "pelo que cumpre muito a serviço de Deus e meu, os que assim se alevantaram e fizeram guerra serem castigados com muito rigor", e ainda lembrava a necessidade de que a punição servisse de exemplo, pois "estes que ai estão de paz, como todas as outras nações [tribos] da costa do Brasil estão esperando para ver o castigo que se dá aos que primeiro"[48] fizeram os danos.

Dessa forma, os indígenas que permaneceram em paz na Bahia deveriam ser favorecidos pelo governador para que auxiliassem na luta contra os outros. Aconselhava ainda o governador a buscar o apoio nos indígenas Tupiniquins de outras capitanias, inimigos dos da Bahia, e que, segundo o rei, desejavam participar da guerra de punição. A estratégia seguida com os indígenas era simples, dividir estes entre os que aceitavam pacificamente o domínio português e os que resistiam a ele, ou seja, em amigos e inimigos, aproveitando-se das divisões e guerras anteriores à chegada dos portugueses. Essa política implementada por Tomé de Sousa seria utilizada ao longo de quase todo o período colonial.

O procedimento tomado diante dos indígenas da Bahia era apenas um primeiro aspecto de toda uma política em relação à questão indígena que o regimento já delineava em diversos dos seus itens. Essa política apontava para a incorporação destes ao processo de colonização, por meio da conversão à religião cristã – justificativa central do processo de conquista de territórios, tanto do novo como do velho mundo – pela escravização dos inimigos e pelo uso dos amigos como combatentes nas guerras, como força de trabalho "semicompulsório" nas mais variadas tarefas ou ainda em outras atividades, como, por exemplo, na exploração do sertão. Além disso, em um adendo ao documento, já se apontava a ideia de separar os indígenas convertidos dos demais, o que, contudo, só seria colocado em prática por Mem de Sá com a montagem dos primeiros aldeamentos.

Resolvida a situação na Bahia, com a fundação da cidade do Salvador e os indígenas rebeldes castigados, o próximo passo do governador deveria ser auxiliar a defesa das demais capitanias, iniciando um processo

---

[48] Ver o já citado "Regimento de Tomé de Sousa", item 5.

de centralização político-administrativo, materializado pela ação do governador, juntamente com seus auxiliares imediatos, o provedor-mor e o ouvidor geral, que deveriam reorganizar a estrutura administrativa da Fazenda e da Justiça já existentes nos núcleos primitivos.

No próximo capítulo iremos aprofundar o estudo sobre a administração colonial, analisando sua estrutura funcional, bem como as relações entre as várias esferas, tanto por áreas geográficas como por ramos administrativos. Contudo, neste ponto, é necessário discutir o papel desempenhado pelo Governo Geral e sua relação com as diversas capitanias.

Esta relação começou de imediato, pois assim que chegasse à Bahia, Tomé de Sousa deveria comunicar sua chegada aos capitães das outras capitanias, que já haviam sido instruídos pelo rei a colaborar com as necessidades da expedição, enviando gente e mantimentos[49].

Além disso, Tomé de Sousa recebeu instruções para chamar à capitania da Bahia o representante do donatário de Ilhéus, juntamente com o provedor da fazenda real entre outros, para que se decidisse a melhor maneira de derrotar os indígenas então rebelados naquela capitania. Em seguida, quando possível, deveria visitar as demais capitanias, particularmente a do Espírito Santo, também em guerra com os nativos. Em cada uma delas o governador geral deveria reunir-se com o donatário ou seu representante e com os mais importantes funcionários e moradores para decidir sobre a maneira que se deveria ter com a governança e a segurança de cada uma delas[50].

As primeiras visitas foram feitas já no primeiro ano do Governo Geral, entre agosto e setembro de 1549. O provedor-mor Antônio Cardoso de Barros esteve em Pernambuco e Itamaracá, nomeando vários funcionários da administração da fazenda real e, no ano seguinte, este fez uma viagem pelas capitanias ao sul da Bahia, tendo passado por Porto Seguro, Espírito Santo e São Vicente, onde ficou alguns meses, reorganizando a Fazenda régia, provendo os cargos necessários e dando instruções para seu bom funcionamento[51]. O ouvidor geral Pero Borges

---

[49] *Idem*, item 4.
[50] *Idem*, item 18.
[51] "Livro 1º do registro de provimentos seculares e eclesiásticos da cidade da Bahia e terras do Brasil", iniciado em 1549 e publicado na coleção *Documentos Históricos, Op. cit.*, vols. 35 e 36.

também se deslocou, embora tenhamos menos informações, sabe-se que esteve, no começo do ano de 1550, tratando da luta contra os indígenas e da organização da justiça em Ilhéus e Porto Seguro, de onde enviou uma carta ao rei em que clamava: "achei tantas cousas de que lançar mão, o que bem parecia terra desamparada da vossa justiça"[52].

O governador Tomé de Sousa também realizou uma viagem pela costa ao sul da Bahia, em fins de 1552 e início de 1553, com certeza tendo estado em Ilhéus, Espírito Santo e São Vicente. Tomando uma série de medidas, direta ou indiretamente relacionadas com a defesa, como cercar de taipa as vilas e os engenhos e prover a artilharia necessária nas diversas capitanias, ou ainda ordenar a vila de Santo André na borda do campo, a fim de agrupar os portugueses que viviam no planalto, e destituir o capitão de Ilhéus. Além disso, mandou endireitar as ruas de algumas vilas e também que se fizessem casas de audiência e cadeia em todas elas, demonstrando que sua autoridade se estendia inclusive sobre assuntos locais.

O governador geral como representante direto do rei na Colônia, passou a exercer um controle real sobre as ações dos diversos agentes coloniais: donatários, funcionários e moradores em geral. Assim os capitães-mores das diversas capitanias e as Câmaras passaram a funcionar como instâncias inferiores do Governo Geral ou, como explicava Pero de Magalhães Gandavo, "depois que esta província [de] Santa Cruz se começou a povoar de portugueses, sempre esteve instituída em uma governança na qual assistia governador geral por el-rei, nosso senhor, com alçada sobre os outros capitães que residem em cada capitania"[53].

Parece-nos, por isso, pertinente refutar aqui a ideia que se apresenta difusa na historiografia de que as capitanias seriam colônias autônomas ou que formariam uma espécie de "arquipélago" e, consequentemente ou não dessa ideia, que o governador geral não seria mais do que o governador, ou melhor, o capitão-mor da Bahia ou uma espécie de figura simbólica, sem poder real[54].

---

[52] "Carta do Ouvidor geral Doutor Pero Borges" de 7 de fevereiro de 1550, publicada na *História da Colonização Portuguesa do Brasil*, vol. III, p. 267.

[53] Pero de Magalhães Gandavo, *Op. cit.*, p. 34. Gandavo, contudo, esquece-se do período anterior à criação do Governo Geral em fins de 1548.

[54] Exemplo dessa posição é PRADO JR., C., *Formação do Brasil Contemporâneo*. São Paulo: Martins, 1942, p. 301.

Em primeiro lugar, tanto para os moradores como para os funcionários dos dois lados do Atlântico, as diversas capitanias criadas pelos portugueses no continente, depois conhecido como América, faziam parte de uma área conhecida como a costa do Brasil, as terras do Brasil, as partes do Brasil, ou simplesmente Brasil, o que indicava o reconhecimento de uma unidade geográfica, que, depois num plano político-administrativo receberia a designação de Estado do Brasil[55].

Tal unidade não era meramente teórica, pois o deslocamento entre as capitanias é muito maior do que costuma ser imaginado, funcionários de várias categorias, mercadores, soldados e os mais simples moradores se deslocavam ao longo da costa, cumprindo tarefas do serviço régio, ou simplesmente atrás de melhores oportunidades. Além disso, em momentos importantes as capitanias existentes somavam esforços em prol de determinadas tarefas, como, por exemplo, a conquista do Rio de Janeiro ou da chamada Costa Leste-Oeste, ambas dirigidas pelo Governo Geral.

Esse governo de forma alguma pode ser compreendido como meramente simbólico, pois, como veremos em seguida com mais vagar, o governo geral sediado em Salvador desempenhou papel relevante nos mais diversos assuntos da vida colonial, atuando tanto em questões mais amplas como em assuntos internos de cada capitania, real ou privada[56].

Além disso, a proeminência real do governador geral pode ser vista, por exemplo, na determinação de que as leis ou alvarás régios, depois de registrados e apregoados na Bahia, fossem enviados pelo governador

---

[55] Bom exemplo dessa visão é uma pequena carta régia para o governador geral D. Luís de Sousa (1617-1621) com as seguintes passagens: "mercadores que já estiveram no Brasil", "para irem a costa do Brasil", "uma barca do Brasil", "que do Brasil se acuda" e "não poderão valer no Brasil". Cf. *Cartas para Álvaro de Sousa e Gaspar de Sousa, Op. cit.*, p. 69.

[56] Nas palavras de António Manuel Hespanha, "é certo que, a partir de 1549, os governadores-gerais eram a cabeça do governo do Estado, gozando de supremacia sobre donatários e governadores das capitanias, devendo estes obedecer-lhes e dar-lhes conta do seu governo". HESPANHA, A. M., "A constituição do Império Português. Revisão de alguns enviesamentos correntes", In: FRAGOSO, J.; BICALHO, F.; GOUVÊA, M. de F., *O Antigo Regime nos Trópicos*. Rio de Janeiro: Civilização Brasileira, 2001, p. 177. Sobre este assunto, vejam-se ainda os comentários de Fernando José de Portugal ao Regimento do governador Roque da Costa Barreto. "Regimento de Roque da Costa Barreto" de 23 de janeiro de 1677, publicado por Marcos Carneiro Mendonça, *Op. cit.*, vol. II, p. 805 e seguintes. Para alguns casos concretos, além dos trabalhos citados abaixo na nota 63, ver Heloísa Bellotto, *Op. cit.*, e ALDEN, D., *Royal Government in Colonial Brazil*. Berkeley: University of California Press, 1968, p. 447 e seguintes.

geral com o traslado "concertado e assinado por ele aos capitães ou provedores de minha fazenda das outras capitanias das ditas partes"[57]; na preocupação de Filipe I de Portugal e de seus auxiliares de que fosse o governador geral do Brasil o primeiro a receber as informações da mudança dinástica[58]; ou ainda que os capitães-mores nomeados para o Rio de Janeiro fossem empossados nos seus cargos pelas mãos do governador geral, sendo autorizados a tomar posse diretamente na capitania, apenas na impossibilidade de passarem em Salvador[59].

Infelizmente uma das maiores lacunas da documentação do período é a correspondência trocada entre o Governo Geral e as capitanias, pois além da perda de quase todos os documentos guardados em Salvador do período anterior à invasão holandesa, a maior parte dos arquivos estaduais atuais quase não guarda nada do período anterior a 1630. Felizmente, porém, podemos contar com as atas da Câmara da efêmera vila de Santo André e com os documentos da vila de São Paulo, particularmente as atas e o registro geral da Câmara, e com os documentos reunidos em códices pessoais por alguns governadores gerais, como os chamados livros primeiro e segundo do governo do Brasil ou com a correspondência de Gaspar de Sousa, para retratar parte dessa relação entre Salvador e as demais capitanias.

Na documentação apontada, verifica-se a intervenção, em maior ou menor medida, do Governo Geral na administração das capitanias particulares, como se pode perceber, por exemplo, no regimento dado em Salvador em 1556 pelo segundo governador geral, D. Duarte da Costa, a Brás Cubas, capitão de São Vicente. Com uma série de instruções, que iam das posturas a serem seguidas no que toca ao trânsito pelo interior

---

[57] "Carta régia de 11 de setembro de 1550 sobre novos povoadores para o Brasil", publicada em *Documentos para a História do Açúcar*, 3 vols. Rio de Janeiro: IAA, 1956, vol. I, p. 97.

[58] Numa consulta sobre o assunto, o parecer final do monarca era de que se deveria mandar as cartas sobre a aclamação ao governador geral e que este, por sua vez, mandasse as mesmas a outras capitanias. Cf. "Lembrança para el-rei, sobre a redução das capitanias da costa do Brasil" de 25 de setembro de 1580. Biblioteca da Ajuda, códice 49-X-02 f. 237, 402 e 404 v. e também SERRÃO, J. V., *Do Brasil Filipino ao Brasil de 1640*. São Paulo: Companhia Editora Nacional, 1968, p. 9 e seguintes.

[59] Ver, por exemplo, a "Carta de nomeação para capitão do Rio de Janeiro de Martim de Sá" de 13 de dezembro de 1601 e a "Carta de nomeação de Afonso de Albuquerque" de 12 de fevereiro de 1605. Arquivo Nacional da Torre do Tombo, Chancelaria de Filipe I, Doações, respectivamente, livro 6, fl. 291 v. e livro 17, fl. 67 v.

da capitania a ordens sobre as obras da alfândega, casas do Conselho e pontes que deviam ser concluídas em Santos[60].

No Registro Geral da Câmara de São Paulo também podemos encontrar inúmeros exemplos do controle exercido pelo governador geral sobre a capitania de São Vicente, por meio de regimentos e instruções sobre os mais diversos assuntos ou do provimento de cargos, até, inclusive, com a suspensão do capitão-mor nomeado pelo donatário e a nomeação de um substituto[61].

Vale a pena ainda lembrar os regimentos aos capitães-mores do Espírito Santo, Maranhão e Ceará emitidos pelo governador geral D. Luís de Sousa, entre 1617 e 1619, através dos quais passa instruções pormenorizadas aos futuros capitães-mores sobre a administração das respectivas capitanias[62].

Outro aspecto do controle exercido pelo Governo Geral é sobre o movimento dos moradores, que, desde as entradas ao sertão até as possibilidades de intercâmbio com os indígenas no litoral, deveriam contar com a autorização do governador geral ou do capitão-mor da capitania, medidas que visavam impedir que ações isoladas acabassem provocando maiores conflitos com os nativos e, ainda, acabar com o descontrole que reinava ao longo da costa.

Além disso, apertou-se o controle sobre os direitos reais e também sobre os funcionários subalternos da fazenda, que agora deveriam ir até Salvador prestar conta do que tinham arrecadado em cada capitania, acabando com a liberdade quase que irrestrita de que esses funcionários gozavam.

---

[60] "Regimento que há de ter Brás Cubas" de 11 de fevereiro de 1556, registrado no livro de Atas da Câmara de Santo André, publicado como apêndice à obra de TAUNAY, A. de, *João Ramalho e Santo André da Borda do Campo*. São Paulo: Revista dos tribunais, 1953, p. 261 e seguintes.

[61] Ver, entre outros, "Traslado da provisão de João Pereira de Sousa, capitão desta capitania de São Vicente" de c. 1600, "Regimento do Capitão Diogo Gonçalves Laço que lhe deu o senhor governador D. Francisco de Sousa" de 1601 e "Traslado da provisão do senhor governador Diogo de Mendonça Furtado" de 1624, publicados respectivamente nas páginas 74, 126 e 454 do *Registro Geral da Câmara de São Paulo*, vol. I, São Paulo: Arquivo Municipal, 1917.

[62] Ver *Livro 2º do Governo do Brasil*. Lisboa: CNCDP e São Paulo: Museu Paulista, 2001, respectivamente, p. 66, 117 e 130.

Por tudo isso a visão de que capitanias como a de Pernambuco gozavam de autonomia em face do Governo Geral não corresponde à realidade. A capitania de Duarte Coelho conseguiu manter certa autonomia apenas enquanto viveu o primeiro donatário, possivelmente por deferência da Coroa à obra deste. Depois a Coroa passou a interferir cada vez mais, via Governo Geral, na administração local, inclusive nomeando vários capitães-mores durante a menoridade do donatário, entre, pelo menos, 1593 e 1614, ou com a permanência por largos anos dos governadores gerais na capitania no início do século XVII, fazendo que a família donatarial empreendesse uma enorme luta não para defender a autonomia, mas simplesmente para garantir suas prerrogativas básicas[63].

O ponto alto dessa luta foi na segunda metade da década de 1610 e início da seguinte, quando Matias de Albuquerque retomou o governo da capitania para a família donatarial, entrando em conflito com o governador geral D. Luís de Sousa (1617–1621) e seus representantes em Pernambuco. O conflito chegou ao rei, que em carta ao governador geral avisava:

> vi o que me avisastes sobre Matias de Albuquerque, e demais de o mandar advertir da obrigação que tem de obedecer as ordens que lhe derdes e ter convosco correspondência devida ao lugar que ocupais e de que não o cumprindo assim lho mandarei estranhar com demonstração.[64]

Mandando repor ao estado inicial todas as inovações que fossem contra a jurisdição real[65].

---

[63] A relação entre o governo geral e a capitania de Pernambuco foi objeto de alguns estudos. Para o período dos donatários, DUTRA, F., "Centralization vs. Donatarial Privilege: Pernambuco, 1602-1630", In: ALDEN, D., *Colonial Roots of Modern Brazil*. Berkeley: University of California Press, 1973. Para o período pós-restauração, já sob controle régio, ACIOLI, V. L., *Jurisdição e Conflitos: aspectos da administração colonial*. Recife: Ed. UFPE e Maceió: Ed. UFAL, 1997.

[64] "Carta do rei para D. Luís de Sousa", escrita em Madri em 10 de fevereiro de 1612. Cf. *Livro 2º do Governo do Brasil, Op. cit.*, p. 160 e 161. Na continuação da carta ao governador geral, encontra-se cópia da enviada a Matias de Albuquerque, em que o rei afirma: "posto que fio de vos que conforme vossa obrigação guardareis nessa capitania as ordens que vos der o governador desse Estado, como de vosso superior que é, me pareceu adverti-lo de novo por esta carta que assim o façais, tendo com o governador a correspondência devida ao lugar que ocupa".

[65] Essa tentativa de refortalecer o poder donatarial em Pernambuco teve como ápice o momento posterior à invasão de Salvador pelos holandeses em 1624, pois com a prisão

Por tudo isso, mesmo Caio Prado Júnior, um dos autores que defendem a ideia da ampla autonomia das capitanias diante do Governo Geral, afirma que não se deve subestimar o poder e a autoridade dos governadores:

> nem mesmo reduzir-lhes a expressão na vida administrativa da colônia. Não somente suas atribuições são consideráveis [...] como ainda o simples fato de representarem e encarnarem a pessoa do rei, e terem a faculdade de se manifestar como se fossem o próprio monarca, é circunstância que basta, no sistema político da monarquia absoluta de Portugal, para dar a medida do papel de relevo que ocupam.[66]

Dessa maneira o Governo Geral, ao longo da segunda metade do século XVI e dos primeiros anos do seguinte, passou a desempenhar um papel central na montagem do processo de colonização no Brasil, momento em que, como veremos, estavam sendo lançadas as bases do Antigo Sistema Colonial. Nessa conjuntura, a luta contra os povos indígenas e seus aliados estrangeiros teve um papel primordial, pois foram estas guerras que possibilitaram a conquista de novas terras e escravos para a expansão da agricultura e beneficiamento da cana de açúcar, alicerce econômico do processo de colonização e fundamento de uma elite nascente na colônia, em sua maioria diretamente envolvida no processo de conquista[67].

Sob o aspecto da conquista territorial, o período pode ser dividido do ponto de vista das guerras ocorridas em dois momentos: um defensivo e outro ofensivo. No primeiro, que, grosso modo, duraria entre a chegada

---

do governador geral Diogo de Mendonça Furtado, acabou assumindo o posto o próprio Matias de Albuquerque, então no governo de Pernambuco. Contudo, poucos anos depois, a conquista de Pernambuco pelos mesmos holandeses pôs fim a essas pretensões. Sobre o conflito jurisdicional entre Matias de Albuquerque e Diogo de Mendonça Furtado, ver Frei Vicente do Salvador, *Op. cit.*, p. 426.

[66] Caio Prado Júnior, *Op. cit.*, p. 308.

[67] As guerras com os índios em momentos posteriores tiveram um caráter diferente, assim, por exemplo, as lutas da segunda metade do século XVII no sertão da atual região Nordeste não tinham como fator precípuo a obtenção de mão de obra escrava, que já era abastecida largamente pelo tráfico negreiro, nem as novas terras eram aproveitadas para a cana de açúcar, atividade econômica central do período, mas para a pecuária extensiva. Já em áreas periféricas como São Paulo e Pará, a luta é muito mais pela posse do escravo do que das terras. Ver PUNTONI, P., *A Guerra dos Bárbaros: povos indígenas e a colonização do sertão nordeste do Brasil, 1650-1720*. São Paulo: Edusp e Hucitec, 2002.

de Tomé de Sousa em 1549 e o fim do governo de Mem de Sá, com sua morte em 1572, a preocupação prioritária era garantir a defesa das áreas ocupadas, com pequenas expansões em torno dos núcleos estabelecidos. Além dessas, apenas uma única nova conquista de vulto, que foi a do Rio de Janeiro, que, como se sabe, foi muito mais uma resposta à presença francesa do que uma iniciativa originariamente lusa, tanto foi assim que em 1560 a fortaleza francesa foi arrasada e a região abandonada, só sendo ocupada definitivamente em 1565, dado o temor de que os franceses voltassem a ocupar a Baía da Guanabara.

O segundo momento, que começaria depois da morte de Mem de Sá ou um pouco depois, e seria marcado por uma retomada da ofensiva por parte dos portugueses, indo aproximadamente até 1630, nesse momento os portugueses com forças e recursos retirados das capitanias primitivas, particularmente das de Pernambuco e da Bahia, iniciaram uma etapa de conquistas: Paraíba em 1584, Sergipe em 1587, Rio Grande em 1598, Ceará entre 1603 e 1613, Maranhão entre 1612 e 1615 e Pará em 1616, consolidando assim a fachada Atlântica e ampliando em muito a área ocupada.

DEFESA, POVOAMENTO E ECONOMIA

A ausência de circuitos comerciais estabelecidos na América, ao contrário do que ocorria no Oriente, impediu que os portugueses ficassem restritos à esfera da circulação, obrigando-os a assumir a responsabilidade direta pela produção dos gêneros de interesse ao comércio europeu. Essa situação não permitiu que o modelo do Império oriental fosse seguido nas partes do Brasil, pois manter uma extensa rede de fortalezas que dominassem os principais pontos estratégicos, com enorme dispêndio material e humano, para defender o escambo do pau-brasil não teria o menor sentido, nem viabilidade econômica[68].

---

[68] Para uma visão geral do Império, veja-se, por exemplo, os clássicos de BOXER, C. R., *O Império Colonial Português* (tradução). Lisboa: Edições 70, 1981 e de GODINHO, V. M., *Os Descobrimentos e a Economia Mundial*, 2ª ed., 4 vols. Lisboa: Presença, 1991 e ainda o moderno trabalho de BETHENCOURT, F.; CHAUDHURI, K., *História da Expansão Portuguesa*, 5 vols. Lisboa: Círculo de Leitores, 1998.

Tampouco a ocupação do Marrocos servia de modelo, pois nessa região, pequena e próxima a Portugal, as praças fortes portuguesas serviam de baluartes na defesa do Reino e de sua navegação, sendo, portanto, meros enclaves, com pouca relação com a terra e completamente dependentes de socorro permanente do Reino, onerando sobremaneira os cofres régios. Enfim, um verdadeiro sorvedouro de recursos financeiros e humanos que não interessava reproduzir em outras partes[69].

Assim, para a Coroa, o Brasil não poderia tornar-se outro Marrocos, da mesma forma que não poderia ser outra Índia. Na América a colonização encetada pelos portugueses seguiu muito mais o modelo antes utilizado nas ilhas atlânticas – arquipélagos dos Açores e da Madeira – com o desenvolvimento de uma economia agroexportadora.

Dessa forma, resumidamente, o domínio das terras americanas reivindicadas pela Coroa portuguesa exigia, como vimos anteriormente, o povoamento e este por sua vez, exigia, por um lado, a montagem de uma estrutura administrativa e, por outro, o desenvolvimento econômico necessário para fornecer o suporte material para o sucesso da colonização[70].

Um empreendimento que demandava recursos que os donatários encarregados pela Coroa para executar a tarefa não possuíam, num primeiro momento, nem poderiam obter no pau-brasil, que em virtude do estanco régio os beneficiava pouco. Assim, nessa conjuntura, o produto escolhido para viabilizar a empresa colonial foi o açúcar, aproveitando-se, entre outros fatores, das boas condições do solo apontadas por Caminha na célebre passagem[71].

A escolha não causa surpresa, pois o açúcar passava por uma fase de grande prosperidade, com os preços em alta e ampliação de mercados, capazes de absorver o crescimento da produção. Além disso, a experiência acumulada pelos portugueses, particularmente na Ilha da Madeira

---

[69] Cf. LOPES, D., A Expansão em Marrocos. Lisboa: Teorema, s/d. e AMARAL, A. F. do, História de Mazagão. Lisboa: Alfa, 1989.

[70] Sobre este aspecto fundamental, ver Caio Prado Júnior, Op. cit., 21 e seguintes e NOVAIS, F., Portugal e Brasil na Crise do Antigo Sistema Colonial (1777-1808), 6ª ed. São Paulo: Hucitec, 1995, p. 102 e seguintes.

[71] CORTESÃO, J., A Carta de Pero Vaz de Caminha. Rio de Janeiro: Livros de Portugal, 1943, p. 240.

desde o século XV, facilitava a transposição dos conhecimentos técnicos necessários e o acesso aos circuitos comerciais já estabelecidos[72].

Consequentemente as iniciativas colonizadoras empreendidas pelos donatários na segunda metade da década de 1530 já se estruturavam centralmente na produção açucareira, relegando para segundo plano o extrativismo do pau-brasil, que vinha sendo explorado desde as primeiras expedições de reconhecimento no início do século XVI.

As cartas dos primeiros donatários deixam clara essa associação entre o açúcar e a colonização das novas áreas. De Pernambuco, Duarte Coelho contava ao rei que depois de pacificar a terra, deu "ordem a se fazerem engenhos de açúcar que de lá [Portugal] trouxe contratados"[73]; de Porto Seguro, Pero do Campo Tourinho prometia ao monarca, após pedir a real ajuda, "tanto que os engenhos se acabarem [...] Vossa Alteza terá aqui um novo Reino e muita renda"[74] e, num último exemplo, da fracassada capitania de São Tomé, no atual norte fluminense, Pero de Góes explicava ao sócio que os indígenas, sob as ordens de seus feitores, plantavam roças

> para que quando vier gente ache já que comer e canas e o mais necessário para os engenhos [...] entretanto [...] faço eu cá no mar dois engenhos de cavalos que moía um deles para os moradores e outro para nós somente, e isto para o presente os entreter.[75]

Em outro sentido, a capitania de Itamaracá – praticamente abandonada pelos donos e sem recursos para iniciar a produção de açúcar – pouco se desenvolveu nesse momento, transformando-se no centro do resgate de pau-brasil e sendo dominada pelos feitores dos armadores que, segundo Duarte Coelho, tumultuavam a costa, além de oferecerem refúgio aos criminosos que fugiam de Pernambuco.

---

[72] Cf. FERLINI, V. L. A., *Terra, Trabalho e Poder*. São Paulo: Brasiliense, 1988.

[73] "Carta de Duarte Coelho a el-rei" de 27 de abril de 1542, publicada na *História da Colonização Portuguesa do Brasil*, vol. III, p. 313 e em Duarte Coelho, *Op. cit.*, p. 85.

[74] "Carta de Pedro do Campo Tourinho" escrita de Porto Seguro em 28 de julho de 1546, publicada na *História da Colonização Portuguesa do Brasil*, vol. III, p. 266.

[75] "Carta de Pedro de Góes escrita da Vila da Rainha ao seu sócio Martim Ferreira" de 18 de agosto de 1545, publicada na *História da Colonização Portuguesa do Brasil*, vol. III, p. 262.

Assim o contraponto brasileiro do açúcar e do pau-brasil revela uma série de opções adotadas no início do processo colonizador. O extrativismo do pau-brasil não contribuía para a fixação de núcleos populacionais, levando a um certo nomadismo, sempre à procura de áreas ainda não exploradas. Além disso, por constituir-se num estanco régio, sua exploração era arrendada a comerciantes, cujos feitores sem maiores preocupações ou vínculos com a ocupação das terras próximas às áreas de corte da madeira, acabavam por provocar inúmeros conflitos com os indígenas, como visto anteriormente[76].

Já o açúcar, sedentário, exigia não só o plantio da cana de açúcar como também o seu beneficiamento, gerando a construção de engenhos. Esses, como veremos adiante, transformaram-se em importantes focos de ocupação e de defesa do território. Dessa forma, pode-se dizer que o sucesso do empreendimento colonial nas partes do Brasil dependia do sucesso da economia açucareira e vice-versa.

Contudo, a economia açucareira, após um começo promissor, sofreu um duro revés; a resistência indígena praticamente destruiu os esforços iniciais na maioria das capitanias em meados da década de 1540. Portanto coube ao Governo Geral, criado em fins de 1548, com a finalidade de defender os núcleos portugueses já instalados e garantir o processo de colonização, a tarefa de recomeçar a montagem da economia açucareira[77], base de sustentação econômica da nascente colônia, pois mesmo com a maior participação da Coroa, a necessidade de viabilidade interna se mantinha.

A Coroa, já extremamente sobrecarregada, não poderia arcar com todos os custos do Império, por isso, no mesmo momento em que Tomé de Sousa era enviado para fundar a cidade do Salvador, D. João III ordenava que parte das fortalezas na costa do Marrocos fossem abandonadas[78]. O Brasil de fato não poderia se tornar outro Marrocos. Era

---

[76] Por outro lado, a exploração do pau-brasil poderia servir para amealhar os recursos necessários ao empreendimento açucareiro. Ver, por exemplo, a "Carta de Duarte Coelho" de 22 de março de 1548, publicada na *História da Colonização Portuguesa do Brasil*, vol. III, p. 316, também em Duarte Coelho, *Op. cit.*, p. 93.

[77] Além de fiscalizar a exploração do pau-brasil, inclusive regulando as mercadorias que deveriam ser dadas aos índios, para evitar o processo de encarecimento do "resgate". Cf. Alexander Marchant, *Op. cit.*, passim.

[78] Parte da população das áreas abandonadas foi deslocada para Salvador. Tal abandono provocou enorme polêmica em Portugal, tendo seus defensores sido alvo de

necessário que um setor dos moradores pudesse prestar os serviços exigidos, sem dependência da fazenda régia, na esperança de que tais serviços se revertessem em honras e mercês diversas.

Logo a política de envolver os vassalos no empreendimento continuou a ser essencial e foi implementada pela Coroa, particularmente através de instruções dirigidas ao Governo Geral, que acabaram favorecendo o surgimento de uma elite colonial residente e também de setores médios.

O primeiro problema era como atrair moradores dispostos a correr os riscos da enorme tarefa, repleta de desafios. A prática de enviar degredados não bastava, era preciso oferecer contrapartidas que incentivassem a vinda de moradores[79], como, por exemplo, a distribuição de terras, as isenções de tributos e o apoio à construção de engenhos e aos lavradores de cana.

A carta régia enviada a Pedro Anes do Canto em Angra, nos Açores, é um bom exemplo dessa política de incentivo, nela o rei, após relatar que a cidade do Salvador já estava "muito forte e defensável" e que a terra era "grossa e fértil", afirmava "que havendo gente em abastança, que a plante, granjeie e fará nela muito proveito e a terra se enobrecerá muito", oferecia:

> embarcações e mantimentos a todas as pessoas que se quiserem ir viver nas ditas partes do Brasil e além disso lhe serão lá dadas pelo dito Tomé de Sousa terras que plantem e aproveitem livremente sem delas pagarem mais que o dízimo a Deus.[80]

---

pesadas críticas. Algumas delas acabaram registradas, como, por exemplo, aquela em que "praticando-se entre os fidalgos que o homem que mais insistira em se largarem os lugares de África [ou seja, do Marrocos] fora Fernão Álvares de Andrade, escrivão da fazenda de el-rei, praguejavam dele. E um dia, dizendo Fernão Álvares ao conde [D. João Coutinho, Conde de Redondo e capitão de Arzila] que tinha grande fastio, disse-lhe ele: Maior seria o de África". Fernão Álvares de Andrade, diga-se de passagem, era um dos maiores incentivadores da ocupação do Brasil, tendo recebido uma capitania que acabou não sendo explorada, além de sócio na exploração de Ilhéus. *Ditos Portugueses Dignos de Memória* (Século XVI), editada e comentada por José Hermano Saraiva, 2ª ed. Lisboa: Europa-América, s/d, p. 87. Sobre o assunto ver Maria Leonor García da Cruz. As controvérsias ao tempo de D. João III sobre a política portuguesa no Norte de África. Lisboa: CNCDP, 1997 (Separata de *Mare Liberum*, n. 13).

[79] Sobre o tema ver COATES, T. J., *Degredados e Órfãs: colonização dirigida pela Coroa no Império português* (tradução). Lisboa: CNCDP, 1998.

[80] "Carta régia sobre novos povoadores para o Brasil" de 11 de setembro de 1550, publicada em *Documentos para a História do Açúcar, Op. cit.*, vol. I, p. 97.

Assim, sem dúvida, o maior incentivo utilizado para atrair moradores para a América foi a ampla oferta de terras brasileiras. Além disso, a possibilidade de obtenção de escravos e a participação, em maior ou menor medida, na economia do açúcar também deveriam servir como atrativo.

As terras portuguesas do novo mundo foram incorporadas ao patrimônio régio desde o início do processo e doadas pelo monarca ou por seus agentes na forma de sesmarias[81], segundo as normas das Ordenações do Reino[82] e de instruções específicas, cujo primeiro exemplo é a autorização dada a Martim Afonso de Sousa[83].

A distribuição e o aproveitamento das terras foi uma preocupação constante da Coroa ao longo do período estudado. Com a criação das chamadas capitanias hereditárias, o monarca, previdente, determinou nas cartas de doação que no máximo 10 léguas das terras da capitania poderiam ficar diretamente para o donatário, incluindo nestas as de sua mulher e de seu herdeiro, pois as demais:

> darão e poderão dar e repartir todas as ditas terras de sesmaria, a quaisquer pessoas de qualquer qualidade e condição que sejam e lhes bem parecer, livremente, sem foro nem direito algum, somente o dízimo de Deus.[84]

Nesses primeiros momentos as terras foram distribuídas com relativa facilidade e nos mais variados tamanhos aos dispostos a aproveitá-las, pois como D. João III ordenava a Tomé de Sousa: "dareis de sesmaria as terras [...] às pessoas que vo-las pedirem [...] que queiram ir povoar e aproveitar", de acordo com a capacidade de cada um, pois como alertava o monarca ao mesmo governador: "não dareis a cada pessoa mais terra

---

[81] Para uma visão geral das sesmarias, ver PORTO, C., *Estudo Sobre o Sistema Sesmarial*. Recife: Universidade Federal de Pernambuco, 1965; LIMA, R. C., *Pequena História Territorial do Brasil*, 5ª ed. São Paulo: Arquivo do Estado, 1991 e RAU, V., *Sesmarias Medievais Portuguesas*. Lisboa: Bertrand, 1946.

[82] Cf. O título LXVII das *Ordenações Manuelinas* (1514), 5 vols. Lisboa: Calouste Gulbenkian, 1984, IV, p. 164.

[83] "Carta para o Capitão-mor (Martim Afonso de Sousa) dar terras de sesmarias" de 20 de novembro de 1530, publicada na *História da Colonização Portuguesa do Brasil*, vol. III, p. 160.

[84] Veja-se, por exemplo, a "Doação da Capitania de Pernambuco" de 10 de março de 1534, publicada em *Doações e Forais das Capitanias do Brasil* (1534-1536), apresentação, transcrição e notas de Maria José Chorão. Lisboa: Arquivo Nacional da Torre do Tombo, 1999, p. 11.

que aquela que boamente e segundo suas possibilidades vos parecer que poderá aproveitar"[85].

Recorrentemente a Coroa voltava ao assunto, relembrando ao governador e aos capitães-mores a importância de distribuir terras aos novos moradores, particularmente aos que fossem com a família, e também que estes cobrassem dos agraciados, "obrigando aos que tiverem terras de sesmarias, que as cultivem e povoem". O rei era taxativo, as terras não aproveitadas deveriam ser redistribuídas, pois "aos que as não cumprirem [as obrigações] se tirarão e darão a quem as cultive e povoe", o que efetivamente ocorreu em consideráveis ocasiões[86]. Cristóvão de Barros, o terceiro capitão-mor do Rio de Janeiro e o primeiro nomeado pela Coroa em 1570, trazia um alvará para redistribuir as terras já dadas e que não fossem aproveitadas no prazo de um ano, pois o rei reclamava do fato de:

> todas as terras que estão a roda da cidade de Sebastião da dita capitania [serem] dadas as pessoas que vivem e são moradoras em outras capitanias sem as terem aproveitadas nem beneficiadas como são obrigadas.[87]

Em casos extremos, como no Rio Grande (atual Rio Grande do Norte) no início do século XVII, a Coroa chegou mesmo a determinar uma nova redistribuição de terras de toda a capitania, por entender que grande parte delas não tinha sido aproveitada e também por não concordar com a divisão feita, pois, nas palavras do monarca, "constou ser muito exorbitante em quantidade de terras a repartição que delas fez Jerônimo de Albuquerque a seus filhos e demais se não terem nelas feito benfeitoria"[88].

---

[85] Cf. "Regimento de Tomé de Sousa", já citado.

[86] As citações são do "Regimento de Gaspar de Sousa" de 31 de agosto de 1612, publicado nas *Cartas para Álvaro de Sousa e Gaspar de Sousa*. Lisboa: CNCDP e Rio de Janeiro: Ministério das Relações Exteriores, 2001, p. 117. Ver também "Alvará sobre doação de sesmarias a todos os novos povoadores com família" de 8 de dezembro de 1590, publicado nos *Documentos para a História do Açúcar*, vol. I, p. 377.

[87] Cf. "Traslado de um Alvará em favor de Cristóvão de Barros, para conceder as terras de sesmaria aos moradores de São Sebastião, do Rio de Janeiro" de 27 de outubro de 1571. Joaquim Veríssimo Serrão, *O Rio de Janeiro no século XVI, Op. cit.*, vol. II, p. 85.

[88] "Traslado do auto que mandaram Alexandre de Moura, capitão-mor de Pernambuco, e o desembargador Manuel Pinto da Rocha, ouvidor geral deste Estado para se fazerem as diligências nele declaradas", publicado na Revista do Instituto Histórico do Ceará, tomo 23, 1909, p. 112. Em defesa de Jerônimo de Albuquerque, diga-se que parte das

No início as terras foram distribuídas com poucas exigências, pagamento apenas do dízimo e aproveitamento das mesmas no prazo estipulado. Cabia, contudo, aos agentes da Coroa – donatários ou funcionários régios – dar as terras "segundo as possibilidades" de cada um em aproveitá-las. E possibilidade aqui era antes de tudo a possibilidade de conseguir mão de obra para beneficiar as terras dadas em extensões inimagináveis em Portugal, daí, como nos conta Gandavo, a primeira preocupação dos novos moradores era a obtenção de escravos que permitissem o aproveitamento das terras no tempo exigido[89].

Além dessas exigências, o regimento de Tomé de Sousa estipulava outras que não figuravam nas cartas de doação das capitanias. Dessas, as mais importantes eram que os agraciados não poderiam vender ou repassar de outra forma as terras recebidas pelo prazo de três anos e que deveriam residir na capitania. Além disso, em caráter excepcional, por cinco anos não poderiam ser dadas terras aos moradores de outras capitanias.

A última medida tinha uma finalidade evidente, evitar um êxodo dos moradores das demais capitanias para a da Bahia, a única então sob controle régio, já a anterior parece ter sido motivada pelo receio da Coroa de que a maior parte das terras distribuídas acabassem nas mãos de pessoas que não se dispusessem a ir pessoalmente para as novas terras, pois era evidente que as pessoas que detinham de antemão cabedais suficientes para montar engenhos ou para desenvolver outras atividades econômicas de monta dificilmente iriam para uma colônia recém-criada, com todos os perigos a serem enfrentados, não colaborando, portanto, com o povoamento e consequentemente com a defesa.

Dentro desta lógica, era preciso evitar ou pelo menos limitar o absenteísmo, atraindo homens de variados recursos ou facilitando que estes obtivessem as condições necessárias para poderem assumir as tarefas exigidas, comprometendo-os dessa maneira com a empresa colonial.

---

terras já estavam sendo aproveitadas. Aparentemente o mesmo procedimento teria sido adotado, ou pelo menos planejado para a capitania da Paraíba, porém não temos indicações se realmente foi efetivado ou não. Cf. "Alvará por que Vossa Majestade manda fazer repartição das terras da capitania da Paraíba no Estado do Brasil, que estavam dadas a pessoas que as não beneficiaram no tempo que lhes foi limitado" de 29 de agosto de 1613, publicado nas *Cartas para Álvaro de Sousa e Gaspar de Sousa*, p. 203.

[89] Pero de Magalhães Gandavo, *Op. cit.*, p. 81.

Daí a adoção inicial de medidas que favorecessem os residentes em detrimento dos absenteístas, como, por exemplo, a restrição nas doações de terra ou a isenção de tributos sobre os produtos coloniais levados ao Reino diretamente pelos moradores das novas terras[90].

Evidentemente que tanto a limitação do tamanho das terras dadas segundo as possibilidades de cada um, como a exigência de residir na capitania não foram seguidas à risca. A própria Coroa era a primeira a desrespeitar as regras, fazendo concessões gigantescas a importantes figuras do Reino, como, por exemplo, Miguel de Moura, secretário do rei, que por provisão de 1573 recebia a mercê de doze léguas de terras, juntas ou "apartadas" na Bahia. Tamanha doação causou dificuldades, pois, como atestou o escrivão da alfândega Francisco de Araújo a Cristóvão Brandão, procurador de Miguel de Moura, "as terras todas da costa desta Bahia e rios, e recôncavos dela eram já dadas", o que obrigou a uma busca de áreas dadas, mas não aproveitadas, permitindo assim que pelo menos parte da doação fosse efetivada[91].

Os governadores gerais também não se furtavam de fazer largas concessões a não residentes na colônia. Tomé de Sousa, por exemplo, segundo Gabriel Soares de Sousa, concedeu as terras das ilhas Itaparica e Itamarandiva ao Conde da Castanheira, de quem era protegido, e que já possuía ou viria a possuir outra sesmaria ao norte da cidade do Salvador[92]. A doação das ilhas seria depois confirmada pelo rei na forma de uma minicapitania em 1558[93], "ao que veio com embargos a Câmara

---

[90] Ver, por exemplo, o "Foral da Capitania de Pernambuco" de 24 de setembro de 1534, publicado em *Doações e Forais das Capitanias do Brasil* (1534-1536), Op. cit., p. 22.

[91] Ver "Registro da Carta de Miguel de Moura e Paroassû" e anexos em *Documentos Históricos*, Op. cit., vol. 14, p. 455.

[92] A documentação relativa às terras do Conde da Castanheira pode ser vista em bloco num pedido de confirmação feito pelo neto, D. João de Ataíde, ao rei Filipe III de Portugal, onde, além das cartas de sesmarias, estão registradas as sucessivas confirmações dadas pelos reis D. Sebastião, Filipe I e Filipe II de Portugal. "Carta confirmação da doação de terras na costa do Brasil" de 9 de maio de 1623. Arquivo Nacional da Torre do Tombo, Chancelaria de Filipe III, Doações, Livro 14, fl. 10 e seguintes. As terras ao norte de Salvador, posteriormente foram arrendadas a Gonçalo Pires, que as repassou aos padres de São Bento. *Livro Velho do Tombo do Mosteiro de São Bento da cidade do Salvador* (1536-1732). Salvador: Beneditina, 1945. p. 315-316.

[93] Ver "Doação de Dom Antônio de Ataíde Conde da Castanheira das ilhas de Itaparica e Tamarandiva" e "Foral do Conde da Castanheira das ilhas de Itaparica e Tamarandiva" de 12 e 15 de março de 1558, publicados nos *Documentos Históricos*, Op. cit., vol. 13, p. 192 e seguintes.

da cidade do Salvador, sobre o que contendem há mais de trinta anos, e lhe impediu sempre a jurisdição, sem até agora se averiguar essa causa"[94].

Outro aspecto do incentivo foi a ampla isenção de tributos e taxas concedidas aos povoadores e moradores já nos forais dados às chamadas capitanias hereditárias ao longo da década de 1530. Durante muito tempo, o único tributo cobrado nas partes do Brasil era o dízimo, além disso os produtos enviados pelos moradores diretamente ao Reino apenas pagariam a sisa, ao contrário dos enviados por mercadores que pagariam também a dízima nas alfândegas de Portugal[95].

Tal isenção de tributos, contudo, não era válida aos proprietários de fazendas ou engenhos que residissem em Portugal ou no estrangeiro. Este incentivo especial aos moradores, em detrimento dos absenteístas, foi respeitado a princípio, como atesta a sentença proferida em 1557 da querela judicial que declarou que importantes figuras como Jorge de Figueiredo[96], Fernão Álvares de Andrade[97], Lucas Giraldes[98] e Mem de Sá[99], não podiam ser considerados "moradores, nem povoadores do Brasil, nem pode[ria]m gozar do foral dele"[100], ou seja, não podiam se beneficiar das isenções. Contudo, pouco tempo depois, em 1560, as isenções dadas aos moradores foram estendidas também aos que possuíssem engenhos no Brasil, embora continuassem a morar no Reino.

Além das medidas de fomento à colonização em geral, a Coroa buscou também impulsionar especificamente a economia açucareira, com

---

[94] SOUSA, G. S. de, *Tratado descritivo do Brasil em 1587*, São Paulo: Companhia Editora Nacional, 1987, p. 142. Para uma versão um pouco diferente do caso, ver Francisco Adolfo de Varnhagen, *Op. cit.*, vol. I, p. 242.

[95] Ver o citado "Foral da Capitania de Pernambuco".

[96] Jorge de Figueiredo, donatário de Ilhéus no início do processo, era morador em Lisboa e escrivão da fazenda real, com muitas propriedades no Reino.

[97] Fernão Álvares de Andrade, importante figura da Corte e escrivão da Casa da Índia (ver nota 47).

[98] Lucas Giraldes era um importante mercador, residente em Portugal, e que posteriormente compraria a capitania de Ilhéus.

[99] O licenciado Mem de Sá, futuro governador geral do Brasil, era desembargador na Corte e até este momento ainda não tinha passado pelas terras do Brasil.

[100] Cf. "Sentença contra Jorge de Figueiredo, capitão que fora da capitania de São Jorge do Rio dos Ilhéus [...] pela qual se julgou que deviam pagar dízima na alfândega de Lisboa, das coisas e mercadorias que viessem da mesma capitania" de 5 de maio de 1557, publicado em *As Gavetas da Torre do Tombo*, 12 vols. Lisboa: Centro de Estudos Históricos Ultramarinos, 1960-77, vol. II, p. 582.

incentivos e isenções. Nesse sentido três medidas se destacam: a construção de engenhos reais nas capitanias da Coroa, a isenção do dízimo por 10 anos para os engenhos que fossem construídos ou reedificados e a intervenção para que os engenhos destruídos fossem reativados.

Atestando a compreensão da Coroa da importância do açúcar para o desenvolvimento da colônia, o rei informava ao governador geral, D. Duarte da Costa, que:

> havendo nessa capitania [da Bahia] engenhos, em que os moradores dela pudessem desfazer suas canas, se plantariam, e fariam muitos canaviais, com que a gente se aproveitasse, e a terra se enobrecesse; e querendo nisso prover pelo muito, que importa ao bem comum, proveito do povo.[101]

A questão percebida pela Coroa era que nenhum morador da capitania da Bahia poderia, naquele momento, arcar com o alto investimento exigido para a construção de um engenho, e, na falta deles, de nada adiantaria aos moradores plantar a cana de açúcar, dificultando assim o desenvolvimento local. Para superar essa dificuldade, o monarca, na citada carta, dava instruções para a construção de um engenho real à custa da fazenda régia.

Tal engenho de fato foi construído, tendo sido concluído no princípio do governo de Mem de Sá e, por ser o único engenho em funcionamento naquele momento, deu um enorme impulso para a economia açucareira do recôncavo de Salvador, permitindo o surgimento de outros engenhos, como veremos em outro momento deste trabalho. A Coroa tentou repetir a iniciativa nas capitanias do Rio de Janeiro e da Paraíba, mas, ao que tudo indica, apenas o engenho real da Paraíba entrou plenamente em funcionamento.

Ainda dentro da política de fomento à economia do açúcar, a Coroa determinou através de sucessivos alvarás, dados a partir de 1551, que os engenhos construídos ou reedificados gozassem de isenção do pagamento do dízimo por certo prazo, que depois acabou fixado em 10 anos[102].

---

[101] "Alvará sobre a construção de um engenho de açúcar pela real fazenda" de 5 de outubro de 1555, publicado nos *Documentos para a História do Açúcar, Op. cit.*, vol. I, p. 121.

[102] Veja-se sobre o tema os documentos publicados no primeiro volume dos *Documentos para a História do Açúcar*, como, por exemplo, o "Alvará de isenção dos tributos sobre açúcar" de 23 de julho de 1554, que se encontra na p. 111.

CONQUISTA E FIXAÇÃO

O Governo Geral ainda impulsionava a reforma dos engenhos destruídos nas guerras com os indígenas, orientando, por exemplo, através de uma provisão do provedor-mor Antônio Cardoso de Barros, os provedores de Santo Amaro e São Vicente para que garantissem o conserto dos engenhos parados da capitania, inclusive tomando a iniciativa dos reparos quando os proprietários não o fizessem[103].

Por fim, vale a pena também destacar a preocupação da Coroa com os lavradores de cana, que tiveram sua relação com os senhores de engenho regulamentada já no regimento de Tomé de Sousa de 1549, que enfaticamente prescreveu:

> "o senhorio dela [terras do engenho] será obrigado de no dito engenho lavrar aos lavradores as canas de suas novidades [safras] [...] e por lhas lavrar levarão os senhorios dos ditos engenhos aquela parte que [...] vos parecer bem de maneira que fique o partido favorável aos lavradores para eles com melhor vontade folgarem de aproveitar as terras."[104]

O favorecimento dos lavradores de cana preconizado pela Coroa é mais um bom exemplo da preocupação com o povoamento efetivo das terras, pois do ponto de vista econômico pouco importaria para a Coroa se a produção do açúcar estivesse concentrada na mão de poucos grandes proprietários ou fragmentada entre pequenos, médios e grandes proprietários, porém, do ponto de vista da defesa das novas terras, a consolidação de setores médios, exemplificados nesse momento pelos lavradores de cana, comprometidos com a empresa, ampliaria a possibilidade local de recrutamento de quadros paras as atividades militares e administrativas.

A compreensão de tal dinâmica é fundamental para entendermos todo o processo de colonização subsequente, pois a produção de açúcar tornou-se o principal meio para financiar a defesa das terras[105], defesa

---

[103] "Titulo do registro das Provisões, que se passaram de serviço de el-rei Nosso Senhor, que tocam a Fazenda de sua Alteza", publicado na Coleção *Documentos Históricos, Op. cit.*, vol. 14. O documento aqui referido é o título de número 28 e datado de 23 de julho de 1550.

[104] Para essa discussão, ver especialmente Vera Lucia Amaral Ferlini, *Op. cit.*, p. 16 e também o já citado "Regimento de Tomé de Sousa", publicado na *História da Colonização Portuguesa do Brasil*, vol. III, p. 346.

[105] A importância da produção açucareira para a viabilização econômica do empreendimento colonial pode ser constatada pelo fato de que a folha de pagamento do Governo

essa que, contudo, exigia povoamento comprometido com a empresa colonial[106].

Rapidamente, "o sentido dominante da ocupação tornar-se-ia a exploração econômica, entretanto, a ênfase inicial à fixação de povoadores deixaria suas marcas na estrutura sócio-econômica da Colônia"[107], favorecendo a criação de uma elite colonial residente associada à Coroa, fato que condicionará o desenvolvimento posterior da mesma.

Assim, nesse processo que combinou a montagem da estrutura produtiva e a gênese da elite colonial, a administração régia das partes do Brasil ocupou um papel destacado, com seus membros atuando, muitas vezes ao mesmo tempo, no papel de "colonizadores" e de "colonos"[108], situação magistralmente exemplificada em Mem de Sá que era simultaneamente a maior autoridade e, provavelmente, o maior senhor de engenho da Colônia, fato que não causa espanto, pois a participação na administração colonial foi nesse período uma das formas mais importantes de inserção na nascente elite colonial, graças às amplas possibilidades de constituição de patrimônio que ela oferecia aos seus membros.

Geral era custeada pelo valor arrecadado pelo dízimo, em particular do açúcar. Para o assunto, ver ALBUQUERQUE, C. X. de, *Receita e Despesa do Estado do Brasil no Período Filipino*. Recife: Universidade Federal de Pernambuco, 1985 (tese inédita). Já o rendimento do pau-brasil era muitas vezes utilizado para arcar com a despesa de outras áreas, particularmente o Marrocos. Cf. "Carta de 20 de dezembro de 1613". Biblioteca da Ajuda, Cartas do bispo D. Pedro de Castilho ao Conde de Sabugal, códice 51-VIII-15, f. 81.

[106] A relação entre o povoamento das terras, a economia açucareira e a defesa militar é explícita em trecho de uma carta de Jerônimo de Albuquerque para D. João III, na qual o primeiro contava que "fazendo-se ora coisa de muito seu [do rei] serviço e aumento da terra e seguridade dela que em dois engenhos se ajuntariam 400 pessoas de guerra, entrando alguns moradores com sua escravaria". "Carta de Jerônimo de Albuquerque" de 28 de agosto de 1555, publicada na *História da Colonização Portuguesa do Brasil*, vol. III, p. 380.

[107] Vera Lucia Amaral Ferlini, *Op. cit.*, p. 15.

[108] Aqui no sentido dado por MATTOS, I. R. de, *O Tempo Saquarema*. São Paulo: Hucitec, 1987, p. 26 e seguintes.

4.
A ADMINISTRAÇÃO COLONIAL

> "[Os moradores do Rio Grande] pediram modo de governança e se lhes concedeu no ano de 1611, pelo governador D. Diogo de Meneses, o qual, com parecer da Relação, elegeu o juiz, um vereador, escrivão da câmara, procurador do conselho e procurador dos índios e assim vivem hoje, de que se tem dado aviso a Sua Majestade", Diogo de Campos Moreno[1].

O GOVERNO DA COLÔNIA

O Padre Antônio Vieira foi um dos maiores críticos da administração colonial, com a qual tinha sérios atritos, particularmente em relação a escravidão indígena. Vieira condenava a cobiça e a corrupção, e, em sermão pregado na matriz de Belém do Pará em 1656, na ocasião em que chegou a nova de se ter desvanecido a esperança das minas, que com grande esforço tinham ido descobrir, tentava confortar os moradores, descrevendo as consequências que tal descoberta, se bem sucedida, teria trazido:

> Quantos ministros reais e quantos oficiais de justiça, fazenda, de guerra, vos parece que haviam de ser mandados cá para a extração, segurança e remessa deste ouro e prata? Se um só destes poderosos tendes experimentado tantas vezes, que bastou assolar o Estado, que fariam tantos? Não sabeis o nome do serviço real (contra a intenção dos mesmos Reis) quanto

---

[1] MORENO, D. de C., *Livro que Dá Razão do Estado do Brasil* (1612). Recife: UFPE, 1955, p. 209.

se estende cá ao longe e quão violento é e insuportável? Quantos administradores, quantos provedores, quantos tesoureiros, quantos almoxarifes, quantos escrivães, quantos contadores, quantos guardas no mar e na terra e quantos outros ofícios de nomes e jurisdições novas se haviam de criar ou fundir com estas minas para vos confundir e sepultar nelas?[2]

Dessa forma, para Vieira, os moradores do Pará teriam melhor vida sem as minas, evitando que toda aquela máquina administrativa caísse sobre eles e que seus escravos, animais e canoas fossem requisitados para o serviço das mesmas, bem como os mantimentos fossem desviados para o mesmo fim, arruinando os moradores que não poderiam aproveitar as riquezas descobertas, transformados em feitores e não mais senhores de suas fazendas.

O padre Vieira também não poupava palavras contra a corrupção do funcionalismo colonial, um ano antes, em 1655, em outro sermão pregado na Misericórdia de Lisboa, intitulado significativamente "do bom ladrão", o grande orador nos conta que:

> encomendou el-rei D. João, o terceiro, a São Francisco Xavier o informasse do Estado da Índia [...] e o que o Santo escreveu de lá sem nomear ofício, nem pessoas, foi que o verbo rapio na Índia se conjugava por todos os modos [...] o que eu posso acrescentar, pela experiência que tenho, é, que não só do Cabo da Boa Esperança para lá, mas também das partes daquém se usa igualmente a mesma conjugação.[3]

Ainda explicava, numa passagem antológica, que "os gramáticos" furtam pelos vários modos: indicativo, imperativo, mandativo, optativo, conjuntivo, potencial, permissivo e infinitivo, e também por todas as pessoas do verbo e ainda por todos os tempos: pretérito, presente e futuro.

As duas longas citações do Padre Antônio Vieira, somadas às denúncias, devassas e inquéritos conhecidos, parecem dar razão ao severo julgamento que nos apresenta Caio Prado Júnior após uma desenvolvida descrição da estrutura administrativa colonial na mais conhecida análise

---

[2] VIEIRA, A., *Sermões do Padre Antônio Vieira*, reprodução facsimilada da *editio princeps*, organizada pelo Padre Augusto Magne, 16 vols. São Paulo: Anchietana, 1943-45, vol. 4, p. 410.

[3] *Ibidem*, vol. 3, p. 335.

sobre o tema. Para o autor de "Formação do Brasil Contemporâneo", "de alto a baixo da escala administrativa, com raras exceções, é a mais grosseira imoralidade e corrupção que domina desbragadamente"[4]. A severidade de Caio Prado Júnior, porém, não se restringia ao plano da moralidade, para ele a administração colonial era uma "monstruosa, emperrada e ineficiente máquina burocrática"[5].

A segunda parte da crítica de Caio Prado Júnior, contudo, não encontra o mesmo eco nos cronistas ou na documentação do período aqui estudado. Inclusive nos documentos mais contundentes sobre a administração colonial, a ideia de ineficiência não aparece. É o caso do relatório redigido em fins do século XVI pelo licenciado Domingos de Abreu e Brito, no qual são apontadas inúmeras irregularidades, notadamente no que toca aos interesses da Fazenda Real, mas cuja ideia subjacente é que tais problemas eram decorrentes do mau procedimento dos oficiais régios, salvo um ou outro pormenor[6].

A administração colonial em si, contudo, ainda permanece muito mal estudada, a maioria dos trabalhos intitulados "histórias administrativas" ou dedicados ao tema, na prática não aprofundam o estudo da administração propriamente dita, limitando-se a comentar os documentos mais conhecidos, como, por exemplo, a carta de doação de Duarte Coelho e o regimento de Tomé de Sousa, descrevendo leis, alvarás e outros documentos oficiais, sem uma análise da realidade concreta, ou ainda apenas relatando os atos dos governantes em geral, tornando-se mais uma "história do Brasil" entre tantas do que um estudo sobre a administração propriamente dita.

Nesse sentido são poucos os estudos específicos sobre determinados órgãos ou ramos da administração, bem como obras de síntese que nos deem uma visão geral de sua estrutura. Nesse caso, destaca-se o livro "Fiscais e Meirinhos", coordenado por Graça Salgado, resultado de um

---

[4] PRADO JR., C., *Formação do Brasil Contemporâneo*. São Paulo: Martins, 1942, p. 334.

[5] *Ibidem*, p. 334.

[6] Enviado em uma viagem de inspeção de Angola, o autor fez escala em Pernambuco, redigindo dali a parte referente ao Brasil. Cf. ABREU E BRITO, D. de, "Sumário e descrição do Reino de Angola e do descobrimento da ilha de Luanda" (c. 1591), publicado por FELNER, A. de A., *Um Inquérito à Vida Administrativa e Econômica de Angola e do Brasil*. Coimbra: Imprensa da Universidade, 1933.

projeto do Arquivo Nacional que procurava compreender a administração para permitir uma melhor organização do acervo documental da instituição. Mais do que um estudo propriamente dito da administração colonial, tal obra é centralmente um arrolamento sistemático dos cargos da administração, elencando suas atribuições e o período em que existiram. Ao partir basicamente da legislação portuguesa então vigente e dos regimentos dos diversos cargos, acabou por cair num certo esquematismo, dando aparente racionalidade moderna à administração, como se pode perceber pelos organogramas apresentados, que uma ou outra afirmação em contrário nos textos introdutórios não consegue apagar[7].

A dificuldade em aprofundar os estudos sobre a administração colonial decorre da falta de documentação apropriada, particularmente para o período anterior à segunda metade do XVII, já que grande parte dos documentos elaborados pelos diversos níveis da administração simplesmente se perdeu pelos mais variados motivos, impedindo maior compreensão de seu funcionamento, em especial no que toca à relação entre as várias instâncias administrativas, tanto por ramos como por áreas, bem como do funcionamento interno dos diversos órgãos dos variados níveis de governo.

A análise apresentada em "Formação do Brasil Contemporâneo" continua sendo uma referência. Caio Prado Júnior tem razão quando aponta, aos olhos de hoje, a confusão do sistema administrativo português, afinal, como ele próprio diz:

> a administração colonial nada ou muito pouco apresenta daquela uniformidade e simetria que estamos hoje habituados a ver nas administrações contemporâneas [...] encontrar-se-á (ao contrário) um amontoado que nos parecerá inteiramente desconexo, de determinações particulares e casuísticas, de regras que se acrescentam umas às outras sem obedecerem a plano algum de conjunto.[8]

Competências, jurisdições e hierarquias mal definidas, ausência de especialização e de divisão dos poderes são elementos que provocam, muitas vezes, o choque entre as diversas autoridades e a dificuldade

---

[7] SALGADO, G. (Coord.), *Fiscais e Meirinhos, a Administração no Brasil Colonial*. 2ª ed. Rio de Janeiro: Nova Fronteira, 1985.

[8] Caio Prado Júnior, *Op. cit.*, p. 297.

na execução das ordens régias; o que nos obrigaria, ainda seguindo as ideias do autor, a fazer "tábua rasa" das noções atualmente correntes sobre a administração pública para poder entender a administração colonial, evitando assim análises anacrônicas, pecado que ele próprio não deixou de cometer[9].

Tal posição sobre a administração colonial não deve ser desprezada, pois, deixando de lado os juízos de valor, continua sendo excelente ponto de partida. Caio Prado Júnior indica uma série de elementos da administração colonial, que, ao destoarem das normas administrativas contemporâneas, dificultam em muito nossa compreensão, como, por exemplo, o fato de órgãos e funções, existentes em certos locais, faltarem em outros ou ainda a distribuição de funções e competências diferentes das anteriormente em vigor. Daí que o autor tenha razão, por exemplo, quando registra que orientar-se nesse "caos imenso de leis [...] é tarefa árdua", pois, como explica em seguida:

> os delegados do poder recebem muitas vezes instruções especiais, inclusive em simples correspondência epistolar, que fazem lei e freqüentemente estabelecem normas originais, como resultado, as leis não só não eram uniformemente aplicadas no tempo e no espaço, como freqüentemente se desprezavam inteiramente, havendo sempre, caso fosse necessário, um ou outro motivo justificado para a desobediência[10].

Por isso, a relação entre o que lemos nos textos legais e o que efetivamente se pratica é muitas vezes remota e vaga, senão redondamente contraditória.

Esse sistema, ainda para Caio Prado Júnior, seria reflexo que a "atitude de desconfiança generalizada" da Coroa "assume com relação a todos seus agentes"[11]. Todavia, o próprio autor afirma não "subestimar o poder e a autoridade dos governadores" afinal suas atribuições são consideráveis[12].

---

[9] *Ibidem*, p. 297.
[10] *Ibidem*, p. 299. Sobre o poder dos governadores gerais veja-se também HESPANHA, A. M., "A constituição do Império Português. Revisão de alguns enviesamentos correntes", In: FRAGOSO, J.; BICALHO, M. F.; GOUVÊA, M. de F., *O Antigo Regime nos Trópicos*. Rio de Janeiro: Civilização Brasileira, 2001. p. 174 e seguintes.
[11] Caio Prado Júnior, *Op. cit.*, p. 307.
[12] *Ibidem*, p. 308. Ver sobre esta questão o capítulo precedente.

A FORMAÇÃO DA ELITE COLONIAL NO BRASIL

Essa interpretação de Caio Prado Júnior costuma ser contraposta à de Raymundo Faoro, como fez Laura de Mello e Souza no seu livro "Desclassificados do Ouro". Para a autora, enquanto Caio Prado Júnior destaca a irracionalidade do sistema administrativo, Faoro segue a linha oposta, destacando a racionalidade[13]. Se Caio Prado Júnior vê a irracionalidade na confusão da administração colonial, fato que Faoro também aponta[14], este vê a racionalidade a partir do uso que a monarquia patrimonial faz dessa administração para transferir a ordem estamental portuguesa para a colônia. Portanto, ambas visões podem ser proveitosamente confrontadas.

Assim, deixando de lado o uso que a Coroa fez da administração colonial e as ideias de Faoro, e atendo-se particularmente à administração propriamente dita, podemos relativizar as críticas feitas por Caio Prado Júnior e outros autores de que o sistema administrativo fora transposto mecanicamente para a colônia, pois como vimos, ele não só sofreu constantes reformas visando uma maior adequação à realidade encontrada, como também apresentou características próprias, das quais a mais importante foi a criação do Governo Geral, que não seguia nenhum modelo metropolitano.

Nosso interesse, no âmbito deste trabalho, contudo, não é pela estrutura administrativa colonial propriamente dita, mas sim pela relação entre a formação da elite colonial e a administração das partes do Brasil nos primeiros tempos da colonização. Ao contrário de Caio Prado Júnior, que analisava a administração a partir dos últimos anos do período colonial, vamos apresentar aqui um esboço do que foi o governo da conquista no período, para em seguida apresentar a evolução da estrutura administrativa colonial entre aproximadamente 1530 e 1630, seguindo uma ordem cronológica, destacando as mudanças ocorridas e os principais problemas enfrentados.

Sistematizando a estrutura administrativa colonial, podemos dividi--la, do ponto de vista espacial, em três níveis ou esferas de atuação: a inferior ou local nas vilas e cidades, a intermediária nas capitanias e uma superior abarcando as partes do Brasil unitariamente ou divididas. Tal esquema não era rígido na prática, não impedindo, por exemplo, que

---

[13] SOUZA, L. de M. e, *Desclassificados do Ouro*, 3ª ed. Rio de Janeiro: Graal, 1990. p. 92.
[14] FAORO, R., *Os Donos do Poder*, 2 vols., 9ª ed. São Paulo: Globo, 1991, p. 176.

muitas vezes a câmara da principal cidade ou vila de certa capitania acabasse por interferir no governo de áreas muito superiores ao seu próprio termo, inclusive sobre áreas de capitanias vizinhas, ou que as capitanias mais importantes, como a de Pernambuco ou posteriormente a do Rio de Janeiro, tentassem subordinar as vizinhas.

Já do ponto de vista funcional podemos dividir a estrutura administrativa em grandes ramos ou áreas básicas da administração, a saber, o governo propriamente dito, ou como diríamos hoje o executivo, a Fazenda, a Justiça, a milícia ou a defesa e a Igreja.

A estrutura administrativa responsável pela Fazenda era controlada pela Coroa, tanto no nível das capitanias como em seu conjunto, para tanto foi montado todo um aparato, que contava com o provedor-mor no topo, auxiliado pelo tesoureiro e pelo contador e seus escrivães, até os provedores, feitores e almoxarifes e seus subordinados nas diversas capitanias[15].

A Justiça, para além das atribuições das Câmaras com seus juízes ordinários, contava com um ouvidor em cada capitania, indicado pelo donatário ou pela Coroa conforme o caso, e, acima de todos, o ouvidor geral. Com o desenvolvimento da colônia, o monarca ampliou esta estrutura, criando o Tribunal da Relação, instância superior que, funcionando nas partes do Brasil, deveria dispensar os recursos à Lisboa na maior parte dos casos, mas que no período não conseguiu se afirmar[16].

Paralelamente, o desenvolvimento da colônia e seu incremento populacional levaram, seguindo as normas expressas nas ordenações do Reino, a criação em algumas vilas ou cidades da colônia de juízes de Órfãos e de provedores da Fazenda dos Defuntos e Ausentes, estes encarregados de zelar pelos bens dos mortos e pela execução dos testamentos.

O ramo militar da administração só surgiu como corpo autônomo em fins do século XVI, ganhando destaque no XVII com as guerras contra os holandeses. Até então a defesa era uma tarefa confiada a todos os moradores aptos e comandada pelos próprios governantes. Com a criação das ordenanças, a defesa ganha mais organicidade, mas ainda

---

[15] Sobre o assunto veja-se MENEZES, M. V. de, *Colonialismo em Ação, Fiscalismo, Economia e Sociedade na Capitania da Paraíba (1647-1755)*. Tese inédita defendida na Universidade de São Paulo em 2005.

[16] SCHWARTZ, S., *Burocracia e Sociedade no Brasil Colonial* (tradução). São Paulo: Perspectiva, 1979, especialmente a primeira parte.

não se constitui como ramo especializado. O aparato militar começa a se delinear no final do século XVI, quando os primeiros contingentes de soldados pagos pela Coroa são enviados para guarnecer os pontos mais importantes da colônia e com eles se forma um corpo de oficiais das mais variadas patentes, mantendo-se, contudo, a dependência do auxílio dos moradores e dos indígenas aliados nas guerras coloniais.

A Igreja no ultramar português, graças ao regime do padroado régio através da Ordem de Cristo, tornou-se na prática um setor da administração, nomeado, dirigido e pago pela Coroa, a quem devia satisfação pelos seus atos, inclusive sob ameaça de sanções. Isso valia tanto para o clero secular como, em parte, para o regular, que também recebia subvenções régias e se associava em muitos casos aos projetos da Coroa[17].

Desnecessário destacar o peso da Igreja e da vida religiosa nos séculos XVI e XVII e sua importância para a sociedade da época. A Igreja ocupava um papel de controle das populações em geral, em especial com a Inquisição. No ultramar a conversão dos povos era o maior fundamento ideológico para legitimação da conquista e dominação. A Igreja também possuía sua hierarquia na colônia: no topo o bispo da Bahia, e abaixo os vigários nas diversas vilas e cidades. Posteriormente foram criadas duas prelazias, uma para o norte, com sede na Paraíba, e outra para o sul, no Rio de Janeiro. Sendo seus responsáveis designados administradores eclesiásticos, tais instâncias gozavam de certa autonomia perante o bispo de Salvador, mas não possuíam todas as prerrogativas deste, mantendo um *status* subalterno.

Na realidade o funcionamento das diversas instâncias de poder na colônia era mais complexo que estes esquemas, pois, em primeiro lugar, não havia uma separação dos poderes como entendemos hoje. Assim, o governador geral, por exemplo, como representante do rei era o responsável em última instância pelo que chamaríamos de executivo e como judiciário. O ouvidor geral, embora tivesse certa autonomia, era-lhe subordinado. Com a criação do tribunal da Relação, embora o

---

[17] Sobre o assunto ver VEIGA, E. de A., *Os Párocos no Brasil no Período Colonial*. Salvador: UCSAL, 1977 e também BOSCHI, C., "Estruturas eclesiásticas e inquisição", In: BETHENCOURT, F.; CHAUDHURI, K., *História da Expansão Portuguesa*, 5 vols. Lisboa: Círculo de Leitores, 1998, vol. II, p. 429 e seguintes.

governador geral não votasse nem assinasse as sentenças, cabia-lhe o papel de regedor do tribunal, o que lhe dava considerável poder[18].

Tampouco havia uma especialização ou uma formação específica para cada um dos ramos da administração, salvo a Igreja. Dessa maneira as pessoas podiam ser empregadas em qualquer dos ramos e muitas vezes ao mesmo tempo, como, por exemplo, o capitão de uma capitania pouco desenvolvida podia acumular as funções de ouvidor. O cargo de ouvidor geral serviu também durante vários períodos o posto de provedor-mor. Até mesmo os membros da Igreja podiam ser chamados a desempenhar outros papéis na administração em certos momentos, como o bispo de Salvador que era presença constante nos governos gerais interinos.

No caso das funções militares, a ausência de um corpo militar autônomo no período transformava todos os moradores em soldados, situação então recorrente dado os enfrentamentos inerentes a uma região de conquista recente, cercada de inimigos e sujeita a ataques externos. Para as mais variadas missões de defesa ou de novas conquistas podiam ser designados quaisquer dos membros da administração – como provedores-mores, ouvidores gerais, bispos, entre outros –, exemplo disso são os conhecidos casos de Cristóvão de Barros, provedor-mor, conquistador de Sergipe; de Martim Leitão, ouvidor geral, responsável pela ocupação da Paraíba; ou do bispo D. Marcos Teixeira que foi o grande comandante da resistência aos holandeses em 1624 na Bahia[19].

Outro aspecto importante é a falta de uniformidade administrativa: certos cargos são encontrados em algumas capitanias e não em outras, sem qualquer lógica aparente, ou ainda, no caso das capitanias com sedes muito próximas, como Pernambuco e Itamaracá ou São Vicente e Santo Amaro, onde podemos encontrar pessoas servindo o mesmo cargo em ambas as capitanias ao mesmo tempo.

---

[18] "Regimento da Relação da Casa do Brasil" de 7 de março de 1609, publicada por MENDONÇA, M. C. (Org.), *Raízes da Formação Administrativa do Brasil*, 2 vols. Rio de Janeiro: Instituto Histórico e Geográfico Brasileiro, 1972, vol. I, p. 386.

[19] PINHO, W., *D. Marcos Teixeira, Quinto Bispo do Brasil*. Lisboa: Agência Geral das Colónias, 1940.

A MONTAGEM DA ADMINISTRAÇÃO

A colonização das chamadas partes do Brasil por Portugal, sob a égide da monarquia, colocou para a Coroa portuguesa, desde o início, o problema de como organizar o governo da conquista.

Nesse sentido, antes mesmo da partida da expedição de Martim Afonso de Sousa em fins de 1530, primeira etapa do povoamento das novas terras, o problema da administração das novas terras recebia sua primeira resposta. O título de capitão-mor das terras, recebido pelo capitão-mor da armada não era meramente simbólico. Martim Afonso de Sousa era contemplado, conforme as palavras de D. João III, com "todo poder alçada mero misto império assim no crime como no cível sobre todas as pessoas"[20].

Dessa forma, o monarca, no mesmo documento, mandava:

> aos capitães da dita armada [de Martim Afonso de Sousa] e fidalgos, cavaleiros, escudeiros [...] e todas as outras pessoas [...] de qualquer qualidade que sejam que nas ditas terras [do Brasil estiverem] [...] [que tenham] o dito Martim Afonso de Sousa por capitão-mor da dita armada e terras e lhe obedeçam em tudo e por tudo o que lhes mandar e cumpram e guardem seus mandados [...] sob penas que ele puser as quais com efeito dará devida execução nos corpos e fazendas daqueles que o não quiserem cumprir.[21]

A citação acima, retirada da chamada carta de poderes de Martim Afonso de Sousa, dá bem a medida da amplitude do poder conferido ao representante régio, que podia, ao mesmo tempo, emitir ordens e julgar possíveis desobediências. A Coroa delegava ao capitão-mor imenso controle sobre os vassalos que aportassem nas novas terras, pois, além de ser o comandante das operações militares, Martim Afonso de Sousa era o responsável pela justiça, sendo-lhe permitido, também, segundo outros documentos outorgados no mesmo momento, criar e prover

---

[20] "Carta de poder a Martim Afonso de Sousa, capitão-mor da armada que vai ao Brasil ..." de 20 de novembro de 1530, publicada por DIAS, C. M. (Dir.), *História da Colonização Portuguesa do Brasil*, 3 vols. Porto: Litografia Nacional, 1922, vol. III, p. 159 (Citada daqui em diante apenas como *História da Colonização Portuguesa do Brasil*).

[21] *Ibidem*.

ofícios e distribuir sesmarias, concentrando em suas mãos o governo completo da conquista[22].

Se na documentação oficial Martim Afonso de Sousa é intitulado capitão-mor da armada e capitão-mor das terras do Brasil, no "Diário da Navegação", escrito pelo irmão, Pero Lopes de Sousa, e principal relato de sua expedição, Martim Afonso de Sousa é designado como "capitão de uma armada e governador da terra do Brasil"[23]. Essa dupla designação, ora capitão-mor, ora governador, recorrente em todo o período, expressa a duplicidade das atribuições de Martim Afonso de Sousa. Capitão-mor e governador eram, na verdade, as duas faces inseparáveis do governo, que, utilizando uma linguagem atual, poderíamos designar de militar e civil[24].

Ambas as atribuições eram essenciais e indissociáveis. O título de capitão-mor dava ao representante do poder real o comando supremo

---

[22] "Carta de poder para o Capitão-mor criar tabeliães e mais oficiais da justiça" e "Carta para o Capitão-mor dar terras de sesmarias", ambas de 20 de novembro de 1530 e publicadas na *História da Colonização Portuguesa do Brasil*, vol. III, p. 160.

[23] Cf. SOUSA, P. L. de, *Diário da Navegação* (1530–1532), comentado por Eugênio de Castro, com prefácio de Capistrano de Abreu, 2 vols. Rio de Janeiro: Leuzinger, 1927, vol. I, p. 87.

[24] Os termos governador e capitão ou capitão-mor de tal capitania aparecem, em geral, na documentação sem muito rigor, ora designado por ambos os termos, ora por um ou outro. Contudo as cartas de nomeação são claras, Tomé de Sousa era ao mesmo tempo governador e capitão da capitania da Bahia, além de governador geral das demais capitanias. Salvador Correia de Sá, por exemplo, era nomeado, em 10 de setembro de 1577, capitão e governador do Rio de Janeiro, ocorrendo o mesmo com os donatários, assim D. Brites de Albuquerque, viúva de Duarte Coelho, era "capitoa" e governadora de Pernambuco. Dessa forma, estes termos indicam uma certa divisão entre as tarefas civis (governador) e militares (capitão), não podendo ser exercidos separadamente. Posteriormente, a partir de Gaspar de Sousa (1612–1617), os governadores gerais passaram a ser capitães gerais de toda a costa, não mais apenas capitães da Bahia, ampliando ainda mais seu poder. Assim, neste trabalho o termo governador e capitão-mor serão utilizados, respectivamente, para designar o governador geral e os capitães das diversas capitanias. Cf. os verbetes "capitão" e "governador" em SILVA, A. de M. e, *Diccionario da Lingua Portugueza*. Rio de Janeiro: Fluminense, 1922 (fac-símile da 2ª ed. de 1813). Para uma visão geral, SALDANHA, A. de V, *As Capitanias do Brasil: Antecedentes, Desenvolvimento e Extinção de um Fenómeno Atlântico*, 2ª ed. Lisboa: CNCDP, 2001, p. 191 e seguintes e a carta de nomeação do governador geral Gaspar de Sousa, publicada em *Cartas para Álvaro de Sousa e Gaspar de Sousa*. Lisboa: CNCDP e Rio de Janeiro: Ministério das Relações Exteriores, 2001, p. 77. Cf. ainda Joaquim Veríssimo Serrão, *O Rio de Janeiro no século XVI*, Op. cit., vol. II, p. 119 e COSTA, P. da, *Anais Pernambucanos*, 10 vols. Recife: Arquivo Público Estadual, 1951, vol. I, p. 91.

das atividades militares de conquista e defesa do território, diante das várias ameaças à soberania portuguesa. Já o posto de governador conferia o exercício das funções civis, ou em outras palavras, a administração num sentido formal, cujos aspectos centrais nesse período eram o exercício da Justiça e o incentivo à produção e o controle das atividades econômicas.

Para tanto, essas duas esferas do governo da conquista exigiram desde o início a montagem de estrutura burocrática para a primeira e, na falta de tropas regulares, o engajamento dos moradores, sob a direção da administração colonial, para a segunda.

O governo da conquista não se resumia aos detentores dos cargos administrativos, nele devendo ser incluídos, por exemplo, os principais responsáveis pela execução das tarefas militares e mesmo os responsáveis pelas missões de exploração territorial, designados *"ad hoc"*; o que não impedia que pudessem exercer, ou não, cargos formais da administração, inclusive simultaneamente.

Dessa forma, podemos pensar a administração colonial – a estrutura burocrática que ia dos governadores gerais aos funcionários subalternos da justiça e da fazenda espalhados pelas diversas capitanias – como o núcleo formal do governo da conquista. Este, por sua vez, abrangeria também outras esferas formais, por exemplo, os membros das câmaras municipais, ou informais, os responsáveis pelas tarefas bélicas que surgiam a todo momento, feitas, porém, sob o controle e com mandato da própria administração colonial.

O desenvolvimento subsequente da colônia não alteraria essa realidade, contudo lhe daria maior complexidade. Se no período posterior à chegada de Martim Afonso de Sousa o governo da conquista era pouco maior do que a própria figura do capitão-mor, com a criação, pouco depois, das chamadas capitanias hereditárias, a administração começou a ganhar maior vulto[25].

Por delegação régia competia ao donatário, intitulado também de "capitão e governador", ou ao seu representante, o governo da capitania de maneira geral, com destaque para a execução da justiça diretamente ou por meio de um ouvidor, dando-lhe o rei jurisdição, como nos diz

---

[25] Sobre as chamadas capitanias hereditárias, veja-se António Saldanha de Vasconcelos, *Op. cit.*

Frei Vicente do Salvador, "no crime de baraço e pregão, açoites e morte, sendo o criminoso peão, e sendo nobre até dez anos de degredo; e no cível cem mil réis de alçada"[26]. Além do ouvidor, o donatário poderia criar e prover ofícios como o de tabelião ou de alcaide-mor, cabendo-lhe ainda papel destacado na eleição dos oficiais das câmaras das vilas que fossem fundadas[27]. Cabia ainda aos donatários a responsabilidade pela defesa, tanto contra os naturais da terra, como contra outras nações estrangeiras, bem como serem "sesmeiros de suas terras", repartindo-as aos moradores.

Surgia também nesse momento uma estrutura administrativa, vinculada diretamente à Coroa, responsável pela Fazenda, particularmente encarregada da cobrança e arrecadação das taxas e tributos e fiscalização da exploração dos monopólios régios. Tal estrutura era formada basicamente pelos cargos de provedor da Fazenda, de feitor e almoxarife e por seus auxiliares, todos indicados diretamente pelo monarca, que deveriam prestar contas de suas atribuições em Lisboa, mantendo em tese autonomia em relação ao donatário; porém este ramo teve nesse período um funcionamento muito precário na maioria das capitanias[28].

Paralelamente à constituição das capitanias, a fundação das primeiras vilas levou à constituição das câmaras[29], responsáveis pelo governo local, incluindo uma primeira instância da justiça, as quais se organizaram

---

[26] SALVADOR, V. do, *História do Brasil* (1627), 5ª ed. São Paulo: Melhoramentos, 1965, p. 112.

[27] Veja-se, por exemplo, a "Doação da Capitania de Pernambuco", publicada, entre outros lugares, em *Doações e Forais das Capitanias do Brasil* (1534-1536), apresentação, transcrição e notas de Maria José Chorão. Lisboa: Arquivo Nacional da Torre do Tombo, 1999, p. 11.

[28] Sobre o funcionamento desse ramo, antes da criação do Governo Geral conhecemos muito pouco, salvo alguns provimentos que se encontram na Chancelaria de D. João III no Arquivo Nacional da Torre do Tombo. Veja-se, contudo, o "Regimento dos Provedores das Capitanias de todo o Estado do Brasil de como hão de servir" de 17 de dezembro de 1548 e publicado, por exemplo, na coleção *Documentos Históricos*, 110 vols. Rio de Janeiro: Biblioteca Nacional, 1928-55, vol. 13, p. 39.

[29] Sobre o tema, veja-se os trabalhos clássicos: BOXER, C. R., *Portuguese Society in the Tropics, the Municipal Councils of Goa, Macao, Bahia and Luanda*. Madison: University of Wisconsin Press, 1965; RUY, A., *História da Câmara Municipal da Cidade do Salvador*. Salvador: Câmara Municipal, 1953; ZENHA, E., *O município no Brasil (1532-1700)*. São Paulo: Progresso, 1948 e RUSSEL-WOOD, A. J. R., "O governo local na América portuguesa: um estudo de divergência cultural", In: *Revista de História*, vol. 55. São Paulo: USP, 1977, p. 25.

segundo as ordenações do Reino, tendo seus membros eleitos entre os principais moradores do termo, os chamados "homens bons"[30].

Por fim, vale lembrar que nesse momento ainda não existia na colônia um setor militar autônomo, cabendo aos moradores em geral as tarefas militares, e que a estrutura eclesiástica ainda era extremamente limitada, contando apenas com vigários e coadjutores, e era subordinada teoricamente ao bispado do Funchal na Madeira, mas que deveria gozar de ampla autonomia na prática[31].

As dificuldades enfrentadas e as ameaças à continuidade da presença lusa nas terras americanas levaram, como vimos anteriormente, à criação do Governo Geral em 1548. A Coroa, com essa medida, procurava assumir um papel de maior destaque no processo de colonização, tarefa antes legada quase que exclusivamente a particulares[32].

O entendimento, pela Coroa, de que as diversas capitanias espalhadas ao longo da costa possuíam uma unidade territorial e que era necessário centralizar e coordenar o esforço colonizador para superar os obstáculos encontrados, levou ao estabelecimento do Governo Geral e, pouco depois, à criação do bispado de Salvador em 1551, ambos abarcando todas as chamadas partes do Brasil.

Intitulado governador geral, o representante régio recebeu, como conta Frei Vicente do Salvador, "grande alçada de poderes e regimento em que [o rei] quebrou os que tinha concedido a todos os outros capitães proprietários, por no cível e crime lhes ter dado demasiada alçada", além disso, permitia que o ouvidor geral entrasse nas terras dos donatários em correição, situação anteriormente vedada[33].

Do ponto de vista administrativo, a constituição do Governo Geral acarretou duas consequências importantes. A primeira foi a alteração da forma descentralizada vigente nos primeiros anos da colonização, e a segunda, em parte decorrente da primeira, um substancial

---

[30] Cf. Os títulos XLIIII, XLV e XLVI das *Ordenações Manuelinas* (1514), 5 vols. Lisboa: Calouste Gulbenkian, 1984, respectivamente, p. 286, 314 e 322 do primeiro volume.

[31] Sobre o assunto ver Monsenhor Dr. Eugênio de Andrade Veiga, *Op. cit.* e FERREIRA, W. M., *História do Direito Brasileiro*, 4 vols. São Paulo: Freitas Bastos e Max Limonad, 1951-56, vol. II, p. 160.

[32] Veja-se o item: "A criação do Governo Geral" no 3º capítulo deste trabalho.

[33] Frei Vicente do Salvador, *Op. cit.*, p. 160. A mesma ideia em SOUSA, G. S. de, *Tratado Descritivo do Brasil em 1587*. São Paulo: Companhia Editora Nacional, 1987, p. 128.

desenvolvimento da administração colonial, que ganhou maior complexidade com o surgimento de diversos órgãos e cargos[34].

O novo sistema não alterou a estrutura funcional anterior das capitanias, constituindo instância intermediária entre estas e a Coroa, sem que com isso o contato direto entre as capitanias e o rei fosse impedido. A criação do Governo Geral, contudo, deu unidade político-administrativa às capitanias antes dispersas, unidade que viria a ser conhecida posteriormente como Estado do Brasil, no qual o governador geral, representante direto do monarca e autoridade máxima, era a figura central, a quem todos os vassalos deveriam obedecer nos termos do seu regimento[35].

Centralizaram-se também as outras esferas da administração. Para tanto, o governador geral trazia, como auxiliares, o provedor-mor e o ouvidor geral, que passaram a coordenar e a supervisionar, respectivamente, as atividades da Fazenda e da Justiça, controlando e fiscalizando, em maior ou menor medida, a atuação dos provedores, ouvidores e de outros oficiais estabelecidos nas diversas capitanias; com uma variedade de auxiliares de maior ou menor relevo fixados em Salvador[36].

O governador geral também trazia como auxiliar o capitão-mor da costa, que por entrar na área de atuação por excelência do governador, ou seja, a guerra, não ganhou a relevância dos dois outros[37]. Completando tal arranjo, a criação do bispado do Brasil centralizou a hierarquia eclesiástica, ampliada com a criação do Cabido da Sé de Salvador[38]. Parte importante das tarefas administrativas, como, por exemplo, o controle dos funcionários da fazenda, passaram a ser realizadas no próprio espaço colonial e não mais na Metrópole[39].

---

[34] Sobre o assunto, veja-se COSSENTINO, F. C., *Governadores Gerais do Estado do Brasil (século XVI e XVII): Ofício, Regimentos, Governação e Trajetórias* (tese inédita defendida na Universidade Federal Fluminense em 2005).

[35] "Regimento de Tomé de Sousa" de 17 de dezembro de 1548, publicado na *História da Colonização Portuguesa do Brasil*, vol. III, p. 345.

[36] "Regimento do Provedor-Mor da Fazenda de el-rei Nosso Senhor destas partes do Brasil" de 17 de dezembro de 1548, publicado na citada coleção *Documentos Históricos*, *Op. cit.*, vol. 13, p. 179. Não se conhece o regimento do ouvidor geral.

[37] Cf. "Carta de Pero de Góes, capitão mor do Mar e Costa do Brasil" de 9 de janeiro de 1549, publicado na coleção *Documentos Históricos*, *Op. cit.*, vol. 35, p. 5.

[38] Ver Waldemar Ferreira, *Op. cit.*, p. 160.

[39] O já citado "Regimento do provedor-mor" instruía, por exemplo, que os provedores das capitanias deveriam ir, após cinco anos no exercício do cargo, prestar contas diante do provedor-mor.

O modelo inaugurado por Tomé de Sousa sofreria constantes adaptações e reformas, sem alterar, contudo, os aspectos centrais da construção. Tais mudanças foram ditadas pela ampliação da área ocupada, pelo aumento populacional e pela crescente ameaça estrangeira, bem como por tentativas de dotar a máquina administrativa de melhor desempenho, que podem, em grande medida, ser percebidas pela análise dos documentos encontrados nas chancelarias régias do período.

Após a montagem inicial da administração entre 1548 e 1549, a estrutura funcional foi constantemente alterada; cargos foram criados ou extintos ou seu exercício reformulado, muitas vezes com uma nova divisão de jurisdição temática ou regional, na tentativa de adequar-se ao desenvolvimento da colônia.

O próprio Tomé de Sousa, responsável pela montagem da máquina administrativa, em carta ao rei escrita no período final de seu governo, recomendava uma série de medidas de ajuste. Para o primeiro governador, os cargos de ouvidor geral e de provedor-mor e os de tesoureiro geral e de almoxarife do armazém e mantimentos deveriam ser exercidos pela mesma pessoa, mantendo-se, porém, a separação funcional, pois ainda não havia trabalho suficiente que justificasse o exercício separado. Tomé de Sousa também sugeriu a extinção do cargo de capitão-mor da costa, provavelmente por achar que tal tarefa lhe cabia. Além do pouco trabalho, argumentava, em defesa de suas propostas, que os ajustes permitiriam uma economia nos salários pagos. Os argumentos foram suficientes para que tais sugestões fossem acatadas pelo monarca. Após um período em que os cargos foram exercidos pela mesma pessoa, aqueles, por exemplo, de ouvidor geral e provedor-mor voltaram a ser separados[40].

Nos anos subsequentes, já no governo de Mem de Sá, outras inovações foram introduzidas, com o surgimento de novos cargos como, por exemplo, o de mamposteiro-mor da rendição dos cativos, responsáveis pela arrecadação de uma contribuição, como o próprio nome indica, para o resgate dos cativos, ou o de tesoureiro dos defuntos, indicando

---

[40] "Carta de Tomé de Sousa" de 18 de julho de 1551, publicada na *História da Colonização Portuguesa do Brasil*, vol. III, p. 315. Exemplo dessa constante adaptação é o regimento do governador geral Lourenço da Veiga dedicado exclusivamente à reforma do aparelho governamental. Cf. "Regimento que levou Lourenço da Veiga" de 6 de maio de 1577, publicado na *Revista do Instituto Histórico e Geográfico Brasileiro*, tomo 67, p. 204.

que o desenvolvimento das capitanias, então existentes, já exigia uma melhor divisão de tarefas.

Por outro lado, a expansão da colonização portuguesa pela costa atlântica para além das capitanias primitivas limitou-se nesse momento à conquista do Rio de Janeiro, com a expulsão dos franceses e a derrota dos indígenas que os apoiavam. A consolidação da conquista exigiu a criação de uma nova capitania régia, sendo necessário também criar uma estrutura administrativa, ou, nas palavras de Frei Vicente do Salvador, "Fundada pois a cidade [do Rio de Janeiro] pelo governador Mem de Sá em o dito outeiro, ordenou logo que houvesse nela oficiais e ministros da milícia, justiça e fazenda"[41]. Esta estrutura, porém seguiu sem maiores inovações, o modelo sendo o já adotado nas demais capitanias.

De maior importância foi a implementação nas partes do Brasil do regimento das Ordenanças, instituído na parte final do reinado de D. Sebastião (1557-1578) e válido tanto no Reino de Portugal como em todo Império[42]. Este regimento regulamentava a organização das tropas auxiliares, arregimentando o conjunto da população masculina para uma espécie de serviço militar permanente, que incluía também exercícios regulares e atividades de vigilância nas áreas costeiras[43].

O regimento instruía que os capitães-mores deveriam, de maneira geral, ser eleitos pela Câmara e "mais gente da governança" entre as pessoas principais, e teriam a tarefa de fazer o levantamento do número de pessoas existentes no lugar e dividi-las em esquadras de 25 pessoas, em número de dez, indicando também o cabo responsável por cada esquadra. Assim cada companhia deveria ter 250 homens, contando ainda com um alferes encarregado de levar a bandeira, um

---

[41] Frei Vicente do Salvador, Op. cit., p. 190.

[42] Sobre o tema, ver LEONZO, N., "As Companhias de Ordenanças na capitania de São Paulo", In: Coleção Museu Paulista – Série História vol. 6, São Paulo: Universidade de São Paulo, 1977; MAGALHÃES, J. R. de, No Alvorecer da Modernidade. Lisboa: Estampa, s/d., p. 110 e 111; e MELLO, C. F. P. de, Os Corpos Auxiliares e de Ordenanças na Segunda Metade do Século XVIII: RJ, SP e MG, Tese inédita defendida na Universidade Federal Fluminense em 2002.

[43] O "Regimento dos capitães-mores e mais capitães e oficiais das companhias da gente de cavalo e de pé e da ordem que terão em se exercitarem" de 10 de dezembro de 1570, complementado em 15 de maio de 1574, foi publicado, entre outros locais, por CORTESÃO, J. (Ed.), Pauliceae Lusitana Monumenta Historica, 2 partes em 3 vols. Rio de Janeiro: Real Gabinete Português de Leitura, 1956-61, tomo I, p. 373.

sargento, um meirinho, um escrivão e dez cabos, além de um tambor, escolhido dentre os criados do capitão-mor. Já os moradores mais ricos, possuidores de pelo menos um cavalo, se organizariam em companhias próprias[44].

Tais tropas teriam grande relevo na organização militar da colônia, pois, na ausência de tropas regulares de maior vulto até meados do século XVII, eram os moradores que cumpriam quase a totalidade das tarefas bélicas. As ordenanças, na realidade, deram organicidade a uma situação que na prática já existia no caso das partes do Brasil, mas acabaram também legitimando o controle dos poderosos locais sobre o conjunto dos moradores, graças ao conjunto de poderes conferidos aos seus oficiais, inclusive de punição aos moradores que não cumprissem as tarefas exigidas.

Varnhagen atribuiu a Mem de Sá, falecido pouco depois, em 1572, a implementação do regimento, contudo sem dar maiores detalhes[45]. De qualquer maneira, sabemos que na década seguinte as forças portuguesas envolvidas na conquista da Paraíba já se organizavam segundo o regimento e contavam com duas companhias para Olinda, uma para o Cabo de Santo Agostinho, uma para Iguaraçu e duas de mercadores, além da "boa gente de cavalos" que ia em outras três e dos reforços de Itamaracá também organizado numa companhia[46].

As ordenanças eram uma fonte de distinções e de consolidação do poder local, pois os mais destacados moradores eram chamados a ocupar os postos mais importantes nas companhias. Tal tarefa cabia na colônia particularmente aos senhores de engenho, que, além de legitimarem seu poder sobre a população local, ainda se aproveitavam dos incentivos conferidos pelo regimento, compensando, assim, o considerável gasto

---

[44] *Ibidem*.

[45] VARNHAGEN, F. A. de, *História Geral do Brasil*, 5ª ed. São Paulo: Melhoramentos: 1956, vol. I, p. 346.

[46] Cf. "Sumário das Armadas que se fizeram e guerras que se deram na conquista do rio Paraíba", publicado na *Revista do Instituto Histórico e Geográfico Brasileiro*, tomo 36, 1873, p. 33, cuja autoria é atribuída ao jesuíta Simão Travassos, ver sobre o tema RODRIGUES, J. H., *História da História do Brasil*, 3 vols. São Paulo: Companhia Editora Nacional, 1979, p. 450. Ou ainda em Frei Vicente do Salvador, *Op. cit.*, p. 266. Registre-se, contudo, que praticamente todas as informações de Frei Vicente do Salvador sobre a conquista da Paraíba são retiradas do "Sumário das Armadas".

A ADMINISTRAÇÃO COLONIAL

que tinham de arcar com a própria fazenda em armas ou em uniformes e bandeiras[47].

Outra inovação importante, mas efêmera por sua curta duração, foi a divisão do Governo Geral em dois, após a morte de Mem de Sá entre 1572 e 1577, com os governadores Luís de Brito de Almeida para o Norte e Antônio de Salema para o Sul, respectivamente sediados em Salvador e no Rio de Janeiro. Registre-se, porém, que a divisão não apresentou mudanças significativas na estrutura administrativa, apenas se criou no Rio de Janeiro uma estrutura análoga à então existente em Salvador, posto que de menor vulto.

Após 1580, já sob a União Ibérica, a administração colonial ganhou maior complexidade, fruto principalmente do desenvolvimento das capitanias existentes, inclusive populacional, da ampliação do território e da crescente ameaça bélica das potências rivais, com holandeses e ingleses juntando-se aos franceses, até então os maiores inimigos externos ao domínio português das partes do Brasil.

Esta maior complexidade da administração pode ser verificada na ampliação gradativa dos vários ramos da administração colonial durante o reinado de Filipe I de Portugal (1580–1598), particularmente no surgimento de um ramo militar da administração, com tropas regulares e oficiais providos pela Coroa e com a criação de novos postos, como, por exemplo, o de sargento-mor do Estado do Brasil[48].

As dificuldades em administrar adequadamente a justiça no espaço colonial nesse momento, em virtude do aumento da população e do desenvolvimento do comércio, levaram à tentativa de instalação do Tribunal da Relação do Brasil[49]. No entanto o intento fracassaria após a promulgação de seu regimento em 1587 e o provimento de vários de

---

[47] "E para que os capitães das companhias e os alferes e sargentos delas folguem mais de servir os ditos cargos, e por lhes fazer mercê: hei por bem, que cada um deles goze e use do privilégio de cavaleiro, posto que não seja". Cf. "Regimento dos capitães-mores e mais capitães e oficiais das companhias da gente de cavalo e de pé e da ordem que terão em se exercitarem" de 10 de dezembro de 1570, complementado em 15 de maio de 1574, publicado por Jaime Cortesão (ed.). *Pauliceae Lusitana Monumenta Historica, Op. cit.*, tomo I, p. 392.

[48] "Provisão de Antônio de Magalhães de sargento-mor e capitão do Brasil" de 19 de março de 1588. Arquivo Nacional da Torre do Tombo, Chancelaria de Filipe I, Doações, ofícios e mercês, Livro 17, fl. 165.

[49] Cf. Stuart Schwartz, *Op. cit.*, especialmente a primeira parte.

seus membros, pois, como conta Frei Vicente do Salvador, "por não vir o chanceler e mais colegas se não armou o tribunal nem el-rei se curou então disso, senão só de mandar governador"[50]. Assim, o insucesso da viagem da frota que trazia o novo governador geral Francisco Giraldes e os magistrados, impedindo que a maioria destes aportasse nas terras da colônia, acabou por postergar a instalação da Relação[51].

A ideia não foi completamente abandonada e alguns anos depois, em 1609, conforme a explicação de Brandônio para Alviano, a Relação do Brasil começou a funcionar em Salvador:

> com muitos desembargadores[52] [...] os quais determinam e decidem causas de todo o Estado do Brasil, com alçada em bens móveis até três mil, porque passando da dita quantia dão apelação para a Relação da cidade de Lisboa.[53]

A Relação da Bahia teria surgido, ainda segundo as palavras de Brandônio, como resposta da Coroa ao pedido de criação do tribunal feito pelo moradores:

> [que] se achavam molestados e agravados das insolências de que usavam os ouvidores gerais, que antes da Casa tinham à administração da justiça em sua mão, [assim] por se livrarem de tão pesada carga.[54]

Essa era também a opinião dos oficiais que serviam na Câmara de Salvador em 1610, que, em carta ao rei, agradeciam a efetiva instalação do tribunal, dado que para eles, "a principal causa da miséria que este Estado chegou [...] foi a suma licença com que os governadores usaram de seu poder, confederando-se com os ouvidores gerais", daí concluíssem pedindo ao monarca que os governadores fossem privados

---

[50] Frei Vicente do Salvador, *Op. cit.*, p. 310.

[51] Cf. "Consulta do Desembargo do Paço, sobre a formação da Relação do Brasil e nomeação de letrados" de 15 de fevereiro de 1590. Biblioteca da Ajuda, Consultas do Desembargo do Paço, códice 44-XIV-04 f. 043 v.

[52] Precisamente com 10 desembargadores, sendo que um deles ocupava o posto de chanceler, além de outros funcionários menores, como escrivães, porteiros, meirinhos entre outros.

[53] *Diálogos das Grandezas do Brasil* (1618), 1ª edição integral segundo o apógrafo de Leiden por José Antonio Gonsalves de Mello. Recife: Imprensa Universitária, 1962, p. 31. A obra é atribuída a Ambrósio Fernandes Brandão.

[54] *Ibidem*, p. 31 e 32.

da possibilidade "de nomear ofícios da Casa [da Relação] e os mais da justiça e fazenda em seus criados", porque dessa forma admitia-se novamente os mesmos inconvenientes que se pretendia remediar[55].

Contudo, a existência do tribunal na Bahia não era ponto pacífico. Frei Vicente do Salvador relata a polêmica entre a população, afinal uns diziam "que fossem bem vindos os desembargadores, outros que nunca eles cá [viessem]"[56]. Frei Vicente do Salvador acreditava que a maior rapidez nos negócios "que dantes um só não podia ter" era motivo suficiente para aplacar as queixas, salvo os eclesiásticos que sofriam com o excesso de zelo na defesa da jurisdição real frente à da Igreja. No que se enganou, pois, nas palavras de Diogo de Campos Moreno, "nesta cidade [do Salvador] se tem a Relação por coisa pesada e não muito conveniente, pela natureza dos pleitos, pelo pouco que hão de fazer neles"[57]. Para o sargento-mor Diogo de Campos Moreno, o excesso de magistrados, somado ao corpo do cabido da Sé de Salvador, seria dispensável numa "terra nova, remota e fronteira, que até o ano de 1604 foi acometida quatro vezes de armadas inimigas". Brandônio, personagem central dos "Diálogos das Grandezas do Brasil" de Ambrósio Fernandes Brandão, senhor de engenho na Paraíba, reforça as críticas, apresentando argumentos variados, como a falta de pleitos e a maior facilidade de se acompanharem os processos em Lisboa, inclusive com menos custos, pois bastaria mandar um "caixão de açúcar", ao contrário de Salvador, onde seria necessário dinheiro[58].

Tais críticas surtiram efeito e alguns anos depois em 1626 a Relação do Brasil foi abolida, sob a justificativa de que os recursos gastos com o

---

[55] "Carta da Câmara da Bahia agradecendo a el-rei a mercê que lhe fizera em formar Casa de Relação naquela cidade" de 27 de janeiro de 1610. Arquivo Nacional da Torre do Tombo, Corpo Cronológico, Parte I, Maço 115, documento 104. O mesmo tom estaria presente num documento anônimo, posterior à recuperação de Salvador em 1624, que, na defesa da Relação, clamava: "Sua Majestade tem obrigação de manter a seus vassalos em justiça porque no Estado do Brasil não havia, não podia haver havendo um só ouvidor geral", ponderando que "se os governadores, seus secretários e criados havendo relação a vista dela cometem tantos excessos quanto são notórios que fará não havendo", afinal para os autores o "governador geral e ouvidor geral são como reis" com poder absoluto. "Razão dos moradores da Bahia para que se conserve a Relação". Biblioteca Nacional de Lisboa, Reservados, Coleção Pombalina, códice 647, fl. 69.

[56] Frei Vicente do Salvador, *Op. cit.*, p. 361.
[57] Diogo de Campos Moreno, *Op. cit.*, p. 147.
[58] *Diálogos das Grandezas do Brasil*, *Op. cit.*, p. 32.

tribunal eram necessários para a defesa da colônia, situação que perdurou até 1652.

Nos últimos anos do século XVI a expansão territorial em ritmo acelerado fez com que as novas áreas incorporadas ao território sob controle português fossem organizadas em capitanias régias, seguindo a estrutura administrativa das demais. Tal solução no caso da Paraíba é compreensível, afinal a Coroa não tinha nenhum interesse em ceder o novo território, conquistado por uma expedição comandada pelo ouvidor geral Martim Leitão aos donatários da vizinha capitania de Itamaracá, então a última área ocupada pelos portugueses em direção ao norte.

Já no caso de Sergipe e do Rio Grande a explicação não é tão simples. Sergipe, por exemplo, ficava dentro da área original da capitania da Bahia, já incorporada ao patrimônio régio, portanto não correria o mesmo risco de ser reivindicada por algum donatário. Assim, possivelmente, os governos responsáveis pela conquista, tanto de Sergipe, como do Rio Grande, optaram pela constituição de novas capitanias reais, como forma de exercerem um controle maior sobre as mesmas. Sergipe teve seu capitão-mor e demais funcionários nomeados diretamente pelo governador geral até por volta de 1610, quando então começaram a ser providos diretamente pelo monarca. Embora tal fato não tenha ocorrido com o Rio Grande, sua situação de fronteira conferiu-lhe excepcional relevo militar até pelo menos a conquista do Maranhão em 1612–1614, obrigando que ali fosse alocado um expressivo contingente de soldados, bem como erguida uma das mais importantes fortificações da colônia, o que obrigava constante assistência do governador geral, enviando suprimentos e reforços, o que poderia justificar a constituição de uma capitania independente, impedindo sua incorporação na capitania da Paraíba, então em franco desenvolvimento.

Nos primeiros anos do século XVII duas inovações administrativas, posto que efêmeras, merecem ser lembradas. A primeira foi a nova tentativa de divisão do Estado do Brasil, entre 1608 e 1612, com a criação do chamado "distrito das minas" (São Vicente, Rio de Janeiro e Espírito Santo), entregue a D. Francisco de Sousa. O antigo governador geral, agora governador independente da parte sul da colônia, vinha com a tarefa de descobrir os ambicionados metais preciosos, porém encontrou a morte antes de encontrar as minas, cabendo a seu filho o governo do distrito por breve período até a sua reincorporação ao Estado do Brasil[59]. Tal expediente seria aplicado alguns anos depois, com Salvador Correia de Sá, sem que os anseios da Coroa fossem alcançados, o que acabou levando, após curto período, a uma nova reunificação[60].

A segunda inovação, também de curta duração, foi a constituição da Junta da Fazenda enviada à colônia em 1613, com objetivo precípuo de cobrar as dívidas com a Fazenda Régia. A amplitude de seus poderes levou ao conflito com Gaspar de Sousa sobre os gastos efetuados pelo governador, e também com os oficiais da Câmara de Olinda, sobre o controle da imposição dos vinhos. Para o governador, tal Junta seria um empecilho ao governo, pois seu excessivo controle sobre as finanças impedia a realização de tarefas, como no caso a conquista do Maranhão, fato que provavelmente foi decisivo para sua extinção em 1616[61].

Nesse período, a expansão territorial em direção ao norte ganhou novo ímpeto. Instigados pela presença francesa, os portugueses mobilizaram suas forças e, depois de derrotarem os rivais, ocuparam o Maranhão e, logo em seguida, o Pará, encerrando a conquista da chamada Costa Leste-Oeste, ou seja, da região entre Natal e Belém do Pará.

Por meio dos provimentos de cargos encontrados nas chancelarias régias do período, podemos verificar a organização administrativa das novas áreas. Surgem as capitanias do Maranhão e do Pará, mantendo-se, como de praxe, a estrutura vigente nas demais capitanias, com seus cargos de governo, fazenda e justiça, além dos militares.

Por fim, a última alteração significativa dentro do período aqui estudado foi a criação do Estado do Maranhão, diretamente subordinado a

---

[59] Cf. "Traslado da carta de governança do senhor D. Francisco de Sousa" de 2 de janeiro de 1608 e "Traslado do alvará da administração do Estado do Brasil do senhor D. Francisco de Sousa" de 28 de março de 1608, publicados no *Registro Geral da Câmara Municipal de São Paulo*. São Paulo: Arquivo Municipal, 1917, vol. I, p. 188 e 190.

[60] Salvador Correia de Sá, contudo, não parece ter recebido os mesmos poderes que D. Francisco de Sousa. Cf. "Instrução e Regimento [minuta] de que há de usar Salvador Correia de Sá que Sua Majestade tem encarregado da averiguação e benefício das minas da capitania de São Vicente" de 2 de outubro de 1613, publicada por CORTESÃO, J. (Ed.), *Pauliceae Lusitana Monumenta Historica*, tomo II, p. 78 e "Regimento que trouxe Salvador Correia de Sá sobre as minas das partes do sul" de 4 de novembro de 1613. Biblioteca Pública de Évora, Cód. CXV / 2–3 – Livro Dourado da Relação da Bahia, fl. 308 v.

[61] Sobre o tema, veja-se MARQUES, G., "O Estado do Brasil na União Ibérica. Dinâmicas políticas no Brasil no tempo de Filipe II de Portugal" (Texto em fase de publicação na *Revista Penélope*, gentilmente cedido pelo prof. Pedro Cardim).

Lisboa, dividindo-se o espaço colonial em duas áreas em 1621, efetivada em 1625, que, porém, não alterou o esquema administrativo adotado, pois o novo governo simplesmente se estruturou de forma similar ao sediado em Salvador[62].

O PAPEL DA COROA

Na falta de estudos monográficos sobre a administração, ganharam destaque os grandes temas. Assim, a relação entre o Estado e a população local na colonização do Brasil sempre esteve presente na historiografia, particularmente a relacionada ao debate sobre o caráter feudal ou não da colonização, pois os defensores da primeira hipótese organizavam seus esquemas interpretativos a partir dos grandes senhores rurais, do latifúndio ou da família patriarcal, minimizando a ação da Coroa e da administração colonial; ao passo que parte dos que rejeitaram a ideia feudal procuraram destacar a importância da ação do Estado no processo de colonização.

Vejamos um pouco mais de perto esse debate, antes, contudo, registre-se que, considerando os limites deste tópico, não pretendemos entrar aqui na discussão sobre a definição de feudalismo ou de capitalismo, em parte já abordada anteriormente. Ressalte-se apenas que dentro do grupo dos que defendem a ideia de feudalismo ou de capitalismo, encontramos opiniões absolutamente divergentes sobre o significado de tais conceitos.

A ideia de que a constituição do regime de capitanias hereditárias significou a instalação do feudalismo no Brasil dominou por muito tempo nossa historiografia. Podemos encontrar essa ideia em Varnhagen que já qualificava os donatários como "uma espécie de novos senhores feudais"[63] ou em Capistrano de Abreu que, em 1907, na sua obra "Capítulos de História Colonial", definia o regime de capitanias como uma "organização feudal"[64], utilizando como principais argumentos os

---

[62] Cf. SARAGOÇA, L., *Da "Feliz Lusitânia" aos Confins da Amazônia (1615-62)*. Lisboa: Cosmos, 2000, p. 59.

[63] VARNHAGEN, F. A. de, *História Geral do Brasil*, 5ª ed. São Paulo: Melhoramentos: 1956, vol. I, p. 138.

[64] ABREU, C. de, *Capítulos de História Colonial*, 2ª ed. Rio de Janeiro: Sociedade Capistrano de Abreu, 1934, p. 43.

amplos poderes recebidos pelos donatários, com destaque para a proibição da entrada da justiça real e do controle sobre imensos territórios. Outros exemplos dessa vertente são "Evolução do Povo Brasileiro" de Oliveira Viana[65] e a obra coletiva "História da Colonização Portuguesa do Brasil", editada no centenário da independência do Brasil, especialmente os artigos de Paulo Merea – A Solução Tradicional da Colonização do Brasil – e de Malheiro Dias – O Regime Feudal das Donatárias[66].

A reação à ideia de feudalismo brasileiro é formulada explicitamente por Roberto Simonsen, em 1937, em "História Econômica do Brasil"[67]. Ressaltando aspectos econômicos e a busca do lucro, o autor caracteriza a política de colonização como capitalista[68]. Caio Prado Júnior, em 1942, com a obra "Formação do Brasil Contemporâneo"[69], também aborda o problema a partir da expansão comercial dos países europeus[70].

No entanto, entre a obra de Roberto Simonsen e a de Caio Prado Júnior, surgiu em 1939 o livro "A Ordem Privada e a Organização Nacional" de Nestor Duarte, que retoma a ideia do feudalismo brasileiro[71]. Vejamos

---

[65] VIANNA, O., *Evolução do Povo Brasileiro*, 4ª ed. Rio de Janeiro: José Olympio, 1956 ou VIANNA, O., *Populações Meridionais do Brasil*, 5ª ed., 2 vols. Rio de Janeiro: José Olympio, 1952.

[66] Cf. *História da Colonização Portuguesa do Brasil*, vol. III, p. 165 e 219.

[67] SIMONSEN, R. C., *História Econômica do Brasil*, 8ª ed. São Paulo: Companhia Editora Nacional, 1978, p. 81.

[68] Ver também a defesa da ideia do caráter capitalista da colonização no famoso artigo de Alexander Marchant, "Feudal and Capitalistic elements in the Portuguese Settlement of Brazil", publicado na *The Hispanic American History Review*, 1942, vol. 22-3, p. 493.

[69] Cf. Caio Prado Júnior, *Op. Cit.* Em particular o capítulo "O Sentido da Colonização". Cabe lembrar que em 1933 Caio Prado Júnior ainda definia em outra obra o regime das capitanias como feudal, embora ressaltasse que "este ensaio de feudalismo não vingou". PRADO JR., C., *Evolução Política do Brasil*, 15ª ed. São Paulo: Brasiliense, 1986, p. 15.

[70] Tal interpretação terá um amplo desenvolvimento, em especial na obra de NOVAIS, F., *Portugal e o Brasil na Crise do Antigo Sistema Colonial*, 6ª ed. São Paulo: Hucitec, 1995.

[71] Outro autor que retoma a ideia do feudalismo será Nelson Werneck Sodré, porém de forma bem diferenciada. Para ele o Brasil se inicia sob o modo de produção escravista, regredindo para um "quadro feudal". Ver *Formação Histórica do Brasil*, 11ª ed. São Paulo: Difel, 1982, p. 82 e 137. Em obra recente com o sugestivo título de "O feudo", Moniz Bandeira retoma a questão e conclui que o regime fundiário colonial apresentou características nitidamente feudais e senhoriais, "dado que as concessões de sesmarias implicavam também obrigações militares e outras modalidades de serviços, que consubstanciaram o contrato de vassalagem, durante a feudalidade clássica". Cf. BANDEIRA, L. A. M., *O Feudo*. Rio de Janeiro: Civilização Brasileira, 2000, p. 542.

mais de perto os argumentos de Nestor Duarte e as contribuições posteriores de Raymundo Faoro e de Florestan Fernandes[72].

Nestor Duarte, preocupado com a resistência à centralização política implementada por Vargas[73], procurou analisar o Brasil a partir dos antecedentes portugueses, nos quais se encontrariam as raízes privatistas da ordem nacional. Assim, as comunas seriam o elemento de resistência ao Estado, personificado na figura do rei. As comunas estariam fundamentadas na família, elemento hostil ao Estado, o que, em consequência, levava o autor a ver o homem português como mais privado do que público. Por conseguinte, "o português é um homem privado porque é, antes de tudo, histórica e socialmente municipalista e comunal"[74] ou este "seria melhor definido como tipo social dentro da organização privada"[75].

Passando ao Brasil, Nestor Duarte não só vai qualificar as capitanias como organização feudal, como também estende essa definição para praticamente todo o período colonial, mas, contraditoriamente, com um regime de propriedade privada plena da terra. Dessa maneira, o próprio processo de colonização por meio da apropriação privada do solo[76] faria com que os colonos continuassem "a desenvolver longe e indiferentes, ou refratários a um poder de Estado tão distante, a índole feudal ou feudalizante da sociedade"[77]. As bandeiras, a ausência de cidades, o patriarcalismo seriam outros elementos para que o poder deixe de ser "função política" para ser "função privada".

A grande contraposição à obra de Nestor Duarte veio com "Os Donos do Poder" de Raymundo Faoro, editado em 1958, e com uma segunda edição bem ampliada e modificada em 1973. Faoro, ao estudar

---

[72] Para uma avaliação mais ampla desse debate, incluindo suas implicações políticas no pós-guerra, ver o item 5 do primeiro capítulo do livro de FERLINI, V. L. A., *Terra, Trabalho e Poder*. São Paulo: Brasiliense, 1988.

[73] O livro é de 1939, portanto, escrito em pleno Estado Novo. Coincidentemente a segunda edição é de 1966. Sobre a obra ver PIVA, L. G., *Ladrilhadores e Semeadores*. São Paulo: Editora 34, 2000, p. 227.

[74] DUARTE, N., *A Ordem Privada e a Organização Política Nacional*, 2ª ed. São Paulo: Companhia Editora Nacional, 1966. p. 12.

[75] *Ibidem*, p. 3.

[76] "O solo do país é conquistado, ocupado e povoado pelo proprietário privado". *Ibidem*, p. 24.

[77] *Ibidem*, p. 24.

a formação do patronato político brasileiro, passou em revista a história brasileira, das origens da colônia até o período Vargas, sem esquecer-se dos antecedentes portugueses.

Faoro defende, a partir do conceito de patrimonialismo, desenvolvido por Max Weber[78], que a monarquia portuguesa não era feudal, mas sim patrimonial. Desse modo, em grandes traços, podemos dizer que a Coroa consegue formar um imenso patrimônio territorial, a partir da reconquista, maior do que o do clero e do que o da nobreza. Dessa maneira, ao contrário do que acontece no feudalismo, temos a separação das funções públicas da posse da terra. A nobreza passa a ser a fonte dos servidores do monarca, sem os direitos e privilégios fixamente determinados no feudalismo, e a Coroa prende esses servidores numa rede patricarcal, dependentes do poder e do tesouro régio[79].

Assim "o rei se eleva sobre todos os súditos, senhor da riqueza territorial, dono do comércio", conduzindo a "economia como se fosse empresa sua", o próprio "Estado torna-se uma empresa do príncipe". Inclusive a nascente burguesia é atraída para a órbita da Coroa, que lhe impede o desenvolvimento e o surgimento de uma consciência própria[80].

Esse controle exercido pelo monarca se estende às descobertas e conquistas ultramarinas, que passam a fazer parte do patrimônio régio. Isso permite à Coroa delegar o direito de exploração do comércio sem abrir mão do monopólio, da mesma forma que a delegação do governo das capitanias não implicava delegação da soberania, podendo a Coroa retomar o governo quando quisesse[81]. Consequentemente, a criação do governo geral seria um simples ajustamento e não uma quebra do sistema.

Nesse sentido "a ação real se fará por meio de pactos, acordos e negociações [...] a troca de benefícios é a base da atividade pública, dissociada em interesses reunidos numa única convergência: o poder e o tesouro do rei"[82], o que possibilita a utilização da iniciativa particular nas iniciativas da Coroa, embora sempre sob vigilância. Cabe ainda ressaltar o papel

---

[78] Sobre o tema, veja-se o primeiro capítulo deste trabalho.
[79] Raymundo Faoro, *Op. cit.*, p. 20.
[80] *Ibidem*, p. 20 e 21.
[81] *Ibidem*, p. 57.
[82] *Ibidem*, p. 50.

que a terra e os cargos vão desempenhar na transferência da ordem estamental portuguesa para o Brasil[83].

Outro autor que lançou mão do conceito weberiano de patrimonialismo para explicar a colônia é Florestan Fernandes. No ensaio "A Sociedade Escravista no Brasil" de 1976[84], Florestan dedicou um tópico às funções do patrimonialismo nas relações da Coroa com os "vassalos" no processo de colonização, destacando o papel do colono, "parceiro válido da Coroa", na construção da colônia. Este arcando por sua conta e risco, embora com alguns privilégios e vantagens, vai simplificar a tarefa da construção do império.

Para Florestan "sem essa associação [entre a Coroa e os colonos] não haveria nem império colonial português nem economia de plantação no Brasil"[85]. O senhor colonial era "em última instância, o verdadeiro sustentáculo do império no Brasil", e a afinidade de interesses entre a Coroa e os colonos seria tão grande que a riqueza e o poder de ambos cresciam num mesmo sentido[86].

A formulação de Florestan Fernandes tem o grande mérito de relacionar os grupos dominantes coloniais com a Coroa, não mais contrapondo-os. Neste sentido, ganha importância o papel desempenhado pela administração colonial e por seus funcionários, muitos, simultaneamente, membros dos grupos dominantes locais.

---

[83] Dados os limites do texto, deixamos de lado o debate de algumas ideias mais discutíveis defendidas por Raymundo Faoro, como, por exemplo, a ideia da independência do Estado, o papel do estamento burocrático e o capitalismo de Estado.

[84] Este ensaio é o primeiro capítulo do livro de FERNANDES, F., *Circuito Fechado*, 2ª ed. São Paulo: Hucitec, 1977.

[85] *Ibidem*, p. 33 e 34.

[86] *Ibidem*, p. 44.

5.

OS AGENTES DA COROA

> "Para esta guerra [com os índios do Recôncavo de Salvador] fiz seis capitanias da gente desta cidade, [...] de vinte homens cada uma, e os capitães são: João de Araújo, que serviu de tesoureiro, Cristóvão Cabral, Fernão Vaz da Costa; Antônio do Rego, moço da câmara da Rainha, que agora serve de tesoureiro e Sebastião Ferreira, que foi moço da câmara do infante Dom Fernando e que veio como escrivão da armada e serviu de tesoureiro [...]", D. Duarte da Costa, governador geral[1].

OS PROVIMENTOS

O funcionalismo colonial continua extremamente mal conhecido, tanto em seus aspectos formais (nomeações, instruções, ordenados etc.), como em sua origem social ou em suas relações com a sociedade em geral.

Para uma primeira abordagem, podemos partir da opinião de Arno e Maria José Wehling. Segundo estes, os cargos públicos pertenciam ao rei como atributo de sua soberania, dando aos seus ocupantes uma

---

[1] Registre-se que João de Araújo era moço de câmara do rei e que tanto Cristóvão Cabral como Fernão Vaz da Costa, sobrinho de D. Duarte da Costa, ocuparam postos na administração colonial. Cf. "Carta de D. Duarte da Costa a El-Rei" de 10 de junho de 1555, publicada por DIAS, C. M. (Dir.), *História da Colonização Portuguesa do Brasil*, 3 vols. Porto: Litografia Nacional, 1922, vol. III, p. 377 (citada daqui em diante apenas como *História da Colonização Portuguesa do Brasil*).

"concreta preeminência na sua comunidade"[2], além de serem acompanhados de prestígios, honras e privilégios, constituindo-se, inclusive, como meio de ascensão social.

Podemos ressaltar a preocupação dos autores em saber se os funcionários seriam apenas um instrumento de centralização ou se teriam se preocupado somente com seus próprios interesses. A conclusão a que chegam é que o funcionário "era um súdito fiel, embora com interesses pessoais e de grupo de natureza privada que muitas vezes predominava sobre o interesse comum e as intenções dos governantes"[3].

Detentores de interesses pessoais variados, os funcionários relacionaram-se de múltiplas maneiras com a sociedade colonial. Exemplo conhecido é o caso dos desembargadores do tribunal da Relação estudado por Stuart Schwartz na sua obra "Burocracia e Sociedade no Brasil Colonial", que ao casarem em famílias da elite local, notadamente senhores de engenho, levaram, nas palavras do autor, "[à] integração da magistratura e da sociedade" ligando "a elite econômica à elite governamental, numa união de fortuna e poder"[4].

O casamento dos funcionários régios com as filhas dos grupos dominantes coloniais não era, contudo, a única forma de interação. Na verdade, para o período inicial da colonização, pode-se dizer que grande parte dos membros do governo da conquista procuraram se inserir diretamente nas atividades produtivas e comerciais, formando grandes patrimônios fundiários e possuindo considerável escravaria.

Nesse sentido, como veremos adiante, o funcionário colonial não representava uma camada autônoma na colônia, antes confundia-se com os grupos poderosos locais, sendo muitas vezes ao mesmo tempo funcionário régio, senhor de engenho ou proprietário de terras, soldado

---

[2] WEHLING, A.; WEHLING, M. J., "O Funcionário Colonial entre a Sociedade e o rei", In: PRIORE, M. del (Org.), *Revisão do Paraíso*. Rio de Janeiro: Campus, 2000, p. 143.

[3] *Ibidem*, p. 159. Em outra obra dos autores, esta preocupação também está presente e esses inclusive destacam o entrelaçamento do funcionário com as elites locais. WEHLING, A.; WEHLING, M. J., *Formação do Brasil Colonial*, 2ª ed. Rio de Janeiro: Nova Fronteira, 1999. Para Portugal no século XVII, Hespanha acredita que os funcionários seriam "mais entraves do poder real do que seus servidores incondicionais". HESPANHA, A. M., *As Vésperas do Leviathan: instituições e poder político Portugal – séc. XVII*. Coimbra: Almedina, 1994, p. 498 e seguintes.

[4] SCHWARTZ, S., *Burocracia e Sociedade no Brasil Colonial*. São Paulo: Perspectiva, 1979, p. 295.

e ainda, eventualmente, também envolvendo-se em atividades mercantis. Assunto que desenvolveremos mais detalhadamente ao longo deste trabalho. Contudo, vejamos agora os mecanismos básicos do processo de provimentos dos cargos e algumas de suas implicações.

Na segunda década do século XVII, um documento intitulado "Relação de todos os Ofícios da Fazenda e Justiça que há neste Estado do Brasil, e quais pertencem do provimento de Vossa Majestade e aos dos Donatários", destinado ao monarca e escrito por um alto funcionário, apresentava uma extensa lista, presumivelmente completa, de todos os cargos de Justiça e Fazenda do Estado do Brasil, incluindo seus respectivos ordenados e percalços, encontrados entre a cidade de Natal ao Norte e a vila de Itanhaém da capitania de São Vicente ao Sul, embora não seguisse essa ordem geográfica[5].

Em seu preâmbulo são apresentadas algumas premissas que, na visão do autor, ajudariam a entender o trabalho e serviriam também de orientação para futuras reformas. Afirmava que todos os ofícios da Fazenda no Estado do Brasil são de provimento do monarca, mesmo os localizados nas capitanias dos donatários, cabendo também ao rei as nomeações dos ofícios da Justiça, "nas cidades que lhe pertencem, a saber, Bahia, Rio de Janeiro, cidade de São Cristóvão chamada comumente Sergipe del-rei, Paraíba e Rio Grande"[6]. Já os provimentos de todos os cargos da Justiça, de Órfãos e das Câmaras nas capitanias dos donatários eram de nomeação deles mesmos, em razão das doações, "na conformidade das quais somente podem prover em vida porquanto as vagantes e serventias pertencem aos governadores gerais do Estado em nome de Vossa Majestade até os donatários proverem de propriedade"[7].

Recordava ainda ao monarca que existiam muitos ofícios de Justiça e Fazenda nas diversas capitanias:

---

[5] "Relação de todos os Ofícios da Fazenda e Justiça que há neste Estado do Brasil, e quais pertencem do provimento de Vossa Majestade e aos dos Donatários, em vida ou por tempo limitado para cuja inteligência se hão de supor as premissas seguintes", documento anônimo escrito no final da segunda década do século XVII. Biblioteca Nacional de Madri, Ms. 31015, fl. 15, publicado na coleção *Documentação Ultramarina Portuguesa*, 5 vols. Lisboa: Centro de Estudos Históricos Ultramarinos, 1962, vol. II, p. 18.

[6] *Ibidem*.

[7] *Ibidem*.

que se foram criando de novo que são de Vossa Majestade; os quais proveram os governadores que naquele tempo serviram e até agora não estão providos de propriedade, nem os da Fazenda em algumas capitanias dos donatários.[8]

O poder de prover tantos cargos não era desprezível, afinal, ao todo, nesse momento, seriam mais de duzentos cargos, incluindo os nomeados pelos donatários, mas sem contar os militares, os da Relação, os capitães-mores das capitanias entre outros[9]. Outra estimativa, levando em conta apenas os registrados nos livros das chancelarias régias, ou seja, os indicados diretamente pelo monarca, aponta mais de 1.000 provimentos para o período entre 1530 e 1630, aproximadamente[10].

Os cargos, é claro, não eram todos equivalentes, devendo ser considerados tanto a função a que se destinavam como o local onde eram exercidos. Assim, por exemplo, os cargos da Fazenda das capitanias com maior comércio tinham salários e emolumentos extraordinariamente mais altos do que seus equivalentes nas capitanias menos desenvolvidas economicamente. Tal variedade permitia que fossem agraciadas pessoas de origens sociais muito diversas, bem como recompensados os mais diferentes serviços.

Nas partes do Brasil os donatários recebiam em suas cartas de doação o direito de prover alguns ofícios, como os oficiais da Justiça, tabeliães e alcaide-mor da respectiva capitania[11]; porém a nomeação para os demais cargos, particularmente os da Fazenda, cabia ao monarca.

O rei, mesmo depois da criação do Governo Geral, manteve a prerrogativa do provimento dos ofícios de nomeação régia, concedendo, porém, a seus representantes na colônia o poder de nomear temporariamente, quando estes vagassem por qualquer motivo, "para que sirvam

---

[8] *Ibidem*.

[9] Precisar o número dos cargos não é uma tarefa fácil, pois a lista é um tanto confusa. Muitos cargos, por exemplo, são exercidos em conjunto, sem que tal fato seja explicitado, outros, em separado, são arrolados juntos. Além disso, as capitanias menores muitas vezes não têm os cargos discriminados, remetendo-se ao modelo seguido em outras.

[10] Cf. Chancelarias Régias de D. João III, D. Sebastião e D. Henrique, Filipe I, Filipe II e Filipe III de Portugal no Arquivo Nacional da Torre do Tombo.

[11] Cf. "Doação da Capitania de Pernambuco" de 10 de março de 1534, publicada em *Doações e Forais das Capitanias do Brasil* (1534-1536), apresentação, transcrição e notas de Maria José Chorão. Lisboa: Arquivo Nacional da Torre do Tombo, 1999, p. 13.

até eu deles prover"[12]. No regimento de Francisco Giraldes, governador que não chegou a assumir o posto, o rei explicava que:

> havendo alguns ofícios vagos [...] encarregareis da serventia de tais ofícios criados meus, se os houver que tiverem partes para os servir, em falta deles a outras pessoas e isto até se apresentarem outras pessoas que tenham provisões minhas.[13]

Tanto no regimento de Francisco Giraldes de 1588, como no de Gaspar de Sousa de 1612[14], o caráter provisório das indicações feitas pelos governadores é destacado pelo uso do termo "serventia", que, segundo Moraes, "ordinariamente se diz do serviço de ofício, em lugar do proprietário"[15], aqui no sentido de titular ou efetivo, ou seja, os que recebiam o ofício para servirem por toda a vida[16]. Seja por decisão do monarca ou de quem detinha o direito de nomeação por concessão régia, como, por exemplo, os donatários para os cargos da Justiça[17]. Dessa forma, é comum encontrarmos a expressão "servirá enquanto Sua Majestade não prover ou mandar em contrário"[18] nos provimentos pas-

---

[12] "Regimento de Tomé de Sousa" de 17 de dezembro de 1548, publicado na *História da Colonização Portuguesa do Brasil*, vol. III, p. 346.

[13] "Regimento do Governador geral do Brasil" de 8 de março de 1588, publicado nos *Documentos para a História do Açúcar*, 3 vols. Rio de Janeiro: IAA, 1956, I, 356.

[14] "Regimento de Gaspar de Sousa" de 31 de agosto de 1612, publicado nas *Cartas para Álvaro de Sousa e Gaspar de Sousa*. Lisboa: CNCDP e Rio de Janeiro: Ministério das Relações Exteriores, 2001, p. 110 e em MENDONÇA, M. C. de (Org.), *Raízes da Formação Administrativa do Brasil*, 2 vols. Rio de Janeiro: Instituto Histórico e Geográfico Brasileiro, 1972, p. 419.

[15] Cf. SILVA, A. de M. e, *Diccionario da Lingua Portugueza* (fac-símile da 2ª ed. de 1813). Rio de Janeiro: Fluminense, 1922, p. 693.

[16] O rei também poderia prover por um tempo estipulado, em geral três anos.

[17] O termo "proprietário" é utilizado muitas vezes como sinônimo de titular ou efetivo em oposição a interino, como se pode ver em documento citado por Marcia Berbel: "os deputados substitutos para que concorram em lugar dos proprietários". Cf. BERBEL, M., *A Nação como Artefato*. São Paulo: Hucitec, 1999, p. 104. Ou ainda em ARAÚJO, J. de S. A. P. e, *Memórias Históricas do Rio de Janeiro* (1819), 10 vols. Rio de Janeiro, INI, 1945, vol. III, p. 152 e em LISBOA, B. da S., *Anais do Rio de Janeiro* (1834), 8 vols. Rio de Janeiro: Leitura, s/d., vol. III, p. 179.

[18] "Traslado da provisão do porteiro da fazenda e contos e alfândega (para guarda) dos livros que proveu o senhor governador" de 20 de maio de 1549, que consta do "Livro 1º do registro de provimentos seculares e eclesiásticos da cidade da Bahia e terras do Brasil" (1549 e seguintes), publicado nos *Documentos Históricos*, vol. 35, p. 29 (Citado daqui em diante apenas por "Livro 1º do registro de provimentos ...").

sados por governadores ou por outros importantes funcionários régios, como o ouvidor geral ou o provedor-mor.

Essa prerrogativa acabou estendida também aos capitães-mores das diversas capitanias, como explicava o governador geral D. Luís de Sousa, no regimento por ele dado ao capitão-mor do Espírito Santo, "os ofícios que estiverem vagos ou vagarem poderá prover e passará provisões até me avisar e assim se declarará nelas". Tais nomeações, porém, valeriam apenas até a chegada de novas instruções do governador geral ou do próprio monarca[19].

Os governadores gerais, contudo, não aceitavam ingerências de terceiros. É o caso, por exemplo, da tentativa do Conde de Linhares, vedor da Fazenda Real, em nomear Manuel de Sá de Soto Maior como provedor-mor do Estado do Brasil. O governador Diogo Botelho, pessoalmente ligado ao Conde, acatou a indicação, mas não o procedimento, e, assim explicava em carta pessoal:

> *passei uma provisão minha em que provia do dito ofício de provedor-mor ao dito Manuel de Sá de Soto Maior pelo qual se cumpriu o que V. S. queria e mandava sem se prejudicar a jurisdição dos governadores deste Estado pois não é razão que estando eu governando a não conservassem e a perdessem, porque não há cá notícia que os vedores da Fazenda provejam por seus mandado cargos nele, e não parece razão que quem vem governar tão longe, com tanto trabalho e perigo se lhe tire ainda a dada das serventias de ofícios nem que tenha nenhum outro superior senão Sua Majestade.*[20]

Os conflitos jurisdicionais não eram incomuns, como, por exemplo, entre o governador geral Diogo de Mendonça Furtado e o capitão de Pernambuco Matias de Albuquerque, representando o donatário. Frei Vicente do Salvador conta que:

> Mandou o governador [...] um criado chamado Gregório da Silva, provido na capitania do Recife, que estava vaga [...], posto que Matias de

---

[19] "Regimento para o capitão Manuel Maciel" de 1619, que consta do *Livro 2º do Governo do Brasil*. Lisboa: CNCDP e São Paulo: Museu Paulista, 2001, p. 121.

[20] "Carta de Diogo Botelho ao Conde de Linhares", escrita em Olinda aos 23 de agosto de 1602. Arquivo Nacional da Torre do Tombo, Cartório dos Jesuítas, maço 71, documento 3.

Albuquerque o admitiu só na capitania da fortaleza del-rei, separando-lhe a do lugar ou povoação que ali está, dando-a a um seu criado.[21]

Quanto aos provimentos eclesiásticos, estes competiam ao rei nas terras ultramarinas, mas como governador e perpétuo administrador da Ordem de Cristo, pois, em virtude do Padroado, cabia-lhe o direito de nomeação dos sacerdotes para as paróquias, a autorização para o estabelecimento das ordens religiosas e a apresentação dos bispos para nomeação pontifícia[22]. O rei apresentava o nome do bispo por ele escolhido ao Papa, que confirmava a nomeação; para os demais postos da Igreja, o rei apresentava as pessoas por ele escolhidas a fim de serem empossadas pelo bispo.

Com a criação da Sé de Salvador em 1550, contudo, o rei delegou tal poder ao bispo, que passou a concentrar a maioria das nomeações eclesiásticas de todas as partes do Brasil, criando para tanto um intricado processo de nomeação[23]. Afinal, era necessário seguir com o procedimento legal, dessa forma o bispo comunicava ao provedor-mor que estava nomeando alguém para determinado posto, o provedor-mor como procurador do rei[24] fazia a apresentação dessa pessoa para o próprio bispo, e este, finalmente, confirmava o escolhido, procedendo a cerimônia de posse e juramento[25].

---

[21] SALVADOR, V. do, *História do Brasil* (1627), 5ª ed. São Paulo: Melhoramentos, 1965, p. 426

[22] Cf. HOORNAERT, E. et al., *História da Igreja no Brasil: Primeira Época – Período Colonial*, 2 vols., 3ª ed. Petrópolis: Vozes, São Paulo: Paulinas, 1983, p. 160; VARNHAGEN, F. A. de, *História Geral do Brasil* (1854), 5ª ed. São Paulo: Melhoramentos: 1956, vol. I, p. 254 e OLIVEIRA, O. de, *Os Dízimos Eclesiásticos do Brasil*. Belo Horizonte: UFMG, 1964, p. 39.

[23] Cf. "Traslado de uma provisão em forma de carta que Sua Alteza escreveu ao governador Tomé de Sousa sobre a embarcação que se há de dar ao bispo D. Pedro, e assim outros provimentos quando for correr as capitanias" de 10 de dezembro de 1551, que consta do "Livro 1º do registro de provimentos ...", publicado nos *Documentos Históricos*, vol. 35, p. 152.

[24] "Traslado da procuração que el-rei Nosso Senhor fez ao provedor mor de sua fazenda para por si apresentar as dignidades, cônegos, capelães da Sé, e vigários e capelães de todas as outras capitanias" de 7 de dezembro de 1551, que consta do "Livro 1º do registro de provimentos ...", Documentos Históricos, vol. 35, p. 296.

[25] Para um exemplo de todo o processo ver "Traslado da nomeação, apresentação e confirmação de Gaspar Pinheiro capelão da Sé desta cidade do Salvador" de 29 de outubro de 1555, que consta do "Livro 1º do registro de provimentos ...", publicado nos *Documentos Históricos*, vol. 35, p. 306.

Após a escolha, lavrava-se uma provisão, cujo original, entregue ao novo funcionário, era endereçado aos oficiais responsáveis por dar-lhe posse do ofício. A provisão era registrada, no caso dos escolhidos em Portugal, nos livros da Chancelaria Régia e, posteriormente, nos livros de registro do Governo Geral; no caso dos nomeados em Salvador, os documentos eram imediatamente registrados nos chamados livros de provimentos e, quando emitidas em outras capitanias, durante as viagens do governador geral ou do provedor-mor, eram registrados na volta dos mesmos a Salvador.

Para o período abarcado por este estudo, a maior parte dos registros efetuados em Salvador se perdeu, provavelmente, na invasão holandesa de 1624[26]. Escapando apenas o "Livro 1º do registro de provimentos seculares e eclesiásticos da cidade da Bahia e terras do Brasil", que chegou até nossos dias, graças a uma cópia feita no final do século XVIII por ordem do governador da Bahia, Fernando José de Portugal. O livro iniciado no governo Tomé de Sousa contém dados de 1548 até 1563, cobrindo, portanto, os dois primeiros governos gerais e quase metade do governo de Mem de Sá, e reúne mais de 350 documentos.

Para os últimos 37 anos do século XVI e para o primeiro quartel do XVII não existe nada comparável, salvo um pequeno códice com provimentos dados por Diogo Botelho durante o período em que esteve em Olinda, entre 1602 e 1603[27]. Após 1625, contudo, voltamos a contar com os registros feitos em Salvador, porém, neste caso, sem os provimentos eclesiásticos, que passaram a ser registrados em livro próprio[28].

A consulta dos livros de registros conhecidos permite recompor o quadro administrativo colonial para o período proposto apenas entre

---

[26] Os incêndios de Salvador e Olinda, os dois principais centros coloniais, durante as guerras contra os holandeses, causaram uma perda irreparável na documentação do período aqui tratado. Exemplo significativo é a perda das atas da Câmara de Salvador anteriores a 1624.

[27] Códice 81 da Coleção Lamego. Instituto de Estudos Brasileiros da USP.

[28] Os documentos passaram a ser copiados no "Livro novo que se fez para servir de registros de provisões seculares de ofícios, ordens de Sua Majestade e dos governadores gerais deste Estado e provedores mores da Fazenda, começou a servir de seis de outubro de [mil] seiscentos e vinte e cinco em diante". "Livro 2º de provimentos seculares", iniciado em 1625 e publicado nos *Documentos Históricos*, vol. 14 e 15 (O trecho citado encontra-se no vol. 14, p. 471). Registre-se aqui que a denominação de livro primeiro ou livro segundo de provimentos ou de provisões não é da época, mas tem sido adotada pelos historiadores.

1549 e 1563 e entre 1625 e 1630, ficando uma lacuna de 62 anos, que parcialmente pode ser fechada com a consulta dos provimentos registrados nos livros das Chancelarias Régias guardados no Arquivo Nacional da Torre do Tombo em Portugal. Tal solução, contudo, não resolve inteiramente o problema, pois nem todos os providos em Portugal tomaram posse efetiva no Brasil, seja pela "incerteza da viagem do mar", como se dizia na época, ou por desistirem, ou por serem providos em algum outro cargo em outras partes do Império ou ainda por outro motivo qualquer.

Além disso, inúmeros cargos eram providos em serventia, ou seja, temporariamente preenchidos pelo governador geral ou por outros funcionários régios até que a Coroa tomasse uma decisão, confirmando ou não, situação que, contudo, poderia demorar anos, devido às dificuldades de comunicação e aos trâmites burocráticos. A maior parte dos cargos das capitanias menos desenvolvidas e os cargos inferiores das capitanias mais importantes, ou seja, os ofícios menos cobiçados, dificilmente eram requeridos ou confirmados no Reino, pois, no caso dos vassalos residentes no Brasil, estes ofícios não valiam os custos da viagem para requerê-los, sendo nomeados quase que exclusivamente pelos governadores, o que explica a ausência de certas capitanias nos provimentos registrados nas chancelarias.

Outra informação que dificilmente pode ser recomposta são as nomeações para os ofícios feitas pelos capitães-mores das diversas capitanias nos casos de morte ou ausência dos funcionários que os serviam, enquanto aguardavam instruções do governo de Salvador. Além disso, as Chancelarias não permitem recuperar os provimentos eclesiásticos também feitos no Brasil pelo Bispo de Salvador ou pelos administradores eclesiásticos do Norte e do Sul, sediados na Paraíba e no Rio de Janeiro.

O "Livro 1º do Registro de Provimentos" oferece importantes subsídios para a questão. Ele contém documentos para diversos ofícios em todas as capitanias existentes no período, com especial ênfase para a Capitania da Bahia, sede do Governo Geral. Alguns cargos ali registrados, porém, tinham jurisdição por toda a costa do Brasil, não sendo, portanto, específicos de nenhuma capitania, como, por exemplo, os cargos de provedor-mor e de capitão-mor da costa.

A análise dos provimentos registrados no "Livro 1º do Registro de Provimentos" e nas chancelarias régias, em que pesem as lacunas, permite reconstituir o processo de formação do quadro administrativo colonial, tanto pelos escolhidos, como pelos responsáveis diretos pelas nomeações e os motivos que as justificaram.

Em primeiro lugar, do ponto de vista quantitativo, os dados do primeiro livro indicam que, entre 1548 e 1563, foram nomeados em Portugal cerca de um terço dos pouco mais de 200 provimentos para cargos não religiosos. É flagrante, porém, a desproporção entre os 56 documentos emitidos durante os últimos oito anos do reinado de D. João III em relação aos 11 dos seis anos iniciais do reinado de D. Sebastião. Contudo tal situação não pode ser explicada unicamente pelo fato do Governo Geral ter sido criado no governo de D. João III, pois a maioria dos provimentos então emitidos previam o exercício do cargo por períodos de 3 ou 4 anos.

A desproporção nas nomeações pode ser explicada, em grande medida, pela perda da atenção que o Brasil vinha recebendo, pois, como Gabriel Soares de Sousa relatava, "está muito desamparado" depois da morte de D. João III:

> o qual principou com tanto zelo, que para o engrandecer meteu nisto tanto cabedal, como é notório, o qual se vivera mais dez anos deixara nele edificadas muitas cidades, vilas e fortalezas mui populosas, o que não se efetuou depois do seu falecimento.[29-30]

Fato que explicaria também o longo período de Mem de Sá, nomeado por D. João III, à testa do Governo Geral[31].

Em relação às nomeações feitas nas partes do Brasil, a comparação entre os três primeiros governos indica que enquanto o governo Tomé de Sousa proveu diretamente 67 vezes (29 por Tomé de Sousa e 38 por

---

[29] SOUZA, G. S. de, *Tratado Descritivo do Brasil em 1587*, 5ª ed. São Paulo: Companhia Editora Nacional, 1987, p. 39. Em Frei Vicente do Salvador "Mas toda esta reputação e estima do Brasil se acabou com el-rei D. João (III), que o estimava e reputava". Cf. Frei Vicente do Salvador, *Op. cit.*, p. 162.

[30] Sobre o contexto político do período inicial do reinado de D. Sebastião, sob a regência de D. Catarina, ver MAGALHÃES, J. R. de; MATTOSO, J., *História de Portugal: no alvorecer da modernidade*. Lisboa: Estampa, 1998. p. 543, volume 3 da *História de Portugal*, organizada por José Mattoso.

[31] Enquanto Tomé de Sousa e D. Duarte da Costa governaram menos de 4 anos cada um, Mem de Sá governou pouco mais de 14 anos.

Antônio Cardoso de Barros, provedor-mor), o governo D. Duarte da Costa foi responsável por 43 (42 pelo próprio governador e 1 pelo provedor-mor) e o governo Mem de Sá, nos seis primeiros anos, por 32 (31 por Mem de Sá e 1 pelo ouvidor geral e provedor-mor Pero Borges). A montagem da máquina governamental é o fator responsável pela desigualdade no número de provimentos dos três governos, destacando-se a participação do primeiro provedor-mor, Antônio Cardoso de Barros, que realizou uma viagem – que pode ser acompanhada pela data e local dos documentos – pela costa do Brasil, especialmente para organizar a estrutura de fiscalização e cobrança dos direitos régios em cada capitania.

Os provimentos eclesiásticos seguem o mesmo encaminhamento, pois o primeiro Bispo, D. Pero Fernandes, ao montar a estrutura da Sé de Salvador com todas suas "dignidades e benefícios"[32] foi responsável pelo dobro dos provimentos realizados pelo segundo bispo, D. Pedro Leitão.

Quanto aos ocupantes dos diversos cargos, pode-se apontar a ausência de figuras destacadas da nobreza, dado o caráter secundário das partes do Brasil dentro do Império ao longo do período aqui estudado. Dessa maneira, mesmo o posto de governador geral era ocupado, salvo uma outra exceção, por membros de ramos secundários da nobreza, como Tomé de Sousa, ou por letrados, como Mem de Sá. A situação mudaria em meados do século XVII, em plena guerra com os holandeses, quando o Governo Geral passou a ser ocupado por nobres de mais alta estirpe, particularmente depois do governo de Pedro da Silva, 1º Conde de São Lourenço, título que receberia após voltar ao Reino[33].

Os demais cargos da administração colonial eram ocupados por indivíduos das mais variadas origens e estatutos sociais, indo de fidalgos até plebeus. No entanto a prioridade dos provimentos era para os criados do rei[34]. No regimento de Gaspar de Sousa essa prioridade é afirmada

---

[32] Dignidade: "cargo, ofício honorifico civil ou eclesiástico"; benefício: "ofício eclesiástico, a que anda anexa renda". Antônio de Moraes e Silva, *Op. cit.*, vol. I, p. 617 e 277, respectivamente.

[33] Cf. CUNHA, M. S. da, "Governo e governantes do Império português do Atlântico (século XVII)", In: BICALHO, M. F.; FERLINI, V. L. A. (Orgs.), *Modos de Governar: idéias e práticas políticas no Império Português, séculos XVI a XIX*. São Paulo: Alameda, 2005, p. 69.

[34] "Criado" na época significava quem "recebeu criação ou educação", mas pode ser entendido também, segundo Calmon, como "protegido ou cliente". Cf. Antônio de Moraes e Silva, *Op. cit.*, vol. I, p. 494 e CALMON, P., *História da Casa da Torre: uma dinastia de pioneiros*, 2ª ed. Rio de Janeiro: José Olympio, 1958, p. 15, nota 1.

claramente: "encarregais das serventias de tais ofícios a criados meus [do rei], se os houver [...] e em falta deles, outras pessoas"[35].

Atestando tal prioridade, é comum encontrarmos nos provimentos outorgados pelo rei as expressões: "fidalgo da casa real", "meu moço de Câmara", "da minha casa", "cavaleiro fidalgo", "escudeiro", "meu escrivão da Câmara" entre outras que atestam o vínculo com o monarca. Aparecem igualmente criados da Casa da Rainha e da dos infantes, ou ainda pessoas ligadas a membros destacados da nobreza ou a servidores letrados do monarca. Dessa forma, a maioria dos providos no Reino faziam parte dos estratos inferiores da nobreza.

No caso dos documentos outorgados nas partes do Brasil pelos governadores gerais ou provedores-mores, o nível social dos escolhidos é em geral inferior. É nomeada grande quantidade de plebeus, incluindo criados dos oficiais régios mais importantes, embora também apareçam membros das camadas inferiores da nobreza, posto que em menor número. Em princípio, não existe distinção de cargos, tanto nobres como plebeus podiam ser nomeados para os mesmos ofícios, contudo os ofícios mais importantes das capitanias mais desenvolvidas tendiam a ser ocupados por nobres com maior frequência do que por plebeus.

Por meio da documentação nota-se também uma espécie de carreira: o escrivão da provedoria pode se tornar provedor ou até capitão de algum navio, além de um deslocamento espacial pela colônia; o governador do Rio de Janeiro torna-se Provedor-mor do Estado do Brasil, ou um escrivão da Bahia assume um cargo mais elevado em outra capitania, formando assim uma espécie de *cursus honorum* colonial.

Em relação às justificativas para as nomeações, nos primeiros momentos, como não poderia deixar de ser, as pessoas receberam cargos pelos serviços prestados no Reino ou em outras áreas do Império ou por mercês feitas a outras pessoas, em geral grandes figuras da nobreza ou importantes servidores do monarca que pediam os ofícios para seus protegidos. Posteriormente, a partir do governo de D. Duarte da Costa, iniciou-se o fluxo de provimentos em recompensa a serviços prestados no Brasil, tanto para os nomeados no Reino, como para os nomeados em Salvador.

---

[35] "Regimento de Gaspar de Sousa" de 31 de agosto de 1612, publicado nas *Cartas para Álvaro de Sousa e Gaspar de Sousa, Op. cit.*, p. 117.

A prática de recompensar os serviços feitos em determinadas partes do Brasil com cargos nestas ou em outras áreas da colônia manteve-se por todo período estudado, continuando em etapas posteriores. Dessa forma, cada grande atividade realizada ou incentivada pela Coroa, como a conquista do Maranhão ou a reconquista de Salvador, gerava uma série de pedidos que se transformavam em provimentos de cargos.

AS REDES CLIENTELARES E FAMILIARES

Conta-se, num códice que reúne pequenas histórias das Cortes quinhentistas portuguesas, que certo fidalgo pediu ao rei D. João III que lhe fizesse mercê de aceitar um criado seu por moço de câmara, obtendo uma resposta negativa. O fidalgo, contudo, insistiu, alegando que o dito criado só servia a ele na esperança de poder vir a ser criado do rei e que, no caso de recusa da mercê pedida, teria dificuldade de achar, daí em diante, quem lhe servisse. O rei então concordou, mas com a condição de ser sem moradia, ou seja, sem vencimentos[36], no que o fidalgo respondeu: "dessa maneira tomarei eu a Vossa Alteza quantos tem, riu-se el-rei da resposta e fez lhe a mercê que pedia"[37].

A história acima, verídica ou não, retrata um aspecto das redes clientelares do período, cujo centro final era, evidentemente, o monarca. Não era, porém, apenas junto "ao bafo do rei", para usarmos a expressão de frei Luís de Sousa[38], que se obtinham mercês e vantagens diversas. Os poderosos eram "centros de distribuição de poder e riqueza" e ao seu redor constituíam-se "grupos de parentelas e clientelas"[39].

Dessa maneira, um considerável número de pessoas girava em torno do rei, da Rainha, dos infantes e das grandes figuras da nobreza. Sobrinhos, primos ou mesmo indivíduos sem parentesco, cresciam à

---

[36] Segundo Moraes, moradia é o "ordenado que se dá aos fidalgos assentados nos livros d'el-rei, moradores de sua casa e Corte". Cf. Antônio de Moraes e Silva, *Op. cit.*, vol. II, p. 317.

[37] *Anedotas Portuguesas e memórias biográficas da Corte quinhentista*. Coimbra: Almedina, 1980, p. 83.

[38] SOUSA, L. de, *Anais de D. João III* (c. 1630), 2 vols. Lisboa: Sá da Costa, 1938, vol. II. p. 157.

[39] Ver Joaquim Romero de Magalhães, *Op. cit.*, p. 494.

sombra destas personalidades, que, em troca de serviços e de lealdade, procuravam garantir benefícios diversos para os protegidos.

Uma das opções possíveis, os cargos no ultramar, foram constantemente concedidos pelo rei em favor de criados próprios ou alheios. D. João III, por exemplo, atendendo a pedido do infante D. Luís, seu irmão, fez mercê a João de Castro do ofício de almoxarife da Alfândega de Porto Seguro, da mesma forma que por intervenção de Bernardim Esteves, do Desembargo do Paço, nomeou o sobrinho deste, Nuno Álvares, como escrivão da armada que ia ao Brasil[40].

Tais pedidos, contudo, não se limitavam aos cargos inferiores da administração. O bispo D. Jorge de Ataíde, capelão-mor de Filipe II de Portugal, obteve a mercê de "três cargos para pessoas de sua obrigação", conseguindo assim nomear Sebastião Borges como provedor-mor da Fazenda Real[41]. Já o Conde da Castanheira, valido de D. João III, obteve para Tomé de Sousa, seu protegido, o cargo de governador geral das partes do Brasil.

Os favores recebidos não eram, ou pelo menos não deveriam ser, esquecidos, embora episódios de ingratidão ou de interesses contrariados não fossem incomuns. De qualquer forma, mantinha-se por toda a vida uma relação de dependência simbólica ou material, que variava conforme o caso. Diogo Botelho, numa carta pessoal ao Conde de Linhares, explicitava tais questões:

> *que [por] obrigação de consciência e do serviço de Sua Majestade hei de negar minha própria vontade e o que a carne e o sangue me pede, deixando de fazer a vontade a quem eu tenho muita obrigação e amor e se em alguma coisa eu fiz isto que me muito mais doesse foi em alguma pessoa chegada a casa de V. S. [Conde de Linhares] [...] pois eu me hei por mais obrigado ao serviço de V. S. que nenhum outro servidor nem criado que V. S. tenha assim por benefícios recebidos como por amor e todas as mais coisas que no mundo podem ser.*[42]

---

[40] Cf. "Livro 1º do registro de provimentos ...", publicado nos *Documentos Históricos*, vol. 35, *passim*.

[41] "Provimento de Gaspar Correia de Bulhões, feitor e almoxarife de Olinda" de 24 de novembro de 1697. Arquivo Nacional da Torre do Tombo, Chancelaria de Filipe II, Doações, livro 11, fl. 252 v.

[42] O assunto da carta são os procedimentos de Manuel de Sá de Soto Maior, outro protegido do Conde de Linhares. Cf. "Carta de Diogo Botelho ao Conde de Linhares", escrita

Por outro lado, os antigos criados ou protegidos, ao atingirem posições de destaque, passavam a beneficiar seus próprios criados, formando assim uma espécie de corrente de lealdades e favorecimentos que, com o tempo, ia se ampliando. Nesse sentido, Tomé de Sousa, ao mesmo tempo que não esquecia de favorecer seu protetor, concedendo, por exemplo, terras na capitania da Bahia ao Conde da Castanheira, também beneficiava os seus, nomeando Garcia D'Ávila feitor e almoxarife da cidade e da Alfândega de Salvador. Daí não causar surpresa que Garcia D'Ávila tenha arrendado grande parte das terras do Conde da Castanheira ou que os jesuítas, ao entrarem em choque com Garcia D'Ávila, tenham reclamado com Tomé de Sousa, então já de volta ao Reino[43].

As redes clientelares das grandes Casas estenderam-se, dessa forma, por todo o Império[44], misturando-se e confundindo-se com pequenas redes formadas em torno dos principais funcionários régios. Estes, ao embarcarem para o ultramar, não deixavam de levar parentes e criados, aos quais se somavam, nos locais de destino, outros indivíduos, que os auxiliavam nas mais diversas tarefas, beneficiando-se diretamente dos favores recebidos ou indiretamente das mercês concedidas pelo monarca aos seus protetores.

Entre os primeiros governadores gerais do Brasil, tal procedimento também era usual. Formava-se, assim, em torno de cada governador, um grupo, maior ou menor, de familiares, criados e protegidos, que seriam chamados a ocupar cargos administrativos e a desempenhar importantes missões.

D. Duarte da Costa, por exemplo, encarregou o filho, D. Álvaro da Costa, da tarefa de combater a resistência indígena no Recôncavo de

---

em Olinda, aos 23 de agosto de 1602. Arquivo Nacional da Torre do Tombo, Cartório dos Jesuítas, maço 71, documento 3

[43] "Carta do Padre Manuel da Nóbrega a Tomé de Sousa" de 5 de julho de 1559, publicada por LEITE, S. (Ed.). Cartas dos Primeiros Jesuítas do Brasil (1538-1563), 3 vols. São Paulo: Comissao do IV Centenário, 1954, vol. III, p. 79.

[44] Exemplo interessante dessa situação é a conhecida passagem da obra "Peregrinação" de Fernão Mendes Pinto, em que este conta que estando em Pequim com outros oito companheiros surgiu tal discussão entre dois deles sobre "qual geração tinha melhor moradia na casa d'el-rei Nosso Senhor, se os Madureiras se os Fonsecas", que rapidamente transformou-se numa briga, deixando os contendores gravemente feridos. PINTO, F. M., Peregrinação (1614), 4 vols. Lisboa: Livraria Ferreira, 1908, vol. II, p. 173.

Salvador, o que lhe permitiria, após a vitória, obter mercês e o reconhecimento régio. Por outro lado, Francisco Portocarrero, capitão-mor do Mar da Costa do Brasil, rompido com o governador, era mantido em inatividade, daí a reclamação com o monarca, que "vindo para servir no cargo de capitão-mor [...] até agora não saíra nunca desta cidade [Salvador]", apesar da presença francesa constante e do equipamento adequado existente, pois não tinha obtido permissão do governador, que o impedia dizendo, segundo Portocarrero, "que pois seu filho não era capitão-mor não havia de mandar a armada a correr a costa"[45].

Mem de Sá também delegou importantes serviços aos parentes mais próximos. No início de seu governo, em fins de 1557, enviou o filho, Fernão de Sá, ao Espírito Santo, com o objetivo de derrotar os indígenas que combatiam os portugueses, porém este não contou com a mesma fortuna de D. Álvaro da Costa, pois acabou morto nos combates. Mem de Sá, porém, continuou se valendo dos familiares, e, após a vitória sobre os franceses no Rio de Janeiro em 1560, enviou o sobrinho Estácio de Sá ao Reino, encarregado de levar as notícias. Tarefa de prestígio, que renderia ao sobrinho o comando de uma pequena frota com novos recursos para povoar a Baía da Guanabara, serviço que lhe valeu a mercê do hábito da Ordem de Cristo[46]. Estácio de Sá, primeiro capitão-mor do Rio de Janeiro, contudo, morreu pouco menos de dois anos depois da fundação da cidade, levando Mem de Sá a nomear outro parente, Salvador Correia de Sá, para substituí-lo.

Mem de Sá, porém, não deixou de favorecer materialmente seus familiares. Tanto Fernão de Sá como Estácio de Sá, ao morrerem, deixaram terras na capitania da Bahia. O governador, contudo, também zelou pelos parentes e criados que sobreviveram. Em seu testamento, Mem de Sá pedia ao monarca que:

---

[45] De acordo com Francisco Portocarrero em duas cartas que chegaram até nós. As cartas são de 11 de agosto de 1556 e 20 de abril de 1556 e estão publicadas, respectivamente, na *História da Colonização Portuguesa do Brasi*l, vol. III, p. 377 e SERRÃO, J. V., *O Rio de Janeiro no século XVI*, 2 vols. Lisboa: Comissão do IV Centenário do Rio de Janeiro, 1965, vol. II, p. 32.

[46] "Carta régia mandando lançar o hábito da Ordem de Cristo a Estácio de Sá, morador nas partes do Brasil" de 8 de março de 1566, publicado por Joaquim V. Serrão, *Op. cit.*, vol. II, p. 54.

tome meu sobrinho Salvador Correia de Sá que está por capitão do Rio de Janeiro por moço fidalgo com mil reis de moradia pelos serviços que lhe tem feitos, e tome meus criados em foro de cavaleiros fidalgos por quão bem o tem servido nestas partes nas guerras e paz, o qual eu não posso satisfazer.[47]

O governador, ao contrário do que disse, não deixou de satisfazê-los. O sobrinho Diogo da Rocha de Sá tornou-se senhor de engenho, tendo recebido de Mem de Sá cobre e gado, além das terras, e seu irmão, Manuel de Sá de Soto Maior, tornou-se provedor da Fazenda da capitania[48]. O criado Vicente Monteiro foi nomeado tesoureiro geral da Fazenda Régia e possuía uma ilha no Recôncavo onde plantava cana de açúcar. André Monteiro, feitor do engenho governador, tornou-se proprietário de uma fazenda na região[49].

Os filhos dos governadores gerais continuaram servindo como importantes auxiliares dos pais por todo período estudado. Luís de Brito de Almeida, por exemplo, ao sair de Salvador para uma expedição à Paraíba, deixou o filho, João de Brito de Almeida, no governo da capitania da Bahia, e Antônio de Mendonça, filho de Diogo de Mendonça Furtado, foi um dos poucos que ficou com o pai, quando este foi preso pelos holandeses.

Os filhos, contudo, também criavam problemas, pois, além da famosa briga do filho de D. Duarte da Costa com o bispo D. Pero Fernandes, outros também causaram confusões, como os filhos de Diogo de Meneses, afinal o mais velho deles, "foi achado na câmara de uma dama portuguesa e surpreendido pelo marido" e ferido levemente[50]. Além disso, foram acusados, entre outros casos, de mandar, nas palavras de Filipe II de Portugal, "acutilar por seus criados um Francisco do Couto por acudir por sua honra", procedimentos que levaram o monarca a

---

[47] O "testamento de Mem de Sá" de 1569 foi publicado nos *Documentos para a História do Açúcar*, 3 vols. Rio de Janeiro: IAA, 1956, vol. III, p 12.
[48] Exemplo do emaranhando de situações criadas pelo espraiamento das redes clientelares é o caso dos criados de Mem de Sá, que acabaram tornando-se criados do Conde de Linhares, afinal casara-se com a filha do governador.
[49] Cf. Gabriel Soares de Sousa, *Op. cit.*, p. 150 e 152.
[50] LAVAL, F. P. de, *Viagem de Francisco Pyrad de Laval* (1615) (tradução), 2 vols. Porto: Civilização, 1944, vol. II, p. 237.

ordenar que o sucessor, Gaspar de Sousa, procedesse a uma devassa[51]. O comportamento dos filhos de Diogo de Meneses, somado provavelmente a outros casos, fez que o mesmo rei baixasse provisão de que "as pessoas que me forem servir nos governos fora do Reino não possam levar consigo seus filhos"; tal diretriz, porém, não vingou[52].

A constituição de grupos clientelares em torno de funcionários régios não ficou restrita aos governadores gerais. Provedores-mores, ouvidores gerais, capitães-mores e outros também se cercavam de seus "homens de obrigação". O ouvidor geral Martim Leitão, ao partir para a conquista da Paraíba, além das tropas recrutadas em Pernambuco e Itamaracá, levou "quarenta e tantos homens brancos, escolhidos e de opinião, e os mais deles de sua obrigação"[53]. Antônio Cardoso de Barros, o primeiro provedor-mor, também tinha os seus, que, aproveitando-se do cargo, conseguiu nomear pelo menos dois deles para cargos da Fazenda Real.

O provimento de cargos no Brasil foi sempre utilizado pelos governantes em favor de seus protegidos, contrariando muitas vezes a prioridade estabelecida pelo monarca, em favor de seus próprios criados. O que podia ser motivo de queixas, como no caso do governador geral D. Luís de Sousa, governante entre 1617 e 1621, que na sua "residência"[54] foi acusado pelo escrivão da Câmara, Rui Carvalho Pinheiro, de que antes "de prover as serventias que vagavam em criados de Sua Majestade, antes vira prover neles a seus criados", fato que foi confirmado por outras testemunhas e incluído na lista de irregularidades a que o governador teve de responder em sua defesa[55].

---

[51] "Alvará por que Vossa Majestade manda ao ouvidor geral da Relação do Brasil tire devassa dos filhos do governador D. Diogo de Meneses" de 24 de novembro de 1612, publicado nas *Cartas para Álvaro de Sousa e Gaspar de Sousa, Op. cit.*, p. 172.

[52] "Alvará pelo qual houve el-rei por bem dar licença ao senhor Gaspar de Sousa para poder levar consigo ao Brasil ao senhor Álvaro de Sousa" de 22 de junho de 1612, publicado nas *Cartas para Álvaro de Sousa e Gaspar de Sousa, Op. cit.*, p. 83. No caso, o argumento utilizado por Gaspar de Sousa foi que o filho ainda era criança.

[53] Cf. "Sumário das Armadas que se fizeram e guerras que se deram na conquista do rio Paraíba", publicado na *Revista do Instituto Histórico e Geográfico Brasileiro*, tomo 36, 1873, p. 29.

[54] "Exame, ou informação que se tira do procedimento do Juiz, ou Governador a respeito de como procedeu nas coisas de seu ofício, durante o tempo, que residia na terra onde o exerceu". Antônio de Moraes e Silva, *Op. cit.*, vol. II, p. 611.

[55] *Livro 1º do Governo do Brasil, Op. cit.*, p. 369.

Tal situação era motivo de recorrentes queixas, dessa forma Sebastião da Silva alegava que por provisão do rei, este lhe tinha feito:

> mercê da serventia do ofício de escrivão do tesouro por tempo de três anos e porque os governadores passados irem provendo pessoas de sua obrigação na serventia do dito ofício e outros impedimentos de ir ao Reino não houve lugar de servir seu tempo.[56]

Essa prática obrigaria o rei a baixar um alvará em que tentava regulamentar o assunto, no qual explicava que os governadores "não dão execução as provisões dos provimentos que eu faço nas tais serventias por respeito de proverem nelas pessoas de sua obrigação", exigindo assim que as pessoas providas por ele fossem imediatamente empossadas[57].

Percebe-se assim que se, por um lado, a proximidade com os governantes trazia vantagens, o afastamento, por outro, poderia significar a perda de importantes benefícios, inclusive os cargos ocupados na administração. Este foi o caso na briga do segundo governador geral D. Duarte da Costa com o bispo Pero Fernandes, motivada, a princípio, pelo comportamento do filho do governador.

A disputa praticamente dividiu a cidade do Salvador em dois partidos. Do lado do governador geral D. Duarte da Costa e de seu filho ficaram, segundo seus adversários, o ouvidor geral Pero Borges, o tesoureiro João de Araújo, o contador Gaspar Lamego, o almoxarife do Armazém Cristóvão de Aguiar, o escrivão da Fazenda Sebastião Álvares, o tesoureiro Antônio do Rego, o provedor Antônio Ribeiro, o alcaide-mor de Salvador Diogo Muniz Barreto, o escrivão do Armazém Bernardo de Avelar e o mestre de obras Lopo Machado.

Os partidários do bispo e do provedor-mor, que assinam a carta, são os camaristas de 1556: Simão da Gama de Andrade, capitão da frota de 1550 que veio para a Bahia; Vicente Dias, cavaleiro da casa do rei; Francisco Portocarrero, capitão-mor do mar, que acabou tendo seu ordenado riscado por entrar em conflito com o governador geral; João Velho

---

[56] "Traslado da petição do dito Sebastião da Silva, que fez ao capitão-mor D. Francisco de Moura" de dezembro de 1625, que consta do "Livro 2º de provimentos seculares", iniciado em 1625 e publicado nos *Documentos Históricos*, vol. 15, p. 493.

[57] "Alvará sobre a forma porque os governadores do ultramar poderão prover os ofícios que vagarem nos seus governos" de 3 de dezembro de 1621. Arquivo Nacional da Torre do Tombo, Livro das Leis, vol. III, fl. 120.

Galvão, que tinha sido provido do ofício de escrivão do Armazém por D. Duarte da Costa, mas depois foi impedido de servir entrando em seu lugar Bernardo de Avelar; Damião Lopes de Mesquita e Pero Teixeira. Estes dois últimos só conseguiriam participar da administração colonial no governo de Mem de Sá, quando foram providos, respectivamente, nos cargos de contador das partes do Brasil e de escrivão da Provedoria da Fazenda e Alfândega. Dessa forma, percebe-se que todos os membros da administração que se perfilaram ao lado do bispo já tinham perdido ou perderiam os cargos que ocupavam.

Os dados apresentados indicam que, na divisão entre o Governador geral e o ouvidor geral contra o bispo e o provedor-mor, os primeiros ficaram com a ampla maioria da administração, enquanto os segundos ficaram com a Câmara. Os membros da administração que optaram pelo segundo grupo sofreram retaliações, mas, posteriormente, parte dos camaristas de 1556 foi incorporada ao governo de Mem de Sá. Assim, ainda que toda a divergência tenha sido motivada pelo comportamento do filho do governador geral, uma parcela importante da administração colonial preferiu manter-se do lado do governador, possivelmente para garantir as vantagens oferecidas por essa aliança.

Os dados biográficos colhidos indicam outro componente importante: as relações familiares. O fato de a elite colonial de meados do XVI casar entre si e que tais casamentos pudessem ser utilizados como estratégia de ascensão ou consolidação social não causa nenhuma surpresa, o contrário é que seria excepcional[58]. São relevantes três consequências: a transmissão e o controle de determinados cargos por certas famílias; o aumento do poder e prestígio que isso acarreta para determinadas famílias e o parentesco com detentores de cargos e as possibilidades que isso oferece. Indiretamente, no caso dos descendentes dos detentores de cargos, também nos interessa como forma de verificar a formação e consolidação patrimonial e possíveis ascensões na administração colonial.

Exemplo dessa situação é a trajetória de Diogo da Rocha de Sá, sobrinho de Mem de Sá, com quem veio para a Bahia. Segundo o testamento do governador geral, recebeu cobres e gado para o engenho que montou em Pirajá como pagamento pelos serviços prestados, além

---

[58] Ver NAZZARINI, M., *O Desaparecimento do Dote*. São Paulo: Companhia das Letras, 2001.

do empréstimo de escravos e equipamentos[59]. O engenho é descrito por Gabriel Soares de Sousa como "muito ornado de edifícios com uma igreja de São Sebastião, muito bem concertada"[60]. Casou com Inês Barreto, tendo como filhos Mem de Sá (II), Filipa de Sá e Diogo da Rocha de Sá (II). Inês Barreto era irmã de Duarte Muniz Barreto, alcaide-mor de Salvador, ofício que recebeu por renúncia do tio Diogo Muniz Barreto, primeiro alcaide-mor de Salvador, em seu favor[61]. Duarte era casado com Helena de Melo, filha do alcaide-mor de Vila Velha, Antônio de Oliveira Carvalhal.

Já o irmão de Manuel de Sá Soto Maior era provedor da alfândega da Bahia, tendo depois, em virtude do casamento com Helena de Argolo, sido promovido a provedor da Bahia, e posteriormente assumido o cargo de provedor-mor das partes do Brasil, graças ao apoio do Conde de Linhares. Sua esposa, Helena de Argolo, era filha de Antônio Ribeiro, antigo capitão de Ilhéus e tesoureiro da Bahia. Antônio Ribeiro, por sua vez, recebeu o ofício de provedor por casar com Maria de Argolo, que era filha do primeiro provedor da Bahia, Rodrigo Argolo.

Dessa forma, os irmãos Diogo da Rocha de Sá e Manuel de Sá Soto Maior, sobrinhos de Mem de Sá, ligaram-se através do casamento com as famílias que controlavam a Alcaidaria-mor de Salvador e a Provedoria da Bahia. A transmissão dos cargos, contudo, era feita mediante autorização régia. Assim a Alcaidaria-mor de Salvador ficou muito tempo vinculada à família Muniz Barreto e a Provedoria da Fazenda da Bahia era controlada pelos descendentes de Rodrigo Argolo, tanto que este cargo de provedor passou na prática como uma espécie de dote pelo menos para a filha, a neta e a bisneta do primeiro ocupante.

Rodrigo Argolo veio para a Bahia em 1549, provido do Reino no cargo de provedor da Fazenda da Bahia por D. João III. Com sua morte, a viúva conseguiu que o cargo ficasse para quem casasse com sua filha, nesse meio tempo o posto foi exercido em "serventia" por Rodrigo de Freitas, casado com uma sobrinha de Rodrigo Argolo, com a condição de sustentar a viúva e as filhas. Em 1556, Antônio Ribeiro casa com Maria

---

[59] PINHO, W., *Testamento de Mem de Sá*. Rio de Janeiro: Imprensa Nacional, 1941, p. 67, 88, 89 e 90.

[60] Gabriel Soares de Sousa, *Op. cit.*, p. 146.

[61] Pode-se ver a importância de Diogo Moniz Barreto pelo fato de ele ter assumido o governo da Bahia durante a ausência de Mem de Sá em 1560.

de Argolo e recebe o cargo, posteriormente Manuel de Sá Soto Maior também o recebe, ao casar com Helena de Argolo, filha de Antônio Ribeiro. No início do XVI, o provedor da Fazenda era Sebastião Parvi de Brito, casado com Ana de Argolo, filha de Manuel de Sá Soto Maior, completando assim pelo menos quase um século de posse do cargo na descendência de Rodrigo de Argolo, já que paramos a investigação nesse ponto.

É importante destacar aqui que a transmissão dos cargos era negociada caso a caso com a Coroa. No exemplo visto acima, é possível verificar, pelos documentos localizados, a autorização para que Antônio Ribeiro e Sebastião Parvi de Brito pudessem ocupar o cargo, sempre com o argumento da necessidade da família do ocupante anterior. Neste caso, ressalte-se que esse processo não pode ser confundido com a venalidade de cargos, que só passou a ter uma certa importância em Portugal muito posteriormente e que "serventia", como vimos, era o exercício do cargo por um substituto, dada a impossibilidade do titular, mas também com autorização superior[62].

Outro exemplo interessante é o de Sebastião Faria, que, como vimos, era filho de Sebastião Álvares, antigo escrivão da Fazenda entre outros cargos. Sebastião Faria casou com Beatriz Antunes, filha de Heitor Antunes, rendeiro do açúcar e companheiro de Mem de Sá na conquista do Rio de Janeiro, da qual também Sebastião Álvares participou. Beatriz Antunes era irmã do senhor de engenho Jorge Antunes, de Nuno Fernandes e de Leonor Antunes, casada com Henrique Muniz Teles ou Henrique Muniz Barreto (ele utilizou os dois nomes), irmão de Duarte Muniz Barreto que, como vimos, era alcaide-mor de Salvador. Já a irmã de Sebastião Faria, Custódia de Faria, casou com Pero D'Aguiar D'Altero, irmão do almoxarife do Armazém e Mantimentos da Bahia. A filha de Sebastião Faria, que recebeu o mesmo nome da irmã, Custódia de Faria,

---

[62] Para Hespanha, "A patrimonialização dos ofícios existia, mas antes sob a forma de atribuição de direitos sucessórios aos filhos dos oficiais que tivessem servido bem; e era justamente o reconhecimento desses direitos que, provavelmente, impedia, de forma decisiva a venalidade, já que a Coroa não podia vender os ofícios vacantes sem violar estes direitos sucessão, ao contrário do que acontecia com a concessão de hábitos ou foros de fidalguia". HESPANHA, A. M., "A constituição do Império Português. Revisão de alguns enviesamentos correntes", In: FRAGOSO, J.; BICALHO, M. F.; GOUVÊA, M. de F., *O Antigo Regime nos Trópicos*. Rio de Janeiro: Civilização Brasileira, 2001, p. 183.

casou com o fidalgo Bernardo Pimentel de Almeida, sobrinho do quarto governador geral Luís de Brito de Almeida.

O casamento do filho de Sebastião Álvares com a filha de Heitor Antunes permitiu a consolidação de um poder local na região do recôncavo, e as famílias ficaram conhecidas como a "gente de Matuim"[63], já que passaram a dominar a maior parte da região. É significativa, ainda, a aliança envolvendo senhores de engenho – Sebastião Faria, Jorge Antunes e Cristóvão D'Aguiar D'Altero –, funcionários – escrivão da Fazenda, almoxarife e alcaide-mor – e um rendeiro do açúcar, e, coroando esse processo, temos a ligação direta com o governador geral por meio do casamento do sobrinho deste com a neta de Sebastião Álvares e Heitor Antunes.

---

[63] A família foi denunciada por muitas pessoas durante a visitação da inquisição em 1591. *Primeira Visitação do Santo Ofício às Partes do Brasil – Denunciações da Bahia* (1591-1593). São Paulo, 1925 e LIPINER, E., *Os Judaizantes nas Capitanias de Cima*. São Paulo: Brasiliense, 1969.

PARTE III
TERRA, TRABALHO E PODER

6.
GOVERNO E PATRIMÔNIO

> "Os almoxarifes e tesoureiros entram nos cargos sem terem nada e com eles fazem engenhos e grossas fazendas", padre Luís da Fonseca[1].

AS EXIGÊNCIAS E AS VANTAGENS DO CARGO

O rei era em última instância o responsável pela totalidade das mercês concedidas, afinal estas eram sempre feitas, direta ou indiretamente, em seu nome, e sujeitas, pelo menos em teoria, à sua aprovação ou não. Contudo, para os vassalos presentes nas partes do Brasil, o acesso ao Monarca, embora não fosse impossível, era difícil, demandando tempo e dinheiro, e, salvo para grandes personalidades, exigia uma série de intermediários.

Além disso, os prêmios mais importantes, tanto simbólicos como materiais, exigiam distinções, serviços e relações prévias inacessíveis ao conjunto dos vassalos engajados no processo de conquista das partes do Brasil nesses primeiros tempos. Exceção feita a um seleto grupo, constituído pelas principais autoridades da colônia, as mercês mais comuns concedidas pelo Monarca eram basicamente terras, cargos e alguns títulos honoríficos. Porém, mesmo essas, na maior parte dos casos, eram confirmações de mercês feitas anteriormente pelos governadores gerais

Nesse sentido, nos primeiros tempos do Brasil, a figura chave na execução da política de troca de serviços por mercês era o governador geral,

---

[1] "Representação de Luís da Fonseca a el-rei" de 13 de janeiro de 1585, publicada por Serafim Leite (SJ), *História da Companhia de Jesus no Brasil*, 10 vols. Lisboa: Portugália e Rio de Janeiro: Civilização Brasileira, 1938, vol. II, p. 619.

situação que lhe conferia um enorme poder, pois, além dos poderes de tal cargo, o principal representante régio dispunha também de uma série de possibilidades para recompensar os serviços feitos.

Serviços que podiam gerar prêmios, que, por sua vez, permitiam a realização de novos serviços e a obtenção de novas remunerações numa escala crescente, se bem sucedidos. Daí frei Jaboatão lembrar-nos, com certo espanto, "que o prêmio que se deu aos conquistadores de umas [Índias Orientais] foi o trabalho de conquistar as outras [Índias Ocidentais]" e que também, continua o religioso:

> não deixa de ser motivo para o reparo, que exceto um ou outro dos que vieram ao Brasil fundar capitanias, depois que o mereceram por serviços na Índia, quase todos, vindo de lá tão abastados de bens e haveres, acabaram nas conquistas de cá [Brasil] objetos da pobreza.[2]

Servir a Coroa, mesmo nos cargos da administração colonial, implicava custos de maior ou menor monta e também arcar com os possíveis prejuízos. Mem de Sá, por exemplo, ao pedir substituto, explicava ao rei:

> afirmo a Vossa Alteza que não sou para esta terra, eu nela gasto muito mais do que tenho de ordenado; o que me pagam é em mercadorias que não me servem, e eu fui sempre ter guerras e trabalhos onde hei de dar de comer aos homens que vão pelejar e morrer sem soldo nem mantimento porque não há para lho dar.[3]

A ideia corrente pressupunha que o encarregado da tarefa ou o ocupante do posto, na falta de verbas reais, arcasse com os custos ou, pelo menos, viabilizasse os recursos necessários, sempre, é claro, na expectativa de que a Coroa compensasse os gastos, restituindo o valor despendido ou concedendo mercês, muitas vezes simbólicas.

---

[2] JABOATÃO, A. de S. M., *Novo Orbe Serafico Brasilico (1761)*, 3 vols. Rio de Janeiro: Instituto Histórico e Geográfico Brasileiro, 1858 (1ª ed. integral), vol. I, p. 134. Tal ideia também está presente em outros autores que tratam da doação das capitanias, como Gabriel Soares de Sousa ou Simão de Vasconcelos.

[3] "Carta de Mem de Sá, governador do Brasil para el-rei em que lhe da conta do que passou e passa lá e lhe pede em paga dos seus serviços o mande vir para o Reino" de 31 de março de 1560, publicada nos *Anais da Biblioteca Nacional*. Rio de Janeiro: Biblioteca Nacional, 1876- , vol. 27, p. 229.

Exemplo dessa situação é o famoso episódio em que D. João de Castro, quarto vice-rei da Índia, premido pela necessidade urgente de reconstruir a fortaleza de Diu, destruída após o chamado "segundo cerco de Diu" em 1546, apelou à Câmara de Goa, evocando o "antigo costume e grande virtude, que é acudirdes sempre às extremas necessidades de Sua Alteza", solicitando em seu nome o empréstimo dos recursos necessários para a obra, para o que mandou desenterrar D. Fernando, seu filho, "que os mouros mataram nesta fortaleza", lutando pelo serviço de Deus e do rei, "para vos mandar empenhar os seus ossos, mas acharam-no de tal maneira, que não foi lícito ainda agora de o tirar da terra; pelo que me não ficou outro penhor, salvo as minhas próprias barbas", por, continua o vice-rei, não possuir nem ouro, nem prata ou outros bens com que pudesse "segurar vossas fazendas, somente uma verdade seca e breve"[4].

As dificuldades da fazenda régia não eram privilégio da Índia portuguesa, nas partes do Brasil também escasseavam constantemente os recursos, obrigando, particularmente nos momentos de maior necessidade, que os membros da administração viabilizassem recursos, próprios ou alheios.

Brás Cubas, por exemplo, durante um dos períodos em que ocupou o cargo de capitão-mor da capitania de São Vicente, entre 1545 e 1549, teria gasto de sua fazenda na guerra contra os indígenas mais de 200 mil réis, valor que na época equivaleria ao ordenado anual do provedor-mor ou do ouvidor geral ou ainda metade do valor pago ao governador geral[5].

---

[4] "Carta que o governador D. João de Castro escreveu de Diu à cidade de Goa" de 23 de novembro de 1546, publicada por ANDRADE, J. F. de, *Vida de D. João de Castro* (1651). Lisboa: Agência Geral das Colónias, 1940, p. 220.

[5] Brás Cubas pediria ao rei a restituição dos gastos, sendo atendido, desde que Tomé de Sousa os comprovasse. Cf. "Alvará para Tomé de Sousa ... acerca das despesas feitas por Brás Cubas, antigo capitão e ouvidor na capitania de Martim Afonso de Sousa" de 13 de dezembro de 1551, publicado por CORTESÃO, J., *Pauliceu Lusitana Monumenta Historica*, 3 vols. Rio de Janeiro: Real Gabinete Português de Leitura, 1956-61, tomo I, p. 334. Os ordenados podem ser vistos no "Livro 1º do registro de provimentos seculares e eclesiásticos da cidade da Bahia e terras do Brasil", publicado na coleção *Documentos Históricos*, 110 vols. Rio de Janeiro: Biblioteca Nacional, 1928-55, vols. 35 e 36, p. 8, 23 e 172 do vol. 35 (citado daqui em diante como "Livro 1º do registro de provimentos").

No século seguinte, em 1624, Martim de Sá, capitão-mor da capitania do Rio de Janeiro pela terceira vez, também relatava ao Monarca que, dada a falta de recursos da Fazenda Real, os reparos necessários nas fortalezas da barra da Baía da Guanabara, "por ser [negócio] de tanta importância [...] , como posso, a minha própria custa, as vou reparando", afirmando ainda ao rei, "que estimara [que] eu fora mui grande para todo gastar em seu real serviço"[6]. Mencionava que sobre tais despesas "tenho papéis mui justificados de que contará quando Vossa Majestade seja servido mandar que [eu] possa tratar da satisfação" delas[7]. Gastos e trabalhos que a Câmara da cidade atestava numa carta, na qual os oficiais afirmam ao rei que Martim de Sá depois que chegou à cidade vai "gastando nisso [na defesa dela] muito da sua fazenda com seus criados, escravos e embarcações, a sua custa e despesa, mostrando o grande zelo que tem do serviço de V. Majestade"[8-9].

D. João de Castro, porém, era um caso raro dentre os homens que iam para as conquistas, em geral, ávidos por riquezas. Talvez por isso tenha conseguido o empréstimo empenhando apenas "as barbas", como garantia da própria palavra. Brás Cubas e Martim de Sá são apenas dois exemplos da ampla maioria daqueles que não desperdiçavam oportunidades de fazer fortuna, tanto no Oriente como no Ocidente.

---

[6] Diga-se de passagem que o sucessor de Martim de Sá, Constantino de Menelau, utilizou termos muito parecidos em sua correspondência com o rei, afirmando ficar "desamparado do remédio [da fazenda real], sem embargo do que, seguirei o intento que digo até acabar de gastar o que possuo, pesaroso de não ser muito". "Carta de Constantino Menelau" de 1º de outubro de 1625. *Arquivo Nacional da Torre do Tombo*, Corpo Cronológico, parte I, maço 117, documento 74.

[7] Cf. "Carta de Martim de Sá a Filipe III" de 5 de março de 1624, publicada por FERREZ, G., *O Rio de Janeiro e a Defesa do seu Porto 1555-1800*, 2 vols. Rio de Janeiro: Serviço de Documentação Geral da Marinha, 1972, p. 117.

[8] A possibilidade que tal carta tenha sido escrita a pedido do próprio Martim de Sá não pode ser deixada de lado. "Carta da Câmara do Rio de Janeiro, dirigida ao rei Filipe III, na qual lhe relata os relevantes serviços prestados pelo Capitão-mor Martim de Sá" de 21 de fevereiro de 1623, publicada por ALMEIDA, E. de C. e, *Inventário dos Documentos Relativos ao Brasil Existentes no Arquivo de Marinha e Ultramar de Lisboa*, 9 vols. Rio de Janeiro: Biblioteca Nacional, 1913–1951, vol. VI, p. 4 (Separatas dos *Anais da Biblioteca Nacional*).

[9] Interessante também sobre esse tema é uma passagem do panegírico fúnebre do governador D. Afonso Furtado, em que o autor conta em evidente exagero que "gastou nosso herói mais fazenda sua em serviço de seu príncipe e obras pias do que gastaram juntos cinco antecessores seus". SCHWARTZ, S.; PÉCORA, A. (Org.), *As Excelências do Governador*. São Paulo: Companhia das Letras, 2002, p. 281.

Assim, dadas as dificuldades de a fazenda régia em arcar com os custos elevados de manutenção do extenso Império, contar com os recursos dos vassalos, detentores de cargos ou não, era fundamental para a Coroa. Daí que, em alguns momentos, a Coroa negociasse explicitamente o provimento de determinados cargos mediante o compromisso de o agraciado em fazer algum serviço ou benfeitoria[10]. Estabelecia-se uma espécie de parceria, servir o rei implicava gastos, mas também possibilidades de ganhos, tanto econômicos como sociais.

Exemplo dessa prática é o episódio relatado por Garcia de Resende, em que D. João II aconselhava certo vassalo: "eu vos mando a Mina [São Jorge da Mina], não sejas tão peco [néscio] que venhas de lá pobre", e Garcia de Resende explicava em seguida: "folgava el-rei que seus oficiais não lhe roubassem sua fazenda e soubessem fazer seu proveito"[11]. Tal equação, porém, nem sempre era seguida, como se pode constatar pelas diversas devassas e denúncias sobre o comportamento dos funcionários régios. Nem todos os procedimentos adotados eram ilegais, alguns seriam, em alguma medida, questionáveis; outros, que hoje seriam condenáveis, eram, naquele momento, aceitos plenamente.

Existiam, é claro, limites que não podiam ser ultrapassados, sob o risco para quem o fizesse de ser preso por ordem régia ou deposto pelos moradores. Aproveitar as possibilidades legais de enriquecimento, não abusar das ilegais, garantir o cumprimento das tarefas exigidas e manter boas relações com os superiores poderiam ser os itens de uma receita para um membro da administração ser bem-sucedido.

Nem todos conseguiam. O governador geral Diogo Botelho numa carta pessoal ao Conde de Linhares, então vedor da fazenda real, reclamava que Francisco de Sousa Pereira, capitão da Paraíba, era um *"miserum senatorem"*, pois era:

---

[10] Cf. "Nombramiento para la capitanía de Seigipe en el estado del Brazil" de 8 de março de 1606. Archivo General de Simancas, Sec. Provinciales, códice 1476 – Livro de consultas de África e conquistas, de 1605 a 1607, fl. 61 e "Resposta de Pedro Cadena sobre preços de obras mandadas fazer por conta da Fazenda Real, seus serviços no Brasil, pedido de mercês" de 1630, que consta do *Livro 1º do Governo do Brasil*. Rio de Janeiro: Ministério das Relações Exteriores, 1958, p. 417.

[11] RESENDE, G. de, *Livro das Obras de Garcia de Resende* (1545), edição crítica de Evelina Verdelho. Lisboa: Calouste Gulbenkian, 1994, p. 416.

homem de pouca prudência e sustância e esta pobre e no cabo de seu tempo deve el-rei de mandar ir porque nem se sabe aproveitar e governa de maneira que pôs agora em risco a capitania e todo este estado.

Francisco de Sousa Pereira ordenara guerra para cativar indígenas contra um acordo de paz e contra o regimento real, que mandava que nenhum capitão fizesse entrada ao sertão, nem mandasse fazer, sem ordem e licença do governador geral, sendo inclusive por isso preso e suspenso por certo tempo de suas funções[12].

Mem de Sá, por exemplo, foi mais um dos que souberam "fazer seu proveito", pois no final das contas, do ponto de vista material, não poderia se queixar, afinal mesmo gastando no serviço do rei mais, segundo ele, do que seu ordenado, nem por isso deixou de amealhar considerável fortuna, não ficando, contudo, isento de críticas sobre seu comportamento.

Seus críticos conhecidos foram Gaspar de Barros Magalhães e Sebastião Álvares. Os dois, oficiais da fazenda que em 1562 também faziam parte da Câmara de Salvador, enviaram à Coroa uma carta com sugestões sobre o funcionamento da administração colonial e com pesadas críticas ao governador geral Mem de Sá e ao ouvidor geral Brás Fragoso[13]. Ambos pediram ao rei que mandasse como governador "homem fidalgo virtuoso e que não seja cobiçoso" e que este só possa,

---

[12] O interessante é que Diogo Botelho utiliza o mesmo termo empregado por Garcia de Resende. "Carta de Diogo Botelho ao Conde de Linhares" escrita em Olinda aos 23 de agosto de 1602. *Arquivo Nacional da Torre do Tombo*. Cartório dos Jesuítas, maço 71, documento 3.

[13] Sebastião Álvares, cavaleiro da casa real, foi nomeado escrivão da fazenda por D. João III, servindo a partir de 1554; acompanhou Mem de Sá na conquista do Rio de Janeiro; serviu ainda como capitão de uma caravela; foi escrivão do tesouro a partir de 1560; além de vereador da Bahia em 1562, sertanista e ouvidor em 1576. Ele ou o filho ergueram, na sesmaria recebida pelo pai, o famoso engenho Freguesia, estudado por Wanderley Pinho. *História de um Engenho do Recôncavo*, 2ª ed. São Paulo: Companhia Editora Nacional, 1982; e "Traslado da carta de Sebastião Alves, escrivão da fazenda" de 21 de agosto de 1554, que consta do "Livro 1º do registro de provimentos", publicado nos *Documentos Históricos, Op. cit.*, vol. 35, p. 231. Gaspar de Barros Magalhães, fidalgo, casado com Catarina Lobo de Barbosa Almeida, uma das três órfãs mandadas pela Rainha D. Catarina para casar com pessoas principais, serviu na administração e foi oficial da Câmara de Salvador. Cf. Frei Antônio de Santa Maria Jaboatão, "Catálogo genealógico das principais famílias ...", publicado na *Revista do Instituto Histórico e Geográfico Brasileiro*, tomo 52, p. 203.

nas palavras da época, resgatar – ou seja, trocar com os indígenas – para sua casa mantimentos e não âmbar e escravos, porque se não vem com essa condição:

> somos perdidos, como estamos porque tomaram todos os resgates de âmbar e escravos e para adquirirem assim tudo não pode ser senão com muitas sem justiças e dissoluções, sendo cobiçosos.

E dessa forma perdem o proveito os moradores que "a custa do seu sangue e seu trabalho", ganharam e sustentam "a terra e que [hão] de morrer por ela [...] e parecia justiça e razão haverem os moradores este proveito que não quem o não ganhou nem mereceu e que as mãos lavadas leve o suor de quem o ganhou".

Na mesma carta solicitaram também que se pagasse o salário do governador e do ouvidor no reino, "por que há cá muito pouca fazenda de Vossa Alteza para se pagarem e a que há levam eles e há muitas pessoas e oficiais que servem vossa alteza que padecem muitas misérias por isso", e concluem, enfatizando o pedido para o rei, "nos mande governador e ouvidor mais domésticos, misericordiosos e que seus intentos sejam servir a Deus e a Vossa Alteza e libertar suas consciências e não cobiças e resgates"[14].

As acusações endereçadas a Mem de Sá, à primeira vista, surpreendem, afinal este governador geral é dos mais bem vistos, tanto pela historiografia como pelos cronistas do período, isso sem contar os jesuítas, com os quais mantinha relações muito estreitas, e a carta dos oficiais da fazenda é provavelmente o único documento conhecido que contém críticas relativas ao caráter do governador.

Surpreende também pelo fato de os críticos serem pessoas próximas ao governador geral. Afinal, Sebastião Álvares o acompanhou na expulsão dos franceses do Rio de Janeiro em 1560, sendo um dos homens que comia à sua mesa[15] e que, alguns anos depois de ter escrito a citada carta, seria escolhido pelo próprio governador para depor nos chamados "Instrumentos de Mem de Sá", documento favorável ao seu governo;

---

[14] "Carta dos Oficiais da Fazenda da cidade do Salvador ..." de 24 de julho de 1562, publicada nos *Anais da Biblioteca Nacional*, vol. 27, p. 239.

[15] "Processo de João de Bolés", publicado nos *Anais da Biblioteca Nacional*, vol. 25, p. 270.

Gaspar de Barros Magalhães também parecia gozar de boas relações com Mem de Sá, pois fora por este nomeado contador da fazenda e, na ausência dele, juiz dos feitos da fazenda, tendo servido ainda como tesoureiro da fazenda[16]. Wanderley Pinho especula que Sebastião Álvares teria se indisposto com o governador por ter perdido o cargo, cujo mandato teria sido prorrogado por D. Duarte da Costa[17], de quem era aliado, para só posteriormente, ao receber uma sesmaria, passar a manter boas relações com o novo governador. Tal explicação poderia ser estendida para Gaspar de Barros Magalhães que perdeu o posto de tesoureiro, que servia interinamente, quando Mem de Sá deu o ofício para outro[18].

Contudo, independentemente dos motivos, tais acusações não podem ser descartadas, seguindo a velha máxima jurídica, *testis unus, testis nullus*, afinal podem nos ajudar muito a entender como Mem de Sá tornou-se um dos mais ricos proprietários e provavelmente o maior senhor de engenho das partes do Brasil ao longo de seu governo. Este amealhou invejável patrimônio, composto por dois engenhos, o que ficaria conhecido por engenho de Sergipe do Conde, no recôncavo de Salvador, que era provavelmente o maior e mais importante engenho da colônia, e outro em Ilhéus, em terras doadas pelo donatário antes mesmo de Mem de Sá chegar às partes do Brasil[19].

---

[16] Cf. a "Provisão do governador para Gaspar de Barros servir de Contador" de 3 de janeiro de 1560 e o "Alvará por que foram providos Gaspar de Barros e Diogo Lopes de Meira de juízes dos feitos da fazenda na ausência do governador Mem de Sá para o Rio de Janeiro" de 10 de Janeiro de 1560, porém não temos o provimento para o posto de tesoureiro, mas ele vem assim nomeado nos "Assentamentos das dignidades, cônegos, meios cônegos, capelães e moços de coro" que constam do "Livro 1º de provimentos", publicado nos *Documentos Históricos, Op. cit.*, vol. 36, p. 53, 67 e 93 e seguintes, respectivamente.

[17] Ver "Traslado e registro da provisão do senhor governador D. Duarte da Costa que passou a Sebastião Álvares de escrivão da fazenda" em 21 de agosto de 1557, sem prazo fixado, que consta do "Livro 1º do registro de provimentos", publicado em *Documentos Históricos, Op. cit.*, vol. 35, p. 398. Entre o primeiro provimento e o segundo, Sebastião Álvares foi enviado ao Reino por D. Duarte da Costa como capitão de uma caravela.

[18] "Carta de Mem de Sá a frei Bartolomeu, religioso de Santo Agostinho em Nossa Senhora da Graça de Lisboa, sobre o provimento dos ofícios da cidade do Salvador que el-rei tinha mandado aplicar a dotes para casamento das órfãs que do Reino lhe enviaram", *Arquivo Nacional da Torre do Tombo*. Cartas Missivas, Maço 1, Documento 397.

[19] Cf. "Sentença contra Jorge de Figueiredo, capitão que fora da capitania de São Jorge do Rio dos Ilhéus ... pela qual se julgou que deviam pagar dízima na alfândega de Lisboa, das coisas e mercadorias que viessem da mesma capitania", dada em Lisboa em 5 de maio de 1557, publicado em *As Gavetas da Torre do Tombo*, 12 vols. Lisboa: Centro de Estudos Históricos Ultramarinos, 1960–77, vol. II, p. 582.

O testamento do governador nos dá mais informações sobre a dimensão de seu patrimônio. Consta que era proprietário do que deveria ser o maior rebanho da Bahia, com quase 500 cabeças de gado, parte num curral no rio Joannes ao norte de Salvador e o restante em Sergipe (do Conde) e que mantinha diversas transações comerciais, pois, como ele mesmo escreve, "tenho mandado muito açúcar ao Reino"[20] por Salvador e Ilhéus. Para tanto mantinha representantes comerciais no Reino, provavelmente em Lisboa, os quais deveriam ser os responsáveis pela maior parte dos seus negócios, mas também possuía relações comerciais com Viana e com Flandres, para onde tinha mandado, pouco antes de sua morte, quase quatrocentas arrobas de açúcar para a primeira cidade e mais de mil arrobas para a última. Além do açúcar, Mem de Sá também enviava pau-brasil para o Reino, recebendo por sua vez uma quantidade muito grande de mercadorias, que iam de toda sorte de ferramentas em grande quantidade até alimentos, roupas, entre outras coisas[21].

Tal produção exigiria grande quantidade de mão de obra, daí não causar surpresa encontrarmos no inventário feito no engenho de Sergipe 303 escravos, desconsiderando a afirmação do sobrinho Simão de Sá, de que ainda havia 98 escravos não lançados em receita, por ter o governador mandado Domingos Ribeiro[22] levá-los embora do engenho, e outros 21 escravos, que, embora estivessem no engenho, eram do sobrinho, que os herdara de Estácio de Sá, falecido alguns anos antes. A escravaria do engenho de Santana em Ilhéus, embora menor, também era significativa, totalizando no inventário pouco mais de 130 escravos.

---

[20] PINHO, W., *Testamento de Mem de Sá*. Rio de Janeiro: Imprensa Nacional, 1941, p. 86.

[21] O "testamento de Mem de Sá", diversos inventários e o "contrato de dote e arras de D. Filipa de Sá e D. Fernando de Noronha" foram publicados nos *Documentos para a História do Açúcar*, 3 vols. Rio de Janeiro: IAA, 1956, vol. III.

[22] Domingos Ribeiro, morador de uma ilha em Sergipe do Conde e criado de Mem de Sá, foi denunciado na chamada primeira visitação do Santo Ofício às partes do Brasil por ter entregue, por volta de vinte anos antes, uma arma de fogo a um índio para obter uma escrava. No inventário de Mem de Sá, além da citada passagem em que ele teria levado escravos para fora do engenho, seu nome aparece como responsável pela entrada de 26 escravas índias. Cf. *Primeira Visitação do Santo Ofício às Partes do Brasil – Denunciações da Bahia* (1591–1593). São Paulo, 1925, p. 296 e "Inventário do engenho de Sergipe por Morte de Mem de Sá" de 1572, publicado nos *Documentos para a História do Açúcar, Op. cit.*, vol. III, p. 48 e 62.

Vale lembrar que dentre os escravos de Sergipe, com certeza 18 eram africanos e, em Santana, em Ilhéus, outros 9, denominados genericamente como negros da Guiné, em contrapartida aos negros da terra. Esses deveriam ter origem variada, pois tanto num como noutro engenho existiam escravos trazidos de Pernambuco e no de Ilhéus havia um número considerável de escravos tamoios, provavelmente trazidos do Rio de Janeiro[23].

No inventário também é arrolada uma grande quantidade de açúcar encontrada nos engenhos, parte ainda em processo de produção, que totalizariam, segundo o contrato de casamento da filha, Filipa de Sá, mais de 1300 arrobas, algumas peças de artilharia e outras armas, além de quantidade significativa de equipamentos de cobre, além disso, o falecido governador ainda enviara uma quantidade de cobre a um caldeireiro na Ilha da Madeira[24]. Mem de Sá possuía, ainda, seis mil quintais de pau-brasil recolhidos no Rio de Janeiro que seriam enviados ao Reino e grande quantidade de fazendas em Salvador, remetidas do Reino e avaliadas em três mil cruzados.

Tal patrimônio nos parecerá ainda mais grandioso se lembrarmos que Mem de Sá reuniu a maior parte dele em apenas 14 anos, período em que esteve à frente do Governo Geral, e que, graças à sua fortuna, sua filha pôde casar com um dos grandes do Reino, o futuro Conde de Linhares. Contudo o caso de Mem de Sá não é único, embora possivelmente seja o mais grandioso, afinal outros vassalos envolvidos direta ou indiretamente com a administração colonial no período também conseguiram amealhar grandes fortunas.

Tais fortunas no Brasil, como se percebe pela leitura do testamento e dos inventários de Mem de Sá, eram estruturadas a partir das atividades produtivas, ao contrário das feitas no Oriente, originadas no comércio ou no saque. A diferença entre as bases econômicas dos dois lados do Império teria implicações profundas, embora não impedissem que, no período aqui estudado, as guerras ocupassem um papel central em ambas as partes. No Oriente, as guerras visavam ao controle sobre mercadorias e sobre circuitos comerciais estabelecidos, além de permitir

---

[23] Cf. os inventários publicados nos *Documentos para a História do Açúcar, Op. cit.*, vol. III.

[24] "Contrato de dote e arras de D. Filipa de Sá e D. Fernando de Noronha" de 1573 publicado nos *Documentos para a História do Açúcar, Op. cit.*, vol. III, p. 319.

uma acumulação fácil graças à rapina disseminada. No Brasil, as guerras visavam ao controle sobre as terras da faixa costeira, nas quais se estruturou particularmente a produção açucareira e o extrativismo do pau-brasil, além de fornecerem os trabalhadores necessários, graças ao cativeiro das populações derrotadas[25].

Daí que nas partes do Brasil os vassalos ricos fossem essencialmente os grandes proprietários de terras, muitos deles também senhores de engenho; porém nesses primeiros tempos tais fortunas precisavam ser criadas praticamente do nada. Para tanto, a participação no governo da conquista constituiu-se num dos caminhos possíveis e, provavelmente nesse momento, no mais simples e rápido.

Afinal a administração colonial oferecia a seus membros ou a pessoas a eles ligadas uma série de possibilidades de auxílio à formação de patrimônios, tanto lícitos, como ilícitos, fosse pelo uso dos recursos da pequena arca de mercês manejada diretamente na colônia, da qual a terra era o principal item, fosse por outros expedientes. Além disso, era ainda a administração colonial que mediava, via cartas e certidões, o acesso à grande arca de mercês, materiais e simbólicas, controlada pelo rei.

Os governadores gerais, ao comandarem a administração colonial, controlavam também amplas possibilidades para o enriquecimento dos vassalos envolvidos no governo da conquista, possibilidades que não guardavam apenas para si. Os mais importantes representantes régios eram, contudo, "homens ultramarinos", na fórmula de Alencastro, que almejavam sua promoção social e financeira na Metrópole, para onde retornariam após o término do governo, daí que não tenham se inserido na elite colonial, embora tenham cumprido um papel central na criação desta, particularmente favorecendo as pessoas mais próximas a eles.

Os treze governadores gerais que tomaram posse entre 1549 e 1630, desconsiderando os substitutos, apresentaram tal perfil. Desconsiderando Lourenço da Veiga e Manuel Teles Barreto, que faleceram no exercício

---

[25] Sobre a importância das guerras nos dois principais espaços do Império português, veja-se a opinião de dois governadores, Diogo Botelho, na citada carta ao Conde de Linhares, e Martim Afonso de Sousa, na "Carta para o rei, datada de Cochim, de 24 de dezembro de 1536", publicada por ALBUQUERQUE, L. de (Org.), *Martim Afonso de Sousa*. Lisboa: Alfa, 1989, p. 50.

do cargo e Diogo de Mendonça Furtado, aprisionado pelos holandeses após a queda de Salvador, para os quais temos poucas informações, todos os outros não deixaram de aproveitar o período de governo para obterem vantagens materiais, beneficiando-se do posto que ocupavam.

Nenhum governador que concluiu seu mandato com vida deixou, contudo, de voltar ao Reino; dos que faleceram exercendo o posto o caso mais interessante é o de Mem de Sá, que provavelmente retornaria a Portugal, pois o casamento de sua filha com um dos grandes do Reino, o Conde de Linhares, atestou sua condição de "homem ultramarino".

Vários destes governadores deixaram, ao retornar ao Reino, um considerável patrimônio na colônia, próprio ou de parentes próximos, como irmãos ou filhos, mas com certeza absoluta o único filho de um governador geral que permaneceu nas partes do Brasil foi D. Luís de Sousa Henriques, filho de D. Francisco de Sousa, que casou em Pernambuco com a filha de João Paes Barreto, um dos moradores mais ricos da colônia, que chegou a possuir entre oito ou dez engenhos de açúcar[26].

No que poderíamos chamar de segundo escalão da administração colonial a situação era diferente, pois podemos encontrar tanto os chamados homens "coloniais" como os "ultramarinos". Manuel de Mascarenhas Homem, após servir como capitão-mor de Pernambuco por indicação régia, tendo inclusive comandado a conquista do Rio Grande, tornou-se senhor de mais de um engenho[27]. Acabou por retornar ao Reino e seguiu numa jornada de socorro à Malaca, como "general duma das esquadras da Armada com que se há de fazer guerra aos holandeses", o que lhe valeu uma série de mercês, tais como nomeação para o Conselho do rei, promessa de uma comenda de 400 mil réis e a capitania-mor de uma

---

[26] SALVADOR, V. do, *História do Brasil* (1627), 5ª ed. São Paulo: Melhoramentos, 1965, p. 364.

[27] "Carta do bispo D. Pedro de Castilho a el-rei sobre a consulta da Mesa de Consciência referente ao dinheiro que por ordem de Manuel Mascarenhas Homem se despendeu nas obras da fortificação do Rio Grande" de 13 de agosto de 1605, Biblioteca da Ajuda, códice 51-V-84, "Cópia de Cartas do vice-rei a Sua Majestade", fl. 12. Manuel Mascarenhas Homem, por tomar o dinheiro do cofre dos defuntos por mandado do governador do Brasil para os gastos com a fortaleza do Rio Grande, teve uma série de problemas, tendo os frutos dos engenhos e de uma comenda que já possuía sequestrados. "Documento enviado pela Mesa da Consciência sobre Manuel Mascarenhas" de 17 de outubro de 1605, *Archivo General de Simancas*, Sec. Provinciales, códice 1476 – Livro de consultas de África e conquistas, de 1605 a 1607, fls. 92 e 92 v.

viagem das naus da Índia[28]. Não retornou mais ao Brasil, desfazendo-se dos seus engenhos em Pernambuco. Outros, atestando sua condição de "homens coloniais", acabaram por enraizar-se na colônia, onde deixaram descendência, como Cristóvão de Barros, provedor-mor da fazenda, ou Salvador Correia de Sá, capitão-mor do Rio de Janeiro.

A permanência nas partes do Brasil foi a opção principal dos funcionários intermediários que conseguiram acumular propriedades. Nesse caso, mais do que nos outros, a volta ao Reino poderia significar regressão social, pois o prestígio alcançado e o patrimônio reunido na colônia dificilmente poderiam ser desfrutados na metrópole.

As referências, no patrimônio de Mem de Sá, a âmbar, pau-brasil, açúcar, armas, gado, terras e escravos nos dão importantes pistas para podermos entender não só como Mem de Sá reuniu sua fortuna, mas também como se estruturou a parcela mais importante da elite colonial.

Tais itens podem ser divididos em dois grupos. O primeiro, formado pela terra e pelo acesso à mão de obra indígena, é decisivo para a constituição do patrimônio da parcela da nascente elite colonial vinculada ao governo da conquista e por isso merecerá um destaque especial adiante, neste e nos capítulos finais deste trabalho. O segundo grupo compõe-se de outras vantagens que, sob o controle da administração, poderiam ser revertidas em favor de certas pessoas, auxiliando no processo de formação do patrimônio destes, como veremos no último item deste capítulo. Afinal, naquele momento em que o público e o privado ainda não estavam completamente distintos, os recursos públicos eram utilizados frequentemente em benefício privado sem maiores problemas, embora o contrário também ocorresse.

---

[28] "Carta de el-rei ao Bispo D. Pedro de Castilho" de 27 de dezembro de 1604 e "Carta de el-rei ao Bispo D. Pedro de Castilho sobre as petições de Álvaro de Carvalho" de 22 de janeiro de 1605. Biblioteca da Ajuda, códice 51-VIII-06, "Cartas de Filipe II para o Bispo D. Pedro de Castilho", fl. 5 v. e 26 v., respectivamente. Por outro documento são feitas ainda as mercês do importante posto de capitão da fortaleza de Malaca, com direito à capitania de uma viagem à China; contudo não sabemos se tais mercês eram somadas às anteriores ou no lugar delas, registre-se ainda que embora Manuel Mascarenhas Homem tenha ido efetivamente à Malaca, ao que parece não chegou a assumir o governo da fortaleza. "Despacho de Filipe II para o arcebispo de Lisboa, D. Miguel de Castro, vice-rei de Portugal" de 28 de março de 1617. Archivo General de *Simancas*, Sec. Provinciales, códice 1515 – Registro de despachos de D. Filipe III de Espanha, II de Portugal, fls. 28 v. e 29.

A DISTRIBUIÇÃO DAS SESMARIAS

O primeiro aspecto que merece ser abordado é o da distribuição das terras americanas controladas por Portugal, pois, como analisado no primeiro capítulo, estas foram incorporadas ao patrimônio régio e doadas em sesmarias aos vassalos[29]. O poder de conceder as terras era em última instância do rei, que o delegava aos seus representantes na colônia, contudo ele próprio raramente as concedia de forma direta e, quando fazia, era em geral para grandes figuras do Reino ou para importantes membros da administração colonial e seus parentes, que na maioria dos casos recebiam largas porções de terras[30].

Algumas das mais antigas cartas de sesmarias que conhecemos atestam tal situação. Nelas são igualmente beneficiados com 12 léguas de terras Duarte Dias e Miguel de Moura, secretários do rei D. Sebastião, ou ainda Tomé de Sousa e Luís de Brito de Almeida, governadores gerais, o primeiro recebeu 6 léguas depois de já ter servido o cargo e o segundo 12 léguas momentos antes de embarcar para tomar posse[31].

Coube, portanto, aos delegados régios a maior parte da distribuição das terras das partes do Brasil, o que lhes conferia imenso poder. No primeiro momento tal prerrogativa foi conferida aos donatários, para em seguida, após a criação do Governo Geral, ser estendida ao governador[32]. Daí acabou também delegada aos capitães-mores das capitanias régias.

---

[29] "Das Sesmarias", título LXVII do quarto livro das *Ordenações Manuelinas* (1514), 5 vols. Lisboa: Calouste Gulbenkian, 1984, p. 164.

[30] Para uma visão geral das sesmarias, ver PORTO, C., *Estudo Sobre o Sistema Sesmarial*. Recife: Universidade Federal de Pernambuco, 1965; LIMA, R. C., *Pequena História Territorial do Brasil*, 5ª ed. São Paulo: Arquivo do Estado, 1991; e RAU, V., *Sesmarias Medievais Portuguesas*. Lisboa: Bertrand, 1946.

[31] "Registro de Doze Léguas de terra de Duarte Dias" de 2 de janeiro de 1573, "Registro da carta de Miguel de Moura" de 27 de fevereiro de 1573 e "Registro da carta de sesmaria de doze léguas de terra de Luís de Brito de Almeida Governador, que foi destas partes" de 23 de janeiro de 1573, todos publicados nos *Documentos Históricos, Op. cit.*, vol. 14, p. 441, 455 e 450 respectivamente. Já a "Doação de seis léguas de Terra no Brasil a Tomé de Sousa" de 10 de dezembro de 1563 e a outra "Doação a Tomé de Sousa de seis léguas de Terra no Brasil em lugar das que lhe deram já" de 20 de outubro de 1565 foram publicadas pelo SILVA, I. A. de C. e, *Memórias Históricas e Políticas da Bahia*, 6 vols. Salvador: Imprensa Oficial, 1919-1940, vol. I, p. 275 e 276.

[32] Cf. "Doação da Capitania de Pernambuco", publicada, entre outros lugares, em *Doações e Forais das Capitanias do Brasil* (1534-1536), apresentação, transcrição e notas de Maria José Chorão. Lisboa: Arquivo Nacional da Torre do Tombo, 1999, p. 15 e "Regimento

No regimento de Tomé de Sousa, contudo, a possibilidade de distribuição de sesmarias era limitada às terras no termo de Salvador, ou seja, à área de 6 léguas em torno da cidade, pois para as demais terras da capitania, então a única régia, o rei deveria ser consultado antes[33].

Posteriormente, com a conquista do Rio de Janeiro, Mem de Sá concedeu ao sobrinho Salvador Correia de Sá, segundo capitão-mor do Rio de Janeiro, "poder para dar de sesmarias terras e chãos conforme o regimento e capítulo del-rei Nosso Senhor por onde as ele dava na Bahia"[34]. Cristóvão de Barros, terceiro capitão-mor, nomeado pelo rei, deveria servir conforme as instruções régias com os "poderes e alçada que teve e de que usou Salvador Correia de Sá"[35], o que lhe permitiu distribuir terras.

Além disso, Cristóvão de Barros levou um alvará, no qual o rei autorizava expressamente o novo capitão-mor a redistribuir as terras já dadas que não fossem aproveitadas no prazo de um ano. Tal alvará, contudo, só era invocado nos casos de redistribuição, pois as terras até então não concedidas eram doadas com base apenas nos poderes confiados por Mem de Sá a Salvador Correia de Sá[36].

Com a divisão do Governo Geral em fins de 1572, foi concedido pela Coroa ao novo governador do Rio de Janeiro, Antônio de Salema, a faculdade de distribuir terras no termo da cidade do Rio de Janeiro, fato que seria invocado nas concessões de terras após o término de seu governo e o fim da dita divisão[37]. Assim, Salvador Correia de Sá, em seu segundo

---

de Tomé de Sousa" de 17 de dezembro de 1548, publicado por DIAS, C. M. (Dir.), *História da Colonização Portuguesa do Brasil*, 3 vols. Porto: Litografia Nacional, 1922, vol. III, p. 346 (citada daqui em diante apenas pelo título).

[33] Sobre o poder de conceder tais terras não existem outros registros, assim não sabemos se o rei ampliou os poderes do governador ou se estes foram ampliados sem autorização expressa.

[34] "Carta de sesmaria das terras e chãos de Pero Colaço e Martim da Costa" de 6 de setembro de 1573, que consta do *Tombo das Cartas de Sesmarias do Rio de Janeiro (1573-4 e 1578-9)*, publicado na coleção *Documentos Históricos*, vol. 111 (nova série). Rio de Janeiro: Biblioteca Nacional, 1997, p. 35.

[35] *Idem*, p. 34.

[36] "Carta de Sesmaria das terras de Francisco de Sousa" de 27 de outubro de 1573, *Idem*, p. 49. Ver também "Traslado de um Alvará em favor de Cristóvão de Barros, para conceder as terras de sesmaria aos moradores de São Sebastião, do Rio de Janeiro" de 27 de outubro de 1571. SERRÃO, J. V., *O Rio de Janeiro no Século XVI*, 2 vols. Lisboa: Comissão do IV Centenário do Rio de Janeiro, 1965, vol. II, p. 85.

[37] Não se conhece a íntegra do regimento dado a Antônio de Salema, mas o capítulo referente à concessão de terras é transcrito em algumas cartas de sesmaria e praticamente

mandato à frente da capitania, passou a distribuir sesmarias com base no regimento de Antônio de Salema e não mais, como tinha feito no seu primeiro governo, com base nos poderes conferidos por Mem de Sá[38].

Para as demais capitanias régias temos muito menos informações. Tomé da Rocha, capitão-mor de Sergipe, concedeu sesmarias em 1594 "por bem do regimento que para isso tem"[39], e Feliciano Coelho de Carvalho, capitão-mor da Paraíba, doou terras aos padres da Ordem de São Bento em 1599 conforme "minha provisão e ordem que de Sua Majestade tenho"[40], porém em ambos os casos tais documentos não foram registrados. De qualquer forma, os beneditinos, aparentemente por não terem registrado a carta no livro da fazenda no tempo fixado, obtiveram confirmação da doação de dois governadores gerais, primeiro de Diogo Botelho e depois de Diogo de Meneses[41].

Pelo regimento de Tomé de Sousa, as sesmarias concedidas nos mais variados tamanhos não precisavam de confirmação régia. Tal garantia era procurada no caso das grandes concessões e em doações que pudessem ser colocadas em dúvidas, por não atenderem parte das exigências estabelecidas ou por serem doadas por funcionários cuja autoridade pudesse ser contestada. Esse foi o provável motivo que levou Paulo Dias, cavaleiro da Ordem de São Tiago e morador de Salvador, a buscar a confirmação de D. Sebastião para sua sesmaria, concedida por Diogo Muniz Barreto, alcaide-mor, que servia como capitão na ausência de Mem de Sá, então no Rio de Janeiro[42]. Ou ainda o caso de João de Aguiar, mora-

---

repete os termos do regimento de Tomé de Sousa. Cf. "Carta de sesmaria da ilha de André de Leão" de 21 de outubro de 1578, *Idem*, p. 117.

[38] As cartas de sesmaria dadas nos governos posteriores continuaram baseadas no regimento de Antônio de Salema. Cf. "Carta de sesmaria de um chão para casas de João Carvalho" de 11 de março de 1593, que consta do *Tombo das Cartas das Sesmarias do Rio de Janeiro (1594-5 e 1602-5)*. Rio de Janeiro: Arquivo Nacional, 1967, p. 2.

[39] "Carta (de Sesmaria) de Tomé Fernandes" de 23 de julho de 1594, publicada por FREIRE, F., *História de Sergipe*. 2ª ed. Petrópolis: Vozes, 1977, p. 328.

[40] "Data de terra de Meriri" de 18 de agosto de 1599, que consta do *Livro do Tombo do Mosteiro de São Bento da Cidade da Paraíba*. Recife: Imprensa Oficial, 1947-1951 (formado por 4 separatas da revista do Arquivo Público Estadual de Pernambuco), f. 99 (a numeração da publicação segue a do manuscrito).

[41] *Idem*, f. 99 v.

[42] "Carta de confirmação de sesmaria concedida por Diogo Muniz Barreto" de 12 de agosto de 1560. Arquivo Nacional da Torre do Tombo, Chancelaria D. Sebastião e

dor de Salvador, que após receber uma sesmaria de duas léguas de frente por quatro de fundo no Rio de Janeiro, de Estácio de Sá, então capitão da nova capitania, pediu a Mem de Sá confirmação do benefício. Não podendo aproveitá-la repassou a Duarte de Sá, que obteve, por sua vez, a confirmação de D. Sebastião[43].

Dessa forma as sesmarias eram concedidas tanto pelo governador geral como pelo seu substituto, quando aquele se ausentava da Bahia, bem como pelos capitães-mores das capitanias reais, como a do Rio de Janeiro, em nome do rei e com base no regimento dado a Tomé de Sousa, enquanto nas chamadas "capitanias hereditárias" como São Vicente, era o capitão-mor quem concedia, mas em nome do donatário, seguindo o estabelecido na carta de doação e no foral.

No Maranhão, contudo, a partir da década de 1610, a repartição de terras foi desde o início objeto de disputa entre as várias autoridades. Gaspar de Sousa foi o primeiro a distribuir terras na região, pois como ele mesmo explicava ao rei:

> das terras do Maranhão estão muitas repartidas já assim por mim com ordem que para isso tive de Vossa Majestade, como pelo capitão-mor Alexandre de Moura que lá mandei com os mesmos poderes.[44]

Alexandre de Moura, que acabara de deixar o governo de Pernambuco, foi o responsável direto pela conquista do Maranhão durante a fase final da luta contra os franceses, distribuindo terras *in loco*, mas ao se retirar deixou um regimento ao primeiro capitão-mor do Maranhão, Jerônimo de Albuquerque Maranhão, em que o orientava para que não distri-

---

D. Henrique, Doações, Livro 15, fl. 94 v. (ao contrário dos demais reinados, os documentos relativos aos reinados de D. Sebastião e D. Henrique são organizados numa só Chancelaria).

[43] "Carta Régia confirmando a Sesmaria na Terra de Magipe no Rio de Janeiro, em favor de Duarte de Sá, parente de Simão de Sá" de 14 de outubro de 1574, Arquivo Nacional da Torre do Tombo, Chancelaria de D. Sebastião e D. Henrique, Doações, Livro 35, fl 61 v. e publicada por Joaquim Veríssimo Serrão, *O Rio de Janeiro no século XVI*, Op. cit., vol. II, p. 99.

[44] "Lembranças que fez Gaspar de Sousa que foi governador do Brasil do que convinha a conquista do Maranhão" de 1617, porém as instruções conhecidas de Gaspar de Sousa para Alexandre de Moura não tocam no assunto das terras. As "Lembranças ..." foram publicadas em STUDART, B. de, *Documentos para a História do Brasil e Especialmente a do Ceará*, 4 vols. Fortaleza: Minerva, 1909, vol. I, p. 124.

buísse outras sem ordens do rei ou do governador geral Gaspar de Sousa[45].

Interessante lembrar que Alexandre de Moura, pouco tempo antes, tinha sido incumbido pelo rei de ir ao Rio Grande redistribuir as terras dadas ali exatamente por Jerônimo de Albuquerque, que, ao doar uma área tão grande aos filhos, tinha causado espanto ao próprio monarca. Este fato talvez possa ajudar a explicar a decisão de não permitir que Jerônimo de Albuquerque Maranhão pudesse dividir as terras por conta própria[46].

Com a criação do Estado do Maranhão e a consequente independência administrativa diante do Estado do Brasil, as terras passaram a ser repartidas pelos governadores da nova jurisdição, mas estavam sujeitas à confirmação régia. Além disso, o governador deveria contar com o parecer favorável do provedor-mor do Estado, medidas que não eram seguidas no Estado do Brasil. Para Bento Maciel Parente, tal situação afugentaria os possíveis pretendentes, assim, num documento escrito pouco antes de tomar posse naquele governo, ele pedia que os governadores pudessem repartir as terras como no Brasil, "pelo menos de uma ou duas léguas de terras sem obrigação da dita confirmação"[47], o que não foi atendido. No regimento de André Vidal de Negreiros de 1655 o rei era taxativo: as terras "podereis dar, na forma e modo que se repartiram as demais e é uso em todo o Estado do Brasil, com cláusulas de haverem confirmação minha"[48]. As poucas confirmações de sesmaria do Estado do Maranhão encontradas nas chancelarias régias podem indicar que os proprietários não se preocuparam muito com essa questão.

---

[45] "Regimento que o capitão-mor Alexandre de Moura deixa ao Capitão-mor Jerônimo de Albuquerque por serviço de Sua Majestade para bem do governo desta província do Maranhão". *Documentos para a História da Conquista da Costa Leste-oeste do Brasil*. Rio de Janeiro: Biblioteca Nacional, 1905, p. 79 (separata dos *Anais da Biblioteca Nacional*, vol. 26).

[46] Cf. "Traslado do auto e mais diligências que se fizeram sobre as datas de terras da capitania do Rio Grande, que se tinham dado" de 21 de fevereiro de 1614, publicado na *Revista do Instituto Histórico do Ceará*, tomo 23, 1909, p. 112.

[47] "Relação do Estado do Maranhão feita por Bento Maciel Parente", escrita entre 1636 e 1637 e publicada nos *Documentos para a História da Conquista da Costa Leste-Oeste do Brasil, Op. cit.*, p. 195.

[48] "Regimento de André Vidal de Negreiros, dado em Lisboa, em 14 de abril de 1655", publicado por Marcos Carneiro Mendonça (Org.), *Raízes da Formação Administrativa do Brasil*, 2 vols. Rio de Janeiro: Instituto Histórico e Geográfico Brasileiro, 1972, vol. II, p. 703.

Posteriormente, tal faculdade seria cerceada também no Estado do Brasil pelo governador geral D. Vasco Mascarenhas, Conde de Óbidos, que, no chamado Regimento dos Capitães-mores, retirou a liberdade dos mesmos para conceder terras, sob a alegação de não terem jurisdição para isso, o que, como vimos acima, não era verdade[49]. Para o Conde de Óbidos, tal prerrogativa cabia unicamente ao governador ou vice-rei. Esse entendimento está presente nos "Fragmentos de uma memória sobre as sesmarias da Bahia", segundo o qual os capitães-mores das capitanias:

> passavam [cartas de sesmaria], mas [que] eram depois confirmadas pelo governador, capacitando-me que as davam a imitação do que antes praticavam os capitães donatários, e não porque tivessem jurisdição para isso.[50]

Nos últimos anos do século XVII e nos primeiros do XVIII, a Coroa deu grande atenção à questão fundiária, baixando em pouco tempo diversas resoluções para normatizar a distribuição e coibir abusos, notadamente no que se refere ao tamanho das concessões e a cobrança de foros, conforme a grandeza e bondade das terras[51].

No entanto, a história da ocupação fundiária na costa do Brasil no período anterior às lutas contra os holandeses só pode ser escrita em linhas gerais, pois a maioria dos livros de registros de terras se perdeu, salvando-se, ainda que parcialmente, os registros das capitanias de São Vicente e do Rio de Janeiro, no sul, e de Sergipe e Rio Grande, no norte. Para as capitanias mais importantes, como Pernambuco, Bahia e Paraíba, não sobrou quase nada para a primeira e muito pouco para as últimas. Para as demais capitanias não citadas, a situação é praticamente a mesma.

---

[49] "Regimento que se mandou aos capitães-mores das capitanias deste Estado" 1º de outubro de 1663, publicado em *Documentos Históricos, Op. cit.*, vol. 5, p. 379.

[50] Cf. "Fragmentos de uma memória sobre as sesmarias da Bahia". Trabalho escrito entre o final do século XVIII e início do XIX por autor desconhecido, mas, ao que tudo indica, é de autoria de D. Fernando José de Portugal. Tal trabalho foi publicado por VASCONCELOS, J. M. P. de, *Livro das Terras*, 2ª ed., Rio de Janeiro: Laemmert, 1860, p. 307 e também na *Revista do Instituto Histórico e Geográfico Brasileiro*, tomo 3, p. 373.

[51] Sobre o tema ver os comentários de Fernando José de Portugal ao Regimento do governador Roque da Costa Barreto ou ainda os já citados "Fragmentos de uma memória sobre as sesmarias da Bahia", p. 318. "Regimento de Roque da Costa Barreto" de 23 de janeiro de 1677, publicado por Marcos Carneiro Mendonça, *Op. cit.*, vol. II, p. 780. Veja-se ainda Costa Porto, *Op. cit.*, p. 85 e seguintes.

Tanto pelas cartas de doação das chamadas capitanias hereditárias, como pelo regimento de Tomé de Sousa, as terras deveriam ser doadas sem grandes restrições. A falta de critérios mais restritivos, bem como o incentivo à vinda de novos povoadores, nem todos com posses, pode explicar o fato de que nesses primeiros momentos tanto grandes como humildes tenham sido agraciados com terras, porém, essas não eram da mesma qualidade, nem do mesmo tamanho.

A exigência básica era seu aproveitamento dentro do prazo estipulado. Por isso a orientação do rei a Tomé de Sousa, "não dareis a cada pessoa mais terra que aquela que boamente, e segundo sua possibilidade, vos parecer que poderá aproveitar", criava um primeiro critério de distinção[52]. O regimento também estipulava um segundo critério de distinção ao determinar que as "águas das ribeiras" capazes para engenhos de açúcar, fossem dadas apenas às "pessoas que tenham possibilidades para os [engenhos] poderem fazer"[53].

A possibilidade de conceder sesmarias, determinando o tamanho e a qualidade das terras doadas, independentemente ou não da confirmação real, conferia ao governador geral e às principais autoridades de cada capitania, donatários ou capitães-mores, um instrumento de poder efetivo. Afinal a propriedade fundiária era nesse momento a base das principais fortunas coloniais. Daí não se estranhar que os governadores e capitães-mores se utilizassem de tal poder em benefício próprio, de suas famílias ou dos grupos próximos a eles, com grandes doações das melhores áreas de cada capitania.

O primeiro governador geral Tomé de Sousa ao doar terras ao Conde da Castanheira, de quem era protegido, não pode ser acusado de se beneficiar diretamente das próprias doações, pois, como informava ao rei, que tinha "muito gado vacum nas terras da Bahia em terra alheia, por não ter terra própria e por não querer tomar para si no tempo que foi governador"[54], para só então, já de volta ao Reino, obter uma sesmaria.

---

[52] "Regimento de Tomé de Sousa" de 17 de dezembro de 1548, publicado na *História da Colonização Portuguesa do Brasil*, vol. III, p. 346.

[53] *Idem*.

[54] "Doação de seis léguas de Terra no Brasil a Tomé de Sousa" de 10 de dezembro de 1563 e "Doação a Tomé de Sousa de seis léguas de Terra no Brasil em lugar das que lhe deram já" de 20 de outubro de 1565. Inácio Accioli de Cerqueira e Silva, *Op. cit.*, vol. I, p. 275 e 276.

O segundo governador geral, D. Duarte da Costa, inaugurou a prática de doar terras aos filhos, concedendo ao filho, D. Álvaro da Costa, uma significativa sesmaria na Baía de Todos os Santos, transformada posteriormente, por decisão de D. Sebastião, em uma pequena capitania[55]; mesmo procedimento teve o quarto governador geral, Luís de Brito de Almeida, que embora tivesse recebido terras do rei, não deixou de doar outras ao filho, João de Brito de Almeida[56].

Mem de Sá foi ardiloso, dando uma sesmaria em 1559 ao amigo Fernão Rodrigues de Castelo Branco, do Conselho do rei e almotacel-mor, que, por sua vez, no ano seguinte, doou-as ao filho de Mem de Sá, Francisco de Sá, as quais, por morrer sem descendentes, acabaram revertendo ao pai. Curioso é que Mem de Sá também concedeu uma sesmaria pegada às terras doadas a Fernão Rodrigues de Castelo Branco a Francisco Toscano, que nunca veio ao Brasil, mas que as doaria pouco tempo depois ao irmão, ninguém mais nem menos do que o ouvidor geral, Brás Fragoso[57]. Daí não se estranhar que os dois, Mem de Sá e Brás Fragoso, fossem qualificados de cobiçosos em carta citada anteriormente.

Outro governador que se aproveitou do cargo para doar terras a parentes foi Feliciano Coelho de Carvalho do Maranhão, que, das vastas áreas recém-ocupadas na região, doou uma capitania ao irmão Antônio Coelho de Carvalho, do Desembargo do Paço, e outra ao filho Feliciano Coelho de Carvalho, ambas confirmadas pela Coroa[58].

---

[55] "Doação da Capitania de Peroaçu de Dom Álvaro da Costa" de 13 de março de 1571, publicada em *Documentos Históricos*, Op. cit., vol. 13, p. 224 (a doação inicial feita pelo pai é de 16 de janeiro de 1557).

[56] "Registro da carta de sesmaria de doze léguas de terra de Luís de Brito governador, que foi destas partes" de 4 de abril de 1577 (A carta original era de 1573). *Documentos Históricos*, Op. cit., vol. 14, p. 450. A doação para o filho é comprovada pela seguinte passagem do referido documento: "correrá [as terras do governador] para cima da terra, que tem dada a João de Brito de Almeida, seu filho, até o Rio de Sergipe [...]".

[57] "Doação das Terras de Brás Fragoso de Peroaçu" de 12 de julho de 1561 e "Doação e Confirmação das Terras de Francisco Toscano" de 20 de maio de 1564, ambos os documentos publicados em *Documentos Históricos*, Op. cit., vol. 14, p. 430 e vol. 13, p. 210.

[58] "Carta de doação da capitania do Camutá no Maranhão a Feliciano Coelho de Carvalho" de 26 de outubro de 1637 e "Carta de doação da capitania do Cumá no Maranhão a Antônio Coelho de Carvalho" de 15 de março de 1639, Arquivo Nacional da Torre do Tombo, Chancelaria de Filipe III, Doações, respectivamente, livro 35, fl. 95 e livro 34, fl. 73 (as doações originais são anteriores às datas dos documentos).

No caso dos capitães-mores, não se pode deixar de lembrar os casos de Jerônimo de Albuquerque e Salvador Correia de Sá; o primeiro doou, como já foi dito, tanta terra aos filhos quando era capitão-mor do Rio Grande que causou espanto ao rei[59], além do que as terras doadas por ele a seus filhos eram as melhores da capitania e praticamente as únicas onde era possível cultivar a cana de açúcar[60]. Já Salvador Correia de Sá, quando governador do Rio de Janeiro, deu terras aos filhos, Martim de Sá e Gonçalo Correia de Sá, na região da Tijuca, onde então estariam concluindo a construção de um engenho de açúcar[61].

Os governadores e os capitães-mores, incluindo os parentes destes evidentemente não podiam monopolizar toda a terra. Porém, por controlarem a concessão de terras puderam beneficiar as pessoas próximas. Daí não causar surpresa encontrarmos grande parte das terras concedidas aos vassalos que participavam do governo da conquista, como veremos adiante.

USO E ABUSO DO PODER

A terra e o trabalho eram evidentemente os fatores centrais para o erguimento dos grandes patrimônios coloniais; contudo, nos primeiros momentos do processo de colonização outras pequenas vantagens ou benefícios podiam ser importantes auxiliares para a viabilização das atividades produtivas.

Nesse sentido, certos produtos naturais de alto valor, como pau-brasil ou âmbar, podiam servir para alavancar outras atividades que exigiam maiores investimentos. O pau-brasil foi desde o início monopólio régio,

---

[59] Significativo também é que Jerônimo de Albuquerque doou, além das terras, uma salina em outra área. Ver o já citado "Traslado do auto e mais diligências que se fizeram sobre as datas de terras da capitania do Rio Grande, que se tinham dado" de 21 de fevereiro de 1614, publicado na *Revista do Instituto Histórico do Ceará*, tomo 23, 1909, p. 112.

[60] Vejam-se as reclamações sobre tal fato no "Estado das coisas no Rio Grande", documento de autoria não identificada, escrito no início do século XVII. Biblioteca Nacional de Lisboa, Reservados, Coleção Pombalina, códice 647, fls. 106–107v.

[61] "Carta de Sesmaria das terras e águas de Martim de Sá e Gonçalo Correia de Sá que estão onde se chama a Tiguga (sic)" de 9 de setembro de 1594, publicada no *Tombo das Cartas de Sesmaria do Rio de Janeiro (1594-1595 e 1602-1605)*. Rio de Janeiro: Arquivo Nacional, 1967, p. 38.

porém sua exploração que durou por todo período colonial ocorreu sob variadas formas: arrendada a particulares, liberada aos moradores mediante pagamento de taxas ou ainda implementada diretamente pela administração colonial[62].

A Coroa podia conceder licenças de exploração, isentas de direitos, para recompensar serviços prestados ou auxiliar certos vassalos em novos empreendimentos. Duarte Coelho, por exemplo, escreveu ao rei intercedendo em favor de Vasco Fernandes, feitor e almoxarife de Pernambuco, que "até o presente tem gastado do seu e não aproveitando nada por até o presente tudo ser trabalhos e gastos e não proveito algum", o donatário explicava que pela terra:

> ir agora para bem [...] querem os homens fazer fundamento dela e fazerem fazendas para terem alguma coisa de seu com que se sustentem para o qual é necessário a mercê e ajuda de Deus e de Vossa Alteza e por ele querer ora fazer um engenho em uma ribeira e num pedaço de terra que lhe dei pede a Vossa Alteza por ajuda de o fazer lhe faça mercê de lhe dar licença para poder mandar algum brasil.[63]

Não sabemos, contudo, qual foi a resposta do Monarca, porém posteriormente tal recurso seria concedido a outras pessoas, como Pero de Góes, capitão-mor da Costa do Brasil ou a Cristóvão de Barros, capitão-mor do Rio de Janeiro, que coincidentemente receberam a licença de remessa de pau-brasil no mesmo dia em que eram nomeados para os respectivos cargos[64]. Outro agraciado foi Frutuoso Barbosa, nesse caso a

---

[62] Sobre o pau-brasil a bibliografia ainda é muito limitada, para uma visão geral veja-se o clássico trabalho de SOUSA, B. J. de, *O Pau-brasil na História Nacional*, 2ª ed. São Paulo: Companhia Editora Nacional, 1978.

[63] "Carta de Duarte Coelho a el-rei" de 22 de março de 1548, publicada na *História da Colonização Portuguesa do Brasil*, vol. III, p. 316, e em DUARTE, C., *Cartas de Duarte Coelho a el-rei*, editadas por José Antonio Gonsalves de Mello e Cleonir Xavier de Albuquerque. Recife: Imprensa Universitária, 1967, p. 93.

[64] Cf. "Traslado da Carta de Pero de Góes, capitão-mor do Mar e Costa do Brasil" de 9 de janeiro de 1549, que consta do "Livro 1º do registro de provimentos", publicado nos *Documentos Históricos, Op. cit.*, vol. 35, p. 5; "Licença para Pero de Góes tirar livre de direitos 2 mil quintais de pau-brasil" de 9 de janeiro de 1549, Instituto Histórico e Geográfico Brasileiro, Documentos manuscritos copiados no século XIX por ordem de D. Pedro II, Códice 1.2.15 – Registros – Tomo I – Conselho Ultramarino Português; "Alvará de D. Sebastião, nomeando Cristóvão de Barros, capitão e governador da Capitania e cidade de São Sebastião do Rio de Janeiro" de 31 de outubro de 1571 e "Alvará Régio, da

concessão era feita com o propósito de facilitar a conquista da Paraíba, tarefa que acabara de negociar com a Coroa, daí que a licença fosse condicionada à realização da expedição de conquista[65]. No caso de Mem de Sá, não se sabe em que condições explorou o pau-brasil, mas dada a quantidade envolvida deveria ser com autorização régia.

Mem de Sá foi acusado de tomar todos os resgates de âmbar. Uma das riquezas naturais que mais atraiu a atenção dos portugueses, dado seu alto valor e o pouco ou quase nenhum trabalho para obtê-la, desde que se tivesse sorte de encontrá-lo pelas praias. Nenhum dos cronistas do período deixou de mencioná-lo em suas obras. No "Diálogos das Grandezas do Brasil", o personagem central Brandônio conta, com pesar, como deixou de aproveitar grande soma do produto por ignorar o que tinha em mãos; Fernão Cardim, por sua vez, conta que um homem que não nomeia, mas que, sem dúvida, seria Garcia D'Ávila, o "segundo em riquezas [na Bahia] por ter sete ou oito léguas de terra por costa, em a qual se acha o melhor âmbar que por cá há", colheu em um ano oito mil cruzados dele, sem custos[66].

Pero de Magalhães Gandavo nos fornece outros detalhes sobre como o âmbar era obtido, contando que os senhores mandavam seus escravos recolhê-lo pelas praias, o que teria permitido "enriquecerem alguns assim do que acham seus escravos, como do que resgatam aos índios forros"[67]. Posteriormente, Gaspar de Sousa, governador geral do começo do XVII, numa discussão sobre o ordenado que deveria ser dado ao

---

mesma data, para que Cristóvão de Barros, sirva também o cargo de provedor da fazenda" e "Alvará Régio concedendo a Cristóvão de Barros poder tirar da capitania do Rio de Janeiro, seiscentos quintais de Pau Brasil" de 17 de dezembro de 1571, todos publicados por SERRÃO, J. V., *O Rio de Janeiro no Século XVI, Op. cit.,* vol. II, p. 86, 87 e 93.

[65] "Licença para Frutuoso Barbosa trazer pau-brasil" de 30 de outubro de 1581, Arquivo Nacional da Torre do Tombo, Chancelaria de Filipe II, Doações, livro 3, fl. 34 v.

[66] *Diálogos das Grandezas do Brasil* (1618), 1ª edição integral segundo o apógrafo de Leiden por José Antonio Gonsalves de Mello. Recife: Imprensa Universitária, 1962, p. 100 (a obra é atribuída a Ambrósio Fernandes Brandão) e CARDIM, F., *Tratados da Terra e Gente do Brasil* (século XVI). São Paulo: Companhia Editora Nacional, 1978, p. 188. Indicador do alto valor do âmbar é o fato que Diogo Botelho tenha se vangloriado de ter recusado uma proposta de suborno feita por Antônio Cardoso de Barros, que lhe oferecia "muito âmbar". Cf. "Instrumentos de Diogo Botelho" de 6 de setembro de 1603 e publicado na *Revista do Instituto Histórico e Geográfico Brasileiro*, tomo 73, parte I, p. 58.

[67] GANDAVO, P. de M., *História da Província de Santa Cruz & Tratado da Terra do Brasil* (c. 1570 e 1576). São Paulo: Obelisco, 1964, p. 81.

capitão-mor do Ceará, Martim Soares Moreno, explicava que a capitania era de pouco proveito para a Fazenda, por ser nova e não estar ainda cultivada, porém "deita nela o mar algumas vezes âmbar que o gentio colhe, de que o capitão tem algum proveito comprando-lho". Frei Vicente do Salvador, por sua vez, conta que Martim Soares Moreno, por seus inúmeros serviços, recebeu do rei o "hábito, [porém] se lhe deu com ele pouca tença; por isso lhe dá Deus muito âmbar por aquela praia, com que pode muito bem matar *la hambre* [sic]"[68].

Isso posto, não é difícil de concluir que mesmo uma riqueza, em tese de acesso livre, podia ser apropriada em grande medida pelos principais membros do governo como Mem de Sá, Garcia D'Ávila e Martim Soares Moreno. A realidade é que a Coroa, ao delegar uma série de poderes à administração colonial no que toca ao contato e às trocas com os indígenas, acabou por favorecer seus membros, particularmente os funcionários superiores. Por isso, os mesmos que acusaram Mem de Sá de monopolizar o resgate de âmbar e de escravos, também o acusaram, e ao ouvidor geral Brás Fragoso, de se apoderar das fazendas enviadas pela Coroa para pagamento dos funcionários. Dado que boa parte dessas mercadorias se empregavam na troca com os indígenas, o acesso privilegiado a tais produtos permitiria, com mais facilidade, obter trabalho, escravos ou produtos fornecidos pelos indígenas amigos[69].

O controle sobre os suprimentos enviados pela Coroa era outra das vantagens que os membros da administração colonial dispunham. Exemplo disso é o acesso às primeiras cabeças de gado enviadas pela Coroa para Salvador. Raras nos primeiros tempos, eram fundamentais para o desenvolvimento das atividades produtivas, sendo, nas palavras de Domingos de Abreu e Brito, muito necessárias "para fábrica, usança e lavrança" dos engenhos, e que fosse consumida grande quantidade de gado a cada ano[70].

---

[68] "Parecer do Conselho da Fazenda para que se dê de ordenado a Martim Soares Moreno quatrocentos cruzados a vista das informações de Gaspar de Sousa e D. Diogo de Meneses" de 4 de janeiro de 1621, publicado na *Revista do Instituto Histórico do Ceará*. Fortaleza: Instituto Histórico do Ceará, tomo 19, 1905, parte I, p. 86 e Frei Vicente do Salvador, *Op. cit.*, p. 510.

[69] Sobre o assunto veja-se o clássico de MARCHANT, A., *Do Escambo à Escravidão*, 2ª ed. São Paulo: Companhia Editora Nacional, 1980, p. 9 e seguintes.

[70] ABREU E BRITO, D. de, "Sumário e descrição do Reino de Angola e do descobrimento da ilha de Luanda" (c. 1591), publicado por FELNER, A. de A., *Um Inquérito à Vida*

O gado enviado pela Coroa para Salvador provavelmente deveria ser vendido aos moradores, reservando-se parte dele para as atividades da administração, mormente para as obras de construção da cidade. Sabe-se, contudo, que parte do gado também foi utilizada para pagamento dos oficiais régios. Neste gênero, constam em 1550 os pagamentos feitos para Antônio de Freitas, criado do provedor-mor; Diogo Muniz Barreto, alcaide-mor; Garcia D'Ávila, criado do governador e feitor e almoxarife da capitania; e Amador de Aguiar, capitão de uma embarcação da Coroa[71].

Daí não causar surpresa que, pouco mais de dez anos depois da fundação da cidade do Salvador, Tomé de Sousa, já de volta ao Reino, pedisse terras ao rei alegando possuir "muito gado vacum nas terras da Bahia"[72], ou que, posteriormente, os dois maiores rebanhos da Bahia fossem de propriedade de Mem de Sá e de Garcia D'Ávila, que, segundo Fernão Cardim, nem sabia ao certo o número de cabeças que possuía[73].

As armas eram outro gênero importante cujo controle dos suprimentos podia ser utilizado para o favorecimento das pessoas próximas à administração colonial. Afinal, pelos regimentos baixados no momento de criação do Governo Geral, obrigavam-se os senhores de engenho a possuir certa quantidade de armas, inclusive peças de artilharia. Obrigação que nos primeiros tempos era antes de tudo necessidade, dado as constantes guerras com os indígenas hostis. Nesse sentido, o provedor-mor Antônio Cardoso de Barros dava orientação aos provedores da Fazenda das capitanias do Espírito Santo, Ilhéus e Porto Seguro, para que vissem quão desprovidos estavam os engenhos da artilharia

---

Administrativa e Econômica de Angola e do Brasil. Coimbra: Imprensa da Universidade, 1933, p. 59 e MORENO, D. de C., *Livro que Dá Razão do Estado do Brasil* (1612). Recife: UFPE, 1955, p. 112. Ver ainda ANTONIL, A. J., *Cultura e Opulência do Brasil por Suas Drogas e Minas*, introdução e comentário crítico por Andrée Mansuy Diniz Silva. Lisboa: Comissão Nacional para as Comemorações dos Descobrimentos Portugueses, 2001, p. 117.

[71] "Título do registro dos mandados de pagamentos e de outras despesas" iniciado pelo primeiro provedor-mor em 1549 e publicado na coleção *Documentos Históricos, Op. cit.*, vols. 13 e 14, a citação encontra-se no volume 13, mandado de número 347.

[72] "Doação de seis léguas de Terra no Brasil a Tomé de Sousa" de 10 de dezembro de 1563 e "Doação a Tomé de Sousa de seis léguas de Terra no Brasil em lugar das que lhe deram já" de 20 de outubro de 1565. Inácio Accioli de Cerqueira e Silva, *Op. cit.*, vol. I, p. 275 e 276.

[73] Fernão Cardim, *Op. cit.*, p. 188.

necessária para sua defesa e que ela fosse entregue aos donos ou feitores dos ditos engenhos, fiadas por um ano pelo preço que "vieram do armazém do Reino". Ele próprio, porém, já tinha recebido, anteriormente, como parte de seu ordenado boa soma de peças de artilharia e munições, provavelmente para empregar em seu engenho, um dos primeiros da capitania da Bahia[74].

Por fim, dentre as vantagens manejadas pelo governador geral não deve ser esquecido o controle sobre o engenho real, cuja construção foi concluída por Mem de Sá e tinha como objetivo impulsionar a produção de açúcar na capitania. Tal engenho ocupou papel central no desenvolvimento da produção açucareira na capitania da Bahia, pois nas palavras de Mestre Afonso, cirurgião d'el-rei, "os moradores desta terra fazem suas canas de açúcar no dito engenho que foi grande ajuda para eles", ou nas de Heitor Antunes, que afirmou que esse engenho "enriqueceu muitos moradores dessa capitania"[75]. Não é difícil concluir o poder que o controle desse engenho real oferecia nesse momento ao governador ou a quem o arrendasse.

As vantagens e benefícios que o controle sobre o patrimônio régio permitia aos principais funcionários coloniais não se restringiam à capitania da Bahia, existindo tanto nas demais capitanias régias como nas dos donatários, e eram manejados especialmente pelos capitães-mores e provedores da Fazenda.

Exemplo disso são as acusações contra Jerônimo de Albuquerque, capitão-mor do Rio Grande nos primeiros anos do século XVII, que constam de documento anônimo enviado ao Reino. Em primeiro lugar, muitas das acusações tocavam na questão do controle sobre o aparato régio; a primeira era que as armas dos soldados da fortaleza estavam em péssimo estado de conservação em razão, como diz o autor da denúncia, de que "o capitão sempre havia ocupado o serralheiro [pago pela Fazenda Real] em fazer seus resgates", ou seja, produzindo artigos para a troca com os indígenas. Delatava-se também que das juntas de bois que "o rei

---

[74] "Título do registro dos mandados de pagamentos e de outras despesas" iniciado pelo primeiro provedor-mor em 1549 e publicado na coleção *Documentos Históricos, Op. cit.*, vols. 13 e 14, a citação encontra-se, respectivamente, no volume 14, mandado de número 1263 e volume 13, números 426 e 427.

[75] "Instrumentos de Mem de Sá" iniciado em 7 de setembro de 1570 e publicado em *Anais da Biblioteca Nacional*, vol. 27, p. 166 e 146.

tinha [...] para bem da povoação", o capitão vendera uma e usara outras em seu engenho, levando assim, segundo o documento, que a então pequena população da cidade diminuísse ainda mais, e completa ainda o autor anônimo, "porque o capitão aplica a si tudo o que tem nome d'el-rei sem dar ajuda nenhuma aos moradores"[76].

Qual o fundamento de tais denúncias? É sabido que muitas das informações contidas em cartas e, inclusive, nas devassas oficiais eram forjadas segundo os interesses dos autores, criando mentiras ou distorcendo acontecimentos reais para implicarem seus desafetos, visando muitas vezes tirar um rival do caminho ou apoderar-se para si ou para algum aliado do cargo ocupado pelo acusado[77]. Nesse sentido é necessário sempre muita cautela com as informações colhidas nesse tipo de documento, mas essas, independente da veracidade, podem ser entendidas como possibilidades concretas, afinal uma acusação falsa muito extravagante dificilmente daria os frutos esperados, podendo inclusive gerar punições para os autores.

No caso específico de Jerônimo de Albuquerque, contudo, as acusações contra seu governo no Rio Grande são muito parecidas com outras feitas, alguns anos depois, contra seu governo no Maranhão, recém-conquistado. Nesse caso, o autor dos "capítulos" contra Jerônimo de Albuquerque e seus filhos, Antônio e Matias de Albuquerque, foi o capitão Bento Maciel Parente. Este foi preso e remetido para Pernambuco, onde se encontrava o governador geral do Estado do Brasil, por Antônio

---

[76] "Estado das coisas no Rio Grande", documento de autoria não identificada, escrito no início do século XVII, Biblioteca Nacional de Lisboa, Reservados, Coleção Pombalina, códice 647, fls. 106-107v.

[77] Bom exemplo desse tipo de situação foi a prisão de Martim Carvalho pelo ouvidor geral Martim Leitão, impedindo, assim, que o réu assumisse o cargo de provedor-mor. Acusado de praticar o "pecado nefando", Martim Carvalho foi enviado ao Reino; posteriormente descobriu-se que fora o próprio ouvidor geral que induziu alguns jovens a levantarem falso testemunho. Cf. "Consulta do Desembargo do Paço, sobre vários moços que vieram do Brasil, onde testemunharam contra Martim Carvalho, do pecado nefando" de 15 de março de 1590. Biblioteca da Ajuda, códice 44-XIV-04, "Consultas do Desembargo do Paço", fl. 51, 74 v. Ou ainda a informação dada pelo vice-rei de Portugal, D. Pedro de Castilho ao rei de que o bispo do Brasil, D. Constantino Barradas, subornava testemunhas para jurarem contra Brás de Almeida que servira de provedor da Fazenda dos Defuntos. Cf. "Carta do bispo D. Pedro de Castilho a el-rei" de 10 de setembro de 1605, Biblioteca da Ajuda, códice 51-V-84, "Cópia de Cartas do vice-rei a Sua Majestade", fl. 26.

de Albuquerque, que então era capitão-mor do Maranhão no lugar do pai, falecido[78].

Bento Maciel Parente, entre outras muitas acusações, denunciava ter o capitão-mor do Maranhão utilizado os oficiais da construção do forte para suas obras, não lhes pagando ou pagando com indígenas, que "valiam muito menos"; que mandou buscar sal numa salina com a lancha de Sua Majestade e vendia para os soldados e, ainda, que dos escravos tapuias comprados pela Fazenda Real, para fazerem mantimentos para os soldados, tomou "para si boa parte" e vendeu a outra por preço elevado, desconsiderando a provisão do governador de que os ditos escravos se repartissem pelos oficiais e pessoas de merecimento da conquista[79].

Bento Maciel Parente concluía seus "capítulos" apresentando extensa lista de testemunhas que poderiam ser inquiridas, bem como, algo comum nesse tipo de documento, declarando que dava "fiança" de 2 mil cruzados em Pernambuco, "onde morava", como garantia da veracidade das acusações. Embora o acusador, pelas circunstâncias e pelo que se conhece de sua trajetória, seja suspeito, as acusações aqui destacadas – similares às feitas ainda antes da conquista do Maranhão em relação ao governo do Rio Grande – podem indicar práticas comuns que ocorriam em várias das partes do Brasil.

As vantagens ou benefícios que os membros destacados da administração colonial podiam usufruir, apresentadas acima, embora não possam parecer significativas aos olhos de hoje, nos momentos iniciais da ocupação das terras podiam significar importante auxílio na montagem de empreendimentos que exigiam maiores recursos, como no caso dos engenhos de açúcar montados por Jerônimo de Albuquerque nas capitanias do Rio Grande e da Paraíba.

---

[78] Sobre o episódio, ver BERREDO, B. P., *Annaes Historicos do Estado do Maranhão* (1749). Iquitos (Peru): Abya-Yala, 1988, p. 196 e seguintes (edição fac-similar da edição *princeps*).

[79] "Capítulos que o capitão Bento Maciel Parente apresenta contra o capitão Jerônimo de Albuquerque e seus filhos a saber Antônio de Albuquerque e Matias de Albuquerque" de 12 de novembro de 1618, publicado em anexo à obra de FARIA, M. S. de, *História Portuguesa e de Outras Províncias do Ocidente Desde o Ano de 1610 Até o de 1640 da Feliz Aclamação de El-rei D. João IV*. Fortaleza: Tip. Studart, 1903, p. 112.

O usufruto de vantagens pelos membros da administração colonial não se limitavam a terras, indígenas, pau-brasil, âmbar, bois, entre outras, pois, particularmente nas capitanias em que o povoamento e o comércio ganharam maiores dimensões, a partir de fins do século XVI surgiram outros tipos de "ganhos" possíveis, embora nesse caso em sua maioria ilícitos.

Daí que as melhores fontes para apreendermos tais práticas sejam as devassas ou denúncias, como as que o licenciado Domingos de Abreu e Brito apresentou à Coroa, que tratavam particularmente de desvios na Fazenda Real em Pernambuco[80].

Em primeiro lugar, Domingos de Abreu e Brito apresenta um levantamento da produção da capitania para mostrar ao rei o tamanho da perda da Fazenda com o contrato do dízimo, já que em sua avaliação só o dízimo do açúcar deveria render cerca de setenta e cinco mil cruzados, mas estava naquele momento "arrendado pelos oficiais de Vossa Majestade a João Nunes em vinte e oito mil e quinhentos cruzados", incluindo nesse valor todos os outros "dízimos como são mantimentos, gados e todas as outras mais miunças"[81].

Em seguida, Domingos de Abreu e Brito mostrava como, por conivência dos oficiais da Fazenda, os donos de engenhos sonegavam "os direitos dos açucares que das tais capitanias a este Reino vem que pertencem as Alfândegas de Vossa Majestade", aproveitando-se indefinidamente das liberdades que os Reis lhes concederam de não pagarem por certo tempo os direitos dos açúcares, em respeito ao enorme gasto que faziam na construção ou reedificação dos engenhos[82]. Para o licenciado, os senhores de engenho "se apegaram a dita mercê que sempre lhe corre o

---

[80] ABREU E BRITO, D. de, "Sumário e descrição do Reino de Angola e do descobrimento da ilha de Luanda" (c. 1591), publicado por Alfredo de Albuquerque Felner, *Op. cit.*, p. 56 e seguintes.

[81] *Ibidem*, p. 58.

[82] Inicialmente foram concedidos 5 anos de isenção, posteriormente ampliados para 10. Cf. "Alvará de isenção dos tributos sobre açúcar" de 23 de julho de 1554, publicado em *Documentos para a História do Açúcar, Op. cit.*, vol. I, p. 111. A prática de burlar a Fazenda ampliando o prazo de isenção era tão comum que foi tentada inclusive pelo Conde de Linhares, vedor da Fazenda Real, no engenho que possuía no Recôncavo de Salvador. Cf. "Arrendamentos do Engenho de Sergipe", Arquivo Nacional da Torre do Tombo, Cartório dos Jesuítas, maço 15, documento 3.

tempo do privilégio no que não ficam sem culpa os oficiais da fazenda de Vossa Majestade"[83].

Os donos dos engenhos e lavradores, aproveitando-se também da menor carga de direitos para remessa do próprio açúcar de que gozavam em relação aos mercadores, vendiam o açúcar para estes "em segredo", com um acordo com os mercadores que recebiam o açúcar "forros dos direitos pelo preço ser maior, ordenando que os mercadores que os tais açucares compram os despachem em nome dos ditos donos dos engenhos" pagando menos tributos, em prejuízo da Fazenda Real[84].

Em relação ao trato do pau-brasil, diz Domingos de Abreu e Brito "achei e vi ser costume geral em a dita capitania e partes dela tirarem todos os oficiais da fazenda de Vossa Majestade todo o pau [pau-brasil] que por suas indústrias podem fazendo vendas dele as urcas" estrangeiras e portuguesas e, em sua opinião, a causa de tanta "devassidão em um contrato tão vedado" era que os próprios oficiais da Justiça e da Fazenda eram os que "devassam o dito contrato que Vossa Majestade tinha tão vedado, mas como o costume é entre eles tão velho não deve de custar pouco a Vossa Majestade mandar que se guarde como a vossa fazenda convém".[85]

O licenciado indicava, ainda, ao rei que se deveria impedir "que nenhum provedor, quer seja mor, quer pequeno, ou escrivão de vossa fazenda, ou ministro dela, que não tomem escravos com poder de seus ofícios", tomando-os pelos preços que querem e vendendo-os em seguida por dinheiro, açúcar ou letras por mais do "dobro do que lhe custam com as quais sem justiças enricam em breve tempo e as partes pouco poderosas pereçam". Apontava também outros procedimentos ilícitos utilizados pelos oficiais de todos os ofícios e pelos vereadores para obterem escravos por menores preços, graças ao poder que desfrutavam e motivados pelo fato de que tinham "todos engenhos de açucares"[86].

Domingos de Abreu e Brito, além disso, criticava o sistema adotado para cobrança dos direitos do açúcar carregados em Pernambuco, o qual

---

[83] ABREU E BRITO, D. de, "Sumário e descrição do Reino de Angola e do descobrimento da ilha de Luanda" (c. 1591), publicado por Alfredo de Albuquerque Felner, *Op. cit.*, p. 60.

[84] *Ibidem*, p. 60.

[85] *Ibidem*, p. 67 e 68.

[86] *Ibidem*, p. 72.

permitia que os responsáveis por tais carregamentos os desviassem dos portos portugueses, escapando assim dos pagamentos dos tributos cobrados nas alfândegas do Reino, pois as fianças, dadas como garantia de que tais direitos seriam pagos em Portugal, raramente eram cobradas "donde nascem enricarem os oficiais de vossa fazenda com não pedirem conta aos fiadores e a fazenda real consumir-se"[87].

O licenciado aconselhava ao rei "mandar devassar das peitas que os mercadores tiram entre si, por cabeça, para taparem os olhos ao provedor-mor e pequeno, e ao ouvidor geral", bem como deveria mandar os almoxarifes que "as pagas que fizerem aos soldados, assim na cidade da Paraíba como nas partes donde houver presídios" sejam feitas em dinheiro e não em fazendas, "por quanto há hoje muita cópia de dinheiro amoedado em as tais capitanias por descer de Tucumã", pois assim evitaria as grandes vantagens auferidas pelos oficiais em detrimento dos soldados, enviando mercadorias que não lhes interessavam ou ainda avaliadas acima do valor real, o que permitiria que os próprios oficiais comprassem os produtos pela "metade dos preços em que lhe foram dados em pagamentos"[88].

As acusações não atingiam apenas os funcionários inferiores da administração, tanto que pouco depois do início da década de 1630, Lourenço de Brito Correia[89] enviou ao Monarca uma longa carta

---

[87] *Ibidem*, p. 74. Ver também sobre este assunto o "Livro das saídas dos navios e urcas" de 1605, publicado, com introdução de José Antônio Gonsalves de Mello, na *Revista do Instituto Arqueológico, Histórico e Geográfico Pernambucano*, vol. 58, p. 21.

[88] ABREU E BRITO, D. de, "Sumário e descrição do Reino de Angola e do descobrimento da ilha de Luanda" (c. 1591), publicado por Alfredo de Albuquerque Felner, *Op. cit.*, p. 78.

[89] Lourenço de Brito Correia foi em meados do século XVII uma das mais importantes figuras da Bahia. Resumidamente, foi capitão durante a luta com os holandeses, provedor-mor da Fazenda Real, tendo assumindo inclusive o governo interino após a prisão do Marquês de Montalvão em 1641, e provedor da Misericórdia em duas ocasiões. Era bisneto de Diogo Álvares Caramuru, seu pai, Sebastião de Brito Correia, foi capitão do forte de Santo Antônio e era irmão de Filipa de Brito, cujo casamento com Antônio Guedes deu origem à famosa Casa da Ponte, o segundo maior latifúndio do período colonial. Possuiu terras em Sergipe d'el-rei e aparece assinando um abaixo-assinado de senhores de engenho, lavradores e mercadores da Bahia em 1619. Cf. JABOATÃO, A. de S. M., "Catálogo genealógico das principais famílias ...", publicado na *Revista do Instituto Histórico e Geográfico Brasileiro*, tomo 52, p. 121; Frei Vicente do Salvador, *Op. cit.*, p. 437 e seguintes e VARNHAGEN, F. A. de, *História Geral do Brasil*, 5ª ed., 5 vols. São Paulo: Melhoramentos, 1956, vol. V, p. 246.

dedicada unicamente às "vexações e opressões públicas e roubos que Diogo Luís de Oliveira, [então] governador do Brasil comete naquele Estado"[90].

A lista é imensa, perfazendo 40 itens, tais como favorecer as regateiras e vendedores que são de sua obrigação e que o peitam; fazer demasiadas condenações e ficar com muitos mil cruzados para si; dar os ofícios da república a seus criados, contra provisão de Sua Majestade; vender os ofícios para pagarem a ele ou a seu filho e a pessoas de sua obrigação; fazer vexações aos mestres dos navios, para benefício dele e de certas pessoas nos carregamentos; mandar nos navios seu açúcar e madeira sem pagar ou pagando menos do que deve; atravessar as mercadorias que vêm nos navios; não pagar ou pagar por menos coisas que pegava dos donos, ainda que para revender; e também utilizar os indígenas trazidos da Paraíba por João Barbosa de Melo para lhe fazerem couseiras[91] e jacarandá que embarcou depois para o Reino.

Lourenço de Brito Correia prosseguia, entre outras acusações, denunciando o uso que o governador fazia das fintas, das quais cita vários exemplos, como a que arrecadou um cruzado de cada morador para mandar um capitão ao sertão com gente e que, mesmo não tendo efeito, não devolveu o dinheiro. Outra para os gastos de Afonso Rodrigues que foi ao sertão buscar indígenas, cada morador dando 4 mil réis, e que, no retorno, o governador vendeu os ditos indígenas a Diogo Lopes Ulhoa e a outras pessoas por muito dinheiro, sem devolver aos moradores, e os vendeu como cativos, sendo forros. Ou ainda outra que tomando a muitos moradores escravos, acabou reunindo 600 deles, os quais usou por três anos em obras de seu gosto e coisas particulares, os donos dos escravos só conseguindo reavê-los caso lhe dessem caixas de açúcar, entre outros casos.

---

[90] "Queixas que Lourenço de Brito Correia faz a Sua Majestade das vexações e opressões públicas e roubos que Diogo Luís de Oliveira, governador do Brasil comete naquele Estado", sem data, mas escrito entre 1627 e 1635. Biblioteca da Ajuda, códice 49-X-10, "Enviatura em França de Cristóvão Soares de Abreu, 5º Tomo", fl. 320. Cristóvão Soares de Abreu é filho do provedor-mor Francisco Soares de Abreu, que serviu o cargo de 1629 até 1633 ou 34, assim é quase certo que os documentos deste códice tenham sido herdados do pai.

[91] "Pranchas de taboado grosso para portas, que vem do Brasil". Cf. SILVA, A. de M., *Diccionario da Lingua Portugueza* (fac-símile da 2ª ed. de 1813), 2 vols. Rio de Janeiro: Fluminense, 1922, vol. I, p. 487.

Como avaliar tal quantidade de acusações? Sabemos que pelo menos duas delas se referem a acontecimentos que de fato ocorreram, como a ida à Paraíba de João Barbosa de Melo para trazer indígenas e a entrega da parte do governador, relativa ao quinto das presas dos indígenas cativos por Afonso Rodrigues, para Diogo Lopes Ulhoa. Contudo mesmo nestes casos não podemos ter maiores certezas. Outras acusações parecem no mínimo discutíveis, como a que vindo Diogo Luís de Oliveira de Pernambuco para a Bahia, poderia este ter capturado um pirata, o que não fez dizendo, segundo Brito Correia, "que não vinha a Bahia buscar balas e sim cruzados". Já a denúncia de "como festejou a tomada de Pernambuco, obrigando que se lhe dessem jantares e banquetes" não parece que deva ser levada a sério.

Por outro lado, Lourenço de Brito Correia não foi o único a reclamar do governador Diogo Luís de Oliveira. Francisco Soares de Abreu, provedor-mor no início do governo de Diogo Luís de Oliveira, fez insistentes pedidos para que o rei lhe dispensasse do ofício pelos "achaques que padece" e, sobretudo, pelas "moléstias e vexações" que lhe fazia o governador geral Diogo Luís de Oliveira, a quem acusava de não seguir os regimentos e estilos, mandando "despender absolutamente como lhe parece", pagando as partes por mandados ou sem eles. Queixava-se ainda que o tesoureiro geral e o almoxarife são favorecidos pelo governador e não cumpriam suas ordens, relatando em seguida uma série de problemas[92].

Reclamações que seriam reforçadas por Diogo de São Miguel Garcês, provedor dos Defuntos e desembargador da Relação da Bahia, suspenso pelo governador "por ser seu inimigo, [por] respeito de algumas diligências que ele suplicante fez por especial mandado de Vossa Majestade", acusando ainda Diogo Luís de Oliveira de não lhe dar licença para se embarcar para o Reino nem mandar pagar seu ordenado, e, depois de ter conseguido a licença para se embarcar, o governador ter ordenado que fossem ao navio tomarem seu fato "com intento de lhe tomar papéis e devassas que ele suplicante havia tirado por mandado de Vossa Majestade"[93].

---

[92] "Carta de Francisco Soares de Abreu a Sua Majestade pedindo para o dispensar de exercer o seu ofício de provedor-mor da fazenda" de 20 de novembro de 1629. Biblioteca da Ajuda, códice 49-X-10, Enviatura em França de Cristóvão Soares de Abreu, 5º Tomo, fl. 144.

[93] "Consulta do Desembargo do Paço" de 8 de fevereiro de 1629. Archivo General de Simancas, Sec. Provinciales, códice 1475 – Consultas do Desembargo do Paço, fl. 69.

Tal quantidade de queixas e reclamações, que ainda poderiam ser acrescidas com as da Câmara de Salvador[94], contribuem para que muitas das denúncias feitas por Lourenço de Brito Correia possam ser consideradas verdadeiras.

Acusações similares também já tinham aparecido na devassa procedida em Portugal por Belchior do Amaral em relação ao governo de Diogo Botelho, governador geral entre 1602 e 1607[95]. As queixas começavam antes mesmo do governador chegar ao Brasil, pois era acusado de não ter dado os mantimentos devidos aos soldados na viagem, o que lhe teria permitido vender as sobras em Pernambuco como suas, inclusive para duas caravelas que foram buscar a gente da nau de Antônio de Melo em Fernando de Noronha, pagas pelo almoxarife de Pernambuco, este por "o estranhar" teria perdido o ofício, entregue pelo governador a "um pajem seu".

Diogo Botelho era acusado de mandar que os taberneiros do Recife lhe dessem 300 cruzados. Além disso, havendo no Recife muitas barcas com que seus donos ganhavam a vida, o governador teria ordenado "que um só homem as tivesse e que este partisse com ele o ganho". Havia ainda a denúncia de que comprava os vinhos que vinham do Reino pelo preço que queria e de mandá-los para as tavernas obrigando os taberneiros depois a lhe pagarem 20 mil réis por cada pipa, com grande queixume dos donos dos vinhos. As acusações prosseguem, teria feito "um pajem seu tesoureiro da imposição que se pagava para o forte e deu lhe ordenado que segundo se dizia recebia para si".

Ainda teria feito estanco da palha que em Pernambuco se comprava para os navios e de que "arrendou isto de meias a um homem". Nos leilões das fazendas dos defuntos o governador comprava escravos e as mais coisas por menos do que valiam. Mandou tomar ainda aos donos papagaios, bugios etc., alguns sem pagar, para mandar à Corte, além de

---

[94] "Ata da Câmara" de 26 de agosto de 1628, publicada em *Atas da Câmara da Cidade do Salvador* (1625-1700), 6 vols. Salvador: Prefeitura Municipal do Salvador, 1949-50, vol. I, p. 103.

[95] "Informação do procedimento ilegal do governador Diogo Botelho do Brasil por Belchior do Amaral" (sem data, mas de fins de 1602 ou do início de 1603). Biblioteca Nacional de Lisboa, Reservados, Coleção Pombalina, códice 249, fl. 204. As informações dadas nos próximos parágrafos, salvo indicação em contrário, foram retiradas deste documento.

tomar muitos negros dos moradores por menos do que valiam, assim como mandava tomar escravos escolhidos dos navios de Angola pelo preço que queria.

Em relação à justiça, era acusado de mandar que o ouvidor geral não despachasse alguns feitos de importância, trazendo-os para si, "dizia-se que por tirar deles proveito". Mandou notificar que se livrassem algumas pessoas que tinham crimes antigos e alguns lhe davam presentes. Tirou o ofício de carcereiro de Francisco Gonçalves e o deu a um criado seu. Tomou ordenado de alguns ofícios como foi o de tesoureiro da cruzada e ainda consentiu ao piloto da barra levar mais do que seu regimento permitia e "se dizia que levava a metade".

A conclusão do responsável da devassa, Belchior do Amaral, era de:

> que se deviam mandar outro governador, porque Diogo Botelho estava com pouca autoridade, e pouco amado da gente e poderia ser que fosse mal obedecido, se se oferecesse ocasião de inimigos.

Diogo Botelho, por sua vez, sabedor da devassa em curso, organizou sua defesa, primeiro alegando ao rei que as testemunhas ouvidas eram "partes" e, portanto, pedia que "para se apurar a verdade se tirem outras testemunhas", particularmente as pessoas que retornavam do Brasil para Portugal[96]. E, em segundo lugar, preparou um documento em sua defesa, redigido em Pernambuco, incluindo várias testemunhas favoráveis ao seu procedimento. Tal documento contém 42 itens, rebatendo as acusações apresentadas por Belchior do Amaral, além de concluir afirmando:

> que tinha êmulos nesta capitania [Pernambuco], com ódio e paixão, sem ele dar causa para lhos terem, disseram e escreveram, induziram, favoreceram, deram do seu e embarcaram para o Reino algumas pessoas para o irem caluniar e desacreditar falsa e indevidamente.[97]

---

[96] Cf. "Carta de Filipe II de Portugal" de 30 de agosto de 1603. Archivo General de Simancas, Sec. Provinciales, códice 1487 – Livro de registro das cartas que Sua Majestade manda à Portugal para os governadores vice-reis e outros personagens de Portugal de 1603-1604, fl. 24.

[97] "Instrumentos Diogo Botelho" de 6 de setembro de 1603, publicado na *Revista do Instituto Histórico e Geográfico Brasileiro*, tomo 73, parte I, p. 68. Esse tipo de reclamação era recorrente, D. Luís de Sousa, por exemplo, solicitava que na sua "residência" não fossem tiradas testemunhas em Pernambuco, pois todos os moradores ali eram dependentes de alguma forma de Duarte de Albuquerque Coelho e de Matias de Albuquerque, seus

Recoloca-se a questão, acreditar nas acusações ou na defesa do governador geral? Diogo Botelho talvez não fosse culpado de todas as acusações, mas inegavelmente era mais um dos que vinham "fazer seu proveito". Provavelmente pretendia também pagar as dívidas que tinha no Reino[98], no que deve ter sido parcialmente bem sucedido, pois se tornou proprietário de um engenho em Pernambuco, embora não tenha conseguido comprar a capitania de Ilhéus como ambicionava, nem, do ponto de vista simbólico, tenha recebido o título de vice-rei do Brasil como pretendia[99].

As acusações formuladas contra os funcionários da Justiça e da Fazenda de Pernambuco ou contra Diogo Luís de Oliveira e Diogo Botelho não eram novidade, nem desconhecidas da Coroa. Podendo, aliás, ser consideradas recorrentes contra o conjunto da administração colonial por todo Império português[100].

Daí que a Coroa, no regimento da residência do governador geral D. Luís de Sousa, instruísse o responsável pelo inquérito, provavelmente seguindo um modelo prévio, que perguntasse às testemunhas sobre questões, como se o governador "tomou mantimentos ou outras coisas sem as pagar, ou fiadas contra a vontade de seus donos ou por menos do que valiam"; se mandou que não se vendessem certas mercadorias "até ele vender as suas"; se mandou "pagar praças mortas, apropriando-se

---

inimigos. Cf. "Requerimento de D. Luís de Sousa sobre a residência que de seu governo seria tirada na Bahia e Pernambuco", sem data, mas posterior a 1621, que consta do *Livro 1º do Governo do Brasil, Op. cit.*, p. 335.

[98] "Carta de el-rei ao Bispo D. Pedro de Castilho" de 26 de outubro de 1605. Biblioteca da Ajuda, códice 51-VIII-07, Cartas de Sua Majestade para o Bispo Pedro de Castilho, fl. 218v.

[99] Sobre a compra da capitania de Ilhéus, Cf. "Carta de Diogo Botelho ao Conde de Linhares" de 23 de agosto de 1602. Arquivo Nacional da Torre do Tombo, Cartório dos Jesuítas, maço 71, documento 3. Para o pedido do título de vice-rei ver "Carta do rei aos governadores de Portugal", sem data. Arquivo Nacional da Torre do Tombo, respectivamente, Corpo Cronológico, parte I, maço 116, documento 104.

[100] No Oriente, por exemplo, o soldado, personagem de Diogo do Couto, relata, entre outros tantos casos, que os ouvidores das fortalezas iam as mesmas, "como quem vai a vindimar suas vinhas, e a qualquer que chegam com a vara na mão são os compadres tantos, os empréstimos para a China, as peças e os presentes, que não cabem em casas; e mal polo que não tem que dar, que esse é que paga o pato!", ou, ainda, que até mesmo a verba dada pelo rei para os vice-reis recompensarem os vassalos somem "por mercês parte fantásticas e em homens que nunca nasceram ao mundo". COUTO, D. do, *O Soldado Prático* (1610), 3ª ed. Lisboa: Sá da Costa, 1980, p. 60 e 167.

para si" dos respectivos ordenados, entre outras tantas questões que versavam sobre o seu procedimento em questões relativas à Justiça e à Fazenda Real[101].

De qualquer forma, o procedimento adotado no caso de Diogo Botelho pode ser um bom indicador de como a Coroa encarava tais acusações. O vice-rei de Portugal, D. Pedro de Castilho, em carta ao Monarca explicava que "não convém prorrogar o tempo de seu governo", negando assim o pedido do governador para que continuasse no posto a fim de continuar o descobrimento do Maranhão, por ele iniciado. Afinal, para o vice-rei, "indo outra pessoa folgará de ganhar honras neste descobrimento e a título das devassas que se tiraram de Diogo Botelho, se poderá simular e deixar ele estar naquele governo, sem o prorrogar"[102], tampouco consta que este tenha sofrido qualquer sanção após voltar ao Reino.

Na prática, o enriquecimento lícito ou ilícito dos funcionários coloniais era um elemento estrutural e inevitável do Império[103]; afinal, de que outra maneira a Coroa poderia atrair vassalos dispostos a enfrentar longas viagens e inúmeros perigos? Dessa forma, a política de troca de serviços por mercês, não deixava de ser um instrumento útil para que os ganhos dos vassalos, incluindo os recursos desviados da própria Coroa, fossem em alguma medida drenados para os interesses da Monarquia.

---

[101] "Regimento da residência do governador D. Luís de Sousa" de 4 de julho de 1623, que consta do *Livro 1º do Governo do Brasil*, *Op. cit.*, p. 361 e seguintes.

[102] "Carta do bispo D. Pedro de Castilho a el-rei" de 21 de maio de 1605. Biblioteca da Ajuda, códice 51-VIII-19, Cartas do bispo D. Pedro de Castilho, fl. 140 v.

[103] Vejam-se os comentários sobre o tema em BOXER, C. R., *O Império Colonial Português* (tradução). Lisboa: edições 70, 1981, p. 307 e seguintes e ainda WINIUS, G. D., *A Lenda Negra da Índia Portuguesa* (tradução). Lisboa: Antígona, 1994.

7.

A MÃO DE OBRA INDÍGENA

> "O Brasil não se pode sustentar nem haver nele comércio sem o gentio da terra, assim para o meneio e benefício das fazendas, como para conservação da paz", Resolução sobre o cativeiro dos índios tomada pelo Bispo e pelo ouvidor geral[1].

A EXPLORAÇÃO DO TRABALHO INDÍGENA

A exigência básica no momento da distribuição de sesmaria era seu aproveitamento, condição que, se não cumprida, transformava as terras em devolutas, justificando a perda das mesmas e a possibilidade de serem doadas novamente. As terras, distribuídas em quantidade inimaginável em Portugal, tanto para grandes como para humildes, exigiam para seu aproveitamento a obtenção de mão de obra compatível. Daí um dos motivos para a ambição, nunca saciada, por cativos referida por Pero de Magalhães Gandavo[2].

A exploração desenfreada, somada a outras causas (doenças, guerras etc.), exigia permanente abastecimento de escravos, que até o momento

---

[1] "Resolução que o bispo e o ouvidor geral do Brasil tomaram sobre os injustos cativeiros dos índios do Brasil e do remédio para aumento da conversão e da conservação daquele Estado", documento da década de 1570, publicado na *Revista do Instituto Histórico e Geográfico Brasileiro*, tomo 57, parte I, p. 92.

[2] "Os mais dos moradores que por estas capitanias estão espalhados, ou quase todos, tem suas terras de sesmaria dadas e repartidas pelos capitães e governadores da terra e a primeira coisa que pretendem adquirir são escravos", GANDAVO, P. de M., *História da Província de Santa Cruz & Tratado da Terra do Brasil* (1576 e c. 1570). São Paulo: Obelisco, 1964, p. 34.

em que Gandavo escrevia sua "História da Província de Santa Cruz", pouco depois da morte de Mem de Sá em 1572, eram fundamentalmente indígenas. Os indígenas, contudo, mesmo depois da introdução de africanos, não deixaram de representar um papel destacado na composição da força de trabalho empregada por todas as partes do Brasil ao longo de todo período aqui estudado. E, diga-se de passagem, foi a riqueza produzida pelos chamados negros da terra que financiou a entrada dos negros da Guiné.

Por volta de 1570, Gandavo, no "Tratado da terra do Brasil", contava que, em troca dos produtos trazidos pelos portugueses, os indígenas "se vendiam uns aos outros e os portugueses resgatavam muitos deles e salteavam quantos queriam sem ninguém lhes ir a mão", porém, com a chegada dos jesuítas em 1549, tais práticas tinham sido eliminadas ou pelo menos atenuadas, pois os padres da Companhia "proveram neste negócio e vedaram muitos saltos que faziam os portugueses por esta costa, os quais encarregavam muito suas consciências com cativarem muitos índios contra o direito e moverem-lhes guerras injustas"[3].

Os jesuítas e os capitães da terra, ainda segundo Gandavo, procuraram impedir os resgates[4] e nem consentiam que os portugueses fossem às aldeias sem licença dos capitães e:

> quantos escravos agora vêem novamente do sertão ou das outras capitanias todos levam primeiro a alfândega e ali os examinam [...] porque ninguém os pode vender se não seus pais ou aqueles que em justa guerra os cativam.

Assim, os mal adquiridos eram postos em liberdade e, desta maneira, os indígenas comprados eram reputados por "bem resgatados e os moradores não deixam por isso de ir muito avante com suas fazendas"[5].

---

[3] Pero de Magalhães Gandavo, *Op. cit.*, p. 91 e 92.

[4] O termo "resgatar" era utilizado no sentido de "comprar ou permutar" os mais diversos gêneros, inclusive escravos. Nas partes do Brasil também seria utilizado para designar os produtos destinados a tais trocas, como, por exemplo, em um mandado do provedor-mor para o "tesoureiro pagar em resgates a Estevão Fernandes, marinheiro dois mil e setecentos réis". Cf. SILVA, A. de M. e, *Diccionario da Lingua Portugueza*. Rio de Janeiro: Fluminense, 1922 (fac-símile da 2ª ed. de 1813); e "Título do registro dos mandados de pagamentos e de outras despesas" iniciado pelo primeiro provedor-mor em 1549 e publicado na coleção *Documentos Históricos*, 110 vols. Rio de Janeiro: Biblioteca Nacional, 1928-55, vols. 13 e 14, a citação encontra-se no volume 13, p. 273.

[5] Pero de Magalhães Gandavo, *Op. cit.*, p. 91 e 92.

O relato apresentado por Gandavo, mesmo que não completamente exato[6], sintetiza em linhas gerais a questão da escravização indígena nos anos que medeiam a fundação das primeiras capitanias na década de 1530 e a adoção da primeira lei sobre o cativeiro indígena, a de D. Sebastião de 1570, sem esquecer as mudanças ocorridas com a instalação do Governo Geral e a chegada dos jesuítas em 1549.

A política indígena da Coroa portuguesa oscilou entre a pressão jesuítica pró-liberdade e a dos moradores pró-escravidão[7]. A conversão dos indígenas ao cristianismo, contudo, foi sempre evocada pelo rei como a maior justificativa da ocupação das terras americanas; no entanto a Coroa inicialmente não apontou nenhuma perspectiva para efetivar tal pretensão, nem prescreveu uma política clara a ser seguida com os nativos. Bom exemplo disso são as cartas de doação das chamadas capitanias hereditárias, emitidas na década de 1530, nas quais os indígenas são citados em apenas dois momentos; a primeira vez, no preâmbulo, quando o rei anuncia o projeto de ocupar a costa e terra do Brasil para celebrar o culto divino e exaltar a fé católica, convertendo "os naturais da dita terra, infiéis e idólatras", e, a segunda, na parte em que enumera as concessões, quando os donatários receberam o direito de enviarem ao Reino determinado número de escravos isentos de tributos[8].

A ausência completa de um plano ou de pelo menos uma orientação sobre o tratamento a ser dispensado aos nativos do Novo Mundo durou até a criação do Governo Geral, que, como vimos, era especialmente uma resposta às dificuldades geradas pela resistência indígena. Foi nesse momento que a Coroa, com base na experiência dos primeiros anos de ocupação das terras americanas, começou a elaborar uma política para a questão indígena, porém ainda tateante no que toca à escravidão.

---

[6] O relato sobrevaloriza a disposição dos membros da governança em conter os resgates e minimiza a resistência dos moradores às novas determinações da Coroa.

[7] Sobre o assunto, ver THOMAS, G., *Política Indígena dos Portugueses no Brasil* (tradução). São Paulo: Loyola, 1982; HEMMING, J., *Red Gold, the Conquest of the Brazilian Indians*. Cambridge: Harvard University Press, 1978; CUNHA, M. C. da (Org.), *História dos Índios no Brasil*, 2ª ed. São Paulo: Companhia das Letras, 1998; e SCWARTZ, S., "Trabalho indígena e grande lavoura", publicado na reunião de artigos do autor, intitulada *Da América portuguesa ao Brasil*. Lisboa: Difel, 2003.

[8] "Doação da Capitania de Pernambuco" de 10 de março de 1534, publicada em *Doações e Forais das Capitanias do Brasil* (1534-1536), apresentação, transcrição e notas de Maria José Chorão. Lisboa: Arquivo Nacional da Torre do Tombo, 1999, p. 11.

A conversão ainda era o proclamado objetivo final, daí o envio de jesuítas junto com Tomé de Sousa, que deveria impor aos indígenas a autoridade da Coroa e da Igreja.

A diretriz básica delineada no regimento do primeiro governador era dividir os indígenas em amigos e inimigos, aproveitando-se das divisões anteriores entre os nativos, utilizando os primeiros contra os últimos[9]. Nesse momento, no apoio à obra da catequese, surgia também a proposta de constituição de grandes aldeamentos[10] para maior facilidade da obra missionária, porém, quanto à escravidão, nenhuma orientação geral, apenas a instrução do rei para que parte dos indígenas rebeldes na capitania da Bahia fosse cativada, como exemplo aos demais[11].

Ao contrário dos africanos que foram simplesmente escravizados, várias foram as formas de exploração dos indígenas, que iam da escravidão plena até, no extremo oposto, a obrigatoriedade, em maior ou menor medida, ao trabalho em troca de uma remuneração, na maioria das vezes irrisória, mantendo, contudo, certa autonomia. A forma intermediária seria uma espécie de dependência pessoal, na prática um regime de escravidão sem o correspondente arcabouço legal, que ficaria conhecida como "administração" dos indígenas[12].

Podemos dividir a exploração dos indígenas em três formas elementares de trabalho, a saber: o trabalho, obrigatório ou não, mediante

---

[9] Beatriz Perrone-Moisés chama a atenção para o fato que "à diferença irredutível entre 'índios amigos' e 'gentio bravo' corresponde um corte na legislação e política indigenistas que, encaradas sob esse prisma, já não aparecem como uma linha tortuosa crivada de contradições, e sim duas, com oscilações menos fundamentais", dessa maneira teríamos duas linhas políticas, uma para cada grupo, que se mantém ao longo do processo de colonização, mas que nas "grandes leis de liberdade" (as de 1609, 1680 e 1755), se sobrepõem, anulando a distinção entre aliados e inimigos. PERRONE-MOISÉS, B., "Índios livres e índios escravos, os princípios da legislação indigenista do período colonial", In: CUNHA, M. C. da (Org.), *História dos Índios no Brasil*, 2ª ed. São Paulo: Companhia das Letras, 1998, p. 117.

[10] Neste trabalho, o termo "aldeamento" deve ser entendido no sentido de povoação de índios, criada ou dirigida pelos portugueses, em contraposição a "aldeia", reservada às povoações indígenas autônomas. Deve-se levar em conta, porém, que nos documentos da época, tal distinção não existia.

[11] "Regimento de Tomé de Sousa" de 17 de dezembro de 1548, publicado por DIAS, C. M. (Dir.), *História da Colonização Portuguesa do Brasil*, 3 vols. Porto: Litografia Nacional, 1922, vol. III, p. 346 (citada daqui em diante apenas pelo título).

[12] Sobre o assunto, ver MONTEIRO, J. M., *Negros da Terra*. São Paulo: Companhia das Letras, 1994, p. 129 e seguintes; e Beatriz Perrone-Moisés, *Op. cit.*, p. 119.

remuneração, a escravidão e o regime de "administração"[13]. Essas três formas coexistiram ao longo do período, variando, no tempo e no espaço, conforme a correlação de forças entre portugueses e indígenas, bem como moldando-se e contornando muitas vezes as disposições da Coroa, promulgadas em leis e alvarás, principalmente a partir de 1570.

Do ponto de vista cronológico, a primeira forma de exploração foi a troca ou escambo de produtos europeus com os indígenas amigos, dessa forma os portugueses obtiveram trabalho, alimentos e outros gêneros, inclusive escravos[14]. A exploração do pau-brasil viabilizou-se graças a tal arranjo, que também seria fundamental nos primeiros tempos da colônia, como se pode perceber pelo papel dos indígenas amigos na construção da cidade do Salvador, quando forneceram alimentos, material de construção e trabalho[15].

A ampliação da presença portuguesa, com a crescente necessidade de trabalho, não apenas circunstancial, mas cotidiana, fez que os indígenas passassem a exigir produtos mais caros, inclusive armas, ou que simplesmente se recusassem a servir aos recém-chegados, o que acabou inviabilizando tal arranjo. As formas voluntárias foram substituídas cada vez mais por formas compulsórias de trabalho; contudo, mesmo que marginalmente, a troca de produtos por trabalho continuaria sendo utilizada, particularmente com os indígenas amigos que conseguiram manter algum tipo de autonomia ou com os que ficaram sob tutela dos jesuítas[16].

---

[13] Para Stuart Schwartz, os "portugueses tentaram uma variedade de sistema laborais", cujos três tipos principais seriam a "escravatura compulsória" empregada pelos colonos, a "criação de um 'campesinato' indígena por via de processos de aculturação e destribalização" implementado pelos jesuítas e depois por outras ordens religiosas, e o último, aplicado por leigos e eclesiásticos, que "consistia na lenta integração dos índios num mercado capitalista auto-regulado e na sua transformação em trabalhadores individuais remunerados". Stuart Schwartz, *Op. cit.*, p. 27.

[14] Cf. o clássico trabalho de MARCHANT, A., *Do Escambo à Escravidão* (tradução), 2ª ed. São Paulo: Companhia Editora Nacional, 1980.

[15] "Título do registro dos mandados de pagamentos e de outras despesas" iniciado pelo primeiro provedor-mor e publicado nos volumes 13 e 14 da série *Documentos Históricos*, *Op. cit.*, passim.

[16] Duarte Coelho descreve bem esse processo em uma carta ao rei, numa passagem citada anteriormente. "Carta de Duarte Coelho a el-rei" de 20 de dezembro de 1546, publicada em *História da Colonização Portuguesa do Brasil*, vol. III, p. 314 ou em DUARTE, C., *Cartas de Duarte Coelho a el-rei*, editadas por José Antonio Gonsalves de Mello e Cleonir Xavier de Albuquerque. Recife: Imprensa Universitária, 1967, p. 35.

O esgotamento das possibilidades da troca de trabalho por mercadorias variou de capitania para capitania, de acordo com o ritmo do desenvolvimento das atividades produtivas, notadamente da agromanufatura açucareira, porém podemos considerar que a partir da década de 1560 tal mecanismo passou a ocupar um papel limitado nas áreas centrais da colônia.

Antes mesmo que tal fato se verificasse, a escravidão já era praticada. Duarte Coelho, na década de 1540, clamava, em suas cartas ao rei, contra os portugueses que na ânsia de cativar indígenas acabavam por tumultuar toda a Costa. Estes utilizavam os mais variados expedientes, que iam do engano à violência, atacando indígenas amigos e inimigos indistintamente, fugindo depois para outras áreas com os cativos[17]. Contribuíam assim para aumentar o clima de desgoverno então vigente nas partes do Brasil, provocando o recrudescimento das guerras com os indígenas, que acabavam por se vingar muitas vezes atacando os estabelecimentos portugueses mais próximos[18]. Esses ataques ou "saltos", como então eram chamados, foram reprimidos pelo Governo Geral e pelos jesuítas, conforme o relato de Gandavo. No caso, Tomé de Sousa seguiu as instruções recebidas em seu regimento, a Coroa estava mais preocupada em evitar as consequências dos ataques do que coibir o cativeiro em si.

Nos anos seguintes à criação do Governo Geral os portugueses retomaram a ofensiva em várias partes do Brasil, procurando garantir o controle das áreas próximas aos núcleos primitivos e consequentemente aproveitá-las economicamente, com a montagem de fazendas e engenhos. A resistência indígena à iniciativa provocou uma série de guerras, que duraram praticamente até o final do século XVI e início do XVII, variando de região para região.

Em meados do século XVI, os portugueses e os indígenas aliados derrotaram a resistência, garantindo o controle do território litorâneo

---

[17] O padre Leonardo Nunes, jesuíta, conta que "nesta terra entre outros males havia um em os cristãos muito arraigado e mau de arrancar por suas cobiças e interesses, o qual era ter muitos índios injustamente cativos porque os iam saltear a outras terras e com manhas e enganos os cativavam". "Carta do Padre Leonardo Nunes" de 1550, publicada por LEITE, S. (Ed.), *Cartas dos Primeiros Jesuítas do Brasil* (1538-1563), 3 vols. São Paulo: Comissão do IV Centenário da Cidade de São Paulo, 1954, vol. I, p. 200.

[18] Cf. a citada "Carta de Duarte Coelho a el-rei" de 20 de dezembro de 1546, publicada em *História da Colonização Portuguesa do Brasil*, vol. III, p. 314 e também publicada em Duarte Coelho, *Op. cit.*, p. 87. Ver também o capítulo 3 deste trabalho.

das capitanias de Pernambuco, Bahia, Rio de Janeiro e São Vicente[19] e impondo pesadas perdas humanas aos vencidos, além do cativeiro em larga escala. Com isso, o problema de mão de obra foi resolvido momentaneamente e a escravidão passou a ser a forma preferencial de exploração.

Nesse momento as guerras de conquista e as expedições punitivas contra os indígenas que resistiam à ocupação portuguesa, somadas ao "resgate" dos prisioneiros capturados pelos indígenas amigos em suas guerras, tornaram-se as principais fontes de obtenção de trabalhadores. Consolidou-se também a política de divisão dos indígenas. Para os inimigos, não havia dúvidas, a resistência ao processo de ocupação do território e de conversão ao cristianismo seria punida violentamente: individualmente, com os chefes indígenas colocados na boca de canhões como exemplo, ou coletivamente, com a morte e o cativeiro dos prisioneiros. Exemplo disso foi a campanha contra os indígenas da região do rio Paraguaçu no Recôncavo, no final da década de 1550, cuja violência foi registrada com aprovação pelos jesuítas. O padre Manuel da Nóbrega nos conta como esses indígenas foram atacados por três vezes pelos portugueses e seus aliados, que "mataram muitos e cativaram grande soma, queimando-lhes suas casas e tomando-lhes seus barcos, pelo qual pediram paz"[20]; o padre José de Anchieta, por sua vez, registra os acontecimentos no poema em que homenageou Mem de Sá, glorificando a vitória dos "esquadrões de Cristo":

> Quem poderá contar os gestos heróicos do Chefe
> à frente dos soldados, na imensa mata! Cento e sessenta
> aldeias incendiadas, mil casas arruinadas
> pela chama devoradora, assolados os campos,
> com suas riquezas, passado tudo ao fio da espada![21]

---

[19] Registre-se, por outro lado, que nesse período a resistência dos aimorés provocou a quase completa destruição das capitanias de Porto Seguro e Ilhéus.

[20] "Carta do padre Manuel da Nóbrega ao padre Miguel de Torres e padres e irmãos de Portugal" de 5 de julho de 1559, publicada por Serafim Leite, *Cartas dos Primeiros Jesuítas do Brasil*, Op. cit., vol. III, p. 57.

[21] O longo poema narra a sucessão de combates do período, sendo, portanto, marcado pela carnificina praticada na maioria das vezes pelas forças portuguesas. ANCHIETA, J. de, *De Gestis Mendi de Saa/Dos feitos de Mem de Sá* (Século VXI), edição bilingue. Rio de Janeiro: Arquivo Nacional, 1958, p. 129.

Quanto aos indígenas que se mantiveram em paz com os portugueses, o rei orientava Tomé de Sousa: "os favoreceis de maneira que sendo vos necessário sua ajuda a tenhais certa"[22]. A diretriz, aplicada particularmente aos indígenas que aceitaram se converter ao cristianismo e a colaborar com a colonização portuguesa, surtia efeito, pois como explicava o padre Antônio Pires, "grande é cá a inveja que estes gentios tem a estes novamente convertidos, porque vem quão favorecidos são do governador e de outras principais pessoas"[23].

O favorecimento dos indígenas amigos ganharia contornos mais claros durante o governo de Mem de Sá, pois, ao consolidar o domínio português sobre o Recôncavo, o governador pôde implementar o projeto já apontado no regimento de Tomé de Sousa de constituição de grandes aldeamentos, que tinham como finalidade, por um lado, facilitar a obra de conversão e, por outro, garantir mão de obra e apoio militar, em troca os indígenas receberiam terras e outros favores materiais e simbólicos.

Os indígenas amigos, com isso, ficaram cada vez mais dependentes dos portugueses, que passaram a determinar, segundo seus próprios interesses, o local onde eles deveriam se instalar. Instruções a esse respeito eram periodicamente enviadas pela Coroa, como num alvará de 1587, no qual o rei, ao mesmo tempo que determinava que o governador e o provedor-mor deviam dar terras de sesmaria aos indígenas descidos do sertão, orientava que estes repartissem os indígenas em aldeias junto às fazendas e engenhos[24].

O modelo posteriormente seria transposto para as demais partes do Brasil, e os indígenas passaram a ser deslocados de acordo com as necessidades dos portugueses, tanto de combatentes, como de trabalhadores. Diogo Botelho, por exemplo, enviou "mil e quinhentos flecheiros potiguares" das capitanias do Norte, provavelmente do Rio Grande e da Paraíba, para as capitanias de Ilhéus e Porto Seguro, para a guerra

---

[22] O já citado "Regimento de Tomé de Sousa" de 17 de dezembro de 1548, publicado na *História da Colonização Portuguesa do Brasil*, vol. III, p. 346.

[23] "Carta do padre Antônio Pires aos padres e irmãos de Coimbra" escrita de Pernambuco em 2 de agosto de 1551 e publicada por Serafim Leite, *Cartas dos Primeiros Jesuítas do Brasil, Op. cit.*, vol. I, p. 254.

[24] "Alvará para que aos índios que descem do sertão se dessem terras para suas aldeias junto as fazendas e sesmaria para suas lavouras" de 21 de agosto de 1587, publicado nos *Documentos para a História do Açúcar*, 3 vols. Rio de Janeiro: IAA, 1956, vol. I, p. 321.

contra os aimorés[25] e alguns anos depois o próprio rei orientava Martim de Sá para "descer do sertão os índios que lhe parecer necessários para povoarem aldeias no Cabo Frio"[26]. Este, pouco depois, dava conta ao monarca da tarefa, relatando como levara indígenas do Espírito Santo e da região da Lagoa dos Patos para o Rio de Janeiro, erguendo aldeamentos na Ilha Grande e em Cabo Frio, visando impedir a presença estrangeira na área[27].

Mem de Sá foi o primeiro a implementar tal prática. Inicialmente em 1557, quando juntou os indígenas de quatro aldeias, que já estavam sendo doutrinados pelos jesuítas, em um grande aldeamento próximo de Salvador; outros foram montados em seguida, formando um verdadeiro escudo em torno da cidade[28].

Dessa maneira, como consequência da política de divisão dos indígenas, teríamos nesse momento os indígenas amigos agrupados em grandes aldeamentos sob responsabilidade dos jesuítas e os inimigos, no caso dos capturados, escravizados nas fazendas dos moradores. A situação, contudo, estava longe de resolver os problemas e os aldeamentos passaram a ser alvo de grandes disputas que se estenderiam pelas décadas seguintes, particularmente em torno de duas questões, o controle dos indígenas ali residentes e o refúgio dado nesses aldeamentos aos escravos, legítimos ou não, dos moradores.

Os indígenas reunidos em aldeias deveriam ser colocados à disposição dos moradores para trabalharem em suas fazendas por certo tempo

---

[25] "Serviços do governador geral Diogo Botelho" de 8 de fevereiro de 1608, publicado na *Revista do Instituto Histórico e Geográfico Brasileiro*, tomo 73, parte I, p. 184.

[26] "Alvará de Sua Majestade para que Martim de Sá desça do sertão os índios necessários para povoar Cabo Frio e outras partes" de 22 de março de 1618, que consta do "Processo Relativo às Despesas que se Fizeram no Rio de Janeiro por Ordem de Martim de Sá, para Defesa dos Inimigos que Intentavam Cometer a Cidade e o Porto" de 30 de dezembro de 1633, publicado nos *Anais da Biblioteca Nacional*, vol. 59, p. 33.

[27] Por outro lado, a tentativa de Martim de Sá de trazer índios do interior da capitania de São Vicente para o litoral acabou frustrada, pois esses foram atacados por *"certos pombeiros dos brancos"*. "Carta de Martim de Sá para Filipe II de Portugal" de 20 de outubro de 1619 e "Traslado da devassa que se tirou nesta vila de São Paulo sobre a morte do Principal Timacauna" de 5 de junho de 1623, documentos publicados por Jaime Cortesão em *Pauliceae Lusitana Monumenta Historica*, 2 tomos em 3 vols. Rio de Janeiro: Real Gabinete Português de Leitura, 1956-61, tomo II, p. 364 e 453, respectivamente.

[28] "Carta do padre Antônio Pires ao Provincial de Portugal" de 19 de julho de 1558, publicada por Serafim Leite, *Cartas dos Primeiros Jesuítas do Brasil, Op. cit.*, vol. II, p. 463.

em troca de uma pequena remuneração, numa espécie de "mercado de trabalho" embrionário[29]. Os moradores, contudo, acusavam os jesuítas de dificultar o acesso aos mesmos, pois, como relatou Gabriel Soares de Sousa, os oficiais da Câmara queixaram-se a D. Sebastião e aos governadores "que aqueles índios não ajudavam os moradores em suas fazendas como estava assentado [...] por os padres impedirem"[30].

Essa acusação encontraria apoio em importantes membros da administração colonial. O governador geral Diogo Botelho, por exemplo, reclamava no início do século XVII de um jesuíta que se "escusava de os [índios] dar dizendo que tinha provisões d'el-rei para os não dar ainda que o governador geral lhos pedisse se não quando a eles lhe parecesse" o que teria motivado uma resposta enérgica. Diogo Botelho conta que "mansamente" respondeu ao jesuíta que se:

> algum padre da Companhia aquilo me tornasse a dizer havia de embarcar logo para o Reino porque Sua Majestade me fizera seu governador geral deste Estado e me não dera nenhum coadjutor nem aio e mandava que todos os que no dito Estado residissem me obedecessem.

O governador acreditava estar assim defendendo a jurisdição real, "porque estavam estes padres mui apoderados deste gentio e tinham-se persuadido que eram Reis deste gentio e que el-rei não era senhor deles"[31].

A outra questão é que os aldeamentos acabavam funcionando como refúgio para os escravos dos moradores que buscavam a proteção dos jesuítas, dando motivo para uma série de conflitos e disputas em torno do problema de se saber se tais escravos eram legítimos ou não, pois, como nos conta novamente Gabriel Soares de Sousa, os jesuítas "tem por costume recolherem todos os escravos alheios e índios forros que

---

[29] Perto do final, o padre Francisco Soares escrevia que "todos os meses saem 400 a 500 índios na Bahia das aldeias a trabalhar aos portugueses por seu prêmio [...] um mês por um cruzado pouco mais ou menos e comum é que nunca lhe pagão". SOARES, F., *Coisas Notáveis do Brasil* (c. 1594). Rio de Janeiro: Instituto Nacional do Livro, 1966, p. 77.

[30] "Capítulos que Gabriel Soares de Sousa deu em Madri ao Senhor Cristóvão de Moura contra os padres da Companhia de Jesus que residem no Brasil" de 1587, publicado nos *Anais da Biblioteca Nacional*, vol. 62, p. 374.

[31] "Carta de Diogo Botelho ao Conde de Linhares", escrita em Olinda aos 23 de agosto de 1602, Arquivo Nacional da Torre do Tombo, Cartório dos Jesuítas, maço 71, documento 3.

fugiram a seus senhores e se foram para seus parentes que tem nestas aldeias", o que os fazia muito odiados pelos moradores, funcionários régios e clero secular. Em sua defesa, os jesuítas alegavam que apenas seguiam uma "lei" de Mem de Sá, que instruía que os fugitivos só seriam entregues após a confirmação da sua condição de escravos[32].

Exemplo concreto desse problema foi a disputa que envolveu Fernão Cabral de Ataíde. Este senhor de engenho, famoso por ter abrigado em suas terras o movimento herético conhecido como santidade[33], foi acusado pelos jesuítas de tomar seis indígenas moradores no aldeamento de São João, em retaliação aos jesuítas não devolverem uma indígena, escrava, segundo ele, que fugira para junto dos padres. Os jesuítas, por sua vez, apelaram para a justiça, ameaçando abandonar os aldeamentos, conseguindo dessa forma que os indígenas fossem restituídos[34].

Tais questões ganharam dimensão explosiva no início da década de 1560, quando os jesuítas passaram a controlar 10 aldeamentos em torno da cidade de Salvador, provocando a cobiça dos moradores. Nesse contexto, a decisão de Mem de Sá de punir os caetés, responsáveis pela morte do primeiro bispo, com a escravidão provocou uma verdadeira corrida por escravos. Os moradores, aproveitando-se da brecha, apoderaram-se indiscriminadamente dos indígenas, para, nas palavras dos jesuítas, "fartar sua sede e encher-se de peças", não respeitando amigos ou inimigos, nem se importando se eram ou não caetés, aprisionaram inclusive os indígenas reunidos nos aldeamentos dos jesuítas, provocando enorme confusão e fugas para o sertão. Mem de Sá, vendo o

---

[32] "Capítulos que Gabriel Soares de Sousa deu em Madri ao Senhor Cristóvão de Moura contra os padres da Companhia de Jesus que residem no Brasil" de 1587, publicado nos *Anais da Biblioteca Nacional*, vol. 62, p. 375.

[33] Ao atrair para sua terra os índios envolvidos com a chamada "santidade", Fernão Cabral de Ataíde tencionava ampliar o número de índios sob seu controle. Sobre o assunto, ver VAINFAS, R., *A Heresia dos Índios, Catolicismo e Rebeldia no Brasil Colonial*. São Paulo: Companhia das Letras, 1995.

[34] Não sabemos, contudo, se a indígena retornou ao controle do senhor de engenho. Cf. "Informação dos primeiros aldeamentos", documento de meados da década de 1580, publicada em ANCHIETA, J. de, *Cartas, Informações, Fragmentos Históricos e Sermões* (1554-1594), 2ª ed. Belo Horizonte e São Paulo: Itatiaia e Edusp, 1988, p. 271 e seguintes (coletânea, publicada originalmente pela Academia Brasileira de Letras em 1933, era o volume III da coleção Cartas Jesuíticas). A autoria de Anchieta, embora provável, é duvidosa, sobre o tema veja-se a longa nota 456, p. 390. Ainda, vale registrar que o título do documento foi dado por Capistrano de Abreu.

dano causado, revogou a sentença e junto com os jesuítas tentou conter a ação dos moradores, conseguindo recuperar parte dos indígenas escravizados, sendo que apenas um morador teria entregue "30 ou 40 peças"[35].

Nesse momento, pestes e fomes assolaram a costa do Brasil provocando enorme mortalidade, dizimando a população indígena, exigindo assim que novos contingentes fossem "descidos" do sertão, situação que acirrou mais uma vez a luta pelo controle dos indígenas reunidos nos aldeamentos. Estes sofreram pesadas perdas humanas. Mem de Sá tentou conter sua destruição nomeando capitães para que tomassem conta dos aldeamentos, auxiliando o trabalho dos jesuítas, além de nomear um procurador dos indígenas, com a missão de defendê-los das ameaças dos moradores, que, além do interesse em cativar os indígenas, cobiçavam também as terras que lhes haviam sido dadas.

Por seu turno, os padres da Companhia de Jesus, que num primeiro momento haviam ficado indecisos frente ao cativeiro[36], vendo a violência empregada pelos brancos na obtenção de escravos e a opressão dispensada no tratamento cotidiano, bem como a resistência em cooperar com os padres na obra de conversão, passaram a lutar contra a escravidão dos indígenas, não por se oporem à instituição, mas por considerarem que a maior parte dos indígenas era cativada por métodos ilícitos. Já que em relação aos lícitos, os jesuítas não se opunham, daí que não tivessem problemas em manter excelentes relações com Mem de Sá, que, como sabemos, era um grande senhor de escravos indígenas.

Resultado direto dessa ação dos padres da Companhia de Jesus foi, em primeiro lugar, a carta de D. Sebastião de 1566, na qual o rei explicava que era informado de que no Brasil ocorriam cativeiros injustos e resgates feitos com má-fé, assim orientava Mem de Sá sobre:

---

[35] Sobre o episódio, além da acima citada "Informação dos primeiros aldeamentos", veja-se a "Carta do padre Leonardo do Vale por comissão do padre Luís da Grã aos padres e irmãos de São Roque de Lisboa" de 26 de junho de 1562, publicada por Serafim Leite, *Cartas dos Primeiros Jesuítas do Brasil, Op. cit.*, vol. III, p. 489 e seguintes.

[36] Nóbrega, por exemplo, era da opinião de que "este gentio é de qualidade que não se quer por bem, senão por temor e sujeição, como se tem experimentado; e por isso se Sua Alteza os quer ver todos convertidos mande-os sujeitar e deve fazer estender os cristãos pela terra adentro e reparti-lhes o serviço dos índios àqueles que os ajudarem a conquistar e senhorear, como se faz em outras partes de terras novas". "Carta do padre Manuel da Nóbrega ao padre Miguel de Torres" de 8 de maio de 1558, publicada por Serafim Leite, *Cartas dos Primeiros Jesuítas do Brasil, Op. cit.*, vol. II, p. 448.

o modo que se pode e deve se ter para atalhar aos tais resgates e cativeiros e me escrevais miudamente como ocorrem e as desordens que neles há e o remédio [para] que haja gente com que se granjeiem as fazendas e se cultive a terra.

Para que o rei, com base nestas informações, tomasse uma decisão posterior[37]. Embora não conheçamos a resposta dada a essa carta, é provável que as informações enviadas tenham provocado a promulgação da lei de 1570 por D. Sebastião, a primeira a restringir o cativeiro dos indígenas[38].

Na prática a lei não alterou o quadro geral, os indígenas continuaram sendo escravizados, graças às brechas abertas, particularmente pela possibilidade da chamada "guerra justa"[39]. Mas como nem todos indígenas podiam ser enquadrados nas categorias permitidas, consolidou-se uma forma de cativeiro disfarçada, chamada "administração" dos indígenas.

Os indígenas "administrados" seriam livres ou forros formalmente, mas na realidade eram escravos. Daí, por exemplo, no testamento de Gabriel Soares de Sousa, redigido em 1584, ele declarar possuir um livro "de minha razão, [onde] tenho escrito o que tenho de meu, assim de fazenda de raiz, como escravos, bois de carros e éguas e outros móveis, índios forros"[40], entre outras coisas. Ou ainda o discurso de que o indígenas seriam forros, mas o serviço por eles prestados poderia ser negociado segundo os "usos e costumes da terra"[41].

Moradores e importantes membros da administração colonial, como os governadores Diogo Botelho e Diogo de Meneses ou o sargento-mor

---

[37] "Carta régia para Mem de Sá" de 1566, que consta da "Informação dos primeiros aldeamentos", documento de meados da década de 1580, publicada em José de Anchieta, *Op. cit.*, p. 367, e em VARNHAGEN, F. A. de, *História Geral do Brasil* (1854), 5ª ed., 5 vols. São Paulo: Melhoramentos, 1956, vol. I, p. 334.

[38] "Lei sobre a liberdade dos Índios" de 20 de março de 1570, publicada em *Documentos para a História do Açúcar, Op. cit.*, vol. I, p. 225 e MENDONÇA, M. C. (Org.), *Raízes da Formação Administrativa do Brasil*, 2 vols. Rio de Janeiro: Instituto Histórico e Geográfico Brasileiro, 1972, vol. I, p. 335.

[39] Cf. Beatriz Perrone-Moisés, *Op. cit.*, p. 123.

[40] "Testamento de Gabriel Soares de Sousa" de 10 de agosto de 1584, que consta do *Livro Velho do Tombo do Mosteiro de São Bento da Cidade do Salvador* (1536-1732). Salvador: Beneditina, 1945, p. 395.

[41] SALVADOR, V. do, *História do Brasil* (1627), 5ª ed. São Paulo: Melhoramentos, 1965, p. 456 e John Manuel Monteiro, *Op. cit.*, p. 136.

Diogo de Campos Moreno tentaram em vários momentos convencer a Coroa a utilizar-se dos métodos praticados na América espanhola, particularmente a *encomienda*, o que legitimaria o domínio exercido na prática sobre os indígenas "administrados"[42] sem, contudo, obterem resposta favorável. Pouco depois a Coroa, contraditoriamente, orientava Gaspar de Sousa, governador geral do Estado do Brasil, numa carta com instruções sobre a conquista do Maranhão:

> para se conseguir o proveito e fim que se deseja será conveniente dividirem-se todos os índios daquele grande rio depois de conquistados e quietos por aldeias, dando-se e repartindo-se em encomendas entre os povoadores na forma e modo dos do Peru, ficando a cargo dos donos das aldeias doutrinar os de sua encomenda.[43]

Posteriormente tal medida seria revogada, o que, contudo, não impediu que continuasse sendo aplicada na região do Maranhão, já independente do Estado do Brasil. Exemplo disso foi a concessão pelo governador Bento Maciel Parente de "índios de administração encomendados"[44] aos soldados, visando remediar a falta de pagamento, pois como alegava em outro documento, "Sua Majestade foi servido

---

[42] "Carta de Diogo Botelho ao Conde de Linhares" escrita em Olinda aos 23 de agosto de 1602, Arquivo Nacional da Torre do Tombo, Cartório dos Jesuítas, maço 71, documento 3; "Carta de Diogo de Meneses para el-rei", de 1º de setembro de 1610, Arquivo Nacional da Torre do Tombo, Fragmentos: Caixa 1, documento 6; ou "Carta de Diogo de Meneses a el-rei" de 23 de agosto de 1608, publicada nos *Anais da Biblioteca Nacional*, vol. 57, p. 37; MORENO, D. de C., *Livro que Dá Razão do Estado do Brasil* (1612). Recife: UFPE, 1955, p. 109; e SILVEIRA, S. E. da, Relação Sumária dos Coisas do Maranhão (1624), publicado nos *Anais da Biblioteca Nacional*, vol. 94, p. 115. Também não deixa de ser sintomático que o primeiro documento do códice *Livro 1º do Governo do Brasil* seja "De la mita de Potosi y reduciones del reino. Cf. *Livro 1º do Governo do Brasil*. Rio de Janeiro: Ministério das Relações Exteriores, 1958, p. 7.

[43] "Instruções para Gaspar de Sousa, governador do Brasil, sobre a conquista do Maranhão" de 9 de outubro de 1612, publicada em *Cartas para Álvaro de Sousa e Gaspar de Sousa* (1540-1627). Lisboa: Comissão Nacional para as Comemorações dos Descobrimentos Portugueses (CNCDP) e Rio de Janeiro: Ministério das Relações Exteriores, 2001, p. 160.

[44] "Provisão em que Bento Maciel Parente, governador geral do Estado do Maranhão e Grão Pará, em nome de D. João IV, dá ao capitão Pedro Teixeira trezentos casais de índios de administração" de 29 de janeiro de 1640, publicada por SARAGOÇA, L., *Da "Feliz Lusitânia" aos Confins da Amazónia (1615-62)*. Lisboa: Cosmos e Santarém: Câmara Municipal, 2000, p. 318.

mandar [...] que os índios do Maranhão e Rio Amazonas se encomendassem na forma e maneira das Índias de Castela"[45].

No Estado do Brasil a Coroa jamais aceitou a proposta de adotar as *"encomiendas"*, mantendo o cativeiro disfarçado na "administração" dos indígenas, sempre à margem da lei, embora conivente com ele na prática.

LEGISLAÇÃO E PRÁTICA ATÉ FINS DO SÉCULO XVI

O controle das relações com os indígenas e consequentemente o acesso à essa mão de obra em todas as suas formas foi delegado à administração colonial desde a criação do Governo Geral, continuando dessa maneira ao longo do período estudado.

No regimento de Tomé de Sousa de 1548, a Coroa delegava a seu representante um enorme poder nessa matéria. Visando proteger os indígenas amigos, fundamentais para a defesa da colônia, e combater os inimigos, diversos artigos do regimento do governador geral versavam sobre a relação com os indígenas, dando o controle de tais relações ao governador que podia ou não autorizar o contato e as trocas com os nativos.

Dessa forma, o regimento instruía que "pela terra firme a dentro, não poderá ir tratar pessoa alguma sem licença vossa [do governador geral] ou do provedor-mor de minha fazenda, não sendo vós presente, ou dos capitães" das capitanias e, continuava, em outro item, "daqui em diante, pessoa alguma, de qualquer qualidade e condição que seja, não vá saltear, nem fazer guerra aos gentios por terra nem por mar, em seus navios, nem em outros alguns, sem vossa licença ou do capitão da capitania"[46].

Tal controle seria em grande medida implementado com os primeiros governadores gerais, particularmente coibindo a ação dos portugueses que assaltavam as aldeias ao longo do litoral, capturando indígenas que posteriormente seriam vendidos como escravos em outras partes.

---

[45] "Relação do Estado do Maranhão feita por Bento Maciel Parente", escrita entre 1636 e 1637, publicada em *Documentos para a História da Conquista da Costa Leste-oeste do Brasil*, Op. cit., p. 195.

[46] "Regimento de Tomé de Sousa" de 17 de dezembro de 1548, publicado na *História da Colonização Portuguesa do Brasil*, vol. III, p. 346.

Encerrada, ou pelo menos cerceada, essa prática, a obtenção da mão de obra indígena dependeria fundamentalmente das guerras, expedições ao interior ou do chamado resgate. Essas possibilidades eram, em grande medida, controladas pela administração colonial, o que impediria ou pelo menos dificultaria em muito não só a obtenção de escravos indígenas, mas também de trabalho ou gêneros locais em troca de mercadorias sem a anuência do governador geral ou do capitão-mor de cada capitania.

Nesse sentido, o governador D. Duarte da Costa dava a Brás Cubas, capitão-mor de São Vicente, instruções para dar "licença aos moradores dessa capitania para irem resgatar pelo campo dentro de maneira que o proveito seja igual assim aos pobres como aos ricos", além de reparti-los para não irem todos no mesmo momento, limitando também o tempo "que hão de andar no dito resgate" por documento escrito, para que pudesse controlar as entradas e castigar os que não cumprissem os prazos. Brás Cubas ainda deveria avisar a João Ramalho "alcaide e guarda mor do campo que não deixe passar nenhuma pessoa por ele se não mostrar vossa licença, nem os próprios moradores de Santo André"[47].

O fato de tais instruções serem ou não seguidas à risca na região do campo de Piratininga, não anula o imenso poder conferido ao capitão-mor de São Vicente no controle do acesso aos resgates. Por outro lado em Salvador, sede do Governo Geral, tal controle deveria ser mais rigoroso, o que permitiria que o governador pudesse favorecer ou não os moradores, conforme seu interesse. Francisco Porto Carrero, capitão-mor do mar no tempo de D. Duarte da Costa, denunciava ao rei que o governador lhe impedia de cumprir seu ofício, retendo os navios da Coroa na Baía de Todos os Santos, sem deixá-lo sair para correr o litoral e combater os franceses. Ao contrário, D. Duarte da Costa utilizava tais embarcações para resgate de escravos "para quatro ou cinco pessoas somente"[48].

No mesmo sentido, alguns anos depois Gaspar de Barros e Sebastião Álvares também reclamavam com o rei que os dois mais importantes

---

[47] "Regimento que há de ter Brás Cubas" de 11 de fevereiro de 1556, registrado no livro de Atas da Câmara de Santo André, livro que seria publicado posteriormente como apêndice à obra de TAUNAY, A. de, *João Ramalho e Santo André da Borda do Campo*. São Paulo: Revista dos Tribunais, 1953, p. 289 e seguintes.

[48] "Carta de Francisco Porto Carrero a el-rei" de 20 de abril de 1555, publicada na *História da Colonização Portuguesa do Brasil*, vol. III, p. 377.

membros da administração colonial – o governador geral Mem de Sá e o ouvidor geral Brás Fragoso, que na época acumulava também o cargo de provedor-mor – estariam monopolizando os escravos resgatados[49].

Nesse ponto os membros da administração colonial contariam com outra vantagem em relação aos demais moradores: a forma de pagamento dos ordenados. Afinal, esses, ao receberem em mercadorias, particularmente, gêneros destinados à troca com os indígenas, como ferramentas e utensílios de baixa qualidade, acabavam com melhores possibilidades para obtenção, por meio do escambo, dos gêneros produzidos pelos indígenas[50].

Outra fonte de trabalho indígena que Mem de Sá procurou controlar foram os aldeamentos dirigidos pelos jesuítas. O governador geral nomeou para cada um deles um capitão, que em tese deveria defender os indígenas dos moradores, impedindo que estes os retirassem indefinidamente dos aldeamentos[51].

Os escolhidos foram Sebastião Luís, Francisco de Moraes, Francisco de Barbuda, Gomes Martins, Brás Afonso, Pedro de Seabra, Antônio Ribeiro, Gaspar Folgado e João de Araújo. Mas quem eram esses homens afinal?

Sebastião Luís era cavaleiro, chegou a Salvador pouco depois da fundação da cidade. Servindo como "homem d'armas", casou-se durante o governo de D. Duarte da Costa com Catarina de Almeida, criada da Rainha, uma das órfãs enviadas ao Brasil, recebendo por isso o ofício de escrivão do Armazém e Mantimento de Salvador, posteriormente em 1561 recebeu a propriedade do ofício, ou seja, por toda vida pelos serviços feitos no Brasil, além disso possuía uma fazenda perto de Itapoã[52].

---

[49] "Carta dos Oficiais da fazenda da cidade do Salvador ..." de 24 de julho de 1562 publicada nos *Anais da Biblioteca Nacional*, vol. 27, p. 239.

[50] Essa forma de pagamento em espécie representava, segundo Marchant, pouco mais de dois terços dos pagamentos efetuados pelo provedor-mor e registrados no primeiro livro de mandados de pagamento, que abarca o período entre 1549 e 1553. Alexander Marchant, *Op. cit.*, p. 9.

[51] "Informação dos primeiros aldeamentos", documento de meados da década de 1580, publicada em José de Anchieta, *Op. cit.*, p. 365 e seguintes.

[52] "Título do registro dos mandados de pagamentos e de outras despesas" (1549 e seguintes), publicado na coleção *Documentos Históricos*, *Op. cit.*, vol. 13, p. 450; "Carta de Sebastião Luís a Rainha" de 8 de maio de 1558 e "Provimento de Sebastião Luís" de 6 de maio de 1561, Arquivo Nacional da Torre do Tombo, respectivamente, Corpo Cronológico,

Francisco de Moraes era cavaleiro da casa do rei, recebeu de Mem de Sá o ofício escrivão dos Defuntos e Alfândega de Salvador por casar com Catarina Fróes, uma das órfãs enviadas ao Brasil. Posteriormente também foi provido pelo mesmo governador como escrivão da provedoria da Bahia, cargo que servia quando foi escolhido para ser capitão de um dos aldeamentos[53].

Francisco de Barbuda recebera o ofício de escrivão da Fazenda por casar com a filha de Simão de Rabelo, que fora almoxarife de Arzila. Possuía uma fazenda em Matuim, e recebeu também uma sesmaria no Rio de Janeiro que não aproveitou[54].

Brás Afonso possuía terras na Bahia ao lado das de Francisco Afonso e Frutuoso Afonso, provavelmente seus irmãos. Este último esteve na conquista do Rio de Janeiro com Mem de Sá, sendo das pessoas que comiam à mesa do governador[55].

Pedro de Seabra serviu como feitor e almoxarife da capitania de São Vicente na primeira metade da década de 1550, participou na conquista do Rio de Janeiro, onde também comia à mesa do governador[56].

---

parte III, maço 102, documento 92 e Chancelaria de D. Sebastião e D. Henrique, Doações, Livro 7, fl. 156 v. Ver também Gabriel Soares de Sousa, *Tratado ..., Op. cit.*, p. 72.

[53] "Carta do ofício de Francisco de Moraes de escrivão dos defuntos e alfândega" de 27 de janeiro de 1558 e "Provisão de Salvador da Fonseca de escrivão diante o provedor da cidade do Salvador" de 26 de junho de 1559, que constam do "Livro 1º do registro de provimentos seculares e eclesiásticos da cidade da Bahia e terras do Brasil" (1549 e seguintes), publicado nos *Documentos Históricos, Op. cit.*, respectivamente, vol. 35, p. 431 e vol. 36, p. 163.

[54] "Traslado da carta de ofício de escrivão da fazenda de Manuel de Oliveira Mendonça" de 17 de agosto de 1559, que consta do "Livro 1º do registro de provimentos ... " (1549 e seguintes), publicado nos *Documentos Históricos, Op. cit.*, vol. 36, p. 32. Gabriel Soares de Sousa, *Tratado ..., Op. cit.*, p. 148 e ARAÚJO, J. P. de S. A. e, "Relação das sesmarias do Rio de Janeiro". Revista do Instituto Histórico e Geográfico Brasileiro, t. 63, parte I, 1901, p. 99.

[55] "Treslado da doação de que o instrumento de posse adiante faz menção do Condestável Francisco Afonso" de 16 de junho de 1580, que consta do *Livro Velho do Tombo do Mosteiro de São Bento da Cidade do Salvador*. Salvador: Beneditina, 1945, p. 404. "Processo de João de Bolés" de 28 de dezembro de 1560, publicado nos *Anais da Biblioteca Nacional*, vol. 25, p. 270.

[56] "Traslado da provisão de Pero de Seabra, que serve de feitor e almoxarife da capitania de São Vicente, em ausência de Antônio de Oliveira, cujos ofícios são" de 20 de maio de 1550, que consta do "Livro 1º do registro de provimentos" (1549 e seguintes), publicado nos *Documentos Históricos, Op. cit.*, vol. 35, p. 77 e "Processo de João de Bolés" de 28 de dezembro de 1560, publicado nos *Anais da Biblioteca Nacional*, vol. 25, p. 270.

Antônio Ribeiro foi provido por D. Duarte da Costa como provedor da capitania da Bahia por estar contratado para casar com Maria de Argolo, filha de Rodrigo de Argolo, primeiro que ocupou o dito cargo. Ficou do lado do governador durante a briga com o bispo D. Pero Fernandes. Posteriormente Mem de Sá o confirmou como provedor. Participou ativamente na guerra contra os indígenas do Paraguaçu, quando comandou um dos ataques. Acompanhou Mem de Sá ao Rio de Janeiro, tendo sido, na volta para a Bahia, empossado como capitão de Ilhéus, "porque o fez muito bem em o Rio de Janeiro, o deixou aqui [Ilhéus] o governador por capitão quando de lá veio"[57].

João de Araújo era cavaleiro fidalgo da casa d'el-rei, que lhe fez mercê do ofício de escrivão do tesouro em 1548, sendo, portanto, um dos mais antigos moradores da cidade. Foi promovido por Tomé de Sousa para o ofício de tesoureiro em 1551, seis meses depois foi nomeado para servir como provedor da fazenda da capitania da Bahia, enquanto o titular estivesse doente. Devia ser dos melhores quadros do funcionalismo, pois foi nomeado por D. Duarte da Costa e Mem de Sá seguidamente para diversos ofícios. Ocupou ainda, na Câmara da cidade, o posto de juiz ordinário em 1551 e 1554, além de fazer parte do grupo do governador D. Duarte da Costa na briga contra o bispo[58].

---

[57] "Traslado da provisão do senhor governador por que proveu a Antônio Ribeiro de provedor desta capitania" de 11 de novembro de 1556, que consta do "Livro 1º do registro de provimentos" (1549 e seguintes), publicado nos *Documentos Históricos, Op. cit.,* vol. 35, p. 365; "Provimento de Antônio Ribeiro" de 17 de outubro de 1560, Arquivo Nacional da Torre do Tombo, Chancelaria de D. Sebastião e D. Henrique, Doações, Livro 20, fl. 69 v; "Carta dos oficiais da Câmara da cidade do Salvador" de 18 de dezembro de 1556, publicada na *História da Colonização Portuguesa do Brasil, Op. cit.,* vol. III, p. 381; "Informação dos primeiros aldeamentos", documento de meados da década de 1580, publicada em José de Anchieta, *Op. cit.,* p. 387 e "Carta do Padre Rui Pereira aos Padres e Irmãos de Portugal" de 6 de abril de 1561, publicada por Serafim Leite, *Cartas dos primeiros jesuítas do Brasil, Op. cit.,* vol. III, p. 326.

[58] Entre outras, ver "Traslado da carta de escrivão do tesouro" de 15 de dezembro de 1548 e "Traslado da carta por que o governador Tomé de Sousa fez mercê a João de Araújo escrivão do tesoureiro do ofício de tesoureiro ..." de 6 de dezembro de 1551 que constam do "Livro 1º do registro de provimentos" (1549 e seguintes), publicado nos *Documentos Históricos, Op. cit.,* respectivamente, vol. 35, p. 12 e 102; "Carta dos oficiais da Câmara da cidade do Salvador" de 18 de dezembro de 1556, publicada na *História da Colonização Portuguesa do Brasil, Op. cit.,* vol. III, p. 381 e "Instrumentos de Mem de Sá" iniciado em 7 de setembro de 1570 e publicado em *Anais da Biblioteca Nacional,* vol. 27, p. 137.

Gaspar Folgado já estava em Salvador em 1551, onde tinha terras ao lado da sesmaria dos jesuítas, servia como juiz dos Órfãos em 1573[59]. Para Gomes Martins, porém, não temos informações suficientemente seguras sobre sua vida.

A atuação destes capitães não deu o resultado esperado, pois, como relata o autor da "informação dos primeiros aldeamentos", "nem os capitães tinham proveito, nem os índios o favor e ajuda que se esperava"[60]. No entanto, em uma das respostas dadas pelos jesuítas às acusações de Gabriel Soares de Sousa, os padres deram maiores esclarecimentos para o fracasso da iniciativa. Estes explicaram que tais capitães "procederam de maneira que os índios se escandalizaram por os ocuparem muito em seus serviços e de seus amigos e lhes tocarem nas filhas e mulheres e os outros moradores se queixaram por lhos não darem"[61]. Assim, as reclamações dos moradores excluídos do acesso aos indígenas, somadas às dos jesuítas e às dos próprios indígenas devem ter sido decisivas para que os capitães deixassem as aldeias.

De qualquer forma e independente de tal tentativa não ter dado certo, a nomeação por Mem de Sá de capitães para os aldeamentos permitiu ao governador recompensar pessoas próximas a eles, que se aproveitaram do trabalho dos indígenas ali reunidos, comprovando, mais um vez, a estreita associação entre a participação no governo da conquista e a oportunidade de montagem de um patrimônio pessoal.

Os indígenas aldeados, porém, continuaram sofrendo agravos, motivando a carta de D. Sebastião de 1566, na qual o rei, como vimos, pedia informações sobre o cativeiro e ordenava que o governador protegesse

---

[59] "Título do registro dos mandados de pagamentos e de outras despesas" (1549 e seguintes), publicado na coleção *Documentos Históricos, Op. cit.*, vol. 14, p. 112; "Sesmaria de 'Água dos Meninos' dada pelo Governador Tomé de Sousa ao Padre Manuel da Nóbrega" de 21 de outubro de 1550, publicada por Serafim Leite (SJ), *Cartas dos primeiros jesuítas do Brasil, Op. cit.*, vol. I, p. 199 e "Inventário que se fez da fazenda que veio do Reino do governador Mem de Sá defunto ..." de 21 de junho de 1572, publicado em *Documentos para a História do Açúcar, Op. cit.*, vol. III, p. 170.

[60] "Informação dos primeiros aldeamentos", documento de meados da década de 1580, publicada em José de Anchieta, *Op. cit.*, p. 365 e 366.

[61] A resposta dos jesuítas é assinada pela cúpula da Companhia de Jesus no Brasil: Marçal Beliarte, Inácio Tolosa, Rodrigo de Freitas, Luís da Fonseca, Quirício Caxa e Fernão Cardim. Cf. "Capítulos que Gabriel Soares de Sousa deu em Madri ao Senhor Cristóvão de Moura contra os padres da Companhia de Jesus que residem no Brasil" de 1587, publicado nos *Anais da Biblioteca Nacional*, vol. 62, p. 374.

os indígenas convertidos[62]. Mem de Sá reuniu em Salvador uma junta para tratar do assunto, que contou com a presença do bispo D. Pedro Leitão, do ouvidor geral Brás Fragoso e dos jesuítas, cujas resoluções reforçavam o poder da administração colonial na matéria. As decisões mais importantes foram que os indígenas que fossem acolhidos nos aldeamentos não seriam entregues aos que os reivindicavam sem ordem escrita do governador ou do ouvidor geral, salvo se já tivessem sido julgados por escravos, e que o ouvidor geral visitaria as aldeias regularmente. Decidiu-se, ainda, criar o cargo de procurador dos indígenas, com a nomeação de Diogo de Zorilha pelo governador, e o controle das trocas dos moradores com os indígenas, que deveriam ser examinadas para evitar abusos[63].

Pouco depois, em 1570, D. Sebastião promulgou a primeira lei restringindo o cativeiro dos indígenas[64]. A lei não era contrária à escravidão em si, mas visava coibir os chamados cativeiros injustos; dessa maneira somente poderiam ser escravizados os indígenas capturados em "guerras justas", mediante licença do rei ou do governador, além dos que atacavam os portugueses, como os aimorés, e os indígenas que comessem carne humana. A lei determinava também que os cativos deveriam ser registrados nos livros da provedoria da fazenda real num prazo de até dois meses, quando se verificaria quais escravos eram legítimos ou não; caso essa última determinação não fosse cumprida, os indígenas ficariam, pela lei, automaticamente forros e livres.

De qualquer maneira, o aumento da população branca, com a chegada constante de novos moradores, aumentava a luta por terra e indígenas; a violência, a fome e as pestes provocavam perdas pesadas

---

[62] "Carta régia para Mem de Sá" de 1566, que consta da "Informação dos primeiros aldeamentos", documento de meados da década de 1580, publicada em José de Anchieta, *Op. cit.*, p. 367 e em Francisco Adolfo de Varnhagen, *História geral do Brasil, Op. cit.*, vol. I, p. 334.

[63] As decisões encontram-se em "Informação dos primeiros aldeamentos", documento de meados da década de 1580, publicada em José de Anchieta, *Op. cit.*, p. 368 e seguintes.

[64] "Defendo e mando que daqui em diante se não use nas ditas partes do Brasil dos modos que até ora se usou em fazer cativos os ditos gentios, nem se possam cativar por modo nem maneira alguma, salvo aqueles que forem tomados em guerra justa que os portugueses fizerem aos ditos gentios, com autoridade e licença minha ou do meu governador nas ditas partes". "Lei sobre a liberdade dos Índios" de 20 de março de 1570, publicada em *Documentos para a História do Açúcar, Op. cit.*, vol. I, p. 225 e Marcos Carneiro Mendonça (Org.), *Op. cit.*, vol. I, p. 335.

na população indígena, obrigando a que tanto os jesuítas como os moradores "descessem", como se dizia, indígenas do sertão para o litoral para ocupar o lugar dos mortos, tanto nos aldeamentos jesuíticos como nas fazendas e engenhos.

A Coroa tentava acomodar a situação, pois, como o explicava o rei D. Sebastião numa carta para o governador da repartição do Sul, Antônio Salema:

> no que toca ao resgate dos escravos deve ter tal moderação que não se impeça de todo o dito resgate pela necessidade que as fazendas dele tem, nem se permitam resgates manifestadamente injustos e a devassidão que até agora nisso houve.[65]

Tais instruções fizeram que os governadores do Norte e do Sul, Luís de Brito de Almeida e Antônio Salema e o ouvidor geral e provedor-mor, Fernão da Silva, com parecer dos jesuítas, baixassem um assento que tentava regular o assunto, deliberando que todos os resgates deveriam ser feitos com autorização dos governadores ou dos capitães-mores e que os indígenas trazidos seriam examinados pelo provedor da capitania com mais dois homens escolhidos para tal, a fim de determinar se esses indígenas poderiam ser considerados cativos ou não. No caso de serem forros, cabia aos examinadores repartirem os indígenas pelos moradores, o que demonstra que de nenhuma forma os indígenas conseguiriam escapar do cativeiro, em questão estava apenas o estatuto de escravo.

Abriu-se na década de 1570, particularmente após a morte de Mem de Sá, uma fase de enorme cativeiro dos indígenas descidos do sertão, "aberto" nesse momento aos moradores pelo novo governador geral Luís de Brito de Almeida, que não foi tão favorável à Companhia de Jesus como seu antecessor. Os jesuítas, ao responderem às críticas de Gabriel Soares de Sousa, explicaram que o governador acabou por se afastar após manter boas relações com eles no início do governo, e, com ironia, "questionam" Gabriel Soares de Sousa: "pode ser que o informante saiba parte de quem a turvou [a relação dos jesuítas com Luís de Brito de Almeida], pois era tanto seu intimo e privado". Essa quebra, contudo,

---

[65] "Informação dos primeiros aldeamentos", documento de meados da década de 1580, publicada em José de Anchieta, Op. cit., p. 375.

estava relacionada à política seguida pelo governador no que toca à questão indígena, pois, como eles próprios explicaram:

> [o] governador abriu o sertão do gentio com que ambos [o governador e Gabriel Soares de Sousa] fizeram engenhos, cada um o seu, além das muitas barcadas de índios que o informante [Gabriel Soares de Sousa] mandou vender pelas capitanias.[66]

O governador Luís de Brito de Almeida autorizou inúmeras expedições ao sertão, incentivando outras pessoalmente. A intensidade do movimento fez, inclusive, que o procurador do donatário de Pernambuco, João Fernandes Coelho, protestasse "contra o governador Luís de Brito de Almeida, porque [este] mandava caravelões com gente e seus capitães a resgatar gentio ao sertão da capitania de Pernambuco", explicando ainda que "o capitão que mandavam a esta entrada se chamava Sebastião Álvares", que fora membro da administração colonial e possuidor de uma sesmaria no Recôncavo de Salvador, onde se ergueria o famoso engenho Freguesia[67].

O cativeiro era intenso, organizaram-se seguidas expedições de moradores da Bahia, Ilhéus e Pernambuco em busca de indígenas, objetivo muitas vezes disfarçado sob a justificativa da busca de minas ou da conquista de terras. Dessas expedições algumas foram bem sucedidas, como a de Antônio Dias Adorno, importante senhor de engenho, que, segundo Frei Vicente do Salvador, teria descido sete mil almas[68]; outras terminaram com a morte da maioria dos brancos, como a organizada por Francisco de Caldas, provedor da fazenda de Pernambuco, e Gaspar Dias de Ataíde[69].

---

[66] Cf. "Capítulos que Gabriel Soares de Sousa deu em Madrid ao Senhor Cristóvão de Moura contra os padres da Companhia de Jesus que residem no Brasil" de 1587, publicado nos *Anais da Biblioteca Nacional*, vol. 62, p. 357.

[67] Documento citado por Pedro de Azevedo em seu artigo "Os primeiros donatários", publicado na *História da Colonização Portuguesa do Brasil, Op. cit.*, vol. III, p. 197.

[68] Mesmo descontando um possível exagero no número de índios descidos, este não deveria ser pequeno.

[69] Frei Vicente do Salvador, *Op. cit.*, p. 211 e "Sumário das Armadas que se fizeram e guerras que se deram na conquista do rio Paraíba", publicado na *Revista do Instituto Histórico e Geográfico Brasileiro*, tomo 36, p. 37.

Frei Vicente do Salvador fornece-nos mais detalhes: os moradores, alegando que as guerras tinham afugentado os indígenas para o interior, obtinham licença do governador Luís de Brito de Almeida "para mandarem ao sertão descer índios por meio de mamelucos", que iam com soldados brancos e indígenas amigos e por meio de enganos, promessas e "algumas dádivas de roupas e ferramentas que davam aos principais e resgates que lhes davam pelos que tinham presos em cordas para comerem, abalavam aldeias inteiras e em chegando à vista do mar" dividiam os indígenas,

> levando uns o capitão mameluco, outros os soldados, outros os armadores, outros os que impetraram a licença, outros quem lhe concedeu, e todos se serviam deles em suas fazendas e alguns os vendiam, porém com declaração que eram índios de consciência e que lhes não vendiam senão o serviço, e quem os comprava, pela primeira culpa ou fugida que faziam, os ferrava na face, dizendo que lhe custaram seu dinheiro e eram seus cativos.[70]

O próprio governador Luís de Brito de Almeida, sócio de Rodrigo Martins num engenho na Bahia, deve ter aproveitado em muito das licenças que concedia. Afinal seu sócio era um dos maiores apresadores de indígenas, o que atesta a acusação feita pelos jesuítas de que teria montado seu engenho nesse momento. Outros também se beneficiaram, pois o número de engenhos saltou de 18 em 1570 para 36 em 1585[71], daí que Frei Vicente do Salvador nos lembre: "Só sei que ouvi dizer a um dali a muitos anos que aquele fora o tempo dourado para esta Bahia pelo muito dinheiro que então nela corria e muitos índios que desceram do sertão"[72].

Alguns anos depois, em 1584, o governador Manuel Teles Barreto alertava o rei sobre como os moradores iam ao sertão buscar os indígenas, com licença dos governadores e capitães das capitanias e que todo o gentio que desciam do sertão era com engano e promessas que lhe

---

[70] Frei Vicente do Salvador, *Op. cit.*, p. 209.

[71] As estimativas são de Pero de Magalhães Gandavo, *Op. cit.*, p. 75 e CARDIM, F., *Tratados da Terra e Gente do Brasil* (século XVI). São Paulo: Companhia Editora Nacional, 1978, p. 201.

[72] O dinheiro Frei Vicente atribuiu ao recolhido de uma nau que rumava para a Índia, que naufragou já na costa a poucas léguas de Salvador. Frei Vicente do Salvador, *Op. cit.*, p. 213.

fazem que viveriam em liberdade em aldeias e que depois faziam "ao contrário do que lhes prometeram e repartem os [índios] entre si os da licença, apartando os maridos das mulheres, os pais dos filhos os irmãos das irmãs" e que os governadores não podem impedir isso salvo se "Sua Majestade mandar que de não de licença alguma sem ir nela um padre da companhia para que dê razão de tudo" e, continua o governador, que por isso até agora não deu licença alguma, havendo muita necessidade disso[73].

Além disso, Manuel Teles Barreto sugeria que o monarca deveria passar provisão para que em todos anos:

> tenha correição por todos os que tiverem índios forros que os não ferrem nem vendam e dêem conta deles [...] [pois] esta é uma das causa por onde há falta deles e se compram negros de Guiné por excessivos preços aos mercadores, com que os que tem engenhos estão endividados.[74]

Situação que fez Filipe I de Portugal promulgar em 1587 uma nova lei, reforçando a anterior de D. Sebastião, para evitar os excessos que os moradores praticavam com os indígenas, trazendo-os do sertão, como diz no preâmbulo da lei, por força e com enganos, maltratando-os e vendendo-os como cativos, embora fossem livres, e servindo-se deles sem lhes pagarem seus serviços, além de outras extorsões e injustiças. Por tudo isso, o rei decidiu que "nenhuma pessoa de qualquer qualidade vá ao sertão em armação a buscar índios" sem licença do governador ou, nas demais capitanias, do capitão-mor. Além disso deveriam ir ao sertão sempre:

> com dois ou três jesuítas que pelo crédito que tem entre os gentios os persuadirão mais facilmente a virem servir aos ditos meus vassalos em seus engenhos e fazendas sem força nem enganos, declarando que lhes pagarão seus serviços.

---

[73] "Cópia de alguns capítulos de cartas de Manuel Teles Barreto, governador do Brasil, do ouvidor geral de Pernambuco Martim Leitão, e do provedor-mor Cristóvão de Barros para el-rei, sobre o estado daquelas terras, seus rendimentos" que contém a "Carta do governador Manuel Teles Barreto" de 07 de agosto de 1583, e a resposta de 08 de maio de 1584 ou de 27 de março (aparecem as duas datas). Arquivo Nacional da Torre do Tombo, Corpo Cronológico, parte III, maço 20, documento 54.

[74] *Ibidem.*

E que não se repartissem os indígenas entre os moradores sem a presença do governador geral ou do ouvidor geral e dos padres da Companhia de Jesus, e "que se façam tal repartição mais a gosto dos índios do que dos moradores"[75].

As instruções, ainda, explicavam que competia ao governador e ao ouvidor geral fazer que os indígenas fossem pagos e que fosse feito um livro na Câmara de cada capitania para saber quais os indígenas que serviam nas fazendas e engenhos. Cabia ainda ao ouvidor geral e ao procurador dos indígenas visitá-los para saber se eram maltratados ou vendidos e se recebiam seus pagamentos e os ensinamentos religiosos. E, concluía, que no Brasil "não haja índios cativos", exceção dos que fossem cativados em guerras justas por mandado do rei ou do governador ou dos que fossem comprados para não serem comidos por outros indígenas, mas, nesse caso, apenas enquanto não retribuíssem o que fora gasto na compra.

A lei, embora tentasse impedir o cativeiro disfarçado, proclamando que os indígenas deveriam ser livres e que o trabalho por eles prestado recebesse pagamento, apresentava tantos subterfúgios, que não fez mais que legalizar o sistema de "administração" dos indígenas, regulamentando a forma como os indígenas deveriam ser "descidos" do sertão para o litoral e colocados à disposição dos donos de engenhos e fazendas.

A situação seria reforçada pela Coroa num alvará que, ao mesmo tempo que determinava que o governador e o provedor-mor deviam dar terras de sesmaria aos indígenas descidos do sertão, orientava-os para que repartissem os indígenas em aldeias junto às fazendas e engenhos[76].

---

[75] "Carta de lei determinando as condições em que os donos de engenhos e fazendas no Brasil podem ir ao sertão buscar gentios para trabalharem nos mesmos, bem como a maneira porque ficam obrigados a tratá-los" de 22 de agosto de 1587. Arquivo Nacional da Torre do Tombo, Livros das Leis, Livro 1 fl. 168.

[76] "Alvará para que aos índios que descem do sertão se dessem terras para suas aldeias junto as fazendas e sesmaria para suas lavouras" de 21 de agosto de 1587, publicado nos *Documentos para a História do Açúcar, Op. cit.*, vol. I, p. 321.

AS NOVAS LEIS E A "ADMINISTRAÇÃO" DOS INDÍGENAS

> "Os índios que na Bahia, Pernambuco e outras capitanias se repartiram pelos portugueses no princípio de suas fundações não chegaram a netos", documento anônimo de meados do século XVII[77].

A ocupação portuguesa das terras americanas foi uma verdadeira tragédia para a população indígena do ponto de vista demográfico. O jesuíta Jacome Monteiro, em 1610, contava que os portugueses do Rio de Janeiro, comandados por Antônio Salema, Cristóvão de Barros e Salvador Correia de Sá, "de tal sorte assolaram o gentio tamoio que hoje não há já nome dele"[78]. Da mesma maneira, em todas as partes do Brasil, os indígenas que não se curvaram aos recém-chegados foram sendo paulatinamente mortos, escravizados ou obrigados a fugir para o interior.

Os indígenas amigos, bem como os escravos, contudo, não tiveram destino mais feliz. Vítimas de pestes, fomes ou simplesmente dos maus-tratos infligidos pelos senhores, o enorme contingente indígena rapidamente se extinguia[79]. O autor da chamada "Informação dos primeiros aldeamentos", possivelmente o padre José de Anchieta, descreveu a situação em meados da década de 1580 com espanto,

---

[77] "Considerações sobre a lei e provisão reais sobre administração e cativeiro dos índios no Maranhão e Pará", documento anônimo do século XVII, publicado por Lucinda Saragoça, *Op. cit.*, p. 415.

[78] Padre Jacome Monteiro, "Relação da província do Brasil" de 1610, publicada por Serafim Leite, *História da Companhia de Jesus no Brasil*, 10 vols. Lisboa: Portugália e Rio de Janeiro: Civilização Brasileira, 1938-50, vol. VIII, p. 393.

[79] "Quase todos [os gentios da costa do Brasil] estão extintos, parte por doenças [...] e principalmente pelos grandes agravos, injustiças, crueldades que em castigos lhe dão, e por tristeza que recebem de serem cativos e ferrado; o nojo que tem de os apartarem de suas mulheres, filhos e parentes, que por todos estes respeitos de pura melancolia se consomem e acabam". "De quão importante seja a continuação da residência dos padres da Companhia de Jesus da Província do Brasil das aldeias dos índios naturais da terra, assim para o bem de suas almas e serviço de Deus e de Sua Majestade, como o bem temporal de o Estado e dos moradores dele" (sem data, mas provavelmente da primeira ou segunda década do século XVII). Arquivo Nacional da Torre do Tombo, Cartório dos Jesuítas, maço 88, documento 227, f. 1.

"a gente que de vinte anos a este momento é gastada nesta Bahia, parece coisa, que se não pode crer; porque nunca ninguém cuidou, que tanta gente se gastasse nunca, quanto mais em tão pouco tempo"[80], pois nas 14 aldeias que os jesuítas tiveram, se juntaram 40 mil pessoas e "agora" nos três aldeamentos que existem, se "tiverem 3.500 almas será muito". Além destes trouxeram do sertão 20 mil indígenas que foram levados para as fazendas dos portugueses e nos últimos seis anos "sempre os portugueses desceram gente para suas fazendas, quem trazia 2 mil almas, quem 3 mil, outros mais, outros menos", que reunidos somariam mais de 80 mil indígenas, mas, ainda segundo o autor, "vão ver agora os engenhos e fazendas da Bahia, achá-los-ão cheios de negros da Guiné, e muito poucos da terra e se perguntarem por tanta gente, dirão que morreu"[81-82].

A fuga para o sertão e a incrível morte de indígenas no litoral obrigava os moradores a descerem continuamente novos contingentes para suprir os mortos, inclusive nas capitanias do sul como São Vicente, como nos conta, com certo exagero, o autor de um documento anônimo do século XVII:

---

[80] "Informação dos primeiros aldeamentos", documento de meados da década de 1580, publicada em José de Anchieta, *Op. cit.*, p. 385. Segundo os jesuítas, Tomé de Sousa teria dito, para atestar o grande contingente populacional indígena, que "ainda que os cortassem [os índios] no açougue que nunca os acabariam". "De quão importante seja a continuação ...", documento citado na nota anterior.

[81] "Informação dos primeiros aldeamentos", documento de meados da década de 1580, publicada em José de Anchieta, *Op. cit.*, p. 385.

[82] "Este gentio que é tão importante é quase gastado e consumido sendo tanto que parecia coisa impossível haver a falta que há ao longo do mar e alguma cá há esta duzentas ou trezentas léguas pelo sertão dentro donde se não pode ajudar dela os moradores da terra e quando trazem algum para o mar no caminho morre a metade, o que pela maior parte se faz por enganos e isto é notório. A causa desta falta, e perda tão grande foi o mau tratamento" dado aos índios pelos portugueses. Cf. "Resolução que o Bispo e Ouvidor Geral do Brasil tomaram sobre os injustos cativeiros dos índios do Brasil e do remédio para aumento da conversão e da conservação daquele Estado", documento da década de 1570, publicado na *Revista do Instituto Histórico e Geográfico Brasileiro*, tomo 57, parte I, p. 92. Ou ainda outro testemunho de origem jesuítica, do início do século XVII, que relatava que na capitania do Rio Grande existiam, "quando os da Companhia entraram nela, 164 aldeias, mas como este gentio do Brasil facilmente se some entre os portugueses, agora [menos de 10 anos depois da conquista] terá como seis mil almas", cf. "Relação das coisas do Rio Grande, do sítio e disposição da terra" de 1607, publicado por Serafim Leite, *História da Companhia de Jesus no Brasil*, *Op. cit.*, vol. I, p. 557.

os índios dos moradores foram sempre tantos os que lhe morreram como os que trouxeram e desceram dos sertões donde vem que continuamente fazem entradas e não há limite em trazerem mais e mais índios porque todos matam em suas casas com trabalho [comprova-se] [...] esta verdade com não haver hoje já índios quinhentas e seiscentas léguas ao redor das capitanias do sul, São Paulo e São Vicente, obrigando, a falta e a cobiça, aqueles moradores a os ir buscar aos confins das cabeceiras do grande rio das Amazonas.[83]

A falta de indígenas também era sentida nas demais capitanias, daí que, ao se organizar uma campanha contra os indígenas rebelados na capitania da Bahia, que demandava grande número de indígenas, "os quais não havia nessa capitania e [ao contrário] nas capitanias da Paraíba e Rio Grande havia muitas aldeias com muitos índios", o governador geral Diogo Luís de Oliveira tenha autorizado que João Barbosa, "língua", pudesse trazer os indígenas destas últimas para a guerra na Bahia, onde depois poderiam ficar para trabalhar nas obras das fortificações, "as quais por falta de índios se faziam com muita despesa da fazenda de Sua Majestade"[84].

Contudo se a presença de escravos africanos aumentava, a importância dos indígenas ainda era enorme, pois, minimizando a frase citada do autor da "Informação dos primeiros aldeamentos" sobre a preponderância de escravos africanos na Bahia[85], o também jesuíta Fernão Cardim, escrevendo pouco depois em 1585, estimava que a cidade de Salvador e seu termo tinham 3 mil vizinhos portugueses, 8 mil indígenas cristãos e 3 ou 4 mil escravos da Guiné[86]. Stuart Schwartz, analisando a questão,

---

[83] "Considerações sobre a lei e provisão reais sobre administração e cativeiro dos índios no Maranhão e Pará", documento anônimo do século XVII, publicado por Lucinda Saragoça, *Op. cit.*, p. 415.

[84] "Assento que se tomou sobre vir os Índios das Aldeias das Capitanias da Paraíba e Rio Grande" de 9 de janeiro de 1628, que consta do "Livro 2º de provimentos seculares", iniciado em 1625 e publicado nos *Documentos Históricos, Op. cit.*, vol. 15, p. 174.

[85] Dada a viva polêmica sobre a exploração da população indígena deve-se ler com reservas as informações fornecidas pelas partes, muitas vezes em documentos que procuram condicionar a política adotada pela Coroa. Assim, é comum os jesuítas aumentarem a já enorme destruição da população nativa, bem como sobrevalorizar a presença africana. Por outro lado, os moradores e seus defensores também exageravam ao minimizar os maus-tratos e a mortandade da população indígena.

[86] Fernão Cardim, *Op. cit.*, p. 175.

avaliou que no final do século XVI a população indígena representava três quartos da força de trabalho na capitania da Bahia[87].

A verdade é que o manancial de indígenas ainda era grande e os moradores continuaram trazendo-os para suas fazendas, aproveitando-se da conquista de novas áreas no litoral, como no caso da conquista de Sergipe ou da Paraíba, ou por meio de expedições enviadas ao interior do continente, utilizando-se muitas vezes de expedientes condenados pelos jesuítas.

A disputa em torno da questão indígena, particularmente sobre o controle dos nativos descidos do sertão, protagonizada pelos moradores e jesuítas, faria que o governador geral Diogo de Meneses, favorável aos primeiros, solicitasse insistentemente que a Coroa regulamentasse a questão, pois, para ele, quanto as aldeias "deste gentio tenho escrito a V. S. em chegado aqui e por que me parece coisa importantíssima ... pedir com brevidade mande tratar deste particular e avisar-me do que devo fazer nele"[88], sem, contudo, deixar de sugerir que o rei deveria mandar repartir as aldeias por toda a costa segundo a necessidade dos sítios e engenhos, e por nelas um sacerdote "e um homem branco que sirva de capitão, e um escrivão e um meirinho e a estes todos, eles mesmos dêem por cada cabeça uma certa porção para seu mantimento e isto mesmo tem Vossa Majestade no Peru"[89], cabendo a estes oficiais controlar a aldeia e o trabalho dos índios, protegendo-os. Assim, para Diogo de Meneses, com tal proposta o Estado e a fazenda real "recebem dois grandes bens [...] o primeiro, o serviço dos engenhos ser mais fácil e menos custoso [...] e a outra é não ser necessário a este Estado tanto negro de guiné", que são a causa da maior parte da pobreza dos homens, pois gastam muito na compra destes.

---

[87] Stuart Schwartz, *Op. cit.*, p. 71. Ver ainda do mesmo autor *Segredos Internos, Engenhos e Escravos na Sociedade Colonial*, 1ª reimpressão. São Paulo: Companhia das Letras, 1995 (especialmente o capítulo "Uma geração exaurida: agricultura comercial e mão-de-obra indígena").

[88] "Carta de Diogo de Meneses a el-rei" de 23 de agosto de 1608, publicada nos *Anais da Biblioteca Nacional*, vol. 57, p. 37. Todas as citações deste parágrafo são tiradas desta carta.

[89] Diogo de Meneses repetia assim a proposta feita anteriormente por Diogo Botelho diretamente ao monarca. Cf. "Carta do rei Para Diogo Botelho" de 19 de março de 1605, publicado na *Revista do Instituto Histórico e Geográfico Brasileiro*, tomo 73, parte I, p. 5.

A MÃO DE OBRA INDÍGENA

Os jesuítas, como vimos acima, já conhecedores do papel dos capitães seculares nos aldeamentos, argumentavam que,

> bem se entende que estes capitães seculares não aceitarão estes cargos puramente por amor de Deus e serviço de Sua Majestade e bem dos índios, senão com olho no proveito e interesse próprio. Assim, por todas as vias que puderem, tirarão os índios destas aldeias e os porão em suas fazendas próprias e de seus parentes e de amigos; e que, depois que se encherem à custa do sangue e liberdade dos índios, virão seus sucessores e farão o mesmo.[90]

Afirmavam, ainda, que os aldeamentos que há tantos anos eram controlados pela Companhia de Jesus,

> com tão notável proveito de todo este Estado, se acabarão em breve tempo nas mãos dos capitães seculares; como de fato se acabaram todas, ou quase todas as [aldeias] governadas por capitães ou senhores seculares.

Apresentando, em seguida, para comprovar o que afirmavam, uma lista de aldeamentos controlados por capitães seculares (quase todos senhores de engenho e membros da administração colonial) em diversas capitanias[91].

Dessa forma, os jesuítas devem ter conseguido influenciar a resposta da Coroa aos apelos do governador Diogo de Meneses. Essa, contudo, não seria favorável a suas propostas, pois viria na forma da lei de 30 de julho de 1609[92]. A mais notável lei em favor da liberdade dos indígenas promulgada no período aqui estudado e que provocaria uma

---

[90] "De quão importante seja a continuação da residência dos padres da Companhia de Jesus da Província do Brasil das aldeias dos índios naturais da terra, assim para o bem de suas almas e serviço de Deus e de Sua Majestade, como o bem temporal de o Estado e dos moradores dele" (sem data, mas provavelmente da primeira ou segunda década do século XVII). Arquivo Nacional da Torre do Tombo, Cartório dos Jesuítas, maço 88, documento 227, f. 6 v.

[91] Não se sabe se tal documento (citado na nota anterior) foi escrito com o fim de responder às propostas do governador Diogo de Meneses, mas os argumentos utilizados pelos jesuítas não deviam ser muito diferentes. Ver ainda Serafim Leite, *História da Companhia de Jesus no Brasil*, Op. cit., vol. II, p. 71. O capítulo IV "O Governo das Aldeias" desse volume da obra de Serafim Leite é dedicado inteiramente à questão aqui discutida.

[92] "Lei sobre a liberdade do gentio" de 30 de julho de 1609, publicada em BEOZZO, J. O., *Leis e Regimentos das Missões, Política Indigenista no Brasil*. São Paulo: Loyola, 1983, p. 179. Sobre as leis de 1609 e 1611, ver também Georg Thomas, *Op. cit.*, p. 150 e seguintes.

verdadeira onda de protestos na colônia. Na Bahia, segundo nos conta o padre Henrique Gomes, os moradores "alevantaram o maior motim, que vi depois que estou no Brasil; ao qual deram princípio os juízes e vereadores com uns repiques a som de guerra, com que a 28 de junho à tarde convocaram o povo à Câmara", quando inclusive se propôs que embarcassem os jesuítas para Portugal "como inimigos do bem comum e da república", mas acabaram indo reclamar da lei com o governador geral e promovendo uma manifestação na frente do Colégio, onde alguns oficiais da Câmara foram recebidos[93].

Nos dias seguintes firmou-se um acordo entre os moradores, representados pela Câmara, e os jesuítas em torno de três questões propostas pelos primeiros:

> 1ª que por esta nova lei se lhes não tirem os índios legítima e verdadeiramente cativos conforme as leis e provisões dos reis passados; 2ª que se lhes não tirem os índios livres, que em suas casas e fazendas tem, a que chamam de administração; 3ª dão a entender que sob capa desta lei lhe queremos chupar os índios de suas casas para nossas aldeias.[94]

O padre provincial Henrique Gomes, então a maior autoridade dos jesuítas no Brasil e autor do relato, concordou com a proposta, passando certidões sobre o assunto, frisando em particular sobre o segundo item: que este só valeria caso os indígenas "administrados" fossem pagos, tratados como livres e que fossem contentes. Além disso, em outra certidão, escreveu "para que nem em nossas fazendas nem em nossas aldeias se consentisse índio algum escravo ou livre dos que nas casas e fazendas dos moradores deste Estado residem". Tal acordo, motivado possivelmente apenas pelo temor dos jesuítas de serem expulsos, não impediu que estes protestassem contra a atuação do governador geral, acusando-o de "dissimulação" e que pedissem que os responsáveis fossem castigados, particularmente o procurador do Conselho, Gaspar Gonçalves[95].

---

[93] "Carta do Padre Provincial Henrique Gomes ao Padre Geral da Companhia de Jesus" de 5 de julho de 1610, publicada por Serafim Leite, *História da Companhia de Jesus no Brasil, Op. cit.*, vol. V, p. 5-8.
[94] *Ibidem*.
[95] *Ibidem*.

A reação dos moradores não parou por aí. A Câmara da Paraíba, por exemplo, enviou ao monarca uma carta reclamando da nova lei, num verdadeiro manifesto em favor da exploração dos indígenas. Os oficiais procuraram mostrar a enorme importância do trabalho indígena para a capitania e também para a fazenda real, alegando que todas as pessoas que tinham gentios escravizados, os tinham conforme as leis e provisões de Sua Majestade e que os indígenas livres que estavam com os moradores estariam contentes e que:

> se no modo da conversão e cativeiro de alguns gentio houve excessos, coisa bem notória é não serem culpados neles os moradores do Brasil, pois o fizeram a exemplo do que viram fazer há alguns governadores e capitães de Vossa Majestade que são os que tem obrigação de guardar e mandar cumprir suas leis.[96]

Concluindo por defender a manutenção do controle dos moradores sobre os indígenas, bem como que aqueles fossem os responsáveis junto com os capitães-mores pela escolha do lugar onde os indígenas seriam estabelecidos, e não os religiosos e o governador geral.

Os moradores, contudo, encontraram no governador geral Diogo de Meneses seu melhor defensor. Este, em longa carta dedicada unicamente à questão indígena, contou ao monarca que o "povo [da Bahia] tem tomado tão mal e assim todo o do Brasil a lei que Vossa Majestade mandou passar sobre a liberdade dos índios, pelo pouco remédio que lhe fica de se poder valer em suas lavouras e necessidades" que foram até ele "juntos chorando e gritando que lhe valesse com Vossa Majestade neste particular, e lhe pedir que quisesse moderar a lei" de maneira a ficar satisfeita a consciência do rei e também a sua fazenda e as rendas e proveitos dos vassalos[97].

Diogo de Meneses explicava que no Brasil não havia outra gente de serviço "se não eles [os índios] e os negros que vem da Guiné e estes custam muito aos moradores e duram pouco, não tem os pobres moradores

---

[96] "Carta da Câmara da Paraíba para el-rei sobre ordem do mesmo que mandou aquela capitania para que se tirassem os gentios do poder das pessoas que tivessem, e lhe deu uma larga informação a respeito do mesmo" de 19 de abril de 1610. Arquivo Nacional da Torre do Tombo, Corpo Cronológico, parte I, maço 115, documento 108.

[97] "Carta para el-rei de D. Diogo de Meneses", escrita da Bahia em 1º de setembro de 1610. Arquivo Nacional da Torre do Tombo, Fragmentos, caixa 1, documento 6.

cabedal e andam endividados e cansados e assim se não podem estender em suas lavouras"[98]. Do mesmo modo, além de servirem ao Estado e aos moradores em suas roças e pescarias, ficam também os indígenas mais domésticos e mais seguros de não se rebelarem.

Para o governador também parecia grande inconveniente o rei mandar que não se possa descer o gentio do sertão, nem com licença do governador, porque "o remédio deste Estado e a fábrica dele" é "haver muito gentio e sem ele se não pode remediar nem aumentar por não haver quem nele trabalhe" e, indo apenas os jesuítas buscar os indígenas, como instruía a lei, era para o governador geral Diogo de Meneses "a total destruição do estado porque os índios que descem eles os recebem deles o benefício e os demais nenhum"[99].

Ainda defendendo a liberdade das entradas no sertão, o governador geral explicava ao rei que, em todas essas que se fizeram, nunca aconteceu coisa que fosse contra o serviço real e os poucos inconvenientes foram serem cativos ou não os indígenas e, desta forma, estas foram "mais serviço de Vossa Majestade que seu deserviço pelo benefício que disso resultou ao aumento deste Estado", assim, se os governadores puderem conceder a licença para as entradas, "sempre virão muitos [índios] e assim ficará da descida deles dois grandes proveitos: o primeiro para as suas almas, o segundo para o benefício do Estado e dos moradores dele" e tranquilizava o rei, "desengane-se Vossa Majestade que há cá gente particular que sabe negociar com os índios tão bem como os padres", pois os moradores fazem:

> mimos aos índios como a seus filhos, e a razão está mui clara, porque como esta gente não tem nenhum discurso no que fazem, não julgam o que lhe está bem se não pelo presente, e assim se o morador lhe faz bem, estão com ele, e senão vão se para o mato, onde lhe não falta nada.[100]

Para Diogo de Meneses, a política adequada em relação aos indígenas deveria garantir que estes fossem pagos pelos seus serviços a cada ano e que os moradores pudessem fazer entradas no sertão com ordem do governador, castigando-se, contudo, "as desordens que se fizerem contra

---

[98] *Ibidem.*
[99] *Ibidem.*
[100] *Ibidem.*

a liberdade dos ditos índios" e, no caso de os indígenas se rebelarem, deve o governador poder "fazer guerra, e os que assim se levantarem sejam cativos, porque assim ficarão sujeitos e terão os capitães domínio sobre eles", como convém ao serviço da Coroa e à quietação do Estado. E concluía que se a todas estas propostas houvesse inconvenientes, poderia o rei ordenar que no Brasil se seguisse o mesmo:

> que tem ordenado no Peru com tanta satisfação [...] e tão aprovado de todos, sendo tudo uma costa e um senhorio e [assim] não pode parecer aqui desgoverno o que lá o não é, nem ser contra a consciência de Vossa Majestade o que lá não é.[101]

O resultado das pressões foi a promulgação de uma nova lei pouco mais de dois anos depois, em 10 de setembro de 1611, que viria a substituir a de 1609. Pode-se avaliar bem seu significado da nova lei pelas palavras do governador Diogo de Meneses:

> que todo este Estado a recebeu por grande mercê, eu da minha parte beijo a mão a Vossa Majestade por ela, ainda no que toca a quem tem as aldeias não lhe pareceu bem, tendo assim que foi a mais justa e bem feita que neste negócio podia ser.[102]

A lei de 1611 anulou a maior parte dos avanços favoráveis aos indígenas contidos na legislação precedente, restabelecendo grande parte das prerrogativas dos governadores gerais em relação às guerras justas. Trazia como novidade a autorização régia para que os moradores pudessem participar da administração dos aldeamentos, nomeados como capitães seculares dos mesmos. Além disso, com ela, o tráfico de escravos ficou reservado, na prática, às pessoas escolhidas pelo governador[103].

Em termos práticos, as leis nunca foram seguidas estritamente, voltando-se à situação criada após a lei de D. Sebastião de 1570.

---

[101] *Ibidem.*
[102] "Carta de Diogo de Meneses a el-rei" de 1º de março de 1612, publicada nos *Anais da Biblioteca Nacional*, vol. 57, p. 78.
[103] Georg Thomas, *Op. cit.*, p. 154. Cf. "Lei sobre a liberdade do gentio da terra e da guerra justa que se lhe pode fazer" de 10 de setembro de 1611, publicada em José Oscar Beozzo, *Op. cit.*, p. 183.

Os jesuítas continuaram controlando certo número de aldeamentos que forneciam, em maior ou menor medida, trabalhadores para os moradores, particularmente para os mais pobres. Os moradores continuaram de posse de um grande número de indígenas, escravos ou "administrados", que desciam do sertão ou capturavam nas guerras legitimadas pelos governantes.

Os mais poderosos, por sua vez, organizavam expedições próprias para descer os indígenas, sendo que muitas vezes aldeias inteiras eram deslocadas para serem instaladas em suas propriedades. Essas expedições eram feitas sob a supervisão direta do Governo Geral, com frequência sob a justificativa de combater indígenas rebelados, contando em alguns casos com a autorização direta da Coroa. Filipe II, por exemplo, atendeu em 1603 a uma petição do Duque de Aveiro, na qual este alegando os prejuízos que tinha na sua capitania de Porto Seguro, "por não haver nela gentio que a povoe e a defenda"[104], pedia que, sem embargo da provisão dos padres da Companhia para somente eles poderem descer os indígenas, "possa ele também mandar pelo seu capitão e moradores das suas povoações descer o que for para defesa daquela capitania", obtendo assim do rei a mercê apenas para duas expedições.

Outro exemplo interessante é o episódio em que o governador geral Diogo Luís de Oliveira em 1628, alegando ameaças e ataques dos indígenas "chamados da Santidade" à capitania da Bahia, convocou para comandar a resposta Afonso Rodrigues da Cachoeira, por ser filho da terra, ter experiência do sertão e da guerra e "ter muitos índios tapuias e índios de sua administração e [assim] o fizera capitão-mor da dita guerra"[105]. O resultado pode ser comprovado num documento transcrito no "Livro 2º do registro de provimentos", no qual são registrados os indígenas que Afonso Rodrigues trouxera do Sertão, "os quais o Senhor Governador Geral Diogo Luís de Oliveira manda dar de administração as pessoas que foram na dita jornada até Sua Majestade mandar o que for

---

[104] "Carta de Filipe II de Portugal", escrita de Valadoli em 8 de setembro de 1603. Archivo General de Simancas, Sec. Provinciales, códice 1487, Livro de registo das cartas que Sua Majestade manda a Portugal para os governadores vice-reis e outros personagens de Portugal de 1603-1604, fls. 33-33v.

[105] "Assento que se tomou sobre vir os Índios das Aldeias das Capitanias da Paraíba e Rio Grande" de 9 de janeiro de 1628, que consta do "Livro 2º de provimentos seculares", publicado nos *Documentos Históricos, Op. cit.*, vol. 15, p. 174.

servido"[106]. Dessa forma, o comandante da guerra recebeu 32 indígenas e o governador geral outros 24, graças ao quinto das presas que, por provisão régia passada sobre a matéria, competia ao governador, e que neste caso foram imediatamente repassados a um importante senhor de engenho da Bahia, Diogo Lopes Ulhoa.

Sobre a questão, conhece-se uma carta régia concedendo o quinto das presas, salvo algumas exceções, ao governador Gaspar de Sousa e a seus sucessores[107]. Diogo Botelho alegava anteriormente que "possuindo o quinto dos índios" não tinha utilizado tal direito no caso dos indígenas capturados pela expedição de Pero Coelho, porém a Câmara da vila de São Paulo reclamava que o mesmo governador mandara "provisão para tomarem o terço para ele, depois veio ordem para o quinto" dos indígenas descidos por uma bandeira enviada pelo capitão-mor de São Vicente, Roque Barreto[108]. Alguns anos depois, o governador geral Diogo de Mendonça Furtado enviava outra provisão para a vila de São Paulo, dando orientação para que do quinto dos indígenas trazidos pelos moradores, metade se utilizasse para recompor os aldeamentos da vila e a outra fosse enviada para Salvador "em um navio que se tomará por conta da fazenda de Sua Majestade, para aqui se situar uma aldeia" onde for necessário[109].

O controle exercido pelos governadores sobre as entradas ao sertão era motivo de queixas. O feitor do Conde de Linhares no engenho de

---

[106] "Registro dos Índios, que Afonso Rodrigues, trouxe do Sertão, os quais o Senhor Governador Geral Diogo Luís de Oliveira manda dar de administração as pessoas, que foram na dita jornada até Sua Majestade mandar o que for servido na forma dos autos, que estão, em poder do Tabelião Pascoal Leitão, ofício de João de Freitas" de 22 de março de 1629, que consta do "Livro 2º de provimentos seculares", publicado nos *Documentos Históricos, Op. cit.*, vol. 15, p. 251.

[107] "Carta d'el-rei para Gaspar de Sousa" de 27 de agosto de 1613, publicada em *Cartas para Álvaro de Sousa e Gaspar de Sousa, Op. cit.*, p. 227. Por outro lado, "a provisão por onde os governadores do Brasil tem os quintos das presas registrou Pedro Viegas Giraldes por erro no livro dos registros de provisões eclesiásticas [...]", que se perdeu. Cf. "Livro 2º de provimentos seculares", publicado em *Documentos Históricos, Op. cit.*, vol. 14, p. 471.

[108] "Serviços do governador geral Diogo Botelho" de 8 de fevereiro de 1608, publicado na *Revista do Instituto Histórico e Geográfico Brasileiro*, tomo 73, parte I, p. 184. A carta da Câmara da vila de São Paulo de 13 de janeiro de 1606 foi publicada por MARQUES, A., *Província de São Paulo* (1878), 2 vols. Belo Horizonte e São Paulo: Itatiaia e Edusp, 1988, vol. II, p. 352.

[109] "Traslado da provisão sobre o quinto das presas" de 25 de maio de 1624, que consta do *Registro Geral da Câmara de São Paulo*, vol. I. São Paulo: Arquivo Municipal, 1917.

Sergipe do Conde, Gaspar da Cunha, explicava ao patrão, numa carta de 1581, que ele devia valer-se da provisão do rei, mas isenta dos governadores, para poder mandar descer os indígenas "para ter aldeias assim para defesa da fronteira que o engenho está, como para o meneio e proveito dele" e, enfatizava, "entenda V. S. que é o mais necessário de tudo por que havendo-os [...] se pode deitar a dormir sobre o meneio e proveito dele", mas, para isso, reforçava o feitor: "torno lembrar a V. S. que venha isenta a provisão dos governadores porque há que cá mandou no tempo de Lourenço da Veiga ainda no de Manuel Teles Barreto não teve efeito até agora por vir cometida antes com cláusulas" que permitiam a ingerência dos governadores e "porque sempre cá se dão companhia de outros [nas expedições, e assim] se não tira mais proveito que gastar ... o cabedal que nisto se mete"[110]. Tal situação ainda seria motivo de queixas, dessa vez contra os jesuítas, numa carta posterior ao mesmo senhor, escrita por outro feitor, Rui Teixeira, em 1589, em que este explicava que o engenho ia moendo os mais dos dias, mas estava falto de cobres e de gente e que ele trabalhava muito junto aos governadores para "que me dêem licença para mandar ao sertão [descer índios], até agora ma impediram por respeito dos padres da Companhia mas tem me prometido de mandar tanto que estes navios forem partidos", assim as reclamações e queixas dos padres demorariam mais tempo para poderem chegar até o Reino, e concluía:

> ainda arreceio que com novas provisões que vieram dos ditos padres aja algum intervalo, o bom fora a largar-lhes a fazenda e a terra [...] pois eles são senhores dela e dos índios que com nome de forros os servem e são mais seus cativos que escravos da Guiné e assim não há quem possa haver por seu resgate um só escravo, não falo mais nisso porque são coisas que não tem remédio, Deus o dê para sua misericórdia.[111]

Sabemos ainda que o Conde requereu ao rei no começo do século XVII mais uma licença para pode fazer vir da Paraíba ou de Pernambuco 500 ou 600 indígenas com suas famílias para instalar em suas fazendas na

---

[110] "Carta de Gaspar da Cunha ao Conde de Linhares", escrita do Brasil em 28 de agosto de 1581. Arquivo Nacional da Torre do Tombo, Cartório dos Jesuítas, maço 8, documento 9.
[111] "Carta de Rui Teixeira para o Conde de Linhares", escrita da Bahia em 1º de março de 1589. Arquivo Nacional da Torre do Tombo, Cartório dos Jesuítas, maço 8, documento 28.

Bahia e em Ilhéus, mas, ao contrário das outras, essa não foi aceita. O rei não explicou os motivos, mas mandou avisar ao governador que se os indígenas, contudo, quisessem ir por livre vontade e sem violência para as terras do Conde, ele não deveria impedir, mas sim favorecer[112].

As dificuldades, porém, não eram insuperáveis e o Conde de Linhares, por meio de seus feitores, conseguiu em mais de uma ocasião trazer novas levas de indígenas para seu engenho, pois este orientava, numa espécie de regimento, Cristóvão Barroso, quando este ia assumir o posto de feitor, para que saiba "dos índios que mandou vir Francisco de Negreiros [antigo feitor], em sua vida, para [o engenho de] Sergipe [do Conde]"[113]. Ou ainda, já depois da morte do Conde, no meio da disputa pela posse do engenho, o padre Sebastião Vaz escrevia em 1628 a Diogo Cardim, provincial do colégio de Santo Antão em Lisboa, contando como o Conde com muita despesa de sua fazenda trouxera indígenas para junto do engenho, onde fez uma aldeia, que aí se conservou por muitos anos e depois, continua, quando os padres trouxeram os indígenas da aldeia de São Sebastião, colocaram-nos no "mesmo sítio ou ali perto onde estavam os índios que pertenciam ao engenho"[114].

Mesmo com a grande quantidade de indígenas deslocados para o litoral, a disputa pelo controle dos "administrados" continuou, porque tanto o aliciamento de indígenas dos aldeamentos pelos moradores, como, em sentido inverso, a fuga de indígenas para o controle jesuíta provocava grandes embates, obrigando a administração colonial a intervir. A realidade é que os moradores viam nos jesuítas um empecilho à livre exploração dos indígenas, como vimos na carta do feitor do Conde

---

[112] "Carta de el-rei respondendo duas consultas do Conselho da Índia" de 10 de abril de 1607. Biblioteca da Ajuda, Códice 51-VII-15, Consultas de Governo, f. 139.

[113] "Apontamentos que levou Cristóvão Barroso quando foi para feitor do Engenho Sergipe" de 23 de março de 1607. Arquivo Nacional da Torre do Tombo, Cartório dos Jesuítas, maço 13, documento 14. Num processo da Inquisição, Gonçalo Álvares, mameluco, natural de Porto Seguro, morador em Sergipe do Conde, conta sobre casos que aconteceram antes de 1593 no "sertão onde foi por capitão de uma licença do Conde de Linhares com brancos, mamelucos e negros flecheiros para descer e trazer gentio do dito sertão para o mar". Cf. "Processo de Rodrigo Martins" (1593), Arquivo Nacional da Torre do Tombo, Inquisição de Lisboa, 12229.

[114] "Sebastião Vaz a Diogo Cardim, provincial do colégio de Santo Antão" de 5 de junho de 1628. Arquivo Nacional da Torre do Tombo, Cartório dos Jesuítas, maço 69, documento 74.

de Linhares, além de cobiçarem os contingentes agrupados nos aldeamentos da Companhia de Jesus.

A situação é relatada nos chamados "capítulos de Gabriel Soares de Sousa", documento entregue à Coroa, em que este senhor de engenho apresenta uma série de ataques à Companhia de Jesus e que, por nossa sorte, conhecemos graças a uma cópia dos jesuítas, na qual estes respondem um a um aos 44 itens apresentados.

Significativa aqui é a resposta dada pelos padres à crítica de que eles só tinham interesse em seu próprio proveito, graças particularmente às cinco aldeias de indígenas forros que possuíam e que eram cobiçadas pelos moradores. Para os jesuítas:

> as aldeias, que [os jesuítas] tem, são de el-rei e do povo, e dos índios nos servimos, como os mais da terra, por seu estipêndio, e não tem os Padres estas aldeias como eles [os moradores] tem as suas, em Jaguaripe, e outros particulares em suas terras, das quais eles só se servem, e ninguém se atreve a bulir nelas, nem são mais que quatro aldeias, as quais se vão consumindo, pelos contínuos serviços em que os trazem, de guerras, rebates de Ingleses, fortes, baluartes, ir as minas com o informante [Gabriel Soares de Sousa] e coisas semelhantes.[115]

Os jesuítas rebateram a acusação, questionando a legitimidade das aldeias controladas pelos senhores de engenho, fato que, como vimos, era comum nas mais partes do Brasil. A importância de tais aldeamentos controlados pelos senhores de engenho era, por sua vez, explicitada numa expressiva carta de Antônio Muniz Barreiros, capitão-mor do Maranhão, escrita em 1624, em que este avisava ao monarca que:

> esta conquista está muito falta de gentio, pela razão que já tenho avisado a Vossa Majestade e o pouco que temos é necessário conserva-lo por todas as vias e importa ao serviço de Vossa Majestade que a pessoa nenhuma se dê aldeias dele de administração, salvo a quem fizer engenhos, por quanto tendo-as alguns se não ajudará o povo nem haverá lugar quando pessoas de posse queiram fazer os ditos engenhos de lhe darem uma aldeia para sua guarda, como foi uso em muitas partes do Brasil, no seu princípio, e com eu ter em minha fazenda uma casa de armas, como digo acima, e meus

---

[115] "Capítulos de Gabriel Soares de Sousa" de 1587, publicado nos *Anais da Biblioteca Nacional*, vol. 62, p. 350.

criados, me não atrevera sem muito risco a principia-la se não passara para junto a ela um pouco de gentio amigo nosso por uma provisão que o governador [do Estado do Brasil] de Vossa Majestade passou a meu pai [Antônio Barreiros, provedor-mor do Estado do Brasil] que eu pudesse passar duas junto as ditas fazendas.[116]

A importância dos indígenas para a defesa dos engenhos e também para o fornecimento de mão de obra indígena não era restrita aos primeiros tempos da conquista. Os indígenas eram ainda utilizados em larga escala por toda a costa do Brasil na primeira parte do século XVII, como Diogo de Campos Moreno atesta em outro relatório, quando trata da Bahia em 1612, ao explicar que "outros moradores tem aldeias pequenas [comparadas as dos jesuítas] arrimadas a seus engenhos"[117]. Fato atestado também pelos jesuítas que enumeravam diversos senhores de engenhos possuidores de aldeamentos em suas terras em documento do começo do século XVII[118].

A Coroa, contudo, não aceitava o controle dos senhores de engenho sobre seus aldeamentos, nesse sentido o rei Filipe II de Portugal informava ao governador Gaspar de Sousa que recebera informações que Diogo de Meneses, antecessor dele, "tratava de dar as aldeias dos gentios a senhores de engenho", o que era contra as determinações da Coroa[119].

---

[116] "Carta que o capitão-mor do Maranhão, Antônio Moniz Barreiros, dá conta do que se passa naquela conquista", de 6 de fevereiro de 1624, publicada nos *Documentos para a História da Conquista da Costa Leste-oeste do Brasil*. Rio de Janeiro: Biblioteca Nacional, 1905, p. 255.

[117] Diogo de Campos Moreno, *Op. cit.*, p. 155. Outro exemplo interessante é relatado por Frei Agostinho de Santa Maria, que ao descrever a ermida de Nossa Senhora do Rosário de Pirajá, no Recôncavo de Salvador, conta que Baltasar Aranha, senhor de engenho, pelos anos de 1620 "tinha também a administração de uma aldeia de gentios e assim vinha ser como cacique ou o principal deles". Cf. SANTA MARIA, A. de, *Santuário Mariano e História das Imagens Milagrosas de Nossa Senhora ... Aparecidas em o Arcebispado da Bahia* (1722). Salvador: Instituto Geográfico e Histórico da Bahia, 1949 (corresponde ao 9º volume da obra integral), p. 119.

[118] "De quão importante seja a continuação da residência dos padres da Companhia de Jesus da Província do Brasil das aldeias dos índios naturais da terra, assim para o bem de suas almas e serviço de Deus e de Sua Majestade, como o bem temporal de o Estado e dos moradores dele" (sem data, mas provavelmente da primeira ou segunda década do século XVII). Arquivo Nacional da Torre do Tombo, Cartório dos Jesuítas, maço 88, documento 227, f. 6 v.

[119] "Carta de el-rei para Gaspar de Sousa" de 28 de março de 1613, publicada em *Cartas para Álvaro de Sousa e Gaspar de Sousa, Op. cit.*, p. 186.

Adotando o mesmo procedimento também com relação ao Estado do Maranhão, onde a Coroa tinha anteriormente aceitado tal domínio, o monarca voltava atrás de sua decisão, como ele próprio explicava:

> fui informado que as pessoas a que fiz mercê da capitania de aldeias nas partes do Maranhão aveixam os índios por diversos modos obrigando-os a trabalhar com excesso e demasia [...] [sem] os remediarem nem prevenirem suas necessidades.

Impedindo-os de fazer suas roças de mantimentos, dessa forma Filipe III decidiu "que as capitanias de aldeias que estiverem dadas nas ditas partes do Maranhão a pessoas seculares se lhes tirem assim toda administração"[120].

A Coroa, porém, não conseguiu impedir que tal domínio fosse mantido ou mesmo sancionado pela prática e pelo costume. Bons exemplos disso são, em primeiro lugar, a doação feita por Bento Maciel Parente ao capitão Pedro Teixeira, em respeito aos serviços no descobrimento de Quito e outros feitos em 25 anos, "em nome de Sua Majestade, 300 casais de índios de administração encomendados pela maneira acima declarada e do mesmo modo que no reino dos Qualios se encomendam com todos os privilégios e mercês concedidos" aos encomendeiros, por três vidas, entrando neste número a aldeia de Faustino que o dito capitão "desceu a sua custa"[121]. E, em segundo lugar, a inquirição feita em 1657 pela Câmara de São Paulo a mando do Conde do Prado, neto do antigo governador geral D. Francisco de Sousa, visando provar que a aldeia de Barueri de Nossa Senhora da Escada era fundada por este, que, segundo testemunhas, "mandara baixar o gentio [...] a sua custa e os governou e administrou e deles teve e houve enquanto viveu como coisa sua própria e os [trouxe] a sua custa e com seu resgate e depois de sua morte tomara a Câmara posse da dita aldeia"[122], daí a reclamação do Conde, que

---

[120] "Alvará para se extinguirem as capitanias das aldeias do Maranhão" de 15 de março de 1624. Arquivo Nacional da Torre do Tombo, Chancelaria de Filipe III, Doações, Livro 39, fl. 77.

[121] "Provisão em que Bento Maciel Parente, governador geral do Estado do Maranhão e Grão Pará, em nome de D. João IV, dá ao capitão Pedro Teixeira trezentos casais de índios de administração" de 29 de janeiro de 1640, publicado por Lucinda Saragoça, *Op. cit.*, p. 318.

[122] "Instrumento de Inquirição de testemunhas que provam que a Aldeia de Maruyri foi fundada pelo Senhor D. Francisco de Sousa, governador geral, que foi do Estado do

procurava retomar a posse da dita aldeia, encampada pela Câmara da vila de São Paulo.

Dessa maneira, convém reforçar duas ideias fundamentais, a primeira é que, independentemente das leis sobre a questão indígena, os nativos foram ao longo do período estudado e em todas as partes do Brasil o componente central da mão de obra utilizada. Outro aspecto que merece destaque é que, em praticamente todas as leis ou alvarás que regulamentavam a matéria, o papel preponderante cabia à administração colonial, que se tornava assim a chave para obtenção tanto de escravos como de "administrados".

Brasil. A inquirição foi tirada a requerimento de D. Francisco de Sousa, Conde do Prado, neto daquele, e por despacho da Câmara de São Paulo, na capitania de São Vicente" de 25 de agosto de 1657. Biblioteca Pública de Évora, Cód. CXVI / 2–13, nº 17, p. 21.

8.

O PATRIMÔNIO FUNDIÁRIO (I)

> "Nesta terra do Brasil [...] há senhores que possuem grandes territórios e neles muitos engenhos de açúcar, os quais territórios lhes há dado el-rei de Espanha em recompensa de algum serviço", Francisco Pyrard de Laval[1].

A CONQUISTA DA TERRA

As terras da América foram incorporadas ao patrimônio da Coroa[2] e distribuídas aos vassalos, contudo, antes de serem doadas, precisavam ser conquistadas. O processo de ocupação das terras do que temos chamado de fachada atlântica foi marcado por prolongado período de guerras contra os indígenas e demais rivais europeus, que culminou na luta contra os holandeses em meados do século XVII.

Esse período inicial da colonização pode ser dividido em duas etapas. Na primeira, a preocupação central foi a defesa dos núcleos estabelecidos e o controle das áreas próximas a estes, exceção feita à conquista do Rio de Janeiro. Na segunda, iniciada em meados da década de 1570, os portugueses iniciaram uma rápida expansão territorial que duraria até

---

[1] A obra de Laval foi escrita durante a chamada "União Ibérica", época em que o rei da Espanha também era o de Portugal. LAVAL, F. de P., *Viagem de de Francisco Pyrard de Laval* (1615) (tradução), 2 vols. Porto: Civilização, 1944, vol. II, p. 230.

[2] "Assim como nestes Reinos de Portugal trazem a cruz no peito por insígnia da Ordem e Cavalaria de Cristo, assim prouve a ele [D. Manuel] que esta terra se descobrisse a tempo que o tal nome [Terra de Santa Cruz] pudesse ser dado neste santo dia, pois havia de ser possuída por portugueses e ficar por herança de patrimônio ao mestrado da mesma Ordem", GANDAVO, P. de M., *História da Província de Santa Cruz* & *Tratado da Terra do Brasil* (c. 1570 e 1576). São Paulo: Obelisco, 1964, p. 26.

meados da década de 1610, quando a ocupação da foz do Rio Amazonas praticamente encerrou a tomada da faixa litorânea entre o Pará no Norte e São Vicente no Sul[3].

As oito capitanias originais, ou seja, as constituídas na década de 1530, nas quais a colonização deu os primeiros passos, foram os pontos de apoio iniciais para a tarefa de conquista. Estas sofreram, como vimos, duro golpe na década seguinte, obrigando a Coroa a reforçar sua participação no processo de ocupação do território com a criação do Governo Geral e a fundação da cidade de Salvador.

De qualquer forma, não bastava ocupar os pontos chave da costa com vilas e cidades, era necessário criar uma estrutura produtiva que sustentasse o esforço colonizador, ou seja, era necessário que cada vila ou cidade dominasse o território circunvizinho e o aproveitasse, notadamente com a agricultura da cana de açúcar[4].

Essa ocupação das terras vizinhas era fundamental, uma vez que, ao permitir o surgimento das plantações e os primeiros engenhos, incentivava a vinda de novos povoadores, como os primeiros, ávidos por terras e escravos, pressionando por novas conquistas; do contrário, a incapacidade de manter sob controle as terras próximas afugentava os moradores, que então se mudavam para outras capitanias. Dessa maneira, os núcleos urbanos coloniais que não conseguiram dominar plenamente a região circunvizinha e não desenvolveram sua atividade açucareira vegetaram, exemplo disso são as vilas das capitanias de Porto Seguro e Ilhéus, que, depois de um começo dos mais promissores, não conseguiram vencer a resistência indígena, acabaram perdendo o domínio do campo e tiveram seus engenhos destruídos, entrando em completa decadência e com sua população em declínio.

Daí a preocupação, tanto antes como depois da criação do Governo Geral, com a defesa na escolha do local onde seriam erguidos os núcleos urbanos. Optou-se sempre por fundá-los em elevações – como, por

---

[3] A conquista da região dos Campos dos Goitacazes, atual norte fluminense, iniciada por volta de 1627 e concluída na década seguinte, pode ser considerada a última etapa desse movimento. Cf. LAMEGO, A, *A Terra Goytacá*, 8 vols. Paris e Bruxelas: L'Édition d'art e Niterói: Diário Oficial, 1913-45, vol. I, p. 34 e seguintes.

[4] Para uma visão geral das vilas e cidades coloniais consulte-se AZEVEDO, A. de, *Vilas e Cidades do Brasil Colonial*. São Paulo: FFLCH/USP, 1956; e REIS FILHO, N. G., *Evolução Urbana do Brasil*. São Paulo: Pioneira e Edusp, 1968.

exemplo, Olinda, Salvador, São Paulo e Rio de Janeiro – ou em ilhas – como São Vicente, Santos, Vitória, Itamaracá –, medidas defensivas básicas, e sempre que possível próximas a bons portos, garantia permanente da possibilidade de receber ajuda e suprimentos do Reino ou de outras partes[5].

O caso da cidade de Salvador é exemplo dessa situação. Após o fracasso da tentativa de colonização da capitania da Bahia de Todos os Santos sob controle do donatário, Francisco Pereira Coutinho, e a quase completa aniquilação da presença portuguesa na região, a Coroa assumiu a tarefa de ocupação com a criação do Governo Geral, enviando Tomé de Sousa com a missão de fundar uma nova cidade[6].

As instruções dadas pelo monarca no regimento do governador geral eram precisas e demonstravam com clareza a percepção que a Coroa tinha da relação entre ocupação da terra e seu aproveitamento produtivo, em especial com a cana de açúcar.

Sobre o local a ser escolhido, o rei explicava que, dada a conhecida incapacidade de defesa do local onde ficava a primitiva cerca dos portugueses, "para se fazer e assentar a fortaleza e povoação que ora ordeno que se faça, [...] será necessário fazer-se em outra parte mais para dentro da dita Bahia", e orientava ainda o governador para que "quando tiverdes pacífica a terra, vejais [...] o lugar que será mais aparelhado para se fazer a dita fortaleza forte, e que se possa bem defender", concluindo com instruções pormenorizadas sobre as fortificações a serem erguidas[7].

Em seguida, no mesmo regimento, o rei orientava Tomé de Sousa para "tanto que tiverdes assentada a terra para seguramente se poder aproveitar, dareis de sesmaria as terras" e, logo no item seguinte, "as águas das ribeiras que estiverem dentro do dito termo em que houver disposição para se poderem fazer engenho de açúcar [...] dareis de sesmaria"[8].

---

[5] Sobre a construção em locais elevados, cf. Nestor Goulart Reis Filho, *Op. cit.*, p. 124.

[6] Ver, entre outros, SAMPAIO, T., *História da Fundação da Cidade do Salvador*. Salvador: Beneditina, 1949.

[7] Ver o "Regimento de Tomé de Sousa" de 17 de dezembro de 1548, publicado por DIAS, C. M. (Dir.), *História da Colonização Portuguesa do Brasil*, 3 vols. Porto: Litografia Nacional, 1922, vol. III, p. 345 (citada daqui em diante apenas como *História da Colonização Portuguesa do Brasil*).

[8] *Ibidem*.

O local escolhido foi uma elevação que seria murada e protegida com baluartes e peças de artilharia, porém o aproveitamento do entorno não se efetivou imediatamente, a resistência indígena provocou uma série de conflitos que praticamente impediram o aproveitamento da região até o início do governo de Mem de Sá.

A falta de informações dos primeiros momentos impede uma maior compreensão sobre as relações dos portugueses com os indígenas em torno de Salvador no tempo de Tomé de Sousa. Percebe-se, contudo, uma desconfiança com relação à reação indígena, daí nesse momento não haver quase nenhum aproveitamento das terras em volta da cidade.

Pouco depois, no governo de D. Duarte da Costa, uma maior ocupação das terras levou ao conflito aberto. Esse governador descreve os acontecimentos numa carta ao monarca: os indígenas começaram a guerra com um ataque ao engenho de Antônio Cardoso, provedor-mor da fazenda real, argumentando "que a terra era sua e que lhe despejassem o engenho"[9], então o único na capitania e que, ao que parece, teria sido destruído ou ficado muito arruinado após o ataque. Atacaram ainda outros moradores e assaltaram o gado de Garcia D'Ávila, criado de Tomé de Sousa. A resposta veio com D. Álvaro da Costa, filho do governador geral, que após algumas vitórias, obrigou os indígenas a negociarem um acordo de paz.

Na mesma carta, D. Duarte da Costa afirmava a utilidade do conflito, pois "Quererá Nosso Senhor que [a guerra com os índios] será para os moradores desta cidade ficarem mais desabafados da sujeição que tinham de estarem estes gentios tão pegados conosco, e lhes ficarem mais terras para suas roças e criações"[10].

Tal situação, contudo, ainda não seria completamente resolvida, as guerras pelo controle do Recôncavo prosseguiriam até o início do governo de Mem de Sá. Este posteriormente declarou, relembrando a situação ao assumir o governo em 1557, "achei toda a terra de guerra, sem os homens ousarem fazer suas fazendas senão ao redor da cidade, pelo qual viviam apertados e necessitados por não terem peças

---

[9] "Carta de D. Duarte da Costa a el-rei" de 10 de junho de 1555, publicada na *História da Colonização Portuguesa do Brasil*, vol. III, p. 377.
[10] *Ibidem*.

[escravos] e descontentes da terra, [...] e por o gentio não querer paz"[11], desse modo, os combates prosseguiram até a derrota dos indígenas da região. Abriu-se, assim, a possibilidade de aproveitamento do Recôncavo de Salvador, fato comunicado ao rei pelo governador[12].

O controle do interior da Baía de Todos os Santos acabou com a incômoda situação dos moradores, praticamente até então confinados dentro dos muros da cidade, e permitiu o início da exploração efetiva do território, conforme atestaram, alguns anos depois, os vários depoentes num documento a favor de Mem de Sá. João de Araújo, cavaleiro fidalgo da casa do rei, afirmou que:

> as rendas [reais] rendiam muito pouco em virtude das guerras e por não haver engenhos nem outras lavouras. E que depois se fizeram muitos engenhos de água e de trapiche, e se lavraram muito algodão e outras novidades.

Informação que Francisco de Moraes, também cavaleiro da Casa d'el-rei e antigo escrivão, complementava, ao afirmar que as rendas eram baixas porque "não havia [engenhos e fazendas] por não ousarem de fazer e agora os moradores estão longe da cidade e fazem muitas fazendas"[13].

As vitórias obtidas por D. Duarte da Costa e Mem de Sá não conseguiram abalar definitivamente a resistência indígena, apenas empurraram a fronteira militar um pouco adiante, mantendo o estado latente de beligerância ainda por muito tempo. No entanto elas foram suficientes para permitir que as terras do Recôncavo fossem efetivamente doadas e, em grande medida, ocupadas.

Analisando as cartas de sesmarias conhecidas, Felisbelo Freire apontava as áreas do Recôncavo que foram sendo paulatinamente incorporadas ao domínio português, começando pela região do Rio Paraguaçu. Wanderley Pinho, seguindo a mesma linha, apontaria três áreas de conquista sucessivas, a primeira do Rio Paraguaçu até o Rio Jaguaripe, a segunda do Paraguaçu até o Rio Sergipe e a terceira a região

---

[11] "Instrumentos de Mem de Sá" de 7 de setembro de 1570, publicado nos *Anais da Biblioteca Nacional*, vol. 27, p. 129 e 131.

[12] "Carta de Mem de Sá para el-rei" de 31 de março de 1560, publicado nos *Anais da Biblioteca Nacional*, vol. 27, p. 227.

[13] Veja-se o citado "Instrumentos de Mem de Sá", p. 129 e p. 155.

entre Pirajá e Matuim. Para este autor, contudo, não foram as peculiaridades geográficas ou as bacias hidrográficas que:

> determinaram, ou melhor, permitiram a penetração; foram os sucessos político-militares na luta ou convivência com o gentio [...] onde este cedeu, e quando cedeu, entrou o colono, concedeu-se a sesmaria que estabilizou a propriedade e disciplinou o desbravamento.

Enfim foi a guerra "que traçou as primeiras linhas da ocupação"[14], permitindo que Mem de Sá declarasse ao rei: "A cidade [de Salvador] vai em muito crescimento e com estas terras que se agora sujeitaram se podia fazer um Reino só ao redor da baía"[15].

Assim, menos de 30 anos depois da fundação da cidade de Salvador, o escrivão Francisco de Araújo deu ao procurador de Miguel de Moura "fé que as terras todas da Costa desta Bahia e rios e recôncavos dela eram já dadas"[16]. Fato que obrigou que o procurador Cristóvão Brandão só conseguisse efetivar a doação de 12 léguas, ao aceitar dividi-la em três partes, duas em áreas devolutas por não terem sido aproveitadas pelos seus proprietários – um deles era o falecido Estácio de Sá, que havia recebido as suas do tio Mem de Sá; o outro era Luís d'Armas, mais um dos companheiros de Mem de Sá na conquista do Rio de Janeiro[17] – e outra para os lados da futura Sergipe d'el-rei, área ainda não incorporada completamente ao domínio português.

---

[14] FREIRE, F., *História Territorial do Brazil* (1906), 2ª ed. fac-similar. Salvador: Governo do Estado, 1998, p. 16 e seguintes e PINHO, W., *História de um Engenho do Recôncavo*, 2ª ed. acrescida de um apêndice, São Paulo: Companhia Editora Nacional, 1982, p. 42.

[15] "Carta de Mem de Sá para el-rei" de 31 de março de 1560, publicada nos *Anais da Biblioteca Nacional*, vol. 27, p. 227.

[16] "Registro da carta de Miguel de Moura" de 1578 que consta do "Título onde se resgistam todas as certidões em forma, que o provedor-mor passa, e outras do serviço d'el-rei Nosso Senhor", publicado na coleção *Documentos Históricos*, 110 vols. Rio de Janeiro: Biblioteca Nacional, 1928-55, vol. 14, p. 455.

[17] Luís d'Armas serviu por quatro anos e meio como tesoureiro da Fazenda real em Salvador e foi também ouvidor no Rio de Janeiro nos primeiros anos da cidade, retornando no início da década seguinte para a Bahia, mas, ao que parece, não aproveitou a sesmaria recebida. Cf. o citado "Instrumentos de Mem de Sá", p. 172 e "Sentença dada na Bahia, em 1576, pelo Governador Luís de Brito de Almeida e pelo Ouvidor Geral Sebastião Alves, em recurso na ação criminal movida contra Jorge da Mota" de 13 de novembro de 1583, publicado por PRADO JR., A. (Ed.), *Ordens e Provizoens Reays* (Séc. XVII). Rio de Janeiro: Jornal do Brasil, 1928, III, p. 127.

A CAPITANIA DA BAHIA DE TODOS OS SANTOS

O resultado concreto da ocupação portuguesa no Recôncavo da Bahia de Todos os Santos pode ser visto no "Tratado Descritivo do Brasil de 1587"[18], no qual Gabriel Soares de Sousa apresenta uma descrição pormenorizada da Capitania da Bahia, em particular do Recôncavo. Descrevendo o estado de ocupação da região, desde o norte da cidade de Salvador, dando a volta pelo Recôncavo, até o norte da Capitania de Ilhéus, incluindo ainda as diversas ilhas da baía.

Gabriel Soares de Sousa ofereceu muito mais do que uma mera descrição geográfica, pois apresentou uma aprofundada descrição do Recôncavo, com o registro das atividades econômicas instaladas, tais como: engenhos, casas de meles, fazendas, currais, olarias etc. Além disso, indicou as possibilidades futuras e as dificuldades encontradas, como a ausência de interesse de grandes proprietários em permitir a exploração de suas terras, a cobrança de foros pelo uso da água das ribeiras[19], os conflitos provocados por determinadas concessões de terra[20] ou mesmo a luta pela posse de uma ribeira que permitiria a construção de um engenho real[21].

Destaca-se o detalhamento que os 36 engenhos baianos recebem, pois, mais do que uma árida lista de engenhos, o autor nos oferece detalhes preciosos que vão desde a força-motriz utilizada – água ou bois – até a solidez das construções.

Tais dados, somados aos 62 nomes de proprietários ou antigos proprietários, ainda vivos ou falecidos, incluindo aí 35 donos de engenhos, alguns com mais de uma propriedade ou engenho, fornecem-nos um retrato valioso da ocupação fundiária do Recôncavo de Salvador, quase

---

[18] SOUSA, G. S. de, *Tratado Descritivo do Brasil em 1587*, 5ª ed. São Paulo: Companhia Editora Nacional, 1987, p. 143 e seguintes.

[19] O caso do Conde de Linhares que por "não a querer vender ou aforar" certa parcela de terra impedia a construção de até dois engenhos ou a exigência do pagamento de 2% de foro pelo uso de determinados rios nas terras de D. Álvaro da Costa, o que impedia, para o autor, a construção de outros tantos engenhos. *Ibidem*, p. 153 e 157.

[20] Como a luta da Câmara de Salvador contra a doação da ilha de Itaparica ao Conde de Castanheira. *Ibidem*, p. 142.

[21] Neste caso, o autor fala sobre o litígio pela posse de uma ribeira, mas não nomeia os envolvidos. *Ibidem*, p. 150.

quarenta anos após a chegada de Tomé de Sousa e menos de trinta depois da conquista da região.

Mesmo sem levar em conta o Conde da Castanheira e o Conde de Linhares, grandes do Reino, que nunca colocaram os pés em solo baiano, os dados biográficos dos principais proprietários do Recôncavo apontados por Gabriel Soares de Sousa expõem a ligação entre ter um cargo na administração colonial ou estar intimamente ligado a algum detentor de um cargo e a constituição de um patrimônio, como nos revela, seguindo o trajeto do autor, uma volta pelo Recôncavo, por volta de 1587[22].

Acompanhando o trajeto deste autor, partindo pela região ao norte da cidade e seguindo o sentido anti-horário, encontramos em primeiro lugar as propriedades Cristóvão Aguiar de Altero e de Garcia D'Ávila. O primeiro era proprietário de uma fazenda na região entre Paripe e Matuim e estava construindo um engenho de água em Tapagipe, que Gabriel Soares de Sousa acreditava não ser proveitoso por ser próximo à cidade. Capitão-mor de São Vicente entre 1543 e 1545, Cristóvão Aguiar de Altero retornou ao Reino e de lá voltou com Tomé de Sousa em 1548, sendo o primeiro a ocupar o posto de almoxarife dos armazéns e mantimentos da Bahia[23], foi ainda muito ligado ao grupo do 2º Governador Geral, D. Duarte da Costa, e seu filho Álvaro da Costa[24].

Garcia D'Ávila, o fundador da Casa da Torre, maior latifúndio do período colonial, quase dispensa apresentações. Na descrição do Recôncavo aparece como proprietário de olarias e de um curral em Tapagipe; contudo, outras propriedades suas são citadas em momentos diversos

---

[22] Nos próximos parágrafos, salvo outra indicação, as informações são fornecidas por Gabriel Soares de Sousa, *Ibidem*, p. 143-161.

[23] Cf. FRANCO, F. de A. C., *Os Capitães-mores Vicentinos*. São Paulo: Departamento de Cultura, 1940 (separata da Revista do Arquivo Municipal), p. 33 e "Provimento de Cristóvão de Aguiar" de 10 de dezembro de 1548, Arquivo Nacional da Torre do Tombo, Chancelaria de D. João III, Doações, Ofícios e Mercês, Livro 55, fl. 117.

[24] É elogiado numa carta de D. Duarte da Costa ao rei, mas já numa escrita pelo grupo hostil ao governador geral, ou seja, o grupo ligado ao Bispo Pero Fernandes era citado como não merecedor de crédito. Cf. "Carta de D. Duarte da Costa a el-rei, dando lhe conta da guerra, que o gentio fazia a cidade do salvador" de 10 de junho de 1555 e "Carta dos oficiais da Câmara da cidade do Salvador" de 18 de dezembro de 1556, publicadas na *História da Colonização Portuguesa do Brasil*, vol. III, p. 377 e p. 381.

da obra de Gabriel Soares de Sousa. Criado de Tomé de Sousa, Garcia D'Ávila foi o primeiro feitor e almoxarife de Salvador[25].

Avançando para o Norte, na região de Pirajá, encontramos o engenho de água de Diogo da Rocha de Sá, que, segundo nosso guia, era "muito ornado de edifícios". Este era sobrinho de Mem de Sá[26] e casado com a irmã do alcaide-mor de Salvador, Henrique Muniz Barreto[27]; seu irmão, Manuel de Sá de Soto Maior, era provedor da fazenda da Bahia[28]. Na mesma região, João de Barros Cardoso, parente, ou muito provavelmente filho, do provedor-mor Cristóvão de Barros, tinha um engenho de água muito bem montado[29].

Ainda em Pirajá, o mercador e lavrador Antônio Nunes Reimão, possivelmente flamengo, era proprietário de uma casa de meles. Próximo dele, Simão da Gama de Andrade, que veio para a Bahia como capitão da armada real de 1550 e acabou ficando, era proprietário de um engenho de água[30]. Na região entre Pirajá e Matuim, Antônio de Oliveira

---

[25] "Traslado da provisão de feitor e almoxarife desta cidade do Salvador e da alfândega dela, que proveu o senhor governador (Tomé de Sousa)" de 1º de junho de 1549, que consta do "Livro 1º do registro de provimentos seculares e eclesiásticos da cidade da Bahia e terras do Brasil", iniciado em 1549 e publicado na coleção *Documentos Históricos, Op. cit.*, vols. 35 e 36. O documento citado encontra-se no vol. 35, p. 34. Ver também CALMON, P., *História da Casa da Torre: uma dinastia de pioneiros*. Rio de Janeiro: José Olympio, 1958; ou BANDEIRA, L. A. M., *O Feudo*. Rio de Janeiro: Civilização Brasileira, 2000.

[26] É designado também como criado de Mem de Sá, quando serviu como testemunha na doação de terras do governador para a Companhia de Jesus. Cf. "Sesmaria do Camamu doada pelo Governador Mem de Sá ao Colégio da Bahia" de 27 de janeiro de 1563, publicada por LEITE, S. (Ed.), *Cartas dos Primeiros Jesuítas do Brasil* (1538-1563), 3 vols. São Paulo: Comissão do IV Centenário da Cidade de São Paulo, 1954, vol. III, p. 527.

[27] PINHO, W., *Testamento de Mem de Sá*. Rio de Janeiro: Imprensa Nacional, 1941, p. 68, 88 e 90; e JABOATÃO, A. de S. M., "Catálogo genealógico das principais famílias ..." (Século XVIII), publicado na *Revista do Instituto Histórico e Geográfico Brasileiro*, tomo 52, p. 384.

[28] Posteriormente Manuel de Sá de Soto Maior também serviu como provedor-mor.

[29] Essa também é a opinião de CALMON, P. (Ed.), *Introdução e Notas ao Catálogo Genealógico das Principais Famílias, de Frei Antônio de Santa Maria Jaboatão*, 2 vols. Salvador: Empresa Gráfica da Bahia, 1985, p. 121 (trata-se de uma reedição do Catálogo Genealógico de frei Jaboatão).

[30] Simão da Gama de Andrade ainda serviu como vereador em 1556 e foi um grande apoiador do trabalho de conversão dos indígenas desenvolvido pelos jesuítas. SALVADOR, V. do, *História do Brasil* (1627), 5ª ed. São Paulo: Melhoramentos, 1965, p. 163 e RUY, A., *História da Câmara Municipal da Cidade do Salvador*. Salvador: Câmara Municipal, 1953, p. 347.

Carvalhal, cavaleiro fidalgo, possuía uma fazenda, onde posteriormente ergueria um engenho. Este também veio para o Brasil como capitão da armada real que aportou em 1551. Segundo Gabriel Soares de Sousa, era alcaide-mor de Vila Velha e sua filha casou com Duarte Muniz Barreto, alcaide-mor de Salvador[31].

Seguindo agora para o norte, em Paripe, Francisco de Aguilar, "homem principal", que fora rendeiro do açúcar em 1560, junto com Heitor Antunes, tinha um engenho de bois "muito bem acabado"[32]. Na mesma região, o desconhecido Vasco Rodrigues Lobato era proprietário de outro engenho de bois.

Avançando para Matuim, Baltasar Pereira, moço de Câmara de Sua Majestade e mercador, possuía um engenho de água comprado de Afonso Torres, mercador de grosso trato de Lisboa[33]; Baltasar Pereira era casado com outra filha do alcaide-mor Antônio Oliveira Carvalhal. Baltasar Pereira, posteriormente, vendeu o engenho para Antônio Vaz, que foi proprietário dos ofícios de porteiro da Alfândega, Fazenda e Contos e "guarda dos livros deles"[34].

---

[31] "Confirmação de Duarte Muniz Barreto como alcaide-mor" de 16 de janeiro de 1573, Arquivo Nacional da Torre do Tombo, Chancelaria de D. Sebastião e D. Henrique, Doações, Livro 29, fl. 145. Ver também Frei Jaboatão, Op. cit., p. 199 e Frei Vicente do Salvador, Op. cit., p. 163.

[32] "Assentamentos das dignidades, cônegos, meios cônegos, capelães e moços de coro" de 14 de setembro de 1559, que consta do citado "Livro 1º do registro de provimentos ...", publicado na coleção Documentos Históricos, Op. cit., vol. 36, p. 93 em nota marginal de 1560. Era casado com uma neta de Diogo Álvares Caramuru e seu cunhado era casado com a filha de Garcia D'Ávila. Cf. Frei Jaboatão, Op. cit., p. 87.

[33] FREIRE, A. B., Brasões da Sala de Sintra, 3 vols. Lisboa: Imprensa Nacional-Casa da Moeda, 1996, vol. I, p. 482 e seguintes.

[34] Ibidem, p. 191 e 220. "Provimento de Luís Cabral como porteiro da Alfândega" de 11 de maio de 1609, Arquivo Nacional da Torre do Tombo, Chancelaria de Filipe II, Doações, Livro 26, fl. 54 v. Antônio Vaz ainda serviu como juiz ordinário em 1595 e arrendou o contrato do dízimo da capitania de Sergipe em 1602, ano em que obteve uma sesmaria ali. "Posse de uns chãos do colégio junto a fonte do Pereira ..." de 7 de fevereiro de 1595, que consta do "Livro do Tombo das Terras pertencentes à Igreja de Santo Antão da Companhia de Jesus", publicado nos Documentos Históricos, Op. cit., vols. 62, 63 e 64. O documento citado encontra-se no vol. 64, p. 42 e seguintes e "Carta de Sesmaria de Antônio Vaz" de 6 de julho de 1602, publicada por FREIRE, F., História de Sergipe, 2ª ed. Petrópolis: Vozes, 1977, p. 374.

Em Matuim, Francisco de Barbuda, antigo escrivão dos feitos da Fazenda Real, possuía uma fazenda[35] e Gaspar Dias Barbosa era dono de um engenho de bois de duas moendas, "peça de muito preço", segundo Gabriel Soares de Sousa, além de uma ilha na região do rio Paraguaçu[36]. Este engenho seria comprado posteriormente por Baltasar Ferraz, desembargador na Relação que, naquele momento, também ocupava o posto de provedor-mor da Fazenda[37].

Avançando um pouco mais, encontramos Sebastião da Ponte, cunhado de Simão da Gama de Andrade e possuidor de dois engenhos, um em Cotegipe, "muito adornado de edifícios mui aperfeiçoados", e outro no rio Una, além de um curral no mesmo rio. Sebastião da Ponte ficaria conhecido em virtude de ter sido enviado preso para Lisboa por ter mandado ferrar um homem branco[38].

Próximo dali, pelo rio Cotegipe abaixo, Jorge de Magalhães, fidalgo que fora ouvidor da Bahia e oficial da Câmara em 1589, era dono de uma ilha "mui formosa por estar toda lavrada de canaviais", onde construíra "nobres casas cercadas de laranjeiras arruadas e outras árvores, coisa muito para se ver", nas palavras de Gabriel Soares de Sousa[39].

Retornando a Matuim, encontramos Sebastião de Faria, dono de dois engenhos. O primeiro deles é o famoso engenho Freguesia, estudado por Wanderley Pinho, e que Gabriel Soares de Sousa qualificava como um "soberbo engenho de água"[40]. O outro, próximo dali, era segundo nosso guia "de duas moendas que lavram com bois", com uma "formosa Igreja de Nossa Senhora da Piedade". O pai, Sebastião Álvares, cavaleiro

---

[35] "Traslado da carta de ofício de escrivão da fazenda de Manuel de Oliveira Mendonça" de 17 de agosto de 1559, que consta do "Livro 1º do registro de provimentos...", publicado nos *Documentos Históricos, Op. cit.*, vol. 36, p. 32. Frei Jaboatão, *Op. cit.*, p. 127.

[36] Registre-se também que o enteado de Gaspar Dias Barbosa era Onofre Pinheiro, que foi escrivão das sesmarias da Bahia.

[37] "Nomeação de Baltasar Ferraz como desembargador extravagante do Brasil" de 10 de dezembro de 1587 e "Confirmação de compra de um engenho por Baltasar Ferraz" de 28 de setembro de 1613, Arquivo Nacional da Torre do Tombo, respectivamente, Chancelaria de Filipe I, Doações, Livro 16, fl. 153 v e Chancelaria de Filipe II, Doações, Livro 29, fl. 243 v.

[38] Ver, entre outros, CAMPOS, S., *Crônica da Capitania de São Jorge dos Ilhéus*. Rio de Janeiro: MEC, 1981, p. 71.

[39] "Serviços do governador geral Diogo Botelho" de 8 de fevereiro de 1608, publicado na *Revista do Instituto Histórico e Geográfico Brasileiro*, tomo 73, p. 190 e Afonso Ruy, *Op. cit.*, p. 348.

[40] Wanderley Pinho, *História de um Engenho do Recôncavo, Op. cit.*, p. 42.

da casa real, foi escrivão da Fazenda na maior parte da década de 1550, tendo sido nomeado depois escrivão do Tesouro no final de 1560 por Mem de Sá, como recompensa pelos serviços prestados na conquista do Rio de Janeiro[41-42]. O filho também desempenhou diversas tarefas militares e de conquista: capitão-mor de uma frota de cinco barcos que defenderam o Recôncavo contra piratas ingleses em 1587 e chefe da retaguarda da expedição de conquista de Sergipe dirigida por Cristóvão de Barros em 1589[43]. Sebastião de Faria era casado com Beatriz Antunes, filha de Heitor Antunes, cavaleiro da casa real, ligado a Mem de Sá e rendeiro do açúcar. A filha deles casou com Bernardo Pimentel de Almeida, sobrinho do 4º Governador geral, Luís de Brito de Almeida[44].

Na mesma região, Nuno Fernandes possuía uma ilha e Jorge Antunes um engenho de bois "mui petrechado de edifícios de casas". Os dois, filhos de Heitor Antunes, eram irmãos da esposa de Sebastião de Faria, o que conferia a ambas as famílias imenso poder na região, a ponto de serem conhecidos como a "gente de Matuim"[45].

Adiante, em Mataripe, Gabriel Soares de Sousa cita dois antigos proprietários, sem, contudo, nomear os novos. O primeiro era Deão da Sé, possivelmente Pero do Campo, descendente do primeiro donatário de Porto Seguro, que tinha sido dono de uma fazenda em Mataripe.

---

[41] Foi ainda enviado ao Reino como capitão de uma caravela em 1555 e serviu como vereador em 1562. Cf. "Traslado da carta de Sebastião Álvares escrivão da Fazenda" de 21 de agosto de 1554 e "Provisão de Sebastião Álvares de escrivão do tesouro" de 04 de outubro de 1560 que constam do "Livro 1º do registro de provimentos...", publicado na coleção *Documentos Históricos, Op. cit.*, respectivamente vol. 35, p. 231 e vol. 36, p. 132; "Instrumentos de Mem de Sá" de 7 de setembro de 1570, publicado nos *Anais da Biblioteca Nacional*, vol. 27, p. 148 e Afonso Ruy, *Op. cit.*, p. 347.

[42] Possivelmente também tenha servido como ouvidor geral em fins da década de 1570. Cf. "Sentença dada na Bahia, em 1576, pelo Governador Luiz de Brito de Almeida e pelo Ouvidor Geral Sebastião Álvares, em recurso na ação criminal movida contra Jorge da Mota" de 13 de novembro de 1583, publicada por Antônio Prado Jr., em *Ordens e Provizoens Reayz. Op. cit.*, III, p. 127 e "Processo de Gaspar Rodrigues" (1593), Arquivo Nacional da Torre do Tombo, Inquisição de Lisboa, 11061.

[43] Frei Vicente do Salvador, *Op. cit.*, p. 300 e 301.

[44] Frei Jaboatão, *Op. cit.*, p. 107. Este foi capitão de uma frota de socorro a Paraíba em 1573 e vereador em 1592. Cf. VARNHAGEN, F. A. de, *História Geral do Brasil*, 5ª ed., 5 vols. São Paulo: Melhoramentos, 1956, vol. I, p. 362 e Afonso Ruy, *Op. cit.*, p. 348.

[45] *Primeira Visitação do Santo Ofício às Partes do Brasil – Confissões da Bahia* (1591-92), 2ª ed. Rio de Janeiro: Sociedade Capistrano de Abreu, 1935, p. 132 (daqui em diante citada apenas como *Confissões da Bahia*).

O outro era Pedro Fernandes, antigo proprietário de uma ilha com roças e canaviais, este fora escrivão dos Contos em Salvador após 1555, tendo provavelmente exercido cargos diversos em outras capitanias[46].

Avançando mais um pouco, encontramos o "formoso engenho de bois" de Cristóvão de Barros em Jacarecanga, "onde está tudo povoado de fazendas e lavrado de canaviais". Uma das mais importantes figuras do período, filho de Antônio Cardoso de Barros, donatário de cinquenta léguas na chamada Costa leste-oeste e primeiro provedor-mor. Veio como soldado para a Bahia nos primeiros anos da cidade, posteriormente foi capitão-mor da frota que veio do Reino em 1566 em auxílio dos fundadores do Rio de Janeiro, governador do Rio de Janeiro de 1572 até pelo menos 1575, provedor-mor, como o pai, a partir de 1578, comandou a conquista de Sergipe em 1589, participou do governo geral interino entre 1587 e 1591. Gabriel Soares de Sousa refere-se somente ao seu engenho, mas tinha outras propriedades[47].

Ainda em Jacarecanga, o desconhecido Tristão Rodrigues era dono de um engenho de bois e Luís Gonçalves Varejão era dono de outro também de tração animal, este foi vereador em Salvador[48]. Rumando ao norte, Tomás Alegre era proprietário de um "formoso" engenho de água no rio Pitanga. Antigo feitor de Lucas Giraldes em Ilhéus[49], era

---

[46] Possivelmente também tenha exercido os ofícios de escrivão no Rio de Janeiro e de escrivão da armada em meados da década de 1560. Dado que o escrivão do Rio de Janeiro também se intitulava escrivão da armada e como esse posto deveria ser provido em Salvador, é muito possível que seja a mesma pessoa. "Traslado da carta de Pero Fernandes escrivão dos contos" de 15 de outubro de 1554, que consta do "Livro 1º do registro de provimentos ...", publicado na coleção *Documentos Históricos, Op. cit.*, vol. 35, p. 233 e BELCHIOR, E. de O., *Conquistadores e Povoadores do Rio de Janeiro*. Rio de Janeiro: Brasiliana, 1965, p. 201.

[47] Ocupou ainda o posto de provedor da Santa Casa de Misericórdia da Bahia e possuiu outras propriedades na Bahia, em Sergipe e no Rio de Janeiro, onde teve um engenho, além de ter recebido autorização para enviar certa quantidade de pau-brasil para o Reino. Frei Vicente do Salvador, *Op. cit., passim*. Elysio de Oliveira Belchior, *Op. cit.*, p. 77. Felisbelo Freire, *Op. cit.*, p. 84. SERRÃO, J. V., *O Rio de Janeiro no Século XVI*, 2 vols. Lisboa: Comissão do IV Centenário do Rio de Janeiro, 1965, *passim*. RUSSEL-WOOD, A. J. R., *Fidalgos e Filantropos*. Brasília: UNB, 1981, p. 295.

[48] Frei Jaboatão, *Op. cit.*, p. 478. Segundo Pedro Calmon, chamava-se Diniz Gonçalves Varejão. Cf. Pedro Calmon (Ed.), *Introdução e Notas ao Catálogo Genealógico das Principais Famílias*, de Frei Antônio de Santa Maria Jaboatão, *Op. cit.*, p. 772.

[49] Frei Vicente conta que Lucas Giraldes, cansado de o feitor mandar pouco açúcar, escreveu ao mesmo *"Thomazo, quiere que te diga, manda la asucre deixa la parolle*, e

velho conhecido de Mem de Sá, tendo sido testemunha de um processo em que o governador, ainda no Reino, advogava em favor de Lucas Giraldes[50].

No mesmo rio Pitanga, Marcos da Costa, que viria a ser juiz ordinário em 1614 e 1621, possuía uma casa de meles[51], perto dali, encontramos o engenho "mui ornados de edifícios" de Miguel Batista, este, provavelmente também mercador, mantinha relações comerciais com Mem de Sá, inclusive no tempo em que o governador esteve no Rio de Janeiro[52].

Seguido para Mataripe, André Monteiro, antigo feitor do engenho de Mem de Sá, possuía uma "formosa" fazenda e o desconhecido João Adrião era proprietário de uma casa de meles. Próximo dali, no Caípe, Martim de Carvalho era dono de um engenho de bois "de duas moendas, peça de muita estima", nas palavras de Gabriel Soares de Sousa. Este foi sertanista em Porto Seguro por volta de 1567, depois, por casar com a filha de Fernão Vaz da Costa[53] e de Luísa Doria, criada da Rainha, foi nomeado tesoureiro em 1572, depois disso passou a ocupar importantes cargos: provedor da Bahia em 1584, provedor em Pernambuco em 1585, provedor da Armada de Diego Flores que foi à Paraíba em 1584, além de encarregado de outras tarefas relacionadas à Fazenda Real[54].

---

assinou sem escrever mais letra" (mantida aqui a grafia original). Frei Vicente do Salvador, *Op. cit.*, p. 123.

[50] "Carta do Padre Rui Pereira aos Padres e Irmãos de Portugal" de 6 de abril de 1561, publicada por Serafim Leite, *Cartas dos Primeiros Jesuítas do Brasil, Op. cit.*, vol. III, p. 328; "Inventário do engenho de Sergipe para entrega pelo rendeiro judicial ao procurador dos herdeiros" de 1576 e "Certidão de dívidas que se pagaram por morte de Mem de Sá", publicados em *Documentos para a História do Açúcar*, 3 vols. Rio de Janeiro: IAA, 1956, vol. III, respectivamente, p. 360 e 446; e "Carta de confirmação de sesmaria de Lucas Giraldes" de 19 de setembro de 1556, Arquivo Nacional da Torre do Tombo, Chancelaria de D. João III, Doações, Livro 65, fl. 176.

[51] Afonso Ruy, *Op. cit.*, p. 348; *Livro Velho do Tombo do Mosteiro de São Bento da Cidade do Salvador* (1536-1732). Salvador: Beneditina, 1945, p. 108; *Livro 1º do Governo do Brasil*. Rio de Janeiro: Ministério das Relações Exteriores, 1958, p. 374 e *Livro 2º do Governo do Brasil*. Lisboa: CNCDP e São Paulo: Museu Paulista, 2001, p. 176.

[52] Cf. "Inventário que se fez da fazenda que veio do Reino do governador Mem de Sá ..." de 1578, publicado em *Documentos para a História do Açúcar, Op. cit.*, vol. III, p. 296, entre outras.

[53] Este, além de exercer diversos cargos, era sobrinho do governador geral D. Duarte da Costa.

[54] Pero de Magalhães Gandavo, *Op. cit.*, p. 94; "Provimento de Martim de Carvalho" de 15 de novembro de 1572, Arquivo Nacional da Torre do Tombo, Chancelaria de D. Sebastião e D. Henrique, Doações, Livro 30, fl. 156; PINTO, I. F., *Datas e Notas para*

Próximo dali, André Fernandes Margalho possuía uma ilha e um engenho de bois, "fazenda muito grossa de escravos e canaviais", herdada de seu pai. Sabemos apenas que comandou um barco no combate contra os ingleses na Bahia em 1587[55].

Deslocando-se para oeste, encontramos na região do Paranamirim o engenho de bois "muito bem acabado" de Antônio da Costa, cavaleiro fidalgo. Este foi capitão, a partir de 1550, de um bergatim que corria a costa do Brasil sob as ordens de Tomé de Sousa; também foi capitão de um navio nas expedições de Mem de Sá em 1560 e de Estácio de Sá em 1563, ambas para o Rio de Janeiro[56]. Embora também tenha recebido uma das primeiras sesmarias no Rio de Janeiro, que parece não ter aproveitado, voltou para Salvador, onde ainda seria vereador em 1580, além de ser proprietário de duas ilhas[57].

Na mesma região, Belchior Dias Porcalho era dono de um engenho de bois. A confissão da esposa perante a visitação de 1591, contudo, não nos ajuda a obter maiores informações[58]. Próximo dali, Vicente Monteiro era proprietário de uma ilha "toda lavrada com uma formosa fazenda". Criado de Mem de Sá, de quem foi o testamenteiro no Brasil, recebeu do governador cem mil réis pelos serviços prestados[59], além disso, ocupou postos na administração colonial, tendo sido tesoureiro e escrivão diante do governador geral[60].

Continuando nossa volta, chegamos às terras do rio Sergipe, já nesse momento propriedade do Conde de Linhares, que, por casar com a filha de Mem de Sá, acabou herdando-as, daí a região ter ficado conhecida como Sergipe do Conde. Ali se encontrava o famoso engenho que

---

a *História da Paraíba*, 2 vols. João Pessoa: UFPB, 1977, vol. I, p. 17; e COSTA, F. A. P. da, *Anais Pernambucanos*, 10 vols. Recife: Arquivo Público Estadual, 1951, vol. I, p. 560.

[55] Frei Vicente do Salvador, *Op. cit.*, p. 300.

[56] Cf. "Título do registro dos mandados de pagamentos, e de outras despesas" iniciado pelo primeiro provedor-mor em 1549 e publicado nos volumes 13 e 14 da série *Documentos Históricos, Op. Cit.*, neste caso ver o mandado de número 84. Elysio de Oliveira Belchior, *Op. cit.*, p. 130.

[57] Afonso Ruy, *Op. cit.*, p. 347.

[58] *Confissões da Bahia, Op. cit.*, p. 64.

[59] Wanderley Pinho, *Testamento de Mem de Sá, Op. cit.*, p. 89 e "Instrumentos de Mem de Sá" de 7 de setembro de 1570, publicados nos *Anais da Biblioteca Nacional*, vol. 27, p. 194.

[60] "Livro 1º do registro de provimentos ...", publicado na coleção *Documentos Históricos, Op. cit.*, vol. 36, *passim*.

depois passaria para as mãos dos jesuítas. Além do engenho, o Conde de Linhares possuía terras e ilhas no Recôncavo e outras propriedades fora da região[61].

Ainda na região, encontramos Antônio Dias Adorno, neto de Diogo Álvares, o Caramuru, e filho de Paulo Dias Adorno. Este, que teve de deixar os irmãos em São Vicente, estabeleceu-se na Bahia, prestou relevantes serviços militares na Bahia, no Espírito Santo e no Rio de Janeiro, sendo importante auxiliar de Mem de Sá[62]. Antônio Dias Adorno foi capitão de uma expedição enviada ao sertão por Luís de Brito de Almeida em 1574 em busca de metais, retornando com 400 escravos "repartidos pelo capitão e soldados"[63]. Era proprietário de dois engenhos de água, um que se despovoou pelo rompimento de um açude e outro no rio Igaraçu, além de uma ilha na região do rio Paraguaçu. Foi casado com a filha de Diogo Zorrilla, alcaide do mar, guarda-mor dos navios e procurador dos indígenas[64].

Outro proprietário na região de Sergipe era Gonçalo Anes, tendo chegado nos primeiros anos de Salvador, foi em 1551 bombardeiro e depois condestável de uma caravela que correu a costa do Brasil; no final da vida tornou-se frade do Mosteiro de São Bento e sua fazenda passou para a Ordem.

Já adentrando a região do rio Paraguaçu, encontramos as terras que Brás Fragoso, ouvidor geral, havia recebido. Estas seriam vendidas, provavelmente quando voltou ao Reino, para Francisco de Araújo, que tinha recebido o ofício de escrivão da Alfândega e Provedoria dos Defuntos em 1575[65]. Francisco de Araújo fez nas terras do Recôncavo

---

[61] Wanderley Pinho, *Testamento de Mem de Sá, Op. cit.*, p. 85.

[62] Frei Vicente do Salvador, *Op. cit.*, p. 173 e 181; Frei Jaboatão, *Op. cit.*, p. 139 e seguintes e FRANCO, F. de A. C., *Dicionário de Bandeirantes e Sertanistas*. São Paulo: Comissão do IV Centenário, 1954, p. 12.

[63] "Carta de Quirício Caxa" de 22 de dezembro de 1575, apud LEITE, S., *História da Companhia de Jesus no Brasil*, 10 vols. Lisboa: Portugália e Rio de Janeiro: Civilização Brasileira, 1938, vol. II, p. 175 e seguintes e Gabriel Soares de Sousa, *Op. cit.*, p. 86.

[64] Francisco Adolfo de Varnhagen, *Op. cit.*, vol. I, p. 335, 342 e 346. "Livro 1º do registro de provimentos ...", publicado na coleção *Documentos Históricos, Op. cit.*, vol. 36, p. 196.

[65] Ao que parece, depois de alguns anos deixou de servir o cargo pessoalmente, conseguindo que um dos substitutos fosse seu cunhado Belchior Dias. Posteriormente o rei desmembraria o cargo, nomeando outras pessoas, com a perda da propriedade de Francisco de Araújo, contudo este ainda conseguiria que seu filho Domingos de Araújo fosse provido no cargo. "Provimento de Francisco de Araújo, escrivão da Alfândega e Provedoria dos Defuntos" de 18 de dezembro de 1575, Arquivo Nacional da Torre do Tombo, Chancelaria

algumas fazendas, segundo Gabriel Soares de Sousa, tendo recebido posteriormente outras em Sergipe d'el-rei[66], ao lado das do cunhado, Belchior Dias Caramuru, que, aliás, ocuparia o mesmo ofício quase no final do século[67]. Francisco de Araújo possuía barcos, negociava pau-brasil e tentou arrendar o contrato do dízimo e "mais direitos" nas capitanias da Bahia, Pernambuco e Itamaracá. É conhecido ainda por ter incitado a defesa de Salvador em 1587, quando barcos ingleses entraram na Baía de Todos os Santos[68].

Na região do Paraguaçu, Antônio de Paiva possuía uma ilha "aproveitada com canaviais". Frei Jaboatão no "Catálogo Genealógico" o intitula capitão, casou na descendência de Diogo Álvares Caramuru[69]. Próximo dali, Antônio Peneda (ou Penella) era proprietário de uma casa de meles, junto do rio Paraguaçu, este seria o avaliador dos bens de Mem de Sá no espólio, tendo sido também juiz e alcaide na década de 80[70]. Outro proprietário na região, era Antônio Lopes Ulhoa, dono de um engenho de água no rio Paraguaçu "de muitos canaviais e formosas fazendas". O irmão, Diogo Lopes Ulhoa, foi encarregado de buscar os remanescentes da expedição de Gabriel Soares de Sousa, além de ter participado da conquista de Sergipe. Os Ulhoa eram uma família rica, envolvidos no contrato dos dízimos, e, no mapa do recôncavo do "Livro que dá razão do Estado do Brasil", aparecem dois engenhos com a designação "do Ulhoa"[71].

---

de D. Sebastião e D. Henrique, Doações, Livro 34, fl. 182; "Provimento de Belchior Dias Caramuru, escrivão da Alfândega" de 6 de fevereiro de 1597, "Provimento de Diogo Baracho, escrivão da Alfândega" de 4 de maio de 1603 e "Provimento de Domingos de Araújo, escrivão da Alfândega" de 7 de junho de 1617, Arquivo Nacional da Torre do Tombo, Chancelaria de Filipe II de Portugal, Doações, respectivamente, Livro 2, fl. 73 v, Livro 10, fl. 256 e Livro 41, fl. 125.

[66] "Carta de sesmaria de Bartolomeu Fernandes" de 10 de março de 1600, publicada por Felisbelo Freire, Op. cit., p. 346.

[67] A filha casou com Baltasar de Aragão, que posteriormente seria um importante senhor de engenho na região. Cf. Frei Jaboatão, Op. cit., p. 93 e seguintes.

[68] Frei Vicente do Salvador, Op. cit., p. 299 e "Carta Régia para o governador geral Lourenço da Veiga, sobre o contrato dos dízimos" de 29 de dezembro de 1579, Instituto Histórico e Geográfico Brasileiro, Documentos manuscritos copiados no século XIX por ordem de D. Pedro II, Códice 1.2.15 – Registros – Tomo I – Conselho Ultramarino Português.

[69] Frei Jaboatão, Op. cit., p. 115.

[70] Wanderley Pinho, Testamento de Mem de Sá, Op. cit., p. 93.

[71] Frei Jaboatão, Op. cit., p. 303. MORENO, D. de C., Livro que Dá Razão do Estado do Brasil (1612). Rio de Janeiro: INL, 1968 (edição fac-similar com os mapas).

Ainda no rio Paraguaçu, Antônio Rodrigues, provavelmente antigo feitor de Mem de Sá, era dono de uma casa de meles. Ali também João Brito de Almeida, filho do 4º governador geral Luís de Brito de Almeida, que assumiu o governo interino da capitania da Bahia, quando o pai foi à Paraíba[72], era dono de "um notável e bem assentado engenho" de água, que pela descrição de Gabriel Soares de Sousa devia ser um dos melhores engenhos da Bahia.

Perto dali, o pai Luís de Brito de Almeida possuía metade de um engenho de água "mui bem acabado", em parceria com Rodrigo Martins, que antes moía suas canas no engenho de Mem de Sá[73]. Neto de Diogo Álvares Caramuru e filho de Afonso Rodrigues, Rodrigo Martins foi feito cavaleiro fidalgo em 1607, junto com o irmão Álvaro Rodrigues[74]. Participou da conquista de Sergipe com Cristóvão de Barros em 1589 e esteve envolvido em diversas expedições de cativeiro de indígenas[75].

Continuando nosso percurso, chegamos às terras de D. Álvaro da Costa, outra personagem famosa. Filho do 2º governador geral, D. Duarte da Costa, e protagonista da briga com o bispo D. Pero Fernandes, que praticamente dividiu a Bahia em dois partidos[76]. Desenvolveu importantes serviços militares no combate aos indígenas nos primeiros tempos de Salvador, recebendo em 1557 uma importante sesmaria dada pelo pai, a qual ia da barra do rio Paraguaçu à barra do Jaguaripe e até o Igaraçu, posteriormente o rei confirmou a doação, transformando-a numa minicapitania[77].

---

[72] *Confissões da Bahia*, Op. cit., p. 168.

[73] "Inventário do engenho de Sergipe por morte de Mem de Sá" de 1572, publicado em *Documentos para a História do Açúcar*, Op. cit., vol. III, p. 56.

[74] No *Catálogo Genealógico* é intitulado como capitão. Cf. Frei Jaboatão, Op. cit., 140 e Francisco Adolfo de Varnhagen, Op. cit., vol. II, p. 33.

[75] Gabriel Soares de Sousa, Op. cit., p. 63; Frei Vicente do Salvador, Op. cit., 304. Ver ainda "Inventário do engenho de Sergipe para entrega pelo rendeiro judicial ao procurador dos herdeiros" de 1576, publicado em *Documentos para a História do Açúcar*, Op. cit., vol. III, p. 363 e "Carta de el-rei ao Bispo D. Pedro de Castilho ordenando que mande ver no Conselho da Índia os despachos de serviços prestados no distrito da Bahia do Salvador, por Álvaro Rodrigues e seus irmãos" de 18 de dezembro de 1606, Biblioteca da Ajuda, Códice 51-VII-15, Consultas de Governo, f. 103.

[76] Entre outros, ver Francisco Adolfo de Varnhagen, Op. cit., vol. I, secção XVII.

[77] "Doação da Capitania de Peroaçu de Dom Álvaro da Costa" de 13 de março de 1571, publicada em *Documentos Históricos*, Op. cit., vol. 13, p. 224 (a doação inicial feita pelo pai é de 16 de janeiro de 1557).

No rio Igaraçu encontramos Lopo Fernandes, proprietário de um engenho de água "obra mui forte, e de pedra e cal assim o engenho como os mais edifícios". Teria arrendado o engenho de Mem de Sá após a morte deste em 1572[78]. Além dele, Fernão Vaz da Costa, sobrinho do 2º governador geral, D. Duarte da Costa, possuiu uma ilha na região do rio Paraguaçu com mais de uma légua de comprimento. Participou ativamente da briga entre o governador e o bispo D. Pero Fernandes, sendo acusado por este pelos "desarranjos e dissoluções" praticados junto com D. Álvaro da Costa[79]. Desempenhou diversas tarefas: em 1550, no governo de Tomé de Sousa, era capitão de um bergatim; em 1555, já no governo de D. Duarte da Costa, era um dos seis capitães da gente da cidade; em 1557, era capitão de uma galé; em 1559, aparece como tesoureiro e em 1560, era nomeado contador[80].

Perto dali, no rio Jaguaripe, encontramos Fernão Cabral de Ataíde, famoso por abrigar a "heresia" dos indígenas, chamada Santidade, em seu engenho de água, "obra mui formosa e ornada de nobres edifícios"[81]. Próximo dali, no rio Irajuí, Gaspar de Freitas de Magalhães possuía uma casa de meles "de muita fábrica". Segundo Frei Jaboatão, era fidalgo e veio para a Bahia como provedor da Alfândega, contudo, o certo é que foi nomeado escrivão da alfândega da Bahia em 1572 e que comandou um barco contra os ingleses na Bahia em 1587[82].

---

[78] Wanderley Pinho, *Testamento de Mem de Sá*, *Op. cit.*, p. 111.

[79] Cf. Frei Jaboatão, *Op. cit.*, p. 263; "Carta do Bispo da cidade do Salvador" de 11 de abril de 1554 e "Carta de D. Duarte da Costa a el-rei, dando lhe conta da guerra, que o gentio fazia a cidade do Salvador" de 10 de junho de 1555, publicadas na *História da Colonização Portuguesa do Brasil*, vol. III, p. 368 e 377.

[80] "Traslado da provisão do senhor governador D. Duarte da Costa que passou a Amador de Aguiar de capitão do bergantim São Tomé" de 26 de abril de 1557 e "Traslado de uma provisão, que el-rei Nosso Senhor fez a Fernão Vaz da Costa de contador destas partes do Brasil" de 12 de maio de 1559, que constam do "Livro 1º do registro de provimentos ...", publicado na coleção *Documentos Históricos*, *Op. cit.*, respectivamente, vol. 35, p. 385 e vol. 36, p. 152. A filha casou com o já citado Martim de Carvalho. Cf. Frei Jaboatão, *Op. cit.*, p. 264.

[81] *Confissões da Bahia*, *Op. cit.*, p. 28 e VAINFAS, R., *A Heresia dos Índios, Catolicismo e Rebeldia no Brasil Colonial*. São Paulo: Companhia das Letras, 1995.

[82] Frei Jaboatão, *Op. cit.*, p. 241; Frei Vicente do Salvador, *Op. cit.*, p. 300; e "Provimento de Gaspar de Freitas, escrivão da Alfândega da Bahia" de 19 de janeiro de 1572, Arquivo Nacional da Torre do Tombo, Chancelaria de D. Sebastião e D. Henrique, Doações, Livro 27, fl. 372. Seu filho casou em segundas núpcias com D. Brites de Meneses, filha de Duarte Muniz Barreto, alcaide-mor de Salvador. Cf. Frei Jaboatão, *Op. cit.*, p. 146.

Adiante, no Irajuí, Diogo Correia de Sande possuía um engenho, avaliado por Gabriel Soares de Sousa como "uma das melhores peças da Bahia, porque está mui bem acabado, com grandes aposentos e outras oficinas"; pouco além, "na ribeira que se diz Jaceru", encontramos seu segundo engenho, também muito bem montado. No tempo do governador Manuel Teles Barreto, Diogo Correia de Sande e Fernão Cabral de Ataíde, "que possuíam muitos escravos e tinham aldeias de índios forros", foram incumbidos pelo governador de combater os aimorés em Ilhéus. Era natural de Portugal e, segundo Jaboatão, "da casa dos Correias de Sá, tronco dos viscondes de Asseca"[83].

Na mesma região, Gabriel Soares de Sousa, nosso famoso guia pelo Recôncavo, não deixou de incluir seu engenho de água no rio Irajuí, o qual descreve sem modéstia como "um soberbo engenho", com uma "grande e formosa igreja de S. Lourenço, onde vivem muitos vizinhos numa povoação que se diz a Graciosa. Esta é muito fértil e abastada de todos os mantimentos e de muitos canaviais". Além desse engenho, Gabriel Soares de Sousa estava começando a construção de um segundo. Ele foi vereador de Salvador em 1580 e acabou falecendo durante sua malsucedida expedição em busca de riquezas minerais pelo interior[84].

Descendo mais ao Sul, encontramos Fernão Rodrigues de Sousa[85]. Este possuía um engenho de água "mui bem acabado e aperfeiçoado" no rio Tairiri com "uma populosa fazenda", onde havia "muitos homens de

---

[83] Era casado com Joana Barbosa, filha do provedor da capitania da Bahia Antônio Ribeiro e afilhada do segundo governador geral D. Duarte da Costa. Cf. Frei Vicente do Salvador, *Op. cit.*, p. 296 e Frei Jaboatão, *Op. cit.*, p. 181.

[84] Foi casado com Ana de Argolo, filha do primeiro provedor da Bahia, Rodrigo de Argolo. Cf. "Juramento feito pela cidade da Bahia a el-rei D. Filipe" de 19 maio de 1582, publicado em *As Gavetas da Torre do Tombo*, 12 vols. Lisboa: Centro de Estudos Históricos Ultramarinos, 1960-77, vol. III, p. 56; Frei Vicente do Salvador, *Op. cit.*, p. 312 e "Processo de Bernardo Ribeiro" (1591), Arquivo Nacional da Torre do Tombo, Inquisição de Lisboa, 13957.

[85] Em outros documentos do período, aparece como Fernão Ribeiro de Sousa, como, por exemplo, em Diogo de Campos Moreno, mas tanto Gabriel Soares de Sousa como Diogo de Campos Moreno se referem ao dono de um engenho localizado no mesmo ponto. Diogo de Campos Moreno, "Relação das praças fortes, povoações e coisas de importância que Sua Majestade tem na costa do Brasil, fazendo princípio dos baixos ou ponta de São Roque para o sul do estado e defensão delas, de seus frutos e rendimentos, feita pelo sargento mor desta costa ..." de 1609, Arquivo Nacional da Torre do Tombo, Ministério do Reino, Coleção de Plantas, mapas e outros documentos, Documento 68. Este documento

soldo para se defenderem da praga dos aimorés". Era ligado às famílias Adorno e Zorrrilla, foi ainda juiz ordinário no tempo do governador Diogo Botelho[86].

Avançando para a entrada da Baía de Todos os Santos, Domingos Saraiva da Fonseca, mercador, possuía uma ilha com grandes criações por ser terra "fraca" para canas[87]. Perto dali, Lopo de Rabelo possuía uma ilha na frente da barra do Jaguaripe "de onde se tira muita madeira". Moço fidalgo da Câmara d'el-rei, foi escrivão da alçada "deste Brasil", ofício que lhe deu o rei pelo que perdeu em Arzila no Marrocos[88].

Continuando a descrição do Recôncavo[89], chegamos às ilhas da Baía de Todos os Santos. A mais importante, Itaparica, foi dada em sesmaria, junto com a de Itamaratiba, por Tomé de Sousa ao Conde da Castanheira, "ao que veio com embargos a Câmara da cidade do Salvador". O Conde, contudo, possuiu uma gigantesca sesmaria na Bahia, ao norte da cidade do Salvador, que posteriormente seria aforada a Gonçalo Pires[90] e a Garcia D'Ávila, que em seu testamento declarava ter

---

foi publicado na *Revista do Instituto Arqueológico, Histórico e Geográfico Pernambucano*, vol. 57, 1984, p. 216.

[86] Cf. *Primeira Visitação do Santo Ofício às Partes do Brasil – Denunciações da Bahia* (1591–1593). São Paulo, 1925, p. 280 (daqui em diante citado apenas como *Denunciações da Bahia*) e "Petição do governador Diogo Botelho" de 4 de novembro de 1604, publicada na *Revista do Instituto Histórico e Geográfico Brasileiro*, tomo 73, p. 58.

[87] "Inventário do engenho de Sergipe para entrega ao rendeiro judicial Gaspar da Cunha e por este a Antônio da Serra, procurador dos herdeiros" de 1574, publicado em *Documentos para a História do Açúcar, Op. cit.*, vol. III, p. 112 e 135.

[88] Recebeu o cargo por toda a vida. Cf. *Confissões da Bahia, Op. cit.*, p. 56; "Provimento de Lopo de Rabelo, escrivão diante do ouvidor geral" de 8 de junho de 1554, Instituto Histórico e Geográfico Brasileiro, Documentos manuscritos copiados no século XIX por ordem de D. Pedro II, Códice 1.2.15 – Registros – Tomo I Conselho Ultramarino Português. Recebeu uma grande sesmaria no Rio de Janeiro, que não foi aproveitada. Cf. Monsenhor José Pizarro de Souza Azevedo e Araújo. "Relação das sesmarias do Rio de Janeiro". *Revista do Instituto Histórico e Geográfico Brasileiro*, tomo 63, parte I 1901, p. 198. Sua irmã casou com um filho de Diogo Álvares Caramuru. Cf. Frei Jaboatão, *Op. cit.*, p. 263

[89] Neste ponto saímos um pouco da ordem dada por Gabriel Soares de Sousa.

[90] "Seis léguas de terra com seus matos no sertão da Tatuapara nas cabeceiras da terra do dito Garcia D'Ávila que ele tem aforada ao Conde da Castanheira e para o sertão quatorze léguas que corre por título de aforamento de Cosme Garção por procurador do Conde ...". Cf. "Trespasso que faz Gonçalo Pires aos padres de São Bento de seis léguas de terra ..." de 17 de janeiro de 1606, que consta do *Livro Velho do Tombo do Mosteiro de São Bento da cidade do Salvador* (1536-1732), *Op. cit.*, p. 315 e 316.

"de prazo em fatiota[91] do Conde da Castanheira seis léguas de terra que começam de Jacoipe para o Sul na forma do aforamento", terras onde, inclusive, construiu a famosa Casa da Torre e dessa maneira cabia ao herdeiro Francisco Dias D'Ávila pagar o foro ao senhorio[92].

Junto da Ilha de Itaparica, João Fidalgo, locotenente do Conde da Castanheira, possuiu uma ilheta e, na própria ilha, Gaspar Pacheco era dono de um engenho de bois. Na extremidade da ilha, Cosme Garção, procurador do Conde de Castanheira, era proprietário de um curral[93].

Concluindo nossa volta, Gabriel Soares de Sousa ainda anota que João Nogueira era proprietário de duas ilhas, a dos Frades e a que ficou conhecida pelo seu nome; era soldado no governo de Tomé de Sousa[94] e que Bartolomeu Pires possuía um engenho de bois na Ilha da Maré e era mestre de capela da Sé de Salvador desde 1559[95].

Do ponto de vista quantitativo, podem-se reunir estes dados em 6 grupos, a saber: A: Grandes do Reino; B: Detentores de cargos na administração colonial; C: Familiares e criados dos detentores de cargos; D: Pessoas que participaram do governo da conquista sem possuírem cargos formais na administração colonial e seus familiares[96]; E: Pessoas que não participaram do governo e sem ligação familiar com as pessoas da governança e F: Pessoas sobre as quais não conseguimos nenhum

---

[91] "Prazo", no caso, significa "propriedade de raiz, de que o dono concede a outrem o senhorio útil, por vida, ou vidas, ou em fatiosim [fatiota, ou melhor enfiteuse], impondo-lhe certa pensão". Cf. SILVA, A. de M., *Diccionario da Lingua Portugueza* (fac-símile da 2ª ed. de 1813), 2 vols. Rio de Janeiro: Fluminense, 1922, vol. II, p. 485.

[92] Cf. "Testamento de Garcia D'Ávila" de 18 de maio de 1609, publicado por Pedro Calmon, *História da Casa da Torre, Op. cit.*, p. 222 e "Doação a Tomé de Sousa de seis léguas de Terra no Brasil em lugar das que lhe deram já" de 20 de outubro de 1565, publicada por SILVA, I. A. de C. e, *Memórias Históricas e Políticas da Bahia*, 6 vols. Salvador: Imprensa Oficial, 1919-40, vol. I, p. 276.

[93] Ver nota 86.

[94] Cf. "Título do registro dos mandados de pagamentos, e de outras despesas" iniciado pelo primeiro provedor-mor em 1549 e publicado nos volumes 13 e 14 da série *Documentos Históricos, Op. cit.* Veja-se o mandado de número 727.

[95] "Nomeação e apresentação da conezia para Rui Pimenta" de 11 de dezembro de 1559, que consta do "Livro 1º do registro de provimentos ...", publicado na coleção *Documentos Históricos, Op. cit.*, vol. 36, p. 46.

[96] Exemplos dessa situação são os comandantes de expedições militares, os capitães das tropas formadas pelos moradores, sertanistas a mando do governo, rendeiros de impostos, membros da Câmara, enfim, atividades ligadas à governança da terra.

tipo de informação, fato que provavelmente indica a não existência de vínculos com a administração colonial[97].

Dessa forma, os 62 nomes citados por Gabriel Soares de Sousa divididos nos 6 grupos já discriminados, apresentariam os seguintes resultados: grandes do reino com 2 nomes; detentores de cargos com 22; familiares e pessoas diretamente ligadas a detentores com outros 11; pessoas que exerceram outras atividades ligadas à administração – tarefas militares, rendeiros de impostos, sertanistas, membros da câmara etc. – com 13 nomes; pessoas que aparentemente não mantinham relações diretas com os detentores de cargos com 10 e, por fim, 4 nomes sobre os quais não conseguimos nenhuma informação. Mais da metade, portanto, das pessoas citadas estariam nos grupos B e C, somando aí os membros do grupo D, teríamos três quartos das pessoas citadas ligadas à governança da terra, contra menos de um quarto aparentemente sem relação, incluindo aqui todos aqueles para os quais não obtivemos informação (ver Tabela 1 a seguir).

---

[97] Registre-se que cada pessoa só será incluída em um grupo, dando-se, no caso de uma pessoa poder ser arrolada em mais de um grupo, sempre preferência para o primeiro grupo possível. Assim, por exemplo, uma pessoa que pudesse ser arrolada nos grupos B, C ou D foi arrolada apenas no B; outra no C ou D, foi no C.

TABELA 1
PROPRIETÁRIOS NO RECÔNCAVO DE SALVADOR (C. 1587)

Nome	A	B	C	D	E	F
Afonso Torres					x	
André Fernandes Margalho				x		
André Monteiro			x			
Antônio Dias Adorno				x		
Antônio Lopes Ulhoa					x	
Antônio Nunes Reimão					x	
Antônio Rodrigues			x			
Antônio da Costa		x				
Antônio de Oliveira Carvalhal		x				
Antônio de Paiva				x		
Antônio Peneda				x		
Baltasar Pereira			x			
Bartolomeu Pires		x				
Belchior Dias Porcalho						x
Brás Fragoso		x				
Conde de Castanheira	x					
Conde de Linhares	x					
Cosme Garção			x			
Cristóvão Aguiar de Altero		x				
Cristóvão de Barros		x				
D. Álvaro da Costa			x			
Diogo Correia de Sande			x			
Diogo da Rocha de Sá			x			
Domingos Saraiva da Fonseca					x	
Fernão Cabral de Ataíde					x	
Fernão Rodrigues de Sousa				x		
Fernão Vaz da Costa		x				
Francisco de Barbuda		x				
Francisco de Aguilar				x		
Francisco de Araújo		x				
Gabriel Soares de Sousa				x		
Garcia D'Ávila		x				
Gaspar de Freitas de Magalhães		x				
Gaspar Dias Barbosa					x	

O PATRIMÔNIO FUNDIÁRIO (I)

Nome	A	B	C	D	E	F
Gaspar Pacheco				x		
Gonçalo Anes		x				
João Adrião						x
João de Barros Cardoso			x			
João Brito de Almeida		x				
João Fidalgo			x			
João Nogueira					x	
Jorge Antunes				x		
Jorge de Magalhães		x				
Lopo Fernandes					x	
Lopo de Rabelo		x				
Luís de Brito de Almeida		x				
Luís Gonçalves Varejão				x		
Marcos da Costa				x		
Martim de Carvalho		x				
Mem de Sá		x				
Miguel Batista					x	
Nuno Fernandes				x		
Pedro Fernandes		x				
Pero do Campo		x				
Rodrigo Martins				x		
Sebastião da Ponte					x	
Sebastião de Faria			x			
Simão da Gama de Andrade		x				
Tomás Alegre			x			
Tristão Rodrigues						x
Vasco Rodrigues Lobato						x
Vicente Monteiro		x				
	2	22	11	13	10	4	62

Legenda

A – Grandes do Reino
B – Membros da administração colonial
C – Familiares e criados dos membros da administração
D – Membros da governança da terra
E – Sem relação com o governo
F – Sem informação

A FORMAÇÃO DA ELITE COLONIAL NO BRASIL

Quantos aos engenhos, temos 35 indivíduos citados como proprietários ou antigos proprietários dos 36 engenhos existentes na região do recôncavo, incluindo aí o engenho real. Seguindo o mesmo processo, essas pessoas agrupadas nos mesmos seis grupos nos dariam o seguinte resultado: no primeiro grupo teríamos 1 nome; no segundo, 9 nomes, dos quais três pessoas com dois engenhos; no terceiro grupo 6 nomes; no quarto grupo 9; no quinto grupo 7 e no sexto grupo 3 nomes. Nesse caso, quase metade dos senhores de engenho estariam nos grupos B e C e, somando a estes os agrupados no grupo D, teríamos dois terços do donos de engenhos ligados ao governo da terra, enquanto menos de um terço nos E e F não teriam vínculos com o governo (ver Tabela 2).

TABELA 2
SENHORES DE ENGENHO NO RECÔNCAVO DE SALVADOR (C. 1587)

Nome	A	B	C	D	E	F
Afonso Torres					x	
André Fernandes Margalho				x		
Antônio Dias Adorno				x		
Antônio Lopes Ulhoa					x	
Antônio da Costa		x				
Baltasar Pereira			x			
Bartolomeu Pires		x				
Belchior Dias Porcalho						x
Conde de Linhares	x					
Cristóvão Aguiar de Altero		x				
Cristóvão de Barros		x				
Diogo Correia de Sande			x			
Diogo da Rocha de Sá			x			
Fernão Cabral de Ataíde					x	
Fernão Rodrigues de Sousa				x		
Francisco de Aguilar				x		
Gabriel Soares de Sousa				x		
Gaspar Dias Barbosa					x	
Gaspar Pacheco				x		
João de Barros Cardoso			x			
João Brito de Almeida		x				

O PATRIMÔNIO FUNDIÁRIO (I)

Nome	A	B	C	D	E	F
Jorge Antunes				x		
Lopo Fernandes					x	
Luís de Brito de Almeida		x				
Luís Gonçalves Varejão				x		
Martim de Carvalho		x				
Mem de Sá		x				
Miguel Batista					x	
Rodrigo Martins				x		
Sebastião da Ponte					x	
Sebastião de Faria			x			
Simão da Gama de Andrade		x				
Tomás Alegre			x			
Tristão Rodrigues						x
Vasco Rodrigues Lobato						x
	1	9	6	9	7	3	35

Legenda

  A – Grandes do Reino
  B – Membros da administração colonial
  C – Familiares e criados dos membros da administração
  D – Membros da governança da terra
  E – Sem relação com o governo
  F – Sem informação

TABELA 3
RESUMO DAS TABELAS 1 E 2

	A	B	C	D	B+C+D	E	F	E + F	Total
Proprietários em geral	2	19	8	17	44	8	8	16	62
Senhores de engenho	1	8	5	8	21	4	9	13	35

Legenda:

  A – Grandes do Reino
  B – Membros da administração colonial
  C – Familiares e criados dos membros da administração
  D – Membros da governança da terra
  E – Sem relação com os detentores de cargo
  F – Sem informação

Dessa forma, a participação no governo da conquista ou a proximidade dele foi um fator importante para a constituição de parte significativa da elite colonial em formação. Nas capitanias ao sul da Bahia, quase todas de donatários, o processo também se repetiria, como veremos a seguir.

AS CAPITANIAS DO CENTRO-SUL

Em meados do século XVI, as guerras contra os indígenas não ficaram restritas à região do Recôncavo de Salvador, ao contrário, reflexo da tentativa de maior ocupação do território, espalharam-se por todas as partes do Brasil em que os portugueses estavam estabelecidos.

A criação do Governo Geral e a construção de Salvador, com o aporte de recursos consideráveis pela Coroa, visavam criar um ponto de apoio, "para daí se dar favor e ajuda as outras povoações"[98]. Consequentemente, os governadores gerais deveriam auxiliar as outras capitanias que sofriam com a resistência indígena.

As vitórias obtidas permitiam a ocupação do interior, surgiam os engenhos de açúcar, marcos da conquista e pontos de apoio para novas investidas. Por outro lado, às derrotas e perda do controle do território seguia-se a destruição dos engenhos, bem como abandono da região.

Na capitania de Ilhéus, imediatamente ao Sul da Bahia, os tupinambás da região estavam levantados e já haviam entrado em guerra contra os portugueses anteriormente, daí a orientação do monarca para que o governador geral, com auxílio dos tupiniquins, expulsasse os inimigos daquelas terras[99].

A vitória sobre os tupinambás em meados da década de 1550 traria, contudo, graves consequências, porque, ao fugirem para o sertão, esses indígenas deixaram o caminho livre para os aimorés, inimigos muito mais temíveis, que por muito pouco não acabaram completamente com a presença portuguesa nas capitanias de Ilhéus e Porto Seguro.

---

[98] Cf. o citado "Regimento de Tomé de Sousa" de 17 de dezembro de 1548, publicado na *História da Colonização Portuguesa do Brasil*, vol. III, p. 345.

[99] *Ibidem*.

Os aimorés mantiveram guerra aberta com os portugueses por quase toda a segunda metade do século XVI. Nóbrega conta que em 1559 os quatro engenhos da capitania estavam "despovoados e roubados", sendo necessário o socorro de Mem de Sá[100]. A vitória do governador, contudo, não encerrou a guerra. Poucos anos depois, o jesuíta Antônio Gonçalves narra as dificuldades dos moradores de Porto Seguro, impedidos pelos aimorés de irem "aos matos a fazer suas roças, nem a caçar", o que trouxe a fome e "com estes trabalhos que com este gentio tem, esteve já esta capitania para se despovoar"[101]. Gabriel Soares de Sousa, na década de 1580, era taxativo:

> a capitania de Porto Seguro e a dos Ilhéus estão destruídas e quase despovoadas com o temor destes bárbaros, cujos engenhos não lavram açúcar por lhes terem morto todos os escravos e gente deles, e a das mais fazendas e os que escaparam das suas mãos lhes tomaram tamanho medo que em se dizendo aimorés despejam as fazendas e cada um trabalha para se por em salvo.[102]

Dessa forma, a resistência bem-sucedida dos aimorés ao avanço da ocupação dos portugueses seria registrada por praticamente todos os cronistas do período. Gabriel Soares de Sousa conta que a capitania de Ilhéus, após um período de florescimento, com investimentos feitos por homens ricos de Lisboa e pelo novo donatário, Lucas Giraldes, chegou a possuir oito ou nove engenhos, e que depois da "praga dos aimorés", não havia mais que seis engenhos que já não faziam açúcar, contudo fornece apenas o nome de dois senhores de engenho. O primeiro era Luís Álvares de Espinha, que possuía um engenho perto do rio de Taipe e o segundo era Henrique Luís, dono de dois engenhos onde estavam as duas únicas aldeias de tupiniquins da capitania, as "quais tem já muito

---

[100] "Carta do Padre Manuel da Nóbrega ao Padre Miguel de Torres e Padres e Irmãos de Portugal" de 5 julho de 1559, publicada por Serafim Leite, *Cartas dos Primeiros Jesuítas do Brasil*, *Op. cit*, vol. III, p. 58.

[101] "Carta do padre Antônio Gonçalves, da casa de São Pedro do Porto Seguro do Brasil, para o padre Diogo Mirón, Provincial de Portugal" de 15 de fevereiro de 1566, publicada em NAVARRO, A. e outros, *Cartas Avulsas* (1550-1568). Belo Horizonte: Itatiaia e São Paulo: Edusp, 1988, p. 502 (trata-se da reedição do II volume da coleção Cartas Jesuíticas publicadas pela Academia Brasileira de Letras na década de 1930).

[102] Gabriel Soares de Sousa, *Op. cit.*, p. 79.

pouca gente"[103]. Sabemos, contudo, que um dos outros engenhos – o Santana, construído por Mem de Sá – era dos padres da Companhia de Jesus e provavelmente os outros dois eram dos herdeiros de Lucas Giraldes[104].

Ao que tudo indica, tal número de engenhos não se alteraria nos anos seguintes. As descrições que apresentam estimativas sobre o número de engenhos na capitania oscilam entre 4 e 8, sem precisar se estavam em atividade ou não. No final de 1626, Antônio Simões, procurador do donatário, oferece um quadro mais detalhado dos engenhos ali instalados. Ao todo seriam 14 engenhos, 5 no norte da capitania, próximos da Bahia, construídos provavelmente no século XVII. Na região próxima da Vila de São Jorge seriam 9, sendo que 3 despovoados. Estariam em funcionamento: o de Santana dos padres da companhia; o Esperança de Filipe Cavalcante; o de Taipe de Antônio de Araújo de Sousa; o Santiago de Baltasar Peixoto da Silva; o da Ilha de Afonso Gonçalves e o Tabuna da viúva de Manuel do Couto, lembrando que o donatário D. João de Castro seria dono de metade do engenho de Taipe e do da Cachoeira, este um dos inativos[105].

Os dados biográficos dos proprietários indicam suas ligações com o governo da conquista. O primeiro senhor de engenho citado, Luís Álvares de Espinha, era filho de Henrique Luís de Espinha, feitor em um dos engenhos de Lucas Giraldes e depois capitão-mor de Ilhéus[106]. Foi

---

[103] *Ibidem*, p. 76 e seguintes.

[104] "Carta do Padre Rui Pereira aos Padres e Irmãos de Portugal" de 6 de abril de 1561, publicada por por Serafim Leite, *Cartas dos Primeiros Jesuítas do Brasil, Op. cit.*, vol. III, p. 323.

[105] "Informação da capitania de Ilhéus dada por Antônio Simões, procurador do senhor D. João de Castro, senhor dela" de 6 de dezembro de 1626, Biblioteca da Ajuda, Documentos Avulsos, 54-XI-26, nº 3 a.

[106] Ver a acima citada "Carta do Padre Rui Pereira aos Padres e Irmãos de Portugal". Henrique Luís de Espinha também é testemunha, ao lado de Tomás Alegre, em 1548 num negócio envolvendo Lucas Giraldes e o então donatário de Ilhéus, Jorge de Figueiredo Correia, que nesse momento era representado por Mem de Sá. Cf. "Carta de confirmação de sesmaria de Lucas Giraldes em Ilhéus" de 19 de setembro de 1556, Arquivo Nacional da Torre do Tombo, Chancelaria de D. João III, Doações, Ofícios e Mercês, Livro 65, fl. 176. Fica a dúvida, contudo, se Henrique Luís de Espinha seria a mesma pessoa citada por Pero de Góes, donatário da capitania de São Tomé, simplesmente como Henrique Luís, que foi com um caravelão resgatar na costa, não satisfeito prendeu o indígena principal aliado dos cristãos, exigindo resgate, e, mesmo esse sendo pago, preferiu entregar o dito indígena aos contrários dele, os quais o comeram, o que provocou um levantamento

responsável por uma entrada ao sertão, que, segundo Frei Vicente do Salvador, sob pretexto de fazer guerra:

> a certas aldeias daí a trinta léguas, por haverem em elas mortos alguns brancos, porém não se contentou com lha fazer e cativar todos aqueles aldeãos, senão passou adiante e desceu infinito gentio.[107]

Luís Álvares de Espinha era casado com D. Inês de Eça[108], seu primeiro filho, Manuel de Sousa de Eça, era cavaleiro do hábito de Santiago e teve uma das mais interessantes carreiras do funcionalismo colonial, pois, além de participar ativamente da conquista do Maranhão e da reconquista de Salvador, foi nomeado, entre outros cargos, provedor da Fazenda dos Defuntos em Pernambuco, provedor da Fazenda Real na Paraíba, provedor da Fazenda Real no Maranhão e capitão-mor do Pará[109]. O segundo filho, Bartolomeu de Sousa de Eça, foi provedor dos Defuntos de Ilhéus e o terceiro, homônimo do pai, Henrique Luís de Espinha é provavelmente o segundo senhor de engenho citado por Gabriel Soares de Sousa[110].

Seguindo a relação dos senhores de engenho, fornecida por Antônio Simões, temos o dono do engenho Esperança, Filipe Cavalcante, e o dono do da Ilha, Afonso Gonçalves, no entanto ambos têm nomes muito comuns o que dificulta a obtenção de maiores informações sobre eles

---

geral que culminou na morte de muitos portugueses, inclusive ferimentos no donatário, causando ainda perda das fazendas e queima dos canaviais. Cf. "Carta de Pedro de Góes escrita da Vila da Rainha a D. João III" de 29 de abril de 1546, publicado na *História da Colonização Portuguesa do Brasil*, vol. III, p. 263.

[107] Frei Vicente do Salvador, *Op. cit.*, p. 211.

[108] Para a genealogia de Luís Álvares de Espinha e seus descendentes, ver Frei Jaboatão, *Op. cit.*, p. 321 e seguintes.

[109] "Provimento de Manuel de Sousa de Eça, provedor dos defuntos de Pernambuco" de 28 de março de 1613; "Provimento de Manuel de Sousa de Eça, provedor da Fazenda Real da Paraíba" de 26 de março de 1613 e "Provimento de Manuel de Sousa de Eça, provedor da Fazenda Real do Maranhão" de 22 de dezembro de 1616, Arquivo Nacional da Torre do Tombo, Chancelaria de Filipe II, Doações, respectivamente, livro 29, fl. 208, livro 32, fl. 66 v e livro 35, fl. 148 v e BERREDO, B. P., *Annaes Historicos do Estado do Maranhão* (1749). Iquitos (Peru): Abya-Yala, 1988, p. 246 (edição fac-similar da edição *princeps*).

[110] "Provimento de Bartolomeu de Sousa de Eça, provedor dos defuntos de Ilhéus" de 24 de maio de 1611, Arquivo Nacional da Torre do Tombo, Chancelaria de Filipe II, Doações, livro 32, fl. 103 v.

na escassa documentação. Já o dono do engenho de Taipe, Antônio de Araújo de Sousa foi capitão-mor de Ilhéus e era filho de Bartolomeu Luís de Espinha e neto, portanto, do velho Henrique Luís de Espinha[111].

Baltasar Peixoto da Silva, dono do engenho Santiago, provavelmente era filho do homônimo capitão-mor de Ilhéus, casado com D. Francisca de Eça, última filha do velho Henrique Luís de Espinha[112]. Por fim, Manuel do Couto, ou melhor, Manuel do Couto de Eça, antigo dono do engenho Tabuna, então propriedade de sua viúva, era filho de Bartolomeu de Sousa de Eça[113].

A capitania de Porto Seguro teve uma dinâmica muito parecida com Ilhéus, depois de um começo promissor foi arrasada pelos aimorés. Reflexo disso é a situação dos engenhos de açúcar da capitania. Gabriel Soares de Sousa conta que após a venda da capitania para o Duque de Aveiro, esta chegou a contar com sete ou oito engenhos, mas depois os moradores da capitania "se passaram para as outras, fugindo dos aimorés, na qual tem feito tamanha destruição que não tem já mais do que um engenho que faça açúcar"[114]. Alguns anos depois, já pacificada, a capitania ainda não tinha se recuperado, pois, conforme relatava o sargento-mor Diogo de Campos Moreno, apenas um engenho estava em funcionamento e o engenho do Duque de Aveiro permanecia despovoado[115].

Sobre os engenhos, as informações são ainda mais escassas que as da capitania de Ilhéus. Gabriel Soares de Sousa, enquanto descreve a Costa, fornece alguns dados, assim perto do Rio de Santa Cruz teria existido o engenho de João da Rocha; próximo à Vila de Santo Amaro havia outro engenho "que foi" de Manuel Rodrigues Magalhães e, adiante, encontramos o engenho de Gonçalo Pires, não precisando o local exato

---

[111] Frei Vicente do Salvador cita tal engenho ainda como propriedade do pai. Cf. Frei Vicente do Salvador, *Op. cit.*, p. 124.

[112] Frei Jaboatão, *Op. cit.*, p. 331.

[113] *Ibidem*, p. 323. O irmão Francisco de Sousa de Eça foi casado com Úrsula da Fonseca, filha do capitão-mor Lucas da Fonseca Saraiva, que também serviu como feitor do engenho de Mem de Sá em Ilhéus. Cf. "Inventário que se fez da fazenda que veio do Reino do governador Mem de Sá defunto ..." de 21 de junho de 1572, publicado em *Documentos para a História do Açúcar, Op. cit.*, vol. III, p. 237.

[114] Gabriel Soares de Sousa, *Op. cit.*, p. 85.

[115] Diogo de Campos Moreno, *Livro que Dá Razão do Estado do Brasil, Op. cit.*, p. 126 e seguintes.

do engenho do Duque de Aveiro, que possivelmente deveria ser o mais importante[116].

Em relação ao primeiro senhor de engenho citado, João da Rocha, aliás, João da Rocha Vicente, sabemos que abandonou Porto Seguro, indo residir em Pirajá, ao norte de Salvador, e que posteriormente mudou-se para a capitania de Sergipe[117]. Além disso era casado com Mecia Barbosa, filha de "Gonçalo Pires, defunto, capitão que foi de Porto Seguro", o terceiro senhor de engenho citado por Gabriel Soares de Sousa[118].

Avançando para o sul, chegamos à capitania do Espírito Santo. A história da capitania também é marcada pelo conflito com os indígenas, cuja vítima mais famosa é Fernando de Sá, filho de Mem de Sá, morto em 1558. O auxílio de Salvador foi mais de uma vez necessário para evitar a derrota dos moradores, dada a falta de recursos do primeiro donatário no final de sua vida[119]. Mem de Sá tentou incorporar a capitania à Coroa, mas esta não aceitou, devolvendo o controle ao herdeiro do donatário[120].

---

[116] Gabriel Soares de Sousa, *Op. cit.*, p. 83 e seguintes. A representação do engenho do Duque de Aveiro pode ser vista no mapa da capitania contido em Diogo de Campos Moreno, *Livro que Dá Razão do Estado do Brasil*, *Op. cit.*, p. 27. Por outro lado, no mapa quinhentista da capitania, o único engenho representado é o trapiche de Gonçalo Pires. *Roteiro de Todos os Sinais na Costa do Brasil* (c. 1586). Rio de Janeiro: INL, 1968, p. 42.

[117] João da Rocha Vicente possuiu terras em Sergipe e parece que se envolveu num caso de contrabando com um navio estrangeiro. Cf. "Sesmaria de Marcos Fernandes" de 20 de março de 1600, publicada por Felisbelo Freire, *História de Sergipe*, *Op. cit.*, p. 346; e "Consulta do Conselho da Índia sobre contrabando" de 1600, publicada por MAURO, F., *Le Brésil au XVIIe Siecle*. Coimbra: Imprensa da Universidade, 1961, p. 227.

[118] Depoimentos de Mecia Barbosa e de sua mãe Maria Barbosa, em 1591, nas *Denunciações da Bahia*, *Op. cit.*, p. 453 e 456. Registre-se também que Estácio de Sá tinha em Pirajá um feitor chamado Gonçalo Pires. Cf. "Inventário que se fez da fazenda que veio do Reino do governador Mem de Sá ..." de 1578, publicado em *Documentos para a História do Açúcar*, *Op. cit.*, vol. III, p. 279.

[119] "No povoar desta capitania gastou Vasco Fernandes Coutinho muito mil cruzados, que adquiriu na Índia e todo patrimônio que tinha em Portugal, que todo para isso vendeu, o qual acabou nela tão pobremente, que chegou a darem-lhe de comer pelo amor de Deus, e não sei se teve um lençol seu, em que o amortalhassem", Gabriel Soares de Sousa, *Op. cit.*, p. 93.

[120] Cf. OLIVEIRA, J. T. de, *História do Estado do Espírito Santo*. Rio de Janeiro: IBGE, 1951.

A ameaça indígena, conquanto menor do que nas capitanias vizinhas de Porto Seguro e Ilhéus, e a proximidade da capitania real do Rio de Janeiro, mais atrativa aos portugueses que vinham para as partes do Brasil, podem ajudar a explicar o pouco desenvolvimento da capitania no período. O número de engenhos de açúcar, depois de uma certa oscilação, fruto da destruição causada pelos indígenas hostis, estabilizou-se em torno de oito engenhos entre fins do século XVI e início do XVII. Diogo de Campos Moreno na sua "Relação das praças fortes ..." nos fornece uma lista dos proprietários[121].

Dentre os proprietários arrolados, chama a atenção Marcos de Azeredo e Miguel de Azeredo. Esses irmãos eram sobrinhos de Belchior de Azeredo[122], antigo morador da capitania, onde serviu diferentes cargos, tendo já no tempo de Tomé de Sousa se destacado por serviços prestados, o que lhe valeu a mercê de "ser tomado" por cavaleiro fidalgo[123]. Em 1550 foi provido por Antônio Cardoso de Barros como escrivão da Fazenda Real; posteriormente serviu como capitão-mor da capitania no período final da vida do donatário e nos seguintes à sua morte, provavelmente até meados da década de 1560; momento em que foi nomeado pelo rei provedor da Fazenda, cargo que já servia por provisão do governador geral[124]. Teve papel destacado na conquista do Rio de Janeiro, pois, além de participar ativamente dos combates, foi enviado por Estácio de Sá para o Espírito Santo para, aproveitando-se dos cargos, trazer reforços e suprimentos para a nova cidade. Mantinha boas

---

[121] Diogo de Campos Moreno, "Relação das praças fortes, povoações e coisas de importância que Sua Majestade tem na costa do Brasil, fazendo princípio dos baixos ou ponta de São Roque para o sul do estado e defensão delas, de seus frutos e rendimentos, feita pelo sargento mor desta costa ..." de 1609, publicado na *Revista do Instituto Arqueológico, Histórico e Geográfico Pernambucano*, vol. 57, 1984, p. 221.

[122] O "Azeredo" é substituído com frequência na documentação por "Azevedo".

[123] LISBOA, B. da S., *Anais do Rio de Janeiro* (1834), 8 vols. Rio de Janeiro: Instituto Euvaldo Lodi, 1973, vol. I, p. 320 (edição fac-similar).

[124] "Traslado da Provisão do escrivão diante do provedor, feitor, e almoxarife, alfândega da capitania do Espírito Santo" de 27 de fevereiro de 1550, que consta do citado "Livro 1º do registro de provimentos ...", publicado na coleção *Documentos Históricos, Op. cit.*, vol. 35, p. 62; "Provimento de Belchior de Azeredo, provedor da Fazenda do Espírito Santo" de 3 de março de 1565, Arquivo Nacional da Torre do Tombo, Chancelaria de D. Sebastião e D. Henrique, Doações, Livro 14, fl. 431 v. e "Carta de Mem de Sá para os juízes, vereadores e povo da capitania do Espírito Santo" de 3 de agosto de 1560, publicada por Baltasar da Silva Lisboa, *Op. cit.*, vol. I, p. 322.

relações com os jesuítas e possuía grande número de escravos, inclusive uma aldeia, sendo provavelmente um dos ou o mais importante colono da capitania[125].

Seus sobrinhos também ocuparam posições de destaque na capitania. Marcos de Azeredo foi encarregado por D. Francisco de Sousa em fins do século XVI da expedição em busca de esmeraldas, da qual voltou "trazendo grande cópia de pedras que no princípio se tiveram por perfeitas, mas depois se acharam faltas de muitas qualidades que deviam ter para serem verdadeiras esmeraldas"[126], feito que lhe valeu a mercê do hábito da Ordem de Cristo com quarenta mil réis de tença[127]. Segundo Carvalho Franco, Marcos de Azeredo foi nomeado em 1605 capitão-mor do Espírito Santo por Francisco de Aguiar Coutinho, terceiro donatário; pouco depois seria também nomeado, mas dessa vez pelo rei, para servir como provedor da Fazenda Real na capitania[128].

O irmão de Marcos de Azeredo, Miguel de Azeredo, também possuía um engenho na capitania. Capitão-mor do Espírito Santo entre pelo menos 1592 e 1605, Miguel de Azeredo era ligado ao padre José de Anchieta, que no final da vida aproveitaria uma viagem à Bahia para negociar com o governador D. Francisco de Sousa diversos assuntos relativos à capitania, inclusive uma provisão sobre as entradas dos

---

[125] Cf. "Carta por comissão do Padre Brás Lourenço ao Padre Miguel de Torres" de 10 de junho de 1562, publicada por Serafim Leite, *Cartas dos Primeiros Jesuítas do Brasil*, Op. cit., vol. III, p. 464 e Elysio de Oliveira Belchior, Op. cit., p. 62.

[126] *Diálogos das Grandezas do Brasil* (1618), 1ª edição integral segundo o apógrafo de Leiden por José Antonio Gonsalves de Mello. Recife: Imprensa Universitária, 1962, p. 36. A obra é atribuída a Ambrósio Fernandes Brandão.

[127] Frei Vicente do Salvador, Op. cit., p. 65. A mercê de fato foi efetivada e a tença estava incluída na "Folha geral da despesa ordinária que se faz em cada um ano no Estado do Brasil " de 22 de outubro de 1616, que consta do *Livro 2º do Governo do Brasil*, Op. cit., p. 36. Posteriormente, a Coroa tentou enviá-lo novamente a busca das esmeraldas, mas, ao que parece, em virtude de sua idade avançada, tal jornada não se realizou. Cf. "Carta d'el-rei para Gaspar de Sousa" de 22 de fevereiro de 1613, publicada em *Cartas para Álvaro de Sousa e Gaspar de Sousa*. Lisboa: CNCDP e Rio de Janeiro: Ministério das Relações Exteriores, 2001, p. 180.

[128] Cf. Francisco de Assis Carvalho Franco, *Dicionário de Bandeirantes e Sertanistas*, Op. cit., p. 43; "Provimento de Marcos de Azeredo, provedor da Fazenda do Espírito Santo" de 25 de setembro de 1607, Arquivo Nacional da Torre do Tombo, Chancelaria de Filipe II, Doações, Livro 18, fl. 233.

moradores ao sertão[129]. Por fim, também vale enfatizar que tanto Marcos como Miguel de Azeredo possuíam aldeias de indígenas[130].

O próximo senhor de engenho citado é Francisco Gomes Pereira, moço de câmara da infanta D. Maria, tia do rei Filipe I, que, em respeito aos serviços feitos nas partes do Brasil, foi nomeado provedor da Fazenda dos Defuntos e Ausentes da capitania do Espírito Santo e logo em seguida provedor da Fazenda Real da mesma capitania[131].

Com relação a Manuel Teixeira, dono do outro engenho da capitania, sabemos por carta do rei Filipe II de Portugal que era mercador e acabou se envolvendo no contrabando de pau-brasil com Rodrigo Pedro, holandês que viveu no Espírito Santo, e implicava também o donatário Francisco de Aguiar Coutinho. O monarca, em outra carta para o governador Gaspar de Sousa sobre os procedimentos a serem seguidos no caso, instruía o governador para que "depusesse logo ao dito Manuel Teixeira do cargo que servisse, mandando lhe notificar que não vivesse mais na dita capitania do Espírito Santo, e sendo da nação ... que não servisse mais na dita capitania, nem em outro ofício algum", porém, em nenhum momento, diz qual era o cargo exercido pelo réu[132].

A denúncia do caso foi feita por outro senhor de engenho, Leonardo Fróes, do qual não temos outras informações. O holandês Rodrigo Pedro acabou preso pelo feitor de Marcos Fernandes Monsanto, senhor do sexto engenho, que suspeitamos que residisse no Reino, da mesma maneira que Diogo Rodrigues de Évora, também dono de um engenho;

---

[129] "Carta ao capitão Miguel de Azeredo" de 1º de dezembro de 1592, publicada em ANCHIETA, J. de, *Cartas, Informações, Fragmentos Históricos e Sermões* (1554-1594), 2ª ed. Belo Horizonte e São Paulo: Itatiaia e Edusp, 1988, p. 290 e seguintes.

[130] Cf. Serafim Leite, *História da Companhia de Jesus no Brasil, Op. cit.*, vol. II, p. 71.

[131] "Provimento de Francisco Gomes Pereira, provedor dos Defuntos do Espírito Santo" de 2 de outubro de 1586 e "Provimento de Francisco Gomes Pereira, provedor da fazenda Real do Espírito Santo" de 17 de março de 1588, Arquivo Nacional da Torre do Tombo, Chancelaria de Filipe I, Doações, respectivamente, livro 15, fl. 408 v. e livro 17, fl. 163 v.

[132] "Carta do rei para D. Luís de Sousa" de 29 de agosto de 1618, que consta do *Livro 2º do Governo do Brasil, Op. cit.*, p. 106; "Provisão que el-rei mandou ao senhor Gaspar de Sousa sobre a entrada de uma naveta na capitania do Espírito Santo, que era inglesa" de 8 de outubro de 1612, publicada em *Cartas para Álvaro de Sousa e Gaspar de Sousa, Op. cit.*, p. 151 e "Carta de Diogo de Meneses para el-rei" de 8 de fevereiro de 1609, publicada nos *Anais da Biblioteca Nacional, Op. cit.*, vol. 57, p. 46.

por fim, o último engenho da capitania era do desconhecido Rodrigo Garcia[133].

Primeira região a ser efetivamente povoada pelos portugueses, a capitania de São Vicente teve um surto inicial de prosperidade, pois foi lá que se iniciou a produção de açúcar. Todavia, a estreita faixa de terra entre o mar e a Serra do Mar e a distância maior em relação a Portugal fizeram que nos anos seguintes a capitania perdesse o vigor inicial. De tal forma, Gabriel Soares de Sousa registrou que os engenhos da região "fazem pouco açúcar, por não irem lá navios que o tragam"[134].

Assim, enquanto o interior da capitania ganhou uma dinâmica própria com a ocupação do planalto, diferente das demais partes do Brasil até então, o litoral se manteve estagnado. Ao longo do século XVI, o número de engenhos de açúcar registrados pelos cronistas oscilou entre 3 ou 4 e 9 ou 10. Novamente é Gabriel Soares de Sousa quem fornece maiores detalhes, dando indicações sobre 7 engenhos, deixando de esclarecer quem seriam os donos de outros 2 ou 3[135].

O primeiro engenho é o famoso São Jorge dos Erasmos, originalmente montado por mercadores flamengos em parceria com Martim Afonso de Sousa, que Gabriel Soares de Sousa nomeia como o "engenho dos esquertes de frandes", ou melhor Schetz, mercadores de Flandres[136].

O segundo era o do genovês José Adorno, casado com Catarina Monteiro, descendente de importantes figuras da capitania[137]. Muito próximo dos jesuítas, Adorno teve papel de destaque na guerra contra os tamoios e na conquista do Rio de Janeiro, onde obteve sesmarias[138].

---

[133] A única referência a Rodrigo Garcia na documentação consultada não fornece maiores informações sobre sua vida. Cf. "Carta ao capitão Miguel de Azeredo" de 1º de dezembro de 1592, publicada em José de Anchieta, *Op. cit.*, p. 290.

[134] Gabriel Soares de Sousa, *Op. cit.*, p. 111.

[135] Alguns destes engenhos estariam na capitania de Santo Amaro ou, pelo menos, na região fronteiriça entre esta e a de São Vicente (ver nota 39 do 3º capítulo deste trabalho).

[136] Cf. A coletânea de documentos "Os Schetz da capitania de São Vicente" in: Publicações do Arquivo Nacional, Rio de Janeiro: Arquivo Nacional, 1914, vol. XIV, p. 9 e seguintes. Ver também "Carta do padre José de Anchieta a Gaspar Schetz (morador em Antuérpia)" de 7 de junho de 1578, publicada em José de Anchieta, *Op. cit.*, p. 275.

[137] Filha de Cristóvão Monteiro, antigo feitor e almoxarife das capitanias de São Vicente e Santo Amaro, neta de Jorge Ferreira, capitão-mor de São Vicente e bisneta de João Ramalho. Cf. MOURA, A. de, *Os Povoadores do Campo de Piratininga*. São Paulo: Separata da Revista do IHGSP, 1952, p. 9.

[138] Elysio de Oliveira Belchior, *Op. cit.*, p. 16.

Continuando sua descrição da capitania, Gabriel Soares de Sousa apresenta mais alguns nomes: Francisco de Barros, Paulo de Proença, Domingos Leitão, Antônio do Vale e Manuel de Oliveira. Quanto ao primeiro não existem maiores informações sobre quem seria, já Paulo de Proença foi morador em Santo André, onde foi oficial da Câmara[139]; voltou ao litoral posteriormente, casando com uma filha de Brás Cubas, que além de ser capitão de São Vicente por dois períodos, ainda tinha acumulado outros cargos, como o importante posto de provedor da Fazenda na capitania e também o de alcaide-mor, cargos que depois também foram exercidos pelo filho Pedro Cubas. Vale o registro, que tanto o pai como o filho receberam importantes sesmarias no Rio de Janeiro, mas ao que parece optaram por concentrar suas atenções em São Vicente, embora um ramo da família tenha permanecido no Rio de Janeiro. Brás Cubas era sem dúvida a principal figura da capitania de São Vicente tanto pelos cargos que ocupou como pelas terras que possuiu, influência que se manteve com seus descendentes[140].

Dentre os senhores de engenho da capitania, encontramos Domingos Leitão, casado com a filha de Luís de Góes, primeiro proprietário do engenho da Madre de Deus. Este era irmão de Pero de Góes, donatário da fracassada capitania de São Tomé, no atual norte fluminense, e capitão-mor da Costa durante o governo de Tomé de Sousa[141]. Para os estudiosos dos primeiros tempos da capitania não é certo que Domingos Leitão tenha vivido em São Vicente, porém o que se sabe é que seu engenho era administrado por seu irmão Jerônimo Leitão, capitão-mor de São Vicente entre 1572 e 1592. O genro de Jerônimo Leitão era Antônio do Vale, o penúltimo senhor de engenho citado por Gabriel Soares de Sousa, que provavelmente era filho de outro Antônio do Vale, antigo tabelião e escrivão das sesmaria da capitania[142].

---

[139] *Ibidem*, p. 151.
[140] Elysio de Oliveira Belchior, *Op. cit.*, p. 142 e 151; Francisco de Assis Carvalho Franco, *Dicionário de Bandeirantes e Sertanistas do Brasil*, *Op. cit.*, p. 129; e CORDEIRO, J. P. L., *Braz Cubas e a Capitania de São Vicente*. São Paulo: S/N, 1951.
[141] Elysio de Oliveira Belchior, *Op. cit.*, p. 228.
[142] Cf. Francisco de Assis Carvalho Franco, *Os Capitães-mores Vicentinos*, *Op. cit.*, p. 43 e Américo de Moura, *Op. cit.*, p. 102. Ver também KNIVET, A., *Vária Fortuna e Estranhos Fados de ...* (século XVII) (tradução). São Paulo: Brasiliense, 1947, p. 181.

O PATRIMÔNIO FUNDIÁRIO (I)

Por fim, o último senhor de engenho era Manuel de Oliveira Gago, ouvidor na capitania e casado com Genebra Leitão, filha de Diogo Rodrigues, importante membro da governança de Santos e de sua mulher Isabel Leitão, da família de Jerônimo e Domingos Leitão[143].

As guerras contra os indígenas que resistiam à ocupação do território pelos portugueses também atingiu a capitania São Vicente em diferentes momentos do século XVI, tanto no litoral como no interior. A mais importante delas foi a guerra contra os tamoios, aliados dos franceses, que vinham da região da Baía da Guanabara atacar os estabelecimentos da capitania vicentina.

O ápice dessa luta foi a expulsão dos franceses e o povoamento do Rio de Janeiro, que em conjunto foram provavelmente o primeiro grande empreendimento do Governo Geral, bem como dos colonos estabelecidos nas partes do Brasil, exigindo a reunião das forças dispersas para, em duas etapas, derrotar os franceses em 1560 e fundar a cidade em 1565.

Não cabe aqui um relato pormenorizado dos acontecimentos, por demais conhecidos, sobre a expulsão dos franceses efetuada pela expedição comandada por Mem de Sá, nem sobre a fundação da cidade por Estácio de Sá, ressalte-se apenas que em ambos os episódios participaram moradores vindos pelo menos das seguintes capitanias: Bahia, Ilhéus, Porto Seguro, Espírito Santo e São Vicente, além de reforços do reino[144].

O esforço, contudo, teria sua compartida. As terras e os cargos da nova capitania foram rapidamente distribuídos para seus conquistadores e primeiros povoadores, principalmente colonos de outras capitanias que em muitos casos optaram pela nova área, iniciando assim a formação da elite local[145].

---

[143] *Ibidem*, p. 128 e 165.

[144] Para uma descrição factual dos acontecimentos, ver Francisco Adolfo de Varnhagen, *Op. cit.*, vol. I, seções XVIII e XIX.

[145] Ver, por exemplo, a declaração de Manuel de Salinos quando requereu uma sesmaria: "Os [seus parentes] mais que todos foram enquanto viveram leais cavaleiros e servidores d'el-rei, nosso senhor, e em seu serviço na conquista desta cidade [do Rio de Janeiro] e suas terras gastaram toda sua fazenda e seu sangue e vidas". "Carta de sesmaria dos sobejos de terra que pediu Manuel de Salinos" de 29 de julho de 1602, que consta do *Tombo das Cartas de Sesmaria do Rio de Janeiro (1594-1595 e 1602-1605)*. Rio de Janeiro: Arquivo Nacional, 1967, p. 121.

Bom exemplo disso é Francisco Dias Pinto, cavaleiro fidalgo, antigo capitão de Porto Seguro, que foi provido por Mem de Sá em respeito aos serviços prestados com Estácio de Sá na fundação do Rio de Janeiro, "onde gastou muito de sua fazenda, e por ser pessoa de muita experiência, e autoridade e saber [...]" no cargo de alcaide-mor, posto que passou para o filho Diogo Fernandes Pinto quando foi eleito pelo "povo e seus moradores [...] para ir ao reino a requerer certas coisas que pertenciam ao bem da República"[146], o que demonstra que era um dos mais importantes moradores da cidade[147]. Outro exemplo é o de Crispim da Cunha, juiz do peso do pau-brasil no Rio de Janeiro, que em 1574 recebeu uma sesmaria de Cristóvão de Barros, de quem era criado[148]. Posteriormente receberia outra sesmaria de Salvador Correia de Sá e ocuparia o posto de feitor e almoxarife da Fazenda da capitania, além de ser capitão na guerra com os indígenas e oficial da Câmara[149].

Por outro lado, o desenvolvimento da produção de açúcar na capitania foi lento, possivelmente retardado pelas contínuas guerras com os indígenas, que, mesmo depois de expulsos da região da Baía da Guanabara, continuaram resistindo ao avanço português e ameaçando a cidade. Em meados da década de 1580 os engenhos cariocas não eram, segundo Fernão Cardim, mais que do três, mesmo número apontado

---

[146] "Traslado da Provisão Francisco Dias Pinto para servir de Alcaide mor desta cidade" de 15 de agosto de 1567, "Apresentação que fez Francisco Dias Pinto, alcaide mor para Diogo Fernandes Pinto seu filho servir o dito cargo" de 21 de setembro de 1572 e "Traslado da Provisão por que Francisco Dias Pinto serve de Ouvidor em esta cidade" de 5 de maio de 1572, publicadas no *Archivo do Districto Federal*. Rio de Janeiro: Prefeitura do Distrito Federal, 1894-1897, respectivamente, vol. I, p. 563 e vol. IV, p. 103 e 101.

[147] Cf. Baltasar da Silva Lisboa, *Op. cit.*, vol. I, p. 327 e Elysio de Oliveira Belchior, *Op. cit.*, p. 369.

[148] "Carta das terras de Crispim da Cunha da banda além da cidade velha" de 8 de janeiro de 1574 e "Carta de sesmaria das terras de Cristóvão de Barros que estão em Magé" de 27 de julho de 1579, que constam do *Tombo das Cartas de Sesmarias do Rio de Janeiro (1573-4 e 1578-9)*, publicado na coleção *Documentos Históricos*, vol. 111 (nova série). Rio de Janeiro: Biblioteca Nacional, 1997, respectivamente, p. 90 e 209.

[149] Cf. Elysio de Oliveira Belchior, *Op. cit.*, p. 154. Interessante também é que foi o próprio Cristóvão de Barros como provedor-mor que deu quitação das contas de Crispim da Cunha. Cf. "Quitação dada, em 1588, na Bahia, por Cristóvão de Barros, provedor mor da Real fazenda, a Crispim da Cunha, feitor e Almoxarife da mesma fazenda no Rio de Janeiro" de 30 de junho de 1588, publicada por PRADO JR., A., *Ordens e Provizoens Reays (Século XVII)*. Rio de Janeiro: Jornal do Brasil, 1928. III, p. 125.

por Anchieta em 1585[150]. Gabriel Soares de Sousa, contudo, só assinala dois, nomeando seus donos: Salvador Correia de Sá e Cristóvão de Barros[151].

Cristóvão de Barros, que como vimos era proprietário de engenho na capitania da Bahia, exerceu papel destacado na conquista da região, pois foi o capitão da frota de auxílio aos fundadores da cidade enviada do Reino, e posteriormente exerceu, ao mesmo tempo, os cargos de capitão-mor e provedor da Fazenda entre 1572 e 1574, quando retornou à Bahia para ocupar outros cargos de destaque[152]. Além das nomeações, Cristóvão de Barros também recebeu a mercê de poder retirar, enquanto durasse seu governo, seiscentos quintais de pau-brasil cada ano, o que provavelmente contribuiu para que ele montasse seu engenho de açúcar na região[153].

Salvador Correia de Sá, outro senhor de engenho citado por Gabriel Soares de Sousa, era sobrinho de Mem de Sá e com a morte de Estácio de Sá acabou nomeado pelo tio para governar o Rio de Janeiro quando este voltou para a Bahia, iniciando uma espécie de "dinastia" que dominou a vida da capitania pelo menos até meados do século XVII[154].

Salvador Correia de Sá governou a capitania por duas vezes, a primeira de 1567 até 1572, e a segunda entre 1578 e 1598. Seus filhos Martim de Sá e Gonçalo Correia de Sá ocuparam postos importantes, o primeiro foi governador do Rio de Janeiro em três momentos e também de São Vicente e o segundo, além de capitão do Forte da Barra do Rio

---

[150] CARDIM, F., *Tratados da Terra e Gente do Brasil* (século XVI). São Paulo: Companhia Editora Nacional, 1978, p. 210 e José de Anchieta, "Informação da Província do Brasil" de 1585, publicada em José de Anchieta, *Op. cit.*, p. 428.

[151] Gabriel Soares de Sousa, *Op. cit.*, p. 108.

[152] "Alvará de D. Sebastião, nomeando Cristóvão de Barros, capitão e governador da Capitania e cidade de São Sebastião do Rio de Janeiro" de 31 de outubro de 1571, "Alvará Régio, da mesma data, para que Cristóvão de Barros sirva também o cargo de provedor da fazenda" e "Alvará Régio concedendo a Cristóvão de Barros poder tirar da capitania do Rio de Janeiro, seiscentos quintais de Pau Brasil" de 17 de dezembro de 1571, todos publicados por Joaquim Veríssimo Serrão, *Op. cit.*, vol. II, p. 86, 87 e 93.

[153] Elysio de Oliveira Belchior, *Op. cit.*, p. 77.

[154] Esse é o título de uma obra de NORTON, L., *A Dinastia dos Sás no Brasil*. Lisboa: Agência Geral das Colónias, 1943. Vale lembrar também que outro ramo da família de Mem de Sá optou pela Bahia, abandonando as terras recebidas no Rio de Janeiro como é o caso de Diogo da Rocha de Sá, senhor de engenho do Recôncavo de Salvador. Elysio de Oliveira Belchior, *Op. cit.*, p. 394.

de Janeiro, mais tarde denominado Santa Cruz, foi capitão-mor de São Vicente e Santo Amaro e administrador das minas dessas capitanias[155]. Seu neto, o famoso Salvador Correia de Sá e Benevides, também governou a capitania, além de servir outros postos importantes, inclusive o governo de Angola, após restaurar o domínio português ali, perdido momentaneamente para os holandeses[156].

Salvador Correia de Sá não deixou de aproveitar o período em que governou a capitania para amealhar considerável patrimônio. Obteve muitas terras, inclusive a ilha que mais tarde ficaria conhecida como "do Governador", onde montou o engenho referido por Gabriel Soares de Sousa; posteriormente construiria outro. Além dos engenhos, Salvador Correia de Sá envolveu-se na exploração do pau-brasil e em negócios com Angola, além de ser um grande apresador de indígenas. Nesses empreendimentos contava com o auxílio dos filhos, aos quais também concedeu sesmarias[157].

No século seguinte a expansão da produção açucareira levou ao aumento do número de engenhos na capitania. O jesuíta Jacome Monteiro, em relatório escrito em 1610, mencionava a existência de 14 engenhos no entorno da cidade e outros 2 mais ao sul[158]. Frei Vicente do Salvador posteriormente avaliaria que graças aos métodos menos custosos de montagem de engenhos no "Rio de Janeiro, onde até aquele tempo se tratava mais de fazer farinha para Angola que açúcar, agora há já quarenta engenhos"[159]. Esses observadores, embora avaliem o aumento da produção, não apontam os novos senhores de engenho[160].

---

[155] *Ibidem*, p. 412 e seguintes.

[156] BOXER, C. R., *Salvador Corrêa de Sá e a Luta pelo Brasil e Angola, 1602-1686* (tradução). São Paulo: Companhia Editora Nacional e Edusp, 1973.

[157] Ver, entre outros, Elysio de Oliveira Belchior, *Op. cit.* e o interessantíssimo livro de viagens do pirata inglês Anthony Knivet, que foi, como ele mesmo diz, "escravo" dos Sás. KNIVET, A., *Op. cit.*, p. 90 e 101 entre outras. Ver também "Carta de sesmaria das terras e águas de Martim de Sá e Gonçalo Correia de Sá...", que consta do *Tombo das Cartas das Sesmarias do Rio de Janeiro (1594-1595 e 1602-1605)*. Rio de Janeiro: Arquivo Nacional, 1967, p. 38.

[158] Padre Jacome Monteiro, "Relação da província do Brasil" de 1610, publicada por Serafim Leite, *História da Companhia de Jesus no Brasil, Op. cit.*, vol. VIII, p. 393.

[159] Frei Vicente do Salvador, *Op. cit.*, p. 366.

[160] Com relação ao Rio de Janeiro, os recentes estudos de João Fragoso mostram a importância do núcleo original de famílias dos conquistadores, primeiros povoadores e

Dessa forma, ao longo do período estudado, o desenvolvimento das capitanias localizadas ao Sul da Bahia foi muito limitado, com exceção da capitania do Rio de Janeiro. Contudo, o setor dos moradores que se destacou nesse processo foi, em sua ampla maioria, o que conseguiu controlar o governo da capitania.

---

membros da administração dentro do que ele chama de "primeira elite senhorial do Rio de Janeiro", inclusive a utilização dos cargos como forma de gerar patrimônio. FRAGOSO, J., "A formação da economia colonial no Rio de Janeiro e de sua primeira elite senhorial (séculos XVI e XVII)", In: FRAGOSO, J.; BICALHO, M. F.; GOUVÊA, M. de F. (Org.), *O Antigo Regime nos Trópicos*. Rio de Janeiro: Civilização Brasileira, 2001, p. 29.

9.

O PATRIMÔNIO FUNDIÁRIO (II)

> "Os oficiais de todos os ofícios sejam nas tais partes [Pernambuco] tão poderosos e assim os vereadores da terra, tenham todos engenhos de açucares [...]", Domingos de Abreu e Brito[1].

PERNAMBUCO E ITAMARACÁ

O processo de conquista da faixa litorânea entre a cidade do Salvador e a de Belém na foz do rio Amazonas foi, em linhas gerais, similar à conquista dos territórios ao sul da capitania da Bahia, com a expulsão paulatina dos indígenas inimigos e de seus aliados franceses à medida que os portugueses avançavam.

Ao norte, contudo, a expansão portuguesa contou inicialmente com um único ponto de apoio: a capitania de Pernambuco. Afinal, a capitania de Itamaracá pouco representou nos primeiros tempos, e as tentativas de ocupação das demais, doadas por D. João III na região, fracassaram[2].

Dessa maneira, Pernambuco foi o núcleo irradiador da conquista dos demais territórios litorâneos até a foz do Amazonas. Inicialmente entre as décadas de 1530 e 1560, porém, os portugueses estabelecidos

---

[1] Domingos de Abreu e Brito, "Sumário e descrição do Reino de Angola e do descobrimento da ilha de Luanda" (c. 1591), publicado por FELNER, A. de A., *Um Inquérito à Vida Administrativa e Econômica de Angola e do Brasil*. Coimbra: Imprensa da Universidade, 1933, p. 72.

[2] VARNHAGEN, F. A. de, *História Geral do Brasil*, 5ª ed., 5 vols. São Paulo: Melhoramentos, 1956, vol. I, p. 192 e seguintes.

321

em Pernambuco lutaram simplesmente para controlar uma área bem menor, ou seja, a região entre Itamaracá e o rio São Francisco.

A capitania de Pernambuco, como já se disse, ganha em léguas foi conquistada em palmos, e a resistência indígena mais de uma vez colocou a presença portuguesa em sérias dificuldades, como nos episódios descritos por Hans Staden[3]. Gabriel Soares de Sousa, quase cinquenta anos depois da fundação da capitania, relatava como Duarte Coelho, logo após chegar a Pernambuco, fez uma torre de pedra e cal, "onde teve grandes trabalhos de guerra com o gentio e franceses [...] dos quais foi cercado muitas vezes, mal ferido e mui apertado [...]", mas graças ao seu esforço, não somente "se defendeu valerosamente, mas ofendeu e resistiu aos inimigos, de maneira que os fez afastar da povoação e despejar as terras vizinhas aos moradores"[4].

Nos últimos anos de vida de Duarte Coelho o controle português sobre as terras da capitania ainda era reduzido. Em fins de 1554, aproveitando-se do conflito entre os indígenas, os moradores de Pernambuco conseguiram ampliar a ocupação da várzea do Capibaribe e dominar a região entre as vilas de Olinda e de Igaraçu[5]. Os conflitos, porém, continuaram, e Jerônimo de Albuquerque, irmão da mulher de Duarte Coelho, que então governava a capitania, contava numa carta ao rei as dificuldades causadas pela guerra, com a destruição total de dois engenhos e a parcial de um terceiro, provavelmente os únicos da capitania, o que fez com que os mercadores não achassem "açúcares em que empregar seu dinheiro", retornando sem carga, o que atrapalhava o esforço de ocupação do território[6].

Os indígenas inimigos expulsos da várzea do Capibaribe refugiaram-se na região do Cabo de Santo Agostinho, de onde atacavam os

---

[3] STADEN, H., *Duas Viagens ao Brasil* (1557) (tradução). Belo Horizonte: Itatiaia, 1974, p. 46 ou a versão do mesmo texto publicada em *Portinari Devora Hans Staden*. São Paulo: Terceiro Nome, 1998, p. 24 (alguns trechos são bem diferentes nas duas traduções).

[4] SOUSA, G. S. de, *Tratado Descritivo do Brasil em 1587*. São Paulo: Companhia Editora Nacional, 1987, p. 58.

[5] SALVADOR, V. do, *História do Brasil* (1627), 5ª ed. São Paulo: Melhoramentos, 1965, p. 136.

[6] "Carta de Jerônimo de Albuquerque" de 28 de agosto de 1555, publicada por DIAS, C. M. (Dir.), *História da Colonização Portuguesa do Brasil*, 3 vols. Porto: Litografia Nacional, 1922, vol. III, p. 380 (citada daqui em diante apenas como *História da Colonização Portuguesa do Brasil*).

portugueses e os indígenas aliados. Na tentativa de desalojá-los, porém, as forças portuguesas comandadas por Jerônimo de Albuquerque foram fragorosamente derrotadas nos Guararapes, distantes pouco mais de 2 léguas de Olinda[7]. A situação continuaria difícil nos anos seguintes, o que levou a rainha D. Catarina, então regente, a ordenar em 1560 a volta para Pernambuco do segundo donatário, Duarte Coelho de Albuquerque, acompanhado do irmão Jorge de Albuquerque Coelho.

O novo donatário "vendo a muita gente que acudia, assim de Portugal, como das outras capitanias, para povoarem a sua de Pernambuco", nas palavras de Frei Vicente do Salvador, "e fazerem nela engenhos e fazendas, e que as terras do Cabo [de Santo Agostinho], que os gentios inimigos tinham ocupadas, eram as mais férteis e melhores, determinou de lhes fazer despejar por guerra", organizando para tanto uma grande expedição, para a qual "fez resenha de gente que podia levar". Em seguida, ordenou por capitão para os moradores de Igaraçu, Fernão Lourenço, capitão da vila; para os de Paratibe, Gonçalo Mendes Leitão, irmão do bispo e genro de Jerônimo de Albuquerque; para os da várzea do Capibaribe, Cristóvão Lins e para os da vila de Olinda, organizou três companhias, em que os moradores foram agrupados de acordo com sua origem, assim os de Viana ficaram sob as ordens de João Paes Barreto; os do Porto, com Bento Dias de Santiago e os de Lisboa, com Gonçalo Mendes de Elvas, mercador, fora grande contingente de indígenas aliados. Além destes, recebeu reforços de Itamaracá, enviados pelo capitão-mor da capitania Pero Lopes Lobo, que participou da conquista na "companhia dos aventureiros, que era dos mancebos solteiros". No comando geral ia Duarte de Albuquerque Coelho, acompanhado por D. Filipe de Moura e Filipe Cavalcanti, genros de Jerônimo deAlbuquerque[8].

Após a vitória, o donatário, ainda segundo as palavras de Frei Vicente do Salvador, "repartiu as terras por pessoas que começaram logo a lavrar", surgindo nesse momento os primeiros engenhos na região. O sucesso dessa conquista levou quase que imediatamente a uma nova campanha, dessa vez sob comando de Filipe Cavalcanti e de Jerônimo de Albuquerque. A nova vitória permitiu o controle das terras do rio Serinhaém e o cativeiro de uma grande quantidade de indígenas

---

[7] Frei Vicente do Salvador, *Op. cit.*, p. 137.
[8] *Ibidem*, p. 137 e seguintes.

atemorizados com as derrotas, abrindo caminho para o domínio completo da região meridional da capitania.

Dessa forma, os portugueses, moradores em Olinda, que antes da chegada de Duarte de Albuquerque Coelho "não ousavam [...] sair fora da vila, mais do que uma, duas léguas pela terra a dentro e ao longo da costa três, quatro léguas", puderam, segundo Afonso Luiz, depois de tais vitórias seguramente ir quinze ou vinte léguas pela terra a dentro e sessenta ao longo da costa[9]. Gabriel Soares de Sousa, também descrevendo este processo de conquista, conta como Duarte de Albuquerque Coelho fez guerra aos indígenas "maltratando e cativando neste gentio, que é o que se chama caeté, que o fez despejar a costa toda, como está hoje em dia, e afastar mais de cinqüenta léguas pelo sertão"[10].

A ocupação efetiva da faixa litorânea da capitania de Pernambuco, tanto ao norte, como ao sul de Olinda, permitiu a apropriação das terras e o cativeiro dos indígenas, possibilitando o rápido florescimento da produção açucareira. O número de engenhos cresceu, no início da década de 1570, das 3 unidades citadas por Jerônimo de Albuquerque em 1555, para 23, incluindo nestes 3 ou 4 em construção, conforme Pero de Magalhães Gandavo; informação que o próprio ajustaria posteriormente para quase 30 engenhos[11]. Essa evolução continuaria nas décadas seguintes, tanto que Gabriel Soares de Sousa, por volta de 1587, estimava

---

[9] PILOTO, A. L.; TEIXEIRA, B., *Naufragio & Prosopopea* (1601). Recife: UFPE, 1969, p. 57.

[10] Gabriel Soares de Sousa, *Op. cit.*, p. 58. Sobre o cativeiro indígena em Pernambuco, veja-se, por exemplo, "Carta do Padre Antônio Pires aos Padres e Irmãos de Coimbra" de 2 de agosto de 1551 e "Carta do Padre Manuel da Nóbrega a Tomé de Sousa" de 5 de julho de 1559, publicadas por LEITE, S., *Cartas dos Primeiros Jesuítas do Brasil*, 3 vols. São Paulo: Comissão do IV Centenário da cidade de São Paulo, 1954, respectivamente, vol. I, p. 261 e vol. III, p. 79 ou ainda "Historia de la fundacion del colegio (da Companhia de Jesus) de la capitania de Pernambuco" de 1576, publicado nos *Anais da Biblioteca Nacional*, vol. 49, p. 48 e seguintes. Em Pernambuco, a mão de obra indígena foi determinante nas primeiras décadas, mas, em meados da década de 1580, a substituição do trabalho indígena pelo africano já era notável. Tal fato pode ser explicado, entre outros motivos, pelas grandes vitórias portuguesas na região, que fizeram com que os indígenas se afastassem cada vez mais da capitania, dificultando assim o suprimento de cativos, que passaram a ser fornecidos em número cada vez maior pelo tráfico negreiro. Cf. CARDIM, F., *Tratados da Terra e Gente do Brasil* (século XVI). São Paulo: Companhia Editora Nacional, 1978, p. 201.

[11] GANDAVO, P. de M., *História da Província de Santa Cruz & Tratado da Terra do Brasil* (1576 e c. 1570). São Paulo: Obelisco, 1964, p. 74 e 38.

em 50 ou 53 os engenhos da capitania e Domingos de Abreu e Brito, poucos anos depois, apontava 63 engenhos em Pernambuco[12]. Nenhum destes autores, contudo, esclarece quais seriam os donos dos engenhos pernambucanos, tal informação somente poderá ser encontrada na "Relação das praças fortes, povoações e coisas de importância que Sua Majestade tem na Costa do Brasil, fazendo princípio dos baixos ou ponta de São Roque para o Sul do Estado e defensão delas, de seus frutos e rendimentos, feita pelo sargento-mor desta Costa Diogo de Campos Moreno no ano de 1609"[13-14].

A relação de Diogo de Campos Moreno, escrita apenas três anos antes do seu famoso "Livro que dá razão do Estado do Brasil"[15], guarda muitas semelhanças com este trabalho, contudo não pode ser considerada como um texto prévio, pois os textos são completamente distintos. O texto de 1609 além de apresentar informações sobre as capitanias do Sul do Estado do Brasil, possui uma particularidade muito especial, como apontou José Antônio Gonsalves de Mello, seu primeiro divulgador, "a de apresentar o rol dos engenhos de açúcar de Pernambuco, Itamaracá, Paraíba, Bahia e Espírito Santo"[16].

---

[12] Gabriel Soares de Sousa, descrevendo a região próxima à vila de Igaraçu relata a existência de 3 engenhos, posteriormente quando trata da região de Olinda, estima em 50 o total de engenhos da capitania, não ficando claro se incluí os 3 citados anteriormente ou não. Ver também Domingos de Abreu e Brito, "Sumário e descrição do Reino de Angola e do descobrimento da ilha de Luanda" (c. 1591), publicado por Alfredo de Albuquerque Felner, *Op. cit.*, p. 57.

[13] MORENO, D. de C., "Relação das praças fortes, povoações e coisas de importância que Sua Majestade tem na costa do Brasil, fazendo princípio dos baixos ou ponta de São Roque para o sul do estado e defensão delas, de seus frutos e rendimentos, feita pelo sargento-mor desta costa ..." de 1609, publicado na *Revista do Instituto Arqueológico, Histórico e Geográfico Pernambucano*, vol. 57, 1984, p. 185 e seguintes.

[14] A opção de fazer o levantamento dos senhores de engenho de Pernambuco a partir das denunciações e confissões perante o Santo Ofício em meados da última década do século XVI apresenta algumas dificuldades. A mais importante é que nem todos os senhores de engenho são explicitamente citados como tais, o que deixa uma ampla margem de dúvida. Problema que no arrolamento feito por Diogo de Campos Moreno não existe, embora, neste caso, o maior ônus seja o fato de que o sargento-mor escreveu seu relatório 40 ou 50 anos depois da montagem de grande parte dos engenhos, o que dificulta o rastreamento dos primitivos proprietários.

[15] MORENO, D. de C., *Livro que Dá Razão do Estado do Brasil* (1612). Recife: UFPE, 1955.

[16] MELLO, J. A. G. de, "A 'Relação das praças fortes do Brasil' (1609) de Diogo de Campos Moreno", publicado na *Revista do Instituto Arqueológico, Histórico e Geográfico Pernambucano*, vol. 57, 1984, p. 178.

No caso de Pernambuco e de Itamaracá, Diogo de Campos Moreno listou os nomes dos proprietários dos 78 engenhos existentes na primeira capitania e dos 10 da segunda no início do século XVII[17]. No caso dos engenhos pernambucanos, o autor os arrolou segundo os "ramos ou distritos, conforme a repartição em que cobram os dízimos os contratadores", dessa forma, os 78 engenhos se dividiam em 15 distritos, apresentados pelo autor do norte para o sul de Pernambuco.

O primeiro e segundo distritos, correspondentes à região de Igaraçu possuíam naquele momento 9 engenhos. Os dois primeiros, um em Paratibe e o outro em Jaguaribe, eram de propriedade de Gaspar Fernandes Anjo, mercador envolvido no comércio de açúcar e de pau-brasil, possuindo inclusive um armazém em Pernambuco[18]. Este, além disso, esteve envolvido com a cobrança do dízimo, tendo arrendado o direito de cobrá-lo em mais de uma ocasião na primeira década do século XVII[19].

Na mesma região, Estevão Gomes, proprietário de um engenho em Aiama, era já há alguns anos escrivão da Fazenda Real em Pernambuco[20]. Próximo dali, Gonçalo Novo de Lira possuía dois engenhos, o primeiro em Pirajuí e o segundo em Araripe. Este era neto de Gonçalo Novo, oriundo da Ilha da Madeira, que veio para Pernambuco nos primeiros tempos da capitania, e filho do homônimo Gonçalo Novo de Lira. Foi

---

[17] MELLO, E. C. de, "Os Alecrins no Canavial: a açucarocracia pernambucana *ante-bellum* (1570-1630)", publicado na *Revista do Instituto Arqueológico, Histórico e Geográfico Pernambucano*, vol. 57, 1984, p. 156. Tal artigo, ampliado, foi republicado com o título de "Marginália: os alecrins no canavial" em *Rubro Veio*, 2ª ed. Rio de Janeiro: Topbooks, 1997, p. 422.

[18] Cf. "Auto, que mandou fazer o Senhor governador geral Diogo Botelho, da tomada da Urca Três Reis Magos" de 25 de janeiro de 1603, publicado na *Revista do Instituto Histórico e Geográfico Brasileiro*, tomo 73, p. 227 e seguintes e "Livro das saídas dos navios e urcas" de 1605, publicado na *Revista do Instituto Arqueológico, Histórico e Geográfico Pernambucano*, vol. 58, p. 87 e seguintes.

[19] Cf. "Carta de Diogo Botelho ao Conde de Linhares", escrita em Olinda, aos 23 de agosto de 1602, Arquivo Nacional da Torre do Tombo, Cartório dos Jesuítas, maço 71, documento 3 e "Relação de Ambrósio de Siqueira da receita e despesa do Estado do Brasil" de 1605, publicado na *Revista do Instituto Arqueológico, Histórico e Geográfico Pernambucano*, vol. 49, p. 124.

[20] "Traslado do registro de uma provisão de Diogo Botelho, governador geral do Brasil, outorgando a Francisco de Oliveira o cargo de escrivão da Fazenda, da Alfândega e Almoxarifado da Capitania de Pernambuco" de 15 de setembro de 1604, Instituto de Estudos Brasileiros da USP, Coleção Lamego, códice 81, documento 11.

casado com Ana Correia de Brito, filha de Vicente Correia, que serviu de almoxarife em Pernambuco e foi oficial da Câmara de Olinda em 1608[21]. Outro proprietário era João Velho Prego, escrivão da Câmara e tabelião de Olinda, que possuía um engenho em Muçupe[22]. Por fim, ainda na região de Igaraçu, os desconhecidos Vicente Fernandes e Antônio Dias do Porto, possuíam três engenhos (dois deles para o primeiro).

Avançando para o sul, Diogo de Campos Moreno apresenta os proprietários dos 21 engenhos dos ramos 3, 4 e 5, ou seja, os distritos mais próximos de Olinda, incluindo os situados na várzea do Rio Capibaribe.

O primeiro engenho, em Camaragibe, era do sargento-mor de Pernambuco Damião Álvares de Teive, nomeado por Filipe II de Portugal em 1600[23]. Em seguida aparece o engenho de Ambrósio Fernandes Brandão, o provável autor dos "Diálogos das Grandezas do Brasil", que, como veremos adiante, além de mercador, foi um dos comandantes da expedição de conquista da Paraíba, onde fixou residência, erguendo outros dois engenhos[24].

---

[21] Sobre a família de Gonçalo Novo de Lira, veja-se FONSECA, A. J. V. B. da, *Nobiliarquia Pernambucana* (1748), 2 vols. Rio de Janeiro: Biblioteca Nacional, 1935 (Separata dos Anais da Biblioteca Nacional, vol. 48), vol. I, p. 158 e, especialmente, p. 400 e seguintes. Sobre Vicente Correia, cf. "Regimento que foi dado ao licenciado Baltasar Ferraz para cobrar o que se deve a fazenda de Sua Majestade", de 12 de fevereiro de 1591, publicado na *Revista do Instituto Histórico e Geográfico Brasileiro*, tomo 67, p. 237 e "Carta da Câmara de Olinda a el-rei noticiando que o desembargador Sebastião de Carvalho pôs dúvida em levar em conta algumas despesas feitas com o dinheiro da imposição" de 10 de dezembro de 1608, Biblioteca Nacional do Rio de Janeiro, Manuscritos, Cópia, códice I – 4, 3, 4 n° 13.

[22] Cf. "Processo de Álvaro Velho Barreto" (1595), Arquivo Nacional da Torre do Tombo, Inquisição de Lisboa, 8475 e "Resposta ao pedido de aforamento de Antônio de Albuquerque, morador em Olinda, feito para Câmara de Olinda para tercenas ..." de 6 de fevereiro de 1601, Instituto Histórico e Geográfico Brasileiro, Documentos manuscritos copiados no século XIX por ordem de D. Pedro II, Códice 1.2.16 – Registros – Tomo II – Conselho Ultramarino Português.

[23] Cf. "Provimento de Damião Álvares de Teive, sargento-mor de Pernambuco" de 10 de julho de 1600, Arquivo Nacional da Torre do Tombo, Chancelaria de Filipe II, Doações, Livro 10, fl. 14 ou a cópia da época em "Traslado do registro de uma Provisão de Filipe III, rei da Espanha, outorgando o posto de Sargento-mor da Capitania de Pernambuco a Damião Álvares" de 6 de fevereiro de 1601, Instituto de Estudos Brasileiros da USP. Coleção Lamego, códice 81, documento 39.

[24] Cf. ABREU, C. de, "Diálogos das Grandezas do Brasil", publicado em *Ensaios e Estudos*, 4 vols. Rio de Janeiro: Civilização Brasileira, 1975, vol. I, p. 205.

Próximo dali, no riacho Muribara, afluente do Capibaribe, André Gomes Pina possuía um engenho, este, segundo Borges da Fonseca, era casado com uma neta do velho Jerônimo de Albuquerque[25]. Ainda no mesmo ramo, Inês de Góes, viúva de Luís de Rego Barros, era a proprietária do engenho de invocação das Chagas, também conhecido como Maciape, na freguesia de São Lourenço.

Adentrando no ramo 4, Leonardo Fróes, que serviu como oficial da Câmara de Olinda em 1616, era dono de um engenho no rio Beberibe[26]. O próximo engenho citado era de Duarte Dias Henriques, mercador residente em Pernambuco e contratador de Angola[27]. Na sequência aparece Julião Paes, proprietário de três engenhos na capitania, de quem trataremos adiante, e Lourenço de Sousa, cujas informações existentes não permitem maiores conclusões[28].

Ainda no mesmo ramo encontramos o engenho de Isabel Pereira, viúva de Henrique Afonso Pereira, morto antes de 1584, que fora juiz ordinário em Pernambuco alguns anos antes e cujo filho, homônimo do pai, foi capitão na conquista do Maranhão, retornando para Pernambuco

---

[25] Cf. Borges da Fonseca, *Op. cit.*, vol. II, p. 382. É citado com o primeiro nome trocado, mas sem maiores informações, salvo a inovação de seu engenho, Nossa Senhora da Flores, no "Livro das saídas dos navios e urcas" de 1605, publicado na *Revista do Instituto Arqueológico, Histórico e Geográfico Pernambucano*, vol. 58, p. 87 e seguintes.

[26] Cf. "Certidão da Câmara de Olinda" de 30 de julho de 1616, publicada em *Cartas para Álvaro de Sousa e Gaspar de Sousa*. Lisboa: CNCDP e Rio de Janeiro: Ministério das Relações Exteriores, 2001, p. 303. Registre-se que na documentação compulsada aparecem outros dois "Leonardo Fróes", um senhor de engenho no Espírito Santo e um funcionário régio em Portugal, mas, embora o nome não seja comum, os poucos dados existentes indicam serem os dois homônimos do senhor de engenho de Pernambuco.

[27] Cf. *Primeira Visitação do Santo Ofício às Partes do Brasil – Denunciações e Confissões de Pernambuco* (1593-1595). Recife: Fundarpe, 1984, p. 80 das denunciações (as denunciações e as confissões têm numeração de páginas distintas); "Carta régia de Filipe II para o arcebispo D. Miguel de Castro, vice-rei de Portugal, sobre alvará para pagar no Rio de Janeiro, ao procurador de Duarte Dias Henriques, contratador de Angola, uma certa quantia" de 5 de março de 1615 e "Carta do Vice-rei de Portugal Marquês de Alenquer para el-rei sobre consultas do Conselho da Fazenda sobre Duarte Dias Henriques, contratador de Angola" de 25 de janeiro de 1620, Archivo General de Simancas, Sec. Provinciales, respectivamente, códice 1512, Livro de registros de cartas e despachos régios no ano de 1615, fls. 32 v e códice 1552, Cartas originais do vice-rei de Portugal e outros personagens sobre diversos assuntos a el-rei do ano 1620, fls. 23.

[28] Ver Borges da Fonseca, *Op. cit.*, vol. I, p. 429 ou ainda na *Primeira Visitação do Santo Ofício às Partes do Brasil – Denunciações e Confissões de Pernambuco* (1593-1595), *Op. cit.*, p. 111 e 431 das denunciações.

em seguida[29]. Vale registrar ainda que a irmã de Isabel de Pereira, Inês de Brito, foi casada com Vicente Correia, citado acima, que serviu de almoxarife de Pernambuco[30].

Adiante encontramos o primeiro dos dois engenhos de Pero Cardigo, que foi tesoureiro da Fazenda dos Defuntos e Ausentes de Pernambuco, nomeado por D. Sebastião em 1568, tendo sido ainda capitão de uma das companhias da conquista da Paraíba[31]. Suas filhas casaram com Frutuoso Barbosa, capitão-mor da Paraíba, e com Pero Coelho de Sousa, comandante da primeira expedição de reconhecimento da região do Maranhão, de onde trouxe grande quantidade de cativos[32].

O senhor de engenho seguinte era Antônio da Rosa, cujo irmão João da Rosa foi tabelião em Olinda[33]. Depois dele encontramos Francisco de Barros Rego, que foi capitão-mor da armada enviada pelo governador geral D. Francisco de Sousa em apoio de Manuel Mascarenhas Homem na conquista do Rio Grande[34]. Fechando o ramo 4, aparece Ambrósio de Abreu, que era parente de Gomes de Abreu Soares, almoxarife de Pernambuco, e provavelmente também de Gregório Lopes de Abreu.

---

[29] Cf. "Historia de la fundacion del colegio (da Companhia de Jesus) de la capitania de Pernambuco" de 1576, publicado nos Anais da Biblioteca Nacional, vol. 49, p. 5 e seguintes e *Livro 1º do Governo do Brasil*. Rio de Janeiro: Ministério das Relações Exteriores, 1958, p. 90 e 148.

[30] Borges da Fonseca, *Op. cit.*, vol. I, p. 164 e seguintes e vol. II, p. 238.

[31] Cf. "Provimento de Pero Cardigo, tesoureiro dos Defuntos" de 11 de maio de 1568, Arquivo Nacional da Torre do Tombo, Chancelaria de D. Sebastião e D. Henrique, Doações, Livro 23, fl. 085 v.

[32] Borges da Fonseca, *Op. cit.*, vol. II, p. 259. A segunda expedição de Pero Coelho de Sousa teve um final trágico. Para a descrição de ambos, veja-se Frei Vicente do Salvador, *Op. cit.*, p. 339 e 356, já as instruções dadas por Diogo Botelho estão no "Regimento que há de seguir o capitão-mor Pero Coelho de Sousa nesta jornada e empresa, que por serviço de Sua Majestade vai fazer", publicado na *Revista do Instituto Histórico e Geográfico Brasileiro*, tomo 73, p. 44. Sobre os indígenas que trouxe e o debate sobre se eram justamente cativos ou não, ver "Carta Régia para Diogo Botelho" de 22 de setembro de 1605, publicada na *Revista do Instituto Histórico e Geográfico Brasileiro*, tomo 73, p. 9, "Carta do bispo D. Pedro de Castilho a el-rei" de 2 de junho de 1605 e "Carta de el-rei ao bispo D. Pedro de Castilho" de 16 de agosto de 1605, Biblioteca da Ajuda, respectivamente, códice 51-VIII-19, Cartas do bispo D. Pedro de Castilho, fl. 182 v. e códice 51-VIII-07, Cartas de Sua Majestade para o Bispo Pedro de Castilho, fl. 111 v.

[33] *Primeira Visitação do Santo Ofício às Partes do Brasil – Denunciações e Confissões de Pernambuco* (1593-1595), *Op. cit.*, p. 41 das denunciações.

[34] Frei Vicente do Salvador, *Op. cit.*, p. 320.

Este serviu como capitão na conquista da Paraíba e era o proprietário anterior do engenho de Ambrósio de Abreu[35].

Avançando para o ramo 5, o primeiro engenho é o de Maria Gonçalves Raposo, viúva de um filho de Domingos Bezerra, que era um dos "da governança" da terra[36]. O engenho seguinte é o dos Apipucos de D. Jerônimo de Almeida, que foi governador de Angola entre 1593 e 1594 e que acabou ficando no Brasil[37]. Adiante encontramos o engenho do desconhecido Pedro da Costa.

Em seguida, ainda no ramo 5, surge o engenho de Estevão Velho Barreto, filho de Álvaro Velho Barreto, capitão de um barco numa das expedições de conquista da Paraíba e que se intitulou perante o Santo Ofício como "dos da governança e principais da terra"[38]. Na sequência encontramos o segundo engenho de Julião Paes, de quem trataremos adiante.

Os últimos três engenhos do ramo 5 são de Martim Vaz de Moura, Pero da Cunha de Andrade e Paulo Bezerra. O primeiro destes senhores de engenho, o licenciado Martim Vaz de Moura, foi ouvidor da capitania de Pernambuco[39]. O segundo, Pero da Cunha de Andrade, é signatário

---

[35] Cf. "Provimento de Gomes de Abreu Soares, almoxarife de Pernambuco" de 19 de agosto de 1576, Instituto Histórico e Geográfico Brasileiro, Documentos manuscritos copiados no século XIX por ordem de D. Pedro II, Códice 1.2.15 – Registros – Tomo I – Conselho Ultramarino Português; "Carta de Filipe II de Portugal para Gaspar de Sousa" de 4 de novembro de 1615, publicada em *Cartas para Álvaro de Sousa e Gaspar de Sousa*, Op. cit., p. 280; *Primeira Visitação do Santo Ofício às Partes do Brasil – Denunciações e Confissões de Pernambuco* (1593-1595), Op. cit., p. 273 das denunciações e p. 83 das confissões e Frei Vicente do Salvador, Op. cit., p. 257.

[36] Borges da Fonseca, Op. cit., vol. I, p. 35 e *Primeira Visitação do Santo Ofício às Partes do Brasil – Denunciações e Confissões de Pernambuco* (1593-1595), Op. cit., p. 281 das denunciações.

[37] Sobre o governo de D. Jerônimo de Almeida, veja-se FELNER, A. de A., *Angola, Apontamentos Sobre a Ocupação e Início do Estabelecimento dos Portugueses no Congo, Angola e Benguela*. Coimbra, Imprensa da Universidade, 1933, p. 184. Ver ainda *Primeira Visitação do Santo Ofício às Partes do Brasil – Denunciações e Confissões de Pernambuco* (1593-1595), Op. cit., p. 142 das confissões.

[38] Cf. "Sumário das Armadas que se fizeram e guerras que se deram na conquista do rio Paraíba", publicado na *Revista do Instituto Histórico e Geográfico Brasileiro*, tomo 36, p. 66 e *Primeira Visitação do Santo Ofício às Partes do Brasil – Denunciações e Confissões de Pernambuco* (1593-1595), Op. cit., p. 91 das denunciações.

[39] Cf. "Auto de entrega que se fez de três flamengos ao mestre Pero Lopes Mareante" de 28 de agosto de 1617, que consta do *Livro 1º do Governo do Brasil*, Op. cit., p. 168 e "Provisão pela qual o governador D. Luís de Sousa nomeou Belchior Rodrigues escrivão

de uma certidão da Câmara de Olinda favorável ao governo de Diogo Botelho, junto com os mais importantes moradores da capitania, dentre os quais muitos senhores de engenho; posteriormente foi ainda oficial da mesma Câmara em 1621[40-41]. O último senhor de engenho, Paulo Bezerra, se intitulava, com razão, perante o Santo Ofício como um "dos da governança desta terra", tentou arrematar a cobrança dos dízimos da capitania de Pernambuco e foi oficial da Câmara de Olinda em pelo menos três ocasiões (1603, 1611 e 1620)[42].

Rumando ao sul adentramos as terras de Jaboatão, onde se localizavam os ramos 6, 7 e 8 da cobrança do dízimo, com 16 engenhos. O proprietário do primeiro engenho do ramo 6 era o desconhecido Antônio de Andrade da Cunha, o segundo engenho era de Diogo Botelho, governador geral entre 1602 e 1607. Os últimos três engenhos eram do mesmo dono, Duarte de Sá, outro dos membros da governança da terra. Foi oficial da Câmara de Olinda em várias ocasiões (1593, 1597, 1603 e 1611), tendo, inclusive, por ser o vereador mais velho, assumido o governo da capitania em companhia do bispo D. Antônio

---

da devassa de residência do ouvidor da Capitania de Pernambuco Martim Vaz de Moura" de 28 de julho de 1618, documento arrolado por ALMEIDA, E. de C. e, *Inventário dos Documentos Relativos ao Brasil Existentes no Arquivo de Marinha e Ultramar de Lisboa*, 9 vols. Rio de Janeiro: Biblioteca Nacional, 1913–1951, vol. VI, p. 18 (separatas dos *Anais da Biblioteca Nacional*).

[40] "Certidão da Câmara de Olinda sobre o governo de Diogo Botelho" de 15 de março de 1603, publicada na coletânea de documentos sobre o Governo de Diogo Botelho, na *Revista do Instituto Histórico e Geográfico Brasileiro*, tomo 73, p. 25 e "Auto do que ficou assentado sobre medidas a tomar contra o assalto dos holandeses as fortalezas de Pernambuco em reunião convocada por Matias de Albuquerque" de 16 de outubro de 1621, publicado em STUDART, B. de, *Documentos para a História do Brasil e Especialmente a do Ceará*, 4 vols. Fortaleza: Minerva, 1909, vol. I, p. 289.

[41] Registre-se ainda que a primeira mulher de Pero da Cunha de Andrade, D. Ana de Vasconcelos era filha de João Gomes de Melo e de Ana de Holanda e consequentemente neta de Arnau de Holanda, importantes figuras da capitania, e seu irmão, Francisco Gomes de Melo foi nomeado por Filipe III de Portugal capitão-mor do Rio Grande em 1624 por seus serviços prestados em Pernambuco e no Reino.

[42] Cf. *Primeira Visitação do Santo Ofício às Partes do Brasil – Denunciações e Confissões de Pernambuco* (1593-1595), *Op. cit.*, p. 272 e 29 das denunciações; "Certidão da Câmara de Olinda sobre o governo de Diogo Botelho" de 15 de março de 1603, citada acima; "Provisão de Manuel Vaz Pereira, médico em Olinda" de 2 de novembro de 1618, Arquivo Nacional da Torre do Tombo, Chancelaria de Filipe II, Doações, Livro 41, fl. 203; "Traslado da petição que fez o padre frei Cirilo ao capitão-mor e mais papéis" de 21 de maio de 1621, que consta do *Livro 1º do Governo do Brasil*, *Op. cit.*, p. 249.

Barreiros, na ausência de Manuel Mascarenhas Homem, quando este comandou a conquista do Rio Grande em 1597[43]. A importância de Duarte de Sá na capitania de Pernambuco também pode ser atestada pelas relações familiares, sua filha Filipa de Sá casou com João de Albuquerque, filho primogênito do velho Jerônimo de Albuquerque e de sua esposa Filipa de Melo. Sua neta, Maria de Albuquerque, casou com Francisco de Moura, filho de Alexandre de Moura, que governou a capitania de Pernambuco durante muitos anos no início do século XVII[44].

Seguindo para o ramo 7, encontramos os engenhos de Luís de Valença, Pero de Laus e Maria Ferrão, para os quais não pudemos obter maiores informações. Além destes, nesta região ficava o segundo engenho de Pero Cardigo, de quem já falamos anteriormente e o engenho de Domingos de Castro, um dos signatários do documento favorável a Diogo Botelho junto com as principais personalidades da capitania[45]. O último engenho deste ramo era o de Manuel Leitão, que participou com destaque da conquista da Paraíba e da conquista do Rio Grande[46].

No ramo 8, o primeiro dos proprietários arrolados por Diogo de Campos Moreno é Fernão Rodrigues Vassalo, cuja única referência na

---

[43] Cf. *Primeira Visitação do Santo Ofício às Partes do Brasil – Denunciações e Confissões de Pernambuco* (1593-1595), *Op. cit.*, p. 3 e 228 das denunciações; "Resposta ao pedido de aforamento de Antônio de Albuquerque, morador em Olinda, feito para Câmara de Olinda para tercenas ..." de 6 de fevereiro de 1601 e "Certidão da Câmara de Olinda sobre o governo de Diogo Botelho" de 15 de março de 1603; "Provisão de Manuel Vaz Pereira, médico em Olinda" de 2 de novembro de 1618, documentos já citados anteriormente.

[44] Borges da Fonseca, *Op. cit.*, vol. II, p. 23 e 365. Este autor refere que Duarte de Sá, a caminho da Índia, teria naufragado perto de Salvador, salvando-se com muito esforço. Na Bahia, o governador Luís de Brito de Almeida valeu-se "de seu talento na guerra e possessão do gentio, onde em uma batalha o armou cavaleiro, o fez seu alferes-mor e capitão de uma galé que corria a costa e mares do Brasil", passando em seguida a Pernambuco, onde se estabeleceu. Contudo, tais informações não podem ser nem confirmadas nem negadas com base nos documentos conhecidos.

[45] Cf. "Certidão da Câmara de Olinda sobre o governo de Diogo Botelho" de 15 de março de 1603, publicada na coletânea de documentos sobre o Governo de Diogo Botelho, citada acima.

[46] "Sumário das Armadas que se fizeram e guerras que se deram na conquista do rio Paraíba", publicado na *Revista do Instituto Histórico e Geográfico Brasileiro*, tomo 36, p. 35 e Frei Vicente do Salvador, *Op. cit.*, p. 320.

documentação do período seria um provimento de Filipe I para ocupar o posto de escrivão diante do ouvidor geral do Brasil em 1596[47]. Em seguida encontramos os engenhos de André Soares em Penanduba, de Diogo Soares em Suassuna e os dois de Fernão Soares. Fernão Soares da Cunha, mercador cristão-novo, foi largamente citado nas chamadas denunciações do Santo Ofício em Pernambuco[48]. Foi capitão, ao lado de Ambrósio Fernandes Brandão, de uma das companhias de mercadores na conquista da Paraíba e juiz dos Órfãos de Olinda por muitos anos, segundo Borges da Fonseca. Fernão Soares da Cunha era casado com D. Catarina de Albuquerque, filha de Gonçalo Mendes Leitão e neta do velho Jerônimo de Albuquerque, e, segundo Diogo Soares da Cunha, seu filho, e Diogo de Albuquerque, seu genro, foi morto pelo médico Manuel Nunes com medicamentos para que este pudesse casar, como de fato ocorreu, com D. Catarina de Albuquerque, com quem tinha cometido adultério[49]. Diogo Soares era com certeza irmão de Fernão Soares, já André Soares ou era irmão ou primo. Este, além de senhor de engenho, negociava com pau-brasil, tendo arrendado o contrato de exploração dessa madeira no início da década de 1590[50].

Seguindo ainda o arrolamento feito por Diogo de Campos Moreno, chegamos ao Cabo de Santo Agostinho, onde os 18 engenhos então existentes estavam divididos em quatro ramos, os de número 9, 10, 11 e 12. No primeiro deles encontramos o engenho de João Paes Barreto e os quatro engenhos do pai deste, o homônimo João Paes Barreto, ou, como também era conhecido, João Paes Velho Barreto. Este foi um dos comandantes da conquista da região do Cabo, onde se fixou, tornando-se sem dúvida o maior senhor de engenho das partes do Brasil no final do século XVI, quando chegou a possuir 8 engenhos, parte dos quais

---

[47] Cf. "Provimento de Fernão Rodrigues Vassalo, escrivão diante do ouvidor geral" de 30 de maio de 1596, Arquivo Nacional da Torre do Tombo, Chancelaria de Filipe I, Doações, Livro 31, fl. 123 v.

[48] *Primeira Visitação do Santo Ofício às Partes do Brasil – Denunciações e Confissões de Pernambuco* (1593-1595), Op. cit., passim.

[49] Frei Vicente do Salvador, Op. cit., p. 266; Borges da Fonseca, Op. cit., vol. II, p. 57 e 431 e "Carta do rei para o governador Diogo de Meneses" de 21 de novembro de 1611, publicada em *Cartas para Álvaro de Sousa e Gaspar de Sousa*, Op. cit., p. 290.

[50] Cf. "Despesa do estado do Brasil a que a fazenda de sua Majestade tem obrigação" do início da década de 1590, Biblioteca Nacional de Lisboa, Reservados, Códice 637, fl. 13 e seguintes.

vinculou em um morgado[51]. Posteriormente, já como capitão-mor das ordenanças do Cabo de Santo Agostinho, comandou as tropas da região na conquista da Paraíba, o qual, segundo Frei Vicente do Salvador, "fez nesta jornada por cima de todos" os outros capitães[52].

João Paes Barreto, filho primogênito e primeiro morgado, foi cavaleiro da Ordem de Cristo e capitão-mor de Pernambuco entre 1619 e 1620, nomeado pelo governador geral D. Luís de Sousa[53]. No exercício do cargo entrou em choque com a família do donatário, Duarte de Albuquerque Coelho, então no Reino, ao nomear a serventia do posto de patrão e juiz dos calafates do porto da capitania, pois para o ouvidor nomeado pelo donatário e para os oficiais da Câmara tal provimento não lhe competia. Foi substituído no cargo por Matias de Albuquerque, irmão de Duarte de Albuquerque Coelho, que o acabou prendendo em um episódio que a documentação existente não fornece maiores informações[54]. Registre-se ainda que João Paes Barreto foi casado com Ana Corte Real, filha de Afonso de Franca, que chegou às partes do Brasil com Diogo Botelho, tendo sido capitão-mor do Espírito Santo por volta de 1605 e capitão-mor da Paraíba entre 1623 e 1627[55], e que sua irmã, Catarina Barreto,

---

[51] O ouvidor geral Martim Leitão o considerava o "mais rico homem do Brasil", cf. "Parecer do Padre Gaspar Beliarte, da Companhia de Jesus, que foi Visitador no Brasil, para que não se cative o gentio naquele Estado. Outros pareceres de Cosmo Rangel, Martim Leitão, Antônio de Aguiar, que foi ouvidor geral no Brasil ..." de 1595, Biblioteca da Ajuda, códice 44-XIV-06, do Desembargo do Paço - Tomo IV, f. 185. Ver também Borges da Fonseca, *Op. cit.*, vol. II, p. 26 e ANDRADE, G. O. de; LINS, R. C., *João Pais, do Cabo: o Patriarca, seus Filhos, seus Engenhos*. Recife: Massangana, 1982, *passim*.

[52] Frei Vicente do Salvador, *Op. cit.*, p. 196 e 266.

[53] Cf. "Consulta do Conselho de Portugal" de 28 de junho de 1603 e "Carta do governador Luís de Sousa" de 30 de março de 1620, Archivo General de Simancas, Sec. Provinciales, respectivamente, códice 1464, Consultas do Conselho de Portugal (1601-1606), fl. 53 e 54 e códice 1552, Cartas originais do vice-rei de Portugal e outros personagens sobre diversos assuntos a el-rei do ano de 1620, fl. 312 e 313.

[54] Cf. "Requerimento de D. Luís de Sousa sobre a residência que de seu governo seria tirada na Bahia e Pernambuco" e "Requerimento de D. Luís de Sousa sobre a nomeação que fez, quando governador do Brasil, de João Paes Barreto, para capitão-mor de Pernambuco" ambos sem data, que constam do *Livro 1º do Governo do Brasil, Op. cit.*, p. 335 e 339.

[55] Cf. Borges da Fonseca, *Op. cit.*, vol. II, p. 26 e também "Provimento de Afonso de Franca para capitão entretenido na capitania da Bahia" de 6 de maio de 1602, Arquivo Nacional da Torre do Tombo, Chancelaria de Filipe II, Doações, livro 9, fl. 318; "Regimento para o capitão Manuel Maciel" de 1619, que consta do *Livro 2º do Governo do Brasil*. Lisboa: CNCDP e São Paulo: Museu Paulista, 2001, p. 121; "Serviços do governador geral Diogo Botelho" de 19 de dezembro de 1606, publicado na *Revista do Instituto*

foi casada com D. Luís de Sousa Henriques, filho do governador geral D. Francisco de Sousa[56].

Avançando para o ramo seguinte, o primeiro senhor de engenho citado é o desconhecido Gonçalo Pereira, em seguida encontramos os dois engenhos de André do Couto e os outros dois de Ana de Holanda. André do Couto era mercador envolvido no comércio de pau-brasil, foi casado com Adriana de Melo, filha de Ana de Holanda e neta de Arnau de Holanda[57]. Já sua filha Ana do Couto casou com João Paes de Castro, filho de Estevão Paes Barreto, que se tornaria o terceiro morgado do Cabo[58]. Ana de Holanda era viúva de João Gomes de Melo e seu filho Francisco Gomes de Melo seria capitão-mor do Rio Grande entre 1625 e 1627[59].

No ramo 11 encontramos quatro engenhos. O primeiro era propriedade de Antônio de Barros, que acreditamos ser Antônio de Barros Pimentel, casado com Maria de Holanda, filha de Arnau de Holanda[60]. Este foi nomeado por D. Sebastião provedor da Fazenda dos Defuntos e Ausentes de Pernambuco e Itamaracá em 1577, sendo reconduzido em 1587 ao mesmo posto[61]. O engenho seguinte era de Diogo Mendes

---

Histórico e Geográfico Brasileiro, tomo 73, p. 213 e Frei Vicente do Salvador, *Op. cit.*, p. 475.

[56] Frei Vicente do Salvador, *Op. cit.*, p. 364. Segundo Frei Jaboatão e Loureto Couto, D. Luís de Sousa Henriques teria assumido o governo de Pernambuco. Sobre o assunto, veja-se COSTA, F. A. P. da, *Anais Pernambucanos*, 10 vols. Recife: Arquivo Público Estadual, 1951, vol. II, p. 350.

[57] Cf. "Auto, que mandou fazer o Senhor governador geral Diogo Botelho, da tomada da Urca Três Reis Magos" de 25 de janeiro de 1603, publicado na *Revista do Instituto Histórico e Geográfico Brasileiro*, tomo 73, p. 227 e seguintes; *Primeira Visitação do Santo Ofício às Partes do Brasil – Denunciações e Confissões de Pernambuco* (1593-1595), *Op. cit.*, p. 115 das denunciações.

[58] Borges da Fonseca, *Op. cit.*, vol. II, p. 27 e Gilberto Osório de Andrade e Rachel Caldas Lins, *Op. cit.*, p. 36.

[59] Borges da Fonseca, *Op. cit.*, vol. I, p. 494; "Provimento de Francisco Gomes de Melo, capitão-mor do Rio Grande" de 13 de junho de 1624, Arquivo Nacional da Torre do Tombo, Chancelaria de Filipe III, Doações, Livro 39, fl. 136 e LEMOS, V. de, *Capitães-mores e Governadores do Rio Grande do Norte*. Rio de Janeiro: Jornal do Comércio, 1912, p. 13.

[60] Borges da Fonseca, *Op. cit.*, vol. I, p. 308.

[61] Cf. "Provimento Antônio de Barros Pimentel, provedor da Fazenda dos Defuntos das capitanias de Pernambuco e Itamaracá" de 21 de junho de 1577 e "Provimento Antônio de Barros Pimentel, provedor da Fazenda dos Defuntos das capitanias de Pernambuco e Itamaracá " de 29 de janeiro de 1587, Arquivo Nacional da Torre do Tombo,

de Macedo, de quem não possuímos maiores informações, ao contrário do próximo senhor de engenho, o conhecido cristão-novo João Nunes de Matos, mercador citado inúmeras vezes nas denunciações do Santo Ofício[62]. Foi um dos conquistadores da Paraíba, financiando os suprimentos e participando dos combates, tornou-se assim dono de dois engenhos na nova capitania[63]. Em 1592 foi preso pela Inquisição e enviado a Lisboa, acabou absolvido por falta de provas, voltando para Pernambuco[64]. O último engenho deste ramo era do desconhecido Luís de Oliveira Serrão.

Adentrando ao último ramo do Cabo de Santo Agostinho, encontramos o engenho de Estevão Paes Barreto, filho de João Paes Velho Barreto e irmão de João Paes Barreto, de quem foi sucessor, tornando-se o segundo morgado do Cabo[65]. O engenho seguinte era de Antônio de Mendonça Furtado, que foi casado com Isabel de Melo, irmã de Francisco Gomes de Melo e filha de Ana de Holanda, personagens citadas acima[66]. Em seguida encontramos o engenho de Julião Paes em Utinga, provavelmente filho bastardo de João Paes Velho Barreto[67]. O último senhor de engenho era Belchior Garcia Rabelo, o qual é intitulado "angolista" nas denunciações ao Santo Ofício em Pernambuco[68].

---

respectivamente, Chancelaria de D. Sebastião e D. Henrique, Doações, livro 38, fl. 97 e Chancelaria de Filipe I, Doações, livro 11, fl. 405 v.

[62] Ver *Primeira Visitação do Santo Ofício às Partes do Brasil – Denunciações e Confissões de Pernambuco* (1593-1595), Op. cit., passim; *Primeira Visitação do Santo Ofício às Partes do Brasil – Denunciações da Bahia*. São Paulo, 1925, passim e "Livro das Denunciações que se fizeram na Visitação do Santo Oficio a Cidade do Salvador ..., no ano de 1618", publicado nos *Anais da Biblioteca Nacional*, vol. 49, p. 53.

[63] Cf. "Sumário das Armadas que se fizeram e guerras que se deram na conquista do rio Paraíba", publicado na *Revista do Instituto Histórico e Geográfico Brasileiro*, tomo 36, p. 47, 58 e 61 e Frei Vicente do Salvador, Op. cit., 275 e 283.

[64] Cf. "Processo de João Nunes" (1592), Arquivo Nacional da Torre do Tombo, Inquisição de Lisboa, 885 e 1491.

[65] Borges da Fonseca, Op. cit., vol. II, p. 26.

[66] *Idem*, Vol. I, p. 495.

[67] Gilberto Osório de Andrade e Rachel Caldas Lins, Op. cit., p. 32 e PIO, F., *Cinco documentos para a história dos engenhos de Pernambuco* (Século XVI–XVIII). Recife: Museu do Açúcar, 1969, p. 20.

[68] Ver *Primeira Visitação do Santo Ofício às Partes do Brasil - Denunciações e Confissões de Pernambuco* (1593-1595), Op. cit., p. 139 das denunciações e "Livro das saídas dos navios e urcas" de 1605, publicado na *Revista do Instituto Arqueológico, Histórico e Geográfico Pernambucano*, vol. 58, p. 111.

O PATRIMÔNIO FUNDIÁRIO (II)

Avançando para Ipojuca encontramos dois ramos, um com 6 e outro com 3 engenhos. No primeiro deles, o de número treze, os dois primeiros engenhos são de Cosmo Dias da Fonseca, filho de Pedro Dias da Fonseca, que já era senhor de engenho na região. Cosmo Dias foi casado com D. Mécia de Moura, filha de Filipe de Moura e de Genebra de Albuquerque, logo neta do velho Jerônimo de Albuquerque e de Filipe Cavalcanti[69]. Foi cavaleiro da Ordem de Cristo, teve foro de fidalgo cavaleiro da Casa Real, cujo alvará saiu depois de sua morte em 1638, que alcançou pelos serviços de seu cunhado D. Francisco de Moura, que foi capitão-mor da capitania da Bahia, com poderes de governador na dita capitania entre dezembro de 1624 e janeiro de 1627[70].

Pouco adiante encontramos os dois engenhos de Antônio Ribeiro de Lacerda. Este era filho do homônimo Antônio Ribeiro de Lacerda, que fora nomeado por D. Sebastião feitor e almoxarife de Pernambuco em 1570, sendo reconduzido ao posto em 1575 por ter servido bem e por casar com Maria Pereira, órfã enviada a Pernambuco[71]. O filho era meio-irmão de Cosmo Dias da Fonseca por parte de mãe e foi casado com D. Isabel de Moura, irmã da mulher do meio-irmão. Antônio Ribeiro de Lacerda, segundo Borges da Fonseca, "teve o foro de Fidalgo da Casa Real em 1624, por despacho concedido a seu cunhado D. Francisco de Moura, quando veio governar a Bahia"[72]. Antônio Ribeiro de Lacerda foi morto pelos holandeses no assalto ao forte de Santo Antônio, após se destacar em inúmeras ações, a tal ponto que Brito Freire escreveu:

---

[69] Borges da Fonseca, *Op. cit.*, vol. I, p. 71 e vol. II, p. 52 e 457 e *Primeira Visitação do Santo Ofício às Partes do Brasil – Denunciações e Confissões de Pernambuco* (1593-1595), *Op. cit.*, p. 173 das denunciações.

[70] Francisco de Moura foi ainda governador do Cabo Verde entre 1618 e 1622. Cf. COSTA, F. A. P. da, *Dicionário de Pernambucanos Celebres*, 2ª ed. Recife: Prefeitura Municipal, 1982, p. 330 e HENIGE, D. P., *Colonial Governors From the Fifteenth Century to the Present*. Madison: University of Wisconsin Press, 1970, p. 236.

[71] "Provimento de Antônio Ribeiro, feitor e almoxarife de Pernambuco" de 10 de março de 1570, Arquivo Nacional da Torre do Tombo, Chancelaria de D. Sebastião e de D. Henrique, Doações, Livro 26, fl. 34 v. e "Provimento de Antônio Ribeiro, feitor e almoxarife de Pernambuco" de 10 de novembro de 1575, Instituto Histórico e Geográfico Brasileiro, Documentos manuscritos copiados no século XIX por ordem de D. Pedro II, Códice 1.2.15 – Registros – Tomo I – Conselho Ultramarino Português.

[72] Borges da Fonseca, *Op. cit.*, vol. II, p. 52, 161, 205, 395 e 457.

"ficar sem prêmio a morte de Antônio Ribeiro de Lacerda escandalizou o Brasil"[73].

Ainda no mesmo ramo aparece o engenho de Sebastião Coelho, meirinho da Alfândega e do Mar no começo do século XVII[74], e o de Margarida Álvares de Castro, viúva de Miguel Fernandes de Távora, cuja filha Catarina de Castro casou com Estevão Paes Barreto, o segundo morgado do Cabo, citado acima[75].

No ramo seguinte, o décimo quarto, ainda em Ipojuca, estão arrolados três engenhos. O primeiro era "o que ficou" de Cristóvão Lins, um dos mais antigos moradores da capitania. Foi o capitão da gente da várzea do Capibaribe na conquista da região do Cabo de Santo Agostinho comandada por Jorge de Albuquerque Coelho, participando também da conquista das terras do sul da capitania, o que lhe valeu receber o posto de alcaide-mor de Porto Calvo[76]. Os dois outros engenhos eram do desconhecido Paulo de Amorim Salgado e de Antônio da Costa Soeiro, que serviu como ouvidor em Pernambuco[77].

Chegando ao último ramo, em Serinhaém, encontramos o engenho de Jaques Peres, nomeado por Filipe I para o posto de meirinho da Correição em 1590, o qual aparece exercendo o posto no juramento dado pelos meirinhos e alcaides na instalação do Santo Ofício em Pernambuco em 1593[78]. Adiante atingimos o engenho de Filipe de Albuquerque, filho

---

[73] FREYRE, F. de B., *Nova Lusitânia, História da Guerra Brasílica*. Recife: Governo de Pernambuco, 1977 (fac-símile da edição de 1675), p. 345. Ver também, entre outros, *Relação Verdadeira e Breve da Tomada da Vila de Olinda*. Lisboa, 1630, Biblioteca Nacional do Rio de Janeiro, seção de manuscritos, I – 1, 2, 44, n° 22.

[74] Cf. "Auto, que mandou fazer o Senhor governador geral Diogo Botelho, da tomada da Urca Três Reis Magos" de 25 de janeiro de 1603, publicado na *Revista do Instituto Histórico e Geográfico Brasileiro*, tomo 73, p. 227.

[75] Cf. Borges da Fonseca, *Op. cit.*, vol. II, p. 27.

[76] Francisco Augusto Pereira da Costa, *Anais Pernambucanos*, *Op. cit.*, vol. I, p. 573; Borges da Fonseca, *Op. cit.*, vol. I, p. 100 e 363 e CALADO, M., *O Valeroso Lucideno e Triunfo da Liberdade* (1648), 2 vols. São Paulo: Edições Cultura, 1945, vol. II, p. 109. Teria participado também da conquista da Paraíba, Frei Vicente do Salvador, *Op. cit.*, p. 196 e 280 e "Sumário das Armadas que se fizeram e guerras que se deram na conquista do rio Paraíba", publicado na *Revista do Instituto Histórico e Geográfico Brasileiro*, tomo 36, p. 63.

[77] Cf. "Alvará para se levar em conta o tempo em que serviu como ouvidor a Antônio Soeiro" de 29 de maio de 1584, Arquivo Nacional da Torre do Tombo, Chancelaria de Filipe I, Doações, Livro 9, fl. 378.

[78] Cf. "Provimento de Jaques Peres, meirinho da correição" de 20 de dezembro de 1590, Arquivo Nacional da Torre do Tombo, Chancelaria de Filipe I, Doações, Livro 16, fl. 418

do velho Jerônimo de Albuquerque com mãe não declarada. Este Filipe de Albuquerque casou com D. Madalena Pinheiro, filha do feitor-mor da Armada do Maranhão, Antônio Pinheiro Feijó e de Leonor Guardes, mesmos pais da mulher de Jerônimo de Albuquerque Maranhão, seu meio-irmão[79].

Ainda neste ramo, Diogo Martins Pessoa era dono de um engenho. Filho de Fernão Martins Pessoa, antigo senhor de engenho na região da Várzea do Capibaribe, Diogo Martins levantou o engenho do Rosário em Serinhaém nas terras que couberam da legítima de sua mulher, Filipa de Melo de Albuquerque, filha de Jerônimo de Albuquerque com D. Filipa de Melo[80]. O último engenho do ramo era de D. Joana de Albuquerque, filha natural do velho Jerônimo de Albuquerque, viúva do capitão Álvaro Fragoso, cavaleiro fidalgo da casa de el-rei e filho do desembargador Brás Fragoso, antigo ouvidor geral do Brasil[81]. Os filhos de D. Joana de Albuquerque e de Álvaro Fragoso tiveram participação destacada nas campanhas militares do período, tanto na conquista do Maranhão, como na luta contra os holandeses[82].

---

e *Primeira Visitação do Santo Ofício às Partes do Brasil – Denunciações e Confissões de Pernambuco* (1593-1595), *Op. cit.*, p. 8 das denunciações. Ver também a escritura da compra de "uma sorte de terras" da Ordem de São Bento em Serinhaém, que haviam sido doadas à Ordem por Isabel de Albuquerque, filha de Jerônimo de Albuquerque. Cf. "Escritura de venda, que fizemos, como procuradores de Dona Isabel de Albuquerque das terras que ela tinha em Serinhaém a Jaques Peres" de 12 de setembro de 1610, que consta do *Livro do Tombo do Mosteiro de São Bento de Olinda*. Recife: Imprensa Oficial, 1948, p. 557.

[79] Borges da Fonseca, *Op. cit.*, vol. I, p. 9 e vol. II, p. 399. Registre-se também que Leonor Guardes é irmã de Inês Guardes, mulher de João Paes Barreto, ambas filhas de Francisco Carvalho de Andrade, senhor do engenho São Paulo da Várzea.

[80] Cf. *Primeira Visitação do Santo Ofício às Partes do Brasil – Denunciações e Confissões de Pernambuco* (1593-1595), *Op. cit.*, p. 298 das denunciações e Borges da Fonseca, *Op. cit.*, vol. I, p. 149 e vol. II, p. 34, 215, 323 e 378.

[81] Cf. *Primeira Visitação do Santo Ofício às Partes do Brasil – Denunciações e Confissões de Pernambuco* (1593-1595), *Op. cit.*, p. 246 das denunciações; Borges da Fonseca, *Op. cit.*, vol. II, p. 209 e 382; "Instrumento público e defesa do Padre Belchior Cordeiro" de 11 de janeiro de 1587, publicado por LEITE, S., *Novas Cartas Jesuíticas*. São Paulo: Companhia Editora Nacional, 1940, p. 186.

[82] Jerônimo Fragoso de Albuquerque e Gregório Fragoso de Albuquerque participaram da conquista do Maranhão, sendo que o primeiro chegou a ocupar o posto de capitão-mor do Pará em 1619, já Álvaro Fragoso de Albuquerque destacou-se na luta contra os holandeses, tendo sido posteriormente nomeado capitão-mor da Vila Formosa de Serinhaém, onde também foi alcaide-mor. Veja-se, para os primeiros, Francisco Augusto Pereira da Costa, *Dicionário de Pernambucanos Célebres*, *Op. cit.*, p. 432 e, para o último dos filhos

O último engenho da capitania, localizado mais ao sul em Porto Calvo, naquele momento não fazia parte de nenhum dos ramos da cobrança do dízimo. Este engenho era de Cristóvão Lins, neto do homônimo citado acima, de quem herdou o posto de alcaide-mor de Porto Calvo. Participou ativamente da guerra contra os holandeses e posteriormente das lutas contra os negros do quilombo dos Palmares[83].

Concluídos os engenhos pernambucanos, vejamos agora os senhores de engenho da capitania de Itamaracá arrolados por Diogo de Campos Moreno no mesmo documento seguindo a ordem dada por este.

O primeiro engenho pertencia ao desconhecido Álvaro Lopes e o segundo era de Amador de Matos, que sabemos ter servido em 1594 como almotacel na vila da Conceição em Itamaracá[84]. O dono do terceiro engenho era Duarte Ximenes Caminha, cavaleiro fidalgo da casa de Sua Majestade, ocupou vários postos militares de importância, como o de capitão do presídio, ou seja, da guarnição de Pernambuco em 1622, além de ser contratador dos dízimos em 1619 na mesma capitania[85].

Avançando um pouco mais encontramos o primeiro dos dois engenhos que Antônio Cavalcanti possuía em Itamaracá. Era filho de Filipe Cavalcanti e neto do velho Jerônimo de Albuquerque e, na conquista da

---

citados, Frei Manuel Calado, *Op. cit.*, vol. II, p. 76, Brito Freyre, *Op. cit.*, p. 284 e seguintes e COELHO, D. de A., *Memórias Diárias da Guerra do Brasil (1630-1638)* (tradução). Recife: Secretaria do Interior, 1944, p. 137, 140, 154, 158 e 159.

[83] Frei Manuel Calado, *Op. cit.*, vol. II, p. 109 e seguintes e CARNEIRO, E., *O Quilombo dos Palmares*, 3ª ed. Rio de Janeiro: Civilização Brasileira, 1966, p. 62 e seguintes.

[84] Cf. *Primeira Visitação do Santo Ofício às Partes do Brasil – Denunciações e Confissões de Pernambuco (1593-1595)*, *Op. cit.*, p. 359 das denunciações e p. 96 e 98 das confissões.

[85] Embora a associação das funções de capitão do presídio e contratador dos dízimos pareça estranha, acreditamos ser difícil que em anos tão próximos existissem duas pessoas chamadas Duarte Ximenes Caminha. Cf. "Instrumentos de Diogo Botelho" de 6 de setembro de 1603, publicado na *Revista do Instituto Histórico e Geográfico Brasileiro*, tomo 73, parte I, p. 155; "Alvará de licença para Duarte Ximenes Caminha carregar açúcar" de 8 de outubro de 1619, Arquivo Nacional da Torre do Tombo, Chancelaria de Filipe III, Doações, Livro 1, fl. 74; "Auto do que ficou assentado sobre medidas a tomar contra o assalto dos holandeses as fortalezas de Pernambuco em reunião convocada por Matias de Albuquerque" de 16 de outubro de 1621, publicado por STUDART, B. de, *Documentos para a História do Brasil e Especialmente a do Ceará*, 4 vols. Fortaleza: Minerva, 1909, vol. I, p. 289 e "Relação das visitas que o provedor-mor da fazenda do Estado do Brasil fez nas fortalezas da Capitania de Pernambuco e nas mais do norte" de 29 de dezembro de 1623, publicada por GALVÃO, H., *História da Fortaleza da Barra do Rio Grande*. Rio de Janeiro: Conselho Federal de Cultura, 1979, p. 246.

Paraíba, foi capitão de uma das companhias[86]. Adiante encontramos o engenho dos irmãos Diogo e Simão de Paiva, filhos de Miguel Álvares de Paiva que, segundo Frei Vicente do Salvador, foi levantado por capitão-mor da capitania de Itamaracá. A irmã deles, Isabel de Paiva, era casada com Pero Lopes Lobo, que também foi capitão-mor de Itamaracá[87].

Seguindo o arrolamento de Diogo de Campos Moreno, encontramos o desconhecido Diogo Delgado e em seguida o engenho de Luís de Figueiredo em Goiana, que acreditamos ser filho ou parente próximo de Gaspar de Figueiredo Homem, ouvidor geral do Estado do Brasil na última década do século XVI, pois este casou em Pernambuco, tornando-se proprietário de um engenho em Goiana de invocação "da Santa Cruz"[88]. Os últimos dois engenhos eram de Antônio de Holanda, filho de Arnau de Holanda[89], e de Jerônimo Rodrigues, cristão-novo, que "foi mercador e ora está empobrecido, morador na vila de Itamaracá" e era primo de João Nunes, citado acima[90].

Aplicando o mesmo critério utilizado no capítulo anterior com os senhores de engenho da capitania da Bahia, ou seja, dividindo-os nos mesmos seis grupos (A: Grandes do Reino; B: Detentores de cargos na administração colonial; C: Familiares e criados dos detentores de cargos;

---

[86] "Sumário das Armadas que se fizeram e guerras que se deram na conquista do rio Paraíba", publicado na *Revista do Instituto Histórico e Geográfico Brasileiro*, tomo 36, p. 34 e Borges da Fonseca, *Op. cit.*, vol. II, p. 392 e seguintes.

[87] Frei Vicente do Salvador, *Op. cit.*, p. 141; *Primeira Visitação do Santo Ofício às Partes do Brasil – Denunciações e Confissões de Pernambuco* (1593-1595), *Op. cit.*, p. 372 das denunciações e Borges da Fonseca, *Op. cit.*, vol. I, p. 149 e vol. II, p. 136. Pero Lopes Lobo recebeu por seus serviços de Filipe II de Portugal o hábito da Ordem de Cristo com uma tença e alvará de lembrança para seu filho ser provido nas partes do Brasil num ofício de justiça ou fazenda, cf. "Mercês concedidas por Sua Majestade a Pero Lopes Lobo" de 23 de março de 1610, Archivo General de Simancas, Sec. Provinciales, códice 1498, Registo de despachos e cartas régias para a Índia no ano de 1608, fl. 78 v.

[88] Frei Vicente do Salvador, *Op. cit.*, p. 335; "Livro das saídas dos navios e urcas" de 1605, publicado na *Revista do Instituto Arqueológico, Histórico e Geográfico Pernambucano*, vol. 58, p. 113 e KNIVET, A., *Varia Fortuna e Estranhos Fados* (século XVII) (tradução). São Paulo: Brasiliense, 1947, p. 166. Knivet, embora erre o nome, nos informa que "Goiana é um pequeno rio que fica junto a esse [rio] Paraíba; [e] pertence a Gaspar de Siqueira, que foi chefe da justiça de todo o Brasil".

[89] Borges da Fonseca, *Op. cit.*, vol. I, p 324.

[90] *Primeira Visitação do Santo Ofício às Partes do Brasil – Denunciações da Bahia*, *Op. cit.*, p. 557.

D: Pessoas que participaram do governo da conquista, sem possuírem cargos formais na administração colonial e seus familiares mais próximos[91]; E: Pessoas que não participaram do governo e sem ligação familiar com as pessoas da governança e F: Pessoas sobre as quais não conseguimos nenhum tipo de informação, fato que provavelmente indique a não existência de vínculos com a administração colonial[92]), teríamos os seguintes resultados: detentores de cargos com 17 senhores de engenho; familiares e pessoas diretamente ligadas a detentores com outras 15; pessoas que exerceram outras atividades ligadas à administração – tarefas militares, rendeiros de impostos, sertanistas, membros da câmara, etc. – com 19 nomes; pessoas que não mantinham relações diretas com os detentores de cargos com 17 e, por fim, 10 nomes sobre os quais não conseguimos nenhuma informação (ver Tabela 4 a seguir).

---

[91] Exemplos dessa situação são os comandantes de expedições militares, os capitães das tropas formadas pelos moradores, sertanistas a mando do governo, rendeiros de impostos, membros da Câmara, enfim, atividades ligadas à governança da terra.

[92] Registre-se que cada pessoa só será incluída em um grupo, dando-se sempre preferência para o primeiro grupo possível, no caso de uma pessoa poder ser arrolada em mais de um grupo. Assim, por exemplo, uma pessoa que pudesse ser arrolada nos grupos B, C ou D foi arrolada apenas no B; outra no C ou D, foi no C.

O PATRIMÔNIO FUNDIÁRIO (II)

TABELA 4
SENHORES DE ENGENHO EM PERNAMBUCO E ITAMARACÁ (C. 1609)

	A	B	C	D	E	F
Ramo de Igaraçu 1						
Gaspar Fernandes Anjo				x		
Gaspar Fernandes Anjo				x		
Estevão Gomes		x				
Gonçalo Novo					x	
Ramo do dito distrito 2						
Vicente Fernandes						x
Vicente Fernandes						x
Gonçalo Novo				x		
Antônio Dias do Porto						x
João Velho Prego		x				
Ramo 3						
Damião Álvares de Teive		x				
Ambrósio Fernandes Brandão				x		
André Gomes Pina					x	
Luís de Rego Barros					x	
Ramo 4						
Leonardo Fróes				x		
Duarte Dias Henriques					x	
Julião Paes			x			
Lourenço de Sousa						x
Isabel Pereira				x		
Pero Cardigo		x				
Antônio da Rosa			x			
Francisco de Barros Rego				x		
Ambrósio de Abreu			x			
Ramo do dito distrito 5						
Maria Gonçalves Raposo						x
Dom Jerônimo de Almeida					x	
Pedro da Costa						x
Estevão Velho Barreto				x		
Julião Paes			x			
Martim Vaz de Moura		x				
Pero da Cunha de Andrade					x	
Paulo Bezerra				x		

A FORMAÇÃO DA ELITE COLONIAL NO BRASIL

	A	B	C	D	E	F
Ramo no distrito de Jaboatão 6						
Antônio de Andrade da Cunha				x		
Diogo Botelho		x				
Duarte de Sá		x				
Duarte de Sá		x				
Duarte de Sá		x				
Ramo no dito distrito 7						
Luís de Valença						x
Pero de Laus						x
Maria Ferrão						x
Pero Cardigo		x				
Domingos de Castro				x		
Manuel Leitão				x		
Ramo do dito distrito 8						
Fernão Rodrigues Vassalo		x				
André Soares					x	
Diogo Soares					x	
Fernão Soares				x		
Fernão Soares				x		
Ramo 9 no cabo de Santo Agostinho						
João Paes Barreto		x				
João Paes Velho Barreto				x		
João Paes Velho Barreto				x		
João Paes Velho Barreto				x		
João Paes Velho Barreto				x		
Ramo 10 no dito distrito						
Gonçalo Pereira					x	
André do Couto					x	
André do Couto					x	
Ana de Holanda			x			
Ana de Holanda			x			
Ramo 11 no dito distrito						
Antônio de Barros				x		
Diogo Mendes de Macedo					x	
João Nunes de Matos				x		
Luís de Oliveira Serrão						x

O PATRIMÔNIO FUNDIÁRIO (II)

	A	B	C	D	E	F
Ramo 12 no dito distrito						
Estevão Paes Barreto			x			
Antônio de Mendonça Furtado					x	
Julião Paes			x			
Belchior Garcia Rabelo					x	
Ramo 13 no distrito de Ipojuca						
Cosmo Dias da Fonseca			x			
Cosmo Dias da Fonseca			x			
Sebastião Coelho		x				
Antônio Ribeiro de Lacerda			x			
Antônio Ribeiro de Lacerda			x			
Margarida Álvares de Castro					x	
Ramo 14 do dito distrito						
Cristóvão Lins		x				
Paulo de Amorim Salgado					x	
Antônio da Costa Soeiro		x				
Ramo 15 no distrito de Serinhaém						
Jaques Peres		x				
Filipe de Albuquerque			x			
Diogo Martins Pessoa			x			
Álvaro Fragoso			x			
Porto Calvo						
Cristóvão Lins		x				
	0	17	15	19	17	10

Itamaracá						
Álvaro Lopes						x
Amador de Matos				x		
Duarte Ximenes Caminha		x				
Antônio Cavalcanti				x		
Simão de Paiva e Diogo de Paiva			x			
Diogo Delgado						x
Luís de Figueiredo			x			
Antônio Cavalcanti				x		
Antônio de Holanda					x	
Jerônimo Rodrigues					x	
	0	1	2	3	2	2

345

Portanto, dois quintos dos engenhos seriam de senhores que estariam arrolados nos grupos B e C, somando aí os dos membros do grupo D, teríamos dois terços de engenhos cujos proprietários eram ligados à governança da terra, contra um terço aparentemente sem relação, incluindo aqui todos aqueles para os quais não obtivemos informação (ver Tabela 5).

TABELA 5
RESUMO DA TABELA 4

	A	B	C	D	B+C+D	E	F	E + F	Total
Engenhos Pernambuco	0	17	15	19	51	17	10	27	78
Engenhos Itamaracá	0	1	2	3	6	2	2	4	10

Legenda:

A – Grandes do Reino
B – Membros da administração colonial
C – Familiares e criados dos membros da administração
D – Membros da governança da terra
E – Sem relação com os detentores de cargo
F – Sem informação

Dessa forma, também na capitania de Pernambuco uma importante parcela da elite local aproveitou-se da participação no governo da conquista para constituir um significativo patrimônio, especialmente materializado nos engenhos de açúcar. No entanto, a capitania de Pernambuco apresenta importantes distinções se comparada com a capitania da Bahia. Em primeiro lugar, é necessário lembrar que a capitania de Pernambuco se estruturou por meio da iniciativa privada do grupo em torno de Duarte Coelho, enquanto a capitania da Bahia foi montada por iniciativa régia. Desse modo, a administração colonial em Pernambuco, tanto régia como donatarial, não se compara em importância e tamanho com a da Bahia, cabeça do Estado do Brasil. Além disso, o enorme desenvolvimento da economia açucareira em Pernambuco atraiu um número muito maior de mercadores se comparado com o da Bahia. Porém mesmo com estes fatores os números de senhores de engenho em Pernambuco envolvidos com o governo da capitania e com a conquista do território é muito significativo.

Outro aspecto digno de menção é que o grupo formado pelas famílias dos principais comandantes da conquista territorial nas décadas de 1550 e 1560 formou o núcleo duro do poder na capitania, graças ao controle destes sobre importante parcela das melhores terras da região, fato que lhes permitiria, inclusive, incorporar novos elementos récem-chegados, como particularmente novos funcionários régios ou mesmo mercadores de maior vulto. Tal grupo também ocuparia papel destacado na expansão territorial rumo ao norte, aproveitando-se das novas conquistas para obterem terras, escravos e cargos, como veremos a seguir.

AS NOVAS CONQUISTAS: PARAÍBA E SERGIPE

O movimento de ocupação das terras da capitania de Pernambuco ocorreu ao mesmo tempo que o efetivo domínio das terras da capitania da Bahia, visto no capítulo anterior, ambos efetuados entre a segunda metade da década de 1550 e o final da década seguinte. Nos dois casos, as terras conquistadas, rapidamente aproveitadas, estimularam, pouco depois, novas investidas sobre os territórios ainda não ocupados, localizados nas proximidades das duas capitanias, ou seja, as áreas das futuras capitanias da Paraíba e de Sergipe. Dessa maneira, os portugueses já sediados na colônia, pretendiam, com a nova ofensiva, derrotar a resistência indígena e ao mesmo tempo obter terras – abrindo uma nova frente de expansão – e cativos – legitimados pela guerra justa – para suprir a demanda por mão de obra tanto nas novas como nas velhas áreas.

O movimento para a ocupação das terras da Paraíba e de Sergipe começou em meados da década de 1570, durante o governo de Luís de Brito de Almeida, mas sem maiores consequências em ambos os casos, apenas na década seguinte os portugueses alcançariam o domínio dos territórios pretendidos.

No caso da Paraíba, as vitórias dos portugueses em Pernambuco, embora tenham consolidado o domínio das terras pernambucanas, não lograram derrotar definitivamente a resistência indígena, apenas a empurraram para o norte da pequena capitania de Itamaracá. Tal área tornou-se, assim, uma espécie de fronteira da colonização portuguesa, de onde as tribos hostis, reforçadas com a presença de traficantes franceses de pau-brasil, continuaram a lutar contra o avanço dos portugueses, atacando inclusive as fazendas mais próximas, impedindo com isso um maior aproveitamento das terras da capitania de Itamaracá ou mesmo as do norte da capitania de Pernambuco[93].

As tentativas de atrair pacificamente os indígenas inimigos para o lado português não deram resultados e os acordos de paz estabelecidos eram meras tréguas, quebradas regularmente. A própria conquista da Paraíba iniciou-se em torno de 1574, quando os indígenas se levantaram contra certos abusos praticados por alguns portugueses, destruindo o engenho recém-levantado de Diogo Dias, "que era o derradeiro que estava nas fronteiras da capitania de Itamaracá"[94].

As primeiras tentativas, contudo, não deram resultados. Em 1575, o governador Luís de Brito de Almeida enviou o ouvidor geral e provedor-mor Fernão da Silva com a tarefa de conquistar a região, mas a expedição, após algumas pequenas vitórias, foi obrigada a retornar a Pernambuco, dada a grande resistência indígena. O próprio governador organizou, ainda em 1575, uma armada de 12 navios em Salvador para tentar empreender a conquista, mas o tempo não lhe foi favorável, e apenas uma parte da frota conseguiu atingir Pernambuco. A expedição seguinte, em 1579, comandada por João Tavares, após montar um fortim numa ilha do Rio Paraíba, também foi obrigada pela resistência indígena a retornar a Pernambuco.

O fracasso das expedições, mesmo com reforços vindos da Bahia e da tentativa de colonização, empreitada após negociações diretas no Reino por Frutuoso Barbosa, fez com que o Governo Geral assumisse a tarefa.

---

[93] Para uma descrição mais detalhada desse processo de conquista ver um clássico da historiografia paraibana, PINTO, I. F., *Datas e Notas para a História da Paraíba* (1908). 2 vols., 2ª ed. João Pessoa: Universidade Federal da Paraíba, 1977 e o trabalho recente de GONÇALVES, R. C., *Guerras e Açúcares, Política e Economia na Capitania da Paraíba (1585-1630)* (tese inédita defendida na USP em 2003). A principal fonte para a conquista da Paraíba é o chamado "Sumário das Armadas que se fizeram e guerras que se deram na conquista do rio Paraíba", publicado na *Revista do Instituto Histórico e Geográfico Brasileiro*, tomo 36, p. 5-89. Frei Vicente do Salvador também dedica muita atenção ao tema, mas, salvo um ou outro detalhe, repete as informações, muitas vezes copiando trechos inteiros, do "Sumário", cuja autoria é atribuída ao jesuíta Simão Travassos. Sobre esta questão, veja-se: RODRIGUES, J. H., *História da História do Brasil*, 3 vols. São Paulo: Companhia Editora Nacional, 1979, p. 450.

[94] Frei Vicente do Salvador, *Op. cit.*, p. 215.

O ouvidor geral Martim Leitão foi enviado para Pernambuco e assumiu o comando de uma nova expedição, formada por tropas e com oficiais da capitania de Pernambuco e reforçada pela presença de uma pequena armada castelhana que retornava do estreito de Magalhães. Esta expedição acabaria consolidando definitivamente o domínio da região, embora as guerras ainda durassem alguns anos.

Vejamos agora quem foram os principais conquistadores e primeiros povoadores da Paraíba. O ouvidor geral Martim Leitão foi o comandante geral da conquista e seu cunhado Francisco Barreto era o segundo no comando, as companhias de ordenanças eram comandadas por Simão Falcão e Jorge Camelo para as de Olinda, João Paes Barreto para a do Cabo de Santo Agostinho e João Velho do Rego para a de Igaraçu, que, nas palavras expressivas de Pereira da Costa, eram "todos da principal e alentada nobreza pernambucana"[95]. As companhias dos mercadores eram comandadas por Fernão Soares e Ambrósio Fernandes Brandão. Ainda ocupavam postos importantes, Mister ou Micer Hipólito e Gaspar Dias de Moraes que dirigiam duas companhias formadas por "muitos mamelucos filhos da terra" e que eram da confiança do ouvidor geral "que deu sempre de comer à sua custa" indo na vanguarda das tropas. Os reforços de Itamaracá eram dirigidos pelo capitão da capitania Pero Lopes Lobo e as companhias eram comandadas por Cristóvão Paes de Altero, Baltasar de Barros e Antônio Cavalcanti[96].

Percebe-se, assim, que embora sob o comando do ouvidor geral e com parte dos recursos pagos pela Fazenda Real, a conquista da Paraíba foi uma grande empreitada da elite da capitania de Pernambuco, que, em seguida, assumiu os principais postos da nova capitania, ocupou as terras conquistadas e ergueu engenhos de açúcar. Além disso, a Câmara de Olinda procurou interferir nos assuntos da nova capitania, inclusive elegendo João Tavares, escrivão da própria Câmara de Olinda, como primeiro capitão-mor da Paraíba[97].

---

[95] Francisco Augusto Pereira da Costa, *Op. cit.*, vol. I, p. 560.
[96] Cf. "Sumário das Armadas que se fizeram e guerras que se deram na conquista do rio Paraíba", publicado na *Revista do Instituto Histórico e Geográfico Brasileiro*, tomo 36, p. 32 e Frei Vicente do Salvador, *Op. cit.*, p. 266.
[97] Exemplo dessa interferência é a carta em que a Câmara de Olinda pedia ao rei a substituição de Frutuoso Barbosa do posto de capitão-mor, pois este, para os oficiais, "não somente inquieta a Paraíba mas antes a nós nos causa moléstia além de nos haver tanto

O segundo capitão-mor, Frutuoso Barbosa, foi oficial da Câmara de Olinda em 1577, participava do comércio com pau-brasil em Pernambuco e acordou com a Coroa um projeto de colonização da Paraíba, sendo nomeado capitão-mor por dez anos. A tentativa inicial de Frutuoso Barbosa não foi bem-sucedida, mas, pouco tempo depois da conquista da Paraíba, pelo ouvidor geral Martim Leitão, a Coroa confirmou Frutuoso Barbosa no cargo, que exerceu por três anos, possivelmente como compensação dos gastos que teve nas guerras da Paraíba[98].

Com a saída de Frutuoso Barbosa, André de Albuquerque assumiu o posto de capitão-mor interinamente. Este era filho do velho Jerônimo de Albuquerque e, em 1593, ou seja, logo após deixar o governo interino da Paraíba, tornou-se vereador na Câmara de Olinda, tendo ainda sido capitão-mor de Igaraçu. Posteriormente seria reconduzido ao posto por provisão de Filipe II[99]. Vale a pena ainda citar Antônio de Albuquerque Maranhão, filho de Jerônimo de Albuquerque Maranhão, que foi nomeado capitão-mor da Paraíba em 1622 em respeito aos seus serviços e aos do pai na conquista do Maranhão, onde também servira anteriormente como capitão-mor[100].

---

custado (a conquista da Paraíba) e ora nos não custará pouco [...]", cf. "Carta dos juizes e vereadores da Vila de Olinda para el-rei" de 28 de agosto de 1589, Arquivo Nacional da Torre do Tombo, Corpo Cronológico, parte I, maço 112, documento 57. Sobre a eleição de João Tavares, cf. "Carta do cardeal arquiduque, para el-rei" de 18 de outubro de 1586, Archivo General de Simancas, Sec. Provinciales, códice 1550, Cartas originais do cardeal arquiduque, vice-rei de Portugal para el-rei, sobre diversos assuntos de 1586, fls. 536 e seguintes.

[98] Cf. Irineu Ferreira Pinto, *Op. cit.*, p. 14 e "Sumário das Armadas que se fizeram e guerras que se deram na conquista do rio Paraíba", publicado na *Revista do Instituto Histórico e Geográfico Brasileiro*, tomo 36, p. 17. Ver ainda, entre outros, os seguintes documentos: "Representação da Câmara de Olinda ao Padre Geral (dos Jesuítas)" de 29 de janeiro de 1577, publicada por Padre Serafim Leite, *História da Companhia de Jesus no Brasil, Op. cit.*, vol. I, p. 550 e "Provimento de Frutuoso Barbosa, capitão-mor da Paraíba por dez anos" de 25 de novembro de 1579, Arquivo Nacional da Torre do Tombo, Chancelaria de D. Sebastião e D. Henrique, Doações, Livro 42, fl. 382 v.

[99] Cf. Frei Vicente do Salvador, *Op. cit.*, 309; Borges da Fonseca, *Op. cit.*, vol. II, p. 386; *Primeira Visitação do Santo Ofício às Partes do Brasil – Denunciações e Confissões de Pernambuco* (1593-1595), *Op. cit.*, p. 3 das denunciações e "Provimento de André de Albuquerque, capitão-mor da Paraíba" de 21 de agosto de 1603, Arquivo Nacional da Torre do Tombo, Chancelaria de Filipe I, Doações, Livro 7, fl. 367 v.

[100] Cf. "Carta de nomeação de Antônio de Albuquerque" de 9 de agosto de 1622, Arquivo Nacional da Torre do Tombo, Chancelaria de Filipe III, Doações, Ofícios e Mercês, Livro 3, fl. 240 v.

O PATRIMÔNIO FUNDIÁRIO (II)

Quanto aos senhores de engenho na capitania da Paraíba, Diogo de Campos Moreno, na sua relação de 1609, arrola 10 engenhos, fornecendo os nomes dos proprietários[101]. O primeiro engenho arrolado era do mercador Francisco Tomás no rio Gramame[102]. O engenho seguinte ficava nas fronteiras do Tiberi e era de Gaspar Carneiro, que, segundo um depoimento perante o Santo Ofício, "foi provedor-mor nesta capitania, morador na cidade de Lisboa" e irmão de Francisco Carneiro "contador dos contos de Sua Majestade"[103]. Na verdade, Gaspar Carneiro serviu como escrivão e depois provedor da Fazenda dos Defuntos e Ausentes de Pernambuco e Itamaracá, posteriormente serviu em Lisboa, no cargo de tesoureiro geral da Fazenda dos Defuntos e Ausentes da Guiné e Brasil[104]. Chegou a possuir um engenho no termo de Olinda antes de 1608 e provavelmente não vivesse mais nas partes do Brasil na época em que Diogo de Campos Moreno redigiu sua relação[105].

Seguindo a lista, encontramos o engenho do mercador João de Paz e os dois de Ambrósio Fernandes Brandão. Este foi um dos comandantes

---

[101] Cf. MORENO, D. de C., "Relação das praças fortes, povoações e coisas de importância que Sua Majestade tem na costa do Brasil, fazendo princípio dos baixos ou ponta de São Roque para o sul do estado e defensão delas, de seus frutos e rendimentos, feita pelo sargento mor desta costa ..." de 1609, publicado na *Revista do Instituto Arqueológico, Histórico e Geográfico Pernambucano*, vol. 57, 1984, p. 185 e seguintes.

[102] *Primeira Visitação do Santo Ofício às Partes do Brasil – Denunciações e Confissões de Pernambuco* (1593-1595), Op. cit., p. 394 das denunciações. Salvo caso de homonímia, esteve envolvido na compra de açúcar do espólio de Mem de Sá, cf. "Inventário do engenho de Sergipe para entrega ao rendeiro judicial Gaspar da Cunha e por este a Antônio da Serra, procurador dos herdeiros" de 1574, publicado em *Documentos para a História do Açúcar*, 3 vols. Rio de Janeiro: IAA, 1956, vol. III, p. 121 entre outras.

[103] Cf. *Primeira Visitação do Santo Ofício às Partes do Brasil – Denunciações e Confissões de Pernambuco* (1593-1595), Op. cit., p. 204 das denunciações.

[104] Cf "Provimento de Gaspar Carneiro, escrivão da Fazenda dos Defuntos" de 21 de abril de 1584, "Provimento de Gaspar Carneiro, provedor da Fazenda dos Defuntos" de 8 de março de 1584, "Provimento de Gaspar Carneiro, escrivão dos Defuntos" de 24 de fevereiro de 1584, "Provimento de Jorge de Almeida Lobo, provedor da Fazenda dos Defuntos do Espírito Santo" de 8 de outubro de 1594 e "Provimento de Nicolau Teixeira de Barros, escrivão dos defuntos de Pernambuco" de 1º de março de 1616, respectivamente, Arquivo Nacional da Torre do Tombo, Chancelaria de Filipe I, Doações, livro 8, fl. 44 v.; fl. 9, p. 311; livro 10, fl. 129 v.; livro 31, fl. 20 v. e Chancelaria de Filipe II, Doações, livro 36, fl. 81 v.

[105] "Livro das saídas dos navios e urcas" de 1605, publicado na *Revista do Instituto Arqueológico, Histórico e Geográfico Pernambucano*, vol. 58, p. 118.

da conquista da Paraíba e, como ele próprio afirmava num pedido de sesmaria, fora ainda "muitas vezes por capitão de infantaria nas guerras ao gentio potiguar e franceses" na região[106].

Adiante atingimos o engenho de Duarte Gomes da Silveira na várzea do rio Paraíba. Um dos mais importantes moradores da capitania, da qual foi um dos principais conquistadores[107]. Foi denunciado pelo capitão-mor da Paraíba por tentar fraudar a Fazenda Régia, mudando o nome do engenho para se beneficiar de mais dez anos de isenção do dízimo; de qualquer forma, era sempre indicado ao monarca como um dos vassalos aptos para servi-lo[108].

Ainda na várzea do rio Paraíba, encontramos os engenhos de Lopo do Barco, Jorge Camelo e Afonso Neto. O primeiro era mercador e foi oficial da Câmara de Filipéia em 1603[109]. Jorge Camelo, além de capitão de uma das companhias de ordenanças na conquista da Paraíba, foi juiz em Iguaraçu e ouvidor da capitania de Pernambuco[110]. O terceiro, Afonso Neto foi um dos conquistadores da capitania, pois, como alegava,

---

[106] Cf. "Carta de Sesmaria de Ambrósio Fernandes Brandão" de 27 de novembro de 1613, publicada por TAVARES, J. de L., *Apontamentos para a História Territorial da Paraíba*, 2 vols. Paraíba: Imprensa Oficial, 1910, vol. I, p. 35.

[107] Frei Vicente do Salvador, *Op. cit.*, p. 278 e seguintes e "Sumário das Armadas que se fizeram e guerras que se deram na conquista do rio Paraíba", publicado na *Revista do Instituto Histórico e Geográfico Brasileiro*, tomo 36, p. 50 e seguintes.

[108] "Carta do capitão-mor da Paraíba, João Rabelo de Lima, ao rei Filipe II" de 6 de março de 1616, Arquivo Histórico Ultramarino, Paraíba, cx. 1, documento 7 (Projeto Resgate, Paraíba, documento 7). "Carta de Filipe II para Gaspar de Sousa" de 30 de agosto de 1613, publicada em *Cartas para Álvaro de Sousa e Gaspar de Sousa*, *Op. cit.*, p. 212; *Diálogos das Grandezas do Brasil* (1618), 1ª edição integral segundo o apógrafo de Leiden por José Antonio Gonsalves de Mello. Recife: Imprensa Universitária, 1962, p. 23 (a obra é atribuída a Ambrósio Fernandes Brandão) e o manuscrito 2436, Biblioteca Nacional de Madri, Miscelânea (Portugal), fl. 105, sem título e data, mas do início do século XVII (existe cópia na Biblioteca Nacional do Rio de Janeiro, intitulada "Parecer de João Rabelo de Lima", Manuscritos, Cópia, códice I - 1, 2, 44 nº 25).

[109] Cf. *Primeira Visitação do Santo Ofício às Partes do Brasil – Denunciações da Bahia*, *Op. cit.*, p. 521 e "Auto que mandaram fazer os oficiais da Câmara sobre a fortificação da barra do Cabedelo desta capitania da Paraíba" de 26 de abril de 1603, publicado na *Revista do Instituto Histórico e Geográfico Brasileiro*, tomo 73, p. 48.

[110] Frei Vicente do Salvador, *Op. cit.*, p. 266 e seguintes; "Sumário das Armadas que se fizeram e guerras que se deram na conquista do rio Paraíba", publicado na *Revista do Instituto Histórico e Geográfico Brasileiro*, tomo 36, p. 33 e seguintes; *Primeira Visitação do Santo Ofício às Partes do Brasil – Denunciações e Confissões de Pernambuco* (1593-1595), *Op. cit.*, p. 136 e 248 das denunciações e p. 25 das confissões e "Instrumento público e defesa do Padre Belchior Cordeiro" de 11 de janeiro de 1587, publicado por Padre Serafim

num pedido de sesmaria, era morador desde o "princípio da povoação [...] tendo gasto muito dinheiro na sua conquista [e] em todas as guerras e encontros com os gentios e franceses"[111].

O último engenho da capitania listado por Diogo de Campos Moreno em 1609 era de Antônio de Valadares, que foi capitão de uma das companhias na conquista do Rio Grande e de outra no combate aos indígenas que apoiaram os holandeses após a expulsão destes de Salvador[112]. Aparece ainda como um dos signatários de dois autos sobre a fortificação da capitania, um de 1603, quando era oficial da Câmara, e outro de 1618; pouco tempo depois arrematou os direitos da Alfândega da Paraíba colocados em pregão pelo provedor-mor[113].

Consolidado o domínio da capitania da Paraíba, o passo seguinte da expansão portuguesa foi a conquista da região conhecida posteriormente como Sergipe d'el-rei, entre o Rio São Francisco e o norte do Recôncavo da Bahia, que até o final da década de 1580 permanecia sob controle de tribos inimigas.

As primeiras tentativas de ocupação do território de Sergipe ocorreram ainda no governo de Luís de Brito de Almeida e tinham como principal responsável Garcia D'Ávila, porém acabaram limitando-se ao combate contra os indígenas inimigos. Estes, contudo, no final do governo de Manuel Teles Barreto, segundo Frei Vicente do Salvador, procuraram acertar um acordo de paz, sendo então enviada uma nova expedição que acabou sendo destruída pelos mesmos indígenas.

Leite, *Novas Cartas Jesuíticas, Op. cit.*, p. 186 e "Processo de Álvaro Velho Barreto" (1595), Arquivo Nacional da Torre do Tombo, Inquisição de Lisboa, 8475.

[111] Cf. "Carta de sesmaria de Afonso Neto" de 15 de janeiro de 1615, publicada por João de Lyra Tavares, *Op. cit.*, vol. I, p. 37.

[112] Frei Vicente do Salvador, *Op. cit.*, p. 323 e 495.

[113] Cf. "Auto que mandaram fazer os oficiais da Câmara sobre a fortificação da barra do Cabedelo desta capitania da Paraíba" de 26 de abril de 1603, publicado na *Revista do Instituto Histórico e Geográfico Brasileiro*, tomo 73, p. 40 e "Auto que mandou fazer o senhor governador e capitão geral deste Estado do Brasil D. Luís de Sousa sobre o forte novo que Sua Majestade ordena se faça, para fortificação do porto desta capitania (da Paraíba)" de 23 de novembro de 1618, que consta do *Livro 1º do Governo do Brasil, Op. cit.*, p. 254. Ver ainda "Relação das visitas que o provedor-mor da fazenda do Estado do Brasil fez nas fortalezas da Capitania de Pernambuco e nas mais do norte" de 29 de dezembro de 1623, publicado por Hélio Galvão, *Op. cit.*, p. 246 e o manuscrito 2436 da Biblioteca Nacional de Madri citado acima.

A conquista de Sergipe, propriamente dita, iniciou-se como resposta ao que os colonos consideraram uma traição e foi dirigida por Cristóvão de Barros, provedor-mor, que nesse momento participava da junta que governava interinamente o Estado do Brasil devido ao falecimento do governador geral[114].

Conquistada e povoada basicamente por moradores da Bahia, não se sabe os motivos que levaram a área a ser transformada em capitania independente. Diogo de Campos Moreno creditava tal iniciativa ao monarca, mas, em documento anônimo do início do século XVII, a medida era creditada ao governador geral D. Francisco de Sousa, o que teria, inclusive, provocado uma demanda sustentada pelos moradores de Salvador contra tal separação[115].

De qualquer forma, os moradores viam a conquista da região como mais uma possibilidade de obtenção de escravos e de terras, então escassas no entorno de Salvador. Daí a facilidade com que Cristóvão de Barros conseguiu recrutar as tropas para a empresa, afinal, como nos conta frei Vicente do Salvador:

> Apelidou por isso muitos homens desta terra [Bahia] e alguns de Pernambuco, e uns e outros o acompanharam com muita vontade, porque, sendo guerra tão justa, dada com licença de el-rei, esperavam trazer muitos escravos.[116]

Não restando dúvidas sobre a legitimidade dos escravos capturados. Assim, não causa surpresa que os principais companheiros de Cristóvão de Barros fossem os senhores de engenho Sebastião de Faria, comandante da retaguarda da expedição, e Rodrigo Martins[117], que junto com

---

[114] Frei Vicente do Salvador, *Op. cit.*, p. 295 e 301. Ao contrário da conquista da Paraíba a de Sergipe não possui nada comparável ao "Sumário das Armadas", assim Frei Vicente do Salvador é a melhor fonte de informação ainda que tenha escrito pouco sobre o assunto. Para tentativas anteriores de conquista, pacíficas ou não, ver FREIRE, F., *História de Sergipe*, 2ª ed. Petrópolis: Vozes, 1977, capítulo I, que publica também uma carta do jesuíta Inácio de Tolosa de 1575 que narra essas tentativas mal sucedidas.

[115] Diogo de Campos Moreno, *Livro que Dá Razão do Estado do Brasil* (1612), *Op. cit.*, p. 161 e "Relação das capitanias do Brasil" (início do século XVII), publicada na *Revista do Instituto Histórico e Geográfico Brasileiro*, tomo 62, parte I, p. 12.

[116] Frei Vicente do Salvador, *Op. cit.*, p. 302.

[117] Sobre estes dois senhores de engenho veja-se o capítulo anterior.

seu irmão Álvaro Rodrigues[118] capitaneavam as tropas que seguiam pelo interior.

"Alcançada a vitória e curados os feridos", ainda segundo Frei Vicente do Salvador, Cristóvão de Barros armou cavaleiros "como fazem em África", por provisões do rei que para isso tinha, e

> fez repartição dos cativos e das terras, ficando-lhe de uma coisa e outra muita boa porção, com que fez ali uma grande fazenda de currais de gado, e outros a seu exemplo fizeram o mesmo, com que veio a crescer tanto pela bondade dos pastos que dali se provem de bois os engenhos da Bahia e Pernambuco e os açougues de carne.[119]

A pecuária tornou-se a atividade dominante, consolidando o papel auxiliar desempenhado pela nova capitania, pois, como atestaria alguns anos depois Diogo de Campos Moreno, a capitania de Sergipe "é muito proveitosa aos engenhos e fazendas de Pernambuco e da Bahia, para as quais vai todo os anos muito gado"[120].

As terras da capitania foram rapidamente repartidas pelos moradores da Bahia e alguns de Pernambuco também, numa verdadeira corrida envolvendo as principais personalidades da elite baiana que aproveitaram para aumentar suas propriedades fundiárias[121]. Daí que dentre os sesmeiros da capitania se encontrassem o bispo D. Antônio Barreiros[122], diversos clérigos, os jesuítas, os beneditinos, vários funcionários da administração colonial, o alcaide-mor de Salvador Duarte Moniz Barreto, o famoso Garcia D'Ávila[123], o contratador dos dízimos Antônio

---

[118] Álvaro Rodrigues era um importante sertanista, pois, segundo o governador geral Diogo de Meneses, "os índios obedeciam-lhe como ao sol". Cf. CALMON, P. (Ed)., *Introdução e Notas ao Catálogo Genealógico das Principais Famílias, de Frei Antônio de Santa Maria Jaboatão*, 2 vols. Salvador: Empresa Gráfica da Bahia, 1985, p. 265 (trata-se de uma reedição do *Catálogo Genealógico* de frei Jaboatão).

[119] Frei Vicente do Salvador, *Op. cit.*, p. 302.

[120] Diogo de Campos Moreno, *Livro que Dá Razão do Estado do Brasil* (1612), *Op. cit.*, p. 163.

[121] As sesmarias de Sergipe foram publicadas por Felisbelo Freire, *Op. cit.*, p. 328 e seguintes.

[122] Este na época da conquista de Sergipe dividia o Governo Geral interino com Cristóvão de Barros.

[123] Sobre as terras sergipanas de Garcia D'Ávila ver seu testamento publicado por CALMON, P., *História da Casa da Torre: uma dinastia de pioneiros*. Rio de Janeiro: José Olympio, 1958, p. 224.

Vaz, o desembargador Baltasar Ferraz, Antônio Cardoso de Barros[124] e muitos outros.

Nem todas as terras distribuídas foram realmente aproveitadas, obrigando o governador geral D. Francisco de Sousa a ameaçar, por meio de um pregão em Salvador, tirar as terras dos que não as aproveitassem[125]. De qualquer forma, Sergipe tornou-se uma grande área de pecuária com imensos latifúndios, sobre os quais o sargento-mor do Estado do Brasil, Diogo de Campos Moreno, era explícito:

> tem essa capitania mais de duzentos moradores brancos, separados uns dos outros a respeito de suas criações, para as quais são tão cobiçosos de ocupar terras que há morador que tem trinta léguas de sesmarias em diferentes partes (Francisco Dias Ávila, filho de Garcia D'Ávila), e Antônio Cardoso de Barros (filho do conquistador Cristóvão de Barros) tem de sesmarias, desde o Rio Sergipe até o Rio São Francisco, por costa e pela terra a dentro, mais de oito léguas, e outros muitos moradores desta maneira tem ocupado com quatro currais terra que se podem acomodar muitas gentes.[126]

Retrato dessa situação pode ser auferido no relatório de Domingos da Cruz Porto Carreiro ao Conde de Nassau, durante a ocupação de Sergipe pelos holandeses, onde são listados 101 currais de gado, sendo que Antônio Cardoso de Barros era proprietário de um quarto deles[127].

A expansão territorial pelas partes do Brasil, comandada pelos altos membros do governo geral e sustentada pelos grupos dominantes

---

[124] Filho de Cristóvão de Barros e neto de Antônio Cardoso de Barros, possuía pelo menos dois engenhos na Bahia, além das terras em Sergipe. Chamado de "morador nobre" por Simão de Vasconcelos, teve destaque na campanha pela restauração de Salvador ocupada pelos holandeses em 1624 e 1625, ocupando o posto de coronel, tentou ainda sem sucesso obter o posto de capitão-mor de Sergipe. Cf. GUERREIRO, B., *Jornada dos Vassalos da Coroa de Portugal* (1625). Rio de Janeiro: Biblioteca Nacional, 1966, p. 69 e Frei Agostinho de Santa Maria. *Op. cit.*, p. 64. Ver ainda VASCONCELOS, S. de, *Vida do Venerável Padre José de Anchieta* (Séc. XVII), 2 vols. Rio de Janeiro: Instituto Nacional do Livro, 1943.

[125] "Carta (de sesmaria) de Miguel Soares de Sousa" de 16 de maio de 1596, publicada por Felisbelo Freire, *Op. cit.*, p. 334.

[126] Diogo de Campos Moreno, *Op. cit.*, p. 163.

[127] "Relação dos currais de gado de Sergipe apresentada por Domingos da Cruz Porto Carreiro em exposição ao Conde de Nassau ..." sem data, publicado em DUSSEN, A. van der, *Relatório Sobre as Capitanias Conquistadas no Brasil pelos Holandeses* (1639). Rio de Janeiro: Instituto do Açúcar e do Álcool, 1947, p. 166.

locais das capitanias primitivas, serviu, como nos casos da Paraíba e de Sergipe, para o reforço destes grupos, imediatamente, por meio do cativeiro de escravos e pela apropriação fundiária e, a médio prazo, por meio da ocupação dos principais cargos régios. Tal processo continuaria ainda rumo ao norte, como veremos em seguida.

A COSTA LESTE-OESTE

A conquista da Paraíba empurrou a fronteira da colonização mais para o norte; as tribos hostis, contudo, continuaram a ser uma ameaça e os franceses continuaram a frequentar a região e a explorar o pau-brasil. A luta pelo domínio da região acabou provocando uma nova arrancada da colonização portuguesa que, em duas décadas, ocupou toda a chamada costa leste-oeste, ou seja, a região litorânea entre as capitanias do Rio Grande (depois do Norte) e a do Pará.

A conquista do Rio Grande do Norte foi ordenada pela Coroa, segundo Frei Vicente do Salvador, sendo responsável o capitão-mor de Pernambuco Manuel Mascarenhas Homem. Este contou com o apoio do governador geral D. Francisco de Sousa, que lhe passou provisões e poderes necessários, inclusive para gastar por conta da Fazenda real[128], e com a ajuda de Feliciano Coelho de Carvalho, capitão-mor da Paraíba. A ação reuniu forças das capitanias de Pernambuco, Itamaracá e Paraíba e, dentre seus principais comandantes, vindos da Capitania de Pernambuco, estavam Francisco Barros Rego, João Paes Barreto, Manuel da Costa Calheiros e Manuel Leitão, senhores de engenho, e Pero Lopes Camelo, proprietário de uma fazenda; da Paraíba, Antônio de Valadares, senhor de engenho, e Afonso Pamplona, dono de terras na capitania. Entre os religiosos, destacava-se frei Bernardino das Neves, filho do primeiro capitão-mor da Paraíba, João Tavares, sendo por isso muito respeitado pelos potiguares.

Sem entrarmos em detalhes sobre as marchas e contramarchas, combates, acordos, traições e doenças, podemos, resumidamente, dizer

---

[128] Para o relato detalhado da conquista, ver as seguintes obras: Frei Vicente do Salvador, *Op. cit.*, p. 320, LEMOS, V. de, *Capitães-mores e Governadores do Rio Grande do Norte, Op. cit.*, e CASCUDO, C., *História do Rio Grande do Norte*. Rio de Janeiro: Ministério da Educação e Cultura, 1956.

que as forças portuguesas, após algumas vitórias, conseguiram dominar a região, fazendo as pazes com os indígenas e fundando Natal em 25 de dezembro de 1597, sob o comando Jerônimo de Albuquerque, após o retorno de Manuel Mascarenhas Homem para Pernambuco.

Como sempre após cada nova conquista as terras foram rapidamente distribuídas. A partilha das terras coube ao primeiro capitão-mor Jerônimo de Albuquerque, que aproveitou para distribuir uma enorme sesmaria aos filhos Antônio e Matias de Albuquerque. Além do tamanho, Jerônimo de Albuquerque soube escolher para os filhos uma das melhores áreas da capitania e praticamente umas das poucas áreas favoráveis ao cultivo da cana de açúcar, afinal as terras do Rio Grande eram mais propícias à criação de gado, "por serem para isso melhores do que para engenhos de açúcar"[129].

Tal fato acabou provocando queixas, como a de um autor anônimo, que, entre outras acusações, criticava Jerônimo de Albuquerque por tomar uma várzea inteira, com terras suficientes para oito engenhos. Relatava ainda que o capitão-mor teria respondido aos interessados em aproveitar estas terras "que pagarão tributos a seus filhos, em cujo nome ele tomou aquelas terras"[130].

As reclamações surtiram efeito e o rei, qualificando tal divisão de "exorbitante", acabou mandando que o capitão-mor de Pernambuco Alexandre de Moura e o desembargador Manuel Pinto da Rocha, ouvidor geral do Estado do Brasil, fossem até Natal e fizessem uma nova redistribuição, reduzindo a doação pela metade[131].

---

[129] Frei Vicente do Salvador, *Op. cit.*, p. 329. Um documento de origem jesuítica de 1607 dividia as terras do Rio Grande do Norte em campos para o gado e várzeas para a cana de açúcar. "Relação das cousas do Rio Grande, do sítio e disposição da Terra" de 1607, publicado por Serafim Leite, *História da Companhia de Jesus no Brasil*, *Op. cit.*, vol. I, p. 557.

[130] "Estado das coisas no Rio Grande", documento de autoria não identificada, escrito no início do século XVII, Biblioteca Nacional de Lisboa, Reservados, Coleção Pombalina, códice 647, fls. 106-107v.

[131] Cf. "Traslado do Auto e mais diligências que se fizeram sobre as datas de terras da capitania do Rio Grande, que se tinham dado" de 1614, publicado na *Revista do Instituto Histórico do Ceará*, Fortaleza: Instituto Histórico do Ceará, tomo 19. Tal códice contém inúmeros documentos e uma lista de quase 200 sesmarias concedidas ou validadas após a diligência. A doação de terras e de uma salina para os filhos de Jerônimo de Albuquerque estão nas p. 132 e 135 respectivamente.

Além dos filhos do governador, diversos moradores de Pernambuco e da Paraíba, além dos jesuítas do Colégio de Pernambuco[132], receberam terras, o que obrigou a que antes da redistribuição delas, fossem feitos pregões em Olinda e em Filipéia em que se ordenava aos possuidores de terra no Rio Grande do Norte que as fossem aproveitar sob pena de perdê-las[133].

A capitania do Rio Grande, segundo Diogo de Campos Moreno, pela impossibilidade do aproveitamento para a economia açucareira da maior parte de suas terras, teve um desenvolvimento pequeno, contando durante muito tempo com apenas um único engenho, o construído por Jerônimo de Albuquerque[134]. Por outro lado, com a construção da fortaleza da barra do Rio Grande, a capitania tornou-se uma importante base militar portuguesa, contando com expressiva guarnição[135].

O próximo passo do avanço na conquista da costa leste-oeste foi a ocupação do Ceará, cuja primeira tentativa, empreendida durante o governo de Diogo Botelho, foi conduzida por Pero Coelho de Sousa. Esta expedição, cujo objetivo era reconhecer a região, afastar os franceses da área, além de procurar minas e sondar as barras e portos, foi decidida num conselho reunido nas "pousadas" do governador geral em Olinda em janeiro de 1603, de que participaram as maiores autoridades da região, como o capitão-mor de Pernambuco Manoel Mascarenhas Homem, Feliciano Coelho de Carvalho, antigo capitão-mor da Paraíba, o desembargador Gaspar de Figueiredo Homem, ouvidor geral, o capitão e sargento-mor do Estado do Brasil Diogo de Campos Moreno e, ainda, o capitão João Barbosa de Almeida[136].

---

[132] A doação para os jesuítas era de quinze ou dezesseis léguas, cf. "Relação das cousas do Rio Grande, do sítio e disposição da Terra" de 1607, publicado por Serafim Leite, *História da Companhia de Jesus no Brasil, Op. cit.*, vol. I, p. 557.

[133] Cf. "Traslado do Auto e mais diligências que se fizeram sobre as datas de terras da capitania do Rio Grande, que se tinham dado" de 1614, publicado na *Revista do Instituto Histórico do Ceará*. Fortaleza: Instituto Histórico do Ceará, tomo 19, p. 116.

[134] MORENO, D. de C., "Relação das praças fortes, povoações e coisas de importância que Sua Majestade tem na costa do Brasil, fazendo princípio dos baixos ou ponta de São Roque para o sul do estado e defensão delas, de seus frutos e rendimentos, feita pelo sargento-mor desta costa ..." de 1609, publicado na *Revista do Instituto Arqueológico, Histórico e Geográfico Pernambucano*, vol. 57, 1984, p. 188.

[135] Hélio Galvão, *Op. cit., passim*.

[136] "Auto de como pôs em conselho o governador Diogo Botelho a jornada do Maranhão, que aprovaram todos os nomeados nele e só Manuel Mascarenhas foi de

O conselho decidiu enviar Pero Coelho de Sousa, homem nobre e fidalgo, morador na Paraíba[137], cunhado de Frutuoso Barbosa e antigo capitão de uma galé real, com duzentos portugueses, homens do sertão e mamelucos, que não fariam, segundo o documento, nenhuma falta ao serviço real, e ainda oitocentos flecheiros potiguares e tabajaras, sem despesas para a fazenda real, nem para os moradores, "por ser à custa dos que vão", já que pretendiam receber "mercês e honras" e permissão para resgates lícitos, inclusive cativos, que seriam examinados posteriormente pelos padres.

A expedição acabou fracassando, bem como a tentativa seguinte feita pelos jesuítas Francisco Pinto e Luís Figueira[138], quando o primeiro foi morto pelos indígenas. Ambas, porém, serviram para preparar o terreno para a expedição seguinte, dessa vez bem sucedida, organizada pelo governador geral Diogo de Meneses e comandada por Martim Soares Moreno[139], veterano da primeira tentativa e sobrinho de Diogo de Campos Moreno, sargento-mor do Estado do Brasil, e que ocupava o posto de tenente no Rio Grande do Norte, estabelecendo as raízes da nova capitania no começo da segunda década do século XVII[140].

Martim Soares Moreno, em recompensa pelos serviços prestados, ou como diz a carta, "havendo respeito [por] ser o primeiro povoador e fundador da capitania e fortaleza do Ceará", recebeu diretamente do rei o posto de capitão-mor do Ceará por dez anos, além de duas léguas de terras, pois ele mesmo já havia transferido sua "casa" para a capitania e pretendia montar um engenho, além de criar gado e plantar algodão. O pedido original de Martim Soares Moreno foi de doze léguas e o parecer do Conselho da Fazenda, não aceito pelo monarca, foi de doar seis. Este parecer foi dado por Alexandre de Moura, antigo capitão-mor de Pernambuco, que justificava a proposta de doar "apenas" seis léguas

---

contrario parecer" de 26 de janeiro de 1603, publicado na *Revista do Instituto Histórico e Geográfico Brasileiro*, tomo 73, p. 41.

[137] Foi vereador de Filipéia (atual João Pessoa), como se vê em ILHA, M. da, *Narrativa da Custódia de Santo Antônio do Brasil* (1621). Petrópolis: Vozes, 1975, p. 120.

[138] Ver Serafim Leite, *História da Companhia de Jesus no Brasil*, Op. cit., vol. III, p. 3.

[139] "Carta de Diogo de Meneses para o rei" de 1º de março de 1611, publicada nos *Anais da Biblioteca Nacional*, vol. 57, p. 75.

[140] Para um resumo da etapa inicial da conquista do Ceará ver Varnhagen, Op. cit., vol. II, p. 56 e 115 e STUDART FILHO, C., *O Antigo Estado do Maranhão e suas Capitanias Feudais*. Fortaleza: Imprensa Universitária do Ceará, 1960, p. 81.

com base no argumento de que os futuros colonos deveriam encontrar terras próximas, contudo, ressaltava que o capitão do Ceará "por ser bem quisto dos índios e falar bem a língua terá ocasião para adquirir gentio e fazer cultivar a terra", o que lhe permitiria aproveitar uma área tão grande[141].

A presença francesa no Maranhão fez com que a Coroa tomasse medidas efetivas para a expulsão dos "invasores" e para a ocupação da região[142]. O governador geral Gaspar de Sousa foi enviado a Pernambuco para poder mais facilmente organizar e apoiar a empresa, sendo escolhido para comandá-la um dos mais importantes membros da elite pernambucana, Jerônimo de Albuquerque, o qual, depois, acrescentaria Maranhão ao nome[143].

Jerônimo de Albuquerque Maranhão foi acompanhado por Diogo de Campos Moreno, sargento-mor do Estado do Brasil, e ainda por outros quatro capitães: Antônio de Albuquerque, seu filho, Gregório Fragoso de Albuquerque, seu sobrinho, Manuel de Sousa Eça, provedor dos Defuntos e Ausentes de Pernambuco, e Martim Calado de Betancor. Parte importante das tropas foi recrutada entre as famílias dos "homens ricos e afazendados" de Pernambuco que tinham mais de um filho, obrigados a ceder um deles para a expedição, além de grande número de indígenas aliados[144].

O capitão-mor Jerônimo de Albuquerque Maranhão acabou sendo nomeado primeiro capitão-mor do Maranhão, como já tinha sido o primeiro do Rio Grande do Norte. O filho Antônio foi nomeado

---

[141] Documentos referentes a Martim Soares Moreno publicados na *Revista do Instituto Histórico do Ceará*, tomo 19, 1909, p. 334. O documento é de 28 de abril de 1622, mas já em 1619 Martim Soares Moreno havia sido provido no posto de capitão-mor, sendo dispensado num adendo de ir até a Bahia para tomar posse que deveria ser dada pelo governador geral. Cf. STUDART, B. de, *Datas e Factos para a História do Ceará* (1896), 3 vols. Fortaleza: Fundação Waldemar Costa, 2001, vol. I, p. 28 e 33.

[142] Para os preparativos e o desenrolar dos fatos, ver Frei Vicente do Salvador, *Op. cit.*, p. 403. Vale ainda lembrar que o grande cronista da conquista foi MORENO, D. de C., *Jornada do Maranhão por Ordem de Sua Majestade Feita no Ano de 1614*. Rio de Janeiro: Alhambra, 1984.

[143] Para a biografia de Jerônimo de Albuquerque Maranhão, ver Borges da Fonseca, *Op. cit.*, vol. I, p. 9 e Pereira da Costa, *Dicionário de Pernambucanos Célebres*, *Op. cit.*, p. 425, mas ressalte-se o fato que este foi casado com D. Catarina Feijó, filha Antônio Pinheiro Feijó, feitor-mor da armada que foi ao Maranhão.

[144] Frei Vicente do Salvador, *Op. cit.*, p. 401.

capitão do forte de São José do Itapari, outro filho, Matias, foi nomeado governador dos indígenas e ao sobrinho Gregório coube a honra de levar as notícias ao monarca. Depois, com a morte de Jerônimo de Albuquerque Maranhão, o filho Antônio acabou assumindo o governo do Maranhão[145].

As nomeações para o mais importante posto na nova capitania atestam a grande participação de moradores oriundos de Pernambuco e região. O quarto capitão-mor do Maranhão, Antônio Moniz Barreiros, era morador em Pernambuco e, como seu pai, também morador em Pernambuco, fora nomeado provedor-mor do Estado do Brasil por seis anos com a "condição que, se dentro deles [anos] fizesse dois engenhos de açúcar no Maranhão, lhe faria mercê do ofício por toda vida", para tanto "proveu o governador [geral Diogo de Mendonça Furtado] na capitania do dito Maranhão a Antônio Moniz Barreiros, para com o poder do seu cargo melhor poder fazer os engenhos"[146].

Francisco Coelho de Carvalho, que foi o primeiro governador do Estado do Maranhão, já tinha ocupado o cargo de capitão-mor da Paraíba, mesmo posto antes ocupado pelo pai, Feliciano Coelho de Carvalho[147]. Durante seu governo doou as capitanias do Caeté e do Cumaú, respectivamente, ao filho Feliciano Coelho de Carvalho, homônimo do avô, e ao irmão, o desembargador Antônio Coelho de Carvalho, porém, como a capitania do Caeté já tinha sido doada ao antigo governador do Estado do Brasil Gaspar de Sousa, o filho recebeu no lugar a capitania do Cametá[148].

---

[145] Matias de Albuquerque, sucedendo o primo Jerônimo Fragoso de Albuquerque, foi governador do Pará, sendo deposto em poucos dias, e ainda no final da carreira governou a Paraíba, casou no Rio de Janeiro com uma filha da elite local, morrendo no seu engenho de Cunhau em 1685. Manuel de Sousa de Eça também foi posteriormente capitão-mor do Pará. Para todas as nomeações, ver: BERREDO, B. P., *Annaes Historicos do Estado do Maranhão* (1749). Iquitos (Peru): Abya-Yala, 1989, p. 197; MARQUES, C. A., *Dicionário Histórico-Geográfico da Província do Maranhão*. Rio de Janeiro: Editora Fon-Fon, 1970, p. 296; BAENA, A., *Compêndio das Eras da Província do Pará*. (1838). Belém: Universidade Federal do Pará, 1969, p. 25; Borges da Fonseca, *Op. cit.*, vol. I, p. 11 e Pereira da Costa, *Dicionário de Pernambucanos Célebres*, *Op. cit.*, p. 717.

[146] Frei Vicente do Salvador, *Op. cit.*, p. 429.

[147] César Augusto Marques, *Op. cit.*, p. 300 e LISBOA, J. F., *Crônica do Brasil Colonial, Apontamentos Para a História do Maranhão*. Petrópolis: Vozes, 1976, p. 348.

[148] PITA, S. da R., *História da América Portuguesa* (1730). Belo Horizonte: Itatiaia, 1976, p. 74. Sobre essas capitanias, ver Carlos Studart Filho, *Op. cit.*, p. 219.

No Maranhão, a participação no governo da conquista também acabou sendo fundamental para a montagem de importantes patrimônios, pois como explicava o padre Luís da Figueira:

> "As terras [do Maranhão] são muito férteis e se podem fazer infinitos engenhos de açúcar, porque se dão nelas mui formosas canas [...] mas faltam homens de posse que façam fazendas, já no Maranhão há quatro engenhos e outros principiados e far-se-ão muitos facilmente se Sua Majestade puser os olhos naquela conquista, fazendo mercê aos homens que lá quiserem fazer engenhos, como se fez a Antônio [Muniz] Barreiros [nomeado capitão-mor do Maranhão]."[149]

Neste sentido, não causa surpresa que os cinco engenhos da capitania, no tempo da revolta que expulsou os holandeses do Maranhão em 1641, fossem: um de Bento Maciel Parente, antigo capitão-mor do Pará e governador geral do Maranhão, outro do sargento-mor Antônio Teixeira de Melo e três de Antônio Muniz Barreiros, antigo capitão-mor e provavelmente a maior personalidade da capitania na primeira metade do século XVII[150].

Fechando a conquista da costa leste-oeste e como consequência imediata da vitória no Maranhão, os portugueses ocuparam o Pará, dominando a foz do Rio Amazonas[151]. Nesta conquista, destacaram-se o capitão-mor Francisco Caldeira de Castelo Branco, fundador de Belém, e o provedor da fazenda real Manuel de Sousa de Eça, um dos capitães da conquista do Maranhão e antigo provedor dos Defuntos de Pernambuco. Ambos fizeram para a esposa do capitão-mor Francisco Caldeira de Castelo Branco uma doação de dez léguas de terra, na qual, ao que parece, teve início a produção açucareira na capitania[152].

---

[149] "Memorial sobre as terras e gentes do Maranhão, Grão Pará e rio Amazonas que o Padre Luís Figueira enviou a Filipe III" de 1637, publicado por SARAGOÇA, L., *Da "Feliz Lusitânia" aos Confins da América*. Lisboa: Cosmos, 2000, p. 351 e na *Revista do Instituto Histórico e Geográfico Brasileiro*, volume 148, p. 429. Veja-se também "Carta que o capitão-mor do Maranhão, Antônio Moniz Barreiros, dá conta do que se passa naquela conquista", de 6 de fevereiro de 1624, publicada nos *Documentos para a História da Conquista da Costa Leste-oeste do Brasil*. Rio de Janeiro: Biblioteca Nacional, 1905, p. 255, tratada no capítulo 7 deste trabalho.

[150] MEIRELES, M. M., *Holandeses no Maranhão*. São Luís: EDUFMA, 1991, p. 114.

[151] Ver Lucinda Saragoça, *Op. cit., passim*.

[152] MEIRA FILHO, A., *Evolução Histórica de Belém do Grão-Pará*, 2 vols. Belém: Grafisa, 1976. Este autor publica inúmeros documentos sobre os primeiros tempos, incluindo a doação de terras para a esposa do primeiro capitão-mor do Pará e um

Os primeiros anos da capitania do Pará foram tumultuados, com deposições e governos efêmeros, o que parece indicar uma disputa pelas possibilidades que a direção dos negócios da capitania oferecia. Dentre os capitães-mores destes primeiros tempos, aparecem alguns nomes conhecidos: Jerônimo Fragoso de Albuquerque, Matias de Albuquerque, Bento Maciel Parente e Manuel de Sousa de Eça[153].

O caso de Manuel de Sousa de Eça, que se destacou na capitania do Pará, onde parece ter permanecido, é um interessante exemplo das possibilidades oferecidas aos "conquistadores e primeiros povoadores" das novas áreas. Oriundo de Ilhéus, acabou abandonando Pernambuco, onde detinha um cargo de certa importância – provedor da Fazenda dos Defuntos e Ausentes – após participar da conquista do Maranhão, para se tornar um dos mais importantes moradores do Pará, ocupando os principais cargos da capitania, adquirindo grande quantidade de terras e, provavelmente, de cativos[154].

---

documento em que Manuel de Sousa de Eça, alegando os inúmeros gastos que fez no serviço d'el-rei, pede ajuda de custo para poder assumir o cargo de provedor da fazenda. Os documentos estão publicados, muitos com os respectivos fac-símiles, em anexos sem numeração de página no final de cada capítulo.

[153] Antônio Baena, *Op. cit.*, p. 25 e Augusto Meira Filho, *Op. cit.*, capítulos 1 e 2.

[154] Sobre Manuel de Sousa de Eça, veja-se a nota 109 do capítulo 8 deste trabalho.

CONSIDERAÇÕES FINAIS

Nos primeiros tempos da colonização do Brasil, a consolidação do domínio português da fachada atlântica das partes do Brasil, pressupunha, por um lado, a montagem de uma estrutura produtiva e, por outro, o surgimento de uma camada residente detentora de recursos para arcar com grande parte dos custos do empreendimento colonial.

Tal grupo se constituiu ao longo do litoral durante o século XVI e nas primeiras décadas do século seguinte em ritmos próprios a cada capitania, por meio da apropriação privada de terras e de homens. Daí a centralidade das guerras de conquista de novas áreas ao longo do litoral, a partir dos núcleos iniciais, pois, ao mesmo tempo que derrotavam a resistência indígena, possibilitavam, na ausência de tesouros minerais de monta, a ocupação de áreas mais amplas e o cativeiro de milhares de indígenas.

Foi esse processo, comandado pela administração colonial, donatarial ou régia, que permitiu uma espécie de "acumulação primitiva colonial", transformando as terras em patrimônio privado e obrigando os indígenas, até então livres, a trabalhar para os novos donos, em cativeiro explícito ou não. Criavam-se assim, quase que do nada, fortunas potenciais, que se realizariam plenamente, após a montagem de engenhos e a vinculação da colônia ao comércio europeu.

A administração colonial, ao controlar tal processo, dava aos seus membros dirigentes um enorme poder, pois cabia a estes a distribuição das terras e dos escravos capturados. Esse poder seria mantido nos períodos posteriores, pois, tanto nos momentos de guerra aberta como nos de paz, a administração colonial continuava com suas prerrogativas quanto à concessão de terras, bem como com relação ao acesso à mão de obra indígena nas variadas formas.

A administração colonial forneceu a seus membros, ou a pessoas a eles ligadas, uma série de possibilidades de auxílio à formação de patrimônios, legais ou não, além de outras vantagens fornecidas pela pequena arca de mercês manejadas diretamente na colônia, ou mesmo pela grande arca controlada pelo rei, cujo acesso era mediado grandemente pela administração colonial, por via de cartas e de certidões.

No processo de formação da elite colonial, o controle sobre a terra ocupou um papel central, pois, a partir da grande propriedade, ergueu-se no espaço colonial uma estrutura de poder que, por um lado, buscava transferir a estratificação estamental, servindo de base social à existência do Estado patrimonial e que, por outro, concretizava a aspiração senhorial dos vassalos. Assim, a grande propriedade, ao mesmo tempo que garantia o controle sobre as principais atividades econômicas da colônia, possibilitava também o controle sobre a população, tanto livre como cativa.

O papel de relevo da administração no processo de formação da elite colonial não anula, contudo, outras vias de acesso, particularmente possíveis para membros dos grupos mercantis que, vinculados a grupos familiares espalhados por vários pontos do globo, chegavam à colônia com recursos que lhes permitiam ingressar na elite em construção, mantendo-se ou não alheios à produção. Nesse momento, contudo, em que o patrimônio territorial e principalmente humano era não só a base do poder econômico, mas também político, a participação na administração era fundamental, tanto para criar fortunas como para desenvolvê-las.

Os dois movimentos – de formação da elite colonial e de conquista e consolidação da fachada atlântica – foram paralelos e complementares. E, dado que a necessidade de defesa do território recém-conquistado exigia o povoamento e a instalação de uma estrutura produtiva, pode-se apontar que a dinâmica colonial, nos moldes do chamado Antigo Sistema Colonial, estruturou-se nessa etapa.

Na trajetória desta pesquisa pode-se dizer que nosso ponto de partida foi a busca da gênese da elite colonial e que nosso ponto de chegada foi a montagem do Antigo Sistema Colonial. A existência de uma elite colonial residente e engajada no processo de colonização, todavia, fez com que a exploração que se estruturou nas partes do Brasil acabasse tomando feições próprias, diferindo, por exemplo, da que se implementou nas colônias inglesas, francesas e holandesas do Caribe.

FONTES E REFERÊNCIAS

FONTES MANUSCRITAS

ESPANHA:
Biblioteca Nacional de Madri:
Ms. 3014. 1609-1641 Cartas de los reys Felipe II, III, e IV que se refieren al gobierno de Portugal y suas posesiones. 3014 - 4, 200/201, 230, 239.
Ms. 3015. Relação de todos os ofícios da fazenda e justiça que há neste Estado do Brasil, fl. 15. 3015 - 23v, 24 e 53/75
Ms. 18192. Fl. 11-13. (1623?). Voto de Pedro de Toledo en referencia e los negocios del Brasil.
Ms. 2436, fl. 105
Ms. 938, fl. 114-149 v. Cavaleiros da Ordem de Cristo.

Archivo General de Simancas:
Secretarias Provinciales:
I Cód. 1461 – Livro de Consultas, originais do ano de 1601.
II Cód. 1462 – Livro de Consultas, originais do ano de 1602.
III Cód. 1463 – Livro de Consultas, originais do ano de 1602.
IV Cód. 1468 – Livro de Consultas, originais do ano 1626.
V Cód. 1469 – Livro de Consultas respondidas por Sua Majestade, no ano 1636. (Em espanhol).
VII Cód. 1472 – Livro de Consultas do Conselho de Fazenda do ano 1613.
VIII Cód. 1473 – Livro de Consultas do Conselho da Fazenda do ano 1620.
IX Cód. 1474 – Livro de Consultas do Conselho de Fazenda do ano 1620.
X Cód. 1476 – Livro de consultas de África e conquistas, 1605 a 1607.
XII Cód. 1490 – Livro do registo de cartas régias do ano de 1604.
XIII Cód. 1498 – Registo de despachos e cartas régias para a Índia no ano 1608.
XIV Cód. 1499 – Livro de registo de cartas régias do ano de 1608.
Cód. 1464 – Consultas do Conselho de Portugal 1601-1606.
Cód. 1465 – Livro de consultas e respectivos despachos reais, relativos aos anos 1604-1608.

Cód. 1466 – Livro de Consultas do ano de 1607.
Cód. 1475 – Consultas do Desembargo do Paço.
Cód. 1487 – Livro de registo das cartas que Sua Majestade manda a Portugal para os governadores, Vice-Reis e outras personagens de Portugal 1603--1604.
Cód. 1494 – Livro de despachos e cartas régias de 1605 a 1607.
Cód. 1495 – Registos de cartas régias de 1607.
Cód. 1508 – Despachos para várias entidades.
Cód. 1511 – Despacho para várias entidades.
Cód. 1512 – Livro de registos de cartas e despachos régios no ano de 1615.
Cód. 1515 – Registo de despachos de D. Filipe III de Espanha, II de Portugal.
Cod. 1516 – Registo de cartas de D. Filipe III de Espanha, II de Portugal.
Cód. 1520 – Livro de registo de cartas régias tocantes à repartição da Fazenda do ano 1626.
Cód. 1526 – Livro de registo de cartas sobre matérias da Companhia do Comércio 1631-1633.
Cód. 1550 – Cartas originais do Cardeal arquiduque, Vice-Rei de Portugal para el-rei, sobre diversos assuntos de 1586.
Cód. 1552 – Cartas originais do Vice-Rei de Portugal e outros personagens sobre diversos assuntos a el-rei do ano 1620.
Cód. 1553 – Cartas originais sobre diversos assuntos escritos pelo governador de Portugal Arcebispo de Lisboa para el-rei D. Filipe III dos anos 1627 e 1628.
Cód. 1560 – Documentos referentes a nau São Roque.

Secretaria de Estado:
Legajo 433 1595
Legajo 369 1530-1532
Legajo 370 1533-1536
Legajo 371 1537-1539
Legajo 372 1540-1541
Legajo 379 1551
Legajo 416 1580
Legajo 431 1588-1589
Legajo 436 1608/1614
Legajo 437 1618 a 1620

PORTUGAL:
Academia de Ciências de Lisboa:
Série Azul:
Cópia da memória intitulada "História da Capitania da Paraíba". Madri, 1 de março de 1587. 84 p. Ms 133.

Memória em duas versões intitulada "Compêndio historial de la jornada del Brazil y sucessos della. Donde se da cuenta de como gano el rebelde olandez la ciudad del Salvador y Bahia de todos los sanctos y de su restauración por las Armadas de Espanã..." por Juan de Valencia y Gusman. 1626. 225 p. + 148 p. Ms 286 e Ms 382.1.

Arquivo Nacional da Torre do Tombo:
1. Cartório dos Jesuítas:
Maço 5
Contrato de dote do casamento entre D. Fernando de Noronha e D. Filipa de Sá, filha de Mem de Sá, e futuros Conde e Condessa de Linhares, 02/05/1573. Maço 5, 39.

Maço 7
Documento sobre disputa envolvendo o Conde e a Condessa de Linhares. Maço 7, 13.
Documento sobre disputa envolvendo a Condessa de Linhares. Maço 7, 14.
Documento sobre disputa envolvendo a Condessa de Linhares. Maço 7, 15.
Documento sobre os bens da Condessa de Linhares. Maço 7, 16.
Disputa envolvendo os Condes de Linhares. Maço 7, 17.
Documento sobre os bens da Condessa de Linhares. Maço 7, 18.
Documento da disputa entre a Condessa de Linhares e os novos Condes de Linhares. Maço 7, 19.
Documento sobre disputa por dívida na Bahia entre a Condessa de Linhares e Gomes Dias Castanho, filho de Diogo Castanho. Maço 7, 20.
Documento sobre a disputa entre os dois colégios jesuíticos. Maço 7, 21.

Maço 8
Carta sobre questões do pagamento do dízimo do açúcar na alfândega do Porto, 1581. Maço 8, 4.
Carta de Gaspar da Cunha ao Conde de Linhares, do Brasil, 28/08/1581. Maço 8, 9.
Carta de Rui Teixeira para o Conde de Linhares, da Bahia, 12/05/1586. Maço 8, 10.
Francisco Negreiros ao Conde de Linhares (26/07/1588). Maço 8, 25.
Carta de Fernão de Orta de Luas (sic) para o Conde de Linhares, da Bahia, 05/08/1588. Maço 8, 26.

Carta de Rui Teixeira para o Conde de Linhares. Bahia, 01/03/1589. Maço 8, 28.
Carta de João Rodrigues Colaço ao Conde de Linhares (Salvador, 15/08/1597). Maço 8, 92.
Bilhete para o Conde de Linhares. Sobre o governador Diogo Botelho, de 14/04/1607. Maço 8, 163.
Carta de Bernardo Ribeiro ao Conde de Linhares. Maço 8, 164.
Carta de Pero Brás Reis ao Conde de Linhares, 20/04/1609. Maço 8, 188.

Maço 9
Carta de Bernardo Ribeiro a Condessa de Linhares, 26/09/1612. Maço 9, 210.
Carta de Baltasar da Mota para a Condessa de Linhares, datada da Bahia, 29/04/1615. Maço 9, 230.
Carta de Manuel do Couto para a Condessa de Linhares de 1607 (?), (2ª via). Maço 9, 241.
Venda de terras. Maço 9, 242.
Carta de Baltasar da Mota para a Condessa de Linhares, da Bahia de 30/07/1617. Maço 9, 243.
Carta de Baltasar da Mota. Maço 9, 257.

Maço 11
Registros de remessas do engenho de Sergipe do Conde. Livro das contas de Baltasar da Mota de 1611. Maço 11, 5.

Maço 12
Escritura de Arrendamento. Maço 12, 5.
Escritura de Arrendamento. Maço 12, 6.
Escritura de Arrendamento. Maço 12, 7.
Escritura de Arrendamento. Maço 12, 9.
Escritura de Venda (1614). Maço 12, 24.
Escritura de Venda (1595). Maço 12, 25.
Escritura de Venda (1587). Maço 12, 26.
Escritura de Venda (1588). Maço 12, 27.
Escritura de Venda (1602). Maço 12, 28.
Escritura de Venda (1602). Maço 12, 29.
Escritura de Venda (1602). Maço 12, 30.
Escritura de Venda (1617). Maço 12, 31.
Escritura de Venda (1617). Maço 12, 34.
Escritura de Venda (1617). Maço 12, 35.
Escritura de Venda (1617). Maço 12, 36.
Escritura de Venda (1638). Maço 12, 37.
Escritura de Venda (1630). Maço 12, 38.
Escritura de Venda (1602). Maço 12, 39.

Venda de Terras. Maço 12, 40.
Esquema do Engenho Pitinga. Maço 12, 44.

Maço 13
Lembranças para a Condessa de Linhares sobre as suas fazendas de Sergipe, 20/07/1607. Maço 13, 7.
Libelo da Condessa de Linhares; contra Cristóvão Barroso Pereira sobre a arrecadação da produção e dívidas de seus engenheiros. Maço 13, 8.
Libelo da Condessa de Linhares contra Cristóvão Barros Pereira sobre a arrecadação e dívidas de seus engenhos. Maço 13, 9.
Libelo da Condessa de Linhares contra Cristóvão Barroso Pereira sobre a arrecadação e dívidas de seus engenhos. Maço 13, 10.
Libelo da Condessa de Linhares contra Cristóvão Barroso Pereira sobre a arrecadação e dívidas de seus engenhos. Maço 13, 11.
Libelo da Condessa de Linhares contra Cristóvão Barroso Pereira sobre a arrecadação e dívidas de seus engenhos. Maço 13, 12.
Réplica da Condessa sobre a demanda que trazia com Cristóvão Barroso Pereira. Maço 13, 13.
Apontamentos que levou Cristóvão Barroso quando foi para feitor do Engenho Sergipe. Maço 13, 14.
Tréplica de Cristóvão Barroso sobre as contas do Engenho. Maço 13, 15.
Informações para os embargos de execução do Engenho Sergipe. levantamento de todo o dinheiro que se arrecadou no tempo dos Condes. Maço 13, 16.
Papel sobre as medições de Sergipe do Conde, de que alcançou sentença o padre Francisco de Araújo, contra a Condessa de Linhares, na terceira légua que se meteu. Maço 13, 17. 1617.
Fundamentos da Igreja de Santo Antão contra a sentença dada a favor da Santa Casa. Maço 13, 18.
Traslado da sentença dada pela Relação sobre o Engenho de Sergipe e dos embargos da Misericórdia às ditas sentenças. Maço 13, 21.
Recursos de vários arrendamentos feitos. Maço 13, 32. 31/10/1633.
Papéis, das terras que vendeu Baltasar da Mota, do Engenho de Sergipe, 1617. Maço 13, 34.
Venda que fez o procurador do Conde de Linhares a Simão do Vale de uma terra e um pequeno sobejo na ilha da Boca. Maço 13, 37.
Réplica da Condessa de Linhares; sobre cartas de um feitor de engenho. Maço 13, 39.

Maço 14
Posse que tomou o Colégio de umas casas e terras anexas ao Engenho. Maço 14, 1.

Livro de Contas (1611). Maço 14, 4.
Certidão de uma medição de umas terras em Sergipe do Conde. Maço 14, 22.
Breve recopilação das sesmarias que tem contas às terras de Sergipe do Conde e que foram concedidas a Fernão Castelo Branco. Maço 14, 40.
Escrito sobre venda e arrendamento do Engenho de Ilhéus, entre a Condessa de Linhares e Luís Ramires. Maço 14, 49.
Relação do estado em que achei o engenho de Sergipe, 1628. Maço 14, 52.
Receita do açúcar do engenho Sergipe do Conde, 1608. Maço 14, 53.
Ordem a Superiores da Cia. sobre o Engenho do Conde e da Pitinga. Maço 14, 54.
Lembranças sobre o que devia fazer nos Engenhos o padre Simão de Soto Maior. Maço 14, 55.
Carta de Sesmaria não autêntica a Fernão de Castelo Branco, acerca do Engenho de Sergipe. Maço 14, 59.

Maço 15
Arrendamentos do Engenho de Sergipe. Réplica da Condessa de Linhares a um processo movido após a morte de seu marido. Maço 15, 3.
Receitas do Açúcar do Engenho de Sergipe (1607). Maço 15, 15.

Maço 17
Contas do Conde de Linhares (1586-1592). Maço 17, 1.
Relação das Contas de André de Matos. Maço 17, 2.
Contas de Vitor Mendes. Maço 17, 3.
Livro do que se paga aos oficiais (1596). Maço 17, 4.
Traslado de receitas e despesas relativas à África (início do século XVII). Maço 17, 5.
Contas do Conde de Linhares. Maço 17, 6.
Traslado do livro de Baltasar da Mota (1607 a 1611). Maço 17, 8.
Gastos de Cristóvão Barroso com a Fazenda de Ilhéus. Maço 17, 9.
Rol dos açúcares que Cristóvão de Barros vendeu no Brasil. Maço 17, 10.
Rascunho de um levantamento feito por Cristóvão Barroso. Maço 17, 11.
Lembrança do açúcar enviado por Cristóvão Barroso. Maço 17, 12.
Fechamento do período em que Cristóvão Barroso foi feitor. Maço 17, 13.
Rol de todo o rendimento do Conde de Linhares. Maço 17, 15.
Receita do dinheiro recebido do falecimento do Conde. Maço 17, 16.
Contas do ano 1602-1609. Maço 17, 17.
Contas do ano de 1610. Maço 17, 18.
Livro de contas (1612-1613). Maço 17, 19.
Continuação do levantamento de Cristóvão Barroso. Maço 17, 34.
Memórias dos gastos que faz o Engenho todos os anos. Maço 17, 35.
Traslado do Inventário da Senhora Condessa. Maço 17, 48.

Maço 39
Provisão do rei para que não se prejudique terceiro com certas isenções. 22/11/1558. Maço 39, 26.

Maço 52
Certidão da Sesmaria dada a Francisco Toscano em 1561 (1622). Maço 52, 12.
Documento da disputa entre os colégios jesuíticos da Bahia e de Lisboa e a Santa Casa da Bahia. Maço 52, 13.

Maço 68
Carta do Padre Simão Souto Maior para o Padre Reitor do Colégio de Santo, Antão Manuel Fagundes. Bahia. 03/01/1622. Maço 68, 163.
Carta do Padre Francisco Siqueira, 05/03/1620. Maço 68, 384.
Traslado de uma carta do Padre Baltasar Barreira de 19/03/1612 sobre as causa do governador. Maço 68, 385.
André de Gouveia ao Colégio de Santo Antão (Bahia, 18/04/1626). Maço 68, 394.
Carta do Padre André de Gouveia para um superior. (Bahia, 04/05/1626). Maço 68, 395.
Carta ânua da província do Brasil de 1607, escrita por Manuel Cardoso. Bahia, 09/08/1608. Maço 68, 429.

Maço 69
Carta de Sebastião Vaz para o padre Bento de Siqueira, Reitor do Colégio de Santo Antão, 03/11/1629. Maço 69, 60.
Sebastião Vaz a Diogo Cardim, provincial do colégio de Santo Antão. 05/06/1628(?). Maço 69, 74.
Carta para o Padre Diogo Cardim. Maço 69, 83.
Carta do Padre Antônio Gouveia ao Padre Provincial (Bahia, 04/05/1626). Maço 69, 95.

Maço 70
Carta ao padre Cristóvão de Castro (08/06/1623). Maço 70, 87.
Carta sobre o estado da demanda com a Misericórdia da Bahia, 08/06/1623. Maço 70, 88.
Carta ao Padre Estevão da Costa (Bahia, 03/10/1623). Maço 70, 89.
Carta do Padre Manuel Couto para Estevão de Castro. Pernambuco, 07/12/1624. Maço 70, 91.
Ao padre Mateus Tavares da Companhia de Jesus, procurador geral da província do Brasil em Lisboa. 14/09/1622, sobre a liberdade dos engenhos novos ou reedificados não pagarem dízimo. Maço 70, 232.

Pedido de conforme dos sobejos das terras de Sergipe do Conde dados pelo governador Diogo de Mendonça Furtado aos padres do Colégio de Santo Antão, sem data. Maço 70, 475.

Lembrança de João Lopes Ribeira do que deu ao procurador do Colégio de Santo Antão. Bahia em 08/06/1625. Maço 70, 476.

Maço 71

Carta de Pero Correia de Sergipe do Conde, 30/11/1604. Maço 71, 2.

Carta de Diogo Botelho ao Conde de Linhares, de Olinda, 23/08/1602. Maço 71, 3.

Carta do Padre Estevão Pereira de 11/11/1629. Maço 71, 12.

Carta de 0809/1630 ao Padre Simão de Souto Maior, procurador do colégio de Santo Antão. Maço 71, 13.

Carta de 26/09/1630 ao Padre Simão de Souto Maior, procurador do colégio de Santo Antão. Maço 71, 14.

Carta com informações gerais sobre o engenho de 09/01/1615. Maço 71, 80.

Maço 83

Certidão de Pedro Cadena de Vilhasanti sobre os serviços do tesoureiro geral Antônio Mendes de Oliva. Bahia, 03/06/1638. Maço 83, 15.

Traslado de doações reais aos jesuítas do Brasil. Maço 83, 100.

Licença para os jesuítas poderem manter a doação que lhes fez Miguel de Moura. Maço 83, 101.

Traslado de um alvará de Sua Majestade e regimento passado aos religiosos da Companhia de Jesus sobre a administração dos índios do gentio do Brasil. Maço 83, 102.

Maço 87

Duas Cartas. Uma para Luís de Brito de Almeida que favoreça a construção do colégio da Companhia de Jesus com certas medidas. Outra para Mem de Sá sobre as terras dadas aos colégios da Companhia de Jesus. Maço 87, 3.

Maço 88

"De quão importante seja a continuação da residência dos padres da Companhia de Jesus da Província do Brasil das aldeias dos índios naturais da terra, assim para o bem de suas almas e serviço de Deus e de Sua Majestade, como o bem temporal de o Estado e dos moradores dele" (sem data). Maço 88, 227.

Maço 90

Resumo das cartas, alvarás e provisões reais concedidas a província do Brasil da Companhia de Jesus. 1624, feito no Desembargo do Paço. Maço 90, 103.

2. Chancelaria Régia:

Chancelaria de D. João III. Doações, ofícios e mercês - Livros 6, 7, 10, 20, 21, 22, 24, 25, 26, 31, 33, 47, 49, 53, 54, 55, 57, 58, 59, 61, 62, 63, 64, 65, 66, 67, 68, 69 e 70.

Chancelaria de D. João III. Privilégios - Livro 5.

Chancelaria de D. Sebastião e D. Henrique. Doações, ofícios e mercês - Livros 1, 2, 4, 5, 6, 7, 8, 9, 11, 12, 13, 14, 15, 16, 17, 18, 19, 20, 22, 23, 24, 25, 26, 27, 28, 29, 30, 31, 32, 33, 34, 35, 36, 37, 38, 39, 40, 41, 42, 43, 44, 45, e 46.

Chancelaria de D. Sebastião e D. Henrique. Privilégios. Livros 4, 7, 8, 9, 10, 11 e 13.

Chancelaria de D. Filipe I. Doações, ofícios e mercês. Livros 1, 2, 3, 4, 5, 6, 7, 8, 9, 10, 11, 12, 13, 15, 16, 17, 18, 19, 21, 22, 23, 24, 26, 27, 28, 29, 30, 31 e 32.

Chancelaria de D. Filipe II. Doações, ofícios e mercês. Livros 1, 2, 3, 5, 6, 7, 8, 9, 10, 11, 12, 13, 14, 15, 16, 17, 18, 20, 21, 22, 23, 24, 26, 29, 30, 31, 32, 33, 34, 35, 36, 37, 38, 39, 40, 41, 42, 43, 44, e 45.

Chancelaria de D. Filipe III. Doações, ofícios e mercês. Livros 1, 2, 3, 4, 6, 8, 9, 10, 11, 14, 15, 16, 17, 18, 22, 23, 25, 26, 30, 31, 38, e 39.

Chancelaria de D. Filipe III. Perdões. Livro 16.

Chancelaria de D. João IV. Doações, ofícios e mercês. Livros 12, 14 e 16.

3: Chancelarias Antigas da Ordem de Cristo:
Livros:

01, 128 v – Brasil, Carta porque se estabelece nesta parte a boa arrecadação e paga de mantimento dos cabidos e mais ministros das suas Sés. 18/06/1568.

02, 013 – Brasil, Alvará de mantimento ao provisor e vigário do dito bispado. 10/03/1570 ou 10/03/1569.

02, 013 v – Carta ao Provedor-mor para dar embarcação para que ele possa visitar o bispado e os mantimentos necessários. 10/03/1569.

02, 013 v – Brasil, Alvará para a dignidade de Cura e beneficiados simples do dito bispado que não tiverem obrigação de pregar no sobredito bispado serem providos por oposição. 12/03/1569.

02, 042 – Olinda, Carta de vigário da Igreja do Salvador de Olinda ao padre Diogo Vaz Ferreira. 02/10/1571.

02, 138 – Pernambuco, Alvará para se dar a Igreja do Salvador, da cidade de Olinda na dita capitania o que determinou a Visitação.

02, 147 v – Pernambuco, Carta de apresentação de vigário da Igreja do Salvador da vila de Olinda no bispado da dita cidade ao padre Antônio Pires. 22/05/1572.

05, 60 v – Brasil, Carta para que o bispo do bispado se informe do que diz Manuel Dias beneficiado da Igreja do Salvador, matriz da vila de Olinda de Pernambuco do dito bispado, e de seu parecer em carta fechada. 28/01/1573.

06, 97 v – Pernambuco, Carta de apresentação da vigararia da Igreja de São Salvador da capitania da dita cidade ao Padre Antônio de Sá. 18/09/1584.
07, 066 – Diogo Dias Cardoso, 1584.
07, 099 – Licenciado Pedro da Silva, 1587.
07, 103 v – Sebastião da Costa.
07, 106 v – Diogo de Sá, 1588.
07, 183 – Salvador Correia de Sá, 1509.
07, 205 v – Pero Barbosa, 1589.
07, 302 v – Joane Mendes de Vasconcelos, 1589.
08, 3 – Pernambuco, Carta lacerada em que somente se colige serem obrigados os rendeiros dos dízimos da dita capitania pagarem ao vigário da sua Igreja o mantimento de acrescentamento. 02/03/1590.
08, 7 v – Olinda, Carta de apresentação de benefício simples na matriz do Salvador da vila de Olinda a Luís Mendes. 07/07/1590.
09, 191 v – Constantino de Menelau Godinho, 1604.
09, 194 v – Pernambuco, Carta de apresentação da vigararia da Igreja Matriz de São Pedro na dita capitania ao Padre Antônio Bezerra. 10/02/1612.
09, 201 – Frei Diogo de Campos Moreno, 1609.
09, 201 – Simão de Barbuda, 1606.
09, 227 – Miguel Maldonado, 1610.
09, 228 v – João de Brito de Almeida, 1610.
09, 240 – Roque da Silveira, 1610-1611.
09, 241 – Manuel Ferreira, 1608.
09, 260 – Afonso Leitão, 1610-1611.
09, 261 v – Pedro de Liverla de Mendonça, 1608-1609.
09, 273 – Frei Diogo de Campos Moreno, 1608-1609.
10, 016 - Olinda, Carta de apresentação do benefício simples na Igreja do Salvador da dita vila de Olinda ao Padre Custódio de ... de Carvalho. 10/04/1593.
10, 024 – Pernambuco, Carta de apresentação do benefício simples na Igreja do Salvador na capitania da dita terra a Roque de Escobar. 12/03/1594.
10, 226 v – Paraíba, Carta de apresentação do vigário da Igreja da dita terra ao padre João Batista. 18/05/1599.
12, 134 v – Olinda, Carta de apresentação em um benefício da Igreja do Salvador de Olinda a Vasco Anes Caramugeiro. 07/02/1625.
12, 140 – Pernambuco, Carta de apresentação em um benefício na Igreja do Salvador na dita cidade a Belchior de Carvalho. 04/02/1625.
12, 149 – Pernambuco, Alvará para se criar o lugar de Cura da Igreja de Nossa Senhora da Purificação de Una da capitania sobredita. 03/07/1625.
12, 149 – Pernambuco, Carta de apresentação no curato da Igreja de Nossa Senhora da Purificação de Una na sobredita capitania a Baltasar João Correia. 03/07/1625.

12, 162 v – Pará, Carta de apresentação na vigararia da dita cidade a Simão Antunes. 22/03/1624.

12, 177 v – Paraíba, Carta de Apresentação na Igreja de Santo Antônio do Cabo a Gonçalo Ribeiro. 04/10/1624.

12, 182 – Pernambuco, Carta de apresentação na vigararia de Nossa Senhora do Rosário da Muribeca a João de Abreu Soares. 14/01/1625.

12, 188 – Rio de Janeiro, Carta de apresentação na vigararia de São Sebastião da dita cidade a Manuel da Nóbrega. 11/08/1625.

12, 190 v – Rio de Janeiro, Alvará para o governador do Estado do Brasil apresentar as dignidades, benefícios e outros cargos, por informação do administração geral da dita cidade. 21/06/1625.

12, 191 v – Rio de Janeiro, Alvará para o administrador geral da capitania Mateus da Costa Aborim, prover nos benefícios e mais dignidades eclesiásticas, a exceção do deão. 21/06/1625.

12, 197 – Bahia, Carta de apresentação na Igreja da Sé da dita cidade a Cosme Castanheira. 07/02/1626.

12, 198 – Pernambuco, Carta de apresentação da Igreja de Nossa Senhora Apresentação de Porto Calvo ao Padre Pedro de Carvalho. 04/02/1626.

12, 198 – Pernambuco, Carta de Apresentação na Matriz da dita cidade ao licenciado Salvador Tavares. 19/03/1626.

12, 203 – Bahia, Alvará da Igreja Paroquial de Paripe da dita cidade ao padre Simão Rodrigues. 06/02/1626.

12, 210 v – Olinda, Carta de apresentação na coadjutoria da Igreja de Nossa Senhora do Rosário de Muribeca, termo da dita vila a Francisco da Costa de Abreu. 24/07/1626.

12, 214 v – Bahia, Carta do cargo de Mestre de Capela da Sé da dita cidade a Francisco Borges da Cunha. 06/07/1626.

12, 217 – Bahia, Carta de apresentação na coadjutoria da Igreja Paroquial de Serinhaém, bispado da dita cidade a Gonçalo Pereira. 29/10/1626.

12, 226 – Bahia, Carta de apresentação no Curato de Nossa Senhora da Conceição de Alagoa do Sul, bispado da dita cidade a Gonçalo Ribeiro. 25/11/1626.

12, 229 Bahia, Carta de apresentação na Igreja de Cotegipe, bispado da dita cidade ao Padre Jerônimo Ferreira da Costa. 20/04/1627.

12, 233 Bahia, Carta de apresentação na coadjutoria da Igreja do Rosário de Muribeca, bispado da dita cidade a Gaspar da Cruz Barbosa. 23/08/1627.

12, 233 v – Rio Grande, Carta de apresentação do curato da Igreja de Nossa Senhora da Purificação da dita capitania, bispado da Bahia a Simão do Soveral. 13/10/1627.

12, 233 v – Olinda, Carta de apresentação na vigararia da Igreja do Rosário da várzea, termo de Olinda, a Francisco da Costa de Abreu. 20/08/1627.

12, 234 – Bahia, Carta de apresentação a Belchior Pereira, da coadjutoria da Igreja de Nossa Senhora da Purificação, bispado do Brasil.

12, 247 – Pernambuco, Carta de apresentação na coadjutoria do Recife da dita cidade a Faustino da Silva. 09/12/1626.

12, 248 – Itamaracá, Ilha no bispado da Bahia. Alvará para servir de cura na Igreja da Penha de França no Abijar (?) termo da sobredita ilha a Antônio Nunes Nogueira. 20/10/1627.

12, 248 – Bahia, Carta de apresentação do Curato da Igreja de São Lourenço do Bispado da dita cidade ao Padre Gaspar Ambrósio. 24/10/1627.

12, 251 – Itamaracá, Ilha no bispado da Bahia. Alvará a Martim Álvares, vigário da Igreja do Rosário, termo da sobredita ilha que o desobriga de ter coadjutor. 17/12/1627.

12, 252 – Pernambuco, Carta de apresentação da coadjutoria da Igreja de São Miguel na dita capitania a Jorge da Mota. 10/10/1627.

12, 252 – Pernambuco, Carta de apresentação na coadjutoria da Igreja de Santo Amaro na sobredita capitania a João de Arruda da Costa. 15/10//1627.

12, 297 v – Olinda, Carta de apresentação em um benefício na matriz da dita vila de Olinda a João da Costa. 15/06/1627.

12, 408 v – Pernambuco, Provisão para continuar na serventia da Igreja de São Lourenço da dita cidade a Gonçalo Ribeiro. 29/05/1626.

14, 281 – Pernambuco, Alvará para se regular nas procissões e presidências pelo costume praticado na cidade da Bahia. 03/07/1617.

15, 118 – Paraíba, Alvará ao licenciado Antônio Teixeira Cabral para administrar a jurisdição eclesiástica no dito Estado do Brasil. 19/02/1616.

15, 143 v – Pernambuco, Alvará para dos 6 beneficiados da Matriz da dita terra se tirarem 2 para ajudarem o administrador da jurisdição eclesiástica na Paraíba. 04/03/1616.

15, 144 – Paraíba, Provisão ao administrador da jurisdição eclesiástica desta terra para que nos lugares onde não houver aljube se metam os presos nas cadeias seculares. 11/03/1616.

15, 144 v – Paraíba, Alvará ao Padre Antônio Teixeira Cabral para apresentar os benefícios que vagarem na dita terra como administrador da jurisdição eclesiástica. 11/03/1616.

15, 169 – Luís Mendes de Vasconcelos, 1616.

15, 212 v – Sebastião da Cunha, 1615-1617.

15, 220 – Martim Afonso de Miranda, 1616.

15, 223 – Joane Mendes de Vasconcelos, 1615.

15, 252 – Jorge de Albuquerque, 1616.

17, 118 v – Olinda, Carta de apresentação do benefício simples na Matriz de Olinda bispado de Pernambuco a Francisco de Almeida. 15/05/1609.

17, 139 v – Brasil, Carta de apresentação de cônego da dita Sé ao padre Paulo de Sousa. 29/03/1609.
21, 143 v – Sebastião do Carvalhal, 1614-1616.
21, 166 v – Bahia, Alvará para o cabido da Sé desta cidade (Salvador) e outros serem pagos de seus mantimentos. 19/07/1612.
21, 254 v – Frei Afonso Leitão, 1587.
21, 264 v – Frei Roque da Silveira, 1610-1611.
21, 288 v – Antônio da Mota, 1613.
21, 307 v – Frei Francisco Coelho de Carvalho, 1608.
21, 321 – Tomé de Sá, 1614.
22, 101 – Antônio Mendes de Vasconcelos, 1619-1620.
22, 102 – Frei Afonso de Albuquerque, 1607.
22, 109 – Antônio Cardoso de Barros, 1619-1620.
22, 109 v – Antônio de Alpoim de Brito, 1620.
22, 113 – Frei Miguel Maldonado, 1610.
22, 113 – Antônio Muniz Barreto, 1620-1621.
22, 119 – Luís de Moura Rolim, 1621.
22, 121 – Frei Antônio Mendes de Vasconcelos, 1619-1620.
22, 132 – Antônio de Albuquerque, 1621-1622.
22, 148 v – Antônio Dias de Franca, 1581.
22, 179 – Bahia, Carta de apresentação de Chantre da Sé da dita cidade ao Padre Jerônimo da Fonseca. 26/08/1621.
22, 200 v – Olinda, Carta de apresentação da tesouraria da Igreja do Salvador da vila de Olinda ao padre Baltasar de Carvalho. 09/08/1622.
22, 201 v – Olinda, Carta de apresentação de benefício na Igreja do Salvador da dita vila de Olinda ao padre João de Aguilar. 14/10/1622.
22, 202 – Olinda, Carta de apresentação de benefício na Igreja do Salvador da dita vila de Olinda ao padre Gonçalo de Sá. 22/09/1622.
22, 205 – Olinda, Carta de apresentação de benefício simples na Igreja do Salvador de Olinda ao padre Vasco Anes Caramugeiro. 12/12/1622.
22, 226 v – Pernambuco, Alvará de curato na Igreja da capitania da dita cidade ao padre João Rodrigues. 04/10/1623.
22, 228 – Olinda, Carta de apresentação na Igreja do Salvador de Olinda ao padre Antônio Pereira Botelho. 20/08/1620.
22, 314 – Rio de Janeiro, Alvará de prorrogação 1.000$ réis por mais 8 anos ao colégio da Companhia de Jesus da cidade. 15/05/1621.
22, 314 v – Bahia, Alvará de prorrogação de 1.200$ de esmola por mais 8 anos ao colégio da Companhia de Jesus. 15/05/1621.
25, 087 – Pernambuco, Alvará e Apostila para que as mercês feitas a Bernardino de Carvalho a fl. 87 deste livro só tivessem efeito depois de restituída a dita capitania a Coroa de Portugal. 26/02/1644.

26, 164 – Pernambuco, Carta de apresentação de coadjutor da Igreja de Nossa Senhora da Apresentação da dita capitania em Porto Calvo ao padre Antônio Pacheco da Silva. 08/03/1628.

26, 165 – Pernambuco, Carta de apresentação da Igreja de São Lourenço de Muribeca na dita capitania ao Padre Gonçalo Ribeiro. 12/02/1628.

26, 171 – Pernambuco, Carta de apresentação do coadjutor da Igreja de São Lourenço de Muribeca, capitania de Pernambuco a Gaspar de Almeida Siqueira. 12/05/1628.

26, 172 – Pernambuco, Carta de apresentação de vigário da Igreja de Nossa Senhora da Purificação da dita capitania ao Padre Pedro Borges. 02/06/1628.

26, 175 – Espírito Santo, Carta de apresentação do tesoureiro da Igreja de Nossa Senhora da Vitória na dita capitania ao Padre Gonçalo Vaz Pinto. 28/03/1628.

26, 186 v – Pernambuco, Carta de apresentação de vigário da Igreja de Santa Luzia da Lagoa do Norte na dita capitania ao Padre Brás Velho. 01/12/1628.

26, 192 v – Bahia, Carta de apresentação de Sacristão Menor da Sé da dita cidade ao Padre Domingos dos Reis Pinheiro. 16/03/1625.

26, 195 – Bahia, Carta de apresentação de Mestre de Capela da Igreja da Vila de Iguaraçu na dita cidade a Simão Furtado de Mendonça. 10/04/1629.

26, 195 v – Pernambuco, Carta de apresentação de vigário na Igreja de Nossa Senhora da Purificação de Una, na dita capitania ao padre Pedro Borges Pereira. 02/04/1629.

26, 205 – Pernambuco, Carta de Apresentação do vigário da Igreja de Santo Antônio do Cabo de Santo Agostinho da Capitania de Pernambuco ao padre Manuel Rabelo Pereira. 23/08/1629.

26, 205 – Rio de Janeiro, Carta de apresentação da Igreja da Vila de São Paulo da dita ao Padre Manuel Nunes. 25/08/1629.

26, 205 – Rio de Janeiro, Carta de apresentação da Igreja Matriz da dita cidade ao Padre Manuel Álvares. 22/09/1629.

26, 208 – Maranhão, Carta de apresentação de Mestre de Capela da dita cidade a Manuel da Mota Botelho. 18/12/1629.

26, 210 – Bahia, Carta de apresentação de meia prebenda na Sé da dita cidade ao Padre Filipe Batista. 10/05/1620.

26, 214 v – Pernambuco, Carta de Apresentação de benefício na Igreja Matriz da dita vila ao padre Gaspar Cardoso. 07/07/1630.

26, 215 v – Rio de Janeiro, Alvará de mercê de meirinho dos clérigos na dita cidade a André Fernandes Vieira. 20/07/1620.

26, 252 – Rio de Janeiro, Carta de meirinho do eclesiástico da administração da dita cidade a Gonçalo Lopes de Tavora. 28/07/1629.

26, 284 v – Bahia, Carta do escrivão do vigário geral do dito Bispado a Batista de Almeida. 12/03/1629.

4. Inquisição de Lisboa:
Processos:
00.279. Ana de Milão.
00.789. Filipe de Moura.
00.885 e 01.491. João Nunes.
01.273. Diogo Gonçalves Laso.
01.273. Guiomar Lopes.
01.287. Catarina Morena.
02.499. Gomes Rodrigues Milão.
02.527. Manuel da Costa Calheiros.
02.529. Pedro Álvares Aranha.
02.555. João Gonçalves.
02.562. João Dias.
03.307. Paula de Siqueira.
04.309. Heitor Antunes.
05.391. André Lopes Ulhoa.
06.344. Diogo Nunes.
06.345. Diogo de Morim Soares.
06.354. Antônio Rabelo.
06.356. Antônio da Rocha.
06.358. Antônio de Aguiar.
06.359. Antônio Mendes.
06.359. Bernardo Pimentel.
06.360. Antônio Castanheira.
06.362. Brás Fernandes.
07.467. Filipe Tomas de Miranda.
07.951. Cristóvão da Costa.
07.956. Belchior Mendes de Azevedo.
08.475. Álvaro Velho Barreto.
09.457. Diogo Pires Diamante.
10.101. Duarte Álvares Ribeiro.
10.776. Domingos Fernandes Nobre (alcunha "Tomacaúna").
10.810. Mécia Rodrigues.
11.035. Luís Mendes.
11.036. Pantalcão Ribeiro.
11.037. Vicente Pires.
11.061. Gaspar Rodrigues.
11.072. Manuel Branco.
11.080. Marcos Tavares.
11.206. Salvador de Albuquerque.
11.618. Ana Alcoforada.

11.632. Simão Rodrigues.
11.634. Simão Falcão.
12.222. Pedro de Albuquerque.
12.229. Rodrigo Martins.
12.230. Rodrigo de Almeida.
12.364. Diogo Lopes.
12.754. Luís de Rego Barros.
12.967. Pedro Cardigo.
13.092. Pedro Fernandes Delgado.
13.250. Manuel Gonçalves.
13.957. Bernardo Ribeiro.
14.326. Estevão Velho Barreto.
16.894. Álvaro Lopes.
17.762. Gonçalo Fernandes.
17.813. Francisco Afonso Capara.

5. Corpo Cronológico:
Parte I
Maço 31, documento 48. Cópia das cartas que escreveram Manuel Teles Barreto, governador do Brasil, Cristóvão de Barros e Martim Carvalho, provedor da fazenda em Pernambuco, sobre a promoção que o governador fizera aos soldados, e outro assuntos. 14/08/1524 (sic) (Data correta 14/08/1584).
Maço 83, documento 78. Certidão das contas de Francisco Toscano, que foi provedor dos defuntos da Índia.
Maço 86, documento 100. Carta de Filipe Guilhem para Sua Majestade, 28/07/1551.
Maço 86, documento 125. Carta de padre Manuel da Nóbrega, 14/08/1551.
Maço 97, documento 21. Carta de Carlos V reclama do mau tratamento a seus vassalos dados pelo o governador e outras justiças tem dado nas costas do Brasil, de seus súditos que vem do Rio da Prata. 24/11/1555.
Maço 102, documento 92. Carta de Sebastião Luís a Rainha em que lhe diz em pela nau em que se perdeu o Bispo e outros assuntos. Salvador, 08/05/1558.
Maço 106, documento 122. Carta que Frei André de Cisneiro escreveu a Sua Majestade em como as órfãs não achavam casamento no Brasil que devia Sua Majestade mandar que descem os ofícios a quem com elas casarem derrogando a ordem que em contrário disto se tinha passado. 20/02/1564.
Maço 111, documento 95. Carta ao Licenciado Simão Rodrigues Cardoso, o rei diz que manda Manuel Teles Barreto por capitão e governador da capitania da Bahia e governador geral das outras capitanias, etc. Lisboa, 10/02/1582.
Maço 111, documento 100. Carta do ouvidor geral Cosmo Rangel para El-Rei. Salvador, 04/03/1583.

Maço 111, documento 112. Carta de Jorge de Albuquerque Coelho ao vice-rei, escrita do rei, em que reclama que os oficiais não lhe dão munições para mandar a sua capitania. 12/06/1584.

Maço 111, documento 113. Carta de Martim de Carvalho dando parte da chegada a Pernambuco, em uma nau destroçada, de Pedro Sarmiento de Gamboa, governador do estreito de Magalhães, entre outros assuntos. Pernambuco, 00/09/1584.

Maço 111, documento 114. Lembrança das cartas que El-Rei escreveu ao cardeal Arquiduque para se proceder nas coisas que estavam por concluir. Madrid, 20/10/1584.

Maço 112, documento 3. Cópia de várias cartas de El-Rei para Frutuoso Barbosa e Martim Leitão sobre a feitura da fortaleza da Barra da Paraíba e como também a cópia da relação que fez Lourenço Correia das diferenças que houveram entre João Álvares Sardinha e João Rodrigues Coutinho, capitão da Mina. 01/10/1585.

Maço 112, documento 49. Carta de Baltasar Ferraz, desembargador extravagante da Relação do Brasil, dando parte a El-Rei da sua chegada aquela cidade. Bahia, 22/10/1588.

Maço 112, documento 57. Carta dos juizes e vereadores da Vila de Olinda – Câmara de Olinda – referindo a El-Rei em que lhe dá parte de terem já escrito algumas coisas necessárias a capitania da Paraíba. 28/08/1589.

Maço 115, documento 8. Carta de Alexandre de Moura dando conta a El-Rei executar o que lhe ordenará sobre os navios que se suspeitava fossem tomar carga ao Rio de Janeiro e outros assuntos. Olinda, 27/01/1607.

Maço 115, documento 93. Carta de El-Rei para D. Cristóvão de Moura Marques de Castelo Rodrigo, Vice-rei, fazer justiça a Manuel Teles Barreto e aos holandeses que com ele foram presos na Ilha de São Tomé. Madrid, 10/03/1609.

Maço 115, documento 104. Carta da Câmara da Bahia agradecendo a El-Rei a mercê que lhe fizera em formar Casa de Relação naquela cidade, e nomear por chanceler ao doutor Gaspar da Costa, no que sentiam seus moradores o maior benefício e outros assuntos. 27/01/1610.

Maço 115, documento 105. Cartas da Câmara da Bahia a El-Rei em que lhe agradece mandara a Relação, pelos excessos que cometiam os ministros e lhe pediam que ordenasse aos governadores não provessem por si só os ofícios da Casa que vagassem. Bahia, 01/03/1610.

Maço 115, documento 106. Carta da Câmara da Bahia para El-Rei em que da conta do miserável estado em que está das fortificações e da Igreja matriz e dos ministros não servirem bem por estarem sujeitos aos governadores e sobre os gêneros da terra. 04/04/1610.

Maço 115, documento 107. Segunda via do documento acima.

Maço 115, documento 108. Carta da Câmara da Paraíba de 1610 para El-Rei, sobre ordem do mesmo que mandou aquela capitania para que se tirassem os gentios do poder das pessoas que tivessem, e lhe deu uma larga informação a respeito do mesmo. Paraíba, 19/04/1610.

Maço 116, documento 104. Carta do rei aos governadores virem um memorial de Diogo Botelho, governador do Brasil, em que pede o título de Vice Rei.

Maço 117, documento 74. Carta de Constantino Menelau que escreveu do Rio de Janeiro em que pede que se mande as caravelas de munições para ir fazer uma fortificação em Cabo Frio donde se pode tirar muito pau-brasil, escrita a 01/10/1625.

Maço 118, documento 3. Cópias das cartas de Antônio de Albuquerque, capitão-mor da capitania da Paraíba em que da conta a El-Rei em como os holandeses vieram com 60 naus sobre Pernambuco. 18/02/1630.

Parte II

Maço 315, documento 180. Traslado dos provimentos que fez o desembargador Sebastião de Carvalho em Pernambuco, sobre a ordem que se deve ter na arrecadação dos vinhos que desembarcarem naquele porto. 30/09/1608.

Maço 351, documento 59. Acórdão da Relação a cerca de se não tomar conhecimento da petição de agravo do procurador da Coroa por ser intimida sobre o Coletor excomungar os primeiros juizes. 12/02/1629.

Maço 352, documento 63. Requerimento de Cristóvão Vaz de Betancor, para se lhe perdoar os anos que faltam para cumprir seu degredo pelos serviços feitos na Bahia, 31/05/1630.

Parte III

Maço 20, documento 54. Cópia de alguns capítulos de cartas de Manuel Teles Barreto, governador do Brasil, do ouvidor geral de Pernambuco Martim Leitão, e do provedor-mor Cristóvão de Barros para El-Rei, sobre o estado daquelas terras, seus rendimentos. De 18/08/1584.

Maço 30, documento 88. Cópia de uma consulta sobre a ida de Matias de Albuquerque a Ilha de Fernando de Noronha desalojar os inimigos e tirar negros que os holandeses lançaram lá. 07/03/1630.

6. Fragmentos:

Caixa 1, documento 6. Carta para El-Rei do governador geral do Estado do Brasil, Diogo de Meneses. Da Bahia, 01/09/1610.

7. Livro das Leis nas Chancelarias:
Livros:

1, fl. 055, 15/12/1578, Alvará determinando que seja notificada a provisão de 15/03/1577 que proibia a cultura do gengibre na Ilha de São Tomé e no Brasil.

1, fl. 164 v, 23/01/1588, Alvará regulando a procedência dos desembargadores da Relação do Brasil.
1, fl. 168, 22/08/1587, Carta de lei determinando as condições em que os donos de engenhos e fazendas no Brasil podem ir ao sertão buscar gentios para trabalharem nos mesmos, bem como a maneira porque ficam obrigados a tratá-los.
1, fl. 170, 24/02/1588, Regimento do provedor dos defuntos do Brasil, o licenciado André Martins Rolo.
1, fl. 172, 25/09/1587, Regimento dos desembargadores e mais oficiais da casa da Relação do Brasil.
1, fl. 219 v, 09/03/1592, Regimento do provedor-mor do Brasil, o bacharel Custódio de Figueiredo.
1, fl. 227, 09/07/1603, Regimento do Provedor dos Órfãos, resíduos, hospitais, capelas, confrarias e albergarias do Brasil, o bacharel Lopo Sutil.
2, fl. 026 v, 11/11/1595, Lei sobre a escravatura no Brasil.
2, fl. 030, 26/07/1596, Regimento dos padres da Companhia de Jesus enviados ao Brasil para instruírem os gentios.
2, fl. 048 v, 31/07/1601, Carta de lei sobre concessões feitas aos cristãos-novos para poderem ir livremente as partes da Índia e do Brasil e Ilhas.
2, fl. 051 v, 05/12/1598, Alvará para que os navios que tragam açúcar não possam descarregar no porto da Ilha da Madeira nem nos das outras ilhas.
2, fl. 055, 20/07/1602, Alvará para que se tirem informações de como serviram os governadores do Brasil etc. logo que tenham terminado o prazo dos seus governos.
2, fl. 080 v, 05/01/1605, Alvará para providenciar que os holandeses e zelandeses não fizessem fraudulentamente comércio com as madeiras do Brasil.
2, fl. 084, 18/03/1605, Alvará sobre a navegação na Índia, Brasil e outras possessões portuguesas.
2, fl. 120 v, 02/01/1606, Alvará sobre administração da justiça com referência as partes do ultramar.
2, fl. 171, 24/07/1609, Carta de lei declarando livre os gentios do Brasil. Madrid, 30/07/1609.
2, fl. 198 v, 10/02/1612, Alvará determinando que os filhos do vice-rei da Índia ou de governadores das outras possessões ultramarinas não visitem seus pais, nem residam com eles durante o tempo de seu governo.
2, fl. 210 v, 23/11/1612, Alvará proibindo que andem de serventia os ofícios menores de justiça e determinando que os seus proprietários vão tomar posse dos seus cargos sob pena de os perderem.
2, fl. 222 v, 10/09/1611, Carta de lei sobre os gentios do Brasil, seus foros, administração de sua justiça, etc.

3, fl. 079, 18/05/1617, Alvará para que o provedor-mor da fazenda real do Brasil e os mais provedores das capitanias de Pernambuco, Paraíba, Rio de Janeiro. todos os anos enviem ao Conselho da Fazenda uma lista das avenças que nessas partes se fizerem de escravos.

3, fl. 094, 27/04/1618, Alvará concedendo por quatro anos a Gonçalo da Costa e Almeida e João Peres a exploração das pérolas que tinham descoberto em certos lugares do Brasil, no mesmo mencionados, com a especificação das condições em que lhes era concedida.

3, fl. 104, 05/06/1619, Regimento para ouvidor geral das capitanias do Rio de Janeiro, Espírito Santo e São Vicente ao Bacharel Amâncio Rabelo.

3, fl. 107 v, 07/11/1619, Regimento do ouvidor geral do Maranhão, o bacharel Sebastião Barbosa.

3, fl. 120, 03/12/1621, Alvará sobre a forma porque os governadores do ultramar poderão prover os ofícios que vagarem nos seus governos.

3, fl. 132 v, 30/03/1623, Alvará para que os almoxarifes das capitanias do Estado do Brasil não possam valer-se de provisão alguma passada pelos governadores na ocasião de darem as contas da sua gerência.

3, fl. 139, 21/03/1624, Regimento do ouvidor geral do Maranhão.

3, fl. 154, 31/03/1626, Alvará determinando o 5º capítulo do regimento de 05/06/1619 passado ao bacharel Amâncio Rabelo, ouvidor geral das capitanias do Rio de Janeiro, Espírito Santo e São Vicente seja substituído por outro que menciona.

3, fl. 162, 14/04/1628, Regimento do ouvidor geral do Brasil, o licenciado Paulo Leitão de Abreu.

3, fl. 169, 02/04/1630, Regimento do ouvidor geral e auditor da gente de guerra do presídio, o bacharel Jorge da Silva Mascarenhas.

3, fl. 173, 21/03/1630, Regimento do ouvidor geral das capitanias do Rio de Janeiro, Espírito Santo e São Vicente com o distrito das minas, o bacharel Paulo Pereira.

8. Papéis do Brasil:

Avulsos, 3, nº 6 (c. 16, e. 147, p. 6). Anotações tiradas dos livros de mandados de pagamento do provedor-mor Antônio Cardoso de Barros logo após a fundação de Salvador. Apresenta uma lista em ordem alfabética dos primeiros povoadores tiradas do dito livro.

9. Manuscritos do Brasil:
Manuscritos da Livraria:

L. 1116, fl. 604. Documento sem título (Consulta da Mesa de Consciência e Ordens). Trata da questão se seria legítimo o cativeiro dos índios que apoiaram os holandeses (c. 1626).

L. 1116, fl. 610. Documento sem título (Consulta da Mesa de Consciência e Ordens). Trata do mesmo assunto do anterior, datado de 26/06/1626.

10. Ministério do Reino:
Coleção de Plantas, mapas e outros documentos.
Documento 68. Relação das praças fortes, povoações e coisas de importância que Sua Majestade tem na costa do Brasil, fazendo princípio dos baixos ou ponta de São Roque para o sul do estado e defensão delas, de seus frutos e rendimentos, feita pelo sargento mor desta costa Diogo de Campos Moreno (1609).

11. Chancelaria da Ordem de Avis:
Livros:
L 05:
158, Bartolomeu de Vasconcelos da Cunha, 1581.
169, Diogo da Rocha, 1581.
173, Ambrósio de Aguiar Coutinho, 1581.
225 v, Antônio de Castro, 1582.

L 08:
022 v, Matias de Albuquerque, 1591.
179 v, Diogo de Mendonça Furtado, 1595.
193, Luís Rodrigues, 1595.

L 09:
67 v, Diogo de Vasconcelos, 1599.

L 10:
227v, Alexandre de Moura, 1599.
308 v, Gil de Góes da Silveira, 1610.
333, Diogo de Vasconcelos, 1611.

L 11:
006, Antônio Muniz Barreto, 1617.
014 v, Diogo de Vasconcelos, 1611.
021 v, Joane Mendes de Vasconcelos, 1621

Caderno:
C 16:
007, Vasco Rodrigues Bacelar, 1581.
031, Alexandre de Sousa, 1589.
045, Alexandre de Moura, 1599.

12. Ementas da Casa Real:
Livros das ementas que contém as moradias e foros dos criados, fidalgos da Casa Real e algumas mercês (1526-1527 e 1568-1654).

Livro 2
23, Simão da Gama de Andrade, confirmação de sesmaria dada por Tomé de Sousa, 27/03/1570.

Livro 4
204, D. Duarte da Costa filho de D. Álvaro da Costa, pagamento do que foi acrescentado de escudeiro de moço de fidalgo. 03/07/1587.

Livro 7
17, Manuel Filipe Soares, filho de Álvaro Dias, possa usar o ofício de boticário. 15/07/1586.

74, Francisco Zorilha, filho de Diogo Zorilha, pagamento do acrescentamento de "escudeiro fidalgo a que foi acrescentado de moço de Câmara". 12/04/1586.

Livro 9
89, Constantino Cadena, filho de Gaspar Cadena, pagamento do acrescentamento de "escudeiro fidalgo a que foi acrescentado de moço de Câmara". 08/06/1609.

Livro 11
91, Francisco Martins, vizinho de Caminha, possa usar dos ofícios de mestre e piloto das carreiras das Ilhas, Guiné, São Tomé, Angola e Brasil. 11/08/1621.

91, *Idem* para Bartolomeu de Oliveira, Gaspar Maciel, Antão Vezinho de Viana, Antônio Fernandes.

98, Amaro da Cruz Porto Carreiro, filho de João Dias Porto Carreiro, pagamento do acrescentamento de "escudeiro fidalgo a que foi acrescentado de moço de Câmara". 11/08/1621.

124, Jacome Raimundo, filho de Pero Jacome Raimundo, pagamento do acrescentamento de "escudeiro fidalgo a que foi acrescentado de moço fidalgo". 12/12/1621.

200, Que o capitão Pedro Cadena, possa usar dos ofícios de piloto das carreiras das Ilhas, Guiné, Cabo Verde, Angola e Brasil e Índias de Castela. 12/08/1624.

241, Diogo de Carcamo, filho de D. João de Carcamo, pagamento do acrescentamento de "escudeiro fidalgo a que foi acrescentado de moço fidalgo". 15/06/1625.

13. Cartas Missivas:
Maço 1
164 – Carta de Mem de Sá a Frei André, religioso de Santo Agostinho no Mosteiro da Graça de Lisboa. Salvador, 00/05/0000.

184 – Alvará sobre as armadas de Portugal e de Castela para expulsar os Holandeses de Pernambuco. 26/10/(?).

224 – Relação dos ofícios que há em Luanda, Reino de Angola e dos seus proprietários ou das pessoas que os servem.

397 – Carta de Mem de Sá a Frei Bartolomeu, religioso de Santo Agostinho em Nossa Senhora da Graça de Lisboa, sobre o provimento dos ofícios da cidade do Salvador que El-Rei tinha mandado aplicar a dotes para casamento das órfãs que do Reino lhe enviaram. Salvador, 01/06/(?).

485 – Parecer que se deu a El-Rei a fim de mandar vir da Paraíba ao capitão Feliciano Coelho de Carvalho que servia este posto há 5 anos e que tinha ido por três anos, sua mulher estava pobre e o reclamava e seus filhos, etc.

Maço 2
56 – Carta de Mem de Sá para o Secretário de Estado Pedro de Alcaçova Carneiro lembrando-lhe o perigo em que estão as capitanias pela sua má ordem e pouca justiça, lamentando que Sua Alteza ... as capitanias e os ofícios a pessoas sem a competência e pedindo por último para se retirar. Salvador, 10/08/(?).

60 – Lembrança de Rodrigo de Freitas sobre os livros do armazém e da matrícula em que defende os seus atos e se queixa das perseguições que lhe moveram.

182 – Apontamentos do que se havia de representar a El-Rei acerca da cobrança dos dízimos.

Maço 3
149 – Carta de Filipe Guilhem para El-Rei participando-lhe a remessa de um instrumento de navegação.

Biblioteca Nacional de Lisboa:
Códices
Caixa 29[33]e Caixa 29[34]. Amazonas, expedição de missionários jesuítas em 1618, com Alexandre de Moura, ..., expulsão dos franceses, notícias do gentio. Regresso a Portugal em 02/07/1621. Ver Manuel Gomes.

Caixa 31[7]. Ilha da Trindade, nota da doação feita por D. João III a Belchior Carvalho, registrada na Arquivo da Torre do Tombo.

Caixa 44[43]. Alvará para que Gil Góes da Silveira possa renunciar à capitania de São Tomé que tem no Brasil, 1605.

255. Legislação. Regimentos, provisões e cartas régias expedidas em várias épocas ... in: Regimentos, provisões e cartas régias.
294. Domingos de Abreu de Brito, Sumário e descrição do reino de Angola, 1592.
302. Paraíba, poesias latinas em honra de Martim Leitão, ouvidor geral.
467. Descrição deste estado (Maranhão) in: Relação brevíssima.
472, fl. 58. Descobrimentos, Madeira, Açores e Brasil, in: Apontamentos Breves.
472. Notícias de geografia e história com descrição e documentos refrentes ao Brasil.
475. Descrição de capitanias, rios, montes, costas, povoações etc. do Brasil, in: Geografia Histórica.
530. Capitania de São Paulo, como principiou a província.
600, fl. 303, 310, 327. Notícias e curiosidades. Diversas raças de índios aborígenes. Diogo Álvares Correia, o Caramuru. Animais indígenas, notas sobre a fauna do Brasil.
630, fl. 043. Bahia, cidade do Salvador, motivos desta designação.
630, fl. 056. Criação do primeiro bispado do Brasil, in: Bispado da Ordem de Cristo.
630, fl. 064. Bahia, governadores interinos que houve na cidade da Bahia.0630. Governadores interinos da Bahia in: Bahia, notícias acerca dos governadores.
637, fl. 013. Despesa do Estado do Brasil a que a fazenda de Sua Majestade tem obrigação (século XVI). (1588: 17v a 25; 1598: 26 a 34).
655, fl. 144 vº, 260. Descobrimentos e conquistas, etc. Notas históricas com muitas indicações bibliográficas (século XVII).
674, fl. 220. Governadores e capitães-mores nomeados por Filipe II.
1460, fl. 59 vº. Maranhão, entrada dos franceses.
1552, fl. 153. Descrição do Brasil.
2161. Notícias Várias in: coleção de cartas de uso de Frei Vicente do Salgado.
2298, fl. 103. Degredados da África que vão acabar a pena no Brasil, 1607.
4519. Livro que contém as coisas notáveis que vem nas cartas da Europa e Brasil desde 1572 a 1584. Grande parte trata da missão e martírio do padre Inácio de Azevedo e seus companheiros.
6979 e 6980. Minas do Brasil. Vários documentos.
7626, fl. 131. Grão Pará e Maranhão, separação das duas capitanias.
7627, fl. 001. Extensão das capitanias em que estava dividido o Brasil.
7627, fl. 003. Ouvidor geral Jorge da Silva Mascarenhas. Regimento em que se revoga a jurisdição das capitanias, doações etc. 1630.
7627, fl. 024 e 26. Ouvidor do sul pretende ser equiparado em alçada e poderes aos ouvidores gerais de Angola e Bahia em posse e crime.
7627, fl. 026. Espírito Santo, carta do ouvidor da vila de Vitória sobre jurisdição.
7627, fl. 028. Capitanias do sul, breve notícia. Século XVIII.

7627, fl. 029. Capitania de São Vicente, Abandono em que esteve a fortaleza principal. Francisco Pinheiro de Moraes, capitão, pede, ao menos, doze soldados. (século XVII).

7627, fl. 031. Tomé Pinheiro da Veiga, regimento para o Rio de Janeiro e dúvidas que houve em 1643.

7627, fl. 032 a 40. Capitanias do Sul do Brasil. Regimentos que levou o ouvidor geral Paulo Pereira em 1630 e 1643. In: Regimentos que em 1630.

7627, fl. 036. Tomé Pinheiro da Veiga, emendas que devem ser feitas no regimento que em 1643 se deu ao ouvidor geral das capitanias do sul do Brasil.

7627, fl. 037. Tomé Pinheiro da Veiga. Sumário do regimento do ouvidor geral do Estado do Brasil.

7627, fl. 040. Donatários, capitães-mores e governadores que tem obrigação de residir na defesa das capitanias (1634).

7627, fl. 051. Donatários substituídos nas capitanias. Pareceres e Documentos.

7627, fl. 062. Bahia, capitanias das ilhas de Itaparica e Tamandariva, a D. Antônio de Ataide, Conde da Castanheira, 1593.

7627, fl. 064. Doação da capitania de Pernambuco a Duarte Coelho. Cópia autentica passada em 1629 por Gaspar Álvares de Losada.

7627, fl. 071, 73, 75. Donatários das capitanias não poderão criar novo ofício, etc. Limitação jurisdição (1649).

7627, fl. 131. Divisão de duas capitanias e dois governadores e capitães-mores, um do Maranhão e outro do Grão Pará, uma de trinta léguas e outra também de trinta, 1633.

7627, fl. 133. Maranhão, Regimento do governador Bento Maciel Parente, 1649.

7627, fl. 140. Cumutá, documentos da sucessão de Antônio Albuquerque Coelho de Carvalho.

7627, fl. 145. Maranhão, Regimento do governador Francisco Coelho de Carvalho.

7627, fl. 149. Tomé Pinheiro da Veiga. Conselho que deu sobre o requerimento de D. Luís de Almeida governador do Rio de Janeiro, em que pedia fossem nomeados para essa capitania, ministros letrados por causa da boa administração da justiça, 1653.

7627, fl. 149-151 e 154-158. Rio de Janeiro, Administração, magistrados etc., Consultas e pareceres, Regimento do ouvidor geral, 1630.

7627, fl. 156 a 158. Ouvidor geral das capitanias do sul: sua alçada e poderes. Regimento do ouvidor da capitania do Rio de Janeiro, Paulo Pereira. 1630.

7627, fl. 158. Rio de Janeiro, regimento do ouvidor geral da capitania do Rio de Janeiro. Paulo Pereira, 1630.

7627. Administração do Estado do Brasil. Papéis vários, apontamentos e documentos, dos anos de 1620 e 1650. Ver Doutor Tomé Pinheiro da Veiga.

7627. Conselho Ultramarino. Consultas acerca da colonização no Brasil, século XVII.

7642, fl. 185-9. Governadores e capitães-mores nomeados por Filipe II in: Terços que se levantaram ... (Notícias que se encontram num volume de apontamentos e obras inéditas de M. Severim de Faria).

8397. Coleção dos breves pontifícios e leis sobre os índios do Brasil.

8504, fl. 048. Bahia, capitanias das ilhas de Itaparica e Tamandariva, ao Conde da Castanheira, 1556.

8570, fl. 103. Lista dos governadores até 1619 in: Anais e pragmáticas.

Coleção Pombalina
Códice 249
Fl. 1-68, Leis, cartas ... de Filipe II (1597-1614).
Fl. 204, Informação do procedimento ilegal do governador Diogo Botelho do Brasil por Bento do Amaral.
Fl. 239, Relação das coisas que há, se tem visto e achado nas terras e ilhas do Pará e rio Amazonas de 19 meses a esta parte.

Códice 642
Fl. 204 a 236, documentos do almoxarifado de Pernambuco (1593-1608).

Códice 644
Caderno das consultas que vão a Sua Majestade de todos os tribunais (1589--1590). Lembrança das capitanias do Brasil. Tem índice.
Fl. 113v,
Fl. 114, Cópia do parecer da junta sobre coisas do Brasil que foi a Sua Majestade" de 1º de dezembro de 1590.

Códice 645
Documento da Mesa de Consciência e Ordens (1608-1755).

Códice 647
Fl. 69, Razão dos moradores da Bahia para que se conserve a relação.
Fl. 106, Estado das coisas no Rio Grande, Maranhão e Pará.
Fl. 123, Representação do juiz do povo.

Códice 648
Fl. 635, Carta do Conde Meirinho-mor D. Duarte de Castelo Branco para El-Rei, propõe bispo para Lamego, governador para o Brasil e capitão para Tanger.

FONTES E REFERÊNCIAS

Biblioteca da Ajuda:
Códices:
44-XIV-03 – Do Desembargo do Paço – Tomo I.
44-XIV-04 – Do Desembargo do Paço – Tomo II.
44-XIV-05 – Do Desembargo do Paço – Tomo III.
44-XIV-06 – Do Desembargo do Paço – Tomo IV – 1594-1596.
44-XIV-07 – Consultas do Desembargo do Paço.
44-XIV-09 – Consultas do Desembargo do Paço.
44-XIV-10 – Consultas do Desembargo do Paço.
49-IV-50 – f. 339. 04/09/1560, Bahia. Carta do Padre Manuel Álvares que foi para a Índia, escrita de Salvador onde a nau foi arribar.
49-X-01 Embaixada e governo de D. Duarte de Castelo Branco – Tomo 1.
49-X-02 Embaixada e governo de D. Duarte de Castelo Branco – Tomo 2.
49-X-04 Embaixada e governo de D. Duarte de Castelo Branco – Tomo 4.
49-X-05 Embaixada e governo de D. Duarte de Castelo Branco – Tomo 5.
49-X-10 Enviatura em Francisco de Cristóvão Soares de Abreu 5º Tomo
49-X-12 f. 014. 467 – Aviso de Luís da Silva, vedor, ao provedor-mor do Estado do Brasil, mandando dar conta ao Conselho da Fazenda das fianças que há nas capitanias de Pernambuco, Itamaracá e Paraíba, de navios que partiram de há 20 anos a esta parte e outros que estão ainda por desobrigar nas alfândega e dízimo das fazendas, de estrangeiros e naturais. Lisboa, 26/03/1630.
49-X-12 f. 015. 469 – Portaria do governador da Bahia mandando entregar as peças de ferro a ordem do almirante D. Antônio de Oquendo, para defesa de Pernambuco. Bahia, 04/08/1630.
51-IX-02 – Do Governo de Portugal - Provimentos, Cartas e Alvarás – Tomo I.
51-IX-20 Governo de Angola de D. Fernando de Sousa.
51-IX-25 Relações do Descobrimento da Costa da Guiné e outras informações.
51-IX-32 Documentos pertencentes a Casa Real e ao Governo Político.
51-V-71 Cartas entre Filipe II de Portugal e o Bispo D. Pedro de Castilho.
51-V-84 Cópia de Cartas do Vice-Rei a Sua Majestade.
51-VI-28 Miscelânea.
51 VI 52 Mesa de Consciência – Decretos, resoluções e assentos dela desde sua fundação até o ano de 1726 ... recopilados pelo Doutor Lázaro Leitão Aranha.
51-VI-54 f. 121. 361 – Desenho do engenho de fazer açúcar, novamente pintado ou trazido de fora pelos Padres da Companhia de Jesus do Brasil, ano de 1613, e enviado por Pedro da Fonseca.
51-VI-54 f. 160 a 166, 229. 257 – Relação dos ofícios da justiça e fazenda do Brasil, da apresentação de Sua Majestade e o que valem de rende e de compra. Bahia, 02/10/1606.

51-VI-54 f. 169 a 180. 341 – Relação das despesas do Estado do Brasil no ano de 1610.

51-VI-54 f. 181 a 187. 340 – Traslado da Folha do que se há de pagar da fazenda de Sua Majestade na ilha de e capitania de Itamaracá, neste ano que começa em 01/08/1608 e acaba em 31/07/1609. Outra da capitania da Paraíba.

52-VII-15 f. 189 a 222. 336 – Folha que se há de pagar nesta cidade da Bahia e em sua capitania da fazenda de Sua Majestade este ano que começou em 01/08/1608 e acaba em 31/07/1609. Do rendimento dos dízimos desta capitania e da de Sergipe e mais da banda do sul.

52-VII-15 f. 223 a 228. 330 – Folha de despesas das capitanias de Pernambuco, Itamaracá, Paraíba e Rio Grande que mandou Diogo de Meneses, governador do Brasil, no ano de 1618.

51-VII-11 Regimentos, instruções e resoluções sobre a Índia e conquistas principalmente no tempo do Vice-Rei D. Pedro de Castilho.

51-VII-15 Consultas do Governo.

51-VIII-06 Cartas de Filipe II para o Bispo D. Pedro de Castilho.

51-VIII-07 Cartas de Sua Majestade para o Bispo Pedro de Castilho.

51-VIII-08 Cartas d'El-Rei.

51-VIII-09 Cartas d'El-Rei.

51-VIII-15 Cartas do bispo D. Pedro de Castilho ao Conde de Sabugal.

51-VIII-16 Carta do bispo D. Pedro de Castilho.

51-VIII-17 Carta do bispo D. Pedro de Castilho.

51-VIII-18 Carta do bispo D. Pedro de Castilho.

51-VIII-19 Carta do bispo D. Pedro de Castilho.

51-VIII-21 Livro do registro das cartas de Sua Majestade que começou no ano de 1611.

51-VIII-22 Livro de Cartas de Sua Majestade recebidas em 1628 e 1629.

51-X-07 f. 132. 464 – Sonda e demarcação que Salvador Pinheiro, capitão-mor de Itamaracá mandou fazer nas barras que há na dita Ilha ..., ano de 1630.

51-X-33 De Cristóvão Soares de Abreu, residente em França – Papéis Vários.

52-VIII-38 f. 059 a 61. 400 – Lembrança das primeiras caravelas que foram de socorro a Pernambuco antes da partida da armada e das pessoas que levaram por capitães etc. Lisboa, 01/08/1625.

Documentos Avulsos:

54-VIII-36, nº 80. Carta de Francisco Soares de Abreu (?) para o provedor da fazenda de Pernambuco André Almeida da Fonseca, com notícias de umas fazendas que vieram ao reino e sobre carregamentos de pau-brasil feitos pelos capitães e oficiais da armada.

54-VIII-37 nº 154 e 208, 54-VIII-38 nº 290 e 370. 470 – Petição que Francisco Soares de Abreu, provedor-mor, faz a Sua Majestade para lhe mandar sucessor devido aos médicos aconselharem a ir ao Reino, e dizendo que ainda que a saúde não perigasse pedia a mesma mercê por não se atrever a ficar com o governador geral Diogo Luís de Oliveira por compreender o risco que corria sua honra, descreve as várias faltas que este cometeu. Bahia, 01/10/1630. Outras no mesmo sentido, Bahia 25/09/1630.

54-XI-23 n° 156. 366 – Carta de Jaques da Grã-Bretanha a Filipe II de Portugal, sobre uma petição de Martim Mendes de Vasconcelos, que vive na Ilha de São Pedro nas partes do Brasil, para que se lhe conceda as mesmas mercês que os reis antecessores dispensaram a ele a aos mais da sua geração que vivem no Brasil, 12/08/1613.

54-XI-26 n° 3 a. 404 – Informação da capitania de Ilhéus dada por Antônio Simões, procurador do senhor D. João de Castro, senhor dela. 06/12/1626.

54-XI-26 n°s 3 b. 07 – Relação dos sítios, moradores e do que rendem de presentemente a capitania de Ilhéus e seu contorno ao donatário dela. 11/03/1535 (data errada).

54-XIII-08 f. 243. 382 – Carta do procurador (provedor) da Capitania de Pernambuco Domingos da Silveira a Sua Majestade tocante aos direitos devidos à fazenda desde 1597 até 1607, e sua cobrança. 24/05/1618.

Biblioteca Pública de Évora:

Catálogo dos Governadores e Vice-Reis da cidade da Bahia e Brasil. Cód. CXVI / 2–13 a n° 1, 8 pág.

Coisas mais notáveis do Brasil. Cód. CXII / 1–1 d. a f. 73, 5 pág.

Resolução que o Bispo e ouvidor geral do Brasil tomaram sobre os injustos cativeiros dos índios do Brasil, e do remédio para aumento da conversão e da conservação daquele Estado. Cód. CXVI / 1–33 a f. 69.

Cópia do termo das homenagens dos capitães-mores das capitanias do Brasil. Cód. CIX / 1–1 a f.

Instrumento de Inquirição de testemunhas que provam que a Aldeia de Maruyri foi fundada pelo Senhor D. Francisco de Sousa, governador geral, que foi do Estado do Brasil. A inquirição foi tirada a requerimento de D. Francisco de Sousa, Conde do Prado, neto daquele, e por despacho da Câmara de São Paulo, na capitania de São Vicente, de 25/08/1657. Cód. CXVI / 2–13 a n° 17.

Cronologia dos Governadores do Maranhão (1626-1748). Cód. CXV / 2–14 a n° 15.

Catálogo dos Capitães-mores do Maranhão (1615-1745). Cód. CXV / 2–14 a n° 16.

Catálogo dos Capitães-mores do Pará (1615-1745). Cód. CXV / 2–14 a n° 17.

América Abreviada, suas notícias e de seus naturais e em particular do Maranhão, títulos, contendas, e instruções a sua conservação e aumento mais úteis. Pelo Padre João de Sousa Ferreira, presbítero da Ordem de São Pedro, natural da vila de Basto. Em Lisboa, 20/05/1693. Cód. CXVI / 1-8 1 vol. 4º – 185 folhas.

Resposta aos capítulos que deu contra os religiosos da Companhia (em 1662) o procurador do Maranhão Jorge de São Paio (Jorge de Sampaio). Cód. CXV / 2–11 a f. 152.

Traslado autentico do Livro Dourado da Relação da Bahia. Cód. CXV / 2–3 1 vol. Fol. 647 folhas.

Biblioteca Municipal do Porto:
Cód. 126. – Razão do Estado do Brasil.

BRASIL:
Biblioteca Nacional do Rio de Janeiro:
Annua do Provincial dos Jesuítas – 1584. Traslado de 27 setembro de 1880. I, 31, 25, 14.

Apontamentos que o Doutor Bartolomeu Ferreira Lagarto administrador que foi do Brasil faz a um papel de advertências que chegou a suas mãos acerca do socorro de Pernambuco. Madrid, 12/09/1630. Original, I – 1, 2, 44 nº 24.

Autos e diligências, requerimentos e outros documentos do Conselho Ultramarino referentes à permanência dos franceses no Maranhão e demais assuntos a respeito da administração na referida Capitania. Forte de São Luís, 1615-1616. Cópias, II – 32, 18, 21.

Breve notícia histórica das missões dos jesuítas no Brasil, Bahia, 1574. Cópia. I – 8, 3, 3.

Capítulo solto pertencente a uma crônica da Companhia no Maranhão, capítulo 13 – Notícia dos princípios da missão do Maranhão. Cópia, I – 6, 2, 24.

Carta de El-Rei por que faz mercê a Antônio de Sousa fidalgo de sua casa de o prover da capitania do forte do Recife de Pernambuco. Lisboa, 16/06/1604. Cópia, I – 4, 3, 4 nº 12.

Carta régia a Diogo Luís de Oliveira ordenando-lhe para quando chegasse a Pernambuco e achasse Francisco Coelho de Carvalho, que o mandasse imediatamente para o Maranhão. Aranjuez, 18/04/1625. Cópia, II – 32, 18, 20.

Carta da Câmara de Olinda a El-Rei noticiando que o desembargador Sebastião de Carvalho ... Olinda, 10/12/1608. Cópia, I – 4, 3, 4 nº 13.

Carta de Alexandre de Moura escrita em Olinda para El-Rei de Castela ... Olinda, 27/01/1607. Cópia, I – 6, 2, 48 nº 19.

Carta de Jorge de Albuquerque em que pede a El-Rei munições e armas ... Lisboa, 12/01/1630. Cópia, I –- 6, 2, 48 nº 34.

Carta de Matias de Albuquerque. S. l., 03/04/1628. Original, I – 1, 2, 44 nº 4.

Carta do governador Luís de Oliveira, a El-Rei, sobre não ser verdadeira a informação de estarem 30 caravelas inimigas na paragem de Ilhéus. Bahia, 07/09/1628. Cópia, I – 6, 2, 48 nº 26.

Cartas de Matias de Albuquerque. Pernambuco, 18/02/1630 e 22/02/1630. Cópias, I – 1, 2, 44, nº 31.

Certidões de traslado do livro de saídas e despachos de navios e urcas da alfândega de Pernambuco de 1595 a 1605. Olinda, 05/12/1608. Cópia, II – 33, 6, 30.

Comunicação ao Conde Duque sobre a relação de Matias de Albuquerque a respeito da falta de mantimentos. Lisboa, 01/07/1630. Cópia, I – 1, 2, 44 nº 37.

Consulta de Estado sobre a Ilha de Fernando de Noronha e informações mandadas a El-Rei D. Filipe II por Matias de Albuquerque sobre a mesma ilha. Lisboa, 07/03/1630. Cópia, I – 6, 2, 48 nº 40.

Cópias da correspondência de D. Fradique de Toledo Osório até a rendição dos holandeses. Bahia, 28/04/1623 e 30/04/1623 (sic) (Ano correto 1625). Cópia, I – 34, 33, 3.

Cópias das cartas de Antônio de Albuquerque, capitão da Paraíba em que dá conta a El-Rei em como os holandeses ... Paraíba, 17/02/1630. Inclui carta de Fernão Gomes de Quadros e Antônio Correia. Cópias, I – 6, 2, 48 nº 35-39.

Da província do Brasil, do número de casas e pessoas da Companhia que nelas há. Cópia II – 19-4 nº 15.

Declaração do francês Guido Cornier, por ordem de D. Francisco de Texada y Mendoza, sobre a empresa do Maranhão. Sanlucar, 10/04/1616. Cópia, II – 31, 28, 27 nº 6.

Excerto de uma carta de Manuel Gomes da Companhia de Jesus para um padre da mesma companhia residente em Lisboa. Bahia, 27/09/1597. Cópia, II – 34, 9, 2.

Holandeses na Bahia. S. l., 03/06/1638. Cópia, I – 3, 3, 33.

Informação dada por Bento Maciel Parente, que foi governador do Maranhão, acerca da capitania de Caité, em Madri no ano de 1630. S. l., n.d. Cópia, I – 1, 2, 44 nº 26.

Informação de frei Cristóvão de São José acerca da chegada da armada holandesa a Pernambuco e do mais que se passou. S. l., 29/04/1630. Cópia, I – 1, 2, 44 nº 33.

Informações prestadas pelo governador da Bahia sobre o seminário daquela cidade, com a provisão de 12 de fevereiro de 1569 sobre a fundação do Seminário, além de outros documentos correlatos. Bahia, 1569. 8 documentos. II – 33, 18, 5 nº 2.

Pareceres do Conselho de Estado de Portugal sobre a perda de Pernambuco ... Lisboa, 1630. Cópia, I – 1, 2, 44 nº 34.

Petição do capitão Simão Estácio da Silveira a Sua Majestade sobre a vantagem da abertura de um caminho aproveitando um dos rios do Maranhão pelo qual passariam as riquezas de Potosi, destinadas à Espanha. Madri, 15/06/1626. Cópia, II – 32, 19, 42.

Probança echa de pedimento del contador André de Eguino (André Igino) ante el gobernador de la capitania de San Biçente en la costa del Brasil sobre el suçesso que tubo con el yngles que allo en este puerto". Santos 14/02/1583. Cópia. II – 35, 21, 55.

Provimento da Armada que por ordem do Marques de Castelo Rodrigo se apresenta ... Lisboa, 28/11/1630 e 24/12/1630. Original, I – 1, 2, 44 nº 48.

Relação apresentada a Sua Majestade a respeito do ataque aos holandeses na Bahia. S. l., 29/03/1624. Original, II – 33, 31, 11.

Relação de gente, arma, munições e mais coisas com que se proveram as partes do Brasil e mais conquistas ... Lisboa, 21/12/1630. Original, I – 1, 2, 44 nº 49.

Relação de gente, munições, mantimentos e mais coisas que se embarcaram nas quatro caravelas que vão em socorro do Brasil, tendo por cabo Cristóvão de Mendonça. Lisboa, 05/01/1631. Original, I – 1, 2, 44 nº 51.

Relação de serviço que os povos deste reino fazem a Sua Majestade para restauração de Pernambuco. S. l., 1630/1631. Original, I – 1, 2, 44 nº 97.

Relação de sucesso que teve Silvestre Manso piloto do patacho ... da jornada que fez da ida e vinda de Itamaracá ... Lisboa, 14/08/1630. Cópia, I – 6, 2, 48 nº 43.

Relação verdadeira e breve da tomada da vila de Olinda ... Lisboa, 1630. Original, I – 1, 2, 44 nº 22.

Relatório do Padre João de Souto Maior a respeito do estado de Pernambuco, em que apresenta a Sua Majestade ... Bahia, 1630. Cópia, I – 6, 2, 47 nº 9.

Resumos de documento pertencentes ao Archivo General de Indias, referentes a acontecimentos diversos, principalmente sobre a empresa do Maranhão. Sevilha (1615). Cópia, II – 32, 19, 39.

Traslado de uma carta do Padre Antônio de Sousa que foi na armada da Bahia. S. l., 30/05/1625. Cópia, II – 34, 8, 31.

Instituto de Estudos Brasileiros (IEB) – Universidade de São Paulo:
Coleção Lamego - Códice 81, documentos 1-78.

Instituto Histórico e Geográfico Brasileiro – Rio de Janeiro:
Tomo I (Arq. 1.2.15) e II (Arq. 1.2.16) dos Registros do Conselho Ultramarino Português.
Tomo XIX dos Registros de Évora.
Relação das capitanias do Brasil, s/d., Mss. Lata 67, documento 19.

FONTES IMPRESSAS

ABREU E BRITO, Domingos de. "Sumário e descrição do Reino de Angola e do descobrimento da ilha de Luanda" (c. 1591) in: FELNER, Alfredo de Albuquerque. *Um Inquérito à Vida Administrativa e Econômica de Angola e do Brasil.* Coimbra: Imprensa da Universidade, 1933.

AIRES, Matias. *Reflexões sobre a vaidade dos Homens* (1752). São Paulo: Cultura, s/d.

ALBERNAZ, João Teixeira. *Descrição de Todo o Marítimo da Terra de Santa Cruz Vulgarmente, o Brasil* (1640). Lisboa: Ana, 2000.

ALBERNAZ, João Teixeira. *Estado do Brasil Coligido das Mais Certas Notícias que Pode Ajuntar D. Jerônimo de Ataíde* (1631). Rio de Janeiro: Nova Fronteira, 1997.

ALBUQUERQUE, Afonso de. *Comentários do Grande Afonso de Albuquerque* (1557), prefaciada e revista por Antonio Baião, 2 vols., 4ª ed. Coimbra: Imprensa da Universidade, 1922.

ALBUQUERQUE, Afonso. *Cartas para El-Rei-Rei D. Manuel I* (Século XVI). Lisboa: Sá da Costa, 1942.

ALBUQUERQUE, Luis de (Org.). *Martim Afonso de Sousa* (Século XVI). Lisboa: Alfa, 1989.

ALDENBURGK, Johann Gregor. *Relação da Conquista e Perda da Cidade do Salvador pelos Holandeses em 1624-1625* (1627). São Paulo: Brasiliensia Documenta, 1961.

Alguns documentos sobre a colonização do Brasil (Século XVI). Lisboa: Alfa, 1989.

ANCHIETA, Padre José de. *Cartas, Informações, Fragmentos Históricos e Sermões* (1554-1594), 2ª ed. Belo Horizonte e São Paulo: Itatiaia e Edusp, 1988 (coletânea, publicada originalmente pela Academia Brasileira de Letras em 1933, era o volume III da coleção Cartas Jesuíticas).

ANCHIETA, Padre José de. *De Gestis Mendi de Saa/Dos feitos de Mem de Sá* (Século XVI), edição bilingue. Rio de Janeiro: Arquivo Nacional, 1958.

ANCHIETA, Padre José de. *Informação do Brasil e de Suas Capitanias* (1584). São Paulo: Obelisco, 1964.

ANDRADA, Francisco de. *Chronica do Muyto Alto e Muyto Poderoso Rey destes Reynos de Portugal, D. João, o III Deste Nome,* (1613), 4 vols. Coimbra: Real Oficina da Universidade, 1796.

ANDRADE, Jacinto Freire de. *Vida de D. João de Castro* (1651). Lisboa, Agência Geral das Colónias, 1940.

Anedotas Portuguesas e Memórias Biográficas da Corte Quinhentista. Coimbra: Almedina, 1980.

ANTONIL, André João. *Cultura e Opulência do Brasil por suas Drogas e Minas* (1711), com estudo introdutório de Alice Canabrava. São Paulo: Companhia Editora Nacional, 1967.

ANTONIL, André João. *Cultura e Opulência do Brasil por suas Drogas e Minas* (1711), com introdução e comentário crítico por Andrée Mansuy Diniz Silva. Lisboa: CNCDP, 2001.

ARAÚJO, José Pizarro de Souza Azevedo e. "Relação das sesmarias do Rio de Janeiro" in: *Revista do Instituto Histórico e Geográfico Brasileiro*. Rio de Janeiro: Instituto Histórico e Geográfico Brasileiro, tomo 63, parte I.

ARAÚJO, José Pizarro de Souza Azevedo e. *Memórias Históricas do Rio de Janeiro* (1819), 10 vols. Rio de Janeiro: INL, 1945.

Arquivo do Distrito Federal, 4 vols. Rio de Janeiro: Prefeitura Municipal, 1894-7.

Arte de Furtar, edição crítica, com introdução e notas de Roger Bismut. Lisboa: Imprensa Nacional-Casa da Moeda, s/d.

Atas da Câmara da Cidade do Salvador (1625-1700), 6 vols. Salvador: Prefeitura Municipal, 1949-1950.

Atas da *Câmara de Santo André* (1555-1558) in: TAUNAY, Afonso de. *João Ramalho e Santo André da Borda do Campo*. São Paulo: Revista dos Tribunais, 1953.

Atas da Câmara de São Paulo (1562-1639), 4 vols. São Paulo: Câmara Municipal, 1914-15.

BARROS, João de. *Panegíricos* (Século XVI), texto restituído, prefácio e notas pelo prof. M. Rodrigues Lapa. Lisboa: Sá da Costa, 1943.

BERREDO, Bernardo Pereira de. *Annaes Historicos do Estado do Maranhão* (1749). Iquitos (Peru): Abya-Yala, 1989 (edição fac-similar da edição *princeps*).

Brasil Histórico. Rio de Janeiro: Tipografia dos Editores, 1866.

Breve Discurso sobre o Estado das Quatro Capitanias Conquistadas, de Pernambuco, Itamaracá, Paraíba e Rio Grande, Situadas na Parte Setentrional do Brasil (1638) in: *Fontes para a História do Brasil Holandês* (século XVII), textos editados por José Antônio Gonsalves de Mello, 2 vols. Recife: Parque Histórico Nacional dos Guararapes e MEC/SPHAN/Fundação Pró-Memória, 1981, p. 77.

CALADO, Frei Manuel. *O Valeroso Lucideno e Triunfo da Liberdade* (1648), 2 vols. São Paulo: Edições Cultura, 1945.

CAMPOS, Francisco António de Novaes. *Príncipe Perfeito* (1790). Lisboa: Instituto de Cultura e Língua Portuguesa, 1985.

Capítulos que Gabriel Soares de Sousa Deu em Madri ao Senhor Cristóvão de Moura Contra os Padres da Companhia de Jesus que Residem no Brasil de 1587 in: *Anais da Biblioteca Nacional*. Rio de Janeiro: Biblioteca Nacional, vol. 62.

CARDIM, Padre Fernão. *Tratados da Terra e Gente do Brasil* (Século XVI). São Paulo: Companhia Editora Nacional, 1978.
Cartas do Senado da Câmara da Cidade do Salvador, 6 vols. Salvador: Prefeitura Municipal, 1951.
Cartas para Álvaro de Sousa e Gaspar de Sousa (1540-1627). Lisboa: Comissão Nacional para as Comemorações dos Descobrimentos Portugueses (CNCDP) e Rio de Janeiro: Ministério das Relações Exteriores, 2001.
CASTRO, D. João de. *Cartas de D. João de Castro a D. João III* (Século XVI). Lisboa: Alfa, 1989.
CAXA, Quirício. *Breve Relação da Vida e Morte do Padre José de Anchieta* (1598). São Paulo: Obelisco, 1965.
Código Filipino (1603). Rio de Janeiro: Typographia do Instituto Filomathico, 1870 (Edição organizada por Cândido Mendes de Almeida).
COELHO, Duarte de Albuquerque. *Memórias Diárias da Guerra do Brasil* (1630--1638). Recife: Secretaria do Interior, 1944.
COELHO, Duarte. *Cartas de Duarte Coelho a el-Rei* (Século XVI), editadas por José Antonio Gonsalves de Mello e Cleonir Xavier de Albuquerque. Recife: UFPE, 1967.
COELHO, José João Teixeira. *Instrução para o Governo da Capitania de Minas Gerais* (1780). Belo Horizonte: Fundação João Pinheiro, 1994.
Correspondência de Diogo Botelho (Século XVI) in: *Revista do Instituto Histórico e Geográfico Brasileiro*. Rio de Janeiro: Instituto Histórico e Geográfico Brasileiro, tomo 73, parte I.
Correspondência do Governador D. Diogo de Meneses (1608-1612) in: *Anais da Biblioteca Nacional*. Rio de Janeiro: Biblioteca Nacional, vol. 57.
CORTESÃO, Jaime (Ed.). *A Carta de Pero Vaz de Caminha*. Rio de Janeiro: Livros de Portugal, 1943.
CORTESÃO, Jaime (Ed.). *Paulicea Lusitana Monumenta Historica*, 3 vols. Rio de Janeiro: Real Gabinete Português de Leitura, 1956-61.
COUTO, D. Domingos do Loreto. *Desagravos do Brasil e Glórias de Pernambuco* (1757). Recife: Prefeitura Municipal, 1981.
COUTO, Diogo do. *O Soldado Prático* (1610), 3ª ed. Lisboa: Sá da Costa, 1980.
Descrição do Rio Grande (Século XVII) in: *Documentação Ultramarina Portuguesa*, 5 vols. Lisboa: Centro de Estudos Históricos Ultramarinos, 1962, vol. II, p. 59
DEUS, Frei Gaspar da Madre de. *Memórias para a História da Capitania de São Vicente* (1797), 4ª ed. São Paulo: Edusp e Belo Horizonte: Itatiaia, 1975.
Diálogos das Grandezas do Brasil (1618), 1ª ed. integral segundo o apógrafo de Leiden por José Antonio Gonsalves de Mello. Recife: Imprensa Universitária, 1962.

DIAS, Carlos Malheiro (Dir.). *História da Colonização Portuguesa do Brasil*, 3 vols. Porto: Litografia Nacional, 1922.

Ditos Portugueses Dignos de Memória (Século XVI), editada e comentada por José Hermano Saraiva, 2ª ed. Lisboa: Europa-América, s/d.

Doações e Forais das Capitanias do Brasil (1534-1536), apresentação, transcrição e notas de Maria José Chorão. Lisboa: Arquivo Nacional da Torre do Tombo, 1999.

Documentos para a História da Conquista da Costa Leste-oeste do Brasil. Rio de Janeiro: Biblioteca Nacional, 1905 (Separata dos *Anais da Biblioteca Nacional*, vol. 26).

Documentos para a História de Martim Soares Moreno (Século XVII) in: *Revista do Instituto Histórico do Ceará*, tomo 23.

Documentos para a História do Açúcar, 3 vols. Rio de Janeiro: Instituto do Açúcar e do Álcool, 1956.

Documentos Relativos à História da Capitania de São Vicente e do Bandeirismo (1584-1734) in: *Documentos Interessantes*. São Paulo: Arquivo do Estado de São Paulo, 1929, vol. 48.

Documentos Relativos a Mem de Sá, Governador Geral do Brasil in: *Anais da Biblioteca Nacional*. Rio de Janeiro: Biblioteca Nacional, vol. 27, 1876.

DUSSEN, Adriaen van der. *Relatório Sobre as Capitanias Conquistadas no Brasil pelos Holandeses* (1639). Rio de Janeiro: Instituto do Açúcar e do Álcool, 1947.

Ementas de Habilitações das Ordens Militares nos princípios do século XVI. Lisboa: Biblioteca Nacional, 1931.

Espírito Santo: Documentos Coloniais. Vitória: Governo do Estado, 1978.

FALCÃO, Luiz de Figueredo. *Livro em que se Contem Toda a Fazenda e Real Patrimônio dos Reinos de Portugal, Índia e Ilhas Adjacentes e Outras Particularidades*. Lisboa: Imprensa Nacional, 1859.

FIGUEIRA, Padre Luís. "Relação do Maranhão" (1608) in: *Três Documentos do Ceará colonial*. Fortaleza: Imprensa Oficial, 1967.

FIGUEIRA, Padre Luís. "Memorial sobre as terras e gentes do Maranhão, Grão Pará e rio Amazonas que o Padre Luís Figueira enviou a Filipe III" (1637) in: SARAGOÇA, Lucinda, *Da "Feliz Lusitânia" aos Confins da Amazónia*. Lisboa: Cosmos, 2000, p. 351 (também publicado na *Revista do Instituto Histórico e Geográfico Brasileiro*, volume 148, p. 429).

FONSECA, Antônio José Victoriano Borges da. *Nobiliarquia Pernambucana* (1748), 2 vols. Rio de Janeiro: Biblioteca Nacional, 1935 (Separata dos *Anais da Biblioteca Nacional*).

FONSECA, Manuel. *Vida do Padre Belchior de Pontes da Companhia de Jesus*. (1752). São Paulo: Melhoramentos, s/d.

Fontes para a História do Brasil Holandês (século XVII), textos editados por José Antônio Gonsalves de Mello, 2 vols. Recife: Parque Histórico Nacional dos Guararapes e MEC/SPHAN/Fundação Pró-Memória, 1981.

FORD, J. D. M. *Letters of John III, King of Portugal, 1521-1557.* Cambrigde: Harvard University Press, 1931.

FORD, J. D. M. *Letters of the Court of John III, King of Portugal.* Cambrigde: Harvard University Press, 1933.

Fragmentos de uma Memória Sobre as Sesmarias da Bahia (Final do século XVIII ou início do XIX) in: VASCONCELOS, José Marcelino Pereira. *Livro das Terras*, 2ª ed. Rio de Janeiro: Laemmert, 1860, p. 307 (Publicado também na *Revista do Instituto Histórico e Geográfico Brasileiro*, tomo 3, p. 373).

FREYRE, Francisco de Brito. *Nova Lusitânia, História da Guerra Brasílica.* Recife: Governo de Pernambuco, 1977 (fac-símile da edição de 1675).

GAIOSO, Raimundo José de Sousa. *Compêndio Histórico e Político dos Princípios da Lavoura do Maranhão* (1812). Rio de Janeiro: Livros do Mundo Inteiro, 1970.

GAMA, João Maia da. "Diário de viagem de regresso ao Reino ..." (1728) in: OLIVEIRA MARTINS, F. A. *Um Herói Esquecido (João da Maia da Gama)*, 2 vols. Lisboa: Agência Geral das Colónias, 1944, vol. II, p. 27.

GANDAVO, Pero de Magalhães. *História da Província de Santa Cruz & Tratado da Terra do Brasil* (1576 e c. 1570). São Paulo: Obelisco, 1964.

GÓES, Damião de. *Crónica do Felicíssimo Rei D. Manuel* (1566), 4 vols. Coimbra: Universidade de Coimbra, 1949.

GÓES, Damião de. *Crónica do Príncipe D. João* (1567). Lisboa: Universidade Nova de Lisboa, 1977.

GONZAGA, Tomás Antônio. *Cartas Chilenas* (século XVIII), introdução e notas de Afonso Arinos de Melo Franco. Rio de Janeiro: Imprensa Nacional, 1940, p. 243.

GUERREIRO, Padre Bartolomeu. *Jornada dos Vassalos da Coroa de Portugal* (1625). Rio de Janeiro: Biblioteca Nacional, 1966.

GUERREIRO, Padre Fernão. *Relação Anual das Coisas que Fizeram os Padres da Companhia de Jesus nas suas Missões ... nos Anos de 1600 a 1609*, 3 vols. Coimbra: Imprensa da Universidade, 1931.

História Quinhentista (inédita) do Segundo Cerco de Diu, prefaciada por António Baião. Coimbra: Imprensa da Universidade, 1927.

ILHA, Frei Manuel da. *Narrativa da Custódia de Santo Antônio do Brasil* (1621). Petrópolis: Vozes, 1975.

Informação do Estado do Brasil e de suas Necessidades (Século XVII) in: *Revista do Instituto Histórico e Geográfico Brasileiro*. Rio de Janeiro: Instituto Histórico e Geográfico Brasileiro, tomo 25.

JABOATÃO, Frei Antônio de Santa Maria. "Catálogo genealógico das principais famílias que procederam de Albuquerques e Cavalcantes em Pernambuco e Caramurus na Bahia ..." (1768) in: *Revista do Instituto Histórico e Geográfico Brasileiro*. Rio de Janeiro: Instituto Histórico e Geográfico Brasileiro, tomo 52.

JABOATÃO, Frei Antônio de Santa Maria. *Novo Orbe Serafico Brasilico* (1761), 3 vols. Rio de Janeiro: Instituto Histórico e Geográfico Brasileiro, 1858 (1ª ed. integral).

JESUS, Frei Raphael de. *Castrioto Lusitano, História da Guerra entre o Brasil e a Hollanda durante os anos de 1624 e 1654* ... (1679). Recife: Assembléia Legislativa, 1979 (Fac-símile da edição de 1844, imprensa em França).

KNIVET, Anthony. *Vária Fortuna e Estranhos Fados* (Século XVII) (tradução). São Paulo: Brasiliense, 1947.

LAVAL, Francisco de Pyrard. *Viagem de de Francisco Pyrad de Laval* (1615) (tradução), 2 vols. Porto: Civilização, 1944.

LEÃO, Duarte Nunes de. *Descrição do Reino de Portugal* (1610). Lisboa: Centro de História da Universidade de Lisboa, 2002.

LEITE, Padre Serafim (Ed.). *Cartas dos Primeiros Jesuítas do Brasil* (1538-1563), 3 vols. São Paulo: Comissão do IV Centenário da Cidade de São Paulo, 1954.

LEITE, Padre Serafim (Ed.). *Novas Cartas Jesuíticas* (1552-1690). São Paulo: Companhia Editora Nacional, 1940.

LIÃO, Duarte Nunez do, *Leis Extravagantes e repertório das ordenações de ...*, (1569). Lisboa: Calouste Gulbekian, 1987.

Livro 1º do Governo do Brasil (1607-1633). Rio de Janeiro: Ministério das Relações Exteriores, 1958.

Livro 1º do Registro de Provimentos Seculares e Eclesiásticos da Cidade da Bahia e Terras do Brasil (1549-c.1563) in: *Documentos Históricos*. Rio de Janeiro: Biblioteca Nacional, vols. 35 e 36.

Livro 2º de Provimentos Seculares (1625-1631) in: *Documentos Históricos*. Rio de Janeiro: Biblioteca Nacional, vols. 14 e 15.

Livro 2º do Governo do Brasil (1615-1634), 2ª ed. Lisboa: CNCDP e São Paulo: Museu Paulista/USP, 2001.

Livro das Confissões e Reconciliações que se Fizeram na Visitação do Santo Ofício ... Salvador da Bahia de Todos os Santos (1618) in: *Anais do Museu Paulista*. São Paulo: Museu Paulista, 1963, vol. 17.

Livro das Denunciações que se Fizeram na Visitação do Santo Ofício ... (1618) in: *Anais da Biblioteca Nacional*. Rio de Janeiro: Biblioteca Nacional, vol. 49.

Livro das Saídas dos Navios e Urcas (1605) in: *Revista do Instituto Arqueológico, Histórico e Geográfico Pernambucano*, vol. 58.

Livro do Tombo do Colégio de Jesus do Rio de Janeiro (1577-1743). Rio de Janeiro: Biblioteca Nacional, 1968 (Separata dos *Anais da Biblioteca Nacional*).

Livro do Tombo do Mosteiro de São Bento da Cidade da Paraíba (1587-1879). Recife: Imprensa Oficial, 1947.

Livro do Tombo do Mosteiro de São Bento de Olinda (1542-1805). Recife: Imprensa Oficial, 1948.

Livro Velho do Tombo do Mosteiro de São Bento da Cidade do Salvador (1536--1732). Salvador: Beneditina, 1945.

LOPES, Fernão. *Crônica de D. João I* (Século XV), 2 vols. Porto: Civilização, 1945.

LOPES, Fernão. *Crônica de D. Pedro* (Século XV). Lisboa: Academia Real das Ciências, 1816 (tomo V da Coleção de Inéditos da História de Portugal).

MATOS, Gregório de. *Obra Poética* (Século XVII), 2 vols. Rio de Janeiro: Record, 1990.

MAURO, Frédéric. *Le Brésil au XVIIe Siecle*, Coimbra: Universidade de Coimbra, 1963.

MELO MORAIS, Alexandre José de. *Chorographia Historica, Chronographica, Genealogica, Nobiliaria e Política do Império do Brasil*. Rio de Janeiro: Pinheiro, 1866.

MENDONÇA, Marcos Carneiro de (Org.). *Raízes da Formação Administrativa do Brasil*, 2 vols. Rio de Janeiro: Instituto Histórico e Geográfico Brasileiro, 1972.

MENEZES, Sebastião César de. *Suma Política* (1649). Porto: Gama, 1945.

MONTEIRO, Padre Jacome. "Relação da província do Brasil" (1610) in: LEITE, Serafim. *História da Companhia de Jesus no Brasil*, 10 vols. Lisboa: Portugália e Rio de Janeiro: Civilização Brasileira, 1938-50, vol. VIII, p. 393.

MORENO, Diogo de Campos. "Relação das praças fortes, povoações e coisas de importância que Sua Majestade tem na costa do Brasil, fazendo princípio dos baixos ou ponta de São Roque para o sul do estado e defensão delas, de seus frutos e rendimentos, feita pelo sargento mor desta costa ..." (1609) in: *Revista do Instituto Arqueológico, Histórico e Geográfico Pernambucano*, vol. 57.

MORENO, Diogo de Campos. *Jornada do Maranhão por Ordem de Sua Majestade Feita no Ano de 1614* (c. 1614). Rio de Janeiro: Alhambra, 1984.

MORENO, Diogo de Campos. *Livro que Dá Razão do Estado do Brasil* (1612). Recife: UFPE, 1955.

MORENO, Diogo de Campos. *Livro que Dá Razão do Estado do Brasil* (1612). Rio de Janeiro: INL, 1968 (edição fac-similar com os mapas).

MORENO, Martim Soares. "Relação do Ceará" (1618) in: *Três Documentos do Ceará Colonial*. Fortaleza: Imprensa Oficial, 1967.

NANTES, Padre Martinho de. *Relação de uma Missão no Rio São Francisco* (1706), 2ª ed. São Paulo: Companhia Editora Nacional, 1979.

NARBONA Y ZUÑIGA, Eugênio de. *Historia de la Recuperacion del Brasil* (1625) in: *Anais da Biblioteca Nacional*. Rio de Janeiro: Biblioteca Nacional, vol. 69.

NAVARRO, Padre Azpilcueta *et al. Cartas Avulsas* (1550-1568). Belo Horizonte: Itatiaia, 1988 (reedição do volume II da coleção Cartas Jesuíticas da ABL).

NÓBREGA, Padre Manuel. *Cartas do Brasil* (1549-1560). Belo Horizonte: Itatiaia, 1988 (reedição do volume I da coleção Cartas Jesuíticas da ABL).

Notícias Antigas do Brasil (1531-1551) in: *Anais da Biblioteca Nacional*. Rio de Janeiro: Biblioteca Nacional, vol. 57.

Ordenações Manuelinas (1521), 5 vols. Lisboa: Calouste Gulbenkian, 1984.

Os Schetz da Capitania de São Vicente (Século XVI) in: *Publicações do Arquivo Nacional*, vol. 14, Rio de Janeiro: Arquivo Nacional, 1914.

OSÓRIO, D. Jerônimo. *Da Vida e Feitos de El-Rei D. Manuel* (1571), 2 vols. Porto: Civilização, 1944.

OTTSSEN, Henrich. *Corto y Verídico Relato de la Desgraciada Navegación de un Buque de Amsterdam* ... (1604) (tradução). Buenos Aires: Huarpes, 1945.

PEREIRA, Nuno Marques. *Compêndio Narrativo do Peregrino da América* (1728), 2 vols. Rio de Janeiro: Academia Brasileira de Letras, 1933.

PILOTO, Afonso Luiz; TEIXEIRA, Bento. *Naufragio & Prosopopea* (1601). Recife: UFPE, 1969.

PINA, Rui de. *Crónica de D. João II* (Século XVI). Lisboa: Alfa, 1989.

PINTO, Fernão Mendes. *Peregrinação* (1614), 4 vols. Lisboa: Livraria Ferreira, 1908.

PINTO, Frei Heitor. *Imagem da Vida Cristã* (1563), 4 vols. Lisboa: Sá da Costa, 1940.

PIO, Fernando. *Cinco Documentos para a História dos Engenhos de Pernambuco* (Século XVI-XVIII). Recife: Museu do Açúcar, 1969.

PITA, Sebastião da Rocha. *História da América Portuguesa* (1730). Belo Horizonte: Itatiaia, 1976.

PRADO JÚNIOR., Antônio (Ed.). *Ordens e Provizoens Reays* (Século XVII). Rio de Janeiro: Jornal do Brasil, 1928.

Primeira Visitação do Santo Ofício às Partes do Brasil — Denunciações e Confissões de Pernambuco (1593-1595). Recife: Fundarpe, 1984.

Primeira Visitação do Santo Ofício às Partes do Brasil — Denunciações da Bahia (1591–1593). São Paulo, 1925.

Primeira Visitação do Santo Ofício às Partes do Brasil — Confissões da Bahia (1591–92), 2ª ed. Rio de Janeiro: Sociedade Capistrano de Abreu, 1935.

Processo de João de Bolés (1560-63) in: *Anais da Biblioteca Nacional*. Rio de Janeiro: Biblioteca Nacional, vol. 25.

Processo relativo às despesas que se fizeram no Rio de Janeiro por ordem de Martim de Sá, para defesa dos inimigos que intentavam cometer a cidade e o porto (1628-1633) in: *Anais da Biblioteca Nacional*. Rio de Janeiro: Biblioteca Nacional, vol. 59.

Regimento do Provedor-mor da Fazenda de El-Rei Nosso Senhor destas Partes do Brasil (1548) in: *Documentos Históricos*. Rio de Janeiro: Biblioteca Nacional, vol. 13.

Regimento dos Provedores das Capitanias de todo o Estado do Brasil de como Hão de Servir (1548) in: *Documentos Históricos*. Rio de Janeiro: Biblioteca Nacional, vol. 13.

Regimento que Foi Dado ao Licenciado Baltasar Ferraz para Cobrar o que se Deve a Fazenda de Sua Majestade (1591) in: *Revista do Instituto Histórico e Geográfico Brasileiro*. Rio de Janeiro: Instituto Histórico e Geográfico Brasileiro, tomo 67.

Regimento que se Mandou aos Capitães-mores das Capitanias deste Estado (1663) in: *Documentos Históricos*. Rio de Janeiro: Biblioteca Nacional, vol. 5.

Registro Geral da Câmara Municipal de São Paulo (1583-1636). São Paulo: Arquivo do Estado de São Paulo, 1917, vol. I.

Relação das Capitanias do Brasil (Século XVII) in: *Revista do Instituto Histórico e Geográfico Brasileiro*. Rio de Janeiro: Revista do Instituto Histórico e Geográfico Brasileiro, tomo 62, parte I.

Relação de Ambrósio de Siqueira da Receita e Despesa do Estado do Brasil (1605) in: *Revista do Instituto Arqueológico, Histórico e Geográfico Pernambucano*, vol. 49.

Relação de todos os Ofícios da Fazenda e Justiça que Há Neste Estado do Brasil, e Quais Pertencem do Provimento de Vossa Majestade e aos dos Donatários ... (Século XVII) in: *Documentação Ultramarina Portuguesa*, 5 vols. Lisboa: Centro de Estudos Históricos Ultramarinos, 1962, vol. II, p. 18.

Repertório de Sesmarias da Bahia. Rio de Janeiro: Ministério da Justiça, 1968.

RESENDE, Garcia de. *Livro das Obras de Garcia de Resende* (1545), edição crítica de Evelina Verdelho. Lisboa: Calouste Gulbenkian, 1994.

Resolução que o Bispo e o Ouvidor Geral do Brasil Tomaram Sobre os Injustos Cativeiros dos Índios do Brasil e do Remédio para Aumento da Conversão e da Conservação Daquele Estado (c. 1570) in: *Revista do Instituto Histórico e Geográfico Brasileiro*. Rio de Janeiro: Instituto Histórico e Geográfico Brasileiro, tomo 57, parte I.

RODRIGUES, Padre Pero. Vida do Padre José de Anchieta (Século XVII) in: *Anais da Biblioteca Nacional*. Rio de Janeiro: Biblioteca Nacional, vol. 29.

Roteiro de Todos os Sinais na Costa do Brasil (c. 1586). Rio de Janeiro: INL, 1968.

Roteiro do Maranhão a Goiás (século XVIII) in: *Revista do Instituto Histórico e Geográfico Brasileiro*. Rio de Janeiro: Instituto Histórico e Geográfico Brasileiro, tomo 62, parte I, p. 60.

SALVADOR, Frei Vicente do. *História do Brasil* (1627), 5a ed. São Paulo: Melhoramentos, 1965.

SANTA MARIA, Frei Agostinho de. *Santuário Mariano e História das Imagens Milagrosas de Nossa Senhora ... Aparecidas em o Arcebispado da Bahia* (1722). Salvador: Instituto Geográfico e Histórico da Bahia, 1949 (corresponde ao 9º volume da obra integral).

SCHOTT, Willem. Inventário, na Medida do Possível, de Todos os Engenhos Situados ao Sul do Rio da Jangada até o Rio Una, Feito pelo Conselheiro ... (1636) in: *Fontes para a História do Brasil Holandês* (século XVII), textos editados por José Antônio Gonsalves de Mello, 2 vols. Recife: Parque Histórico Nacional dos Guararapes e MEC/SPHAN/Fundação Pró-Memória, 1981, p. 49.

Sentença Contra Jorge de Figueiredo, Capitão que Fora da Capitania de São Jorge do Rio dos Ilhéus ... (1557) in: *As Gavetas da Torre do Tombo*, 12 vols. Lisboa: Centro de Estudos Históricos Ultramarinos, 1960–77, vol. II, p. 582.

SERRÃO, Joaquim Veríssimo. *O Rio de Janeiro no Século XVI*, 2 vols. Lisboa: Comissão do IV Centenário do Rio de Janeiro, 1965.

Sesmarias, 3 vols. São Paulo: Arquivo do Estado de São Paulo, 1921.

SILVEIRA, Simão Estácio da. Relação Sumária dos Coisas do Maranhão (1624) in: *Anais da Biblioteca Nacional*. Rio de Janeiro: Biblioteca Nacional, vol. 94.

SOARES, Francisco. *Coisas Notáveis do Brasil* (c. 1594). Rio de Janeiro: Instituto Nacional do Livro, 1966.

SOUSA, Frei Luís de. *Anais de D. João III* (c. 1630), 2 vols. Lisboa: Sá da Costa, 1938.

SOUSA, Gabriel Soares de. *Notícia do Brasil* (c. 1587), introdução e notas do Prof. Pirajá de Silva. São Paulo: Martins, 1945.

SOUSA, Gabriel Soares de. *Tratado Descritivo do Brasil em 1587*, 5ª ed. São Paulo: Companhia Editora Nacional, 1987.

SOUSA, Pero Lopes de. *Diário da Navegação* (1530-1532), comentado por Eugênio de Castro, com prefácio de Capistrano de Abreu, 2 vols. Rio de Janeiro: Leuzinger, 1927.

SOUZA, Gabriel Soares de. *Derrotero General de la Costa del Brasil* (c. 1587). Madri: Cultura Hispanica, 1958.

STADEN, Hans. "Duas Viagens ao Brasil" (1557) (tradução) in: *Portinari Devora Hans Staden*. São Paulo: Terceiro Nome, 1998.

STADEN, Hans. *Duas Viagens ao Brasil* (1557) (tradução). Belo Horizonte: Itatiaia, 1974.

STELLA, Roseli Santaella (Ed.). *Sobre a Capitania de São Vicente*. São Paulo: Academia Lusíada, 1999.

STUDART, Barão de. *Documentos para a História do Brasil e Especialmente a do Ceará*, 4 vols. Fortaleza: Minerva, 1909.

Sumário das Armadas que se Fizeram e Guerras que se Deram na Conquista do Rio Paraíba (Século XVI) in: *Revista do Instituto Histórico e Geográfico Brasileiro*. Rio de Janeiro: Instituto Histórico e Geográfico Brasileiro, tomo 36.

TAQUES, Pedro. *História da Capitania de São Vicente* (Século XVIII). São Paulo: Melhoramentos, s/d.

TAQUES, Pedro. *Nobiliarquia Paulistana Histórica e Genealógica* (Século XVIII), 3 vols. São Paulo: Edusp, Belo Horizonte: Itatiaia, 1980.

TAQUES, Pedro. *Notícias das Minas de São Paulo* (Século XVIII). São Paulo: Martins, 1954.

Título do Registro das Provisões, que se Passaram de Serviço de El-Rei Nosso Senhor, que Tocam a Fazenda de Sua Alteza (1549) in: *Documentos Históricos*. Rio de Janeiro: Biblioteca Nacional, vol. 14.

Título do Registro dos Mandados de Pagamento e de Outras Despesas (1549) in: *Documentos Históricos*. Rio de Janeiro: Biblioteca Nacional, vols. 13 e 14.

Título Onde se Registram Todas as Certidões em Forma, que o Provedor-mor Passa, e Outras do Serviço d'El-Rei Nosso Senhor (1549) in: *Documentos Históricos*. Rio de Janeiro: Biblioteca Nacional, vol. 14.

TOLLENARE, L. F. de. *Notas Dominicais Tomadas Durante uma Viagem em Portugal e no Brasil em 1816, 1817 e 1818* (tradução). Salvador: Progresso, 1956.

Tombo das Cartas das Sesmarias do Rio de Janeiro (1573-4 e 1578-9) in: *Documentos Históricos*. Rio de Janeiro: Biblioteca Nacional, 1997, v. 111.

Tombo das Cartas das Sesmarias do Rio de Janeiro (1594-5 e 1602-5). Rio de Janeiro: Arquivo Nacional, 1967.

Traslado do Auto e Mais Diligências que se Fizeram Sobre as Datas de Terras da Capitania do Rio Grande, que se Tinham Dado (1614) in: *Revista do Instituto Histórico do Ceará*, tomo 23.

Uma Relação dos Engenhos de Pernambuco, Itamaracá e Paraíba em 1623 in: *Fontes para a História do Brasil Holandês* (século XVII), textos editados por José Antônio Gonsalves de Mello, 2 vols. Recife: Parque Histórico Nacional dos Guararapes e MEC/SPHAN/Fundação Pró-Memória, 1981, p. 21.

VALENCIA Y GUZMAN, Juan de. *Compendio Historial de la Jornada del Brasil* (1625). Recife: Pool, 1984.

VASCONCELOS, Simão de. *Crônica da Companhia de Jesus* (1663), 2 vols. Petrópolis: Vozes, 1977.

VASCONCELOS, Simão de. *Notícias Curiosas e Necessárias das Cousas do Brasil* (1668). Lisboa: CNCDP, 2001.

VASCONCELOS, Simão. *Vida do Venerável Padre José de Anchieta* (Século XVII), 2 vols. Rio de Janeiro: Imprensa Nacional, 1943.

VERDONCK, Adrien. "Memória oferecida ao senhor presidente e mais senhores do Conselho desta cidade de Pernambuco sobre a situação, lugares, aldeias e comércio da mesma cidade, bem como de Itamaracá, Paraíba e Rio Grande ... (1630) in: *Fontes para a História do Brasil Holandês* (século XVII), textos editados por José Antônio Gonsalves de Mello, 2 vols. Recife: Parque Histórico Nacional dos Guararapes e MEC/SPHAN/Fundação Pró-Memória, 1981, p. 35.

VIEIRA, Padre Antônio. "Memorial feito ao príncipe regente D. Pedro II (sic) pelo Padre Antônio Vieira sobre os seus serviços e os de seu irmão juntamente" (Século XVII) in: *Idem, Obras Inéditas*, 3 vols. Lisboa: Seabra e Antunes, 1857, vol. III, p. 11.

VIEIRA, Padre Antônio. *Cartas*, coordenadas e anotadas por João Lúcio de Azevedo, 3 vols. Lisboa: Imprensa Nacional-Casa da Moeda, 1997.

VIEIRA, Padre Antônio. *Obras Escolhidas* (Século XVII), 12 vols. Lisboa: Sá da Costa, 1997.

VIEIRA, Padre Antônio. *Sermões do Padre Antônio Vieira*, reprodução facsimilada da *editio princeps*, organizada pelo Padre Augusto Magne, 16 vols. São Paulo: Anchietana, 1943-45.

VILHASANTI, Pero Cadena de. *Relação Diária do Cerco da Baía de 1638*. Lisboa: Editorial Ática, 1941.

VILHENA, Luís dos Santos. *Recopilação de Notícias Soteropolitanas e Brasílicas Contidas em XX cartas* (1802), 2 vols. Salvador: Imprensa Oficial, 1921.

OBRAS DE REFERÊNCIA

ALENCAR, Álvaro Gurgel de. *Diccionario Geographico Historico e Descriptivo do Estado do Ceará*, 2ª ed. Fortaleza: Minerva, 1939.

ALMEIDA, Eduardo de Castro e. *Inventário dos Documentos Relativos ao Brasil Existentes no Arquivo de Marinha e Ultramar de Lisboa*, 9 vols. Rio de Janeiro: Biblioteca Nacional, 1913–1951 (separatas dos *Anais da Biblioteca Nacional*).

BELCHIOR, Elysio de Oliveira. *Conquistadores e Povoadores do Rio de Janeiro*. Rio de Janeiro: Brasiliana, 1965.

BELLOTTO, Heloísa. "Presença do Brasil no arquivo da Academia das Ciências de Lisboa: catálogo seletivo da série azul" in: *Revista do IEB-USP*. São Paulo, 33, p. 165-189, 1992.

BOBBIO, Norberto; MATTEUCCI, Nicola; PASQUINO, Gianfranco. *Dicionário de Política*, 7ª ed. Brasília: Editora UNB, 1995.

BOSCHI, Caio. *Roteiro-Sumário dos Arquivos Portugueses de Interesse para o Pesquisador da História do Brasil*, 2ª ed. Lisboa: Edições Universitárias Lusófonas, 1995.

CALMON, Pedro (Ed.). *Introdução e Notas ao Catálogo Genealógico das Principais Famílias, de Frei Antônio de Santa Maria Jaboatão*, 2 vols, Salvador: Empresa Gráfica da Bahia, 1985.

CÂMARA, João de Sousa da. *Índice Onomástico Relativo ao Brasil — 2ª Metade do Século XVI — Segundo os Livros das Chancelarias Reais Existentes no Arquivo Nacional da Torre do Tombo*. Coimbra: Tip. Atlântica, 1964 (Também publicado in: Arquivo de Bibliografia Portuguesa, nº 18, 1962).

Catálogo de Manuscritos Relativos à Bahia da Biblioteca Nacional in: *Anais da Biblioteca Nacional*. Rio de Janeiro: Biblioteca Nacional, vol. 68.

Catálogo de Manuscritos Relativos à Pernambuco da Biblioteca Nacional in: *Anais da Biblioteca Nacional*. Rio de Janeiro: Biblioteca Nacional, vol. 71.

Catálogo de Manuscritos Relativos a São Paulo da Biblioteca Nacional in: *Anais da Biblioteca Nacional*. Rio de Janeiro: Biblioteca Nacional, vol. 74.

Catálogo de Manuscritos Relativos ao Brasil da Biblioteca Nacional in: *Anais da Biblioteca Nacional*. Rio de Janeiro: Biblioteca Nacional, vol. 4.

Catálogo de Manuscritos Relativos ao Maranhão da Biblioteca Nacional in: *Anais da Biblioteca Nacional*. Rio de Janeiro: Biblioteca Nacional, vol. 70.

COSTA, Afonso. "Genealogia Bahiana" in: *Revista do Instituto Histórico e Geográfico Brasileiro*. Rio de Janeiro: Instituto Histórico e Geográfico Brasileiro, vol. 191.

COSTA, Francisco Augusto Pereira da. *Dicionário de Pernambucanos Célebres*, 2ª ed. Recife: Prefeitura Municipal, 1982.

Dicionário de Ciências Sociais. Rio de Janeiro: Fundação Getúlio Vargas, 1986.

FERREIRA, Carlos Alberto. *Inventário dos Manuscritos da Biblioteca da Ajuda Referentes à América do Sul*. Coimbra: Faculdade de Letras – Instituto de Estudos Brasil, 1946.

FLECHOR, Maria Helena. *Abreviaturas*, 2ª ed. São Paulo: EDUNESP, 1991.

FONSECA, Luiza da. "Índice abreviado dos documentos do século XVII do Arquivo Histórico Colonial de Lisboa" in: *Anais do Primeiro Congresso de História da Bahia*, 6 vols. Salvador: Beneditina, 1950.

FONSECA, Pedro José da. *Dicionário Português e Latino*. Lisboa: Régia Oficina Tipográfica, 1791.

FRANCO, Francisco de Assis Carvalho. *Dicionário de Bandeirantes e Sertanistas*. São Paulo: Comissão do IV Centenário, 1954.

FRANCO, Francisco de Assis Carvalho. *Nobiliário Colonial*, 2ª ed. São Paulo: Instituto Genealógico Brasileiro, s/d.

GALVÃO, Sebastião de Vasconcelos. *Diccionario Chorographico, Historico e Estatistico de Pernambuco*, 4 vols. Rio de Janeiro: Imprensa Nacional, 1908.

Grande Enciclopédia Portuguesa e Brasileira, 40 vols. Lisboa e Rio de Janeiro: Editorial Enciclopédia Limitada, s/d.

GUERRA, Flávio. *Alguns Documentos de Arquivos Portugueses de Interesse para a História de Pernambuco*. Recife: Arquivo Público Estadual, 1969.

HENIGE, David P. *Colonial Governors From the Fifteenth Century to the Present*. Madison: University of Wisconsin Press, 1970.

Índices Genealógicos Brasileiros, 6 vols. São Paulo: Instituto genealógico Brasileiro, s/d.

MARQUES, Cesar Augusto. *Dicionário Histórico-geográfico da Província do Maranhão*. Rio de Janeiro: Editora Fon-Fon, 1970.

MEDEIROS, Coriolano de. *Dicionário Corográfico do Estado da Paraíba*, 2ª ed. Rio de Janeiro: Imprensa Nacional, 1950.

MEDEIROS, Ivoncisio Meira de. *Documentos do Rio Grande do Norte* (catálogo). Natal: Fundação José Augusto, 1976.

MORAES, Rubens Borba de e BERRIEN, William. *Manual Bibliográfico de Estudos Brasileiros*. Rio de Janeiro: Gráfica editora Souza, 1949.

MORAES, Rubens Borba de. *Bibliografia Brasileira do Período Colonial*. São Paulo: IEB-USP, 1969.

NEVES, Fernanda Ivo. *Fontes Para o Estudo do Nordeste*. Recife: Fundarpe, 1986.

NOGUEIRA, Arlinda Rocha, BELLOTTO, Heloísa Liberalli; HUTTER, Lucy Maffei. *Inventário Analítico dos Manuscritos da Coleção Lamego*, 2 vols. São Paulo: IEB-USP, 1983.

NOVINSKY, Anita. *Inquisição: Prisioneiros do Brasil*. Rio de Janeiro: Expressão e cultura, 2002.

PEREIRA, Carlota Gil. "Inventário dos documentos relativos ao Brasil, existentes na Biblioteca Nacional de Lisboa" in: *Anais da Biblioteca Nacional*, vol. 75. Rio de Janeiro: Biblioteca Nacional, 1957.

PINTO, Orlando da Rocha. *Cronologia da Construção do Brasil*. Lisboa: Horizonte, 1987.

RAU, Virgínia; SILVA, Maria Fernanda Gomes da. *Os Manuscritos do Arquivo da Casa de Cadaval Respeitantes ao Brasil*, 2 vols. Coimbra: Universidade de Coimbra, 1955.

RHEINGANTZ, Carlos. *Primeiras Famílias do Rio de Janeiro*. Rio de Janeiro: Brasiliana, 1965.

RIVARA, Joaquim Heliodoro da Cunha. *Catálogo dos Manuscritos da Biblioteca Pública Eborense*, 4 vols. Lisboa: Imprensa Nacional, 1850-1871.

RODRIGUES, José Honório. *História da História do Brasil*, 3 vols. São Paulo: Companhia Editora Nacional, 1979.

RODRIGUES, José Honório. *Historiografia e Bibliografia do Domínio Holandês no Brasil*. Rio de Janeiro: Imprensa Nacional, 1949.

SERRÃO, Joel (Org.). *Dicionário de História de Portugal*, 6 vols. Biblioteca Nacional, 1957. Porto: Figueirinhas, 1985.

SILVA, Antônio de Moraes e. *Diccionario da Lingua Portugueza*. Rio de Janeiro: Fluminense, 1922 (fac-símile da 2ª ed. de 1813).

SILVEIRA, Luís. "Fontes arquivísticas para o estudo da História do Brasil" in: *Bibliotecas e Arquivos Portugueses*, nº 20. Lisboa: 1970.

VIVES, J. Vicens. *Historia General Moderna*, 2 vols. Madri: Vicens-vives, 1984.

Vocabulário da Língua Portuguesa Onomástico e de Nomes Comuns. Lisboa: Confluênica, s/d. (Separata do volume XII do Grande Dicionário de António Moraes Silva).

REFERÊNCIAS

ABREU, Capistrano de. "Diálogos das Grandezas do Brasil" in: *Idem. Ensaios e Estudos*, 4 vols. Rio de Janeiro: Civilização Brasileira, 1975, vol. I., p. 205.

ABREU, Capistrano de. *Caminhos Antigos e Povoamento do Brasil*. Rio de Janeiro: Civilização Brasileira, 1975.

ABREU, Capistrano de. *Capítulos de História Colonial*, 2ª ed. Rio de Janeiro: Sociedade Capistrano de Abreu, 1934.

ABREU, Daisy. *A Terra e a Lei*. São Paulo: Roswita Kempf, 1983.

ACIOLI, Vera Lúcia Costa. *Jurisdição e Conflitos: Aspectos da Administração Colonial*. Recife: Edufpe e Maceió: Edufal, 1997.

ALBUQUERQUE, Cleonir Xavier de. *A Remuneração de Serviços da Guerra Holandesa: a Propósito de um Sermão do Padre Vieira*. Recife: UFPE, 1968.

ALBUQUERQUE, Cleonir Xavier de. *Receita e Despesa do Estado do Brasil no Período Filipino*. Recife: Universidade Federal de Pernambuco, 1985 (tese inédita).

ALBUQUERQUE, Luís de. *Angola no Século XVI* (documentos). Lisboa: Alfa, 1989.

ALBUQUERQUE, Luís de (Org.). *Dicionário dos Descobrimentos Portugueses*, 2 vols. Lisboa: Caminho, 1984.

ALDEN, Dauril. *Colonial Roots of Modern Brazil*. Berkeley: University of California Press, 1973.

ALDEN, Dauril. *Royal Government in Colonial Brazil*. Berkeley: University of California Press, 1968.

ALENCASTRO, Luiz Felipe de. *O Trato dos Viventes: Formação do Brasil no Atlântico Sul* – Séculos XVI e XVII. São Paulo: Companhia das Letras, 2000.

ALMEIDA PRADO, J. F. *A Bahia e as Capitanias do Centro do Brasil*, 3 vols. São Paulo: Companhia Editora Nacional, 1945.

ALMEIDA PRADO, J. F. *A Conquista da Paraíba*. São Paulo: Companhia Editora Nacional, 1964.

ALMEIDA PRADO, J. F. *Pernambuco e as Capitanias do Norte do Brasil*, 4 vols. São Paulo: Companhia Editora Nacional, 1939.

ALMEIDA PRADO, J. F. *São Vicente e as Capitanias do Sul do Brasil*. São Paulo: Companhia Editora Nacional, 1961.

ALMEIDA, Fortunato de. *História de Portugal*, 6 vols. Coimbra: edição do autor, 1922.

ALMEIDA, Luís Ferrand de. *A Colônia do Sacramento na Época da Sucessão de Espanha*. Coimbra: Faculdade de Letras da Universidade de Coimbra, 1973.

ALTHUSSER, Louis. *Montesquieu, a Política e a História* (tradução). Lisboa: Presença, 1972.

ALVARENGA, Manuel de. *O Episcopado Brasileiro*. São Paulo: A. Campos, s/d.

AMARAL, Augusto Ferreira do. *História de Mazagão*. Lisboa: Alfa, 1989.
ANDERSON, Perry. *Linhagens do Estado Absolutista* (tradução), 3ª ed. São Paulo: Brasiliense, 1995.
ANDERSON, Perry. *Passagens da Antigüidade ao Feudalismo* (tradução). São Paulo: Brasiliense, 1987.
ANDRADE, Gilberto Osório de; LINS, Rachel Caldas. *João Pais, do Cabo: o Patriarca, seus Filhos, seus Engenhos*. Recife: Massangana, 1982.
ANDRADE, Gilberto Osório de. *Os Rios-do-açúcar do Nordeste Oriental, o Rio Ceará-Mirim*. Recife: Instituto Joaquim Nabuco, 1959.
ANDRADE, Gilberto Osório de. *Os Rios-do-açúcar do Nordeste Oriental, o Rio Mamamguape*. Recife: Instituto Joaquim Nabuco, 1959.
ANDRADE, Gilberto Osório de. *Os Rios-do-açúcar do Nordeste Oriental, o Rio Paraíba do Norte*. Recife: Instituto Joaquim Nabuco, 1959.
ANDRADE, Manuel Correia de. *Os Rios-do-açúcar do Nordeste Oriental, os Rios Coruripe, Jiquiá e São Miguel*. Recife: Instituto Joaquim Nabuco, 1959.
ANDRADE, Manuel Correia de. *Economia Pernambucana no Século XVI*. Recife: Arquivo Público Estadual, 1962.
ARISTÓTELES. *Moral, a Nicómaco* (tradução). Buenos Aires: Espasa-Calpe, 1952.
AVELLAR, Hélio de Alcântara. *História Administrativa do Brasil*, 1º vol., 2ª ed. Rio de Janeiro: DASP, 1965.
AZEVEDO, Aroldo de. *Vilas e Cidades do Brasil Colonial*. São Paulo: FFCL, 1965.
AZEVEDO, Fernando. *Canaviais e Engenhos na Vida Política do Brasil*. Rio de Janeiro: Instituto do Açúcar e do Álcool, 1948.
AZEVEDO, João Lúcio de. *Épocas de Portugal Económico*, 4ª ed. Lisboa: Clássica, 1988.
AZEVEDO, João Lúcio de. *História de António Vieira*, 2ª ed., 2 vols. Lisboa: Clássica, 1931
AZEVEDO, Pedro. "A instituição do Governo Geral" in: DIAS, Carlos Malheiro (Dir.), *História da Colonização Portuguesa do Brasil*, 3 vols. Porto: Litografia Nacional, 1922, vol. III, p. 334.
AZEVEDO, Pedro. "Os primeiros donatários" in: DIAS, Carlos Malheiro (Dir.). *História da Colonização Portuguesa do Brasil*, 3 vols. Porto: Litografia Nacional, 1922, vol. III, p. 191.
AZEVEDO, Thales. *Povoamento da Cidade do Salvador*. Salvador: Prefeitura Municipal, 1949.
AZZI, Riolando. *A Cristandade Colonial*. São Paulo: Paulinas, 1987.
AZZI, Riolando. *Razão e Fé, o Discurso de Dominação Colonial*. São Paulo: Paulinas, 2001.
BAENA, Antônio. *Compêndio das Eras da Província do Pará* (1838). Belém: Universidade Federal do Pará, 1969.

BAIÃO, António; DIAS, Carlos Malheiro. "A expedição de Cristóvão Jacques" in: DIAS, Carlos Malheiro (Dir.). *História da Colonização Portuguesa do Brasil*, 3 vols. Porto: Litografia Nacional, 1922, vol. III, p. 57.

BANDEIRA, Luiz Alberto Moniz. *O Feudo*. Rio de Janeiro: Civilização Brasileira, 2000.

BARROS, Borges. *Bandeirantes e Sertanistas Bahianos*. Salvador: Imprensa Oficial, 1920.

BARROS, Borges. *Memória sobre o Município de Ilhéus*. Ilhéus: Prefeitura Municipal, 1981.

BARROSO, Gustavo. *Pero Coelho de Sousa*. Lisboa: Agência Geral das Colónias, 1940.

BECKLES, Hilary; SHEPERD, Verene (Ed.). *Caribbean Slave Society and Economy*. New York: New press, 1991.

BELLOTTO, Heloísa. *Autoridade e Conflito no Brasil Colonial: o Governo do Morgado de Mateus em São Paulo (1765-1775)*, 2ª ed. Revista. São Paulo: Alameda Casa Editorial, 2007.

BEOZZO, José Oscar. *Leis e Regimentos das Missões, Política Indigenista no Brasil*. São Paulo: Loyola, 1983.

BERBEL, Marcia. *A Nação como Artefato*. São Paulo: Hucitec, 1999.

BETHENCOURT, Francisco e CHAUDHURI, Kirti. *História da Expansão Portuguesa*, 5 vols. Lisboa: Círculo de Leitores, 1998.

BICALHO, Maria Fernanda; FERLINI, Vera Lucia Amaral (Orgs.). *Modos de Governar: Idéias e Práticas Políticas no Império Português, Séculos XVI a XIX*. São Paulo: Alameda, 2005.

BICALHO, Maria Fernanda. "Elites coloniais: a nobreza da terra e o governo das conquistas. História e historiografia" in: MONTEIRO, Nuno; CARDIM, Pedro; CUNHA, Mafalda Soares da (Orgs.). *Optima Pars, Elites Ibero-Americanas do Antigo Regime*. Lisboa: Instituto de Ciências Sociais, 2005, p. 73.

BICALHO, Maria Fernanda. *A Cidade e o Império, o Rio de Janeiro no Século XVIII*. Rio de Janeiro: Civilização Brasileira, 2003.

BLAJ, Ilana. *A Trama das Tensões: o Processo de Mercantilização de São Paulo Colonial (1681-1721)*. São Paulo: Humanitas, 2002.

BLOCH, Marc. *A Sociedade Feudal* (tradução). Lisboa: Edições 70, s/d.

BOSCHI, Caio. "Estruturas eclesiásticas e inquisição" in: BETHENCOURT, Francisco; CHAUDHURI, Kirti. *História da Expansão Portuguesa*, 5 vols. Lisboa: Círculo de Leitores, 1998, vol. II, p. 429.

BOUZA ÁLVAREZ, Fernando. *Portugal no Tempo dos Filipes* (tradução). Lisboa: Cosmos, 2000.

BOXER, Charles R. *Portuguese Society in the Tropics, the Municipal Councils of Goa, Macao, Bahia and Luanda*. Madison: University of Wisconsin Press, 1965.

BOXER, Charles R. *The Dutch Seaborne Empire, 1600-1800*. London: Penguin, 1988.
BOXER, Charles R. *Four Centuries of Portuguese Expansion*. Berkeley: University of California Press, 1969.
BOXER, Charles R. *Salvador Corrêa de Sá e a Luta pelo Brasil e Angola, 1602--1686* (tradução). São Paulo: Companhia Editora Nacional e Edusp, 1973.
BOXER, Charles. *Idade de Ouro do Brasil: Dores de Crescimento de uma Sociedade Colonial* (tradução), 3ª ed. Rio de Janeiro: Nova Fronteira, 2000.
BOXER, Charles R. *O Império Colonial Português* (tradução). Lisboa: edições 70, 1981.
BRITO, Rossana G. *A Saga de Pero do Campo Tourinho*. Petrópolis: Vozes, 2000.
BUESCU, Mircea. *História Econômica do Brasil, Pesquisa e Análises*. Rio de Janeiro: Apec, 1970.
CAETANO, Marcelo. *O Conselho Ultramarino, Esboço de sua História*, Rio de Janeiro: Sá Cavalcante, 1969.
CALMON, Pedro. *História da Casa da Torre: uma Dinastia de Pioneiros*. Rio de Janeiro: José Olympio, 1958.
CALMON, Pedro. *História da Fundação da Bahia*. Salvador: Museu do Estado da Bahia, 1949.
CALMON, Pedro. *O Segredo das Minas de Prata*. Rio de Janeiro: Noite, 1950.
CAMPO BELLO, Conde de. *Governadores Gerais e Vice-reis do Brasil*. Porto: Delegação executiva do Brasil às comemorações centenárias, 1940.
CAMPOS, Alzira Lobo de Arruda. *Casamento e Família em São Paulo Colonial*. São Paulo: Paz e terra, 2003.
CAMPOS, Silva. *Crônica da Capitania de São Jorge dos Ilhéus*. Rio de Janeiro: MEC, 1981.
CANABRAVA, Alice Piffer. *O Açúcar nas Antilhas*. São Paulo: Instituto de Pesquisas Econômicas, 1981.
CANABRAVA, Alice Piffer. *O Comércio Português no Rio da Prata (1580-1640)*. Belo Horizonte: Itatiaia, 1984.
CARDIM, Pedro. "A Casa Real e os órgãos centrais de governador no Portugal da segunda metade de Seiscentos" in: *TEMPO (Revista do departamento de História da UFF)*, número 13. Rio de Janeiro: Sette Letras, 2002.
CARDIM, Pedro. *Cortes e Cultura Política no Portugal do Antigo Regime*. Lisboa. Cosmos, 1998.
CARNEIRO, Edison. *O Quilombo dos Palmares*. Rio de Janeiro: Civilização Brasileira, 1966.
CARVALHO FRANCO. *Bandeiras e Bandeirantes de São Paulo*. São Paulo: Companhia Editora Nacional, 1940.
CARVALHO FRANCO. *História das Minas de São Paulo*. São Paulo: Conselho Estadual de Cultura, 1964.

CARVALHO, Gomes de. *D. João III e os Franceses.* Lisboa: Clássica, 1909.

CASCUDO, Câmara. *História do Rio Grande do Norte.* Rio de Janeiro: Ministério da Educação e Cultura, 1956.

CASTRO, Ana Cristina Veiga de. *Interpretações da Colônia no Pensamento Brasileiro.* São Paulo: USP, 2001 (tese inédita).

CASTRO, António Paes de Sande. *António Paes de Sande, o Grande Governador.* Lisboa: Agência Geral do Ultramar, 1951.

CASTRO, Armando. *Teoria do Sistema Feudal e Transição para o Capitalismo em Portugal.* Lisboa: Caminho, 1987.

CATHARINO, José Martins. *Trabalho Indígena em Terras da Vera ou Santa Cruz e do Brasil.* Rio de Janeiro: Salamandra, 1995.

CHACON, Vamireh. *O Capibaribe e o Recife, História Social e Sentimental de um Rio.* Recife: Secretaria de Educação e Cultura de Pernambuco, 1959.

COARACY, Vivaldo. *O Rio de Janeiro no Século XVII.* Rio de Janeiro: José Olympio, 1965.

COATES, Timothy J. *Degredados e Órfãs: Colonização Dirigida pela Coroa no Império Português* (tradução). Lisboa: CNCDP, 1998.

COELHO FILHO. Luiz Walter. *A Capitania de São Jorge e a Década do Açúcar.* Salvador: Vila Velha e FIEB/SENAI, 2000.

CORDEIRO, José Pedro Leite. *Braz Cubas e a Capitania de São Vicente.* São Paulo, 1951.

CORTESÃO, Jaime. *História do Brasil nos Velhos Mapas,* 2 vols. Rio de Janeiro: Instituto Rio Branco, 1971.

CORTESÃO, Jaime. *História dos Descobrimentos Portugueses,* 3 vols. Lisboa: Círculo de Leitores, 1979.

CORTESÃO, Jaime. *Raposo Tavares e a Formação Territorial do Brasil.* Rio de Janeiro: MEC, 1958.

COSSENTINO, Francisco Carlos. *Governadores Gerais do Estado do Brasil (século XVI e XVII): Ofício, Regimentos, Governação e Trajetórias.* Niterói: UFF, 2005 (tese inédita).

COSTA, Francisco Augusto Pereira da. *Anais Pernambucanos,* 10 vols. Recife: Arquivo Público Estadual, 1951.

COSTA, Leonor Freire. *O Transporte no Atlântico e a Companhia Geral do Comércio do Brasil (1580-1663),* 2 vols. Lisboa: CNCDP, 2002.

COUTO, Jorge. *A Construção do Brasil,* 2ª ed. Lisboa: Cosmos, 1997.

CRUZ, Maria Leonor García da. *A Governação de D. João III: a Fazenda Real e os seus Vedores.* Lisboa: Centro de História da Universidade de Lisboa, 2001.

CRUZ, Maria Leonor García da. *As Controvérsias ao Tempo de D. João III sobre a Política Portuguesa no Norte de África,* Lisboa: CNCDP, 1997 (Separata de Mare Liberum, n. 13).

CRUZ, Maria Leonor García da. *Os "Fumos da Índia", uma Leitura Crítica da Expansão Portuguesa*, com uma antologia de textos. Lisboa: Cosmos, 1998.

CUNHA, Mafalda Soares da. "Governo e governantes do Império português do Atlântico (século XVII)" in: BICALHO, Maria Fernanda; FERLINI, Vera Lucia Amaral (Orgs.). *Modos de Governar, Idéias e Práticas Políticas no Império Português, Séculos XVI a XIX*. São Paulo: Alameda, 2005, p. 69.

CUNHA, Mafalda Soares. *A Casa de Bragança*. Lisboa: Estampa, 2000.

CUNHA, Manuela Carneiro da (Org.). *História dos Índios no Brasil*, 2ª ed. São Paulo: Companhia das Letras, 1998.

CUNHAL, Álvaro. *As Lutas de Classes em Portugal nos Fins da Idade Média*. Lisboa: Presença, 1980.

DANIELS, Christine; KENNEDY, Michael (Ed.). *Negotied Empires, Centers and Peripheries in the Amercias, 1500-1820*. London and New York: Routledge, 2002.

DIAS, Carlos Malheiro (Dir.). *História da Colonização Portuguesa do Brasil*, 3 vols. Porto: Litografia Nacional, 1922.

DIAS, Carlos Malheiro. "O regime feudal das donatárias" in: DIAS, Carlos Malheiro (Dir.). *História da Colonização Portuguesa do Brasil*, 3 vols. Porto: Litografia Nacional, 1922, vol. III, p. 219.

DIAS, Manuel Nunes. *O Capitalismo Monárquico Português*, 2 vols. Coimbra: Universidade de Coimbra, 1963.

DIAS, Maria Odila Leite da Silva. *A Interiorização da Metrópole e Outros Estudos*. São Paulo: Alameda, 2005.

DIÉGUES JR, Manuel. *O Bangüê nas Alagoas, Traços da Influência do Sistema Econômico do Engenho de Açúcar na Vida e na Cultura Regional*. Rio de Janeiro: Instituto do Açúcar e do Álcool, 1949.

DIÉGUES JR, Manuel. *População e Açúcar no Nordeste do Brasil*. Rio de Janeiro: Comissão Nacional de Alimentação, 1949.

DISNEY, A. R. *A Decadência do Império da Pimenta* (tradução). Lisboa: Edições 70, 1981.

DUARTE, Nestor. *A Ordem Privada e a Organização Política Nacional*, 2ª ed. São Paulo: Companhia Editora Nacional, 1966.

DUNN, Richard S. *Sugar and Slaves, the Rise of the Planter Class in the English West Indies, 1624-1713*. Chapel Hill: University of North Carolina Press, 1973.

DUTRA, Francis. "Centralization vs. Donatarial Privilege: Pernambuco, 1602-1630" in: ALDEN, Dauril. *Colonial Roots of Modern Brazil*. Berkeley: University of California Press, 1973.

ELIAS, Norbert. *A Sociedade de Corte* (tradução). Lisboa: Estampa, 1995.

ELLIS, Myriam. *O Monopólio do Sal no Estado do Brasil*. São Paulo: USP, 1955.

EMMER, Peter. "The Dutch and the Making of the Second Atlantic System" in: SOLOW, Barbara (Ed.). *Slavery and the Rise of the Atlantic System.* Cambridge: Cambridge University Press, 1993.

FALCÃO, Edgard de Cerqueira. *A Fundação da Cidade do Salvador.* Salvador: ed. do autor, 1949.

FAORO, Raymundo. *Os Donos do Poder,* 1ª ed. Rio de Janeiro: Globo, 1958.

FAORO, Raymundo. *Os Donos do Poder,* 9ª ed., 2 vols. São Paulo: Globo, 1991.

FARIA, Manoel Severim de. *História Portuguesa e de Outras Províncias do Ocidente Desde o Ano de 1610 Até o de 1640 da Feliz Aclamação de El-rei D. João IV.* Fortaleza: Tip. Studart, 1903.

FARIA, Sheila. *Colônia em Movimento.* Rio de Janeiro: Nova Fronteira, 1999.

FELIPE, Israel. *História do Cabo.* Recife, 1962.

FELNER, Alfredo de Albuquerque. *Angola, Apontamentos Sobre a Ocupação e Início do Estabelecimento dos Portugueses no Congo, Angola e Benguela.* Coimbra: Imprensa da Universidade, 1933.

FELNER, Alfredo de Albuquerque. *Um Inquérito à Vida Administrativa e Econômica de Angola e do Brasil.* Coimbra: Imprensa da Universidade, 1933.

FERLINI, Vera Lúcia Amaral. *Açúcar e Colonização (da América Portuguesa ao Brasil: Ensaios de Interpretação).* São Paulo: USP, 2000 (tese de Livre--Docência inédita).

FERLINI, Vera Lúcia Amaral. *Terra, Trabalho e Poder.* São Paulo: Brasiliense, 1988.

FERNANDES, Florestan. *A Organização Social dos Tupinambá.* São Paulo: Instituto Progresso, 1948.

FERNANDES, Florestan. *Circuito Fechado,* 2ª ed. São Paulo: Hucitec, 1977.

FERREIRA, Tito Livio. *O Brasil Não Foi Colônia.* São Paulo: Tipografia Brasil, 1958.

FERREIRA, Waldemar Martins. *História do Direito Brasileiro,* 4 vols. São Paulo: Freitas Bastos e Max Limonad, 1951-56.

FERREZ, Gilberto. *O Rio de Janeiro e a Defesa do seu Porto 1555-1800,* 2 vols. Rio de Janeiro: Serviço de Documentação Geral da Marinha, 1972.

FLORESCANO, Enrique (Coord.). *Haciendas, Latifundios y Plantaciones en América Latina.* México: Siglo veintiuno, 1975.

FONSECA, Célia Freire. *A Economia Européia e a Colonização do Brasil.* Rio de Janeiro: Conselho Federal de Cultura, 1978.

FRAGOSO, João; FLORENTINO, Manolo. *O Arcaísmo como Projeto, Mercado Atlântico, Sociedade Agrária e Elite Mercantil em uma Economia Colonial Tardia, Rio de Janeiro c. 1790 – c. 1840,* 3ª ed. Rio de Janeiro: Civilização Brasileira, 2000.

FRAGOSO, João; BICALHO, Maria Fernanda; GOUVÊA, Maria de Fátima. *O Antigo Regime nos Trópicos.* Rio de Janeiro: Civilização Brasileira, 2001.

FRAGOSO, João. "A formação da economia colonial no Rio de Janeiro e de sua primeira elite senhorial (séculos XVI e XVII)" in: FRAGOSO, João; BICALHO, Maria Fernanda; GOUVÊA, Maria de Fátima. *O Antigo Regime nos Trópicos*. Rio de Janeiro: Civilização Brasileira, 2001.

FRANÇA, Eduardo d'Oliveira; SIQUEIRA, Sonia A. "Segunda visitação do Santo Ofício às partes do Brasil" in: *Anais do Museu Paulista*. São Paulo, Museu Paulista, 1963.

FRANÇA, Eduardo d'Oliveira. "Engenhos, colonização e cristãos-novos na Bahia colonial" in: PAULA, Eurípedes Simões de. *Colonização e Migração, Anais do IV Simpósio Nacional dos Professores Universitários de História*. São Paulo: coleção da Revista de História, 1969, p. 181.

FRANÇA, Eduardo d'Oliveira. *O Poder Real em Portugal e as Origens do Absolutismo*. São Paulo: FFCL-USP, 1946.

FRANCO, Francisco de Assis Carvalho. *Os Capitães-mores Vicentinos*. São Paulo: Departamento de Cultura, 1940.

FREIRE, Anselmo Braamcamp. *Brasões da Sala de Sintra*, 3 vols. Lisboa: Imprensa Nacional-Casa da Moeda, 1996.

FREIRE, Felisbelo. *História de Sergipe*, 2ª ed. Petrópolis: Vozes, 1977.

FREIRE, Felisbelo. *História Territorial do Brasil* (1906), 2ª ed. fac-similar. Salvador: Governo do Estado, 1998.

FREITAS, Décio. *Palmares, a Guerra dos Escravos*, 5ª ed. Rio de Janeiro: Graal, 1990.

FREITAS, Gustavo de. *A Companhia Geral do Comércio do Brasil (1649-1720)*. São Paulo: Revista de História, 1951.

FREYRE, Gilberto. *Casa Grande & Senzala*, 25ª ed. Rio de Janeiro: José Olympio, 1987.

FREYRE, Gilberto. *Nordeste*, 4ª ed. Rio de Janeiro: José Olympio, 1967.

FRIDMAN, Fania. *Donos do Rio em Nome do Rei*. Rio de Janeiro: Jorge Zahar Editor, 1999.

FURTADO, Celso. *Economia Colonial no Brasil nos Séculos XVI e XVII*. São Paulo: Hucitec, 2001.

FURTADO, Celso. *Formação Econômica do Brasil*, 24ª ed. São Paulo: Companhia Editora Nacional, 1991.

FURTADO, Júnia Ferreira. *Homens de Negócio: a Interpretação da Metrópole e do Comércio das Minas Setentistas*. São Paulo: Hucitec, 1999.

GAFFAREL, Paul. *Histoire du Brésil Français au Seizième Siècle*. Paris: Maisonneuve, 1878.

GALVÃO, Hélio. *História da Fortaleza da Barra do Rio Grande*. Rio de Janeiro: Conselho Federal de Cultura, 1979.

GAMA, Ruy. *Engenho e Tecnologia*. São Paulo: Duas Cidades, 1983.

GANDIA, E. de. *Antecedentes Diplomaticos de las Expediciones de Juan Diaz de Solis, Sebastian Caboto y Don Pedro de Mendoza*. Buenos Aires: Cabaut, 1935.

GANSHOF, F. L. *Que é o feudalismo?* (tradução). Lisboa: Europa-América, 1968.
GARCIA, Rodolfo. *Ensaio Sobre a História Política e Administrativa do Brasil*, 2ª ed. Rio de Janeiro: José Olympio, 1975.
GIRÃO, Raimundo. *Pequena história do Ceará*, 2ª ed. Fortaleza: Instituto do Ceará, 1962.
GLASGOW, Roy. *Nzinga, Resistência Africana à Investida do Colonialismo Português em Angola, 1582-1663* (tradução). São Paulo: Perspectiva, 1982.
GODINHO, Vitorino Magalhães. *A Estrutura na Antiga Sociedade Portuguesa*. Lisboa: Arcádia, 1971.
GODINHO, Vitorino Magalhães. *Os Descobrimentos e a Economia Mundial*, 4 vols., 2ª ed. Lisboa: Presença, 1991.
GOMES, Joaquim Ferreira. *Martinho de Mendonça e sua Obra Pedagógica*, com a edição crítica dos Apontamentos para a Educação de um Menino Nobre (1734). Coimbra: Universidade de Coimbra, 1964.
GOMES, Rita Costa. *A Corte dos reis de Portugal no Final da Idade Média*. Lisboa: Difel, 1995.
GONÇALVES, Regina Célia. *Guerras e Açúcares, Política e Economia na Capitania da Paraíba (1585-1630)*. São Paulo: USP, 2003 (tese inédita).
GORENDER, Jacob. *O Escravismo Colonial*, 3ª ed. São Paulo: Ática, 1980.
GRAHAM, Thomas. *The Jesuit Antonio Vieira and his Plans for the Economic Rehabilitation of Seventh-century Portugal*. São Paulo: Arquivo do Estado, 1978.
GUEDES, João Alfredo Libânio e RIBEIRO, Joaquim. *História Administrativa do Brasil*, 3º vol., 2ª ed. Rio de Janeiro: DASP, 1966.
GUERRA, Flávio. *Evolução Histórica de Pernambuco*, 2 vols. Recife: Companhia Editora de Pernambuco, 1970.
GUERREIRO, Luís Ramalhosa. "Diogo de Gouveia" in: ALBUQUERQUE, Luís de (Org.). *Dicionário dos Descobrimentos Portugueses*, 2 vols. Lisboa: Caminho, 1984, vol. I, p. 472.
HECKSCHER, Eli F. *La Epoca Mercantilista* (tradução). México: Fondo de Cultura Económica, 1943.
HEMMING, John. *Red Gold, the Conquest of the Brazilian Indians*. Cambrigde: Harvard University Press, 1978.
HERCULANO, Alexandre. "Da Existência ou da não-existência do feudalismo nos Reinos de Leão, Castela e Portugal" (1875-77) in: *Idem. Opúsculos*, tomo V, 5ª ed. Lisboa: Bertrand, s/d., p. 187.
HESPANHA, António Manuel. "A constituição do Império Português, revisão de alguns enviesamentos correntes" in: FRAGOSO, João; BICALHO, Maria Fernanda; GOUVÊA, Maria de Fátima. *O Antigo Regime nos Trópicos*. Rio de Janeiro: Civilização Brasileira, 2001, p. 163.

HESPANHA, António Manuel. "La economia de la gracia" in: *Idem. La Gracia del Derecho: Economia de la Cultura en la Edad Moderna*. Madri: Centro de Estudios Constitucionales, 1993, p. 151.

HESPANHA, António Manuel. *As Vésperas do Leviathan: Instituições e Poder Político Portugal – séc. XVII*. Coimbra: Almedina, 1994.

HESPANHA, António Manuel. *O Antigo Regime*. Lisboa: Estampa, s/d. (volume 4 da coleção *História de Portugal* dirigida por José Mattoso).

HILL, Christopher. *A Revolução Inglesa de 1640* (tradução), 3ª ed. Lisboa: Presença, 1985.

HOBSBAWM, Eric. "A Crise Geral da Economia Européia do Século XVII" (tradução) in: *Idem, As Origens da Revolução Industrial*. São Paulo: Global, 1979.

HOLANDA, Sergio Buarque de (Dir.). *A Época Colonial, Administração, Economia, Sociedade*, 4ª ed. São Paulo: Difel, 1977 (Tomo I, vol. 2 da coleção História Geral da Civilização Brasileira, 11 vols.).

HOLANDA, Sergio Buarque de (Dir.). *A Época Colonial, do Descobrimento à Expansão Territorial*, 4ª ed. São Paulo: Difel, 1972 (Tomo I, vol. 1 da coleção História Geral da Civilização Brasileira, 11 vols.).

HOLANDA, Sérgio Buarque de. "A instituição do Governo Geral" in: *Idem* (Dir.). *A Época Colonial, do Descobrimento à Expansão Territorial*, 4ª ed. São Paulo: Difel, 1972, p. 103 (Tomo I, vol. 1 da coleção História Geral da Civilização Brasileira, 11 vols.).

HOLANDA, Sergio Buarque de. *Raízes do Brasil*, 26ª ed. São Paulo: Companhia das Letras, 1995.

HOLANDA, Sérgio Buarque de. *Raízes do Brasil*. Rio de Janeiro: José Olympio, 1936.

HOORNAERT, Eduardo; AZZI, Riolando; GRIJP, Klaus van der; BROD, Benno. *História da Igreja no Brasil: Primeira Época — Período Colonial*, 2 vols. 3ª ed. Petrópolis: Vozes, São Paulo: Paulinas, 1983.

HOORNAERT, Eduardo. *Formação do Catolicismo Brasileiro*. Petrópolis: Vozes, 1974.

ISRAEL, Jonathan. *Dutch Primacy in World Trade, 1585-1740*. Oxford: Claredon, 1991.

JOHNSON, Harold; SILVA, Maria Beatriz Nizza da. *O Império Luso Brasileiro 1500-1620*. Lisboa: Estampa, 1992 (Volume VI da coleção Nova história da expansão portuguesa dirigida por Joel Serrão e Oliveira Marques).

JUNQUEIRA, Maria Clara. "Afonso de Albuquerque" ALBUQUERQUE, Luís de (Org.). *Dicionário dos Descobrimentos Portugueses*, 2 vols. Lisboa: Caminho, 1984, vol. I, p. 34.

KANTOR, Iris. *Esquecidos e Renascidos, Historiografia Acadêmica Luso--americana (1724-1759)*. São Paulo: Hucitec e Salvador: Centro de Estudos Baianos – UFBA, 2004.

KOSHIBA, Luís. *Honra e Cobiça*. São Paulo: USP, 1988, 2 vols. (tese inédita).
KUPER, Gina Zabludovsky. *La Dominación Patrimonial en la Obra de Max Weber* (tradução). México: Fondo de Cultura Económica, 1989.
LAMEGO, Alberto. *A Terra Goytacá*, 8 vols. Paris e Bruxelas: L'Édition d'art e Niterói: Diário Oficial, 1913-45.
LANG, James. *Portuguese Brazil, the King's Plantation*. New York: Academic Press, 1979.
LAPA, José Roberto do Amaral (Org.). *Modos de Produção e Realidade Brasileira*. Petrópolis: Vozes, 1980.
LAPA, José Roberto do Amaral. *A Bahia e a Carreia da Índia*. São Paulo: Companhia Editora Nacional, 1968.
LAPA, José Roberto do Amaral. *O Antigo Sistema Colonial*. São Paulo: Brasiliense, 1982.
LEITE, Duarte. *História dos Descobrimentos*, 2 vols. Lisboa: Cosmos, 1958.
LEITE, Padre Serafim. *História da Companhia de Jesus no Brasil*, 10 vols. Lisboa: Portugália, 1938.
LEITE, Padre Serafim. *Novas Páginas de História do Brasil*. São Paulo: Companhia Editora Nacional, 1937.
LEITE, Padre Serafim. *Páginas de História do Brasil*. São Paulo: Companhia Editora Nacional, 1937.
LEMOS, Vicente de. *Capitães-mores e Governadores do Rio Grande do Norte*. Rio de Janeiro: Jornal do Comércio, 1912.
LENHARO, Alcir. *Tropas da Moderação: o Abastecimento da Corte na Formação Política do Brasil, 1808-1842*. São Paulo: Símbolo, 1979.
LEONZO, Nanci. "As Companhias de Ordenanças na capitania de São Paulo" in: *Coleção Museu Paulista – Série História*, vol. 6. São Paulo: Museu Paulista, 1977.
LIMA Sobrinho, Barbosa. *Devassamento do Piauí*. São Paulo: Companhia Editora Nacional, 1946.
LIMA, Rui Cirne. *Pequena História Territorial do Brasil*, 5ª ed. São Paulo: Arquivo do Estado, 1991.
LINS, Guilherme G. da S. D'avila. *Historiografia e Historiadores Paraibanos*. João Pessoa: Empório dos Livros, 1999.
LIPINER, Elias. *Os Judaizantes nas Capitanias de Cima*. São Paulo: Brasiliense, 1969.
LIPPMANN, Edmund O. von. *História do açúcar*, 2 vols. (tradução). Rio de Janeiro: Instituto do Açúcar e do Álcool, 1941.
LISBOA, Baltasar da Silva. *Anais do Rio de Janeiro* (1834), 8 vols. Rio de Janeiro: Instituto Euvaldo Lodi, 1973 (edição fac-similar).
LISBOA, João Francisco. *Crônica do Brasil Colonial, Apontamentos para a História do Maranhão*. Petrópolis: Vozes, 1976.

LISBOA, João Luís. "Volta da Guiné" in: ALBUQUERQUE, Luís de (Org.). *Dicionário dos Descobrimentos Portugueses*, 2 vols. Lisboa: Caminho, 1984, vol. II, p. 1084.
LOBO, Eulália Lahmeyer. *Administração Colonial Luso-espanhola nas Américas*. Rio de Janeiro: Comp. Brasileira de Artes Gráficas, 1952.
LOPES, David. *A Expansão em Marrocos*. Lisboa: Teorema, s/d.
MACHADO, Maximiano Lopes. *História da Província da Paraíba*, 2 vols. João Pessoa: Universidade Federal da Paraíba,1977.
MAGALHÃES, Basílio de. *Expansão Geografica do Brasil Colonial*, 4ª ed. São Paulo: Companhia Editora Nacional, 1978.
MAGALHÃES, Basílio de. *O Açúcar nos Primordios do Brasil Colonial*. Rio de Janeiro: Instituto do Açúcar e do Álcool, 1953.
MAGALHÃES, Joaquim Romero de. *História de Portugal: no Alvorecer da Modernidade*. Lisboa: Estampa, 1998 (volume 3 da coleção *História de Portugal* dirigida por José Mattoso).
MALHEIRO, Perdigão. *A Escravidão no Brasil, Ensaio Histórico, Jurídico e Social* (1866-1867), 2 vols., 3ª ed. Petrópolis: Vozes, 1976.
MARANHÃO, João de Albuquerque. "História da Casa de Cunhaú" in: *Revista do Arquivo Público*. Recife, Arquivo Público, 1952-1956, no 9 a 11, p. 167.
MARCHANT, Alexander. "Feudal and Capitalistic elements in the Portuguese Settlement of Brazil" in: *The Hispanic American History Review*, 1942, 22-3, pp. 493-512.
MARCHANT, Alexander. *Do Escambo à Escravidão* (tradução), 2ª ed. São Paulo: Companhia Editora Nacional, 1980.
MARQUES, A. H. de Oliveira. "Honra" in: SERRÃO, Joel (Org.). *Dicionário de História de Portugal*. Porto: Figueirinhas, 1985.
MARQUES, Alfredo Pinheiro. "Ventos" in: ALBUQUERQUE, Luís de (Org.). *Dicionário dos Descobrimentos Portugueses*, 2 vols. Lisboa: Caminho, 1984, vol. II, p. 1083.
MARQUES, Azevedo. *Província de São Paulo* (1878), 2 vols. Belo Horizonte e São Paulo: Itatiaia e Edusp, 1988.
MARQUES, Guida. *O Estado do Brasil na União Ibérica, Dinâmicas políticas no Brasil no tempo de Filipe II de Portugal* (texto inédito).
MATOS, Luís de. *Les Portugais en France au XVIe Siècle, Études et Documents*. Coimbra: Universidade de Coimbra, 1952.
MATTOS, Ilmar Rohloff de. *O Tempo Saquarema*. São Paulo: Hucitec, 1987.
MATTOSO, José. *A Monarquia Feudal*. Lisboa: Estampa, s/d. (volume 2 da coleção *História de Portugal* dirigida por José Mattoso).
MAURO, Frédéric. *Nova História e Novo Mundo*. São Paulo: Perspectiva, 1973.

MAURO, Frédéric. *O Imperio Luso Brasileiro 1620-1750*. Lisboa: Estampa, 1992 (Volume VII da coleção *Nova história da expansão portuguesa* dirigida por Joel Serrão e Oliveira Marques).

MAURO, Frédéric. *Portugal, o Brasil e o Atlântico*, 2 vols. (tradução). Lisboa: Estampa, 1988.

MAUSS, Marcel. *Ensaios de Sociologia*. São Paulo: Perspectiva, 2000.

MEIRA FILHO, Augusto. *Evolução Histórica de Belém do Grão-Pará*, 2 vols. Belém: Grafisa, 1976.

MEIRELES, Mário Martins. *Holandeses no Maranhão*. São Luís: EDUFMA, 1991.

MELLO, Christiane Figueiredo Pagano de. *Os Corpos Auxiliares e de Ordenanças na Segunda Metade do Século XVIII: RJ, SP e MG*. Niterói: UFF, 2002 (tese inédita).

MELLO, Evaldo Cabral de. "Os Alecrins no Canavial: a açucarocracia pernambucana *ante-bellum* (1570-1630)" in: *Revista do Instituto Arqueológico, Histórico e Geográfico Pernambucano*, vol. 57, p. 145.

MELLO, Evaldo Cabral de. "Uma nova Lusitânia" in: MOTA, Carlos Guilherme (Org.). *Viagem Incompleta, Formação: Histórias*. São Paulo: Senac, 1999.

MELLO, Evaldo Cabral de. *A Ferida de Narciso, Ensaio de História Regional*. São Paulo: Senac, 2001.

MELLO, Evaldo Cabral de. *A Fronda dos Mazombos: Nobres contra Mascates, Pernambuco, 1666-1715*. São Paulo: Companhia das Letras, 1995.

MELLO, Evaldo Cabral de. *O Nome e o Sangue*. São Paulo: Companhia das Letras, 1989.

MELLO, Evaldo Cabral de. *Olinda Restaurada: Guerra e Açúcar no Nordeste, 1630-1654*. São Paulo: Forense e Edusp, 1975.

MELLO, Evaldo Cabral de. *Rubro Veio*, 2ª ed. Rio de Janeiro: Topbooks, 1997.

MELLO, José Antônio Gonsalves de. *Gente da Nação*, 2ª ed. Recife: Fundação Joaquim Nabuco, 1996.

MELLO, José Antonio Gonsalves de. "A 'Relação das praças fortes do Brasil' (1609) de Diogo de Campos Moreno" in: *Revista do Instituto Arqueológico, Histórico e Geográfico Pernambucano*, vol. 57, 1984, p. 178.

MELLO, José Antonio Gonsalves de. *João Fernandes Vieira*, 2 vols. Recife: Imprensa Universitária, 1967.

MELLO, José Antonio Gonsalves de. *Restauradores de Pernambuco*. Recife: Imprensa Universitária, 1967.

MENEZES, Mozart Vergetti de. *Colonialismo em Ação, Fiscalismo, Economia e Sociedade na Capitania da Paraíba (1647-1755)*. São Paulo: USP, 2005 (tese inédita).

MERÊA, Paulo. "A solução tradicional da colonização do Brasil" in: DIAS, Carlos Malheiro (Dir.). *História da Colonização Portuguesa do Brasil*, 3 vols. Porto: Litografia Nacional, 1922, vol. III, p. 165.

MESGRAVIS, Laima. *A Santa Casa de Misericórdia de São Paulo (1599?-1884)*. São Paulo: Conselho Estadual de Cultura, 1976.

MINTZ, Sidney. *Sweetness and Power, the Place of Sugar in Modern History*. New York: Penguin, 1986.

MIRANDA, Marcia Eckert. *Continente de São Pedro: Administração Pública no Período Colonial*. Porto Alegre: Assembléia Legislativa, 2000.

MONTEIRO, John Manuel. *Negros da Terra*. São Paulo: Companhia das Letras, 1994.

MONTEIRO, Nuno Gonçalo. *Elites e Poder, Entre o Antigo Regime e o Liberalismo*. Lisboa: Instituto de Ciências Sociais, 2003.

MONTEIRO, Nuno Gonçalo. *O Crepúsculo dos Grandes*. Lisboa: Imprensa Nacional-Casa da Moeda, 1998.

MONTEIRO, Nuno; CARDIM, Pedro; CUNHA, Mafalda Soares da (Orgs.). *Optima Pars, Elites Ibero-Americanas do Antigo Regime*. Lisboa: Instituto de Ciências Sociais, 2005.

MONTEIRO, Rodrigo Bentes. *O Rei no Espelho*. São Paulo: Hucitec, 2002.

MORAES, Antônio Carlos Robert. *Bases da Formação Territorial do Brasil*. São Paulo: Hucitec, 2000.

MOURA, Américo de. *Os Povoadores do Campo de Piratininga*. São Paulo: Separata da Revista do IHGSP, 1952.

NAZZARINI, Muriel. *O Desaparecimento do Dote* (tradução). São Paulo: Companhia das Letras, 2001.

NEVES, Erivaldo Fagundes. *Uma Comunidade Sertaneja, da Sesmaria ao Minifúndio*. Feira de Santana: Universidade Estadual de Feira de Santana e Salvador: Edufba, 1998.

NOBRE, G. S. *Estudo sobre Antônio Cardoso de Barros*. Fortaleza: Editorial Cearense, 1972.

NORTON, Luís. *A Dinastia dos Sás no Brasil*. Lisboa: Agência Geral das Colónias, 1943.

NOVAIS, Fernando A. "Colonização e sistema colonial, discussão de conceitos e perspectiva histórica" in: PAULA, Eurípedes Simões de. *Colonização e Migração, Anais do IV Simpósio Nacional dos Professores Universitários de História*. São Paulo: coleção da Revista de História, 1969, p. 181.

NOVAIS, Fernando A. "Condições da Privacidade na Colônia" in: SOUZA, Laura de Mello e (Org.). *Cotidiano e vida privada na América Portuguesa*. São Paulo: Companhia das Letras, 1997, p. 14 (1º Volume da coleção História da Vida Privada no Brasil dirigida por Fernando Novais).

NOVAIS, Fernando A. "O Brasil nos quadros do Antigo Sistema Colonial" in: MOTA, Carlos Guilherme. *O Brasil em Perspectiva*. 12ª ed., São Paulo: Difel, 1981.

NOVAIS, Fernando. "Condições de Privacidade na Colônia" in: *História da Vida Privada no Brasil*. São Paulo: Companhia das Letras, 1997. V. 1, pp. 13-39.

NOVAIS, Fernando. *Portugal e o Brasil na Crise do Antigo Sistema Colonial*, 6ª ed. São Paulo: Hucitec, 1995.
NOVINSKY, Anita. *Cristãos-novos na Bahia*. São Paulo: Perspectiva, 1972.
OLIVAL, Fernanda. *As Ordens Militares e o Estado Moderno*. Lisboa: Estar, 2001.
OLIVEIRA MARTINS, F. A. *Um Herói Esquecido (João da Maia da Gama)*, 2 vols. Lisboa: Agência Geral das Colónias, 1944.
OLIVEIRA MARTINS, J. P. de. *História de Portugal*, 17ª ed. Lisboa: Guimarães, 1977.
OLIVEIRA VIANNA. *Evolução do Povo Brasileiro*, 4ª ed. Rio de Janeiro: José Olympio, 1956.
OLIVEIRA VIANNA. *Populações Meridionais do Brasil*, 2 vols., 5ª ed. Rio de Janeiro: José Olympio, 1952.
OLIVEIRA, Dom Oscar de. *Os Dízimos Eclesiásticos do Brasil*. Belo Horizonte: UFMG, 1964.
OLIVEIRA, José Teixeira de. *História do Estado do Espírito Santo*. Rio de Janeiro: IBGE, 1951.
OMEGNA, Nelson. *A Cidade Colonial*. Rio de Janeiro: José Olympio, 1961.
OTT, Carlos. *Povoamento do Recôncavo pelos Engenhos*, 2 vols. Salvador: Bigraf, 1996.
PAES BARRETO, Carlos Xavier. *Os Primitivos Colonizadores do Nordeste e seus Descendentes*. Rio de Janeiro: Melso, 1960.
PALACIN, Luís. *Sociedade Colonial*. Goiânia: UFG, 1981.
PARKER, Geoffrey and SMITH, Lesley M. (Ed.). *The General Crisis of the Seventh Century*, 2ª ed. London and New York: Routledge, 1997.
PEIXOTO, Afrânio. *Martim Soares Moreno*. Lisboa: Agência Geral das Colónias, 1940.
PENA JR, Afonso. *A Arte de Furtar e seu Autor*, 2 vols. Rio de Janeiro: José Olympio, 1946.
PEREGALLI, Enrique. *Recrutamento Militar no Brasil Colonial*. Campinas: Ed. da Unicamp, 1986.
PERRONE-MOISÉS, Beatriz. "Índios livres e índios escravos, os princípios da legislação indigenista do período colonial" in: CUNHA, Manuela Carneiro da (Org.). *História dos Índios no Brasil*, 2ª ed. São Paulo: Companhia das Letras, 1998.
PETRONE, Pasquale. *Aldeamentos Paulistas*. São Paulo: Edusp. 1995.
PINHO, Wanderley. *Aspectos da História Social da Cidade do Salvador*. Salvador: Prefeitura Municipal, 1968.
PINHO, Wanderley. *D. Marcos Teixeira*. Lisboa: Agência Geral das Colónias, 1940.
PINHO, Wanderley. *História de um Engenho do Recôncavo*, 2ª ed. São Paulo: Companhia Editora Nacional, 1982.

PINHO, Wanderley. *Testamento de Mem de Sá*. Rio de Janeiro: Imprensa Nacional, 1941.
PINTO, Irineu Ferreira. *Datas e Notas para a História da Paraíba* (1908), 2 vols. João Pessoa: UFPB, 1977.
PIVA, Luiz Guilherme. *Ladrilhadores e Semeadores*. São Paulo: Editora 34, 2000.
PORTO, Costa. *Estudo Sobre o Sistema Sesmarial*. Recife: UFPE, 1965.
PORTO, Costa. *O Pastoreio na Formação do Nordeste*. Rio de Janeiro: Imprensa Nacional, 1959.
PORTO, Costa. *Os Tempos de Duarte Coelho*. Recife: Governo do Estado de Pernambuco, 1978.
PRADO JÚNIOR, Caio. *Evolução Política do Brasil*, 15ª ed. São Paulo: Brasiliense, 1986.
PRADO JÚNIOR, Caio. *Formação do Brasil Contemporâneo*. São Paulo: Martins, 1942.
PRADO, Paulo. *Paulistica*. São Paulo: Editora Monteiro Lobato, 1925.
PRIORE, Mary del (Org.). *Revisão do Paraíso*. Rio de Janeiro: Campus, 2000.
PUNTONI, Pedro. *A Guerra dos Bárbaros: Povos Indígenas e a Colonização do Sertão Nordeste do Brasil, 1650-1720*. São Paulo: Hucitec e Edusp, 2000.
PUNTONI, Pedro. *A Mísera Sorte, a Escravidão Africana no Brasil Holandês e as Guerras do Tráfico no Atlântico Sul, 1621-1648*. São Paulo: Hucitec, 1999.
PUNTONI, Pedro. *Guerras do Brasil (1504-1654)*. São Paulo: Brasiliense, 1992.
QUIRINO, Tarcizio do Rêgo. *Os Habitantes do Brasil no Fim do Século XVI*. Recife: Imprensa Universitária, 1966.
RABELLO, Elizabeth Darwiche. *As Elites na Sociedade Paulista na Segunda Metade do Século XVIII*. São Paulo: Safady, 1980.
RAU, Virgínia "Fortunas Ultramarinas e a Nobreza Portuguesa no Século XVII" in: Idem, *Estudos Sobre História Económica e Social do Antigo Regime*. Lisboa: Presença, 1984.
RAU, Virgínia. *Sesmarias Medievais Portuguesas*. Lisboa: Bertrand, 1946.
RAU, Virgínia. *Estudos de História*. Porto: Verbo, 1968.
REIS FILHO, Nestor Goulart. *Evolução Urbana do Brasil*. São Paulo: Pioneira, 1968.
REIS, Arthur Cézar Ferreira. "O comércio colonial e as companhias privilegiadas" in: HOLANDA, Sérgio Buarque de (Dir). *A Época Colonial, do Descobrimento à Expansão Territorial*, 4ª ed. São Paulo: Difel, 1972, p. 312 (Tomo I, vol. 1 da coleção História Geral da Civilização Brasileira, 11 vols.).
RIBEMBOIM, José Alexandre. *Senhores de Engenho Judeus em Pernambuco Colonial (1542-1654)*. Recife: 20-20, 1998.
RICUPERO, Bernardo. *Caio Prado Jr. e a Nacionalização do Marxismo no Brasil*. São Paulo: editora 34, 2000.

RODRIGUES, Maria Teresa Campos. "Rico-Homem" in: SERRÃO, Joel (Org.). *Dicionário de História de Portugal*, 6 vols. Porto: Figueirinhas, 1992, tomo V, p. 345.

ROMANO, Ruggiero. "Between the sixteenth and seventeenth centuries: the economic crisis of 1619-22" in: PARKER, Geoffrey; SMITH, Lesley M. (Ed.), *The General Crisis of the Seventh Century*, 2ª ed. London and New York: Routledge, 1997.

ROMANO, Ruggiero. *Coyunturas Opuestas, la Crisis del Siglo XVII en Europa e Hispanoamérica*. México: Fondo de Cultura Económica, 1993.

RUSSELL-WODD, A. J. R. *Um Mundo em Movimento, os Portugueses na África, Ásia e América (1415-1808)* (tradução). Lisboa: Difel, 1998.

RUSSELL-WOOD, A. J. R. "O governo local na América portuguesa: um estudo de divergência cultural" in: Revista de História, vol. 55. São Paulo: USP, 1977, p. 25.

RUSSELL-WOOD, A. J. R. *Local Government in European Overseas Empires, 1450-1800*, 2 vols. Aldershot: Ashgate, 1999.

RUSSEL-WOOD, A. J. R. *Fidalgos e Filantropos* (tradução). Brasília: UNB, 1981.

RUY, Afonso. *A Relação da Bahia*, 2ª ed. Salvador: Tribunal de Justiça do Estado da Bahia, 1996.

RUY, Afonso. *História da Câmara Municipal da Cidade do Salvador*. Salvador: Câmara Municipal, 1953.

RUY, Afonso. *História Política e Administrativa da Cidade do Salvador*. Salvador: Prefeitura Municipal: 1942.

SALDANHA, António Vasconcelos. *As Capitanias do Brasil, Antecedentes, Desenvolvimento e Extinção de um Fenómeno Atlântico*, 2ª ed. Lisboa: CNCDP, 2001.

SALGADO, Graça (Coord.). *Fiscais e Meirinhos, a Administração no Brasil Colonial*, 2ª ed. Rio de Janeiro: Nova Fronteira, 1985.

SALVADOR, José Gonçalves. *A Capitania do Espírito Santo e seus Engenhos de Açúcar*. Vitória: UFES, 1994.

SALVADOR, José Gonçalves. *Cristãos-novos, Jesuítas e Inquisição*. São Paulo: Pioneira, 1969.

SAMPAIO, Teodoro. *História da Fundação da Cidade do Salvador*. Salvador: Beneditina, 1949.

SANTOS, Catarina Madeira. *Goa é a Chave de Toda a Índia: Perfil Político da Capital do Estado da Índia (1505-1570)*. Lisboa: CNCDP, 1999.

SARAGOÇA, Lucinda. *Da "Feliz Lusitânia" aos Confins da Amazónia (1615-62)*. Lisboa: Cosmos e Santarém: Câmara Municipal, 2000.

SCHWARTZ, Stuart (Ed.). *Tropical Babylons, sugar and the making of the atlantic world, 1450-1680*. Chapel Hill: University of North Carolina Press, 2004.

SCHWARTZ, Stuart e PÉCORA, Alcir (Org.). *As Excelências do Governador.* São Paulo: Companhia das Letras, 2002.
SCHWARTZ, Stuart. "Trabalho indígena e grande lavoura" in: *Idem, Da América Portuguesa ao Brasil* (tradução). Lisboa: Difel, 2003, p. 15.
SCHWARTZ, Stuart. *Burocracia e Sociedade no Brasil Colonial* (tradução). São Paulo: Perspectiva: 1979.
SCHWARTZ, Stuart. *Segredos Internos, Engenhos e Escravos na Sociedade Colonial* (tradução). São Paulo: Companhia das Letras, 1988.
SCHWARTZMAN, Simon. *São Paulo e o Estado Nacional.* São Paulo: Difel, 1975.
SENNA, José Júlio. *Os Parceiros do Rei.* Rio de Janeiro: Topbooks, 1995.
SÉRGIO, António. *Breve Interpretação da História de Portugal*, 3ª ed. Lisboa: Sá da Costa, 1974.
SERRÃO, Joaquim Veríssimo. *Do Brasil Filipino ao Brasil de 1640.* São Paulo: Companhia Editora Nacional, 1968.
SHERIDAN, Richard. *The Development of the Plantations to 1750 and an Era of West Indian Prosperity, 1750-1775*, 3th ed. Kingston: Caribean Universities Press, 1976.
SILVA, Inácio Accioli de Cerqueira e. *Memórias Históricas e Políticas da Bahia*, anotadas por Braz do Amaral, 6 vols. Bahia: Imprensa Oficial, 1919–1940.
SILVA, J. Gentil da. *Stratégie des Affaires à Lisbonne entre 1595 et 1607.* Paris: SEVPEN, 1956.
SILVA, Lígia Osório. *Terras Devolutas e Latifúndio, Efeitos da Lei de 1850.* Campinas: Editora da Unicamp, 1996.
SILVA, Maria Beatriz Nizza da. *Ser Nobre na Colônia.* São Paulo: Edunesp, 2005.
SILVA, Maria Beatriz Nizza da. *Sistema de Casamento no Brasil Colonial.* São Paulo: T. A. Queiroz e Edusp, 1984.
SILVEIRA, Marco Antônio. *O Universo do Indistinto: Estado e Sociedade nas Minas Setecentistas (1735-1808).* São Paulo: Hucitec, 1997.
SIMONSEN, Roberto. *História Econômica do Brasil*, 8ª ed. São Paulo: Companhia Editora Nacional, 1978.
SIQUEIRA, Sonia A. *A Inquisição Portuguesa e a Sociedade Colonial.* São Paulo: Ática, 1978.
SMITH, Roberto. *Propriedade da Terra e Transição.* São Paulo: Brasiliense, 1990.
SODRÉ, Nelson Werneck. *Formação Histórica do Brasil*, 11ª ed. São Paulo: Difel, 1982.
SOUSA LEÃO, F. de. *Morenos, Notas Históricas sobre o Engenho no Centenário do Atual Solar.* Rio de Janeiro: Colibris, 1959.
SOUSA, Bernardino José de. *O Pau-brasil na História Nacional*, 2ª ed. São Paulo: Companhia Editora Nacional, 1978.

SOUZA, Laura de Mello e (Org.). *Cotidiano e Vida Privada na América Portuguesa*. São Paulo: Companhia das Letras, 1997 (1º Volume da coleção História da Vida Privada no Brasil dirigida por Fernando Novais).

SOUZA, Laura de Mello e. "O público e o privado no Império Português de meados do século XVIII: uma carta de D. João de Almeida, Conde de Assumar, a D. Pedro de Almeida, Marques de Alorna e Vice-Rei da Índia, 1749–59" in: *TEMPO (Revista do departamento de História da UFF)*, número 13. Rio de Janeiro: Sette Letras, 2002.

SOUZA, Laura de Mello e. *Desclassificados do Ouro*, 3ª ed. Rio de Janeiro: Graal, 1990.

STELLA, Roseli Santaella. *O Domínio Espanhol no Brasil Durante a Monarquia dos Felipes*. São Paulo: Unibero, 2000.

STUDART FILHO, Carlos. *O Antigo Estado do Maranhão e suas Capitanias Feudais*. Fortaleza: Imprensa Universitária do Ceará, 1960.

STUDART, Barão de. *Datas e Factos para a História do Ceará* (1896), 3 vols. Fortaleza: Fundação Waldemar Costa, 2001.

TAPAJÓS, Vicente. *História Administrativa do Brasil*, 2º vol., 2ª ed. Rio de Janeiro: DASP, 1966.

TAUNAY, Afonso de. *História Geral das Bandeiras Paulistas*, 11 vols. São Paulo: Canton, 1924-1950.

TAUNAY, Afonso de. *São Paulo no Século XVI*. Tours: E. Arrault, 1921.

TAUNAY, Afonso de. *São Paulo nos Primeiros Anos*. Tours: E. Arrault, 1920.

TAUNAY, Afonso de. *João Ramalho e Santo André da Borda do Campo*. São Paulo: Revista dos Tribunais, 1953.

TAVARES, João de Lyra. *Apontamentos para a História Territorial da Paraíba*, 2 vols. Paraíba: Imprensa Oficial, 1910.

TAVARES, Luís Henrique Dias. *História da Bahia*, 10ª ed. Salvador: Edufba e São Paulo: Unesp, 2001.

TENGARINHA, José (Org.). *História de Portugal*. São Paulo: Unesp e Bauru: Edusc, 2000.

THOMAS, Georg. *Política Indígena dos Portugueses no Brasil* (tradução). São Paulo: Loyola, 1982.

TORGAL, Luís Reis et alii. *História da História em Portugal*, 2 vols., 2ª ed. Lisboa: Temas e Debates, 1997.

TORRES, Ruy d'Abreu. "Mercê" in: SERRÃO, Joel (Org.). *Dicionário de História de Portugal*. Porto: Figueirinhas, 1985.

URICOECHEA, Fernando. "A Gênese do Contexto Patrimonial" in: *Idem*, *O Minotauro Imperial* (tradução). São Paulo: Difel, 1978.

VAINFAS, Ronaldo. *A Heresia dos Índios, Catolicismo e Rebeldia no Brasil Colonial*. São Paulo: Companhia das Letras, 1995.

VARNHAGEN, Francisco Adolfo de, *História Geral do Brasil* (1854), 5 vols., 5ª ed. São Paulo: Melhoramentos, 1956.

VEIGA, Monsenhor Dr. Eugênio de Andrade. *Os Párocos no Brasil no Período Colonial.* Salvador: UCSAL, 1977.

VIANNA, Urbino. *Bandeiras e Sertanistas Bahianos.* São Paulo: Companhia Editora Nacional, 1935.

VIVEIROS, Jerônimo de. *História do Comércio do Maranhão*, 2 vols. São Luís: Associação Comercial do Maranhão, 1954.

WALLERSTEIN, Immanuel. *O Sistema Mundial Moderno* (tradução). Porto: Afrontamento, s/d.

WEBER, Max. *Economia Y Sociedad* (tradução). Buenos Aires: Fundo de Cultura Económico, 1994.

WEHLING, Arno e WEHLING, Maria José. "O Funcionário Colonial entre a Sociedade e o Rei" in: PRIORE, Mary del (Org.). *Revisão do Paraíso.* Rio de Janeiro: Campus, 2000.

WEHLING, Arno e WEHLING, Maria José. *Formação do Brasil Colonial*, 2ª ed. Rio de Janeiro: Nova Fronteira, 1999.

WETZEL, Herbert Ewaldo. *Mem de Sá: Terceiro Governador Geral.* Rio de Janeiro: Conselho Federal de Cultura, 1972.

WINIUS, George Davison. *A Lenda Negra da Índia Portuguesa* (tradução). Lisboa: Antígona, 1994.

ZENHA, Edmundo. *Mamelucos.* São Paulo: Revista dos Tribunais, 1970.

ZENHA, Edmundo. *O Município no Brasil (1532-1700).* São Paulo: Progresso, 1948.